5·7급 자료해석

PSAT

표 + 그림

유형 뽀개기!

SD에듀
㈜시대고시기획

PREFACE

머리말

자신이 강한 유형과 약한 유형을 파악하고,

강한 유형보다는 약한 유형을 보완하는 방식으로 준비하기!

2004년 외무고등고시에 처음 도입된 공직적격성평가(이하 PSAT)는 이후 2005년 행정고등고시와 입법고등고시, 그리고 2011년 민간경력자 시험에도 도입되면서 그 중요성이 점차 강조되어 왔습니다. 이제 PSAT는 적용범위를 더 확대하여 7급 공무원 채용시험에도 도입되는 등 그야말로 공무원 시험의 핵심요소로 자리 잡았습니다.

PSAT는 언어논리, 자료해석, 상황판단 등 크게 세 가지 영역으로 분류되는데, 각 영역 내에서도 여러 세부 유형들로 다시 나뉩니다. 수험생마다 언어논리, 자료해석, 상황판단 중 자신이 더 잘하는 영역이 존재하고, 각 영역 내에서도 조금 더 수월하게 해결하는 세부 유형이 존재합니다. PSAT의 기출문제가 축적되고 이를 준비하는 수험생들의 실력이 증가하면서 1~2문제를 더 맞히느냐 못 맞히느냐의 차이로도 당락이 결정되는 상황에서 자신이 약한 유형을 포기하고 강한 부분만 집중적으로 준비할 수 없는 시험이 되었습니다. 이에 따라 수험생들은 스스로 자신이 강한 유형과 약한 유형을 파악하고, 강한 유형보다는 약한 유형을 보완하는 방식으로 준비하셔야 합니다.

이에 본서는 언어논리, 자료해석, 상황판단이라는 큰 분류 내에서 수험생들이 가장 어려워하고 까다롭다고 느끼는 세부 유형을 분석하여 해당 유형을 철저하게 대비할 수 있는 교재를 출간했습니다. 본서가 다루고 있는 세부 유형은 대부분의 수험생들이 어려움을 느끼는 유형이므로 해당 유형을 집중적으로 공부한다면 다른 수험생들이 많이 틀리는 문제를 맞힘으로써 경쟁력을 확보할 수 있을 것입니다.

PSAT의 효율적인 대비를 위해서는 기출문제를 무작정 풀어보는 것이 아니라 과목별 기출유형을 꼼꼼히 파악하고 정리해 두는 습관이 필요합니다. 또한 이를 통해 자신이 약한 세부 유형을 파악하고 이를 집중적으로 대비하여 자신만의 풀이 방법을 찾는 과정이 필요합니다.

본서는 이러한 점에 주안점을 두고 해당 세부 유형에 대한 가장 효과적인 접근법과 남들보다 10점을 더 맞출 수 있는 포인트를 제시하고자 노력했습니다. 자신이 생각하고 있는 접근법과 해설에 기재되어 있는 접근법이 일치하는지를 확인하고, 만약 일치하지 않는다면 어떤 방법이 더 신속하고 본인에게 맞는 방법인지를 정리하는 학습을 하시기를 바랍니다.

SD에듀는 수험생 여러분의 지치지 않는 노력을 응원하며 합격에 도달하는 가장 빠르고 정확한 길을 제시하고자 힘쓰고 있습니다. 수험생 여러분이 합격의 결승선에 도달하는 그날까지 언제나 함께 응원하겠습니다.

SD PSAT연구소

공직적격성평가 PSAT

도입 배경

21세기 지식기반사회가 필요로 하는 공직자는 정치 · 경제 · 사회 · 문화 등 각 분야에서 일어나는 급속한 변화에 신속히 적응하고 새롭게 발생하는 문제들에 대처할 수 있어야 합니다. 이러한 시대적 요구에 부응하기 위해 단순히 암기된 지식이 아닌 잠재적 학습능력과 문제해결능력을 측정하기 위한 PSAT 시험을 도입, 공직자로서 갖추어야 할 소양과 자질을 평가하고 있습니다.

평가 영역

공직적격성평가(Public Service Aptitude Test)는 공직자에게 필요한 소양과 자질을 측정하는 시험으로, 논리적 · 비판적 사고능력, 자료의 분석 및 추론능력, 판단 및 의사 결정능력 등 종합적 사고력을 평가합니다.

❶ PSAT의 평가영역은 언어논리 · 자료해석 · 상황판단 세 영역으로 구성됩니다.

언어논리	글의 이해, 표현, 추론, 비판과 논리적 사고 등의 능력을 평가
자료해석	수치 자료의 정리와 이해, 처리와 응용계산, 분석과 정보 추출 등의 능력을 평가
상황판단	상황의 이해, 추론 및 분석, 문제 해결, 판단과 의사 결정 등의 능력을 평가

❷ PSAT는 특정한 지식의 정도를 측정하는 것이 아니라 능력을 측정하는 시험이기 때문에, 대학입시 수학능력시험과 유사한 측면이 있습니다. 그러나 수학능력시험은 학습능력을 측정하고 있는 데 반해, PSAT는 새로운 상황에서 적응하는 능력과 문제해결, 판단능력을 주로 측정하고 있기 때문에 학습능력보다는 공직자로서 당면하게 될 업무와 문제들에 대한 해결능력과 종합적이고 심도 있는 사고력을 요하는 문제가 중점적으로 출제됩니다.

PSAT 실시 시험 개관

<table>
<tr><th rowspan="2">구분</th><th colspan="3">시행 형태</th></tr>
<tr><th>1차시험</th><th>2차시험</th><th>3차시험</th></tr>
<tr><td>5급 공개경쟁채용시험</td><td rowspan="4">PSAT · 헌법</td><td rowspan="2">직렬별 필수/선택과목
(논문형)</td><td rowspan="6">면접</td></tr>
<tr><td>입법고시</td></tr>
<tr><td>외교관후보자 선발시험</td><td>전공평가/통합논술
(논문형)</td></tr>
<tr><td>지역인재 7급 수습직원 선발시험</td><td>서류전형</td></tr>
<tr><td>7급 공개경쟁채용시험</td><td rowspan="2">PSAT</td><td>전문과목(선택형)</td></tr>
<tr><td>5 · 7급 민간경력자 선발시험</td><td>서류전형</td></tr>
</table>

시험경향분석 2022년 5·7급 PSAT 자료해석

5급 자료해석 총평

2022년 5급 PSAT 자료해석은 전체적으로 어려운 난도로 출제되었습니다. 이는 비교적 쉬운 편이었던 2021년, 2020년 자료해석과는 대비됩니다. 과거 기출문제와 유사한 아이디어를 요구하나, 복잡한 계산을 요구하는 공식을 각주에 달아 체감 난도가 상승했을 것으로 보입니다.

2022년 5급 자료해석의 특징은 다음과 같습니다.

첫째, 자잘한 계산이 많아졌습니다. 최근 2년간 자료해석은 4자리 숫자 이상의 복잡한 계산이나 소수점 두 번째 자리까지 구해야 하는 경우가 드물었습니다. 하지만 2022년 자료해석에는 해당 경우가 증가하였습니다. 충분한 계산연습을 통하여 신속하고 정확하게 소수점 두 번째 자리까지나 4자리 숫자 이상의 복잡한 계산이 가능하도록 대비를 해야 합니다.

둘째, 기존 기출문제의 아이디어가 유사하게 출제되었으나 보다 어려운 난도로 구성되었습니다. 중복되는 항목에 포함되는 사람의 최솟값이나 최댓값을 구하는 아이디어는 이미 기출문제에서 여럿 출제되었습니다. 하지만 33번과 같은 경우 이러한 아이디어의 원리를 파악하고 응용시켜 적용할 수 있는 학생들만이 문제를 풀 수 있었을 정도였습니다.

셋째, 몇몇 함정이 뚜렷하게 발견됩니다. 나책형 기준 17번이나 36번 문제와 같은 경우 함정을 파거나 요구하는 정보를 찾기 어렵게끔 표를 구성하였습니다. 표가 어떻게 구성되는지, 각주는 어떤 정보를 담고 있는지 등을 선지의 정오를 판단하기 전에 먼저 확실하게 파악하고 문제를 푸는 것이 중요합니다.

넷째, 시간 내에 풀 수 있는 문제와 그렇지 않은 문제가 명확했습니다. 나책형 기준으로 35번, 38~39번 문제와 같은 경우는 각 문제를 최대 2분 30초 내에 푸는 것이 불가능할 정도로 상세한 계산과 심도 있는 표 이해를 요구하였습니다. 이러한 문제는 다른 문제를 모두 풀고 난 후에 해결하는 전략도 연습하여야 합니다.

따라서 자료해석은 계산에 대한 감각을 유지하고, 여러 문제들을 매일 반복해서 풀이하는 것이 고득점으로 가는 핵심 전략이라고 할 수 있습니다. 주어진 자료에서 필요한 부분을 빠르게 파악하고 복잡한 식을 간단하게 변환하여 계산할 수 있는 연습을 꾸준히 한다면 보다 좋은 결과가 있을 것이라고 생각합니다.

7급 자료해석 총평

'시간이 조금만 더 있었더라면...' 이번 자료해석 과목에 대해서 수험생들이 대체적으로 보인 반응입니다. 전체적으로 생소한 유형의 문제는 없었으나 복잡한 계산을 필요로 하는 것들이 많았고, 몇몇 문제들은 문제에 대한 접근법을 곧바로 찾지 못했다면 아까운 시간을 허비할 수 있었기 때문입니다.

2022년 7급 자료해석의 특징은 다음과 같습니다.

첫째, 단순자료형 문제들은 가책형 기준 1번 문제를 필두로 모두 쉽게 풀이가 가능했으며, 보고서형 문제들은 보고서 자체의 길이가 짧고 계산이 거의 필요 없는 선택지가 대부분이었기에 쉽게 접근이 가능했습니다.

둘째, 매칭형 문제는 주어진 조건을 통해 항목을 명확하게 제거할 수 있었기에 쉽게 풀이가 가능했습니다. 2개의 자료를 결합하여 계산해야 하는 복합형도 계산의 난도가 높지 않았습니다. 다만, 증가율과 분수를 비교해야 하는 유형들은 제시된 수치들이 복잡하여 시간 소모가 많았을 것입니다.

셋째, 최적대안을 찾는 유형의 문제들은 시간 소모가 많을 뿐만 아니라 접근방법을 찾는 것 자체가 어렵기도 했습니다. 특히, 가책형 기준 13번 문제는 이번 시험에서 가장 까다로웠던 문제이며 이 문제를 잘 해결했는지 여부가 자료해석 전체의 점수를 좌우했을 것입니다.

넷째, 각주의 산식을 결합해 제3의 결괏값을 판단하는 문제들은 의외로 간단하게 출제되었습니다. 올해는 표와 그래프를 결합하여 해당되는 항목들을 판단하는 형태로 출제되었는데 계산이 거의 필요 없어 체감난도를 낮췄습니다. 하지만 빈칸을 모두 채워야했던 가책형 기준 20번, 22~23번 문제들은 계산이 다소 복잡해 시간 소모가 컸을 것으로 생각됩니다. 특히, 가책형 기준 24번과 같은 슬림형 문제는 이번 시험에서도 복잡한 계산을 요구하여 과감한 어림산이 요구되었습니다.

STRUCTURES

구성과 특징

유형별 핵심이론

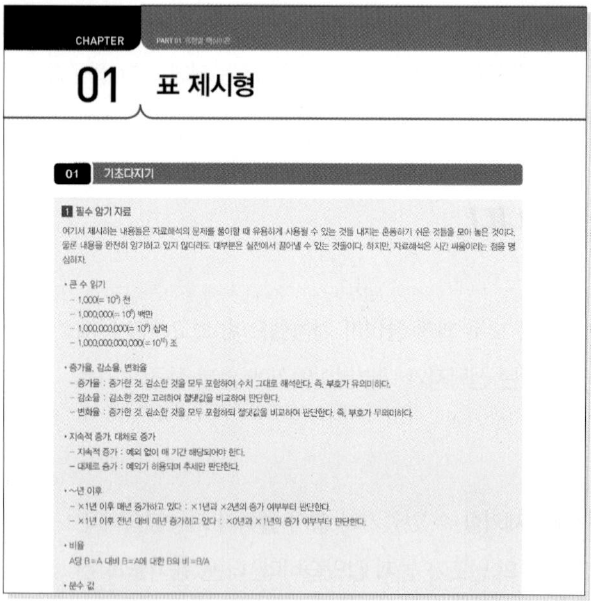

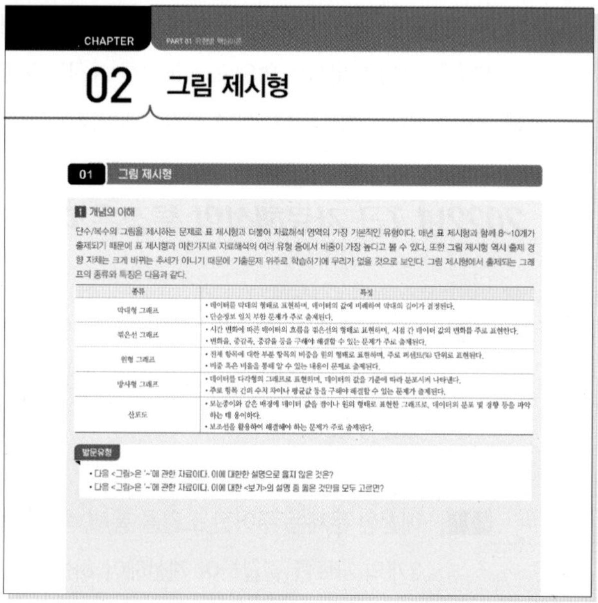

PSAT 자료해석 유형 중 표 제시형과 그림 제시형의 핵심이론을 수록하였습니다. 각 유형마다 개념의 이해, 더 생각해보기, 10점 UP 포인트와 대표예제로 구성하여 학습의 효율성을 높였습니다.

유형별 필수기출 160제

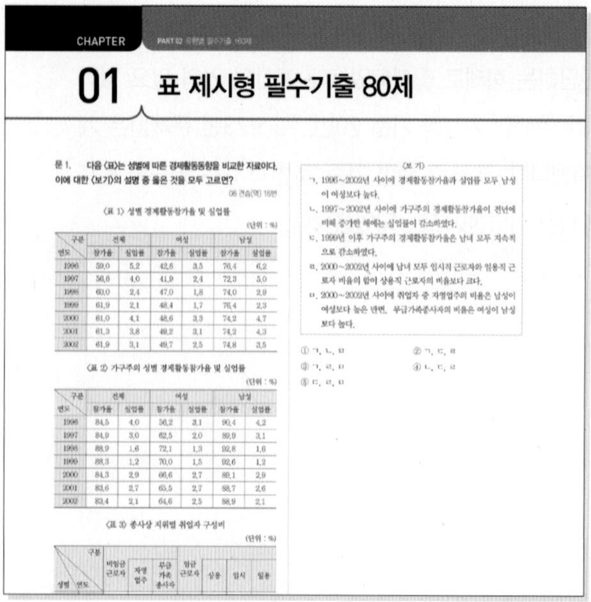

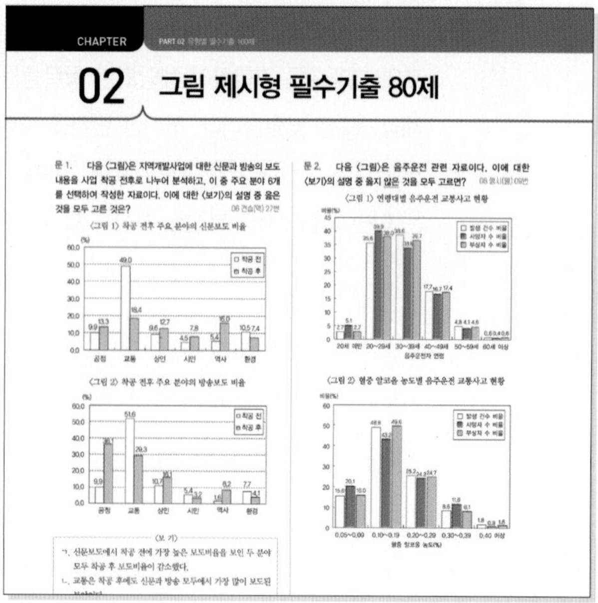

과년도 PSAT 자료해석 기출문제 중 표 제시형과 그림 제시형 문제만을 각각 80제씩 엄선하여 필수기출 160제를 수록하였습니다.

01 표 제시형

01 기초다지기

1 필수 암기 자료

여기서 제시하는 내용들은 자료해석의 문제를 풀이할 때 유용하게 사용될 수 있는 것들 내지는 혼동하기 쉬운 것들을 모아 놓은 것이다. 물론 내용을 완전히 암기하고 있지 않더라도 대부분은 실전에서 끌어낼 수 있는 것들이다. 하지만, 자료해석은 시간 싸움이라는 점을 명심하자.

- 큰 수 읽기
  - 1,000(= 10^3) 천
  - 1,000,000(= 10^6) 백만
  - 1,000,000,000(= 10^9) 십억
  - 1,000,000,000,000(= 10^{12}) 조

- 증가율, 감소율, 변화율
  - 증가율 : 증가한 것, 감소한 것을 모두 포함하여 수치 그대로 해석한다. 즉, 부호가 유의미하다.
  - 감소율 : 감소한 것만 고려하여 절댓값을 비교하여 판단한다.
  - 변화율 : 증가한 것, 감소한 것을 모두 포함하되 절댓값을 비교하여 판단한다. 즉, 부호가 무의미하다.

- 지속적 증가, 대체로 증가
  - 지속적 증가 : 예외 없이 매 기간 해당되어야 한다.
  - 대체로 증가 : 예외가 허용되며 추세만 판단한다.

- ~년 이후
  - ×1년 이후 매년 증가하고 있다 : ×1년과 ×2년의 증가 여부부터 판단한다.
  - ×1년 이후 전년 대비 매년 증가하고 있다 : ×0년과 ×1년의 증가 여부부터 판단한다.

- 비율
  A당 B=A 대비 B=A에 대한 B의 비=B/A

- 분수 값

$\frac{1}{2}$	$\frac{1}{3}$	$\frac{1}{4}$	$\frac{1}{5}$	$\frac{1}{6}$	$\frac{1}{7}$	$\frac{1}{8}$	$\frac{1}{9}$
50%	33.3%	25%	20%	16.7%	14.3%	12.5%	11.1%

상세한 해설

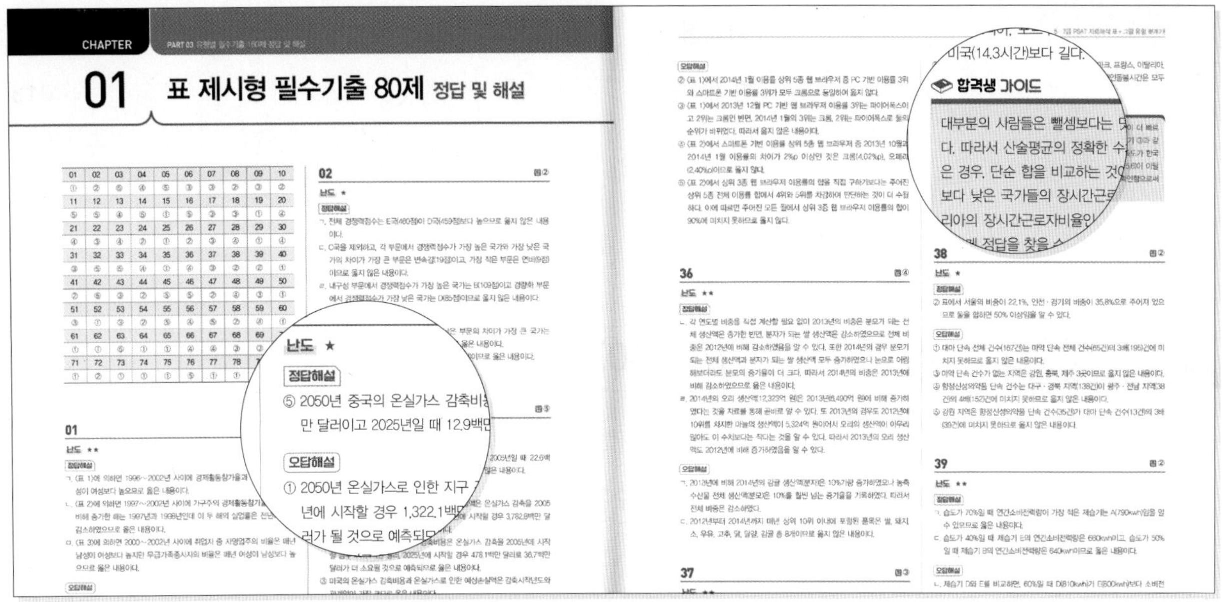

정답해설과 오답해설을 나누어 수록하는 등 최대한 상세하게 해설을 수록하고자 하였으며, 주요 문항마다 5급 공채 최종합격생의 노하우가 담긴 '합격생 가이드'를 수록하였습니다.

5·7급 PSAT 자료해석 최신기출문제

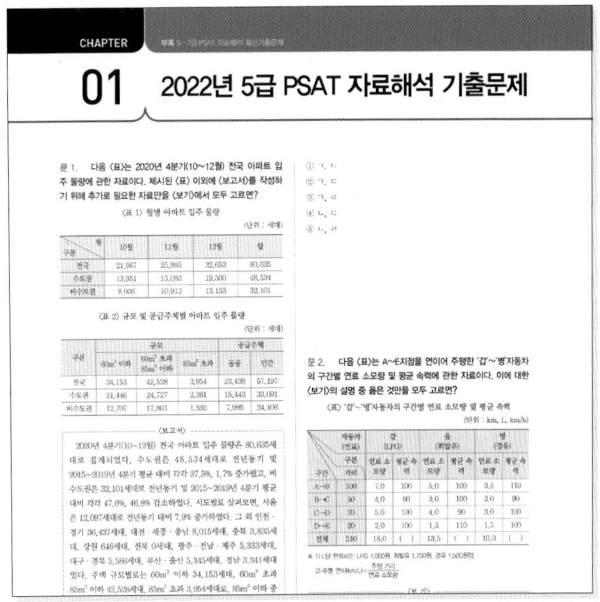

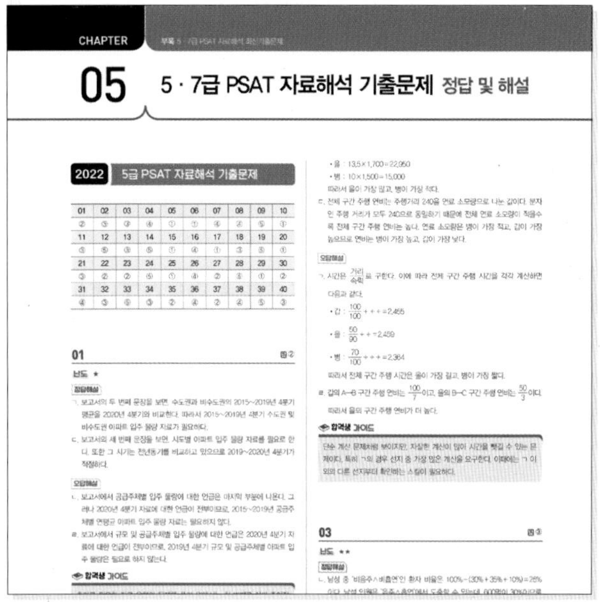

2022~2021년에 시행된 5 · 7급 PSAT 자료해석 영역의 기출문제와 해설을 부록으로 수록하였습니다.

CONTENTS

목차

합격의 공식 Formula of pass | SD에듀 www.sdedu.co.kr

PART 01 유형별 핵심이론

CHAPTER 01 표 제시형 002

CHAPTER 02 그림 제시형 013

PART 02 유형별 필수기출 160제

CHAPTER 01 표 제시형 필수기출 80제 022

CHAPTER 02 그림 제시형 필수기출 80제 064

PART 03 유형별 필수기출 160제 정답 및 해설

CHAPTER 01 표 제시형 필수기출 80제 정답 및 해설 110

CHAPTER 02 그림 제시형 필수기출 80제 정답 및 해설 128

부록 5·7급 PSAT 자료해석 최신기출문제

CHAPTER 01 2022년 5급 PSAT 자료해석 기출문제 148

CHAPTER 02 2022년 7급 PSAT 자료해석 기출문제 170

CHAPTER 03 2021년 5급 PSAT 자료해석 기출문제 184

CHAPTER 04 2021년 7급 PSAT 자료해석 기출문제 208

CHAPTER 05 5 · 7급 PSAT 자료해석 기출문제 정답 및 해설 221

PART 01

유형별 핵심이론

CHAPTER 01 표 제시형

CHAPTER 02 그림 제시형

• 비중판단

$\frac{A}{A+B}$와 $\frac{A}{B}$는 대소비교 시 순서가 동일하다. 총계가 주어져 있지 않고 세부항목의 값만 주어져 있을 때 활용된다. 예를 들면, 아래의 표를 보자.

구분	남자(A)	여자(B)
A회사	80	60
B회사	90	70

만약 선택지에서 두 회사의 직원 중 남자가 차지하는 비중이 큰 회사를 찾는 경우 굳이 각 회사의 전체 사원수인 140명, 160명을 구할 필요 없이 A회사는 $\frac{80}{60}$, B회사는 $\frac{90}{70}$을 비교하면 되는 것이다. 여기서는 간단한 수치를 제시했지만 복잡한 수치들이 제시되었을 때 매우 유용하게 사용되는 공식이다.

• 변화율의 계산

– A=B×C

정확한 계산 : A의 배율=B의 배율×C의 배율

간단한 계산 : A의 변화율=B의 변화율+C의 변화율

– A=B÷C

정확한 계산 : A의 배율=B의 배율÷C의 배율

간단한 계산 : A의 변화율=B의 변화율−C의 변화율

– 1기의 변화율이 b%이고, 2기의 변화율이 c%일 때 전체 1~2기의 변화율

정확한 계산 : $b+c+\frac{bc}{100}$

간단한 계산 : $b+c$

– 단, 위의 '간단한 계산'은 B와 C의 변화율이 5% 이하일 때에는 적용 가능하나 그보다 클 때에는 오차가 발생하므로 '정확한 계산'의 산식을 이용해 풀이해야 한다. 다만, 실전에서는 5%가 넘는 변화율을 가공해 새로운 변화율을 도출하는 경우는 거의 출제되지 않았다.

• 제곱수

$11^2=121$

$12^2=144$

$13^2=169$

$14^2=196$

$15^2=225$

$16^2=256$

$17^2=289$

$18^2=324$

$19^2=361$

2 곱셈비교

- 자료해석의 문제를 풀다보면 가장 많이 접하게 되는 것이 두 숫자의 곱을 비교하여 어느 것이 더 큰지를 판단하는 것이다. 만약 시험장에서 계산기를 사용할 수 있다면 이는 너무나 쉬운 선택지가 되겠지만 현실은 그렇지 못하다. 그렇다고 단순히 그 숫자들을 직접 곱하기에는 시험지의 여백과 시간이 너무나 아깝다. 따라서 보다 간단하게 이를 비교할 수 있는 방법을 찾아보도록 하자.
- 곱해지는 모든 숫자가 크다면 당연히 그 결괏값도 클 것이다. 문제는 대소관계가 서로 엇갈리는 경우이며 자료해석에서 필요한 능력은 이들을 판단할 수 있는 능력이다. 아래의 곱셈을 살펴보자.

+4%

500×103 → 520×100

500×103 ← 520×100

+3%

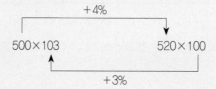

곱셈기호의 앞쪽 숫자는 오른쪽이 더 큰 반면, 뒤쪽 숫자는 왼쪽이 더 큰 형태이다. 만약 수치들의 변화율이 위와 같이 크지 않은 경우라면 변화율을 이용해 판단하는 것이 바람직하며, 변화율이 크다면 변화율보다는 배수(2배, 3배 등)를 이용해 판단하는 것이 좋다. 위의 사례에서는 오른쪽으로 커지는 값이 왼쪽으로 커지는 값보다 크므로 전체값 역시 오른쪽 수치가 더 크다고 판단할 수 있다.

- 곱셈비교와 분수비교는 어디까지나 편의를 위한 어림셈의 일종이다. 따라서 이를 금과옥조로 여겨 시중에 나와 있는 여러 비교법을 학습하는 것은 그다지 추천하고 싶지 않다. 사람에 따라서는 이런 어림산보다 직접 계산하는 것이 더 빠른 경우가 있을 수 있고 실제로 그렇게 해서 고득점을 한 경우를 종종 보았다.

3 분수비교

- 위에서 설명한 곱셈비교와 분수비교를 다른 방식으로 접근하는 경우를 볼 수 있다. 물론 그러한 방식이 잘못된 것은 아니지만 기본 구조가 동일한 상황에서 굳이 다른 방법으로 풀이하는 것은 오히려 혼란만 가져올 뿐이다. 이 둘은 단지 비교해야 할 대상이 곱셈의 형식으로 되어 있는지 아니면 분수의 형식으로 되어 있는지의 차이가 있을 뿐이다.
- 곱셈비교는 곱해지는 두 숫자의 대소관계가 서로 엇갈릴 때 사용하는 방법인 반면, 분수비교는 분자와 분모가 모두 어느 한쪽이 클 때 사용하는 방법이다. 즉, 아래의 분수관계가 이에 해당한다.

+3% (분자: 100 → 103)

$$\frac{100}{500} \qquad \frac{103}{520}$$

+4% (분모: 500 → 520)

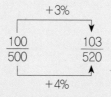

이해의 편의를 위해 앞서 살펴본 곱셈비교에서 사용한 것과 동일한 수치를 사용하였다. 이를 살펴보면 오른쪽 분자와 분모가 숫자 모두 큰 상황이다. 이럴 때에는 분모와 분자 각각의 증가율을 확인하여 비교하면 되는데, 이 사례에서는 분모의 증가율이 더 크므로 전체 분수값은 오른쪽의 수치가 더 작게 된다. 분모가 클수록 분수의 값은 작아지기 때문이다. 만약 증가율이 클 경우에는 곱셈비교와 같이 배수 값을 활용하는 것이 더 좋다.

- 사실 실제 시험에 출제되는 분수들은 위의 예와 같이 분모와 분자의 자릿수가 비슷한 것보다는 어느 하나가 큰 경우가 대부분이다. 이럴 때에는 굳이 주어진 숫자들을 그대로 활용하기보다는 위의 예와 같이 비슷한 자릿수로 변환하는 것이 편리하다. 예를 들어 $\frac{100}{500,000}$과 $\frac{103}{520,000}$을 비교해야 하는 것이라면 이를 위의 예처럼 $\frac{100}{500}$과 $\frac{103}{520}$으로 변환하여 판단하는 것이다. 흔히 이를 유효숫자를 줄인다고 표현하며 대소관계를 판단할 때에는 결과에 큰 영향을 주지 않는다.

4 여사건

- 사전적인 의미에서 여사건이란 어떤 사건이 아닌 사건을 의미하는데, 자료해석에서는 주로 90%나 80%처럼 높은 비율의 수치를 이용할 때 사용되는 개념이다. 예를 들어 '합법체류외국인 범죄 건수가 전체 체류외국인 범죄 건수의 90% 이상'이라면 이를 직접 계산할 것이 아니라 '불법체류외국인 범죄 건수가 전체 체류외국인 범죄 건수의 10% 이하'인지의 여부를 판단하는 것이다.
- 모든 것을 다 뒤집는다고 생각하면 혼동하지 않을 수 있다. 일단 비율부터 전환하자. 즉, 90%는 10%로, '이상'은 '이하'로 바꾸는 것이다. 여기서 중요한 것은 대상을 어떻게 바꾸느냐이다. 여기서 제시하는 여사건 개념을 적용하기 위해서는 대상이 2개뿐이어야 한다. 따라서 제시문에서 A라는 대상이 주어졌다면 여사건을 적용한 후의 대상은 not A로 바꿔야 한다. 대상이 3개 이상이라고 하더라도 A와 not A의 관계로 구분되기만 하면 무관하다.
- 여사건 개념에서 가장 많이 활용되는 수치는 1%, 5%, 10% 등 낮은 비율 값이다. 그런데 이 수치들을 막연히 계산하는 것보다 약간의 테크닉을 접목시키면 몇 초라도 시간을 단축시킬 수 있다. 즉 10%는 원래 수치에서 단위가 한 자리 줄어든 것이고, 1%는 두 자리 줄어든 것, 5%는 절반에서 단위가 한 자리 줄어든 것이라고 이해하고 있으면 좋다. 이를 이용하면 2%, 20% 등으로도 응용할 수 있으니 참고하기 바란다.

5 적어도(최소 교집합)

- 예를 들어 전체 직원이 100명인 회사에 다니는 직원이 경기도 거주자일 확률은 70%이고 남자일 확률은 60%라고 해보자. 그렇다면 어떠한 직원이 경기도 거주자이면서 남자일 확률은 얼마일까? 최소 교집합, 수험가의 용어로는 '적어도' 유형이 이에 해당한다. 즉, 서로 독립적인 관계를 가지는 복수의 속성을 모두 가지는 대상이 얼마나 되는지를 추산해보는 것이다. 이는 두 개 이상의 속성이 독립적이지 않고 서로 상하 관계를 가지는 경우와 비교하면 확연히 구분할 수 있다. 즉, 경기도 거주자일 확률이 70%이고, 경기도 거주자 중 분당 거주자일 확률이 10%일 때 어떠한 직원이 분당 거주자일 확률은 얼마일까?
- 두 개의 속성이 서로 독립적이지 않은 경우 : 먼저, 후자의 경우를 생각해보자. 어떤 직원이 경기도 거주자일 확률과 그 중 분당 거주자일 확률은 서로 상하관계에 있다. 따라서 전체 직원 중에서 어떤 직원이 분당 거주자일 확률은 경기도 거주자일 확률과 그중 분당 거주자일 확률을 곱한 값인 7%임을 알 수 있다.
- 두 개의 속성이 서로 독립적인 경우 : 하지만, 전자의 경우는 다르다. 어떤 직원이 경기도 거주자일 확률과 남자일 확률은 둘 사이에 어떠한 관계도 없는 독립적인 속성이다. 따라서 두 개의 속성을 모두 가지는, 즉 경기도 거주자이면서 남자일 확률은 위의 1과 같이 둘을 곱해서 구할 수 없다. 이해를 편하게 하기 위해 질문을 '전체 직원이 100명인 회사에 경기도 거주자는 70명이고, 남자는 60명이다. 그렇다면 경기도 거주자인 남자직원은 몇 명일까?'로 바꿔보자. 만약 이 둘을 동시에 충족하는 직원이 없다면 이 회사의 직원은 최소 130명이 되어야 한다. 그런데 이 회사의 직원 수는 100명이라고 하였으므로 최소 30명은 둘을 모두 충족시킬 수밖에 없다. 물론 이 30명은 어디까지나 최소치일 뿐이며 남자 60명이 모두 경기도 거주자일 수도 있다. 따라서 경기도 거주자인 남자직원은 최소 30명, 최대 60명이 됨을 알 수 있다.
- 위에서 서술한 내용은 'A+B−N'이라는 공식으로 표현할 수 있다. 따라서 위의 내용을 정확히 이해했다면 앞으로는 A(경기도 거주자)+B(남자)−N(전체 직원 수)=30으로 간단하게 계산하기 바란다. 그래도 여전히 자신이 없는 수험생이라면 벤다이어그램을 직접 그려본 후 일식이 일어나는 것처럼 두 원을 서서히 겹쳐보자.

02 단순확인형

1 개념의 이해

지문에서 하나의 표를 자료로 제시하는 문제이며, 자료해석 영역의 가장 기본적인 유형이다. 매년 그림 제시형과 함께 8~10개가 출제되기 때문에 자료해석의 여러 유형 중에서 출제 비중이 가장 높다고 볼 수 있다. 출제 경향 자체는 크게 바뀌는 추세가 아니기 때문에 기출문제 위주로 학습하기에 무리가 없을 것으로 보인다.

발문유형

- 제시된 자료를 보고 이에 대한 설명으로 옳은 것은?
- 제시된 자료를 보고 이에 대한 설명으로 옳지 않은 것은?
- 제시된 자료를 보고 이에 대한 <보기> 설명 중 옳은 것만을 모두 고르면?
- 제시된 자료를 보고 이에 대한 <보기> 설명 중 옳지 않은 것만을 모두 고르면?

2 더 생각해보기

• 발문 접근법

표 제시형에서 단순확인 유형의 문제에서는 발문에서 큰 정보를 제공하고 있지 않다. 발문을 보고 옳은 것을 고르는 문제인지 옳지 않은 것을 고르는 문제인지를 정확히 파악해두고 빠르게 넘어가면 된다.

• 제시문 접근법

표 제시형은 제시된 표의 데이터들을 읽고, 그 속에 담긴 정보를 빠르고 정확하게 파악해야 하는 유형이다. 표의 제목이나 단위, 각주 등을 주의해서 보아야 하고, 정확하게 푸는 연습을 해야 한다.

– 표의 제목 : 표의 제목은 해당 데이터를 가장 압축하여 표현하고 있다. 데이터의 성격과 범위 등을 제공하고 있으므로, 데이터를 보기 전에 한 번은 확인하고 넘어가야 한다. 또한 표의 제목을 보고 문제 및 데이터의 내용을 추론할 수 있기도 하므로, 그냥 넘겨서는 안 된다.

– 데이터의 단위 : 데이터의 단위는 주로 표의 우상단에 표시한다. 이러한 단위는 제시된 데이터의 특성을 나타내는데, 단위가 원인지, 만 원인지, 천만 원인지 혹은 비율(%)인지, 넓이(cm^2, m^2, km^2), 부피(cm^3, m^3, km^3), 무게(g, kg, t)인지 정확히 파악하고 넘어가야 한다.

– 각주 : 각주는 주로 표가 가장 아래에 작은 글씨로 제시된다. 각주를 통해 데이터의 값이 구체화되는데, 예외를 두는 경우도 있고, 계산식을 제시하는 경우도 있다. 일단 각주가 제시되어 있다면 해당 각주를 이용한 문제 풀이가 반드시 필요하므로, 각주를 주의해서 봐야 하며, 각주를 놓치거나 잘못 이해하여 엉뚱한 답을 도출하지 않도록 유의해서 풀어야 한다.

• 선택지 접근법

흔히들 자료해석에서 가장 중요한 것이 선택지의 경중을 판별하는 능력이라고 한다. 즉, 어떤 선택지를 '스킵'할 것인지를 통해 제한된 시간을 효율적으로 활용할 수 있는 능력이 중요하다는 것이다. 기본적인 몇 가지의 경우는 실제로 선택지를 풀어보지 않더라도 경중을 따질 수 있다. 만약 선택지 ①과 ②가 뭔가를 계산해야 하는 것으로 제시되고, 선택지 ③과 ④는 '~대비'라는 표현이 들어가 있으며, ⑤는 90%라는 특정 수치가 주어진 경우를 가정해보자.

먼저 선택지 ③과 ④의 경우 나눗셈이 필요한 선택지이므로, 시간이 다소 소요될 것이라는 점을 체크해둔다. ⑤의 경우 90%가 주어졌으므로, 10%의 여사건 개념을 활용해야겠다는 전략을 세워둔다. 따라서 최종적으로 선택지는 ⑤-①-②-③-④의 순서로 해결하는 것이 좋다. 이처럼 선택지의 스캐닝을 통해 우선 해결해야 할 선택지를 고르고 해결하는 것이 빠른 문제 풀이의 핵심이다.

3 10점 UP 포인트

모든 과목에서 선택지 스캐닝의 중요성을 강조하지만 자료해석은 거의 절대적이라고 해도 과언이 아니다. 일단 선택지를 눈으로 읽으면서 그들 사이의 서열을 어느 정도 가늠할 수 있어야 한다. 이 과정은 단순히 읽는 과정이 아니라, 해당 선택지를 판단하기 위해서는 어떤 계산이 필요한지를 판단하는 과정임에 주의하자. 아래의 내용은 이를 위한 가장 대표적인 기준들이며 이 기준들을 통해서 판별된 선택지들은 선택지 ①부터 ⑤까지를 순서대로 판단할 것이 아니라 그 경중에 따라 판단해야 한다.

- 계산이 필요 없는 선택지 : 선택지 5개 중에서 계산 없이 단순히 자료에서 해당 항목을 찾기만 해도 정오판별이 가능한 것이 반드시 1~2개는 존재한다. 이러한 선택지는 찾아야 할 항목이 너무 많지 않다면(개인차는 있을 수 있으나 대략 5개 정도를 한계선으로 본다) 0순위로 판단해야 한다. 주로 대소관계를 따지거나 증감방향의 일치 여부가 이에 해당한다.
- 순위 찾기 : 흔히 두 개 항목의 특정 연도 순위 혹은 하나의 항목의 두 개 연도가 동일한지의 여부를 묻는 형태로 출제된다. 지금까지의 기출을 살펴보면 이 순위는 거의 5위권 이내에서 결정되었다. 따라서 아무리 전체 항목의 수가 많다고 하더라도 스킵하지 말고 판단하는 것을 추천한다.
- ㄱ, ㄴ, ㄷ, ㄹ형 선택지 : ㄱ, ㄴ, ㄷ, ㄹ형 문제는 ㄱ부터 순차적으로 판단하는 것이 아니라 철저하게 전략적으로 판단해야 한다. 일단 본격적인 풀이에 들어가기에 앞서 각 선택지들을 훑으며 계산 없이 곧바로 판단이 가능한 것들이 있는지 살피고, 그러한 항목이 있다면 정오를 판별한 후 바로 선택지로 넘어가 소거법을 적용해야 한다. 경우에 따라서 2개만 확인하고도 정답을 찾을 수 있으니 반드시 선택지를 활용하길 바란다.
- 곱셈비교, 분수비교가 필요한 선택지 : 자료해석에서 가장 많이 접하게 되는 선택지이며 대부분은 정오판별을 해야 한다. 하지만 이 선택지들은 첫 번째 풀이에서는 건너뛰어야 한다. 개인차가 있을 수 있으나 대개 덧셈과 뺄셈으로 판단 가능한 선택지에 비해 2배 이상의 시간이 소요되기 때문이다.
- 구체적인 수치가 제시된 선택지 : 예를 들어 'A국의 수출액은 100만 달러 이상이다'와 같은 선택지가 제시되었다면 거의 예외 없이 곱셈 내지는 나눗셈을 통해 구해내 야 하는 것들이며 대부분 주어진 자료를 한 번 가공한 후 그 수치를 이용해 다시 계산해야 하는 것들이다. 따라서 이러한 선택지는 첫 번째 풀이 단계에서는 넘기는 것이 좋다.

대표예제 01

다음 〈표〉는 '갑'국 A~J 지역의 대형종합소매업 현황에 대한 자료이다. 이에 대한 〈보기〉의 설명 중 옳은 것만을 모두 고르면?

〈표〉 지역별 대형종합소매업 현황

구분 / 지역	사업체 수(개)	종사자 수(명)	매출액(백만 원)	건물 연면적(m^2)
A	47	6,731	4,878,427	1,683,092
B	33	4,173	2,808,881	1,070,431
C	35	4,430	3,141,552	1,772,698
D	18	2,247	1,380,511	677,288
E	22	3,152	1,804,262	765,096
F	19	2,414	1,473,698	633,497
G	147	18,287	11,625,278	5,032,741
H	17	1,519	861,094	364,296
I	19	2,086	1,305,468	535,880
J	16	1,565	879,172	326,373
전체	373	46,604	30,158,343	12,861,392

보기

ㄱ. 사업체당 종사자 수가 100명 미만인 지역은 모두 2개이다.
ㄴ. 사업체당 매출액은 G 지역이 가장 크다.
ㄷ. I 지역의 종사자당 매출액은 E 지역의 종사자당 매출액보다 크다.
ㄹ. 건물 연면적이 가장 작은 지역이 매출액도 가장 작다.

① ㄱ, ㄷ
② ㄱ, ㄹ
③ ㄴ, ㄷ
④ ㄴ, ㄹ
⑤ ㄱ, ㄴ, ㄷ

정답해설

ㄱ. 사업체당 종사자 수가 100명 미만인 지역은 H와 J, 2개이다.
ㄷ. I 지역의 매출액을 종사자 수로 나누면 600이 넘지만, E 지역은 600이 안 된다. 즉 600을 기준으로 하여 정확한 계산 없이도 답을 도출할 수 있다. 정확히 계산해보면 I 지역의 종사자당 매출액은 약 625만 원, E 지역의 종사자당 매출액은 약 572만 원이므로 I 지역의 종사자당 매출액이 E 지역의 종사자당 매출액보다 크다.

오답해설

ㄴ. G 지역의 사업체당 매출액은 약 790억이지만 A 지역의 사업체당 매출액은 1,000억이 넘는다. 따라서 G 지역의 사업체당 매출액이 가장 크지는 않다.
ㄹ. 건물 연면적이 가장 작은 지역은 J이지만, 매출액이 가장 작은 지역은 H이다.

답 ①

대표예제 02

다음 〈표〉는 조선시대 A지역 인구 및 사노비 비율에 대한 자료이다. 이에 대한 〈보기〉의 설명 중 옳은 것만을 모두 고르면?

〈표〉 A지역 인구 및 사노비 비율

구분 조사연도	인구(명)	인구 중 사노비 비율(%)			
		솔거노비	외거노비	도망노비	전체
1720	2,228	18.5	10.0	11.5	40.0
1735	3,143	13.8	6.8	12.8	33.4
1762	3,380	11.5	8.5	11.7	31.7
1774	3,189	14.0	8.8	12.0	34.8
1783	3,056	14.9	6.7	9.3	30.9
1795	2,359	18.2	4.3	6.5	29.0

※ 1) 사노비는 솔거노비, 외거노비, 도망노비로만 구분됨
2) 비율은 소수점 둘째 자리에서 반올림한 값임

보 기

ㄱ. A지역 인구 중 도망노비를 제외한 사노비가 차지하는 비율은 조사연도 중 1720년이 가장 높다.
ㄴ. A지역 사노비 수는 1774년이 1720년보다 많다.
ㄷ. A지역 사노비 중 외거노비가 차지하는 비율은 1720년이 1762년보다 높다.
ㄹ. A지역 인구 중 솔거노비가 차지하는 비율은 매 조사연도마다 낮아진다.

① ㄱ, ㄴ
② ㄱ, ㄷ
③ ㄷ, ㄹ
④ ㄱ, ㄴ, ㄹ
⑤ ㄴ, ㄷ, ㄹ

정답해설

ㄱ. A지역 인구 중 도망노비를 제외한 사노비(솔거노비, 외거노비)가 차지하는 비율은 1720년에는 28.5%인데 나머지 연도는 모두 20% 부근에 위치하고 있으므로 옳은 내용이다.
ㄴ. 1720년 A지역의 사노비 수는 2,228×40%이며, 1774년은 3,189×34.8%이므로 곱셈비교를 이용하면 1774년의 사노비 수가 더 많다는 것을 알 수 있으므로 옳은 내용이다.

답 ①

03 복수의 표 제시형

1 개념의 이해

이 유형은 주어진 복수 표 간의 관계를 파악하는 능력을 평가한다. 표 간의 관계는 크게 ① 하나의 표가 다른 표의 구체적 내용 혹은 그와 관계된 내용을 담는 유형, ② 각각의 표가 병렬적으로 이루어진 유형, ③ 표의 형태이나 사실은 특정 조건을 나타내는 유형의 3가지로 나타난다.

특히 표 간의 관계를 파악하는 것이 중요한데, 병렬적인 내용을 담는 ②의 경우라면 큰 문제가 되지 않으나, ①, ③ 유형의 경우 관계 파악을 하지 못하면 큰 실수를 범하게 되는 경우가 있다. 관계 파악을 위해선 표의 제목을 잘 보는 것이 매우 중요하다.

매년 꾸준히 나오는 유형이며, 표 3개 이상이 묶여 문제 난도를 높이는 역할도 종종하기 때문에, 표 간의 관계를 파악하는 연습을 미리 해두는 것이 중요하다.

발문유형

- 다음 <표>에 대한 설명으로 옳지 않은 것은?
- 다음 <표>의 내용으로 옳은 것을 모두 고르면?

2 더 생각해보기

- 발문 접근법

  복수의 표 제시 유형의 문제에서도 발문에는 큰 정보를 제공하고 있지 않다. 다만 표를 두 개 이상 제시하고 있으므로, 발문에 각 표의 제목에 관해 말하고 있다면 주의 깊게 살펴보고, 옳은 것을 고르는 문제인지 옳지 않은 것을 고르는 문제인지를 정확히 파악해둬야 한다.

- 제시문 접근법

  가장 중요한 것은 제목을 읽는 것이다. 이를 통해 관계를 찾는다면 큰 어려움이 없을 것이다. 특히 선택지에서 물어보는 내용이 복수의 표 중 어느 곳에 있는지 역시, 표의 제목과 항들을 체크해 둔다면 쉽게 찾을 수 있어 시간이 단축된다.

- 선택지 접근법

  〈보기〉를 제시하고, 그 중 옳은 것이나 옳지 않은 것만을 고르는 문제 유형일 경우 확실하게 판단되는 값(ㄱ, ㄴ, ㄷ 등)을 정하고, 이를 기준으로 선택지를 우선 소거해나간다면, 고려해야 할 〈보기〉의 수가 줄어들 것이다. 단순확인 유형이든 복수의 표 제시 유형이든 표 제시형에서는 선택지 스캐닝 능력이 풀이 시간을 좌우하는데, 이 능력을 키우기 위해서는 다양한 문제를 풀어보면서 자신만의 노하우 및 감각을 쌓아야 한다.

3 10점 UP 포인트

① 유형의 경우 표의 제목을 주의 깊게 보는 것이 중요하다. 특히 처음의 자료에서 복수의 연도 자료를 주고, 그 다음 표에서 특정 연도의 구체적 내용을 제시해주는 경우가 있다. 그리고 선택지는 구체적 내용이 제시된 연도 외의 다른 연도의 구체적 내용을 알 수 있다고 나온다. 이러한 경우 당연히 해당 값은 우리가 알 수 없는 것으로 그 선택지는 옳지 않은 것이 되나, 종종 이를 판단하기 어려운 경우가 있다. 따라서 이를 방지하기 위해 표의 제목을 주의 깊게 읽어야 한다. ② 유형은 각 표에 해당하는 선택지를 찾아 지우면 되고, ③ 유형의 경우 조건과 공식에 해당하는 방식으로 풀면 된다. 이 경우에 각주가 있다면 반드시 이를 읽도록 한다.

대표예제 01

다음 〈표〉는 2013~2017년 A~E국의 건강보험 진료비에 관한 자료이다. 이에 대한 〈보기〉의 설명 중 옳은 것만을 모두 고르면?

〈표 1〉 A국의 건강보험 진료비 발생 현황

(단위 : 억 원)

구분 \ 연도		2013	2014	2015	2016	2017
의료기관	소계	341,410	360,439	390,807	419,353	448,749
	입원	158,365	160,791	178,911	190,426	207,214
	외래	183,045	199,648	211,896	228,927	241,534
약국	소계	120,969	117,953	118,745	124,897	130,844
	처방	120,892	117,881	118,678	124,831	130,775
	직접조제	77	72	66	66	69
계		462,379	478,392	509,552	544,250	579,593

〈표 2〉 A국의 건강보험 진료비 부담 현황

(단위 : 억 원)

구분 \ 연도	2013	2014	2015	2016	2017
공단부담	345,652	357,146	381,244	407,900	433,448
본인부담	116,727	121,246	128,308	136,350	146,145
계	462,379	478,392	509,552	544,250	579,593

〈표 3〉 국가별 건강보험 진료비의 전년대비 증가율

(단위 : %)

국가 \ 연도	2013	2014	2015	2016	2017
B	16.3	3.6	5.2	4.5	5.2
C	10.2	8.6	7.8	12.1	7.3
D	4.5	3.5	1.8	0.3	2.2
E	5.4	−0.6	7.6	6.3	5.5

보 기

ㄱ. 2016년 건강보험 진료비의 전년대비 증가율은 A국이 C국보다 크다.
ㄴ. 2014~2017년 동안 A국의 건강보험 진료비 중 약국의 직접조제 진료비가 차지하는 비중은 전년대비 매년 감소한다.
ㄷ. 2013~2017년 동안 A국 의료기관의 입원 진료비 중 공단부담 금액은 매년 3조 8천억 원 이상이다.
ㄹ. B국의 2012년 대비 2014년 건강보험 진료비의 비율은 1.2 이상이다

① ㄱ, ㄴ　② ㄴ, ㄷ　③ ㄷ, ㄹ
④ ㄱ, ㄴ, ㄹ　⑤ ㄴ, ㄷ, ㄹ

정답해설

표들의 제목과 항목을 통해 〈표 1〉은 A국 건강보험 진료비의 발생지와 발생원인, 〈표 2〉는 A국 건강보험 진료비의 부담 주체별 금액, 〈표 3〉은 A국 외 다른 국가들의 건강보험 진료비 전년대비 증가율을 보여줌을 알 수 있다. 특히 직접적으로 나타나진 않으나 〈표 1〉의 정보를 통해 A국의 건강보험 진료비 증가율을 파악할 수 있고 이를 〈표 3〉의 자료와 비교할 수 있음을 인지하고 있어야 한다.

ㄴ. 분모인 건강보험 진료비는 매년 증가하는데 분자에 해당하는 약국의 직접조제 진료비는 15년까지는 매년 감소해 15년까지는 선택지의 표현이 맞음을 쉽게 확인 가능하다. 16년도 분자가 그대로이므로 감소한 것이 확실하다. 17년의 경우는 분자는 5%도 증가하지 않은 반면, 분모는 5% 넘게 증가하여 역시 감소하였음을 알 수 있다.

ㄷ. 의료기관 입원으로 인한 건강보험 진료비의 공단부담의 최솟값은 〈의료기관 입원으로 인한 건강보험 진료비 − 본인부담 건강보험 진료비〉의 값에 해당한다. 따라서 본인부담에 38,000억 원을 더해서 간단하게 대소비교가 가능하다.

ㄹ. 13년에 16.3% 증가하고 14년에 3.6%가 한 번 더 증가한 상황이다. 100에서 16.3이 증가한 것과 3.6이 증가한 것을 각각 더해도 19.9인데, 이 경우 116.3에서 3.6% 증가한 것이므로 당연히 120이 넘을 것을 유추할 수 있다. 불안하다면 116의 3%가 3.48인 것을 빠르게 계산하여 풀 수 있다.

오답해설

ㄱ. C국의 16년 건강보험 진료비는 작년에 비해 12.1% 증가한 반면, A국은 10%도 증가하지 않은 것을 바로 알 수 있다.

답 ⑤

대표예제 02

다음 〈표〉는 2019년 5월 10일 A 프랜차이즈의 지역별 가맹점 수와 결제 실적에 관한 자료이다. 이에 대한 설명으로 옳지 않은 것은?

〈표 1〉 A 프랜차이즈의 지역별 가맹점 수, 결제 건수 및 결제금액

(단위 : 개, 건, 만 원)

지역 \ 구분		가맹점 수	결제 건수	결제금액
서울		1,269	142,248	241,442
6대 광역시	부산	34	3,082	7,639
	대구	8	291	2,431
	인천	20	1,317	2,548
	광주	8	306	793
	대전	13	874	1,811
	울산	11	205	635
전체		1,363	148,323	257,299

〈표 2〉 A 프랜차이즈의 가맹점 규모별 결제 건수 및 결제금액

(단위 : 건, 만 원)

가맹점 규모 \ 구분	결제 건수	결제금액
소규모	143,565	250,390
중규모	3,476	4,426
대규모	1,282	2,483
전체	148,323	257,299

① 서울 지역 소규모 가맹점의 결제 건수는 137,000건 이하이다.
② 6대 광역시 가맹점의 결제 건수 합은 6,000건 이상이다.
③ 결제 건수 대비 결제금액을 가맹점 규모별로 비교할 때 가장 작은 가맹점 규모는 중규모이다.
④ 가맹점 수 대비 결제금액이 가장 큰 지역은 대구이다.
⑤ 전체 가맹점 수에서 서울 지역 가맹점 수 비중은 90% 이상이다.

정답해설

만약 중규모 가맹점과 대규모 가맹점이 모두 서울 지역에 위치하고 있다면 이 둘의 결제 건수인 4,758건이 모두 서울 지역에서 발생한 것이 된다. 그렇다면 서울 지역의 결제 건수인 142,248건에서 4,758건을 차감한 137,490건이 최소로 가능한 건수이므로 옳지 않은 내용이다.

답 ①

02 그림 제시형

01 그림 제시형

1 개념의 이해

단수/복수의 그림을 제시하는 문제로 표 제시형과 더불어 자료해석 영역의 가장 기본적인 유형이다. 매년 표 제시형과 함께 8~10개가 출제되기 때문에 표 제시형과 마찬가지로 자료해석의 여러 유형 중에서 비중이 가장 높다고 볼 수 있다. 또한 그림 제시형 역시 출제 경향 자체는 크게 바뀌는 추세가 아니기 때문에 기출문제 위주로 학습하기에 무리가 없을 것으로 보인다. 그림 제시형에서 출제되는 그래프의 종류와 특징은 다음과 같다.

종류	특징
막대형 그래프	• 데이터를 막대의 형태로 표현하며, 데이터의 값에 비례하여 막대의 길이가 결정된다. • 단순정보 일치 부합 문제가 주로 출제된다.
꺾은선 그래프	• 시간 변화에 따른 데이터의 흐름을 꺾은선의 형태로 표현하며, 시점 간 데이터 값의 변화를 주로 표현한다. • 변화율, 증감폭, 증감율 등을 구해야 해결할 수 있는 문제가 주로 출제된다.
원형 그래프	• 전체 항목에 대한 부분 항목의 비중을 원의 형태로 표현하며, 주로 퍼센트(%) 단위로 표현된다. • 비중 혹은 비율을 통해 알 수 있는 내용이 문제로 출제된다.
방사형 그래프	• 데이터를 다각형의 그래프로 표현하며, 데이터의 값을 기준에 따라 분포시켜 나타낸다. • 주로 항목 간의 수치 차이나 평균값 등을 구해야 해결할 수 있는 문제가 출제된다.
산포도	• 모눈종이와 같은 배경에 데이터 값을 점이나 원의 형태로 표현한 그래프로, 데이터의 분포 및 경향 등을 파악하는 데 용이하다. • 보조선을 활용하여 해결해야 하는 문제가 주로 출제된다.

발문유형

- 다음 <그림>은 '~'에 관한 자료이다. 이에 대한한 설명으로 옳지 않은 것은?
- 다음 <그림>은 '~'에 관한 자료이다. 이에 대한 <보기>의 설명 중 옳은 것만을 모두 고르면?

2 더 생각해보기

• 발문 접근법

그림 제시형에서도 발문에는 큰 정보를 제공하고 있지 않다. 따라서 발문을 보고 옳은 것을 고르는 문제인지 옳지 않은 것을 고르는 문제인지를 정확히 파악해두고 빠르게 넘어가면 된다.

• 제시문 접근법

이 유형은 그림에 제시된 데이터를 선택지에서 요구하는 수준까지 적절히 분석할 수 있는지를 평가한다. 가장 많은 비중을 차지하는 유형 중 하나로, 문제마다 정형화된 풀이법이 있기 보다는 선택지에서 요구하는 데이터를 찾아 선택적으로 빠르게 해석하는 능력이 필요하다. 일반적으로 문제에 주어진 그림의 데이터와 선택지가 합치하는지를 묻는데, 주어진 데이터를 가공 없이 비교하기도 하지만, 적어도 하나 이상의 보기는 데이터를 계산하도록 유도한다. 단순 그림 문제인 만큼 전체적인 난도는 평이하므로 빠르게 풀어 시간을 확보할 수 있어야 한다. 물론 데이터가 가공하기 까다롭거나 단순 계산을 넘어 추론하는 문제도 출제되지만 다른 유형들에 비해 쉬운 편이므로 놓쳐서는 안 된다. 복잡하지 않은 유형이기 때문에 선택지에서 요구하는 대로 따라가다 보면 정답을 유추하는 것은 어렵지 않다. 그림의 제목, 그리고 가로축 세로축이 의미하는 것을 먼저 파악한 후에 보기의 일치부합을 확인하도록 한다. 제한 시간 내에 문제를 풀기 위해서는 전부를 계산해서는 안 되며, 답을 찾는 데 필요한 부분만 캐치하여 계산하여야 한다.

• 선택지 접근법

선택지에서 확신이 가는 정답을 찾았으면 그 뒤에 선택지는 확인하지 않고 과감히 넘어갈 수 있어야 시간을 단축시킬 수 있다. 단순 비교와 같은 비교적 쉬운 선택지부터 우선 정오를 판단하고 최종 정답과는 관계없는 선택지는 넘어가도록 한다. 또한 〈보기〉가 주어지고 ㄱ, ㄴ, ㄷ 등의 형태로 출제된 선택지를 골라야 하는 경우 옳은 것이나 옳지 않은 것으로 확정된 〈보기〉는 선택지에서 찾아 빠르게 소거해가면서 문제 풀이를 해야 모든 〈보기〉를 파악하지 않아도 되어 시간을 절약할 수 있다.

3 10점 UP 포인트

그림의 '제목'을 가장 먼저 파악하여야 한다. 그래프 문제는 가로축과 세로축이 무엇을 나타내는지부터 파악해야 문제 분석이 용이해진다. 이후에 선택지들을 해결할 때는 모두를 계산해서는 안 되고 매력적인 후보군들만 선택적으로 계산하여야 한다. 눈대중으로 비율을 가늠하여 후보군들의 대소를 비교하면 전부를 계산하는 것보다 훨씬 빠르게 문제를 해결할 수 있다.

대표예제 01

다음 〈그림〉은 국민의료비 중 총 진료비와 1인당 진료비에 대한 자료이다. 이를 해석한 것으로 옳지 않은 것은?

〈그림 1〉 성별 · 연령대별 총 진료비

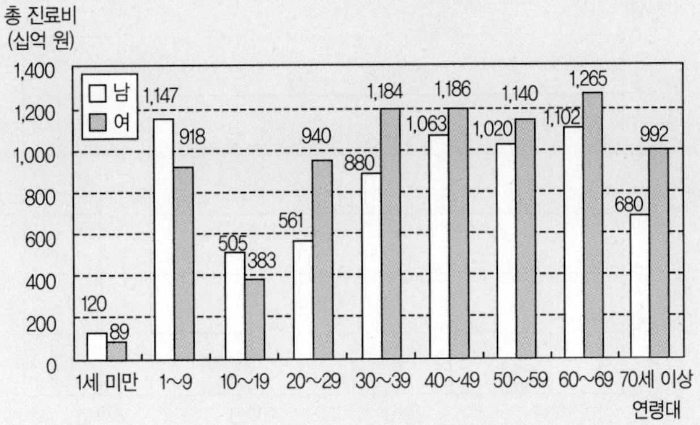

〈그림 2〉 성별 · 연령대별 1인당 진료비

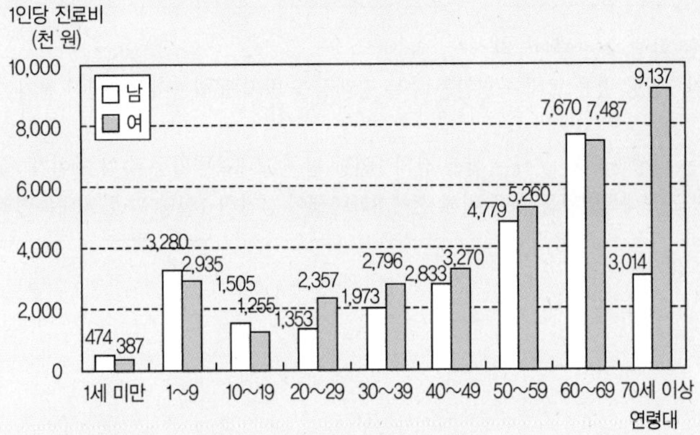

① 19세 이하 남성의 총 진료비는 19세 이하 여성의 총 진료비보다 많다.
② 20세 이상 여성의 총 진료비는 20세 이상 남성의 총 진료비보다 많다.
③ 20세 이상 남녀의 1인당 진료비는 연령대가 높아짐에 따라 증가한다.
④ 남녀 간 총 진료비의 차이는 20~29세에서 가장 크고, 1세 미만에서 가장 작다.
⑤ 70세 이상의 경우, 총 진료비는 여성이 남성의 1.5배를 넘지 않고, 1인당 진료비는 여성이 남성의 3배를 넘는다.

정답해설

③ 70세 이상 연령대의 남성의 1인당 진료비는 60대에 비해 감소하였으므로 옳지 않은 내용이다.

오답해설

① 19세 이하의 모든 연령대에서 남성의 총 진료비가 여성보다 많다.
② 20세 이상의 모든 연령대에서 여성의 총 진료비가 남성보다 많다.
④ 직접 계산할 필요 없이 〈그림 1〉을 기준으로 판단하더라도 남녀 간 총 진료비의 차이가 20~29세에서 가장 크고, 1세 미만에서 가장 작다는 것을 확인할 수 있다.
⑤ 70세 이상의 경우, 총 진료비는 여성(992십억 원)이 남성(680십억 원)의 1.5배를 넘지 않고, 1인당 진료비는 여성(9,137천 원)이 남성(3,014천 원)의 3배를 넘는다.

답 ③

대표예제 02

다음 〈그림〉은 A대학교의 1, 2, 3, 4학년생을 대상으로 장학금을 받는 학생과 장학금을 받지 못하는 학생으로 나누어 이들이 해당 학년 동안 참가한 1인당 평균 교내특별활동 수를 조사한 자료이다. 이에 대한 〈보기〉의 설명 중 옳지 않은 것을 모두 고르면?

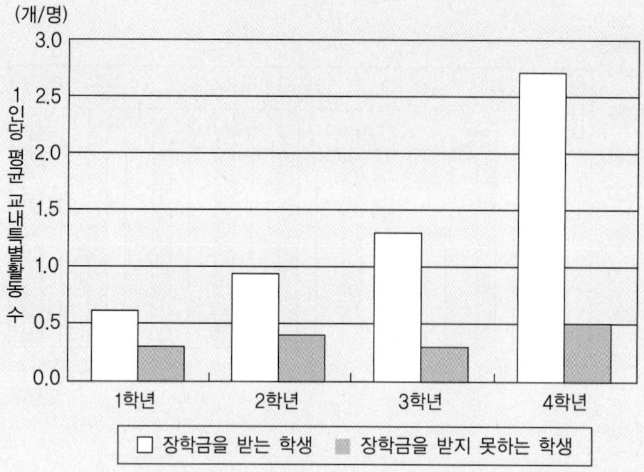

보 기

ㄱ. 학년이 높아질수록 장학금을 받는 학생 수는 늘어났다.
ㄴ. 장학금을 받는 4학년생이 참가한 1인당 평균 교내 특별활동 수는 장학금을 받지 못하는 4학년생이 참가한 1인당 평균 교내특별활동 수의 5배 이하이다.
ㄷ. 학년이 높아질수록 장학금을 받는 학생과 받지 못하는 학생 간의 1인당 평균 교내특별활동 수의 차이가 커졌다.
ㄹ. 전체 2학년생이 참가한 1인당 평균 교내특별활동 수에 비해 전체 3학년생이 참가한 1인당 평균 교내특별활동 수가 많다.

① ㄱ, ㄴ
② ㄴ, ㄷ
③ ㄱ, ㄴ, ㄹ
④ ㄱ, ㄷ, ㄹ
⑤ ㄴ, ㄷ, ㄹ

정답해설

ㄱ. 제시된 자료에서는 학년이 높아질수록 장학금을 받는 학생의 1인당 평균 교내 특별활동 수가 증가하고 있음을 알 수 있을 뿐, 학년이 높아질수록 장학금을 받는 학생 수가 늘어났는지는 알 수 없다.
ㄴ. 장학금을 받는 4학년생이 참가한 1인당 평균 교내특별활동 수는 0.5개이고 장학금을 받지 못하는 4학년생이 참가한 1인당 평균 교내특별활동 수는 2.5이상이므로 후자는 전자의 5배를 넘는다.
ㄹ. 각 학년별로 장학금을 받는 학생과 장학금을 받지 못하는 학생의 비율을 알 수 없으므로 2학년과 3학년 전체의 1인당 평균 교내특별활동 수를 알 수 없다.

오답해설

ㄷ. 구체적인 수치를 판단하기보다 그림으로 판단해보더라도 학년이 높아질수록 장학금을 받는 학생과 받지 못하는 학생 간의 1인당 평균 교내특별활동 수의 차이가 커지고 있으므로 옳은 내용이다.

답 ③

02 표·그림 혼합형

1 개념의 이해

표와 그림이 혼합된 형태의 문제는 매년 3~5문제씩 꼭 출제되는 유형이다. 보통 표와 그래프가 함께 제시되지만, 때로는 완전히 새로운 형태의 그림이 제시되기도 한다. 유형 자체의 난도는 그렇게 높지 않지만, 낯선 형태의 그림을 어떻게 해결하느냐에 따라 풀이 시간이 확연히 달라질 수 있다. 다양한 문제를 풀어보고, 각 그림별로 어떻게 접근하는 것이 빠른지 분석하는 훈련이 필요하다.

발문유형

- 다음 <그림>은 <표>를 그래프로 나타낸 것이다. <보기>의 설명 중 옳은 것을 모두 고르면?
- 다음 <표>와 <그림>에 대한 설명으로 옳은 것은?

2 더 생각해보기

- 발문 접근법

이 유형에서도 발문은 크게 중요도를 갖지는 않는다. 다만 제시된 표의 제목과 문제에서 요구하는 것(옳은 것, 옳지 않은 것 등) 등은 체크해야 하며, 발문 마지막에 단서 조건('단, ~')은 주의해야 한다.

- 제시문 접근법

표와 그림이 같은 주제에 대한 서로 다른 정보를 병렬적으로 제시한 경우는 자료의 표현 형태만 다를 뿐 문제를 해결하는 방식은 일반적인 표 해석 문제와 다르지 않다. 표와 그림의 제목에 유의하여 각 선지에서 요구하는 내용이 어떤 자료에 있는지를 빠르게 찾도록 한다.

표와 그림이 연계되어 서로 보완하는 경우 이 점을 적극적으로 활용해야 한다. 가령 표가 복잡한 경우 그림의 시각적 정보를 활용하여 표의 내용을 빠르게 이해할 수 있다. 일부 정보가 하나의 자료에만 제시되어 있다면, 이를 통해 나머지 자료에 제시되지 않은 정보를 추론하는 연습도 필요하다.

또한 그림을 활용하는 경우 모두 계산할 필요 없이 시각적으로 가장 수상한 곳이 발견될 수 있다. 그럴 경우 그 부분부터 확인하는 것이 빠른 문제 해결에 유리하다.

- 선택지 접근법

표와 그림이 모두 제시된 유형에서는 대부분 표와 그림을 보완적으로 연계하여 해결해야 하는 문제이다. 하나의 자료만 보고도 문제를 어느 정도 해결할 수는 있으나, 두 자료를 보완적으로 활용하면 훨씬 빠르게 문제를 해결할 수 있다. 이 때 선택지의 역할이 큰데, 제시된 각 선택지를 보고 어떤 자료를 통해 해결할 것인지 판단해야 한다.

3 10점 UP 포인트

표와 그림이 상호 보완적인 경우, 각 선지별로 표를 활용할 것인지 그림을 활용할 것인지를 판단해야 한다. 동일한 정보를 다른 방식으로 표현하고 있기 때문에 풀이 결과는 같지만, 속도에서 차이가 날 수 있다. 계산을 시작하기 전에 표와 그림을 모두 보고 어떤 자료가 계산이 적은지 생각해보자. 실력이 쌓일수록 표와 그림을 훑어만 보고도 어떤 자료를 보아야 하는지 감이 생길 것이다.

대표예제 01

다음 〈표〉는 2012년 34개국의 국가별 1인당 GDP와 학생들의 수학성취도 자료이고, 〈그림〉은 〈표〉의 자료를 그래프로 나타낸 것이다. 이에 대한 〈보기〉의 설명 중 옳은 것만을 모두 고르면?

〈표〉 국가별 1인당 GDP와 수학성취도

(단위 : 천 달러, 점)

국가	1인당 GDP	수학성취도
룩셈부르크	85	490
카타르	77	( )
싱가포르	58	573
미국	47	481
노르웨이	45	489
네덜란드	42	523
아일랜드	41	501
호주	41	504
덴마크	41	500
캐나다	40	518
스웨덴	39	478
독일	38	514
핀란드	36	519
일본	35	536
프랑스	34	495
이탈리아	32	485
스페인	32	484
한국	29	554
이스라엘	27	466
포르투갈	26	487
체코	25	499
헝가리	21	477
폴란드	20	518
러시아	20	482
칠레	17	423
아르헨티나	16	388
터키	16	448
멕시코	15	413
말레이시아	15	421
불가리아	14	439
브라질	13	391
태국	10	427
인도네시아	5	( )
베트남	4	511

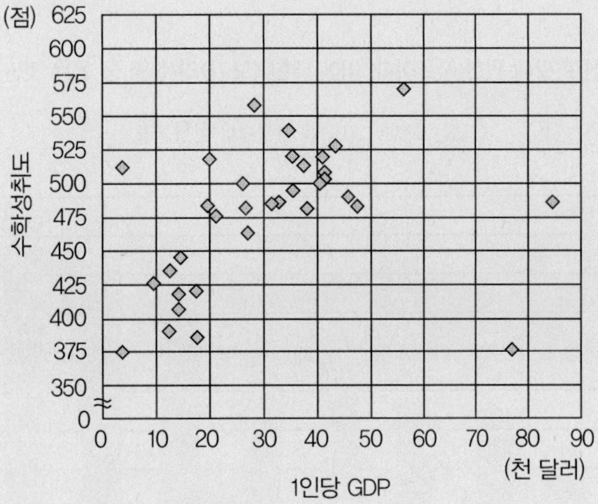

※ 국가별 학생 수는 동일하지 않고, 각 국가의 수학성취도는 해당국 학생 전체의 수학성취도 평균이며, 34개국 학생 전체의 수학성취도 평균은 500점임

보 기

ㄱ. 1인당 GDP가 체코보다 높은 국가 중에서 수학성취도가 체코보다 높은 국가의 수와 낮은 국가의 수는 같다.
ㄴ. 수학성취도 하위 7개 국가의 1인당 GDP는 모두 2만 달러 이하이다.
ㄷ. 1인당 GDP 상위 5개 국가 중에서 수학성취도가 34개국 학생 전체의 평균보다 높은 국가는 1개이다.
ㄹ. 수학성취도 상위 2개 국가의 1인당 GDP 차이는 수학성취도 하위 2개 국가의 1인당 GDP 차이보다 크다.

① ㄱ, ㄴ
② ㄱ, ㄷ
③ ㄴ, ㄷ
④ ㄴ, ㄹ
⑤ ㄱ, ㄷ, ㄹ

정답해설

ㄱ. 표는 1인당 GDP 순으로 정렬되어 있으므로, 체코보다 위에 위치한 국가들의 수학성취도를 확인하면 된다. 그림에서도 체코의 위치를 찾은 후 우상방에 위치한 점의 개수와 우하방에 위치한 점의 개수를 비교할 수도 있다. 다만 이 문제에서는 그림의 점의 위치가 모호하므로 표를 통해 확인하는 것이 바람직하다.
ㄷ. 수학성취도 평균은 500점이라고 제시되어 있으므로, GDP 상위 5개 국가 중 수학성취도가 전체 평균보다 높은 국가는 싱가포르뿐이다.

오답해설

ㄴ. 수학성취도 하위 7개 국가 중 한 국가(카타르)의 1인당 GDP가 2만 달러보다 훨씬 크다.
ㄹ. 수학성취도 하위 2개 국가의 1인당 GDP 차이(그림에서의 거리)가 더욱 크다.

답 ②

대표예제 02

다음 〈그림〉과 〈표〉는 '갑'국의 재생에너지 생산 현황에 관한 자료이다. 이에 대한 〈보기〉의 설명 중 옳은 것만을 모두 고르면?

〈그림〉 2011~2018년 재생에너지 생산량

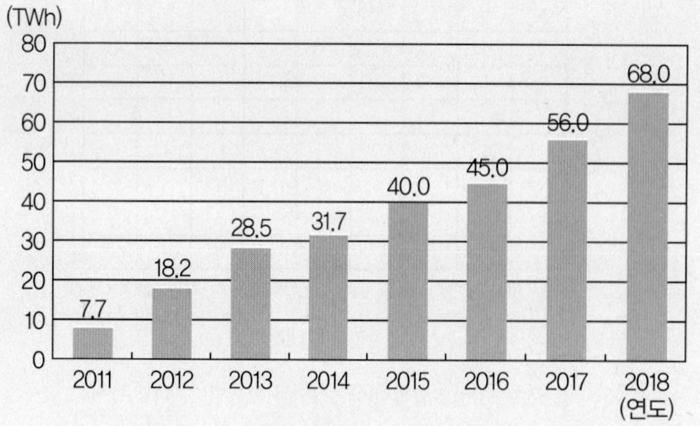

〈표〉 2016~2018년 에너지원별 재생에너지 생산량 비율

(단위 : %)

에너지원 \ 연도	2016	2017	2018
폐기물	61.1	60.4	55.0
바이오	16.6	17.3	17.5
수력	10.3	11.3	15.1
태양광	10.9	9.8	8.8
풍력	1.1	1.2	3.6
계	100.0	100.0	100.0

보 기

ㄱ. 2012~2018년 재생에너지 생산량은 매년 전년대비 10% 이상 증가하였다.
ㄴ. 2016~2018년 에너지원별 재생에너지 생산량 비율의 순위는 매년 동일하다.
ㄷ. 2016~2018년 태양광을 에너지원으로 하는 재생에너지 생산량은 매년 증가하였다.
ㄹ. 수력을 에너지원으로 하는 재생에너지 생산량은 2018년이 2016년의 3배 이상이다.

① ㄱ, ㄴ
② ㄱ, ㄷ
③ ㄱ, ㄹ
④ ㄴ, ㄷ
⑤ ㄴ, ㄹ

정답해설

ㄱ. 재생에너지 생산량은 〈그림〉을 통해 확인할 수 있다. 대부분 차이가 크기 때문에 일일이 계산할 필요는 없다. 2014년 정도만 확인해보면, 28.5×10%=2.85, 28.5+2.85 < 31.7이므로 전년대비 10% 이상 증가하였다.

ㄷ. 2016년 재생에너지 생산량은 45.0이므로, 태양광을 에너지원으로 하는 재생에너지 생산량은 45×10.9%이다. 마찬가지로 2017년은 56×9.8%, 2018년은 68×8.8%이다. 재생에너지 생산량은 매년 20% 넘게 증가하고 있는 반면 태양광의 비율은 10% 정도씩 감소하고 있다. 따라서 정확히 계산하지 않더라도 태양광을 에너지원으로 하는 재생에너지 생산량은 매년 증가하였음을 알 수 있다.

오답해설

ㄴ. 에너지원별 재생에너지 생산량 비율의 순위는 〈표〉에서 확인할 수 있다. 2017년과 2018년은 폐기물－바이오－수력－태양광－풍력 순이나, 2016년에는 폐기물－바이오－태양광－수력－풍력 순이다.

ㄹ. 2016년은 45×10.3, 2018년은 68×15.1이다. 10.3과 15.1을 각각 10과 15로 어림해보자. 그리고 두 값을 15로 나누어주면 2016년은 30, 2018년은 68이 된다. 30×3 > 68이므로 수력을 에너지원으로 하는 재생에너지 생산량은 2018년이 2016년의 3배보다 작다.

답 ②

PART 02

유형별 필수기출 160제

CHAPTER 01 표 제시형 필수기출 80제

CHAPTER 02 그림 제시형 필수기출 80제

01 표 제시형 필수기출 80제

문 1. 다음 〈표〉는 성별에 따른 경제활동동향을 비교한 자료이다. 이에 대한 〈보기〉의 설명 중 옳은 것을 모두 고르면?

06 견습(역) 16번

〈표 1〉 성별 경제활동참가율 및 실업률

(단위 : %)

연도 \ 구분	전체		여성		남성	
	참가율	실업률	참가율	실업률	참가율	실업률
1996	59.0	5.2	42.8	3.5	76.4	6.2
1997	56.6	4.0	41.9	2.4	72.3	5.0
1998	60.0	2.4	47.0	1.8	74.0	2.9
1999	61.9	2.1	48.4	1.7	76.4	2.3
2000	61.0	4.1	48.6	3.3	74.2	4.7
2001	61.3	3.8	49.2	3.1	74.2	4.3
2002	61.9	3.1	49.7	2.5	74.8	3.5

〈표 2〉 가구주의 성별 경제활동참가율 및 실업률

(단위 : %)

연도 \ 구분	전체		여성		남성	
	참가율	실업률	참가율	실업률	참가율	실업률
1996	84.5	4.0	56.2	3.1	90.4	4.2
1997	84.9	3.0	62.5	2.0	89.9	3.1
1998	88.9	1.6	72.1	1.3	92.8	1.6
1999	88.3	1.2	70.0	1.5	92.6	1.2
2000	84.3	2.9	66.6	2.7	89.1	2.9
2001	83.6	2.7	65.5	2.7	88.7	2.6
2002	83.4	2.1	64.6	2.5	88.9	2.1

〈표 3〉 종사상 지위별 취업자 구성비

(단위 : %)

성별	연도	비임금 근로자	자영 업주	무급 가족 종사자	임금 근로자	상용	임시	일용
여성	2000	38.5	19.2	19.3	61.5	19.1	28.5	13.9
	2001	37.6	19.5	18.1	62.4	20.7	28.8	12.9
	2002	36.5	19.4	17.1	63.5	21.3	29.1	13.1
남성	2000	35.7	33.7	2.0	64.3	38.1	17.1	9.1
	2001	36.0	34.1	1.9	64.0	38.6	17.0	8.4
	2002	35.7	34.0	1.7	64.3	37.8	17.0	9.5

〈보 기〉

ㄱ. 1996~2002년 사이에 경제활동참가율과 실업률 모두 남성이 여성보다 높다.

ㄴ. 1997~2002년 사이에 가구주의 경제활동참가율이 전년에 비해 증가한 해에는 실업률이 감소하였다.

ㄷ. 1999년 이후 가구주의 경제활동참가율은 남녀 모두 지속적으로 감소하였다.

ㄹ. 2000~2002년 사이에 남녀 모두 임시직 근로자와 일용직 근로자 비율의 합이 상용직 근로자의 비율보다 크다.

ㅁ. 2000~2002년 사이에 취업자 중 자영업주의 비율은 남성이 여성보다 높은 반면, 무급가족종사자의 비율은 여성이 남성보다 높다.

① ㄱ, ㄴ, ㅁ
② ㄱ, ㄷ, ㄹ
③ ㄱ, ㄹ, ㅁ
④ ㄴ, ㄷ, ㄹ
⑤ ㄷ, ㄹ, ㅁ

문 2. **다음 〈표〉는 자동차 변속기의 부문별 경쟁력점수를 국가별로 비교한 자료이다. 이에 대한 〈보기〉의 설명 중 옳지 않은 것을 모두 고르면?** 06 견습(역) 21번

〈표〉 자동차 변속기 경쟁력점수의 국가별 비교

부문 \ 국가	A	B	C	D	E
변속감	98	93	102	80	79
내구성	103	109	98	95	93
소음	107	96	106	97	93
경량화	106	94	105	85	95
연비	105	96	103	102	100

※ 각국의 전체 경쟁력점수는 각 부문 경쟁력점수의 총합으로 구함

〈보 기〉

ㄱ. 전체 경쟁력점수는 E국보다 D국이 더 높다.
ㄴ. 경쟁력점수가 가장 높은 부문과 가장 낮은 부문의 차이가 가장 큰 국가는 D이고, 가장 작은 국가는 C이다.
ㄷ. C국을 제외한다면 각 부문에서 경쟁력점수가 가장 높은 국가와 가장 낮은 국가의 차이가 가장 큰 부문은 내구성이고, 가장 작은 부문은 변속감이다.
ㄹ. 내구성 부문에서 경쟁력점수가 가장 높은 국가와 경량화 부문에서 경쟁력점수가 가장 낮은 국가는 동일하다.
ㅁ. 전체 경쟁력점수는 모든 국가 중에서 A국이 가장 높다.

① ㄱ, ㄴ, ㄷ
② ㄱ, ㄷ, ㄹ
③ ㄱ, ㄷ, ㅁ
④ ㄴ, ㄹ, ㅁ
⑤ ㄷ, ㄹ, ㅁ

문 3. **다음 〈표〉는 온실가스 감축시작년도에 따른 국가(지역)별 감축비용과 온실가스로 인한 예상손실액을 조사한 자료이다. 이에 대한 설명 중 적절하지 않은 것을 고르면?** 06 견습(역) 23번

〈표〉 온실가스 감축 시작년도에 따른 국가(지역)별 감축비용과 예상손실액

(단위 : 백만 달러)

구분	온실가스 감축비용				온실가스로 인한 예상손실액			
감축시작 연도	2005		2025		2005		2025	
국가(지역) \ 연도	2050	2100	2050	2100	2050	2100	2050	2100
일본	59.5	415.7	66.1	463.0	182.8	467.8	522.9	2,124.3
중국	22.6	81.2	12.9	90.4	35.7	91.3	102.1	414.9
기타 아시아 국가	12.3	8.9	13.7	95.7	37.8	96.7	108.1	439.3
미국	137.6	961.1	152.8	1,070.5	422.6	1,081.7	1,209.2	4,911.9
캐나다	5.5	38.5	6.1	42.9	16.9	43.4	48.5	197.1
유럽	16.0	111.8	17.8	124.6	49.2	125.9	140.7	571.7
라틴 아메리카	108.0	754.0	119.9	839.8	331.6	848.6	948.6	3,853.4
아프리카	30.7	214.6	34.1	239.0	94.3	241.5	270.0	1,096.8
기타	49.2	344.0	54.7	383.1	151.2	387.2	432.7	1,758.2
전체	441.4	2,929.8	478.1	3,349.0	1,322.1	3,384.1	3,782.8	15,367.6

※ '기타 아시아 국가'는 일본과 중국을 제외한 아시아 지역 국가들을 의미함

① 2050년 온실가스로 인한 지구 전체의 예상손실액은 온실가스 감축을 2005년에 시작할 경우 약 13억 2천만 달러가 될 것이고, 2025년에 시작할 경우 37억 8천만 달러 이상이 될 것이다.
② 2050년 지구 전체의 온실가스 감축비용은 온실가스 감축을 2005년에 시작할 경우 약 4억 4천만 달러가 될 것이고, 2025년에 시작할 경우에는 이보다 3천 6백만 달러 이상 더 소요될 것이다.
③ 감축시작년도와 관계없이 온실가스 감축비용과 온실가스로 인한 예상손실액이 가장 큰 국가(지역)는 미국이다.
④ 2100년을 기준으로 볼 때, 감축시작년도에 관계없이 모든 국가(지역)에서 온실가스 감축비용은 온실가스로 인한 예상손실액보다 항상 적다.
⑤ 일본, 중국 및 기타 아시아 국가의 온실가스 감축비용은 감축시작년도가 2025년일 때보다 2005년일 때 더 적게 소요될 것이다.

문 4. 다음 〈표〉는 A~G 지역의 재활용품 수거에 관한 자료이다. 이에 대한 〈보기〉의 설명 중 옳지 않은 것을 모두 고르면?

06 견습(역) 34번

〈표 1〉 수거된 재활용품의 유형별 비율

유형 \ 지역	A	B	C	D	E	F	G
종이류	70.6	58.2	25.0	40.4	19.0	26.1	25.5
병류	9.9	6.8	6.5	21.6	44.7	11.6	17.4
고철류	8.3	25.7	58.1	13.8	24.8	11.9	25.9
캔류	2.7	2.6	1.7	6.8	4.4	4.5	7.9
플라스틱류	6.2	5.0	3.2	11.4	5.5	6.9	8.3
기타	2.3	1.7	5.5	6.0	1.6	39.0	15.0
전체	100.0	100.0	100.0	100.0	100.0	100.0	100.0

〈표 2〉 재활용품 수거량과 인구특성

항목 \ 지역	A	B	C	D	E	F	G
재활용품 수거량(톤/일)	88.8	81.8	70.8	62.9	45.3	21.5	21.0
1인당 재활용품 수거량(g/일)	328.1	375.8	362.5	252.8	323.7	244.4	232.9
인구(천 명)	270.6	217.7	195.4	248.7	140.0	87.8	90.0
인구밀도(명/km^2)	970.0	664.6	584.0	681.4	415.6	161.0	118.6
1차산업 인구 구성비(%)	6.5	5.7	13.3	8.4	14.3	37.9	42.0
2차산업 인구 구성비(%)	21.6	14.3	23.9	23.6	15.4	11.4	13.8
3차산업 인구 구성비(%)	71.9	80.0	62.8	68.0	70.3	50.7	44.2

〈보 기〉

ㄱ. 2차 산업 인구 구성비가 높은 지역일수록 수거된 재활용품 중 고철류 비율이 높다.

ㄴ. 3차 산업 인구 구성비가 높은 지역일수록 재활용품 수거량이 많다.

ㄷ. 인구밀도가 높은 상위 3개 지역과 수거된 재활용품 중 종이류 비율이 높은 상위 3개 지역은 동일하다.

ㄹ. 1인당 재활용품 수거량이 가장 적은 지역은 수거된 재활용품 중 종이류 비율이 가장 높다.

① ㄱ, ㄴ

② ㄷ, ㄹ

③ ㄱ, ㄴ, ㄷ

④ ㄱ, ㄴ, ㄹ

⑤ ㄴ, ㄷ, ㄹ

문 5. 다음 〈표〉는 가구주의 거주 지역별 혼인상태와 연령대 분포에 대한 자료이다. 이에 대한 〈보기〉의 설명 중 적절하지 않은 것을 모두 고르면?

06 견습(역) 38번

〈표 1〉 가구주의 거주 지역별 혼인상태

(단위 : %)

연도	혼인상태 \ 구분	남성가구주 도시	남성가구주 농촌	남성가구주 전체	여성가구주 도시	여성가구주 농촌	여성가구주 전체
1980	미혼	4.5	2.6	3.7	17.5	4.9	13.1
	결혼	93.9	95.0	94.4	30.5	23.7	28.1
	사별	1.2	2.1	1.6	47.4	69.2	55.0
	이혼	0.4	0.3	0.3	4.6	2.2	3.8
	합계	100.0	100.0	100.0	100.0	100.0	100.0
1990	미혼	6.9	3.5	6.0	26.0	6.0	20.5
	결혼	90.9	92.9	91.4	20.0	10.6	17.4
	사별	1.4	2.8	1.8	46.7	81.1	56.2
	이혼	0.8	0.8	0.8	7.3	2.3	5.9
	합계	100.0	100.0	100.0	100.0	100.0	100.0
2000	미혼	8.5	5.0	7.8	26.0	7.1	21.4
	결혼	87.8	90.3	88.3	20.0	10.2	17.5
	사별	1.4	2.9	1.7	40.1	78.0	49.4
	이혼	2.3	1.8	2.2	13.9	4.7	11.7
	합계	100.0	100.0	100.0	100.0	100.0	100.0

〈표 2〉 가구주의 거주 지역별 연령대 분포

(단위 : %)

연도	혼인상태 \ 구분	남성가구주 도시	남성가구주 농촌	남성가구주 전체	여성가구주 도시	여성가구주 농촌	여성가구주 전체
1980	15~24세	3.9	2.4	3.3	15.5	4.8	11.8
	25~34세	32.8	19.4	27.0	14.3	7.8	12.0
	35~44세	32.3	27.6	30.3	22.4	20.2	21.6
	45~54세	18.5	24.3	21.2	25.5	32.1	27.8
	55~64세	9.0	17.1	12.4	15.7	23.1	18.4
	65세 이상	3.5	9.2	5.8	6.6	12.0	8.4
	합계	100.0	100.0	100.0	100.0	100.0	100.0
1990	15~24세	2.8	1.2	2.4	14.7	3.6	11.7
	25~34세	32.0	18.0	24.8	16.0	4.9	12.9
	35~44세	30.4	22.0	31.3	18.4	8.8	15.8
	45~54세	21.0	24.5	20.0	20.5	19.7	20.3
	55~64세	9.6	20.3	14.1	18.2	31.1	21.7
	65세 이상	4.2	14.0	7.4	12.2	31.9	17.6
	합계	100.0	100.0	100.0	100.0	100.0	100.0
2000	15~24세	1.9	1.3	1.8	10.2	3.0	8.4
	25~34세	29.8	14.1	20.2	16.5	4.6	13.6
	35~44세	32.3	25.2	32.2	21.2	8.5	18.1
	45~54세	20.4	19.9	21.8	19.7	12.3	17.9
	55~64세	10.1	20.3	14.7	15.3	23.6	17.3
	65세 이상	5.5	19.2	9.3	17.1	48.0	24.7
	합계	100.0	100.0	100.0	100.0	100.0	100.0

〈보 기〉

ㄱ. 55세 이상 인구에서는 연도와 지역에 관계없이 여성가구주의 비율이 남성가구주의 비율보다 항상 높다.
ㄴ. 1980년에 비해 2000년에는 도시 여성가구주 중에서 가장 높은 비율을 차지하는 연령대가 낮아졌으나 농촌, 여성가구주 중에서 가장 높은 비율을 차지하는 연령대는 높아졌다.
ㄷ. 1980년부터 2000년 사이에 결혼 상태인 남성가구주 수는 지속적으로 감소한 반면, 이혼 상태인 남성가구주 수는 지속적으로 증가하였다.
ㄹ. 2000년의 경우, 사별 상태인 농촌 여성가구주 수는 사별 상태인 도시 여성가구주 수보다 많다.
ㅁ. 1980년부터 2000년 사이에 남성가구주의 혼인상태 중 결혼의 비율은 계속 감소한 반면, 미혼, 사별 및 이혼의 비율은 모두 계속 증가하였다.

① ㄱ, ㄴ, ㄷ
② ㄱ, ㄷ, ㄹ
③ ㄱ, ㄹ, ㅁ
④ ㄴ, ㄹ, ㅁ
⑤ ㄷ, ㄹ, ㅁ

문 6. **다음 〈표〉는 제2차 세계대전 주요 참전국의 인구, 산업잠재력, 군사비지출에 관한 자료이다. 이에 대한 〈보기〉의 설명 중 옳지 않은 것을 모두 고르면?** 07 행시(인) 07번

〈표 1〉 주요 참전국의 인구

(단위 : 백만 명)

연도 / 국가	1890	1900	1910	1913	1920	1928	1938
A	116.8	135.6	159.3	175.1	126.6	150.4	180.6
B	62.6	75.9	91.9	97.3	105.7	119.1	138.3
C	49.2	56.0	64.5	66.9	42.8	55.4	68.5
D	39.9	43.8	49.1	51.3	55.9	62.1	72.2
E	38.3	38.9	39.5	39.7	39.0	41.0	41.9
F	37.4	41.1	44.9	45.6	44.4	45.7	47.6
G	30.0	32.2	34.4	35.1	37.7	40.3	43.8

〈표 2〉 주요 참전국의 산업잠재력

연도 / 국가	1880	1900	1913	1928	1938
A	24.5	47.5	76.6	72.0	152.0
B	46.9	127.8	298.1	533.0	528.0
C	27.4	71.2	137.7	158.0	214.0
D	7.6	13.0	25.1	45.0	88.0
E	25.1	36.8	57.3	82.0	74.0
F	73.3	100.0	127.2	135.0	181.0
G	8.1	13.6	22.5	37.0	46.0

※ 산업잠재력은 1900년 F국의 산업잠재력을 100으로 하여 계산한 수치임

〈표 3〉 주요 참전국의 군사비 지출

(단위 : 백만 달러)

연도 / 국가	1930	1934	1938
A	722	3,479	5,429
B	699	803	1,131
C	162	709	7,415
D	218	292	1,740
E	498	707	919
F	512	540	1,863
G	266	455	746

〈보 기〉

ㄱ. 1913년에 비해 1920년에 A, C, E, F, G국의 인구는 모두 감소한 반면, B, D국의 인구는 모두 증가하였다.
ㄴ. 1920년에 비해 1938년에 주요 참전국의 인구는 모두 증가하였다.
ㄷ. 1880~1938년 동안 A국을 제외한 주요 참전국의 산업잠재력은 모두 지속적으로 증가하였다.
ㄹ. 1930년 대비 1938년의 군사비 지출 증가율이 가장 높은 국가는 C국이고, 가장 낮은 국가는 B국이다.
ㅁ. 1938년을 기준으로 볼 때, 제2차 세계대전 승전동맹(A, B, E, F국)의 산업잠재력의 합과 군사비 지출의 합은 패전동맹(C, D, G국)에 비해 모두 더 컸다.

① ㄱ, ㄴ, ㄷ
② ㄱ, ㄷ, ㄹ
③ ㄱ, ㄷ, ㅁ
④ ㄴ, ㄹ, ㅁ
⑤ ㄷ, ㄹ, ㅁ

문 7. 다음 〈표〉는 증권선물거래소에 상장된 기업의 전년 대비 신용등급변동 건수 366건에 대한 자료이다. 이에 대한 설명 중 옳은 것은? 07 행시(인) 09번

〈표 1〉 연도별 신용등급변동 현황

(단위 : 건, %)

구분	등급변동 건수			등급변동 비율		
	상향	하향	합	상향	하향	합
1992	3	5	8	0.82	1.37	2.19
1993	7	1	8	1.91	0.27	2.19
1994	4	9	13	1.09	2.46	3.55
1995	7	17	24	1.91	4.64	6.56
1996	5	13	18	1.37	3.55	4.92
1997	0	66	66	0.00	18.03	18.03
1998	4	22	26	1.09	6.01	7.10
1999	22	20	42	6.01	5.46	11.48
2000	32	17	49	8.74	4.64	13.39
2001	28	17	45	7.65	4.64	12.30
2002	23	6	29	6.28	1.64	7.92
2003	28	10	38	7.65	2.73	10.38
계	163	203	366	44.54	55.46	100.00

※ 1) 등급상향(하향) 비율(%) $= \frac{\text{등급상향(하향) 건수}}{\text{366건}} \times 100$

2) 등급변동 비율은 소수 셋째 자리에서 반올림한 값임

〈표 2〉 신용등급변동 전후의 등급 비교표

(단위 : 건)

구분		변동 후 등급														
		AAA	AA+	AA	A+	A	BBB+	BBB	BB+	BB	B+	B	CCC	CC	C	D
변동 전 등급 (높음 ↑)	AAA		5	4	2	7				1						
	AA+	7		23	5	3	3	4		1						
	AA		21		11	6		6								1
	A+		1	13		5	5	4		3						
	A			4	28		5	7				1	1			
	BBB+				1	15		23	1	8						
	BBB					1	43		9	2		1				
	BB+						1	6		9	1	6			1	1
	BB							3	15		2	2	1	1	1	3
	B+											2				1
	B									4			2		3	1
	CCC														2	2
	CC														1	
	C															3
변동 전 등급 (↓ 낮음)	D															

※ BBB 이상은 투자적격등급이고, BB+ 이하는 투자부적격등급임

① 1998년 이전에는 매년 등급하향 비율이 등급상향 비율보다 높고, 1999년 이후에는 매년 등급상향 비율이 등급하향 비율보다 높다.

② 등급하향 건수 대비 등급상향 건수 비율이 가장 높은 해는 2002년이고, 가장 낮은 해는 1997년이다.

③ 투자부적격등급에서 투자적격등급으로 상향된 건수는 10건이고, 투자적격등급에서 투자부적격등급으로 하향된 건수는 이보다 많다.

④ 신용등급이 두 등급 이상 하향된 건수 중에서 12건은 D등급으로 하향되었다.

⑤ 〈표 2〉의 중심대각선보다 두 칸 아래에 위치한 건수의 합인 15건은 신용등급이 두 등급 하향되었고, 세 등급 이상 하향된 건수는 0이다.

문 8. 다음 〈표〉는 1919~1937년 동안 일제강점기 조선총독부의 보통문관시험에 관한 자료이다. 이에 대한 〈보기〉의 설명 중 옳지 않은 것을 모두 고르면?

07 행시(인) 10번

〈표〉 연도별 보통문관시험 응시자, 합격자, 임용자 현황

(단위 : 명, %)

구분 \ 연도	응시자 수	합격자 수			임용자 수					
		조선인 (A)	일본인 (B)	합 (C)	조선인		일본인		합	
					임용 (D)	임용률 (D/A)	임용 (E)	임용률 (E/B)	임용 (F)	임용률 (F/C)
1919	385	9	59	68	8	88.9	49	83.1	57	83.8
1920	404	9	59	68	6	66.7	50	84.7	56	82.4
1921	522	17	73	90	15	88.2	55	75.3	70	77.8
1922	551	16	89	105	13	81.3	73	82.0	86	81.9
1923	535	7	41	48	7	100.0	35	85.4	42	87.5
1924	544	8	37	45	7	87.5	26	70.3	33	73.3
1925	485	7	21	28	6	85.7	18	85.7	24	85.7
1926	457	7	34	41	7	100.0	27	79.4	34	82.9
1927	476	5	21	26	4	80.0	18	85.7	22	84.6
1928	511	3	24	27	2	66.7	23	95.8	25	92.6
1929	415	5	15	20	2	40.0	14	93.3	16	80.0
1930	405	17	27	44	12	70.6	23	85.2	35	79.5
1931	426	21	29	50	14	66.7	24	82.8	38	76.0
1932	544	23	30	53	18	78.3	26	86.7	44	83.0
1933	726	40	67	107	25	62.5	47	70.1	72	67.3
1934	938	55	51	106	30	54.5	39	76.5	69	65.1
1935	1,005	34	22	56	16	47.1	16	72.7	32	57.1
1936	1,098	33	26	59	15	45.5	20	76.9	35	59.3
1937	1,144	69	42	111	17	24.6	25	59.5	42	37.8
계	11,571	385	767	1,152	224	58.2	608	79.3	832	72.2

※ 응시자는 조선인과 일본인으로 구성됨

〈보 기〉

ㄱ. 1920~1932년 동안 보통문관시험 응시자 수는 매년 400명에서 600명 사이였으나, 1934년에 1,000명을 넘어선 후 1937년까지 지속적으로 증가했다.

ㄴ. 1919~1929년 동안 합격자 수 대비 조선인 합격자 수의 비율은 매년 20%에 미치지 못했으나, 1934년부터는 매년 50% 이상을 차지하였다.

ㄷ. 조사기간 동안 보통문관시험에 합격했지만 임용되지 못한 전체 인원은 조선인이 일본인보다 많았다.

ㄹ. 조사기간 동안의 전체 임용자 수는 일본인이 조선인의 2.5배 이상이었고 전체 합격자 수는 일본인이 조선인의 약 2배였다.

ㅁ. 조사기간 동안 조선인과 일본인의 전체 임용률은 각각 58.2%, 79.3%이었고, 매년 일본인의 임용률이 조선인의 임용률보다 높았다.

① ㄱ, ㄴ

② ㄱ, ㄴ, ㅁ

③ ㄱ, ㄹ, ㅁ

④ ㄴ, ㄷ, ㄹ

⑤ ㄷ, ㄹ, ㅁ

문 9. 다음 〈표〉는 주요 도시의 대기 오염도에 대한 자료이다. 이에 대한 〈보기〉의 설명 중 옳은 것을 모두 고르면?

07 행시(인) 11번

〈표〉 주요 도시의 대기 오염도

구분 \ 연도 \ 도시	연평균 아황산가스 오염도(ppm)				연평균 오존 오염도 (ppm)				빗물의 연중최저 pH			
	2002	2003	2004	2005	2002	2003	2004	2005	2002	2003	2004	2005
A	0.019	0.006	0.005	0.005	0.014	0.017	0.014	0.013	5.4	4.8	4.9	4.5
B	0.023	0.010	0.006	0.007	0.014	0.022	0.023	0.024	5.2	4.9	4.9	5.0
C	0.038	0.009	0.006	0.006	0.015	0.019	0.020	0.022	5.7	5.8	4.8	5.3
D	0.022	0.008	0.007	0.007	0.014	0.019	0.018	0.020	6.0	5.0	4.7	4.6
E	0.013	0.006	0.004	0.004	0.015	0.017	0.018	0.022	5.8	5.2	5.0	5.2
F	0.021	0.007	0.004	0.005	0.014	0.020	0.018	0.019	5.7	4.7	4.7	4.8
G	0.030	0.013	0.011	0.010	0.014	0.021	0.020	0.022	5.4	5.0	5.0	5.1

※ 1) 연평균 아황산가스 오염도의 적정 환경기준치는 0.02ppm 이하임
2) 연평균 오존 오염도의 적정 환경기준치는 0.06ppm 이하임
3) 빗물의 연중최저 pH 적정 환경기준치는 pH 5.6 이상임
4) 산도는 pH에 의해서만 결정되며, pH가 낮을수록 산도는 높아짐

〈보 기〉

ㄱ. 2003~2005년 동안 매년 연평균 아황산가스 오염도가 가장 높은 도시는 G이고, 동일 기간 동안 매년 연평균 오존 오염도가 가장 높은 도시는 B이다.

ㄴ. 2005년의 경우, 연평균 오존 오염도가 가장 낮고 빗물의 연중최고 산도가 가장 높은 도시는 연평균 아황산가스 오염도가 가장 낮은 도시와 동일하다.

ㄷ. 연평균 오존 오염도가 매년 지속적으로 높아진 도시는 B, C, E이고, 빗물의 연중최고 산도가 매년 지속적으로 높아진 도시는 D이다.

ㄹ. 2002년과 2005년을 비교하였을 때, 연평균 아황산가스 오염도의 감소폭이 가장 큰 도시는 D이고 가장 작은 도시는 E이다.

ㅁ. 2002~2005년 동안 연평균 오존 오염도는 모든 도시에서 적정 환경기준치를 벗어나지 않았으나, 2004년과 2005년에 빗물의 연중최저 pH는 모든 도시에서 적정 환경기준치를 벗어났다.

① ㄱ, ㄴ, ㄹ

② ㄱ, ㄷ, ㄹ

③ ㄱ, ㄷ, ㅁ

④ ㄴ, ㄷ, ㅁ

⑤ ㄷ, ㄹ, ㅁ

문 10. 다음 〈표〉는 조선 전기 사절 파견 횟수에 관한 자료이다. 이에 대한 〈보기〉의 설명 중 옳지 않은 것을 모두 고르면?

08 행시(열) 23번

〈표 1〉 조선 전기 사절 파견 횟수

(단위 : 회)

구분	태조	정종	태종	세종	문종	단종	세조	예종	성종
조선 → 명	61	9	136	201	13	20	102	8	69
명 → 조선	9	0	50	36	2	3	9	1	8
조선 → 일본	7	2	24	15	0	2	4	0	6

〈표 2〉 조선 전기 일본에서 조선으로의 사절 파견 횟수

기간 \ 지역	1392~1409년	1410~1419년	1420~1443년	1444~1471년	1472~1494년
실정막부(室町幕府)	11	5	7	12	7
본주(本州)·사국(四國)	2	30	43	91	126
구주(九州)	39	55	178	184	320
비전(肥前)·일기(壹岐)	59	53	91	355	529
대마도(對馬島)	31	124	492	607	947
기타	11	2	7	5	0
계	153	269	818	1,254	1,929

〈보 기〉

ㄱ. 조선 전기에 조선에서 명으로 사절을 파견한 횟수가 명에서 조선으로 사절을 파견한 횟수보다 많다.

ㄴ. 일본에서 조선으로 사절을 파견한 횟수는 실정막부와 기타를 제외한 지역에서는 지속적으로 증가하였다.

ㄷ. 조선에서 일본 또는 명으로 사절을 파견한 횟수가 많은 왕부터 나열하면 세종, 태종, 세조, 성종, 태조, 단종, 문종, 정종, 예종 순이다.

ㄹ. 1392~1494년 사이에 일본에서 조선으로 사절을 파견한 횟수가 많은 지역부터 나열하면 대마도, 비전·일기, 구주, 본주·사국, 실정막부, 기타 순이다.

① ㄱ

② ㄴ

③ ㄴ, ㄷ

④ ㄴ, ㄹ

⑤ ㄱ, ㄷ, ㄹ

문 11. 다음 〈표〉는 A회사의 1990년과 2000년의 출신 지역 및 직급별 임직원 수에 대한 자료이다. 이에 대한 설명으로 옳지 않은 것은?

09 행시(기) 01번

〈표 1〉 1990년의 출신 지역 및 직급별 임직원 수

(단위 : 명)

직급 \ 지역	서울·경기도	강원도	충청북도	충청남도	경상북도	경상남도	전라북도	전라남도	합
이사	0	0	1	1	0	0	1	1	4
부장	0	0	1	0	0	1	1	1	4
차장	4	4	3	3	2	1	0	3	20
과장	7	0	7	4	4	5	11	6	44
대리	7	12	14	12	7	7	5	18	82
사원	19	38	41	37	11	12	4	13	175
계	37	54	67	57	24	26	22	42	329

〈표 2〉 2000년의 출신 지역 및 직급별 임직원 수

(단위 : 명)

직급 \ 지역	서울·경기도	강원도	충청북도	충청남도	경상북도	경상남도	전라북도	전라남도	합
이사	3	0	1	1	0	0	1	2	8
부장	0	0	2	0	0	1	1	0	4
차장	3	4	3	4	2	1	1	2	20
과장	8	1	14	7	6	7	18	14	75
대리	10	14	13	13	7	6	2	12	77
사원	12	35	38	31	8	11	2	11	148
계	36	54	71	56	23	26	25	41	332

① 출신 지역을 고려하지 않을 때, 1990년 대비 2000년에 직급별 인원의 증가율은 이사 직급에서 가장 크다.

② 출신 지역별로 비교할 때, 2000년의 경우 해당 지역 출신 임직원 중 과장의 비율은 전라북도가 가장 높다.

③ 1990년에 비해 2000년에 과장의 수는 증가하였다.

④ 1990년과 2000년 모두 충청북도 출신의 임직원이 가장 많다.

⑤ 1990년에 비해 2000년에 대리의 수가 늘어난 출신 지역은 대리의 수가 줄어든 출신 지역에 비해 많다.

문 12. 다음 〈표〉는 2006년 부담 주체별 대학 등록금 현황 및 2005년과 2006년의 정부부담 장학금 현황을 나타낸 것이다. 이 〈표〉에 대한 설명으로 옳지 않은 것은? 09 행시(기) 33번

〈표 1〉 2006년 부담 주체별 대학 등록금 현황

(단위 : 조 원)

총 등록금	정부		대학, 기업체	본인, 학부모
	학자금 대출	장학금		
12.5	3.0	0.4	2.3	6.8

〈표 2〉 정부부담 장학금 현황

(단위 : 억 원, 명, %)

지급부처	장학사업명	장학금		수혜인원(2006년)	
		2005년	2006년	인원	전년 대비 증가율
A	기초생활수급자	600	700	18,000	10
	이공계	900	820	15,000	−20
	지역대학 우수학생	20	40	2,000	100
	지방대 인문계열	400	500	2,300	200
	전문대 근로장학	60	80	5,000	50
B	영농희망	150	230	1,000	250
	성적우수	250	400	2,000	50
C	보훈장학	80	180	500	−10
	군자녀 장학	200	260	11,000	−50
D	군장학생	300	360	2,200	30
E	직업능력개발	200	300	2,500	50
F	새터민 장학	60	130	500	60
계		3,220	4,000	62,000	

① 2006년 총 등록금 중 정부부담 비율은 30% 미만이다.

② 2006년 A부처의 기초생활수급자 장학금과 이공계 장학금을 합친 금액은 총 등록금의 1% 이상이다.

③ 2006년 A부처의 장학금은 전체 정부부담 장학금의 50% 이상이다.

④ 2005년 정부부담 장학금 중 장학금 수혜인원이 가장 많은 장학금은 C부처의 군자녀 장학금이다.

⑤ 2006년 정부부담 장학금 중 전년 대비 증가율이 가장 큰 장학금은 F부처의 새터민 장학금이다.

문 13. 다음 〈표〉는 1999~2007년 서울시 거주 외국인의 국적별 인구 분포 자료이다. 이에 대한 〈보기〉의 설명 중 옳은 것을 모두 고르면? 10 행시(인) 01번

국적＼연도	1999	2000	2001	2002	2003	2004	2005	2006	2007
대만	3,011	2,318	1,371	2,975	8,908	8,899	8,923	8,974	8,953
독일	1,003	984	937	997	696	681	753	805	790
러시아	825	1,019	1,302	1,449	1,073	927	948	979	939
미국	18,763	16,658	15,814	16,342	11,484	10,959	11,487	11,890	11,810
베트남	841	1,083	1,109	1,072	2,052	2,216	2,385	3,011	3,213
영국	836	854	977	1,057	828	848	1,001	1,133	1,160
인도	491	574	574	630	836	828	975	1,136	1,173
일본	6,332	6,703	7,793	7,559	6,139	6,271	6,710	6,864	6,732
중국	12,283	17,432	21,259	22,535	52,572	64,762	77,881	119,300	124,597
캐나다	1,809	1,795	1,909	2,262	1,723	1,893	2,084	2,300	2,374
프랑스	1,180	1,223	1,257	1,360	1,076	1,015	1,001	1,002	984
필리핀	2,005	2,432	2,665	2,741	3,894	3,740	3,646	4,038	4,055
호주	838	837	868	997	716	656	674	709	737
서울시 전체	57,189	61,920	67,908	73,228	102,882	114,685	129,660	175,036	180,857

※ 2개 이상 국적을 보유한 자는 없는 것으로 가정함

〈보 기〉

ㄱ. 서울시 거주 인도국적 외국인 수는 2001~2007년 사이에 매년 증가하였다.

ㄴ. 2006년 서울시 거주 전체 외국인 중 중국국적 외국인이 차지하는 비중은 60% 이상이다.

ㄷ. 〈표〉에 제시된 국적 중 2000~2007년 사이에 서울시 거주 외국인 수가 매년 증가한 국적은 3개이다.

ㄹ. 1999년 서울시 거주 전체 외국인 중 일본국적 외국인과 캐나다국적 외국인의 합이 차지하는 비중은 2006년 서울시 거주 전체 외국인 중 대만국적 외국인과 미국국적 외국인의 합이 차지하는 비중보다 크다.

① ㄱ, ㄴ

② ㄱ, ㄷ

③ ㄴ, ㄷ

④ ㄴ, ㄹ

⑤ ㄷ, ㄹ

문 14. 다음 〈표〉는 2008년과 2009년의 대학수학능력시험 자료를 정리한 것이다. 이에 대한 〈보기〉의 설명 중 옳은 것을 모두 고르면? 10 행시(인) 14번

〈표 1〉 지역별 대학수학능력시험 4개 영역 1~4등급 비율

(단위 : %)

지역	2008년				2009년			
	언어	수리(가)	수리(나)	외국어	언어	수리(가)	수리(나)	외국어
A	47.1	64.9	52.8	49.0	47.7	54.2	54.0	48.8
B	35.3	40.3	41.6	36.5	36.3	42.6	42.3	36.4
C	40.8	29.4	37.6	41.1	42.7	28.4	39.6	43.0
D	36.3	31.6	33.2	35.2	37.4	36.6	35.9	36.4
E	48.5	47.2	52.0	48.3	49.1	47.2	53.8	47.0

〈표 2〉 지역별 대학수학능력시험 4개 영역 5~6등급 비율

(단위 : %)

지역	2008년				2009년			
	언어	수리(가)	수리(나)	외국어	언어	수리(가)	수리(나)	외국어
A	39.7	29.6	36.0	39.2	38.5	37.4	34.4	39.5
B	44.7	44.5	43.6	46.4	43.9	43.8	44.3	47.7
C	42.1	42.3	45.0	42.0	40.9	44.5	43.5	41.4
D	38.7	34.5	42.7	38.4	37.5	33.1	41.9	38.4
E	35.9	39.0	34.5	37.8	36.7	40.9	34.7	40.6

〈표 3〉 지역별 대학수학능력시험 4개 영역 7~9등급 비율

(단위 : %)

지역	2008년				2009년			
	언어	수리(가)	수리(나)	외국어	언어	수리(가)	수리(나)	외국어
A	13.2	5.5	11.2	11.8	13.8	8.4	11.6	11.7
B	20.0	15.2	14.8	17.1	19.8	13.6	13.4	15.9
C	17.1	28.3	17.4	16.9	16.4	27.1	16.9	15.6
D	25.0	33.9	24.1	26.4	25.1	30.3	22.2	25.2
E	15.6	13.8	13.5	13.9	14.2	11.9	11.5	12.4

〈보 기〉

ㄱ. 2008년 수리(가)영역에서 A지역은 C지역보다 1~4등급을 받은 학생 수가 2배 이상이다.

ㄴ. 2009년 대학수학능력시험 4개 영역 중 1~4등급 비율이 가장 높은 지역과 가장 낮은 지역 간 비율 차이가 가장 작은 영역은 언어영역이다.

ㄷ. A지역의 2009년 수리(가)영역에서 1~4등급을 받은 학생 수는 7~9등급을 받은 학생 수의 5배 이상이다.

ㄹ. 2009년 언어영역에서 1~4등급, 5~6등급, 7~9등급 비율 중 가장 큰 값과 가장 작은 값의 차이가 가장 적은 지역은 D지역이다.

① ㄱ, ㄴ
② ㄱ, ㄷ
③ ㄱ, ㄹ
④ ㄴ, ㄷ
⑤ ㄷ, ㄹ

문 15. 다음 〈표〉는 서울 및 수도권 지역의 가구를 대상으로 난방방식 현황 및 난방연료 사용현황에 대해 조사한 자료이다. 이에 대한 〈보기〉의 설명 중 옳은 것을 모두 고르면?

10 행시(인) 26번

〈표 1〉 난방방식 현황

(단위 : %)

종류	서울	인천	경기남부	경기북부	전국평균
중앙난방	22.3	13.5	6.3	11.8	14.4
개별난방	64.3	78.7	26.2	60.8	58.2
지역난방	13.4	7.8	67.5	27.4	27.4

〈표 2〉 난방연료 사용현황

(단위 : %)

종류	서울	인천	경기남부	경기북부	전국평균
도시가스	84.5	91.8	33.5	66.1	69.5
LPG	0.1	0.1	0.4	3.2	1.4
등유	2.4	0.4	0.8	3.0	2.2
열병합	12.6	7.4	64.3	27.1	26.6
기타	0.4	0.3	1.0	0.6	0.3

〈보 기〉

ㄱ. 경기북부지역의 경우, 도시가스를 사용하는 가구 수가 등유를 사용하는 가구 수의 20배 이상이다.

ㄴ. 서울과 인천지역에서는 다른 난방연료보다 도시가스를 사용하는 비율이 높다.

ㄷ. 지역난방을 사용하는 가구 수는 서울이 인천의 2배 이하이다.

ㄹ. 경기지역은 남부가 북부보다 지역난방을 사용하는 비율이 낮다.

① ㄱ, ㄴ
② ㄱ, ㄷ
③ ㄱ, ㄹ
④ ㄴ, ㄹ
⑤ ㄷ, ㄹ

문 16. 다음 〈표〉는 A자치구가 관리하는 전체 13개 문화재 보수공사 추진현황을 정리한 자료이다. 이에 대한 설명 중 옳은 것은?

10 행시(인) 34번

〈표〉 A자치구 문화재 보수공사 추진현황

(단위 : 백만 원)

문화재 번호	공사내용	사업비				공사기간	공정
		국비	시비	구비	합		
1	정전 동문보수	700	300	0	1,000	2008.1.3~2008.2.15	공사 완료
2	본당 구조보강	0	1,106	445	1,551	2006.12.16~2008.10.31	공사 완료
3	별당 해체보수	0	256	110	366	2007.12.28~2008.11.26	공사 중
4	마감공사	0	281	49	330	2008.3.4~2008.11.28	공사 중
5	담장보수	0	100	0	100	2008.8.11~2008.12.18	공사 중
6	관리실 신축	0	82	0	82	계획 중	
7	대문 및 내부 담장 공사	17	8	0	25	2008.11.17~2008.12.27	공사 중
8	행랑채 해체보수	45	45	0	90	2008.11.21~2009.6.19	공사 중
9	벽면보수	0	230	0	230	2008.11.10~2009.9.6	공사 중
10	방염공사	9	9	0	18	2008.11.23~2008.12.24	공사 중
11	수방 · 전기공사	0	170	30	200	계획 중	
12	경관조명 설치	44	44	0	88	계획 중	
13	단청보수	67	29	0	96	계획 중	

※ 공사는 제시된 공사기간에 맞춰 완료하는 것으로 가정함

① 이 표가 작성된 시점은 2008년 11월 10일 이전이다.

② 전체 사업비 중 시비와 구비의 합은 전체 사업비의 절반 이하이다.

③ 사업비의 80% 이상을 시비로 충당하는 문화재 수는 전체의 50% 이상이다.

④ 공사 중인 문화재 사업비 합은 공사 완료된 문화재 사업비 합의 50% 이상이다.

⑤ 국비를 지원 받지 못하는 문화재 수는 구비를 지원 받지 못하는 문화재 수보다 적다.

문 17. 다음 〈표〉는 2003~2008년 사이 각국에서 발생한 조류 인플루엔자 감염자 수와 사망자 수를 나타낸 것이다. 이에 대한 〈보기〉의 설명 중 옳은 것을 모두 고르면?

10 행시(인) 35번

〈표〉 국가별 조류 인플루엔자 감염자 수 및 사망자 수

(단위 : 명)

구분	2003년		2004년		2005년		2006년		2007년		2008년		합	
	감염	사망	감염	사망	감염	사망	감염	사망	감염	사망	감염	사망	감염	사망
아제르바이잔	0	0	0	0	0	0	8	5	0	0	0	0	8	5
캄보디아	0	0	0	0	4	4	2	2	1	1	0	0	7	7
중국	1	1	0	0	8	5	13	8	5	3	3	3	30	20
지부티	0	0	0	0	0	0	1	0	0	0	0	0	1	0
이집트	0	0	0	0	0	0	18	10	25	9	7	3	50	22
인도네시아	0	0	0	0	20	13	55	45	42	37	16	13	133	108
이라크	0	0	0	0	0	0	3	2	0	0	0	0	3	2
라오스	0	0	0	0	0	0	0	0	2	2	0	0	2	2
미얀마	0	0	0	0	0	0	0	0	1	0	0	0	1	0
나이지리아	0	0	0	0	0	0	0	0	1	1	0	0	1	1
파키스탄	0	0	0	0	0	0	0	0	3	1	0	0	3	1
태국	0	0	17	12	5	2	3	3	0	0	0	0	25	17
터키	0	0	0	0	0	0	12	4	0	0	0	0	12	4
베트남	3	3	29	20	61	19	0	0	8	5	5	5	106	52
전체	4	4	46	32	98	43	115	79	88	59	31	24	382	241

※ 감염자 수에는 사망자 수가 포함되어 있음

〈보 기〉

ㄱ. 2003~2008년 사이 오직 한 해에만 사망자가 발생한 나라는 6개국이다.

ㄴ. 2003~2008년 사이 중국과 인도네시아의 감염자 수 합은 매년 전체 감염자 수의 50% 이상을 차지한다.

ㄷ. 2003년~2008년 사이 총 감염자 수 대비 총 사망자 수 비율이 50% 이상인 나라는 7개국이다.

ㄹ. 2005년 태국과 베트남의 감염자 수 합은 2005년 전체 감염자 수의 65% 이상이다.

ㅁ. 2006~2008년 사이 이집트와 인도네시아의 총 감염자 수 합은 같은 기간 전체 감염자 수의 50% 이상이다.

① ㄱ, ㄴ, ㄷ

② ㄱ, ㄷ, ㅁ

③ ㄱ, ㄹ, ㅁ

④ ㄴ, ㄷ, ㄹ

⑤ ㄴ, ㄹ, ㅁ

문 18. 다음 〈표〉는 중소기업의 정보화 수준에 대한 자료이다. 이에 대한 〈보기〉의 설명 중 옳은 것을 모두 고르면?

11 민간실험(재) 02번

〈표〉 연도별 · 업종별 중소기업의 정보화 수준

(단위 : 점)

연도 \ 업종	기계금속	전기전자	섬유화학	정보통신	건설	전체
2008	48.8	47.0	56.5	56.9	47.7	50.3 (71.7)
2009	50.1	51.9	52.8	57.4	52.1	51.4 (73.0)
2010	52.9	55.4	50.3	58.0	50.9	52.0 (70.7)

※ 1) ( )은 '대기업의 정보화 수준'임
2) 정보화 수준 점수가 높을수록 정보화 수준이 높음을 의미함

〈보 기〉

ㄱ. 2008년 대비 2010년 중소기업 정보통신 업종의 정보화 수준 상승률은 2008년 대비 2010년 중소기업 전체의 정보화 수준 상승률보다 높다.

ㄴ. 중소기업 정보화 수준을 업종별로 순위를 매겼을 때 전기전자 업종은 그 순위가 매년 상승하였다.

ㄷ. 2009년과 2010년의 경우 '대기업의 정보화 수준'이 전년과 비교하여 증감한 방향은 건설 업종과 일치한다.

ㄹ. 중소기업의 정보화 수준은 섬유화학 업종을 제외한 모든 업종에서 매년 향상되었다.

① ㄱ, ㄴ
② ㄱ, ㄷ
③ ㄴ, ㄷ
④ ㄴ, ㄹ
⑤ ㄷ, ㄹ

문 19. 다음 〈표〉는 지역별 및 연령대별 흡연율에 관한 자료이다. 이에 대한 〈보기〉의 설명 중 옳은 것을 모두 고르면?

11 민간실험(재) 03번

〈표〉 지역별 · 연령대별 흡연율

(단위 : %)

지역	평균	연령대				
		20대	30대	40대	50대	60대 이상
A	24.4	28.4	24.8	27.4	20.0	16.2
B	24.2	21.5	31.4	29.9	18.7	18.4
C	23.1	18.9	27.0	27.2	25.4	17.6
D	23.0	28.0	30.1	27.9	15.6	2.7
E	21.8	30.0	27.5	22.4	10.8	9.1
F	19.9	24.2	25.2	19.3	18.9	18.4
G	17.8	13.1	25.4	22.5	19.9	16.5
H	17.5	22.2	16.1	18.2	18.2	15.8
I	16.4	11.6	25.4	13.4	16.2	13.9
J	15.6	14.0	22.2	18.8	11.6	9.4
전국 평균	22.9	25.5	29.6	24.9	19.8	12.3

〈보 기〉

ㄱ. 지역 평균 흡연율이 전국 평균 흡연율보다 높은 지역은 4개이다.

ㄴ. 40대를 기준으로 흡연율이 가장 높은 지역과 20대를 기준으로 흡연율이 가장 높은 지역은 다르다.

ㄷ. I지역은 J지역보다 20대와 30대 흡연자 수의 차이가 더 크다.

ㄹ. 각 지역의 연령대 흡연율 순위가 전국 평균의 연령대 흡연율 순위와 동일한 지역은 3개이다.

① ㄱ, ㄴ
② ㄱ, ㄷ
③ ㄷ, ㄹ
④ ㄱ, ㄴ, ㄹ
⑤ ㄴ, ㄷ, ㄹ

문 20. 다음 〈표〉는 개방형직위 충원 현황에 대한 자료이다. 이에 대한 설명으로 옳은 것은? 11 민간실험(재) 17번

〈표 1〉 2006년도 개방형직위 충원 현황

(단위 : 명, %)

개방형 총 직위 수	미충원 직위 수	충원 직위 수	내부 임용	외부 임용		
				민간인	타부처	소계
165	22	143 (100.0)	81 (56.6)	54 (37.8)	8 (5.6)	62 (43.4)

〈표 2〉 연도별 개방형직위 충원 현황

(단위 : 명, %)

연도	개방형 총 직위 수	충원 직위 수				
		내부 임용	외부 임용			합계
			민간인	타부처	소계	
2000	130	54 (83.1)	11 (16.9)	0 (0.0)	11 (16.9)	65
2001	131	96 (83.5)	14 (12.2)	5 (4.3)	19 (16.5)	115
2002	139	95 (80.5)	18 (15.3)	5 (4.2)	23 (19.5)	118
2003	142	87 (70.2)	33 (26.6)	4 (3.2)	37 (29.8)	124
2004	154	75 (55.1)	53 (39.0)	8 (5.9)	61 (44.9)	136
2005	156	79 (54.1)	60 (41.1)	7 (4.8)	67 (45.9)	146

〈표 3〉 A부처와 B부처의 개방형직위 충원 현황

(단위 : 명, %)

구분	충원 직위 수	내부 임용	외부 임용		
			민간인	타부처	소계
A부처	201 (100.0)	117 (58.2)	72 (35.8)	12 (6.0)	84 (41.8)
B부처	182 (100.0)	153 (84.1)	22 (12.1)	7 (3.8)	29 (15.9)

① 미충원 직위 수는 매년 감소했다.
② 2001년도 이후 타 부처로부터의 충원 수는 매년 증가했다.
③ 2006년도 내부 임용은 개방형 총 직위 수의 50% 이상이었다.
④ A부처가 B부처에 비해 충원 직위 수는 많은 반면, 충원 직위 수 대비 내부 임용 비율은 낮았다.
⑤ 전년도에 비해 개방형 총 직위 수가 증가한 해에는 민간인 외부 임용 및 충원 직위 수 대비 민간인 외부 임용 비율도 증가했다.

문 21. 다음 〈표〉는 2004년부터 2010년까지 친환경 농산물 생산량에 대한 자료이다. 이에 대한 설명 중 옳은 것은? 11 민간(경) 06번

〈표〉 친환경 농산물 생산량 추이

(단위 : 백 톤)

구분	2004년	2005년	2006년	2007년	2008년	2009년	2010년
유기 농산물	1,721	2,536	2,969	4,090	7,037	11,134	15,989
무농약 농산물	6,312	9,193	10,756	14,345	25,368	38,082	54,687
저농약 농산물	13,766	20,198	23,632	22,505	18,550	–	–
계	21,799	31,927	37,357	40,940	50,955	49,216	70,676

※ 1) 모든 친환경 농산물은 유기, 무농약, 저농약 중 한 가지 인증을 받아야 함
2) 단, 2007년 1월 1일부터 저농약 신규 인증은 중단되며, 2009년 1월 1일부터 저농약 인증 자체가 폐지됨

① 저농약 신규 인증 중단 이후 친환경 농산물 총 생산량은 매년 감소하였다.
② 저농약 인증 폐지 전 저농약 농산물 생산량은 매년 친환경 농산물 총 생산량의 절반 이상을 차지하였다.
③ 저농약 신규 인증 중단 이후 매년 무농약 농산물 생산량은 친환경 농산물 총 생산량의 50% 이상을 차지하였다.
④ 2005년 이후 전년에 비해 친환경 농산물 총 생산량이 처음으로 감소한 시기는 저농약 인증이 폐지된 해이다.
⑤ 2005년 이후 전년에 비해 무농약 농산물 생산량의 증가폭이 가장 큰 시기는 2008년이다.

문 22. 다음 〈표〉는 조업방법별 어업생산량과 어종별 양식어획량에 대한 자료이다. 이에 대한 설명 중 옳지 않은 것은?

11 민간(경) 14번

〈표 1〉 조업방법별 어업생산량

(단위 : 만 톤)

조업방법 \ 연도	2005	2006	2007	2008	2009
해면어업	109.7	110.9	115.2	128.5	122.7
양식어업	104.1	125.9	138.6	138.1	131.3
원양어업	55.2	63.9	71.0	66.6	60.5
내수면어업	2.4	2.5	2.7	2.9	3.0
계	271.4	303.2	327.5	336.1	317.5

※ 조업방법은 해면어업, 양식어업, 원양어업, 내수면어업으로 이루어짐

〈표 2〉 어종별 양식어획량

(단위 : 백만 마리)

어종 \ 연도	2005	2006	2007	2008	2009
조피볼락	367	377	316	280	254
넙치류	97	94	97	98	106
감성돔	44	50	48	46	35
참돔	53	32	26	45	37
숭어	33	35	30	26	29
농어	20	17	13	15	14
기타 어류	28	51	39	36	45
계	642	656	569	546	520

① 총 어업생산량의 전년 대비 증가율은 2007년이 2008년보다 크다.

② 2005년부터 2009년까지 어업생산량이 매년 증가한 조업방법은 내수면어업이다.

③ 2005년부터 2009년까지 연도별 총 양식어획량에서 조피볼락이 차지하는 비율은 매년 50% 이상이다.

④ 기타 어류를 제외하고, 2009년 양식어획량이 전년 대비 감소한 어종 중 감소율이 가장 작은 어종은 농어이다.

⑤ 기타 어류를 제외하고, 양식어획량이 많은 어종을 순서대로 나열하면, 2005년의 순서와 2009년의 순서는 동일하다.

문 23. 다음 〈표〉는 세계 38개 국가의 공적연금 체계를 비교한 자료이다. 이에 대한 설명 중 옳지 않은 것은?

12 민간(인) 07번

〈표〉 세계 38개 국가의 공적연금 체계 비교

본인부담 여부	부담 방식				비부담 방식		해당국가
사회기여 방식	사회 보험식		퇴직 준비 금식	강제 가입식	사회 수당식	사회 부조식	
급여방식 / 체계	정액 급여	소득 비례 급여	기여 비례 급여	기여 비례 급여	정액 급여	보충 급여	
일원체계	○						네덜란드, 아이슬란드
		○					독일, 오스트리아, 미국, 스페인, 포르투갈, 중국, 한국
					○		뉴질랜드, 브루나이
						○	호주, 남아프리카공화국
			○				싱가포르, 말레이시아, 인도, 인도네시아
이원체계	○	○					일본, 영국, 노르웨이, 핀란드
	○					○	아일랜드
		○				○	이탈리아, 스웨덴, 프랑스, 벨기에, 불가리아, 루마니아, 스위스
		○		○			칠레, 멕시코, 아르헨티나, 페루, 콜롬비아
삼원체계	○	○				○	이스라엘, 라트비아
	○				○	○	덴마크
		○			○	○	캐나다

※ 'ㅇ'은 해당 국가에서 해당 방식을 도입한 것을 의미함

① 기여비례급여를 도입한 국가는 모두 9개이다.

② 삼원체계로 분류된 국가 중 비부담 방식을 도입한 국가는 4개이다.

③ 일원체계로 분류된 국가의 수와 이원체계로 분류된 국가의 수는 같다.

④ 보충급여를 도입한 국가의 수는 소득비례급여를 도입한 국가의 수보다 많다.

⑤ 정액급여를 도입한 국가의 경우, 일원체계로 분류된 국가의 수는 이원체계로 분류된 국가의 수보다 적다.

문 24. 다음 〈표〉는 2004~2011년 참여공동체 및 참여어업인 현황에 대한 자료이다. 이에 대한 설명 중 옳지 않은 것은?

12 민간(인) 08번

〈표 1〉 어업유형별 참여공동체 현황

(단위 : 개소)

어업유형 \ 연도	2004	2005	2006	2007	2008	2009	2010	2011
마을어업	32	61	159	294	341	391	438	465
양식어업	11	15	46	72	78	80	85	89
어선어업	8	29	52	102	115	135	156	175
복합어업	12	17	43	94	102	124	143	153
내수면어업	0	0	8	17	23	28	41	50
전체	63	122	308	579	659	758	863	932

〈표 2〉 지역별 참여공동체 현황

(단위 : 개소)

지역 \ 연도	2004	2005	2006	2007	2008	2009	2010	2011
부산	1	4	5	15	15	18	21	25
인천	6	7	13	25	29	36	40	43
울산	1	3	10	15	15	16	18	20
경기	2	5	12	23	24	24	29	32
강원	7	15	21	39	47	58	71	82
충북	0	0	5	7	8	12	16	17
충남	4	10	27	49	50	63	74	82
전북	5	9	25	38	41	41	41	44
전남	20	32	99	184	215	236	258	271
경북	7	15	37	69	73	78	87	91
경남	8	16	33	76	100	134	163	177
제주	2	6	21	39	42	42	45	48
전체	63	122	308	579	659	758	863	932

〈표 3〉 참여어업인 현황

(단위 : 명)

구분 \ 연도	2004	2005	2006	2007	2008	2009	2010	2011
참여어업인	5,107	10,765	24,805	44,061	50,728	56,100	60,902	63,860

① 참여어업인은 매년 증가하였다.
② 2005년 전체 참여공동체 중 전남지역 참여공동체가 차지하는 비율은 30% 이상이다.
③ 충북지역을 제외하고, 2004년 대비 2011년 참여공동체 증가율이 가장 낮은 지역은 인천이다.
④ 2006년 이후 각 어업유형에서 참여공동체는 매년 증가하였다.
⑤ 참여공동체가 많은 지역부터 나열하면, 충남지역의 순위는 2009년과 2010년이 동일하다.

문 25. 다음 〈표〉는 2000~2007년 7개 도시 실질 성장률에 대한 자료이다. 이에 대한 설명으로 옳은 것은?

13 민간(인) 06번

〈표〉 7개 도시 실질 성장률

(단위 : %)

도시 \ 연도	2000	2001	2002	2003	2004	2005	2006	2007
서울	9.0	3.4	8.0	1.3	1.0	2.2	4.3	4.4
부산	5.3	7.9	6.7	4.8	0.6	3.0	3.4	4.6
대구	7.4	1.0	4.4	2.6	3.2	0.6	3.9	4.5
인천	6.8	4.9	10.7	2.4	3.8	3.7	6.8	7.4
광주	10.1	3.4	9.5	1.6	1.5	6.5	6.5	3.7
대전	9.1	4.6	8.1	7.4	1.6	2.6	3.4	3.2
울산	8.5	0.5	15.8	2.6	4.3	4.6	1.9	4.6

① 2005년 서울, 부산, 광주의 실질 성장률은 각각 2004년의 2배 이상이다.
② 2004년과 2005년 실질 성장률이 가장 높은 도시는 동일하다.
③ 2001년 각 도시의 실질 성장률은 2000년에 비해 감소하였다.
④ 2002년 대비 2003년 실질 성장률이 5%p 이상 감소한 도시는 모두 3개이다.
⑤ 2000년 실질 성장률이 가장 높은 도시가 2007년에는 실질 성장률이 가장 낮았다.

문 26. 다음 〈표〉는 2013년 어느 금요일과 토요일 A씨 부부의 전체 양육활동유형 9가지에 대한 참여시간을 조사한 자료이다. 이에 대한 설명으로 옳지 않은 것은? 13 민간(인) 16번

〈표〉 금요일과 토요일의 양육활동유형별 참여시간

(단위 : 분)

유형	금요일		토요일	
	아내	남편	아내	남편
위생	48	4	48	8
식사	199	4	234	14
가사	110	2	108	9
정서	128	25	161	73
취침	55	3	60	6
배설	18	1	21	2
외출	70	5	101	24
의료간호	11	1	10	1
교육	24	1	20	3

① 토요일에 남편의 참여시간이 가장 많았던 양육활동유형은 정서활동이다.

② 아내의 총 양육활동 참여시간은 금요일에 비해 토요일에 감소하였다.

③ 남편의 양육활동 참여시간은 금요일에는 총 46분이었고, 토요일에는 총 140분이었다.

④ 금요일에 아내는 식사, 정서, 가사, 외출활동의 순으로 양육활동 참여시간이 많았다.

⑤ 아내의 양육활동유형 중 금요일에 비해 토요일에 참여시간이 가장 많이 감소한 것은 교육활동이다.

문 27. 다음 〈표〉는 성별 · 연령대별 대중매체 선호비율을 나타낸 자료이다. 이에 대한 〈보기〉의 설명 중 옳은 것을 모두 고르면? 13 외교원(인) 01번

〈표〉 성별 · 연령대별 대중매체 선호비율

(단위 : %)

성별	대중매체	연령대		
		30대 이하	40~50대	60대 이상
여성	신문	10	25	50
	TV	30	35	40
	온라인	60	40	10
남성	신문	10	20	35
	TV	20	30	35
	온라인	70	50	30

〈보 기〉

ㄱ. 남녀 모두 TV 선호비율은 연령대가 높은 집단일수록 높다.
ㄴ. 40~50대에서 대중매체 선호비율 순위는 여성과 남성이 같다.
ㄷ. 연령대가 높은 집단일수록 신문 선호비율은 남성보다 여성에서 더 큰 폭으로 증가한다.
ㄹ. 30대 이하에서는 온라인을 선호하는 남성의 수가 여성의 수보다 많다.

① ㄱ, ㄷ
② ㄴ, ㄹ
③ ㄱ, ㄴ, ㄷ
④ ㄱ, ㄴ, ㄹ
⑤ ㄴ, ㄷ, ㄹ

문 28. 다음 〈표〉는 2007~2011년 국내 건강기능식품 생산에 관한 자료이다. 이에 대한 〈보기〉의 설명 중 옳은 것을 모두 고르면?

13 외교원(인) 05번

〈표 1〉 국내 건강기능식품 생산 현황

(단위 : 억 원, 톤)

연도 \ 구분	내수용		수출용		총 생산액	총 생산량
	생산액	생산량	생산액	생산량		
2007	6,888	10,239	346	339	7,234	10,578
2008	7,516	12,990	514	697	8,030	13,687
2009	9,184	19,293	415	592	9,599	19,885
2010	10,211	24,994	460	367	10,671	25,361
2011	13,126	39,611	556	647	13,682	40,258

〈표 2〉 국내 상위 10개 건강기능식품의 생산액

순위	품목 \ 연도	2007	2008	2009	2010	2011
1	홍삼	3,284	4,184	4,995	5,817	7,191
2	비타민 및 무기질	604	531	761	991	1,561
3	밀크씨슬	249	416	800	1,129	1,435
4	알로에	797	639	648	584	691
5	오메가-3	142	266	334	348	509
6	프로바이오틱스	174	190	254	317	405
7	수삼	348	413	364	341	381
8	감마리놀렌산	187	145	108	93	223
9	가르시니아 추출물	0	0	0	208	207
10	식이섬유	3	1	99	117	116

※ 순위는 2011년 생산액 기준임

〈보 기〉

ㄱ. 국내 건강기능식품의 총 생산액과 총 생산량은 각각 매년 증가하였다.

ㄴ. 국내 건강기능식품의 내수용 생산액은 매년 증가하였다.

ㄷ. 2011년 생산액 기준 국내 건강기능식품 상위 5개 품목은 각각 2011년의 생산액이 2007년의 두 배 이상이다.

ㄹ. 2011년 생산액 기준 국내 건강기능식품 상위 10개 품목 중 홍삼은 매년 생산액이 가장 많았다.

① ㄱ, ㄴ

② ㄱ, ㄹ

③ ㄴ, ㄷ

④ ㄱ, ㄴ, ㄹ

⑤ ㄴ, ㄷ, ㄹ

문 29. 다음 〈표〉는 '갑' 지역 A 교정시설 소년 수감자의 성격유형과 범죄의 관계에 대한 자료이다. 이에 대한 〈보기〉의 설명 중 옳은 것을 모두 고르면?

13 외교원(인) 21번

〈표 1〉 소년 수감자, 갑 지역 인구, 전국 인구의 성격유형 분포

(단위 : 명, %)

성격유형 \ 구분	소년 수감자 수	소년 수감자의 성격유형 구성비	갑 지역 인구의 성격유형 구성비	전국 인구의 성격유형 구성비
가	170	34.0	29.8	30.7
나	177	35.4	37.2	37.8
다	103	20.6	22.7	21.9
라	50	10.0	10.3	9.6

〈표 2〉 소년 수감자의 범죄유형별 성격유형 구성비

(단위 : %, 명)

성격유형 \ 범죄유형	강력범죄	도박	장물취득	기타범죄
가	44.4	53.6	31.4	29.9
나	27.8	25.0	39.0	35.6
다	19.4	17.9	19.7	22.6
라	8.4	3.5	9.9	11.9
소년 수감자 수	72	28	223	177

※ 1) 성격유형은 가, 나, 다, 라로만 구분함
2) 각 소년 수감자는 한 가지 범죄유형으로만 분류됨

〈보 기〉

ㄱ. 소년 수감자의 성격유형 구성비 순위는 전국 인구의 성격유형 구성비 순위와 동일하다.

ㄴ. 성격유형별로 각 범죄유형의 소년 수감자 수를 비교해보면, '가'형에서는 도박이 가장 많고 '다'형에서는 기타범죄가 가장 많다.

ㄷ. 전국 인구와 갑 지역 인구의 성격유형 구성비 차이가 가장 큰 성격유형이 기타범죄의 성격유형 구성비도 가장 크다.

ㄹ. '라'형 소년 수감자 중 강력범죄로 수감된 수감자 수는 기타범죄로 수감된 수감자 수보다 많다.

① ㄱ

② ㄱ, ㄷ

③ ㄴ, ㄷ

④ ㄱ, ㄴ, ㄹ

⑤ ㄴ, ㄷ, ㄹ

문 30. **다음 〈표〉는 2006~2011년 언어별 관광통역안내사 자격증 신규취득자 및 교육 현황을 나타낸 것이다. 이에 대한 〈보기〉의 설명 중 옳은 것을 모두 고르면?** 13 외교원(인) 22번

〈표 1〉 언어별 관광통역안내사 자격증 신규취득자 현황

(단위 : 명)

언어 / 연도	영어	일어	중국어	러시아어
2006	107	134	61	1
2007	108	136	51	2
2008	113	146	49	1
2009	116	165	51	1
2010	211	407	184	2
2011	156	357	370	5

〈표 2〉 관광통역안내사 교육 현황

(단위 : 건, 명)

연도	교육 건수	교육인원
2006	41	1,725
2007	18	754
2008	10	559
2009	6	750
2010	22	1,045
2011	25	1,315

〈보 기〉

ㄱ. 중국어 관광통역안내사 자격증 신규취득자 수는 매년 증가하였다.

ㄴ. 2007년 이후 영어와 일어 관광통역안내사 자격증 신규취득자 수의 전년 대비 증감 방향은 매년 같다.

ㄷ. 언어 중 일어 관광통역안내사 자격증 신규취득자 수가 매년 가장 많다.

ㄹ. 교육 건수당 교육인원이 가장 많은 해는 2009년이다.

① ㄱ

② ㄴ

③ ㄴ, ㄷ

④ ㄴ, ㄹ

⑤ ㄷ, ㄹ

문 31. **다음 〈표〉는 2006~2010년 '갑'국 연구개발비에 관한 자료이다. 이에 대한 설명으로 옳은 것은?** 14 민간(A) 08번

〈표〉 연도별 연구개발비

연도 / 구분		2006	2007	2008	2009	2010
연구개발비(십억 원)		27,346	31,301	34,498	37,929	43,855
	전년 대비 증가율(%)	13.2	14.5	10.2	9.9	15.6
	공공부담 비중(%)	24.3	26.1	26.8	28.7	28.0
인구 만 명당 연구개발비(백만 원)		5,662	6,460	7,097	7,781	8,452

※ 연구개발비=공공부담 연구개발비+민간부담 연구개발비

① 연구개발비의 공공부담 비중은 매년 증가하였다.

② 전년에 비해 인구 만 명당 연구개발비가 가장 많이 증가한 해는 2010년이다.

③ 2009년에 비해 2010년 '갑'국 인구는 증가하였다.

④ 전년 대비 연구개발비 증가액이 가장 작은 해는 2009년이다.

⑤ 연구개발비의 전년 대비 증가율이 가장 작은 해와 연구개발비의 민간부담 비중이 가장 큰 해는 같다.

문 32. 다음 〈표〉는 대학 졸업생과 산업체 고용주를 대상으로 12개 학습성과 항목별 보유도와 중요도를 설문조사한 자료이다. 이에 대한 설명으로 옳지 않은 것은? 14 민간(A) 20번

〈표〉 학습성과 항목별 보유도 및 중요도 설문결과

학습성과 항목	대학 졸업생		산업체 고용주	
	보유도	중요도	보유도	중요도
기본지식	3.7	3.7	4.1	4.2
실험능력	3.7	4.1	3.7	4.0
설계능력	3.2	3.9	3.5	4.0
문제해결능력	3.3	3.0	3.3	3.8
실무능력	3.6	3.9	4.1	4.0
협업능력	3.3	3.9	3.7	4.0
의사전달능력	3.3	3.9	3.8	3.8
평생교육능력	3.5	3.4	3.3	3.3
사회적 영향	3.1	3.6	3.2	3.3
시사지식	2.6	3.1	3.0	2.5
직업윤리	3.1	3.3	4.0	4.1
국제적 감각	2.8	3.7	2.8	4.0

※ 1) 보유도는 대학 졸업생과 산업체 고용주가 각 학습성과 항목에 대해 대학 졸업생이 보유하고 있다고 생각하는 정도를 조사하여 평균한 값임
2) 중요도는 대학 졸업생과 산업체 고용주가 각 학습성과 항목에 대해 중요하다고 생각하는 정도를 조사하여 평균한 값임
3) 값이 클수록 보유도와 중요도가 높음

① 대학 졸업생의 보유도와 중요도 간의 차이가 가장 큰 학습성과 항목과 산업체 고용주의 보유도와 중요도 간의 차이가 가장 큰 학습성과 항목은 모두 '국제적 감각'이다.
② 대학 졸업생 설문결과에서 중요도가 가장 높은 학습성과 항목은 '실험능력'이다.
③ 산업체 고용주 설문결과에서 중요도가 가장 높은 학습성과 항목은 '기본지식'이다.
④ 대학 졸업생 설문결과에서 보유도가 가장 낮은 학습성과 항목은 '시사지식'이다.
⑤ 학습성과 항목 각각에 대해 대학 졸업생 보유도와 산업체 고용주 보유도 차이를 구하면, 그 값이 가장 큰 학습성과 항목은 '실무능력'이다.

문 33. 다음 〈표〉는 2012년 지역별 PC 보유율과 인터넷 이용률에 관한 자료이다. 이에 대한 〈보기〉의 설명 중 옳은 것만을 모두 고르면? 15 민간(인) 11번

〈표〉 2012년 지역별 PC 보유율과 인터넷 이용률

(단위 : %)

구분 / 지역	PC 보유율	인터넷 이용률
서울	88.4	80.9
부산	84.6	75.8
대구	81.8	75.9
인천	87.0	81.7
광주	84.8	81.0
대전	85.3	80.4
울산	88.1	85.0
세종	86.0	80.7
경기	86.3	82.9
강원	77.3	71.2
충북	76.5	72.1
충남	69.9	69.7
전북	71.8	72.2
전남	66.7	67.8
경북	68.8	68.4
경남	72.0	72.5
제주	77.3	73.6

〈보 기〉

ㄱ. PC 보유율이 네 번째로 높은 지역은 인터넷 이용률도 네 번째로 높다.
ㄴ. 경남보다 PC 보유율이 낮은 지역의 인터넷 이용률은 모두 경남의 인터넷 이용률보다 낮다.
ㄷ. 울산의 인터넷 이용률은 인터넷 이용률이 가장 낮은 지역의 1.3배 이상이다.
ㄹ. PC 보유율보다 인터넷 이용률이 높은 지역은 전북, 전남, 경남이다.

① ㄱ, ㄴ
② ㄱ, ㄷ
③ ㄱ, ㄹ
④ ㄴ, ㄷ
⑤ ㄴ, ㄹ

문 34. 다음 〈표〉는 2004~2013년 5개 자연재해 유형별 피해금액에 관한 자료이다. 이에 대한 〈보기〉의 설명 중 옳은 것만을 모두 고르면? 15 민간(인) 16번

〈표〉 5개 자연재해 유형별 피해금액

(단위 : 억 원)

유형 \ 연도	2004	2005	2006	2007	2008	2009	2010	2011	2012	2013
태풍	3,416	1,385	118	1,609	9	0	1,725	2,183	8,765	17
호우	2,150	3,520	19,063	435	581	2,549	1,808	5,276	384	1,581
대설	6,739	5,500	52	74	36	128	663	480	204	113
강풍	0	93	140	69	11	70	2	0	267	9
풍랑	0	0	57	331	0	241	70	3	0	0
전체	12,305	10,498	19,430	2,518	637	2,988	4,268	7,942	9,620	1,720

〈보 기〉

ㄱ. 2004~2013년 강풍 피해금액 합계는 풍랑 피해금액 합계보다 작다.
ㄴ. 2012년 태풍 피해금액은 2012년 5개 자연재해 유형 전체 피해금액의 90% 이상이다.
ㄷ. 피해금액이 매년 10억 원보다 큰 자연재해 유형은 호우뿐이다.
ㄹ. 피해금액이 큰 자연재해 유형부터 순서대로 나열하면 2010년과 2011년의 순서는 동일하다.

① ㄱ, ㄴ
② ㄱ, ㄷ
③ ㄷ, ㄹ
④ ㄱ, ㄴ, ㄹ
⑤ ㄴ, ㄷ, ㄹ

문 35. 다음 〈표〉는 '가'국의 PC와 스마트폰 기반 웹 브라우저 이용에 대한 설문조사를 바탕으로, 2013년 10월~2014년 1월 동안 매월 이용률 상위 5종 웹 브라우저의 이용률 현황을 정리한 자료이다. 이에 대한 설명으로 옳은 것은? 15 민간(인) 24번

〈표 1〉 PC 기반 웹 브라우저

(단위 : %)

조사시기	2013년			2014년
웹 브라우저 종류	10월	11월	12월	1월
인터넷 익스플로러	58.22	58.36	57.91	58.21
파이어폭스	17.70	17.54	17.22	17.35
크롬	16.42	16.44	17.35	17.02
사파리	5.84	5.90	5.82	5.78
오페라	1.42	1.39	1.33	1.28
상위 5종 전체	99.60	99.63	99.63	99.64

※ 무응답자는 없으며, 응답자는 1종의 웹 브라우저만을 이용한 것으로 응답함

〈표 2〉 스마트폰 기반 웹 브라우저

(단위 : %)

조사시기	2013년			2014년
웹 브라우저 종류	10월	11월	12월	1월
사파리	55.88	55.61	54.82	54.97
안드로이드 기본 브라우저	23.45	25.22	25.43	23.49
크롬	6.85	8.33	9.70	10.87
오페라	6.91	4.81	4.15	4.51
인터넷 익스플로러	1.30	1.56	1.58	1.63
상위 5종 전체	94.39	95.53	95.68	95.47

※ 무응답자는 없으며, 응답자는 1종의 웹 브라우저만을 이용한 것으로 응답함

① 2013년 10월 전체 설문조사 대상 스마트폰 기반 웹 브라우저는 10종 이상이다.
② 2014년 1월 이용률 상위 5종 웹 브라우저 중 PC 기반 이용률 순위와 스마트폰 기반 이용률 순위가 일치하는 웹브라우저는 없다.
③ PC 기반 이용률 상위 5종 웹 브라우저의 이용률 순위는 매월 동일하다.
④ 스마트폰 기반 이용률 상위 5종 웹 브라우저 중 2013년 10월과 2014년 1월 이용률의 차이가 2%p 이상인 것은 크롬뿐이다.
⑤ 스마트폰 기반 이용률 상위 3종 웹 브라우저 이용률의 합은 매월 90% 이상이다.

문 36. 다음 〈표〉는 2012~2014년 A국 농축수산물 생산액 상위 10개 품목에 대한 자료이다. 이에 대한 〈보기〉의 설명 중 옳은 것만을 모두 고르면? 16 민간(5) 05번

〈표〉 A국 농축수산물 생산액 상위 10개 품목

(단위 : 억 원)

순위 \ 구분 \ 연도	2012		2013		2014	
	품목	생산액	품목	생산액	품목	생산액
1	쌀	105,046	쌀	85,368	쌀	86,800
2	돼지	23,720	돼지	37,586	돼지	54,734
3	소	18,788	소	31,479	소	38,054
4	우유	13,517	우유	15,513	닭	20,229
5	고추	10,439	닭	11,132	우유	17,384
6	닭	8,208	달걀	10,853	달걀	13,590
7	달걀	6,512	수박	8,920	오리	12,323
8	감귤	6,336	고추	8,606	고추	9,913
9	수박	5,598	감귤	8,108	인삼	9,412
10	마늘	5,324	오리	6,490	감귤	9,065
농축수산물 전체		319,678		350,889		413,643

〈보 기〉

ㄱ. 2013년에 비해 2014년에 감귤 생산액 순위는 떨어졌으나 감귤 생산액이 농축수산물 전체 생산액에서 차지하는 비중은 증가하였다.

ㄴ. 쌀 생산액이 농축수산물 전체 생산액에서 차지하는 비중은 매년 감소하였다.

ㄷ. 상위 10위 이내에 매년 포함된 품목은 7개이다.

ㄹ. 오리 생산액은 매년 증가하였다.

① ㄱ, ㄴ

② ㄱ, ㄹ

③ ㄴ, ㄷ

④ ㄴ, ㄹ

⑤ ㄷ, ㄹ

문 37. 다음 〈표〉는 OECD 주요 국가별 삶의 만족도 및 관련 지표를 나타낸 것이다. 이에 대한 설명으로 옳지 않은 것은? 17 민간(나) 01번

〈표〉 OECD 주요 국가별 삶의 만족도 및 관련 지표

(단위 : 점, %, 시간)

국가 \ 구분	삶의 만족도	장시간근로자 비율	여가 · 개인 돌봄시간
덴마크	7.6	2.1	16.1
아이슬란드	7.5	13.7	14.6
호주	7.4	14.2	14.4
멕시코	7.4	28.8	13.9
미국	7.0	11.4	14.3
영국	6.9	12.3	14.8
프랑스	6.7	8.7	15.3
이탈리아	6.0	5.4	15.0
일본	6.0	22.6	14.9
한국	6.0	28.1	14.6
에스토니아	5.4	3.6	15.1
포르투갈	5.2	9.3	15.0
헝가리	4.9	2.7	15.0

※ 장시간근로자비율은 전체 근로자 중 주 50시간 이상 근무한 근로자의 비율임

① 삶의 만족도가 가장 높은 국가는 장시간근로자비율이 가장 낮다.

② 한국의 장시간근로자비율은 삶의 만족도가 가장 낮은 국가의 장시간근로자비율의 10배 이상이다.

③ 삶의 만족도가 한국보다 낮은 국가들의 장시간근로자비율의 산술평균은 이탈리아의 장시간근로자비율보다 높다.

④ 여가 · 개인돌봄시간이 가장 긴 국가와 가장 짧은 국가의 삶의 만족도 차이는 0.3점 이하이다.

⑤ 장시간근로자비율이 미국보다 낮은 국가의 여가 · 개인돌봄시간은 모두 미국의 여가 · 개인돌봄시간보다 길다.

문 38. 다음 〈표〉는 지역별 마약류 단속에 관한 자료이다. 이에 대한 설명으로 옳은 것은? 17 민간(나) 13번

〈표〉 지역별 마약류 단속 건수

(단위 : 건, %)

마약류 / 지역	대마	마약	향정신성 의약품	합	비중
서울	49	18	323	390	22.1
인천 · 경기	55	24	552	631	35.8
부산	6	6	166	178	10.1
울산 · 경남	13	4	129	146	8.3
대구 · 경북	8	1	138	147	8.3
대전 · 충남	20	4	101	125	7.1
강원	13	0	35	48	2.7
전북	1	4	25	30	1.7
광주 · 전남	2	4	38	44	2.5
충북	0	0	21	21	1.2
제주	0	0	4	4	0.2
전체	167	65	1,532	1,764	100.0

※ 1) 수도권은 서울과 인천 · 경기를 합한 지역임
2) 마약류는 대마, 마약, 향정신성의약품으로만 구성됨

① 대마 단속 전체 건수는 마약 단속 전체 건수의 3배 이상이다.
② 수도권의 마약류 단속 건수는 마약류 단속 전체 건수의 50% 이상이다.
③ 마약 단속 건수가 없는 지역은 5곳이다.
④ 향정신성의약품 단속 건수는 대구 · 경북 지역이 광주 · 전남 지역의 4배 이상이다.
⑤ 강원 지역은 향정신성의약품 단속 건수가 대마 단속 건수의 3배 이상이다.

문 39. 다음 〈표〉는 '갑' 연구소에서 제습기 A~E의 습도별 연간 소비전력량을 측정한 자료이다. 이에 대한 〈보기〉의 설명 중 옳은 것만을 모두 고르면? 18 민간(가) 01번

〈표〉 제습기 A~E의 습도별 연간소비전력량

(단위 : kWh)

습도 / 제습기	40%	50%	60%	70%	80%
A	550	620	680	790	840
B	560	640	740	810	890
C	580	650	730	800	880
D	600	700	810	880	950
E	660	730	800	920	970

〈보 기〉

ㄱ. 습도가 70%일 때 연간소비전력량이 가장 적은 제습기는 A이다.
ㄴ. 각 습도에서 연간소비전력량이 많은 제습기부터 순서대로 나열하면, 습도 60%일 때와 습도 70%일 때의 순서는 동일하다.
ㄷ. 습도가 40%일 때 제습기 E의 연간소비전력량은 습도가 50%일 때 제습기 B의 연간소비전력량보다 많다.
ㄹ. 제습기 각각에서 연간소비전력량은 습도가 80%일 때가 40%일 때의 1.5배 이상이다.

① ㄱ, ㄴ ② ㄱ, ㄷ
③ ㄴ, ㄹ ④ ㄱ, ㄷ, ㄹ
⑤ ㄴ, ㄷ, ㄹ

문 40. **다음 〈표〉는 15개 종목이 개최된 2018 평창 동계올림픽 참가국 A~D의 메달 획득 결과를 나타낸 자료이다. 이에 대한 설명으로 옳은 것은?** 18 민간(가) 05번

〈표〉 2018 평창 동계올림픽 참가국 A~D의 메달 획득 결과

(단위 : 개)

국가 / 메달 / 종목	A국			B국			C국			D국		
	금	은	동	금	은	동	금	은	동	금	은	동
노르딕복합	3	1	1					1				
루지	3	1	2		1						1	1
바이애슬론	3	1	3				1	3	2			
봅슬레이	3	1			1					1		1
쇼트트랙					1					1	1	3
스노보드		1	1	4	2	1				1	2	1
스켈레톤		1										
스키점프	1	3					2	1	2			
스피드스케이팅						1	2	1	1	1	1	
아이스하키		1		1							1	1
알파인스키				1	1	1	1	4	2			
컬링				1					1	1		
크로스컨트리				1			7	4	3			
프리스타일스키				1	2	1	1			4	2	1
피겨스케이팅	1					2				2		2

※ 빈칸은 0을 의미함

① 동일 종목에서, A국이 획득한 모든 메달 수와 B국이 획득한 모든 메달 수를 합하여 종목별로 비교하면, 15개 종목 중 스노보드가 가장 많다.

② A국이 획득한 금메달 수와 C국이 획득한 동메달 수는 같다.

③ A국이 루지, 봅슬레이, 스켈레톤 종목에서 획득한 모든 메달 수의 합은 C국이 크로스컨트리 종목에서 획득한 모든 메달 수보다 많다.

④ A~D국 중 메달을 획득한 종목의 수가 가장 많은 국가는 D국이다.

⑤ 획득한 은메달 수가 많은 국가부터 순서대로 나열하면 C, B, A, D국 순이다.

문 41. **다음 〈표〉는 A국의 흥행순위별 2017년 영화개봉작 정보와 월별 개봉 편수 및 관객 수에 대한 자료이다. 이에 대한 설명으로 옳지 않은 것은?** 18 민간(가) 06번

〈표 1〉 A국의 흥행순위별 2017년 영화개봉작 정보

(단위 : 천 명)

흥행순위	영화명	개봉시기	제작	관객 수
1	버스운전사	8월	국내	12,100
2	님과 함께	12월	국내	8,540
3	동조	1월	국내	7,817
4	거미인간	7월	국외	7,258
5	착한도시	10월	국내	6,851
6	군함만	7월	국내	6,592
7	소년경찰	8월	국내	5,636
8	더 퀸	1월	국내	5,316
9	투수와 야수	3월	국외	5,138
10	퀸스맨	9월	국외	4,945
11	썬더맨	10월	국외	4,854
12	꾸러기	11월	국내	4,018
13	가랑비	12월	국내	4,013
14	동래산성	10월	국내	3,823
15	좀비	6월	국외	3,689
16	행복의 질주	4월	국외	3,653
17	나의 이름은	4월	국외	3,637
18	슈퍼카인드	7월	국외	3,325
19	아이 캔 토크	9월	국내	3,279
20	캐리비안	5월	국외	3,050

※ 관객 수는 개봉일로부터 2017년 12월 31일까지 누적한 값임

〈표 2〉 A국의 2017년 월별 개봉 편수 및 관객 수

(단위 : 편, 천 명)

제작 / 구분 / 월	국내		국외	
	개봉 편수	관객 수	개봉 편수	관객 수
1	35	12,682	105	10,570
2	39	8,900	96	6,282
3	31	4,369	116	9,486
4	29	4,285	80	6,929
5	31	6,470	131	12,210
6	49	4,910	124	10,194
7	50	6,863	96	14,495
8	49	21,382	110	8,504
9	48	5,987	123	6,733
10	35	12,964	91	8,622
11	56	6,427	104	6,729
12	43	18,666	95	5,215
전체	495	113,905	1,271	105,969

※ 관객 수는 당월 상영영화에 대해 월말 집계한 값임

① 흥행순위 1~20위 내의 영화 중 한 편의 영화도 개봉되지 않았던 달에는 국외제작영화 관객 수가 국내제작영화 관객 수보다 적다.
② 10월에 개봉된 영화 중 흥행순위 1~20위 내에 든 영화는 국내제작영화뿐이다.
③ 국외제작영화 개봉 편수는 국내제작영화 개봉 편수보다 매달 많다.
④ 국외제작영화 관객 수가 가장 많았던 달에 개봉된 영화 중 흥행순위 1~20위 내에 든 국외제작영화 개봉작은 2편이다.
⑤ 흥행순위가 1위인 영화의 관객 수는 국내제작영화 전체 관객 수의 10% 이상이다.

문 42. 다음 〈표〉는 2017년과 2018년 주요 10개 자동차 브랜드 가치평가에 관한 자료이다. 이에 대한 〈보기〉의 설명 중 옳은 것만을 모두 고르면? 19 민간(나) 06번

〈표 1〉 브랜드 가치평가액

(단위 : 억 달러)

연도 / 브랜드	2017	2018
TO	248	279
BE	200	218
BM	171	196
HO	158	170
FO	132	110
WO	56	60
AU	37	42
HY	35	41
XO	38	39
NI	32	31

〈표 2〉 브랜드 가치평가액 순위

구분 / 연도 / 브랜드	전체 제조업계 내 순위		자동차업계 내 순위	
	2017	2018	2017	2018
TO	9	7	1	1
BE	11	10	2	2
BM	16	15	3	3
HO	19	19	4	4
FO	22	29	5	5
WO	56	56	6	6
AU	78	74	8	7
HY	84	75	9	8
XO	76	80	7	9
NI	85	90	10	10

〈보 기〉

ㄱ. 2017년 대비 2018년 '전체 제조업계 내 순위'가 하락한 브랜드는 2017년 대비 2018년 브랜드 가치평가액도 감소하였다.
ㄴ. 2017년과 2018년의 브랜드 가치평가액 차이가 세 번째로 큰 브랜드는 BE이다.
ㄷ. 2017년 대비 2018년 '전체 제조업계 내 순위'와 '자동차업계 내 순위'가 모두 상승한 브랜드는 2개뿐이다.
ㄹ. 연도별 '자동차업계 내 순위' 기준 상위 7개 브랜드 가치평가액 평균은 2018년이 2017년보다 크다.

① ㄱ, ㄴ
② ㄱ, ㄹ
③ ㄴ, ㄷ
④ ㄴ, ㄹ
⑤ ㄷ, ㄹ

문 43. 다음 〈표〉는 8개 회원사로 이루어진 어떤 단체에서 각 회원사가 내야 할 납입자금에 관한 자료이다. 이에 대한 〈보기〉의 설명 중 옳은 것을 모두 고르면? 11 행시(인) 01번

〈표 1〉 회원사 납입자금 산정 기준

(단위 : 억 원)

전년도 매출액	당해연도 납입자금
2천억 원 미만	1.0
2천억 원 이상 5천억 원 미만	2.0
5천억 원 이상 1조 원 미만	3.0
1조 원 이상 2조 원 미만	4.0
2조 원 이상	5.0

※ 1) 납입자금 산정 기준은 연도에 따라 변하지 않음
2) 납입자금은 전년도 매출액을 기준으로 당해연도 초에 납입함

〈표 2〉 2009년 회원사별 매출액

(단위 : 천억 원)

회원사	매출액
A	3.5
B	19.0
C	30.0
D	6.0
E	15.5
F	8.0
G	9.5
H	4.6

〈보 기〉

ㄱ. 2010년에 3억 원의 납입자금을 내는 회원사는 3개이다.
ㄴ. 2010년 총 납입자금은 26억 원이다.
ㄷ. 모든 회원사의 2010년 매출액이 전년 대비 10% 증가한다면 2011년에 납입자금이 늘어나는 회원사는 3개이다.
ㄹ. 2010년에 3억 원의 납입자금을 내는 회원사들의 전년도 매출액 합은 4억 원 납입자금을 내는 회원사들의 전년도 매출액 합보다 크다.

① ㄱ, ㄴ
② ㄷ, ㄹ
③ ㄱ, ㄴ, ㄷ
④ ㄱ, ㄷ, ㄹ
⑤ ㄴ, ㄷ, ㄹ

문 44. 다음 〈표〉는 2008년 인터넷 부문 국제 정보화 통계에 관한 자료이다. 이에 대한 〈보기〉의 설명 중 옳은 것을 모두 고르면? 11 행시(인) 08번

〈표〉 2008년 인터넷 부문 국제 정보화 통계

(단위 : 명, 달러)

구분 / 순위	인터넷		초고속 인터넷		초고속 인터넷 요금	
	국가명	인구 100명당 이용자 수	국가명	인구 100명당 가입자 수	국가명	속도 1Mbps당 월평균 요금
1	아일랜드	90.7	덴마크	37.2	한국	0.85
2	노르웨이	85.1	네덜란드	35.8	프랑스	3.30
3	네덜란드	84.2	노르웨이	34.5	영국	4.08
4	덴마크	81.3	스위스	33.5	일본	4.79
5	스웨덴	80.9	아이슬란드	32.8	포르투갈	4.94
6	안도라	79.3	한국	32.3	이탈리아	5.28
7	핀란드	79.0	스웨덴	32.0	독일	5.64
8	룩셈부르크	78.2	핀란드	30.7	체코	6.53
9	스페인	76.7	룩셈부르크	30.2	룩셈부르크	6.81
10	한국	76.3	캐나다	29.5	덴마크	7.11
11	대만	74.4	영국	28.5	오스트리아	7.35
12	캐나다	73.1	벨기에	28.1	노르웨이	7.97
13	스위스	72.6	프랑스	28.0	네덜란드	8.83
14	미국	72.5	독일	27.4	핀란드	9.63
15	모나코	72.2	미국	25.8	미국	10.02

〈보 기〉

ㄱ. 초고속 인터넷의 속도 1Mbps당 월평균 요금이 10달러 이하인 국가는 조사대상국 전체에서 15개국 미만이다.
ㄴ. 인구 100명당 초고속 인터넷 가입자 수 상위 5개국 중 인구 100명당 인터넷 이용자 수가 가장 적은 국가는 스위스이다.
ㄷ. 네덜란드는 세 가지 지표 각각에서 캐나다보다 순위가 높다.
ㄹ. 세 가지 지표 각각에서 모두 15위 이내에 속한 국가는 8개국이다.

① ㄱ, ㄴ
② ㄱ, ㄷ
③ ㄴ, ㄹ
④ ㄱ, ㄷ, ㄹ
⑤ ㄴ, ㄷ, ㄹ

문 45. 다음 〈표〉는 정보통신 기술분야 예산 신청금액 및 확정금액에 대한 조사 자료이다. 이에 대한 〈보기〉의 설명 중 옳지 않은 것을 모두 고르면?

11 행시(인) 14번

〈표〉 정보통신 기술분야 예산 신청금액 및 확정금액

(단위 : 억 원)

기술분야 \ 연도·구분	2008		2009		2010	
	신청	확정	신청	확정	신청	확정
네트워크	1,179	1,112	1,098	1,082	1,524	950
이동통신	1,769	1,679	1,627	1,227	1,493	805
메모리 반도체	652	478	723	409	746	371
방송장비	892	720	1,052	740	967	983
디스 플레이	443	294	548	324	691	282
LED	602	217	602	356	584	256
차세대 컴퓨팅	207	199	206	195	295	188
시스템 반도체	233	146	319	185	463	183
RFID	226	125	276	145	348	133
3D 장비	115	54	113	62	136	149
전체	6,318	5,024	6,564	4,725	7,247	4,300

〈보 기〉

ㄱ. 2009년과 2010년에 신청금액이 전년 대비 매년 증가한 기술분야는 메모리반도체, 디스플레이, 시스템반도체, RFID이다.

ㄴ. 2010년에 신청금액이 전년 대비 30% 이상 증가한 기술분야는 총 4개이다.

ㄷ. 2009년 확정금액 상위 3개 기술분야의 확정금액 합은 2009년 전체 확정금액의 70% 이상을 차지한다.

ㄹ. 2009년에 신청금액이 전년 대비 감소한 기술분야는 확정금액도 전년 대비 감소하였다.

① ㄱ, ㄴ

② ㄱ, ㄷ

③ ㄴ, ㄹ

④ ㄷ, ㄹ

⑤ ㄴ, ㄷ, ㄹ

문 46. 다음 〈표〉는 1885~1892년 동안 조선의 대청 · 대일 무역규모를 나타낸 자료이다. 이에 대한 설명 중 옳지 않은 것은?

12 행시(인) 06번

〈표〉 조선의 대청 · 대일 무역규모

(단위 : 달러)

연도	조선의 수출액			조선의 수입액		
	대청	대일	비 (청 : 일본)	대청	대일	비 (청 : 일본)
1885	9,479	377,775	2 : 98	313,342	1,377,392	19 : 81
1886	15,977	488,041	3 : 97	455,015	2,064,353	18 : 82
1887	18,873	783,752	2 : 98	742,661	2,080,787	26 : 74
1888	71,946	758,238	9 : 91	860,328	2,196,115	28 : 72
1889	109,789	1,122,276	9 : 91	1,101,585	2,299,118	32 : 68
1890	70,922	3,475,098	2 : 98	1,660,075	3,086,897	35 : 65
1891	136,464	3,219,887	4 : 96	2,148,294	3,226,468	40 : 60
1892	149,861	2,271,628	6 : 94	2,055,555	2,555,675	45 : 55

※ 무역수지=수출액−수입액

① 1891년에 대일 무역수지는 적자이다.

② 1885~1892년 동안 매년 조선의 대일 수출액은 같은 해 조선의 대청 수출액의 10배 이상이다.

③ 1885~1892년 동안 매년 조선의 대일 수입액은 같은 해 조선의 대청 수입액보다 크다.

④ 1886~1892년 동안 조선의 대청 · 대일 수입액 전체에서 대일 수입액이 차지하는 비중은 매년 감소한다.

⑤ 1885~1892년 동안 조선의 대일 수입액과 조선의 대청 수입액의 차이가 가장 큰 해는 1890년이다.

문 47. 다음 〈표〉는 '갑'팀 구성원(가~라)의 보유 역량 및 수행할 작업(A~G)과 작업별 필요 역량에 대한 자료이다. 이에 대한 설명으로 옳지 않은 것은? 12 행시(인) 10번

〈표 1〉 '갑'팀 구성원의 보유 역량

(○ : 보유)

역량 \ 구성원	가	나	다	라
자기개발	○	○		
의사소통	○		○	○
수리활용		○		○
정보활용	○		○	
문제해결		○	○	
자원관리	○			
기술활용	○	○		
대인관계			○	○
문화이해	○		○	
변화관리	○	○	○	○

〈표 2〉 수행할 작업과 작업별 필요 역량

(○ : 필요)

작업 \ 역량	자기개발	의사소통	수리활용	정보활용	문제해결	자원관리	기술활용	대인관계	문화이해	변화관리
A			○					○		○
B					○			○	○	
C					○	○				
D		○		○		○				○
E	○				○					○
F		○	○					○		
G		○					○			○

※ 각 작업별 필요 역량을 모두 보유하고 있는 구성원만이 해당 작업을 수행할 수 있음

① '갑'팀 구성원 중 D작업을 수행할 수 있는 사람은 G작업도 수행할 수 있다.

② '갑'팀 구성원 중 A작업을 수행할 수 있는 사람이 F작업을 수행하기 위해서는 기존 보유 역량 외에 '의사소통' 역량이 추가로 필요하다.

③ '갑'팀 구성원 중 E작업을 수행할 수 있는 사람은 다른 작업을 수행할 수 없다.

④ '갑'팀 구성원 중 B작업을 수행할 수 있는 사람이 '기술활용' 역량을 추가로 보유하면 G작업을 수행할 수 있다.

⑤ '갑'팀 구성원 중 C작업을 수행할 수 있는 사람은 없다.

문 48. 다음 〈표〉는 저탄소 녹생성장 10대 기술 분야의 특허 출원 및 등록 현황에 대한 자료이다. 이에 대한 〈보기〉의 설명 중 옳지 않은 것을 모두 고르면? 12 행시(인) 12번

〈표〉 저탄소 녹생성장 10대 기술 분야의 특허 출원 및 등록 현황

(단위 : 건)

기술분야 \ 구분 \ 연도	2009		2010		2011	
	출원	등록	출원	등록	출원	등록
태양광/열/전지	1,079	1,534	898	1,482	1,424	950
수소바이오/연료전지	1,669	900	1,527	1,227	1,393	805
CO_2포집저장처리	552	478	623	409	646	371
그린홈/빌딩/시티	792	720	952	740	867	283
원전플랜트	343	294	448	324	591	282
전력IT	502	217	502	356	484	256
석탄가스화	107	99	106	95	195	88
풍력	133	46	219	85	363	87
수력 및 해양에너지	126	25	176	45	248	33
지열	15	7	23	15	36	11
전체	5,318	4,320	5,474	4,778	6,247	3,166

〈보 기〉

ㄱ. 2009~2011년 동안 출원 건수와 등록 건수가 모두 매년 증가한 기술분야는 없다.

ㄴ. 2010년에 전년 대비 출원 건수가 감소한 기술분야에서는 2011년 전년 대비 등록 건수도 감소하였다.

ㄷ. 2011년 등록 건수가 많은 상위 3개 기술분야의 등록 건수 합은 2011년 전체 등록 건수의 70% 이상을 차지한다.

ㄹ. 2011년 출원 건수가 전년 대비 50% 이상 증가한 기술분야의 수는 3개이다.

① ㄱ, ㄴ
② ㄱ, ㄷ
③ ㄴ, ㄹ
④ ㄱ, ㄷ, ㄹ
⑤ ㄴ, ㄷ, ㄹ

문 49. 다음 〈표〉는 2006~2008년 동안 국립공원 내 사찰의 문화재 관람료에 관한 자료이다. 이에 대한 설명 중 옳은 것은?

13 행시(인) 01번

〈표〉 국립공원 내 사찰의 문화재 관람료

(단위 : 원)

국립공원	사찰	2006년	2007년	2008년
지리산	쌍계사	1,800	1,800	1,800
	화엄사	2,200	3,000	3,000
	천은사	1,600	1,600	1,600
	연곡사	1,600	2,000	2,000
경주	불국사	0	0	4,000
	석굴암	0	0	4,000
	기림사	0	0	3,000
계룡산	동학사	1,600	2,000	2,000
	갑사	1,600	2,000	2,000
	신원사	1,600	2,000	2,000
한려해상	보리암	1,000	1,000	1,000
설악산	신흥사	1,800	2,500	2,500
	백담사	1,600	0	0
속리산	법주사	2,200	3,000	3,000
내장산	내장사	1,600	2,000	2,000
	백양사	1,800	2,500	2,500
가야산	해인사	1,900	2,000	2,000
덕유산	백련사	1,600	0	0
	안국사	1,600	0	0
오대산	월정사	1,800	2,500	2,500
주왕산	대전사	1,600	2,000	2,000
치악산	구룡사	1,600	2,000	2,000
소백산	희방사	1,600	2,000	2,000
월출산	도갑사	1,400	2,000	2,000
변산반도	내소사	1,600	2,000	2,000

※ 해당 연도 내에서는 관람료를 유지한다고 가정함

① 문화재 관람료가 한 번도 변경되지 않은 사찰은 4곳이다.

② 2006년과 2008년에 문화재 관람료가 가장 높은 사찰은 동일하다.

③ 지리산국립공원 내 사찰에서 전년 대비 2007년의 문화재 관람료 증가율이 가장 높은 사찰은 화엄사이다.

④ 설악산국립공원 내 사찰에서는 2007년부터 문화재 관람료를 받지 않고 있다.

⑤ 문화재 관람료가 매년 상승한 사찰은 1곳이다.

문 50. 다음 〈표〉는 2006년과 2011년에 조사된 A국 전체 10개 원자로의 안전도 평가 결과를 나타낸 자료이다. 이에 대한 〈보기〉의 설명 중 옳은 것을 모두 고르면?

13 행시(인) 07번

〈표 1〉 2006년 원자로 안전도 평가 결과

부문	안전운영		안전설비 신뢰도			안전방벽			
분야 / 원자로	원자로 정지	출력 변동	안전 주입	비상 발전기	보조 급수	핵연료 건전성	냉각제	격납 건전성	비상 대책
1호기	●	●	●	●	▣	●	◕	◑	●
2호기	◕	●	●	◑	●	●	◕	●	◑
3호기	●	◕	◕	●	●	●	●	●	●
4호기	◑	●	●	◑	●	▣	●	●	●
5호기	●	◕	◑	●	●	●	▣	▣	◕
6호기	●	●	●	◑	◕	●	●	●	●
7호기	●	●	●	◕	●	▣	◑	●	▣
8호기	●	◕	●	●	▣	●	◑	●	◕
9호기	▣	●	◑	▣	●	◑	●	●	●
10호기	●	▣	●	●	◕	▣	●	●	●

〈표 2〉 2011년 원자로 안전도 평가 결과

부문	안전운영		안전설비 신뢰도			안전방벽			
분야 / 원자로	원자로 정지	출력 변동	안전 주입	비상 발전기	보조 급수	핵연료 건전성	냉각제	격납 건전성	비상 대책
1호기	◕	●	◑	●	▣	●	◕	◑	◑
2호기	●	▣	●	◑	●	●	◕	●	◑
3호기	●	◕	◕	◕	●	◑	●	◑	●
4호기	◕	◑	◕	◑	●	▣	●	●	●
5호기	●	◕	◑	●	●	●	▣	◕	◕
6호기	◕	◕	●	◑	◕	●	◑	●	▣
7호기	◕	●	●	◕	●	▣	◑	◕	▣
8호기	●	◕	▣	●	●	●	◑	●	◕
9호기	▣	●	◑	◕	◕	◑	●	●	●
10호기	●	●	●	●	◕	▣	●	●	●

※ 1) ●(우수, 3점), ◕(양호, 2점), ◑(보통, 1점), ▣(주의, 0점)의 순으로 점수를 부여하여 안전도를 평가함

2) 분야별 안전도 점수는 해당분야의 각 원자로 안전도 점수의 합임

〈보 기〉

ㄱ. 2006년과 2011년 모두 원자로 안전도 평가의 모든 분야에서 '보통' 이상의 평가점수를 받은 원자로는 3호기뿐이다.

ㄴ. 2006년과 2011년 각각 7호기는 원자로 안전도 평가 분야 중 2개 분야에서 '주의' 평가를 받았는데, 이는 2006년과 2011년 각각 전체 '주의' 평가 건수의 15% 이상이다.

ㄷ. 2006년과 2011년 각각 '안전설비 신뢰도' 부문에서는 '비상발전기' 분야의 안전도 점수가 가장 높았다.

ㄹ. 2006년 대비 2011년 '양호' 평가 건수의 증가율은 '보통' 평가 건수의 증가율보다 낮다.

① ㄱ, ㄴ

② ㄴ, ㄹ

③ ㄷ, ㄹ

④ ㄱ, ㄴ, ㄷ

⑤ ㄱ, ㄷ, ㄹ

문 51. 다음 〈표〉는 A국 최종에너지 소비량에 대한 자료이다. 이에 대한 〈보기〉의 설명 중 옳은 것을 모두 고르면?

13 행시(인) 08번

〈표 1〉 2008~2010년 유형별 최종에너지 소비량 비중

(단위 : %)

유형 / 연도	석탄		석유제품	도시가스	전력	기타
	무연탄	유연탄				
2008	2.7	11.6	53.3	10.8	18.2	3.4
2009	2.8	10.3	54.0	10.7	18.6	3.6
2010	2.9	11.5	51.9	10.9	19.1	3.7

〈표 2〉 2010년 부문별 유형별 최종에너지 소비량

(단위 : 천 TOE)

유형 / 연도	석탄		석유제품	도시가스	전력	기타	합
	무연탄	유연탄					
산업	4,750	15,317	57,451	9,129	23,093	5,415	115,155
가정·상업	901	4,636	6,450	11,105	12,489	1,675	37,256
수송	0	0	35,438	188	1,312	0	36,938
기타	0	2,321	1,299	669	152	42	4,483
계	5,651	22,274	100,638	21,091	37,046	7,132	193,832

※ TOE는 석유 환산 톤 수를 의미함

〈보 기〉

ㄱ. 2008~2010년 동안 전력 소비량은 매년 증가한다.

ㄴ. 2010년에는 산업부문의 최종에너지 소비량이 전체 최종에너지 소비량의 50% 이상을 차지한다.

ㄷ. 2008~2010년 동안 석유제품 소비량 대비 전력 소비량의 비율이 매년 증가한다.

ㄹ. 2010년에는 산업부문과 가정·상업부문에서 유연탄 소비량 대비 무연탄 소비량의 비율이 각각 25% 이하이다.

① ㄱ, ㄴ

② ㄱ, ㄹ

③ ㄴ, ㄷ

④ ㄴ, ㄹ

⑤ ㄷ, ㄹ

문 52. 다음 〈표〉는 조선 시대 태조~선조 대 동안 과거 급제자 및 '출신 신분이 낮은 급제자' 중 '본관이 없는 자', '3품 이상 오른 자'에 대한 자료이다. 이에 대한 〈보기〉의 설명 중 옳은 것만을 모두 고르면?

18 행시(나) 06번

〈표〉 조선 시대 과거 급제자

(단위 : 명)

왕 대	전체 급제자	출신 신분이 낮은 급제자		
			본관이 없는 자	3품 이상 오른 자
태조·정종	101	40	28	13
태종	266	133	75	33
세종	463	155	99	40
문종·단종	179	62	35	16
세조	309	94	53	23
예종·성종	478	106	71	33
연산군	251	43	21	13
중종	900	188	39	69
인종·명종	470	93	10	26
선조	1,112	186	11	40

※ 급제자는 1회만 급제한 것으로 가정함

〈보 기〉

ㄱ. 태조·정종 대에 '출신 신분이 낮은 급제자' 중 '본관이 없는 자'의 비율은 70%이지만, 선조 대에는 그 비율이 10% 미만이다.

ㄴ. 태조·정종 대의 '출신 신분이 낮은 급제자' 가운데 '본관이 없는 자'이면서 '3품 이상 오른 자'는 한 명 이상이다.

ㄷ. '전체 급제자'가 가장 많은 왕 대에 '출신 신분이 낮은 급제자'도 가장 많다.

ㄹ. 중종 대의 '전체 급제자' 중에서 '출신 신분이 낮은 급제자'가 차지하는 비율은 20% 미만이다.

① ㄱ, ㄴ

② ㄱ, ㄷ

③ ㄴ, ㄷ

④ ㄱ, ㄴ, ㄹ

⑤ ㄴ, ㄷ, ㄹ

문 53. 다음 〈표〉는 2018년 A~C지역의 0~11세 인구 자료이다. 이에 대한 〈보기〉의 설명 중 옳은 것만을 모두 고르면?

19 행시(가) 26번

〈표 1〉 A~C지역의 0~5세 인구(2018년)

(단위 : 명)

지역 \ 나이	0	1	2	3	4	5	합
A	104,099	119,264	119,772	120,371	134,576	131,257	729,339
B	70,798	76,955	74,874	73,373	80,575	76,864	453,439
C	3,219	3,448	3,258	3,397	3,722	3,627	20,671
계	178,116	199,667	197,904	197,141	218,873	211,748	1,203,449

〈표 2〉 A~C지역의 6~11세 인구(2018년)

(단위 : 명)

지역 \ 나이	6	7	8	9	10	11	합
A	130,885	124,285	130,186	136,415	124,326	118,363	764,460
B	77,045	72,626	76,968	81,236	75,032	72,584	455,491
C	3,682	3,530	3,551	3,477	3,155	2,905	20,300
계	211,612	200,441	210,705	221,128	202,513	193,852	1,240,251

※ 1) 인구 이동 및 사망자는 없음
2) 나이=당해연도−출생연도

〈보 기〉

ㄱ. 2016년에 출생한 A, B지역 인구의 합은 2015년에 출생한 A, B지역 인구의 합보다 크다.

ㄴ. C지역의 0~11세 인구 대비 6~11세 인구 비율은 2018년이 2017년보다 높다.

ㄷ. 2018년 A~C지역 중, 5세 인구가 가장 많은 지역과 5세 인구 대비 0세 인구의 비율이 가장 높은 지역은 동일하다.

ㄹ. 2019년에 C지역의 6~11세 인구의 합은 전년 대비 증가한다.

① ㄱ, ㄴ

② ㄱ, ㄷ

③ ㄱ, ㄹ

④ ㄴ, ㄷ

⑤ ㄴ, ㄹ

문 54. 다음 〈표〉는 5개 행상에 대한 8개 부서의 참여여부 및 비용에 관한 자료이다. 〈조건〉을 적용할 때, 다음 중 옳지 않은 것은?

11 행시(인) 16번

〈표〉 부서별 행사 참여여부와 비용 현황

(단위 : 만 원)

부서 \ 행사 / 진행비용	가	나	다	라	마	사전 지출비용
진행비용	6,000	14,000	35,000	117,000	59,000	
A	○	○	○	○	○	10,000
B	○	○	○	○	○	26,000
C	○	○	○	○	○	10,000
D	○	○	○	○	○	10,000
E	×	×	○	○	○	175,000
F	×	×	×	○	○	0
G	×	×	×	○	○	0
H	×	×	×	○	○	0

※ 1) '○'는 참여를 의미하고 '×'는 불참을 의미함
2) 위에 제시된 8개 부서 이외에 다른 부서는 없음
3) 위에 제시된 5개 행사 이외에 다른 행사는 없음

〈조 건〉

- 행사에 참여한 각 부서는 해당 행사의 진행비용을 균등하게 나누어 부담한다.
- 각 부서는 행사별로 부담해야 할 진행비용의 합보다 사전지출비용이 많은 경우에는 차액을 환급받고, 반대의 경우에는 차액을 지급한다.

① G부서는 22,000만 원을 지급한다.

② B부서는 8,000만 원을 환급받는다.

③ E부서는 146,000만 원을 환급받는다.

④ A부서, C부서, D부서는 각각 사전지출비용 외에 24,000만 원씩 추가로 지급한다.

⑤ '다'행사에 참여한 각 부서는 '다'행사에 대하여 7,000만 원씩 진행비용을 부담한다.

문 55. 다음 <표>는 미국이 환율조작국을 지정하기 위해 만든 요건별 판단기준과 '가'~'카'국의 2015년 자료이다. 이에 대한 <보기>의 설명 중 옳은 것만을 모두 고르면? 17 행시(가) 02번

<표 1> 요건별 판단기준

	A	B	C
요건	현저한 대미 무역수지 흑자	상당한 경상수지 흑자	지속적 환율시장 개입
판단기준	대미무역수지 200억 달러 초과	GDP 대비 경상수지 비중 3% 초과	GDP 대비 외화자산 순매수액 비중 2% 초과

※ 1) 요건 중 세 가지를 모두 충족하면 환율조작국으로 지정됨
2) 요건 중 두 가지만을 충족하면 관찰대상국으로 지정됨

<표 2> 환율조작국 지정 관련 자료(2015년)

(단위 : 10억 달러, %)

국가 \ 항목	대미무역수지	GDP 대비 경상수지 비중	GDP 대비 외화자산 순매수액 비중
가	365.7	3.1	−3.9
나	74.2	8.5	0.0
다	68.6	3.3	2.1
라	58.4	−2.8	−1.8
마	28.3	7.7	0.2
바	27.8	2.2	1.1
사	23.2	−1.1	1.8
아	17.6	−0.2	0.2
자	14.9	−3.3	0.0
차	14.9	14.6	2.4
카	−4.3	−3.3	0.1

<보 기>

ㄱ. 환율조작국으로 지정되는 국가는 없다.
ㄴ. '나'국은 A요건과 B요건을 충족한다.
ㄷ. 관찰대상국으로 지정되는 국가는 모두 4개이다.
ㄹ. A요건의 판단기준을 '대미무역수지 200억 달러 초과'에서 '대미무역수지 150억 달러 초과'로 변경하여도 관찰 대상국 및 환율조작국으로 지정되는 국가들은 동일하다.

① ㄱ, ㄴ
② ㄱ, ㄷ
③ ㄴ, ㄹ
④ ㄷ, ㄹ
⑤ ㄴ, ㄷ, ㄹ

문 56. 다음 <표>는 6개 부서로 이루어진 어느 연구소의 부서별 항목별 예산과 인원 현황을 나타낸 자료이다. 이에 대한 설명 중 옳은 것은? 12 행시(인) 05번

<표 1> 부서별 항목별 예산 내역

(단위 : 만 원)

부서	항목	2010년 예산	2011년 예산
A	인건비	49,560	32,760
	기본경비	309,617	301,853
	사업비	23,014,430	41,936,330
	소계	23,373,607	42,270,943
B	인건비	7,720	7,600
	기본경비	34,930	33,692
	사업비	7,667,570	9,835,676
	소계	7,710,220	9,876,968
C	인건비	7,420	7,420
	기본경비	31,804	31,578
	사업비	2,850,390	3,684,267
	소계	2,889,614	3,723,265
D	인건비	7,420	7,600
	기본경비	24,050	25,672
	사업비	8,419,937	17,278,382
	소계	8,451,407	17,311,654
E	인건비	6,220	6,220
	기본경비	22,992	24,284
	사업비	2,042,687	4,214,300
	소계	2,071,899	4,244,804
F	인건비	4,237,532	3,869,526
	기본경비	865,957	866,791
	사업비	9,287,987	15,042,762
	소계	14,391,476	19,779,079
전체		58,888,223	97,206,713

<표 2> 2010년 부서별 직종별 인원

(단위 : 명)

부서	정·현원		직종별 현원				
	정원	현원	일반직	별정직	개방형	계약직	기능직
A	49	47	35	3	1	4	4
B	32	34	25	0	1	6	2
C	18	18	14	0	0	2	2
D	31	29	23	0	0	0	6
E	15	16	14	0	0	1	1
F	75	72	38	1	0	8	25
계	220	216	149	4	2	21	40

※ 2010년 이후 부서별 직종별 인원수의 변동은 없음

① 모든 부서 중 정원이 가장 많은 부서와 가장 적은 부서의 2011년 예산을 합하면 2011년 전체 예산의 30% 이상이다.

② 2011년 부서별 인건비 예산 합은 2011년 전체 예산의 3% 미만이다.

③ 2010년 현원 1인당 기본경비 예산이 가장 적은 부서는 B이다.

④ 2011년 각 부서의 현원과 일반직을 비교할 때, 현원 대비 일반직 비중이 가장 큰 부서는 2011년 모든 부서 중 기본경비 예산이 가장 적다.

⑤ 2011년 사업비는 모든 부서에서 전년에 비해 증가하였으며, 그 중 A부서의 전년 대비 사업비 증가율이 가장 높았다.

문 57. 다음 〈표〉는 한국, 중국, 일본 3개국의 배타적경제수역(EEZ) 내 조업현황을 나타낸 것이다. 이에 대한 설명으로 옳은 것은?

14 행시(A) 11번

〈표〉 한국, 중국, 일본의 배타적경제수역(EEZ) 내 조업현황

(단위 : 척, 일, 톤)

해역	어선 국적	구분	2010년 12월	2011년 11월	2011년 12월
한국 EEZ	일본	입어 척수	30	70	57
		조업 일수	166	1,061	277
		어획량	338	2,176	1,177
	중국	입어 척수	1,556	1,468	1,536
		조업 일수	27,070	28,454	27,946
		어획량	18,911	9,445	21,230
중국 EEZ	한국	입어 척수	68	58	62
		조업 일수	1,211	789	1,122
		어획량	463	64	401
일본 EEZ	한국	입어 척수	335	242	368
		조업 일수	3,992	1,340	3,236
		어획량	5,949	500	8,233

① 2011년 12월 중국 EEZ 내 한국어선 조업 일수는 전월 대비 감소하였다.

② 2011년 11월 한국어선의 일본 EEZ 입어 척수는 전년 동월 대비 감소하였다.

③ 2011년 12월 일본 EEZ 내 한국어선의 조업 일수는 같은 기간 중국 EEZ 내 한국어선 조업 일수의 3배 이상이다.

④ 2011년 12월 일본어선의 한국 EEZ 내 입어 척수당 조업 일수는 전년 동월 대비 증가하였다.

⑤ 2011년 11월 일본어선과 중국어선의 한국 EEZ 내 어획량 합은 같은 기간 중국 EEZ와 일본 EEZ 내 한국어선 어획량 합의 20배 이상이다.

문 58. 다음 〈표〉는 일본에서 조사한 1897~1910년 대한제국의 무역에 관한 자료이다. 이에 대한 〈보기〉의 설명 중 옳은 것만을 모두 고르면?

16 행시(4) 27번

〈표 1〉 1897~1910년 무역상대국별 수출액

(단위 : 천 엔)

연도 \ 국가	일본	청	러시아	기타	전체
1897	8,090	736	148	0	8,974
1898	4,523	1,130	57	0	5,710
1899	4,205	685	107	0	4,997
1900	7,232	1,969	239	0	9,440
1901	7,443	821	261	17	8,542
1902	6,660	1,555	232	21	8,468
1903	7,666	1,630	310	63	9,669
1904	5,800	1,672	3	56	7,531
1905	5,546	2,279	20	72	7,917
1906	7,191	1,001	651	60	8,903
1907	12,919	3,220	787	58	16,984
1908	10,916	2,247	773	177	14,113
1909	12,053	3,203	785	208	16,249
1910	15,360	3,026	1,155	373	19,914

〈표 2〉 1897~1910년 무역상대국별 수입액

(단위 : 천 엔)

연도 \ 국가	일본	청	러시아	기타	전체
1897	6,432	3,536	100	0	10,068
1898	6,777	4,929	111	0	11,817
1899	6,658	3,471	98	0	10,227
1900	8,241	2,582	117	0	10,940
1901	9,110	5,639	28	0	14,777
1902	8,664	4,851	21	157	13,693
1903	11,685	5,648	128	950	18,411
1904	19,255	5,403	165	2,580	27,403
1905	24,041	6,463	111	2,357	32,972
1906	23,223	4,394	56	2,632	30,305
1907	29,524	5,641	67	6,379	41,611
1908	23,982	4,882	45	12,116	41,025
1909	21,821	4,473	44	10,310	36,648
1910	25,238	3,845	18	10,681	39,782

〈보 기〉

ㄱ. 전체 수입액이 가장 큰 해의 러시아 상대 수출액은 전년 대비 20% 이상 증가한다.

ㄴ. 전체 수출액에서 기타가 차지하는 비중은 1901년 이후 매년 높아진다.

ㄷ. 1898~1910년 동안 청으로부터의 수입액이 전년보다 큰 모든 해에 전체 수입액도 전년보다 크다.

ㄹ. 전체 수출액과 전체 수입액 각각에서 일본이 차지하는 비중은 매년 60% 이상이다.

① ㄱ, ㄴ
② ㄱ, ㄷ
③ ㄴ, ㄷ
④ ㄴ, ㄹ
⑤ ㄱ, ㄷ, ㄹ

문 59. 다음 <표>는 2008~2013년 '갑'국 농 · 임업 생산액과 부가가치 현황에 대한 자료이다. 이에 대한 <보기>의 설명 중 옳은 것만을 모두 고르면? 17 행시(가) 09번

<표 1> 농 · 임업 생산액 현황

(단위 : 10억 원, %)

구분 \ 연도		2008	2009	2010	2011	2012	2013
농 · 임업 생산액		39,663	42,995	43,523	43,214	46,357	46,648
분야별 비중	곡물	23.6	20.2	15.6	18.5	17.5	18.3
	화훼	28.0	27.7	29.4	30.1	31.7	32.1
	과수	34.3	38.3	40.2	34.7	34.6	34.8

※ 1) 분야별 비중은 농 · 임업 생산액 대비 해당 분야의 생산액 비중임
2) 곡물, 화훼, 과수는 농 · 임업의 일부 분야임

<표 2> 농 · 임업 부가가치 현황

(단위 : 10억 원, %)

구분 \ 연도		2008	2009	2010	2011	2012	2013
농 · 임업 부가가치		22,587	23,540	24,872	26,721	27,359	27,376
GDP 대비 비중	농업	2.1	2.1	2.0	2.1	2.0	2.0
	임업	0.1	0.1	0.2	0.1	0.2	0.2

※ 1) GDP 대비 비중은 GDP 대비 해당 분야의 부가가치 비중임
2) 농 · 임업은 농업과 임업으로만 구성됨

<보 기>

ㄱ. 농 · 임업 생산액이 전년보다 작은 해에는 농 · 임업 부가가치도 전년보다 작다.
ㄴ. 화훼 생산액은 매년 증가한다.
ㄷ. 매년 곡물 생산액은 과수 생산액의 50% 이상이다.
ㄹ. 매년 농업 부가가치는 농 · 임업 부가가치의 85% 이상이다.

① ㄱ, ㄴ
② ㄱ, ㄷ
③ ㄴ, ㄷ
④ ㄴ, ㄹ
⑤ ㄷ, ㄹ

문 60. 다음 <표>는 '갑'국 A~J 지역의 대형종합소매업 현황에 대한 자료이다. 이에 대한 <보기>의 설명 중 옳은 것만을 모두 고르면? 19 행시(가) 07번

<표> 지역별 대형종합소매업 현황

지역 \ 구분	사업체 수(개)	종사자 수(명)	매출액 (백만 원)	건물 연면적 (m^2)
A	47	6,731	4,878,427	1,683,092
B	33	4,173	2,808,881	1,070,431
C	35	4,430	3,141,552	1,772,698
D	18	2,247	1,380,511	677,288
E	22	3,152	1,804,262	765,096
F	19	2,414	1,473,698	633,497
G	147	18,287	11,625,278	5,032,741
H	17	1,519	861,094	364,296
I	19	2,086	1,305,468	535,880
J	16	1,565	879,172	326,373
전체	373	46,604	30,158,343	12,861,392

<보 기>

ㄱ. 사업체당 종사자 수가 100명 미만인 지역은 모두 2개이다.
ㄴ. 사업체당 매출액은 G 지역이 가장 크다.
ㄷ. I 지역의 종사자당 매출액은 E 지역의 종사자당 매출액보다 크다.
ㄹ. 건물 연면적이 가장 작은 지역이 매출액도 가장 작다.

① ㄱ, ㄷ
② ㄱ, ㄹ
③ ㄴ, ㄷ
④ ㄴ, ㄹ
⑤ ㄱ, ㄴ, ㄷ

문 61. 다음 〈표〉는 2020년 3월 1~15일 '갑'의 몸무게, 섭취 및 소비 열량, 만보기 측정값, 교통수단에 관한 자료이다. 이에 대한 〈보기〉의 설명 중 옳은 것만을 모두 고르면? 20 행시(나) 4번

〈표〉 몸무게, 섭취 및 소비 열량, 만보기 측정값, 교통수단

(단위 : kg, kcal, 보)

구분 / 날짜	몸무게	섭취 열량	소비 열량	만보기 측정값	교통수단
1일	80.0	2,700	2,800	9,500	택시
2일	79.5	2,600	2,900	11,500	버스
3일	79.0	2,400	2,700	14,000	버스
4일	78.0	2,350	2,700	12,000	버스
5일	77.5	2,700	2,800	11,500	버스
6일	77.3	2,800	2,800	12,000	버스
7일	77.3	2,700	2,700	12,000	버스
8일	79.0	3,200	2,700	11,000	버스
9일	78.5	2,300	2,400	8,500	택시
10일	79.6	3,000	2,700	11,000	버스
11일	78.6	2,200	2,400	7,700	택시
12일	77.9	2,200	2,400	8,200	택시
13일	77.6	2,800	2,900	11,000	버스
14일	77.0	2,100	2,400	8,500	택시
15일	77.0	2,500	2,500	8,500	택시

〈보 기〉

ㄱ. 택시를 이용한 날은 만보기 측정값이 9,500보 이하이다.
ㄴ. 섭취 열량이 소비 열량보다 큰 날은 몸무게가 바로 전날보다 1kg 이상 증가하였다.
ㄷ. 버스를 이용한 날은 몸무게가 바로 전날보다 감소하였다.
ㄹ. 만보기 측정값이 10,000보 이상인 날은 섭취 열량이 2,500kcal 이상이다.

① ㄱ, ㄴ
② ㄱ, ㄷ
③ ㄴ, ㄹ
④ ㄱ, ㄷ, ㄹ
⑤ ㄴ, ㄷ, ㄹ

문 62. 다음 〈표〉는 '갑'국 신입사원에게 필요한 10개 직무역량 중요도의 산업분야별 자료이다. 이에 대한 〈보기〉의 설명 중 옳은 것만을 모두 고르면? 20 행시(나) 8번

〈표〉 신입사원의 직무역량 중요도

(단위 : 점)

산업분야 / 직무역량	신소재	게임	미디어	식품
의사소통능력	4.34	4.17	4.42	4.21
수리능력	4.46	4.06	3.94	3.92
문제해결능력	4.58	4.52	4.45	4.50
자기개발능력	4.15	4.26	4.14	3.98
자원관리능력	4.09	3.97	3.93	3.91
대인관계능력	4.35	4.00	4.27	4.20
정보능력	4.33	4.09	4.27	4.07
기술능력	4.07	4.24	3.68	4.00
조직이해능력	3.97	3.78	3.88	3.88
직업윤리	4.44	4.66	4.59	4.39

※ 중요도는 5점 만점임

〈보 기〉

ㄱ. 신소재 산업분야에서 중요도 상위 2개 직무역량은 '문제해결능력'과 '수리능력'이다.
ㄴ. 산업분야별 직무역량 중요도의 최댓값과 최솟값 차이가 가장 큰 것은 '미디어'이다.
ㄷ. 각 산업분야에서 중요도가 가장 낮은 직무역량은 '조직이해능력'이다.
ㄹ. 4개 산업분야 직무역량 중요도의 평균값이 가장 높은 직무역량은 '문제해결능력'이다.

① ㄱ, ㄴ
② ㄱ, ㄷ
③ ㄷ, ㄹ
④ ㄱ, ㄴ, ㄹ
⑤ ㄴ, ㄷ, ㄹ

문 63. 다음 〈표〉는 6개 지목으로 구성된 A지구의 토지수용 보상비 산출을 위한 자료이다. 이에 대한 〈보기〉의 설명 중 옳은 것만을 모두 고르면? 20 행시(나) 12번

〈표〉 지목별 토지수용 면적, 면적당 지가 및 보상 배율

(단위 : m^2, 만 원/m^2)

지목	면적	면적당 지가	보상 배율	
			감정가 기준	실거래가 기준
전	50	150	1.8	3.2
답	50	100	1.8	3.0
대지	100	200	1.6	4.8
임야	100	50	2.5	6.1
공장	100	150	1.6	4.8
창고	50	100	1.6	4.8

※ 1) 총보상비는 모든 지목별 보상비의 합임
2) 보상비=용지 구입비+지장물 보상비
3) 용지 구입비=면적×면적당 지가×보상 배율
4) 지장물 보상비는 해당 지목 용지 구입비의 20%임

〈보 기〉

ㄱ. 모든 지목의 보상 배율을 감정가 기준에서 실거래가 기준으로 변경하는 경우, 총보상비는 변경 전의 2배 이상이다.
ㄴ. 보상 배율을 감정가 기준에서 실거래가 기준으로 변경하는 경우, 보상비가 가장 많이 증가하는 지목은 '대지'이다.
ㄷ. 보상 배율이 실거래가 기준인 경우, 지목별 보상비에서 용지 구입비가 차지하는 비율은 '임야'가 '창고'보다 크다.
ㄹ. '공장'의 감정가 기준 보상비와 '전'의 실거래가 기준 보상비는 같다.

① ㄱ, ㄷ
② ㄱ, ㄹ
③ ㄴ, ㄷ
④ ㄴ, ㄹ
⑤ ㄱ, ㄴ, ㄹ

문 64. 다음 〈표〉는 A지역 물류산업 업종별 현황에 관한 자료이다. 이에 대한 〈보기〉의 설명 중 옳은 것만을 모두 고르면? 20 행시(나) 16번

〈표〉 A지역 물류산업 업종별 현황

(단위 : 개, 억 원, 명)

구분 \ 업종	종합물류업	화물운송업	물류시설업	물류주선업	화물정보업	합
업체 수	19	46	17	23	2	107
매출액	319,763	32,309	34,155	10,032	189	396,448
종업원	22,436	5,382	1,787	1,586	100	31,291
전문인력	3,239	537	138	265	8	4,187
자격증 소지자	1,830	316	80	62	1	2,289

※ 자격증 소지자는 모두 전문인력임

〈보 기〉

ㄱ. 업체당 매출액이 가장 많은 업종은 '종합물류업'이다.
ㄴ. 종업원 중 자격증 소지자 비중이 가장 낮은 업종은 매출액당 전문인력 수가 가장 많은 업종과 동일하다.
ㄷ. 업체당 전문인력 수가 가장 적은 업종은 '물류시설업'이다.
ㄹ. 업체당 종업원 수가 가장 적은 업종은 종업원 중 전문인력 비중도 가장 낮다.

① ㄱ, ㄴ
② ㄱ, ㄹ
③ ㄴ, ㄷ
④ ㄱ, ㄷ, ㄹ
⑤ ㄴ, ㄷ, ㄹ

문 65. 다음 〈표〉는 유통업체 '가'~'바'의 비정규직 간접고용 현황에 대한 자료이다. 이에 대한 〈보기〉의 설명 중 옳은 것만을 모두 고르면? 20 행시(나) 17번

〈표〉 유통업체 '가'~'바'의 비정규직 간접고용 현황

(단위 : 명, %)

유통업체	사업장	업종	비정규직 간접고용 인원	비정규직 간접고용 비율
가	A	백화점	3,408	74.9
나	B	백화점	209	31.3
다	C	백화점	2,149	36.6
	D	백화점	231	39.9
	E	마트	8,603	19.6
라	F	백화점	146	34.3
	G	마트	682	34.4
마	H	마트	1,553	90.4
바	I	마트	1,612	48.7
	J	마트	2,168	33.6
전체			20,761	29.9

※ 비정규직 간접고용 비율(%) = $\frac{\text{비정규직 간접고용 인원}}{\text{비정규직 간접고용 인원}+\text{비정규직 직접고용 인원}}\times 100$

〈보기〉

ㄱ. 업종별 비정규직 간접고용 총인원은 마트가 백화점의 2배 이상이다.
ㄴ. 비정규직 직접고용 인원은 A가 H의 10배 이상이다.
ㄷ. 비정규직 간접고용 비율이 가장 낮은 사업장의 비정규직 직접고용 인원은 다른 9개 사업장의 비정규직 직접고용 인원의 합보다 많다.
ㄹ. 유통업체별 비정규직 간접고용 비율은 '다'가 '라'보다 높다.

① ㄱ, ㄷ
② ㄴ, ㄹ
③ ㄷ, ㄹ
④ ㄱ, ㄴ, ㄷ
⑤ ㄱ, ㄴ, ㄹ

문 66. 다음 〈표〉는 '갑'국의 A지역 어린이집 현황에 대한 자료이다. 이에 대한 〈보기〉의 설명 중 옳은 것만을 모두 고르면? 20 행시(나) 20번

〈표 1〉 A지역 어린이집 현재 원아수 및 정원

(단위 : 명)

구분 \ 어린이집	현재 원아수						정원
	만 1세 이하	만 2세 이하	만 3세 이하	만 4세 이하	만 5세 이하	만 5세 초과	
예그리나	9	29	71	116	176	62	239
이든샘	9	49	91	136	176	39	215
아이온	9	29	57	86	117	33	160
윤빛	9	29	50	101	141	40	186
올고운	6	26	54	104	146	56	210
전체	42	162	323	543	756	230	–

※ 각 어린이집의 원아수는 정원을 초과할 수 없음

〈표 2〉 원아 연령대별 보육교사 1인당 최대 보육가능 원아수

(단위 : 명)

연령대 \ 구분	만 1세 이하	만 1세 초과 만 2세 이하	만 2세 초과 만 3세 이하	만 3세 초과 만 4세 이하	만 4세 초과
보육교사 1인당 최대 보육가능 원아수	3	5	7	15	20

※ 1) 어린이집은 최소인원의 보육교사를 고용함
2) 보육교사 1인은 1개의 연령대만을 보육함

〈보기〉

ㄱ. '만 1세 초과 만 2세 이하'인 원아의 33% 이상은 '이든샘' 어린이집 원아이다.
ㄴ. '올고운' 어린이집의 현재 보육교사수는 18명이다.
ㄷ. 정원 대비 현재 원아수의 비율이 가장 낮은 어린이집은 '아이온'이다.
ㄹ. '윤빛' 어린이집은 보육교사를 추가로 고용하지 않고도 '만 3세 초과 만 4세 이하'인 원아를 최대 5명까지 더 충원할 수 있다.

① ㄱ, ㄴ
② ㄱ, ㄷ
③ ㄴ, ㄹ
④ ㄱ, ㄷ, ㄹ
⑤ ㄴ, ㄷ, ㄹ

문 67. 다음 〈표〉는 일제강점기 8개 도시의 기간별 물가와 명목임금 비교지수에 관한 자료이다. 이에 대한 〈보기〉의 설명 중 옳은 것만을 모두 고르면? 20 행시(나) 22번

〈표 1〉 일제강점기 8개 도시의 물가 비교지수

기간 \ 도시	경성	대구	목포	부산	신의주	원산	청진	평양
1910~1914년	1.04	0.99	0.99	0.95	0.95	1.05	1.06	0.97
1915~1919년	0.98	1.03	0.99	0.96	0.98	1.03	1.03	1.00
1920~1924년	1.03	1.01	1.01	1.03	0.96	0.99	1.05	0.92
1925~1929년	1.05	0.98	0.99	0.98	0.98	1.04	1.05	0.93
1930~1934년	1.06	0.96	0.93	0.98	1.06	1.00	1.04	0.97
1935~1939년	1.06	0.98	0.94	1.01	1.02	0.99	1.02	0.98

※ 기간별 각 도시의 물가 비교지수는 해당 기간 8개 도시 평균 물가 대비 각 도시 물가의 비율임

〈표 2〉 일제강점기 8개 도시의 명목임금 비교지수

기간 \ 도시	경성	대구	목포	부산	신의주	원산	청진	평양
1910~1914년	0.92	0.83	0.89	0.96	1.01	1.13	1.20	1.06
1915~1919년	0.97	0.88	0.99	0.98	0.92	1.01	1.32	0.93
1920~1924년	1.13	0.93	0.97	1.05	0.79	0.96	1.32	0.85
1925~1929년	1.05	0.83	0.91	0.98	0.95	1.05	1.36	0.87
1930~1934년	1.06	0.86	0.84	0.96	0.96	1.01	1.30	1.01
1935~1939년	0.99	0.85	0.85	0.95	1.16	1.04	1.10	1.06

※ 기간별 각 도시의 명목임금 비교지수는 해당 기간 8개 도시 평균 명목임금 대비 각 도시 명목임금의 비율임

〈보 기〉

ㄱ. 경성보다 물가가 낮은 도시는 '1910~1914년' 기간에는 5곳이고 '1935~1939년' 기간에는 7곳이다.
ㄴ. 물가와 명목임금 모두가 기간별 8개 도시 평균보다 매 기간에 걸쳐 높은 도시는 한 곳뿐이다.
ㄷ. '1910~1914년' 기간보다 '1935~1939년' 기간의 명목임금이 경성은 증가하였으나 부산은 감소하였다.
ㄹ. '1920~1924년' 기간의 명목임금은 목포가 신의주의 1.2배 이상이다.

① ㄱ, ㄷ
② ㄱ, ㄹ
③ ㄴ, ㄷ
④ ㄱ, ㄴ, ㄹ
⑤ ㄴ, ㄷ, ㄹ

문 68. 다음 〈표〉는 2014~2018년 A기업의 직군별 사원수 현황에 대한 자료이다. 이에 대한 〈보기〉의 설명 중 옳은 것을 고르면? 20 행시(나) 24번

〈표〉 2014~2018년 A기업의 직군별 사원수 현황

(단위 : 명)

연도 \ 직군	영업직	생산직	사무직
2018	169	105	66
2017	174	121	68
2016	137	107	77
2015	136	93	84
2014	134	107	85

※ 사원은 영업직, 생산직, 사무직으로만 구분됨

〈보 기〉

ㄱ. 전체 사원수는 매년 증가한다.
ㄴ. 영업직 사원수는 생산직과 사무직 사원수의 합보다 매년 적다.
ㄷ. 생산직 사원의 비중이 30% 미만인 해는 전체 사원수가 가장 적은 해와 같다.
ㄹ. 영업직 사원의 비중은 매년 증가한다.

① ㄱ, ㄴ
② ㄱ, ㄷ
③ ㄴ, ㄷ
④ ㄴ, ㄹ
⑤ ㄷ, ㄹ

문 69. 다음 〈표〉는 산림경영인의 산림경영지원제도 인지도에 대한 설문조사 결과이다. 이에 대한 설명으로 옳지 않은 것은?

20 행시(나) 28번

〈표〉 산림경영인의 산림경영지원제도 인지도

(단위 : 명, %, 점)

구분	항목	응답자 수	인지도 점수별 응답자 비율					인지도 평균 점수
			1점	2점	3점	4점	5점	
경영 주체	독림가	173	2.9	17.3	22.0	39.3	18.5	3.53
	임업 후계자	292	4.5	27.1	20.9	33.9	13.7	3.25
	일반산주	353	11.0	60.9	10.5	16.4	1.1	2.36
거주지 권역	경기	57	12.3	40.4	3.5	36.8	7.0	2.86
	강원	112	6.3	20.5	11.6	43.8	17.9	3.46
	충청	193	7.8	35.2	20.2	25.9	10.9	2.97
	전라	232	6.9	44.0	20.7	20.3	8.2	2.79
	경상	224	5.4	48.2	15.2	25.9	5.4	2.78
소유 면적	2ha 미만	157	8.9	63.7	11.5	14.0	1.9	2.36
	2ha 이상 6ha 미만	166	9.0	43.4	16.9	22.9	7.8	2.77
	6ha 이상 11ha 미만	156	7.7	35.3	16.7	32.7	7.7	2.97
	11ha 이상 50ha 미만	232	4.3	30.6	17.2	36.2	11.6	3.20
	50ha 이상	107	5.6	24.3	22.4	28.0	19.6	3.32
소재지 거주 여부	소재산주	669	5.8	41.0	15.7	28.4	9.1	2.94
	부재산주	149	12.1	33.6	20.8	23.5	10.1	2.86

※ 인지도 점수별 응답자 비율(인지도 평균점수)은 소수점 아래 둘째(셋째) 자리에서 반올림한 값임

① 소유면적별 인지도 평균점수는 '50ha 이상'이 '2ha 미만'의 1.4배 이상이다.
② 거주지 권역별 인지도 평균점수는 '강원'이 '경기'보다 높다.
③ 인지도 점수를 2점 이하로 부여한 응답자 대비 4점 이상으로 부여한 응답자의 비율이 가장 높은 거주지 권역은 '충청'이다.
④ 인지도 점수를 1점으로 부여한 '소재산주'는 5점으로 부여한 '부재산주'의 2배 이상이다.
⑤ 인지도 점수를 3점 이상으로 부여한 응답자가 가장 많은 경영 주체는 '임업후계자'이다.

문 70. 다음 〈표〉는 '갑'국의 친환경 농작물 생산 현황에 대한 자료이다. 이에 대한 〈보기〉의 설명 중 옳은 것만을 모두 고르면?

20 행시(나) 40번

〈표 1〉 연도별 친환경 농작물 재배농가, 재배면적, 생산량

(단위 : 천 호, 천 ha, 천 톤)

구분 \ 연도	2016	2017	2018	2019
재배농가	53	135	195	221
재배면적	53	106	174	205
생산량	798	1,786	2,188	2,258

〈표 2〉 연도별 친환경 농작물 생산방법별 재배면적

(단위 : 천 ha)

생산방법 \ 연도	2016	2017	2018	2019
유기농	9	11	13	17
무농약	14	37	42	69
저농약	30	58	119	119

※ 친환경 농작물 생산방법은 유기농, 무농약, 저농약으로 구성됨

〈표 3〉 2019년 친환경 농작물별 생산량의 생산방법별 구성비

(단위 : %)

생산방법 \ 친환경 농작물	곡류	과실류	채소류
유기농	11	27	18
무농약	17	67	28
저농약	72	6	54
합계	100	100	100

※ 친환경 농작물은 곡류, 과실류, 채소류로 구성됨

〈보 기〉

ㄱ. 재배농가당 재배면적은 매년 감소한다.
ㄴ. 친환경 농작물 재배면적 중 '무농약'의 비중은 매년 증가한다.
ㄷ. 2019년 친환경 농작물 생산방법별 재배면적당 생산량은 '유기농'이 '저농약'보다 많다.
ㄹ. 2019년 친환경 농작물별 생산량 비(곡류:과실류:채소류)가 1:2:3이라면, 친환경 농작물 생산방법 중 '저농약'의 생산량이 가장 많다.

① ㄱ
② ㄹ
③ ㄱ, ㄴ
④ ㄴ, ㄷ
⑤ ㄷ, ㄹ

문 71. **다음 〈표〉는 2013~2020년 '갑'국 재정지출에 대한 자료이다. 이에 대한 설명으로 옳지 않은 것은?** 21 행시(가) 3번

〈표 1〉 전체 재정지출

(단위 : 백만 달러, %)

연도 \ 구분	금액	GDP 대비 비율
2013	487,215	34.9
2014	466,487	31.0
2015	504,426	32.4
2016	527,335	32.7
2017	522,381	31.8
2018	545,088	32.0
2019	589,175	32.3
2020	614,130	32.3

〈표 2〉 전체 재정지출 중 5대 분야 재정지출 비중

(단위 : %)

분야 \ 연도	2013	2014	2015	2016	2017	2018	2019	2020
교육	15.5	15.8	15.4	15.9	16.3	16.3	16.2	16.1
보건	10.3	11.9	11.4	11.4	12.2	12.5	12.8	13.2
국방	7.5	7.7	7.6	7.5	7.8	7.8	7.7	7.6
안전	3.6	3.7	3.6	3.8	4.0	4.0	4.1	4.2
환경	3.1	2.5	2.4	2.4	2.4	2.5	2.4	2.4

① 2015~2020년 환경 분야 재정지출 금액은 매년 증가하였다.

② 2020년 교육 분야 재정지출 금액은 2013년 안전 분야 재정지출 금액의 4배 이상이다.

③ 2020년 GDP는 2013년 대비 30% 이상 증가하였다.

④ 2016년 이후 GDP 대비 보건 분야 재정지출 비율은 매년 증가하였다.

⑤ 5대 분야 재정지출 금액의 합은 매년 전체 재정지출 금액의 35% 이상이다.

문 72. **다음 〈표〉는 '갑'국의 2019년과 2020년의 대학 교원 유형별 강의 담당학점 현황에 대한 자료이다. 이에 대한 〈보기〉의 설명 중 옳은 것만을 모두 고르면?** 21 행시(가) 5번

〈표〉 교원 유형별 강의 담당학점 현황

(단위 : 학점, %)

구분		연도	2020년			2019년		
		교원 유형	전임교원	비전임교원		전임교원	비전임교원	
					강사			강사
전체(196개교)		담당학점	479,876	239,394	152,898	476,551	225,955	121,265
		비율	66.7	33.3	21.3	67.8	32.2	17.3
설립주체	국공립(40개교)	담당학점	108,237	62,934	47,504	107,793	59,980	42,824
		비율	63.2	36.8	27.8	64.2	35.8	25.5
	사립(156개교)	담당학점	371,639	176,460	105,394	368,758	165,975	78,441
		비율	67.8	32.2	19.2	69.0	31.0	14.7
소재지	수도권(73개교)	담당학점	173,383	106,403	64,019	171,439	101,864	50,696
		비율	62.0	38.0	22.9	62.7	37.3	18.5
	비수도권(123개교)	담당학점	306,493	132,991	88,879	305,112	124,091	70,569
		비율	69.7	30.3	20.2	71.1	28.9	16.4

※ 비율(%) = $\frac{\text{교원 유형별 담당학점}}{\text{전임교원 담당학점}+\text{비전임교원 담당학점}} \times 100$

〈보 기〉

ㄱ. 2020년 전체 대학의 전임교원 담당학점 비율은 비전임교원 담당학점 비율의 2배 이상이다.

ㄴ. 2020년 전체 대학의 전임교원 담당학점은 전년 대비 1.1% 줄어들었다.

ㄷ. 사립대학의 경우, 비전임교원 담당학점 중 강사 담당학점 비중의 2019년과 2020년간 차이는 10%p 미만이다.

ㄹ. 2019년 대비 2020년에 증가한 비전임교원 담당학점은 비수도권 대학이 수도권 대학의 2배 미만이다.

① ㄱ, ㄴ

② ㄱ, ㄹ

③ ㄷ, ㄹ

④ ㄱ, ㄴ, ㄷ

⑤ ㄴ, ㄷ, ㄹ

문 73. 다음 〈표〉는 '조선왕조실록'과 '호구총수'에 따른 17세기 후반 현종에서 숙종 사이 5개 조사연도의 호구(戶口) 자료이다. 이에 대한 〈보기〉의 설명 중 옳은 것만을 모두 고르면?

21 행시(가) 8번

〈표〉 17세기 후반 호구(戶口) 자료

(단위 : 호, 명)

구분 / 조사연도	조선왕조실록		호구총수	
	호(戶)	구(口)	호(戶)	구(口)
현종 10년	1,342,274	5,164,524	1,313,652	5,018,744
현종 13년	1,176,917	4,695,611	1,205,866	4,720,815
숙종 원년	1,234,512	4,703,505	1,250,298	4,725,704
숙종 19년	1,546,474	7,188,574	1,547,237	7,045,115
숙종 25년	1,293,083	5,772,300	1,333,330	5,774,739

〈보 기〉

ㄱ. '조선왕조실록', '호구총수'에 따른 호(戶)당 구(口)는 모든 조사연도마다 각각 3명 이상이다.
ㄴ. 현종 13년 이후, 직전 조사연도 대비 호(戶) 증가율이 가장 큰 조사연도는 '조선왕조실록'과 '호구총수'가 같다.
ㄷ. 숙종 원년 대비 숙종 19년 '조선왕조실록'에 따른 구(口) 증가율은 '호구총수'에 따른 구(口) 증가율보다 작다.
ㄹ. '조선왕조실록'과 '호구총수' 간 호(戶)의 차이가 가장 큰 조사연도는 구(口)의 차이도 가장 크다.

① ㄱ, ㄴ
② ㄱ, ㄹ
③ ㄴ, ㄷ
④ ㄱ, ㄷ, ㄹ
⑤ ㄴ, ㄷ, ㄹ

문 74. 다음 〈표〉는 2024년 예상 매출액 상위 10개 제약사의 2018년, 2024년 매출액에 관한 자료이다. 이에 대한 〈보기〉의 설명 중 옳은 것만을 고르면?

21 행시(가) 11번

〈표〉 2024년 매출액 상위 10개 제약사의 2018년, 2024년 매출액

(단위 : 억 달러)

2024년 기준 매출액 순위	기업명	2024년	2018년	2018년 대비 2024년 매출액 순위변화
1	Pfizer	512	453	변화없음
2	Novartis	498	435	1단계 상승
3	Roche	467	446	1단계 하락
4	J&J	458	388	변화없음
5	Merck	425	374	변화없음
6	Sanofi	407	351	변화없음
7	GSK	387	306	5단계 상승
8	AbbVie	350	321	2단계 상승
9	Takeda	323	174	7단계 상승
10	AstraZeneca	322	207	4단계 상승
매출액 소계		4,149	3,455	
전체 제약사 총매출액		11,809	8,277	

※ 2024년 매출액은 예상 매출액임.

〈보 기〉

ㄱ. 2018년 매출액 상위 10개 제약사의 2018년 매출액 합은 3,700억 달러 이상이다.
ㄴ. 2024년 매출액 상위 10개 제약사 중, 2018년 대비 2024년 매출액이 가장 많이 증가한 기업은 Takeda이고 가장 적게 증가한 기업은 Roche이다.
ㄷ. 2024년 매출액 상위 10개 제약사의 매출액 합이 전체 제약사 총매출액에서 차지하는 비중은 2024년이 2018년보다 크다.
ㄹ. 2024년 매출액 상위 10개 제약사 중, 2018년 대비 2024년 매출액 증가율이 60% 이상인 기업은 2개이다.

① ㄱ, ㄴ
② ㄱ, ㄷ
③ ㄱ, ㄹ
④ ㄴ, ㄷ
⑤ ㄴ, ㄹ

문 75. 다음 〈표〉는 2019년 아세안 3개국 7개 지역별 외국투자기업의 지출 항목별 단가 및 보조금 지급기준에 관한 자료이다. 〈표〉와 〈정보〉에 근거하여 7개 지역에 진출한 우리나라 '갑'기업의 월간 순지출액이 가장 작은 지역과 가장 큰 지역을 바르게 나열한 것은? 21 행시(가) 14번

〈표 1〉 지역별 외국투자기업의 지출 항목별 단가

(단위 : 달러)

국가	지역 \ 항목	급여 (1인당 월지급액)	전력 사용료 (100kWh당 요금)	운송비 (1회당 운임)
인도네시아	자카르타	310	7	2,300
	바탐	240	7	3,500
베트남	하노이	220	19	3,400
	호치민	240	10	2,300
	다낭	200	19	4,000
필리핀	마닐라	230	12	2,300
	세부	220	21	3,500

〈표 2〉 국가별 외국투자기업의 지출 항목별 보조금 지급기준

국가 \ 항목	급여	전력 사용료	운송비
인도네시아	1인당 월 50달러	보조금 없음	1회당 50% 보조
베트남	1인당 월 30달러	100kWh당 5달러	보조금 없음
필리핀	보조금 없음	100kWh당 10달러	1회당 50% 보조

〈정 보〉

- 지역별 외국투자기업의 월간 순지출액은 각 지역에서 월간 발생하는 총지출액에서 해당 국가의 월간 총보조금을 뺀 금액임.
- 지출과 보조금 항목은 급여, 전력 사용료, 운송비로만 구성됨.
- '갑'기업은 7개 지역에서 각각 10명의 직원에게 급여를 지급하고, 월간 전력 사용량은 각각 1만 kWh이며, 월간 4회 운송을 각각 시행함.

	가장 작은 지역	가장 큰 지역
①	마닐라	다낭
②	마닐라	하노이
③	자카르타	다낭
④	자카르타	세부
⑤	자카르타	하노이

문 76. 다음 〈표〉는 2020년 1~4월 애니메이션을 등록한 회사의 애니메이션 등록 현황에 관한 자료이다. 이에 대한 〈보기〉의 설명 중 옳은 것만을 모두 고르면? 21 행시(가) 20번

〈표 1〉 월별 애니메이션 등록 회사와 유형별 애니메이션 등록 현황

(단위 : 개사, 편)

월	회사 \ 유형	국내단독	국내합작	해외합작	전체
1	13	6	6	2	14
2	6	4	0	2	6
3	( )	6	4	1	11
4	7	3	5	0	8

※ 애니메이션 1편당 등록 회사는 1개사임.

〈표 2〉 1~4월 동안 2편 이상의 애니메이션을 등록한 회사의 월별 애니메이션 등록 현황

(단위 : 편)

회사	유형 \ 월	1	2	3	4
아트팩토리	국내단독	0	1	1	0
꼬꼬지	국내단독	1	1	0	0
코닉스	국내단독	0	0	1	1
제이와이제이	국내합작	1	0	0	1
유이락	국내단독	2	0	3	1
한스튜디오	국내합작	1	0	1	2

〈보 기〉

ㄱ. 1~4월 동안 1편의 애니메이션만 등록한 회사는 20개사 이상이다.

ㄴ. 1월에 국내단독 유형인 애니메이션을 등록한 회사는 5개사이다.

ㄷ. 3월에 애니메이션을 등록한 회사는 9개사이다.

① ㄱ
② ㄴ
③ ㄱ, ㄴ
④ ㄴ, ㄷ
⑤ ㄱ, ㄴ, ㄷ

문 77. 다음 〈표〉는 2015~2019년 A국의 보유세 추이에 관한 자료이다. 이에 대한 〈보기〉의 설명 중 옳은 것만을 모두 고르면?

21 행시(가) 29번

〈표〉 A국의 보유세 추이

(단위 : 십억 원)

구분 \ 연도	2015	2016	2017	2018	2019
보유세	5,030	6,838	9,196	9,856	8,722
재산세	2,588	3,123	3,755	4,411	4,423
도시계획세	1,352	1,602	1,883	2,183	2,259
공동시설세	446	516	543	588	591
종합부동산세	441	1,328	2,414	2,130	1,207
농어촌특별세	203	269	601	544	242

※ 보유세는 재산세, 도시계획세, 공동시설세, 종합부동산세, 농어촌특별세로만 구성됨.

〈보 기〉

ㄱ. '보유세'는 2017년이 2015년의 1.8배 이상이다.

ㄴ. '보유세' 중 재산세 비중은 2017년까지는 매년 감소하다가 2018년부터는 매년 증가하였다.

ㄷ. 농어촌특별세는 '보유세'에서 차지하는 비중이 매년 가장 작다.

ㄹ. 재산세 대비 종합부동산세 비는 가장 큰 연도가 가장 작은 연도의 4배 이상이다.

① ㄱ, ㄴ

② ㄱ, ㄷ

③ ㄷ, ㄹ

④ ㄱ, ㄴ, ㄹ

⑤ ㄴ, ㄷ, ㄹ

문 78. 다음 〈표〉는 2020년 '갑'시의 오염물질 배출원별 배출량에 대한 자료이다. 이에 대한 〈보기〉의 설명 중 옳은 것만을 모두 고르면?

21 행시(가) 33번

〈표〉 2020년 오염물질 배출원별 배출량 현황

(단위 : 톤, %)

오염물질 / 배출원 \ 구분	PM10		PM2.5		CO		NOx		SOx		VOC	
	배출량	배출 비중	배출량	배출 비중	배출량	배출 비중	배출량	배출 비중	배출량	배출 비중	배출량	배출 비중
선박	1,925	61.5	1,771	64.0	2,126	5.8	24,994	45.9	17,923	61.6	689	1.6
화물차	330	10.6	304	11.0	2,828	7.7	7,427	13.6	3	0.0	645	1.5
건설장비	253	8.1	233	8.4	2,278	6.2	4,915	9.0	2	0.0	649	1.5
비산업	163	5.2	104	3.8	2,501	6.8	6,047	11.1	8,984	30.9	200	0.5
RV	134	4.3	123	4.5	1,694	4.6	1,292	2.4	1	0.0	138	0.3
계	2,805	( )	2,535	( )	11,427	( )	44,675	( )	26,913	( )	2,321	( )

※ 1) PM10 기준 배출량 상위 5개 오염물질 배출원을 선정하고, 6개 오염물질 배출량을 조사함.

2) $\text{배출비중(\%)} = \frac{\text{해당 배출원의 배출량}}{\text{전체 배출원의 배출량}} \times 100$

〈보 기〉

ㄱ. 오염물질 CO, NOx, SOx, VOC 배출량 합은 '화물차'가 '건설장비'보다 많다.

ㄴ. PM2.5 기준 배출량 상위 5개 배출원의 PM2.5 배출비중 합은 90% 이상이다.

ㄷ. NOx의 전체 배출원 중에서 '건설장비'는 네 번째로 큰 배출비중을 차지한다.

ㄹ. PM10의 전체 배출량은 VOC의 전체 배출량보다 많다.

① ㄱ, ㄴ

② ㄱ, ㄷ

③ ㄴ, ㄹ

④ ㄱ, ㄴ, ㄷ

⑤ ㄴ, ㄷ, ㄹ

문 79. 다음 〈표〉는 A시의 2016~2020년 버스 유형별 노선 수와 차량대수에 관한 자료이다. 이에 대한 〈보고서〉의 내용 중 옳은 것만을 고르면? 21 행시(가) 35번

〈표〉 2016~2020년 버스 유형별 노선 수와 차량대수

(단위 : 개, 대)

유형 / 구분 / 연도	간선버스 노선 수	간선버스 차량대수	지선버스 노선 수	지선버스 차량대수	광역버스 노선 수	광역버스 차량대수	순환버스 노선 수	순환버스 차량대수	심야버스 노선 수	심야버스 차량대수
2016	122	3,703	215	3,462	11	250	4	25	9	45
2017	121	3,690	214	3,473	11	250	4	25	8	47
2018	122	3,698	211	3,474	11	249	3	14	8	47
2019	122	3,687	207	3,403	10	247	3	14	9	70
2020	124	3,662	206	3,406	10	245	3	14	11	78

※ 버스 유형은 간선버스, 지선버스, 광역버스, 순환버스, 심야버스로만 구성됨.

〈보고서〉

㉠ 2017~2020년 A시 버스 총노선 수와 총차량대수는 각각 매년 감소하고 있으며, ㉡ 전년 대비 감소폭은 총노선 수와 총차량대수 모두 2019년이 가장 크다. 이는 A시 버스 이용객의 감소와 버스 노후화로 인한 감차가 이루어져 나타난 결과로 볼 수 있다. ㉢ 2019년 심야버스는 버스 유형 중 유일하게 전년에 비해 차량대수가 증가하였고 전년 대비 차량대수 증가율은 45%를 상회하였다. 이는 심야시간 버스 이용객의 증가로 인해 나타난 것으로 볼 수 있다. ㉣ 2016~2020년 동안 노선 수 대비 차량대수 비는 간선버스가 매년 가장 크다. 이는 간선버스가 차량운행거리가 길고 배차시간이 짧다는 특성이 반영된 것으로 볼 수 있다. 마지막으로 ㉤ 2016~2020년 동안 노선 수 대비 차량대수 비는 심야버스가 순환버스보다 매년 크다.

① ㄱ, ㄴ, ㄷ
② ㄱ, ㄹ, ㅁ
③ ㄴ, ㄷ, ㄹ
④ ㄴ, ㄷ, ㅁ
⑤ ㄷ, ㄹ, ㅁ

문 80. 다음 〈표〉는 S시 공공기관 의자 설치 사업에 참여한 '갑'~'무'기업의 소요비용에 대한 자료이다. 이에 대한 〈보기〉의 설명 중 옳은 것만을 모두 고르면? 21 행시(가) 39번

〈표〉 기업별 의자 설치 소요비용 산출근거

기업	의자 제작 비용 (천 원/개)	배송거리 (km)	배송차량당 배송비용 (천 원/km) 배송업체 A	배송차량당 배송비용 (천 원/km) 배송업체 B	배송차량의 최대 배송량 (개/대)
갑	300	120	1.0	1.2	30
을	250	110	1.1	0.9	50
병	320	130	0.7	0.9	70
정	400	80	0.8	1.0	40
무	270	150	0.5	0.3	25

※ 1) 소요비용=제작비용+배송비용
2) '갑'~'무' 기업은 배송에 필요한 최소대수의 배송차량을 사용함.

〈보 기〉

ㄱ. 배송업체 A를 이용하여 의자 500개를 설치할 때, 소요비용이 가장 적은 기업은 '을'이다.
ㄴ. 배송업체 A를 이용하여 의자 300개를 설치할 때, 소요비용이 1억 원 미만인 기업이 있다.
ㄷ. 배송업체 B를 이용하여 의자 300개를 설치할 때, 소요비용이 가장 적은 기업은 '무'이다.
ㄹ. 배송업체 B를 이용하여 의자 590개를 설치할 때, 소요비용이 1억 5천만 원 미만인 기업이 있다.

① ㄱ, ㄴ
② ㄱ, ㄹ
③ ㄴ, ㄷ
④ ㄱ, ㄴ, ㄹ
⑤ ㄴ, ㄷ, ㄹ

02 그림 제시형 필수기출 80제

문 1. 다음 〈그림〉은 지역개발사업에 대한 신문과 방송의 보도 내용을 사업 착공 전후로 나누어 분석하고, 이 중 주요 분야 6개를 선택하여 작성한 자료이다. 이에 대한 〈보기〉의 설명 중 옳은 것을 모두 고른 것은? 06 견습(역) 27번

〈그림 1〉 착공 전후 주요 분야의 신문보도 비율

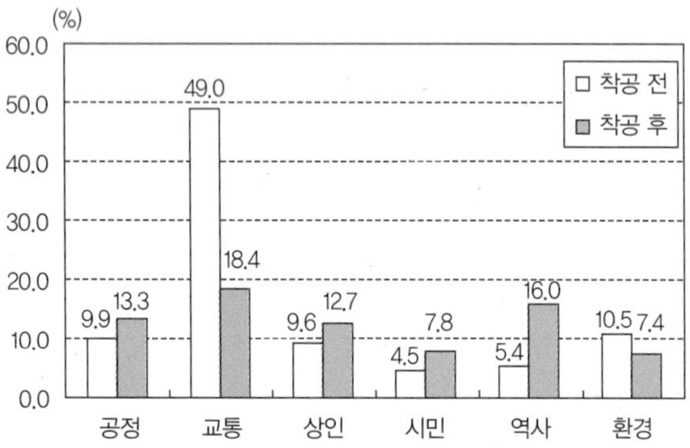

〈그림 2〉 착공 전후 주요 분야의 방송보도 비율

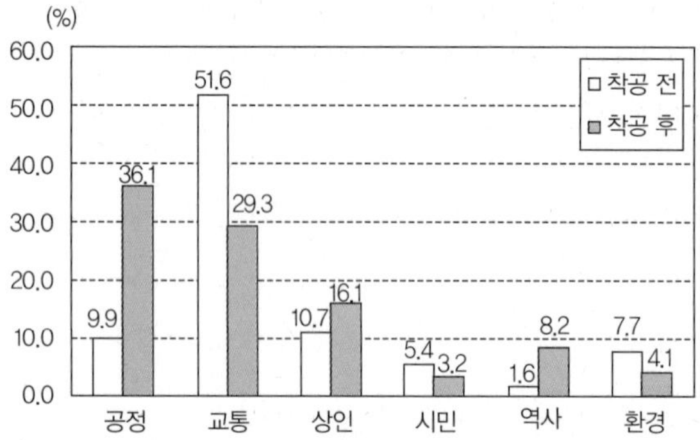

〈보 기〉

ㄱ. 신문보도에서 착공 전에 가장 높은 보도비율을 보인 두 분야 모두 착공 후 보도비율이 감소했다.

ㄴ. 교통은 착공 후에도 신문과 방송 모두에서 가장 많이 보도된 분야이다.

ㄷ. 착공 전에 비해 착공 후 교통에 대한 보도비율의 감소폭은 방송보다 신문에서 더 큰 것으로 나타났다.

ㄹ. 착공 전 대비 착공 후 보도비율의 증가율이 신문과 방송 모두에서 가장 큰 분야는 역사이다.

ㅁ. 착공 전 교통에 대한 보도비율은 신문보다는 방송에서 더 높은 것으로 나타났다.

① ㄱ, ㄴ, ㅁ ② ㄱ, ㄷ, ㄹ
③ ㄴ, ㄷ, ㄹ ④ ㄱ, ㄷ, ㄹ, ㅁ
⑤ ㄴ, ㄷ, ㄹ, ㅁ

문 2. 다음 〈그림〉은 음주운전 관련 자료이다. 이에 대한 〈보기〉의 설명 중 옳지 <u>않은</u> 것을 모두 고르면? 08 행시(열) 09번

〈그림 1〉 연령대별 음주운전 교통사고 현황

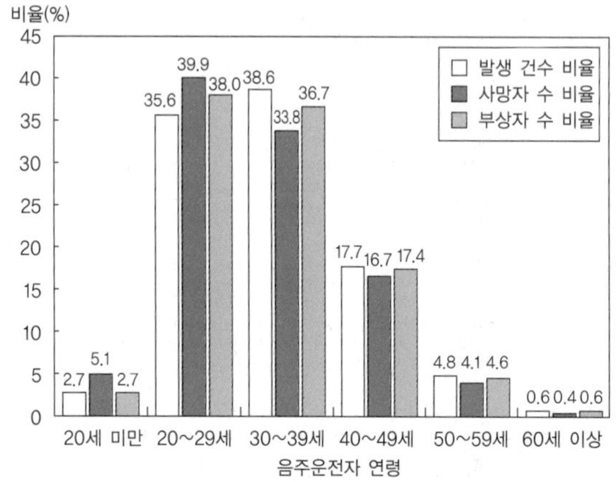

〈그림 2〉 혈중 알코올 농도별 음주운전 교통사고 현황

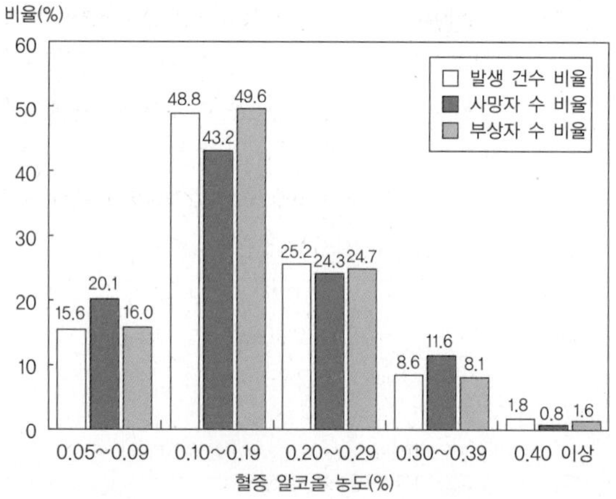

〈보 기〉

ㄱ. 전체 음주운전 교통사고의 $\frac{2}{3}$ 이상은 20대와 30대 운전자에 의해 발생한다.
ㄴ. 60세 이상의 운전자들은 음주운전을 하여도 사고를 유발할 확률이 1% 미만이다.
ㄷ. 전체 음주운전 교통사고 발생 건수 중에서 운전자의 혈중 알코올 농도가 0.30% 이상인 경우는 11% 미만이다.
ㄹ. 20대나 30대의 운전자가 혈중 알코올 농도 0.10~0.19%에서 운전할 경우에 음주운전 교통사고의 발생가능성이 가장 높다.
ㅁ. 각 연령대의 음주운전 교통사고 발생 건수 대비 사망자 수 비율이 가장 높은 연령대는 20세 미만이다.
ㅂ. 음주운전자 중에는 혈중 알코올 농도 0.10~0.19%에서 운전을 한 경우가 가장 많다.

① ㄱ, ㄴ, ㄷ
② ㄴ, ㄷ, ㄹ
③ ㄴ, ㄹ, ㅂ
④ ㄷ, ㄹ, ㅁ
⑤ ㄹ, ㅁ, ㅂ

문 3. 다음 〈그림〉은 A항공사의 2006년 품질관련 문제에 대한 자료이다. 이에 대한 〈보기〉의 설명 중 옳은 것을 모두 고르면?

08 행시(열) 17번

〈그림 1〉 항목별 문제발생 건수

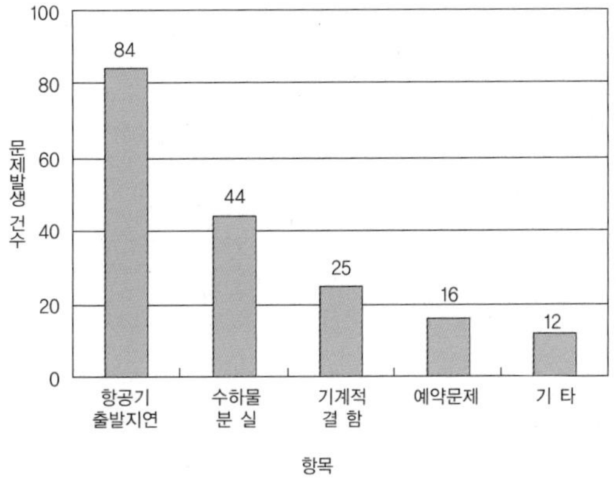

〈그림 2〉 월별 항공기 출발지연 건수

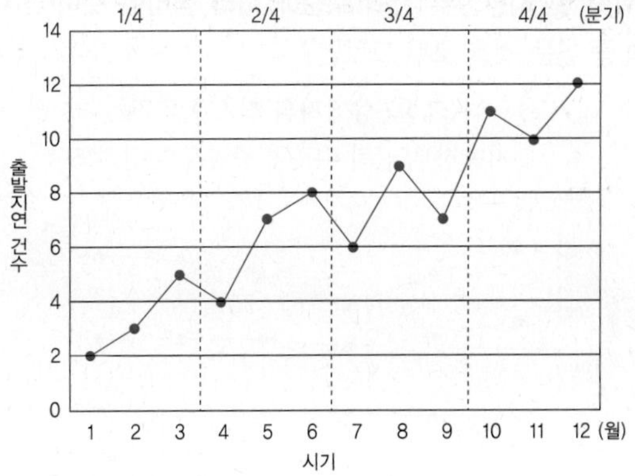

※ 월별 편성 횟수는 250회이고, 편성된 항공기는 모두 출발하였음

〈그림 3〉 월 수하물 분실 건수의 도수분포도

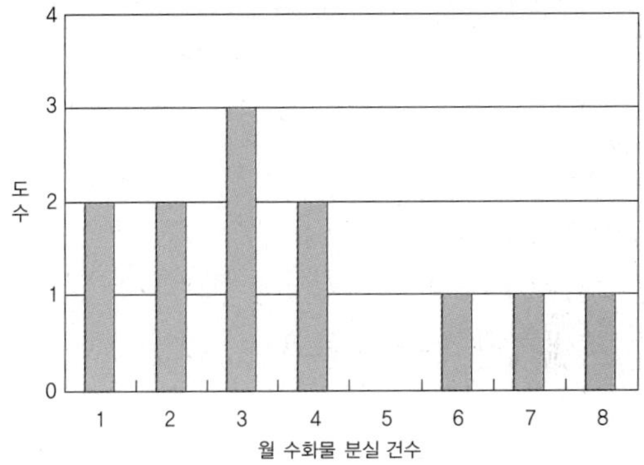

〈보 기〉

ㄱ. 분기별 항공기 출발지연 건수는 지속적으로 증가하였다.
ㄴ. 2006년 중 '수하물 분실'이 한 건도 발생하지 않은 달이 있다.
ㄷ. 2006년의 월별 편성 횟수 대비 정시출발 비율은 항상 95% 이상을 유지하였다.
ㄹ. '항공기 출발지연', '수하물 분실', '기계적 결함' 항목이 전체 문제에서 차지하는 비율은 85% 이상이었다.

① ㄱ, ㄴ
② ㄱ, ㄷ
③ ㄴ, ㄷ
④ ㄴ, ㄹ
⑤ ㄷ, ㄹ

문 4. 다음 〈그림〉은 중앙정부 신뢰도를 조사하여 응답자의 최종 학력 및 지방정부 신뢰 수준에 따라 정리한 것이다. 〈보기〉의 해석 중 옳은 것을 모두 고르면? 09 행시(기) 39번

〈그림〉 응답자의 최종 학력 및 지방정부 신뢰 수준별 중앙정부 신뢰도

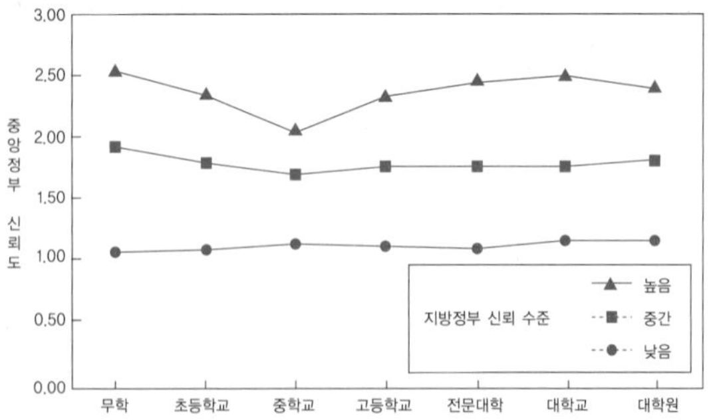

※ 1) 최종 학력은 '무학', '초등학교', '중학교', '고등학교', '전문대학', '대학교', '대학원'으로 구분함
2) 지방정부 신뢰 수준은 '높음', '중간', '낮음' 집단으로 구분함
3) 중앙정부에 대한 신뢰도는 '신뢰 안함'을 1점, '다소 신뢰'를 2점, '매우 신뢰'를 3점으로 하여 측정함

〈보 기〉

ㄱ. 지방정부 신뢰 수준이 높은 집단일수록 중앙정부에 대해서도 신뢰도가 높다.
ㄴ. 최종 학력이 중학교인 응답자 집단은 다른 최종 학력을 가진 응답자 집단에 비해 지방정부 신뢰 수준과 중앙정부 신뢰도의 차이가 작다.
ㄷ. 최종 학력이 중학교인 집단과 고등학교인 집단은 중앙정부에 대해 동일한 신뢰도를 보인다.
ㄹ. 최종 학력이 중학교 이상인 집단의 경우, 모든 지방정부 신뢰 수준에서 학력이 높을수록 중앙정부에 대한 신뢰도가 높다.

① ㄱ
② ㄱ, ㄴ
③ ㄱ, ㄹ
④ ㄱ, ㄷ, ㄹ
⑤ ㄴ, ㄷ, ㄹ

문 5. 다음 〈표〉와 〈그림〉은 A시의 20세 이상 성인 남녀를 대상으로 자원봉사참여, 기부경험 및 행복지수에 관한 설문조사를 실시한 결과이다. 이에 대한 〈보고서〉의 설명 중 옳은 것을 모두 고르면? 10 행시(인) 03번

〈표〉 A시 자원봉사참여율과 기부경험률

(단위 : %)

구분	연령대	자원봉사 참여율	기부 경험률
남성	20대	13.4	29.8
	30대	10.0	39.0
	40대	13.1	41.5
	50대	15.0	40.8
	60대 이상	12.3	29.8
여성	20대	13.6	34.7
	30대	23.1	46.4
	40대	25.3	45.6
	50대	20.0	42.1
	60대 이상	10.1	21.4
응답자 전체		16.0	37.8

〈그림〉 A시 자원봉사참여 여부에 따른 행복지수

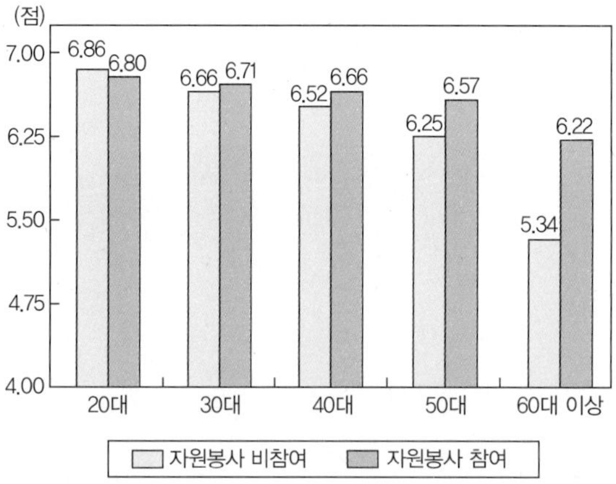

〈보고서〉

A시에서는 20세 이상 성인을 대상으로 성별 및 연령대별로 기부와 자원봉사참여 정도를 조사하였다. 조사에 따르면 기부경험률은 30대 여성과 40대 여성이 특히 높고, 자원봉사참여율 역시 30대 여성과 40대 여성이 다른 집단에 비해 높은 것으로 나타났다. ㉠ 30, 40, 50대의 각 연령대별 남성의 경우, 기부경험률은 응답자 전체 기부경험률보다 높으나 자원봉사참여율은 응답자 전체 자원봉사참여율보다 낮다. ㉡ 20대의 기부경험률은 응답자 전체 기부경험률을 넘지 못한 반면, 30대 및 그 이상 연령대 각각의 기부경험률은 응답자 전체 기부경험률을 넘는다. 특히 50대는 20대에 비해서 자원봉사참여율과 기부경험률에서 모두 앞섰다. 또한 ㉢ 60대 이상을 제외한 각 연령대에서 여성의 기부경험률과 자원봉사참여율이 각각 남성보다 높다는 것을 알 수 있다.

자원봉사와 행복지수의 관계를 나타내는 조사결과도 발표되었는데, ㉣ 20대를 제외한 각 연령대에서 자원봉사에 참여하는 사람들의 행복지수가 참여하지 않는 사람들에 비해서 높은 것으로 나타났다. 특히 60대 이상 연령층에서 자원봉사참여자의 행복지수는 10점 만점에 6.22점으로 비참여자의 5.34점보다 0.88점이나 높았다. ㉤ 자원봉사 참여자의 경우 연령대가 높아짐에 따라 행복지수 하락폭이 비참여자보다 크게 나타났다.

① ㉠, ㉡
② ㉡, ㉣
③ ㉠, ㉢, ㉣
④ ㉠, ㉢, ㉤
⑤ ㉡, ㉣, ㉤

문 6. 다음 〈그림〉은 '갑' 제품의 제조사별 매출액에 대한 자료이다. '갑' 제품의 제조사는 A, B, C만 존재한다고 할 때, 〈보기〉 중 옳은 것을 모두 고르면? 10 행시(인) 04번

〈그림〉 제조사별 매출액

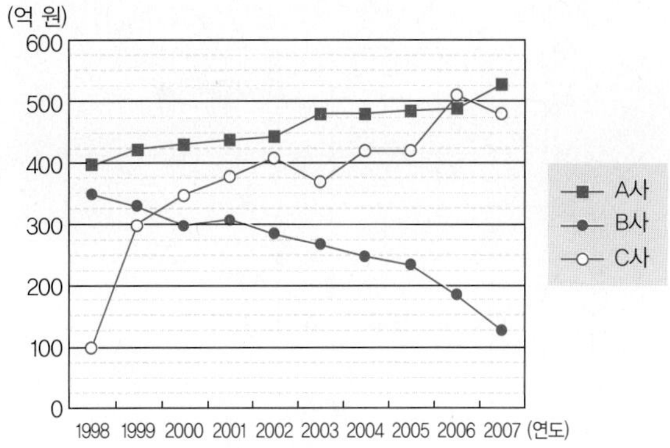

※ 시장규모와 시장점유율은 매출액 기준으로 산정함

〈보 기〉

ㄱ. 1999~2007년 사이 '갑' 제품의 시장규모는 매년 증가하였다.
ㄴ. 2004~2007년 사이 B사의 시장점유율은 매년 하락하였다.
ㄷ. 2003년 A사의 시장점유율은 2002년에 비해 상승하였다.
ㄹ. C사의 시장점유율은 1999~2002년 사이 매년 상승하였으나 2003년에는 하락하였다.

① ㄱ, ㄴ
② ㄴ, ㄷ
③ ㄷ, ㄹ
④ ㄱ, ㄴ, ㄹ
⑤ ㄴ, ㄷ, ㄹ

문 7. **다음 〈그림〉은 A사와 B사가 조사한 주요 TV 프로그램의 2011년 7월 넷째주 주간 시청률을 나타낸 자료이다. 이에 대한 〈보기〉의 설명 중 옳은 것을 모두 고르면?** 11 민간(경) 01번

〈그림〉 주요 TV 프로그램의 주간 시청률(2011년 7월 넷째 주)

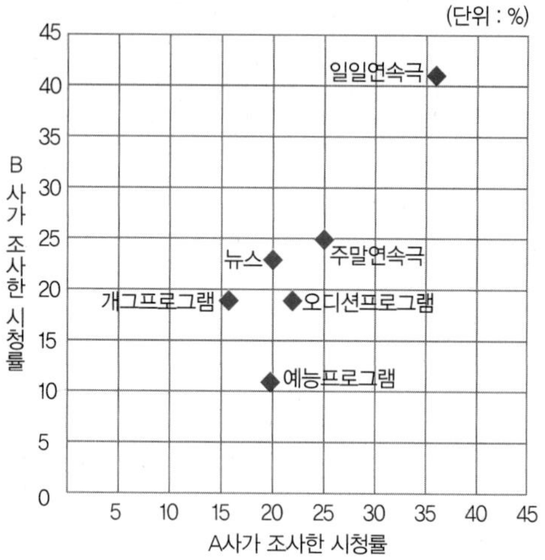

〈보 기〉

ㄱ. B사가 조사한 일일연속극 시청률은 40% 미만이다.
ㄴ. A사가 조사한 시청률과 B사가 조사한 시청률 간의 차이가 가장 큰 것은 예능프로그램이다.
ㄷ. 오디션프로그램의 시청률은 B사의 조사결과가 A사의 조사결과보다 높다.
ㄹ. 주말연속극의 시청률은 A사의 조사결과가 B사의 조사결과보다 높다.
ㅁ. A사의 조사에서는 오디션프로그램이 뉴스보다 시청률이 높으나 B사의 조사에서는 뉴스가 오디션프로그램보다 시청률이 높다.

① ㄱ, ㄷ
② ㄱ, ㅁ
③ ㄴ, ㄹ
④ ㄴ, ㅁ
⑤ ㄷ, ㄹ

문 8. **다음 〈표〉와 〈그림〉은 선거제도에 관한 자료이다. 이에 대한 〈보기〉의 설명 중 옳은 것을 모두 고르면?** 11 민간실험(재) 13번

〈표〉 선거제도의 특성 비교

구분	제1당의 평균 의석률(%)	평균 의회정당 수	평균 비례지수
A선거제도	44.4	9.3	90.4
B선거제도	53.7	8.7	83.2
C선거제도	68.1	5.0	83.1

〈그림〉 선거제도와 사회유형에 따른 민주주의 발전지수

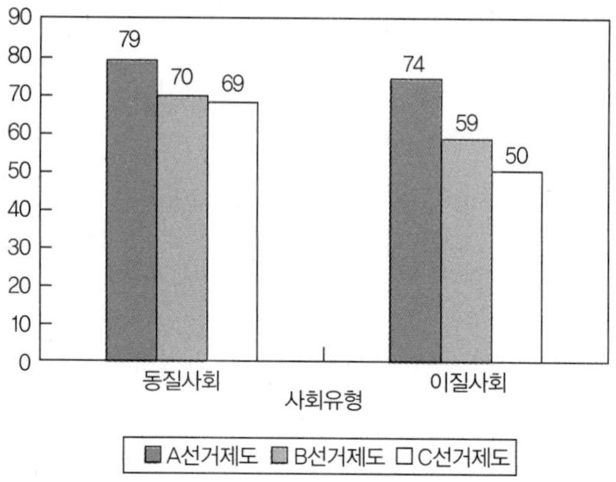

※ 민주주의 발전지수는 점수가 높을수록 민주주의 발전 정도가 높은 것을 의미함

〈보 기〉

ㄱ. A선거제도의 경우, 동질사회에서보다 이질사회에서 민주주의 발전지수가 더 크다.
ㄴ. 평균 의회정당 수가 많은 선거제도일수록 민주주의 발전 정도가 높다.
ㄷ. 평균 비례지수가 높은 선거제도일수록 제1당의 평균 의석률은 작다.
ㄹ. 평균 비례지수가 높은 선거제도일수록 민주주의의 발전 정도가 높다.

① ㄱ, ㄷ
② ㄴ, ㄹ
③ ㄱ, ㄴ, ㄷ
④ ㄱ, ㄷ, ㄹ
⑤ ㄴ, ㄷ, ㄹ

문 9. **다음 〈그림〉은 외식업체 구매담당자들의 공급업체 유형별 신선 편이 농산물 속성에 대한 선호도 평가 결과이다. 이를 바탕으로 작성된 〈보고서〉의 내용 중 옳은 것을 모두 고르면?**

11 민간(경) 18번

〈그림 1〉 공급업체 유형별 신선 편이 농산물의 가격적정성 · 품질 선호도 평가

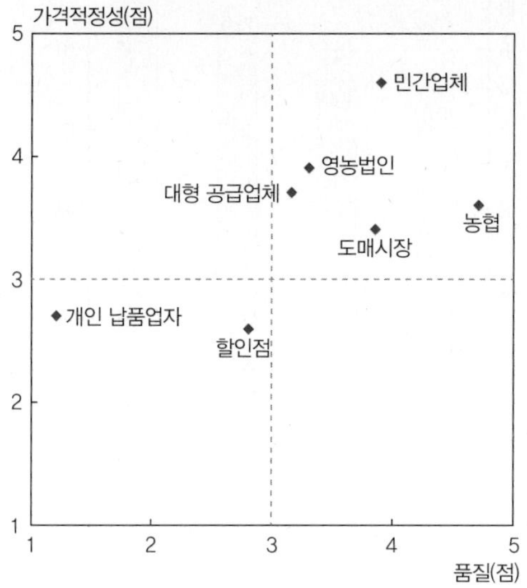

※ 1) 점선은 각 척도(1~5점)의 중간값을 표시함
2) 각 속성별로 축의 숫자가 클수록 선호도가 높음을 의미함

〈그림 2〉 공급업체 유형별 신선 편이 농산물의 위생안전성 · 공급력 선호도 평가

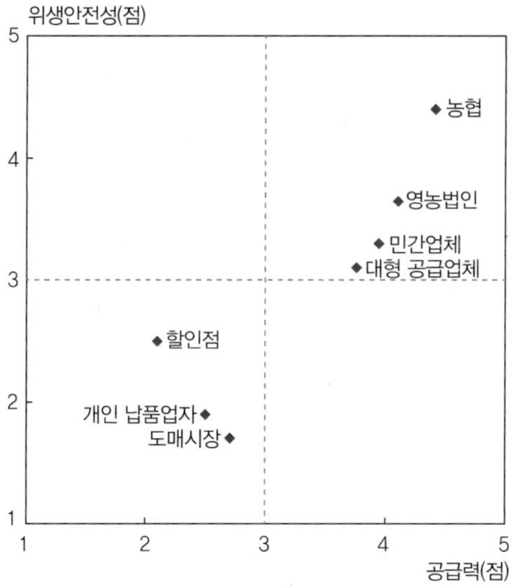

〈보고서〉

소비자의 제품 구입 의도는 제품에 대한 선호도에 의해 결정되므로 개별 속성에 대한 소비자의 인식을 파악하는 것이 중요하다. 신선 편이 농산물의 주된 소비자인 외식업체 구매담당자들을 대상으로 신선 편이 농산물의 네 가지 속성(가격적정성, 품질, 위생안전성, 공급력)에 의거하여 공급업체 유형별 선호도를 측정하였다. 그 결과를 바탕으로 두 가지 속성씩(가격적정성 · 품질, 위생안전성 · 공급력) 짝지어 공급업체들에 대한 선호도 분포를 2차원 좌표평면에 표시하였다.

이를 보면, ㉠ 외식업체 구매담당자들은 가격적정성과 품질 속성에서 각각 민간업체를 농협보다 선호하였다. ㉡ 네 가지 모든 속성에서 척도 중간값(3점) 이상의 평가를 받은 공급업체 유형은 총 네 개였고, ㉢ 특히 농협은 가격적정성, 품질, 공급력 속성에서 가장 선호도가 높았다. ㉣ 할인점은 공급력 속성에서 가장 낮은 선호도를 보인 공급업체 유형으로 나타났다. ㉤ 개인 납품업자는 네 가지 속성 각각에서 가장 낮은 선호도를 보였다.

① ㉠, ㉢
② ㉡, ㉣
③ ㉠, ㉢, ㉤
④ ㉡, ㉢, ㉣
⑤ ㉡, ㉣, ㉤

문 10. 다음 〈그림〉은 A강의 지점별 폭-수심비의 변화를 나타낸 것이다. 이에 대한 〈보기〉의 설명 중 옳은 것을 모두 고르면? 12 민간(인) 01번

〈그림〉 A강의 지점별 폭-수심비의 변화

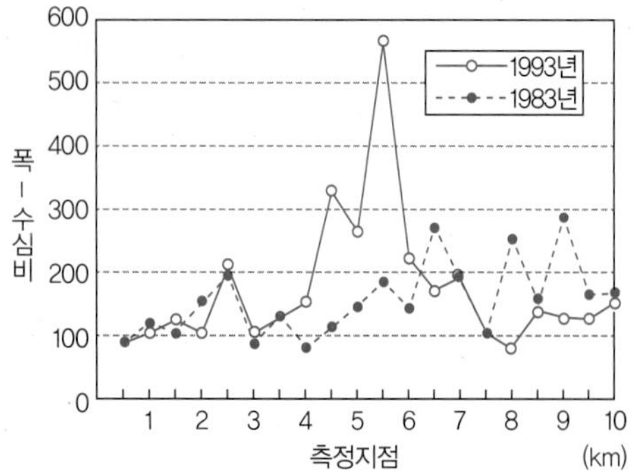

※ 폭-수심비는 전체 10km 측정구간 중 하류지점부터 매 500m마다의 측정지점에서 폭과 수심을 측정하여 계산한 결과임

〈보 기〉

ㄱ. 1993년 폭-수심비 최댓값은 500보다 크다.
ㄴ. 1983년과 1993년의 폭-수심비 차이가 가장 큰 측정지점은 6.5km 지점이다.
ㄷ. 1983년 폭-수심비 최댓값과 최솟값의 차이는 300보다 크다.

① ㄱ
② ㄴ
③ ㄱ, ㄷ
④ ㄴ, ㄷ
⑤ ㄱ, ㄴ, ㄷ

문 11. 다음 〈그림〉과 〈표〉는 2011~2014년 소셜네트워크 서비스 이용자 및 소셜광고 시장에 관한 자료이다. 이를 바탕으로 작성한 〈보고서〉의 내용 중 옳지 않은 것은? 12 민간(인) 04번

〈그림 1〉 세계 소셜네트워크 서비스 이용자 현황 및 전망

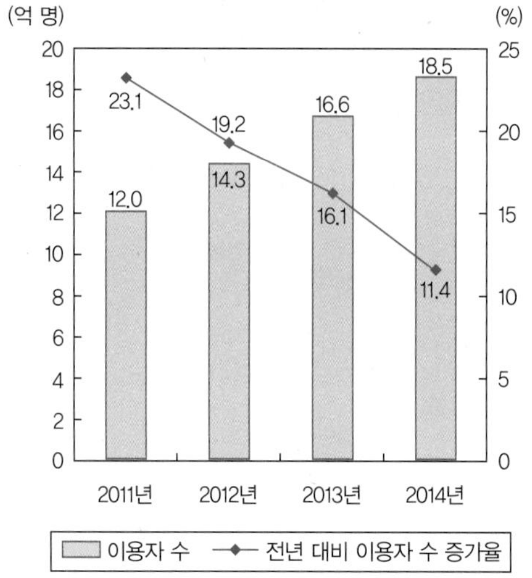

〈그림 2〉 세계 소셜광고 시장 현황 및 전망

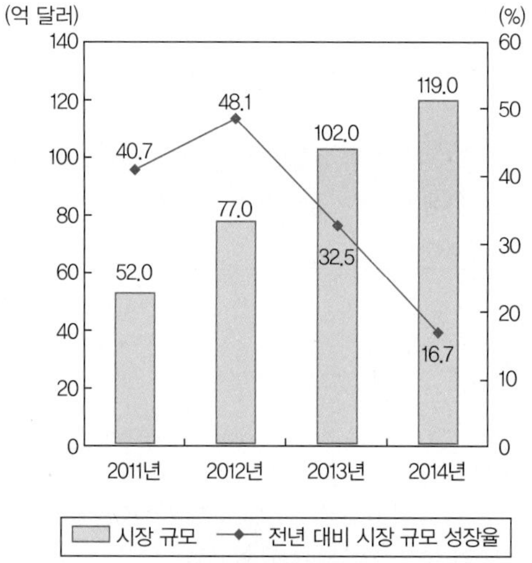

〈표〉 미국 소셜광고 사업자별 시장 현황 및 전망

(단위 : 억 달러, %)

구분 \ 연도		2011	2012	2013	2014
시장 규모		25.4	36.3	47.3	55.9
시장점유율	페이스북	67	71	70	67
	소셜게임	8	7	6	6
	트위터	5	6	7	8
	링크드인	4	4	4	4
	기타	16	12	13	15
합계		100	100	100	100

※ 기타는 시장점유율 3% 미만 업체의 시장점유율을 모두 합한 수치임

〈보고서〉

㉠ 세계 소셜네트워크 서비스 이용자는 2011년의 12.0억 명에서 2014년에는 18.5억 명으로 50% 이상 증가할 것으로 전망된다. 소셜네트워크 서비스가 새로운 미디어 매체로 대두되면서 소셜광고 시장 또한 급성장하고 있다. ㉡ 세계 소셜광고 시장 규모는 2012년에 전년 대비 48.1%의 성장률을 보이면서 77.0억 달러에 이를 것으로 예측되며, 이후에도 계속 성장하여 2014년에는 119.0억 달러를 기록할 것으로 전망된다. ㉢ 미국 소셜광고 시장 규모는 2011년 25.4억 달러에서 2014년에는 55.9억 달러로 성장하여 세계 소셜광고 시장의 50% 이상을 차지할 것으로 전망된다. 미국 소셜광고 사업자별 시장 현황 및 전망을 살펴보면 ㉣ 2011년 기준으로 페이스북이 67%로 가장 높은 시장 점유율을 나타내고 있으며, 소셜게임, 트위터, 링크드인이 그 뒤를 잇고 있다. ㉤ 2014년에는 페이스북의 시장 점유율이 2012년 대비 4%p 감소할 전망이나 여전히 높은 시장 점유율을 유지할 것으로 예측된다.

① ㉠ ② ㉡
③ ㉢ ④ ㉣
⑤ ㉤

문 12. 다음 〈그림〉과 〈표〉는 OECD국가와 한국인의 성별 기대수명에 관한 자료이다. 이에 대한 설명 중 옳은 것은?

12 민간(인) 06번

〈그림〉 2009년 OECD국가의 성별 기대수명(상위 10개국)

(단위 : 세)

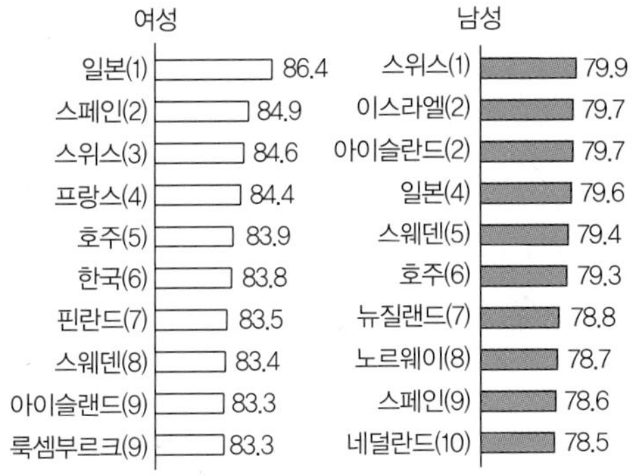

※ ( )안의 숫자는 OECD국가 중 해당 국가의 순위임

〈표〉 한국인의 성별 기대수명(2003~2009년)

성별 / 구분 / 연도	여성		남성	
	순위	기대수명(세)	순위	기대수명(세)
2003	19	80.8	26	73.9
2006	13	82.4	23	75.7
2009	6	83.8	20	76.8

※ 순위는 OECD국가 중 한국의 순위임

① 2003년 대비 2009년 한국 남성의 기대수명은 5% 이상 증가하였다.

② 2009년의 경우, 일본 남성의 기대수명은 일본 여성의 기대수명의 90% 이하이다.

③ 2009년 여성과 남성의 기대수명이 모두 상위 5위 이내인 OECD국가의 수는 2개이다.

④ 2006년과 2009년 한국 남성의 기대수명 차이는 2006년과 2009년 한국 여성의 기대수명 차이보다 크다.

⑤ 2009년 스위스 여성과 스웨덴 여성의 기대수명 차이는 두 나라 남성의 기대수명 차이보다 작다.

문 13. 다음 〈그림〉은 20개 국가(A~T)의 1인당 GDP와 자살률의 관계를 나타낸 것이다. 이에 대한 설명 중 옳은 것은?

12 민간(인) 16번

〈그림〉 20개 국가의 1인당 GDP와 자살률

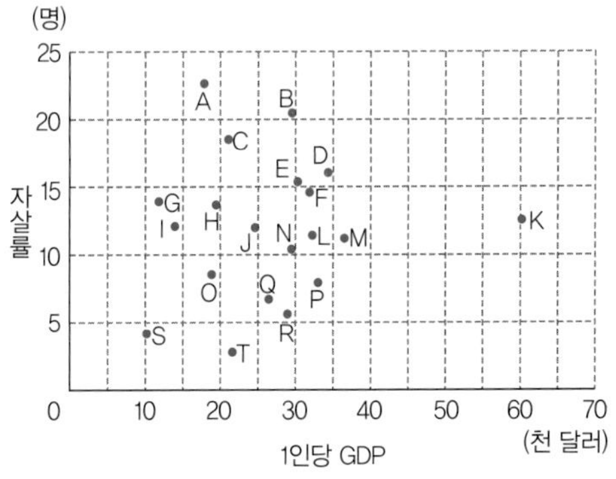

① 1인당 GDP가 가장 낮은 국가는 자살률도 가장 낮다.

② 1인당 GDP가 4만 달러 이상인 국가의 자살률은 10명 미만이다.

③ 자살률이 가장 높은 국가와 가장 낮은 국가의 자살률 차이는 15명 이하이다.

④ 자살률이 가장 높은 국가의 1인당 GDP는 자살률이 두 번째로 높은 국가의 1인당 GDP의 50% 이상이다.

⑤ C국보다 자살률과 1인당 GDP가 모두 낮은 국가의 수는 C국보다 자살률과 1인당 GDP가 모두 높은 국가의 수와 같다.

문 14. 다음 〈그림〉은 A~D음료의 8개 항목에 대한 소비자평가 결과를 나타낸 것이다. 이에 대한 설명 중 옳은 것은?

12 민간(인) 17번

〈그림〉 A~D음료의 항목별 소비자평가 결과

(단위 : 점)

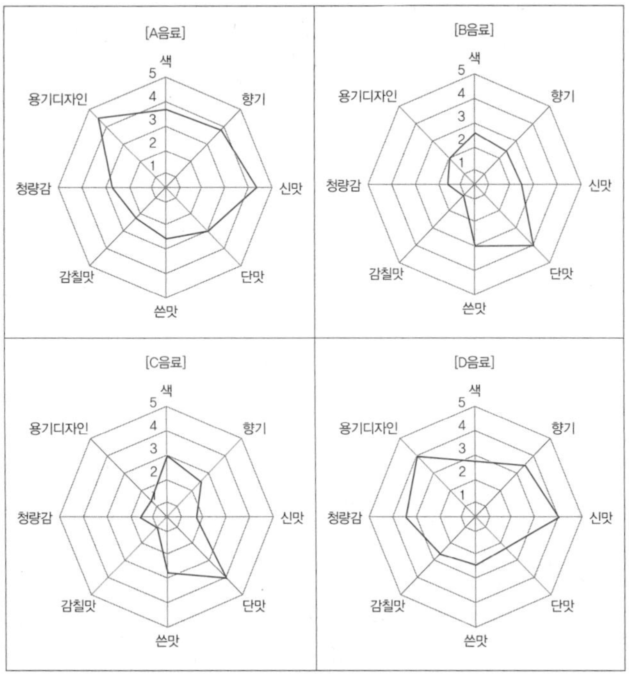

※ 1점이 가장 낮은 점수이고 5점이 가장 높은 점수임

① C음료는 8개 항목 중 '쓴맛'의 점수가 가장 높다.

② '용기디자인'의 점수는 A음료가 가장 높고, C음료가 가장 낮다.

③ A음료는 B음료보다 7개 항목에서 각각 높은 점수를 받았다.

④ 소비자평가 결과의 항목별 점수의 합은 B음료가 D음료보다 크다.

⑤ A~D음료 간 '색'의 점수를 비교할 때 점수가 가장 높은 음료는 '단맛'의 점수를 비교할 때에도 점수가 가장 높다.

문 15. 다음 〈그림〉은 어느 도시의 미혼남과 미혼녀의 인원 수 추이 및 미혼남녀의 직업별 분포를 나타낸 자료이다. 이에 대한 설명으로 옳지 <u>않은</u> 것은?

13 민간(인) 11번

〈그림 1〉 2001~2007년 미혼남과 미혼녀의 인원수 추이

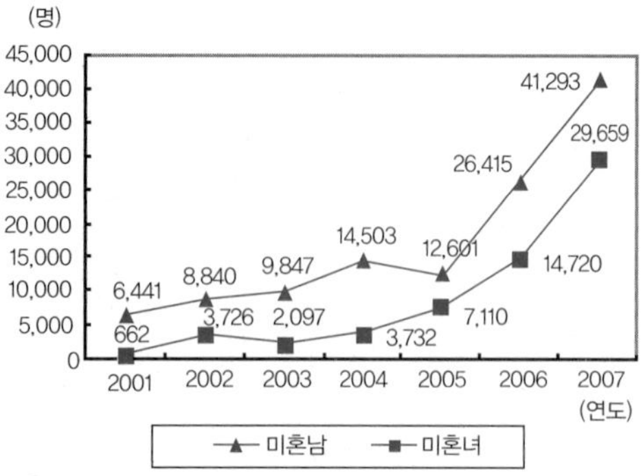

〈그림 2〉 2007년 미혼남녀의 직업별 분포

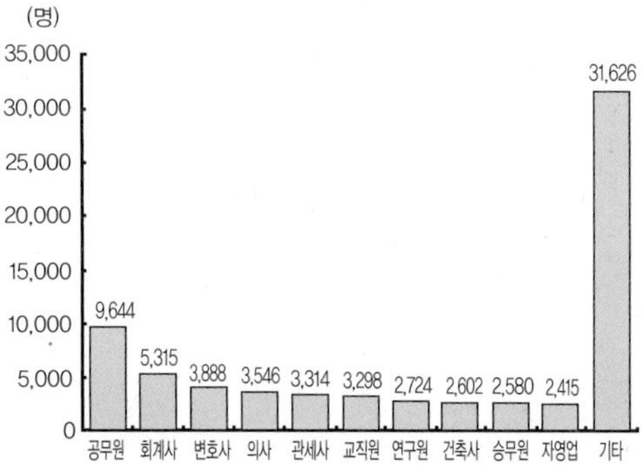

① 2004년 이후 미혼녀 인원 수는 매년 증가하였다.

② 2007년 미혼녀 인원 수는 2006년의 2배 이상이다.

③ 2007년 미혼녀와 미혼남의 인원 수 차이는 2006년의 2배 이상이다.

④ 2007년 미혼남녀의 직업별 분포에서 공무원 수는 변호사 수의 2배 이상이다.

⑤ 2007년 미혼남녀의 직업별 분포에서 회계사 수는 승무원 수의 2배 이상이다.

문 16. 다음 〈그림〉은 6가지 운동종목별 남자 및 여자 국가대표선수의 평균 연령과 평균 신장에 대한 자료이다. 이에 대한 〈보기〉의 설명 중 옳지 <u>않은</u> 것만을 모두 고르면? 13 민간(인) 14번

〈그림 1〉 남자 국가대표선수의 평균 연령과 평균 신장

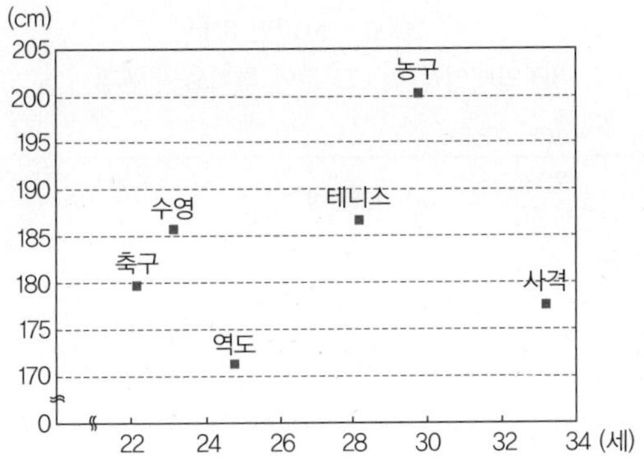

〈그림 2〉 여자 국가대표선수의 평균 연령과 평균 신장

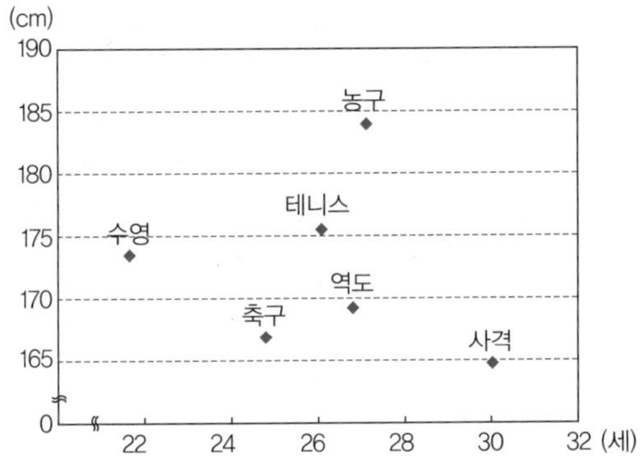

〈보 기〉

ㄱ. 평균 연령이 높은 순서대로 나열하면, 남자 국가대표선수의 종목 순서와 여자 국가대표선수의 종목 순서는 동일하다.
ㄴ. 평균 신장이 큰 순서대로 나열하면, 남자 국가대표선수의 종목 순서와 여자 국가대표선수의 종목 순서는 동일하다.
ㄷ. 종목별로 볼 때, 남자 국가대표선수의 평균 연령은 해당 종목 여자 국가대표선수의 평균 연령보다 높다.
ㄹ. 종목별로 볼 때, 남자 국가대표선수의 평균 신장은 해당 종목 여자 국가대표선수의 평균 신장보다 크다.

① ㄱ, ㄴ
② ㄴ, ㄹ
③ ㄷ, ㄹ
④ ㄱ, ㄴ, ㄷ
⑤ ㄱ, ㄷ, ㄹ

문 17. 다음 〈그림〉은 2011년과 2012년 A대학 학생들의 10개 소셜미디어 이용률에 관한 설문조사 자료이다. 이에 대한 〈보기〉의 설명 중 옳은 것만을 모두 고르면? 14 민간(A) 17번

〈그림〉 소셜미디어 이용률

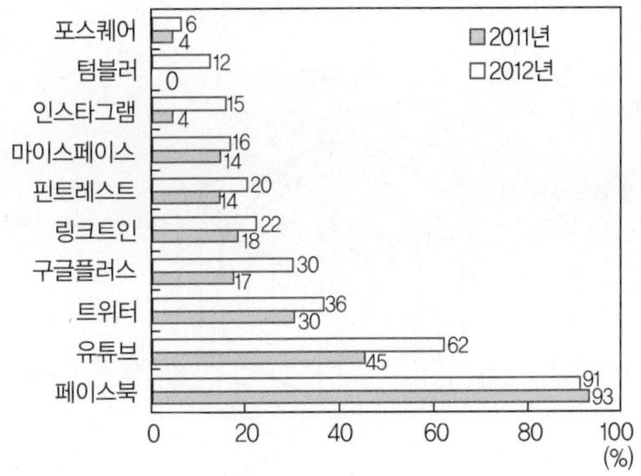

※ 1) 제시된 소셜미디어 외 다른 소셜미디어는 없는 것으로 가정함
2) 각 소셜미디어 이용률은 전체 응답자 중 해당 소셜미디어를 이용한다고 응답한 학생의 비율임

〈보 기〉

ㄱ. 2011년과 2012년 모두 이용률이 가장 높은 소셜미디어는 페이스북이다.
ㄴ. 2012년 소셜미디어 이용률 상위 5개 순위는 2011년과 다르다.
ㄷ. 2011년에 비해 2012년 이용률이 가장 큰 폭으로 증가한 소셜미디어는 구글플러스이다.
ㄹ. 2011년에 비해 2012년 이용률이 감소한 소셜미디어는 1개이다.
ㅁ. 2011년 이용률이 50% 이상인 소셜미디어는 유튜브와 페이스북이다.

① ㄱ, ㄴ, ㄹ
② ㄱ, ㄴ, ㅁ
③ ㄱ, ㄷ, ㄹ
④ ㄴ, ㄷ, ㅁ
⑤ ㄷ, ㄹ, ㅁ

문 18. 다음 〈그림〉은 보육 관련 6대 과제별 성과 점수 및 추진 필요성 점수를 나타낸 것이다. 이에 대한 〈보기〉의 설명 중 옳은 것만을 모두 고르면? 15 민간(인) 01번

〈그림 1〉 보육 관련 6대 과제별 성과 점수

(단위 : 점)

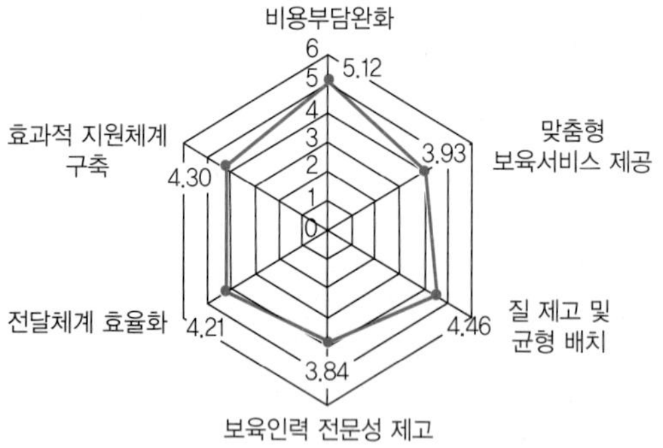

〈그림 2〉 보육 관련 6대 과제별 추진 필요성 점수

(단위 : 점)

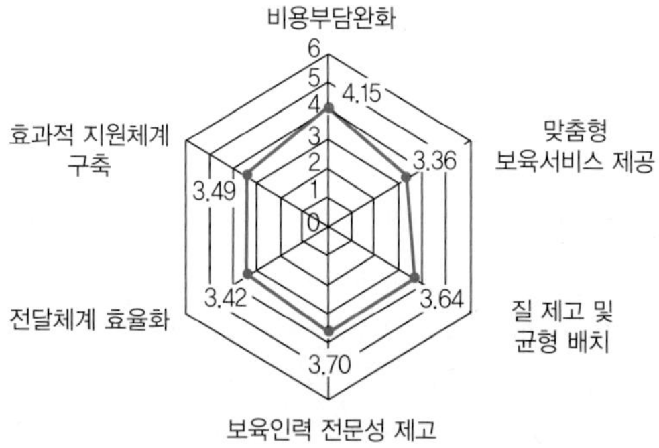

〈보 기〉

ㄱ. 성과 점수가 가장 높은 과제와 가장 낮은 과제의 점수 차이는 1.00점보다 크다.
ㄴ. 성과 점수와 추진 필요성 점수의 차이가 가장 작은 과제는 '보육인력 전문성 제고' 과제이다.
ㄷ. 6대 과제의 추진 필요성 점수 평균은 3.70점 이상이다.

① ㄴ
② ㄱ, ㄴ
③ ㄱ, ㄷ
④ ㄴ, ㄷ
⑤ ㄱ, ㄴ, ㄷ

문 19. 다음 〈표〉와 〈그림〉은 2000~2010년 3개국(한국, 일본, 미국)의 3D 입체영상 및 CG 분야 특허출원에 관한 자료이다. 이를 바탕으로 작성된 〈보고서〉의 내용 중 옳은 것만을 모두 고르면? 15 민간(인) 03번

〈표〉 2000~2010년 3개국 3D 입체영상 및 CG 분야 특허출원 현황

(단위 : 건)

분야 / 국가	3D 입체영상	CG
한국	1,155	785
일본	3,620	2,380
미국	880	820
3개국 전체	5,655	3,985

〈그림 1〉 연도별 3D 입체영상 분야 3개국 특허출원 추이

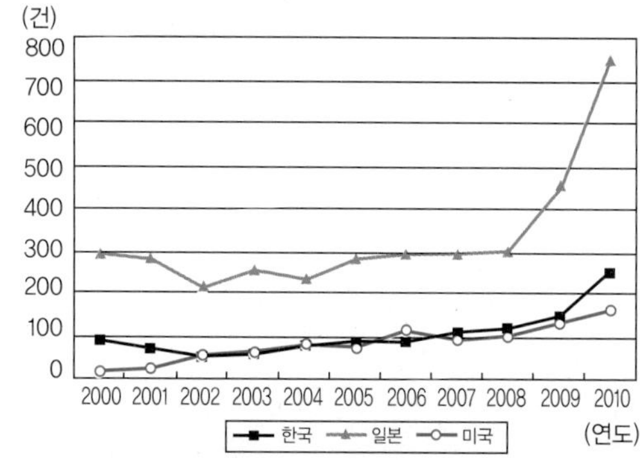

〈그림 2〉 연도별 CG 분야 3개국 특허출원 추이

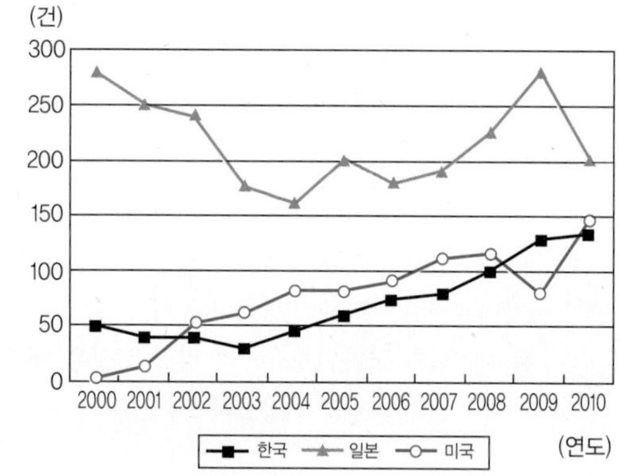

〈보고서〉

3D 입체영상 및 CG 분야에 대한 특허출원 경쟁은 한국, 일본, 미국을 중심으로 전개되고 있다. 일본이 기술개발을 선도하고 있는 ㉠ 3D 입체영상 분야의 경우 2000~2010년 일본 특허출원 건수는 3개국 전체 특허출원 건수의 60% 이상을 차지하였다. 하지만 2006년 이후부터 한국에서 관련 기술에 대한 연구가 활발히 진행되어 특허출원 건수가 증가하고 있다. 그 결과 ㉡ 3D 입체영상 분야에서 2007~2010년 동안 한국 특허출원 건수는 매년 미국 특허출원 건수를 초과하였다.

CG 분야에서도, 2000~2010년 3개국 전체 특허출원 건수 대비 일본 특허출원 건수가 차지하는 비중이 가장 높았으며, 그 다음으로 미국, 한국 순으로 나타났다. 이를 연도별로 살펴보면 ㉢ 2003년 이후 CG 분야에서 한국 특허출원 건수는 매년 미국 특허출원 건수보다 적지만, 관련 기술의 특허출원이 매년 증가하는 추세를 보이고 있다. 한편, ㉣ 2000~2010년 동안 한국과 일본의 CG 분야 특허출원 건수의 차이는 2010년에 가장 작았다.

① ㉠, ㉡
② ㉠, ㉢
③ ㉢, ㉣
④ ㉠, ㉡, ㉣
⑤ ㉡, ㉢, ㉣

문 20. 다음 〈표〉와 〈그림〉은 2002년과 2012년 '갑'국의 국적별 외국인 방문객에 관한 자료이다. 이에 대한 설명으로 옳은 것은?

16 민간(5) 07번

〈표〉 외국인 방문객 현황

(단위 : 명)

연도	2002	2012
외국인 방문객 수	5,347,468	9,794,796

〈그림 1〉 2002년 국적별 외국인 방문객 수(상위 10개국)

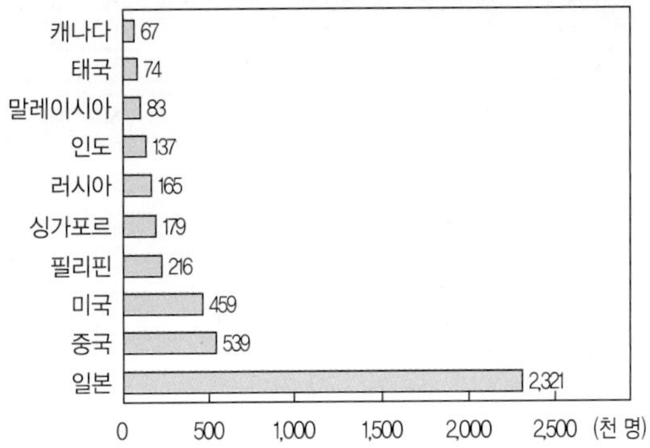

〈그림 2〉 2012년 국적별 외국인 방문객 수(상위 10개국)

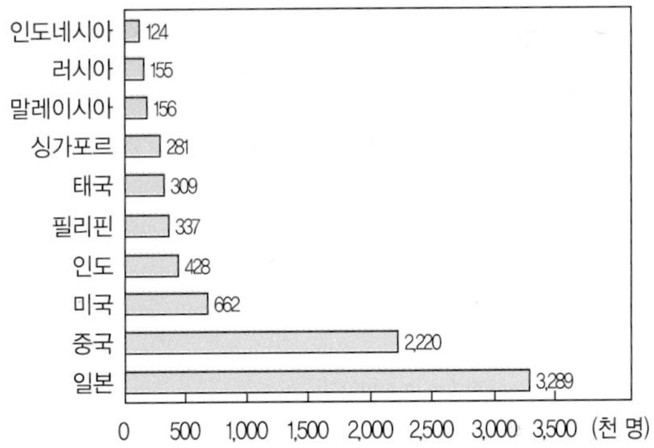

① 미국인, 중국인, 일본인 방문객 수의 합은 2012년이 2002년의 2배 이상이다.
② 2002년 대비 2012년 미국인 방문객 수의 증가율은 말레이시아인 방문객 수의 증가율보다 높다.
③ 전체 외국인 방문객 중 중국인 방문객 비중은 2012년이 2002년의 3배 이상이다.
④ 2002년 외국인 방문객 수 상위 10개국 중 2012년 외국인 방문객 수 상위 10개국에 포함되지 않은 국가는 2개이다.
⑤ 인도네시아인 방문객 수는 2002년에 비해 2012년에 55,000명 이상 증가하였다.

문 21. 다음 〈그림〉은 약품 A~C 투입량에 따른 오염물질 제거량을 측정한 자료이다. 이에 대한 〈보기〉의 설명 중 옳은 것만을 모두 고르면? 16 민간(5) 19번

〈그림〉 약품 A~C 투입량에 따른 오염물질 제거량

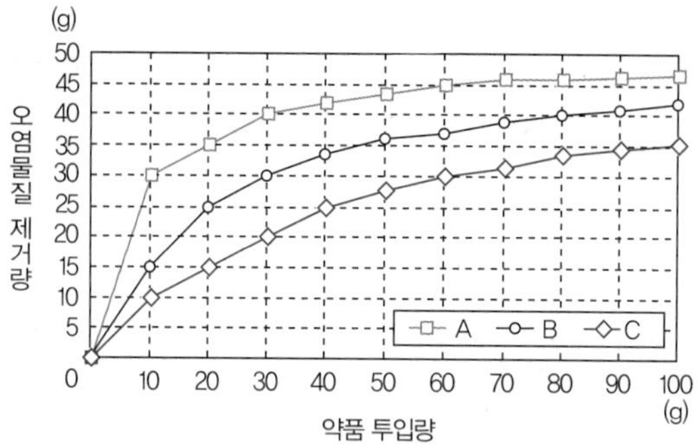

※ 약품은 혼합하여 투입하지 않으며, 측정은 모든 조건이 동일한 가운데 이루어짐

〈보 기〉

ㄱ. 각 약품의 투입량이 20g일 때와 60g일 때를 비교하면, A의 오염물질 제거량 차이가 가장 적다.
ㄴ. 각 약품의 투입량이 20g일 때, 오염물질 제거량은 A가 C의 2배 이상이다.
ㄷ. 오염물질 30g을 제거하기 위해 필요한 투입량이 가장 적은 약품은 B이다.
ㄹ. 약품 투입량이 같으면 B와 C의 오염물질 제거량 차이는 7g 미만이다.

① ㄱ, ㄴ
② ㄴ, ㄹ
③ ㄷ, ㄹ
④ ㄱ, ㄴ, ㄷ
⑤ ㄴ, ㄷ, ㄹ

문 22. 다음 〈표〉와 〈그림〉은 A국 초·중·고등학생 평균 키 및 평균 체중과 비만에 대한 자료이다. 이에 대한 〈보기〉의 설명 중 옳은 것만을 모두 고르면? 18 민간(가) 10번

〈표 1〉 학교급별 평균 키 및 평균 체중 현황

(단위 : cm, kg)

학교급	성별	2017년		2016년		2015년		2014년		2013년	
		키	체중	키	체중	키	체중	키	체중	키	체중
초	남	152.1	48.2	151.4	46.8	151.4	46.8	150.4	46.0	150.0	44.7
	여	152.3	45.5	151.9	45.2	151.8	45.1	151.1	44.4	151.0	43.7
중	남	170.0	63.7	169.7	62.3	169.2	61.9	168.9	61.6	168.7	60.5
	여	159.8	54.4	159.8	54.3	159.8	54.1	159.5	53.6	160.0	52.9
고	남	173.5	70.0	173.5	69.4	173.5	68.5	173.7	68.3	174.0	68.2
	여	160.9	57.2	160.9	57.1	160.9	56.8	161.1	56.2	161.1	55.4

〈표 2〉 2017년 학교급별 비만학생 구성비

(단위 : %)

구분 / 학교급	성별	비만 아닌 학생	비만학생			학생 비만율
			경도 비만	중등도 비만	고도 비만	
초	남	82.6	8.5	7.3	1.6	17.4
	여	88.3	6.5	4.4	0.8	11.7
중	남	81.5	9.0	7.5	2.0	18.5
	여	86.2	7.5	4.9	1.4	13.8
고	남	79.5	8.7	8.4	3.4	20.5
	여	81.2	8.6	7.5	2.7	18.8
전체		83.5	8.1	6.5	1.9	16.5

※ '학생비만율'은 학생 중 비만학생(경도 비만+중등도 비만+고도 비만)의 구성비임

〈그림〉 연도별 초·중·고 전체의 비만학생 구성비

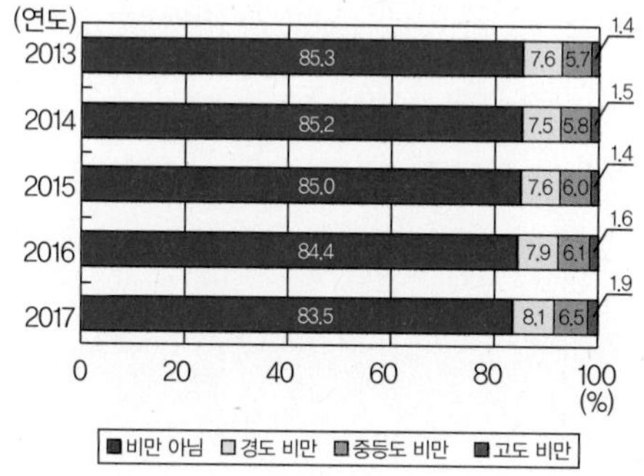

〈보 기〉

ㄱ. 중학교 여학생의 평균 키는 매년 증가하였다.
ㄴ. 초·중·고 전체의 '학생비만율'은 매년 증가하였다.
ㄷ. 고등학교 남학생의 '학생비만율'은 2013년이 2017년보다 작다.
ㄹ. 2017년 '학생비만율'의 남녀 학생 간 차이는 중학생이 초등학생보다 적다.

① ㄱ, ㄴ
② ㄴ, ㄷ
③ ㄴ, ㄹ
④ ㄷ, ㄹ
⑤ ㄱ, ㄷ, ㄹ

문 23. 다음 〈그림〉은 주요국(한국, 미국, 일본, 프랑스)이 화장품산업 경쟁력 4대 분야에서 획득한 점수에 대한 자료이다. 이에 대한 설명으로 옳은 것은? 18 민간(가) 15번

〈그림〉 주요국의 화장품산업 경쟁력 4대 분야별 점수

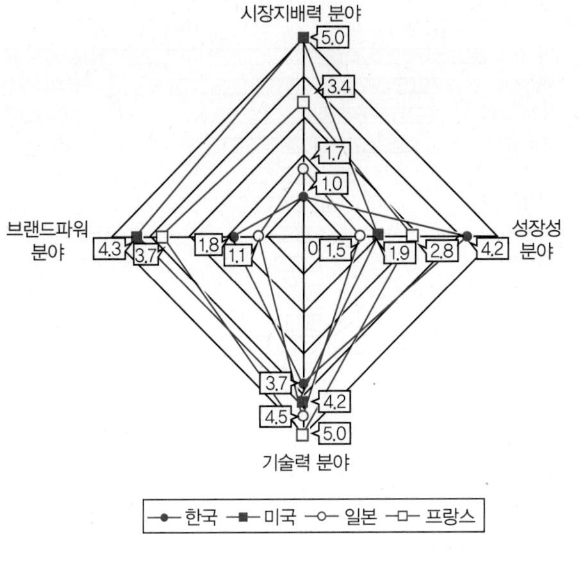

① 기술력 분야에서는 한국의 점수가 가장 높다.

② 성장성 분야에서 점수가 가장 높은 국가는 시장지배력 분야에서도 점수가 가장 높다.

③ 브랜드파워 분야에서 각국이 획득한 점수의 최댓값과 최솟값의 차이는 3 이하이다.

④ 미국이 4대 분야에서 획득한 점수의 합은 프랑스가 4대 분야에서 획득한 점수의 합보다 크다.

⑤ 시장지배력 분야의 점수는 일본이 프랑스보다 높지만 미국보다는 낮다.

문 24. 다음 〈그림〉과 〈표〉는 주요 10개국의 인간개발지수와 시민지식 평균점수 및 주요 지표에 관한 자료이다. 이에 대한 〈보기〉의 설명 중 옳은 것만을 모두 고르면? 19 민간(나) 02번

〈그림〉 국가별 인간개발지수와 시민지식 평균점수의 산포도

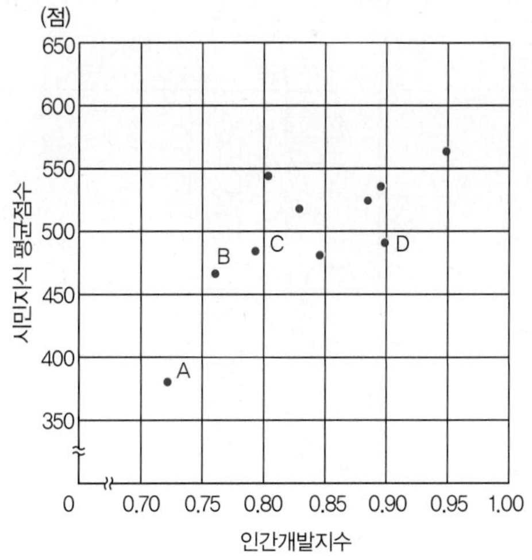

〈표〉 국가별 주요 지표

구분 / 국가	인간개발 지수	최근 국회의원 선거 투표율 (%)	GDP 대비 공교육비 비율 (%)	인터넷 사용률 (%)	1인당 GDP (달러)
벨기에	0.896	92.5	6.4	85	41,138
불가리아	0.794	54.1	3.5	57	16,956
칠레	0.847	49.3	4.6	64	22,145
도미니카 공화국	0.722	69.6	2.1	52	13,375
이탈리아	0.887	75.2	4.1	66	33,587
대한민국	0.901	58.0	4.6	90	34,387
라트비아	0.830	58.9	4.9	79	22,628
멕시코	0.762	47.7	5.2	57	16,502
노르웨이	0.949	78.2	7.4	97	64,451
러시아	0.804	60.1	4.2	73	23,895

〈보 기〉

ㄱ. A국의 인터넷 사용률은 60% 미만이다.

ㄴ. B국은 C국보다 GDP 대비 공교육비 비율이 낮다.

ㄷ. D국은 최근 국회의원 선거 투표율 하위 3개국 중 하나이다.

ㄹ. 1인당 GDP가 가장 높은 국가는 시민지식 평균점수도 가장 높다.

① ㄱ, ㄴ

② ㄱ, ㄷ

③ ㄱ, ㄹ

④ ㄴ, ㄷ

⑤ ㄴ, ㄹ

문 25. 다음 〈그림〉은 OECD 주요 국가의 어린이 사고 사망률을 나타낸 것이다. 이에 대한 〈보기〉의 설명 중 옳은 것을 모두 고르면? 11 행시(인) 24번

〈그림〉 OECD 주요 국가 어린이 사고 사망률

(단위 : 명)

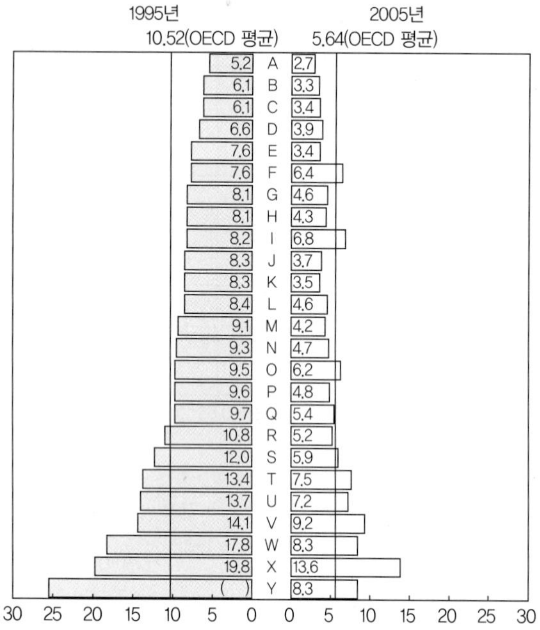

※ 1) 어린이 사고 사망률 : 인구 10만 명당 1~14세 어린이의 사고 사망자 수
2) 사고 사망 : 질병 이외의 모든 외부 요인에 의한 사망
3) A~Y는 국가명을 의미함

〈보 기〉

ㄱ. 국가별로 2005년 어린이 사고 사망률은 1995년에 비해 각각 감소하였다.
ㄴ. Y국의 2005년 어린이 사고 사망률은 1995년 어린이 사고 사망률의 3분의 1 이하이다.
ㄷ. 1995년 대비 2005년 어린이 사고 사망률의 감소율이 P국보다 더 큰 국가는 9개국이다.
ㄹ. 어린이 사고 사망률이 당해연도 OECD 평균보다 높은 국가의 수는 1995년보다 2005년에 더 많다.

① ㄱ, ㄷ
② ㄴ, ㄹ
③ ㄷ, ㄹ
④ ㄱ, ㄴ, ㄷ
⑤ ㄱ, ㄴ, ㄹ

문 26. 다음 〈그림〉과 〈표〉는 2007년 국내 암 발생률에 대한 자료이다. 이에 대한 〈보기〉의 설명 중 옳은 것을 모두 고르면? 11 행시(인) 35번

〈그림〉 2007년 성별 10대 암 발생률

(단위 : 명)

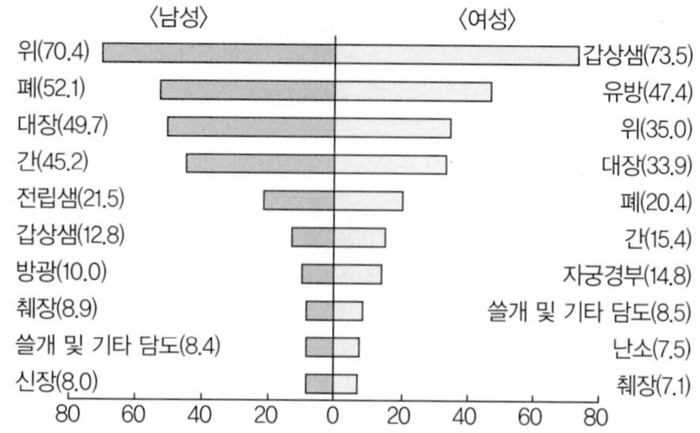

〈표〉 2007년 성별 암 발생률

(단위 : 명)

구분	남성	여성
암 발생률	346.2	312.8

※ 1) 암 발생률 : 특정 기간 동안 해당 집단의 인구 10만 명당 새롭게 발생한 암 환자 수
2) 10대 암은 암 발생률이 높은 상위 10개를 의미함

〈보 기〉

ㄱ. 2007년 남성에게서 발생률이 가장 높은 암은 위암이고, 그 다음으로 폐암, 대장암, 간암의 순이며, 이들 네 개 암 발생률의 합은 그 해 남성 암 발생률의 50% 이상이다.
ㄴ. 2007년 남성의 위암, 폐암, 대장암, 간암의 발생률은 각각 여성의 해당 암 발생률의 두 배 이상이다.
ㄷ. 2007년 여성의 갑상샘암 발생률은 남성의 5배 이상이다.
ㄹ. 2007년 여성 암 환자 중 갑상샘암 환자의 비율은 20% 이상이다.

① ㄱ, ㄷ
② ㄴ, ㄷ
③ ㄴ, ㄹ
④ ㄱ, ㄴ, ㄹ
⑤ ㄱ, ㄷ, ㄹ

문 27. 다음 〈그림〉은 각각 유권자 5명으로 구성된 집단(A∼C)의 소득 및 '가' 정당 지지도를 나타낸 것이다. 이에 대한 〈보기〉의 설명 중 옳은 것을 모두 고르면? 13 행시(인) 12번

〈그림〉 소득 및 '가' 정당 지지도

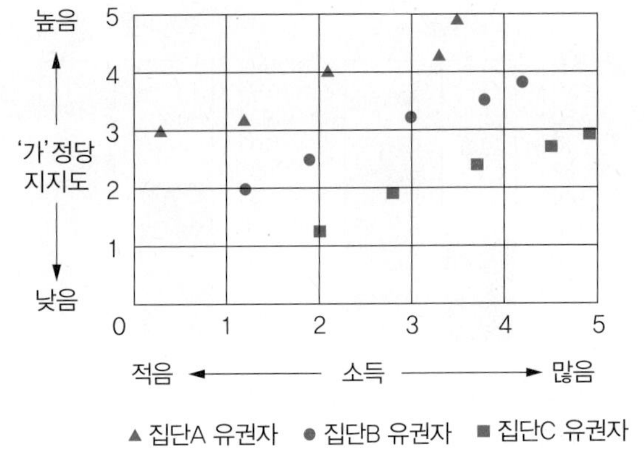

〈보 기〉

ㄱ. 평균소득은 집단A가 집단B보다 적다.
ㄴ. '가' 정당 지지도의 평균은 집단B가 집단C보다 높다.
ㄷ. 소득이 많은 유권자일수록 '가' 정당 지지도가 낮다.
ㄹ. 평균소득이 많은 집단이 평균소득이 적은 집단보다 '가' 정당 지지도의 평균이 높다.

① ㄱ, ㄴ
② ㄱ, ㄹ
③ ㄴ, ㄷ
④ ㄱ, ㄴ, ㄹ
⑤ ㄴ, ㄷ, ㄹ

문 28. A유전자와 아동기 가정폭력 경험 수준이 청소년의 반사회적 인격장애와 품행장애 발생에 미치는 영향을 평가하기 위해 청소년을 A유전자 보유 여부에 따라 2개 집단('미보유', '보유')으로 구성한 다음, 각 집단을 아동기 가정폭력 경험 수준에 따라 다시 3개 집단('낮음', '중간', '높음')으로 구분하였다. 다음 〈그림〉은 이 6개 집단의 반사회적 인격장애 발생 비율과 품행장애 발생 비율에 대한 자료이다. 이에 대한 〈보기〉의 설명 중 옳은 것을 모두 고르면? 13 행시(인) 25번

〈그림 1〉 청소년의 반사회적 인격장애 발생 비율

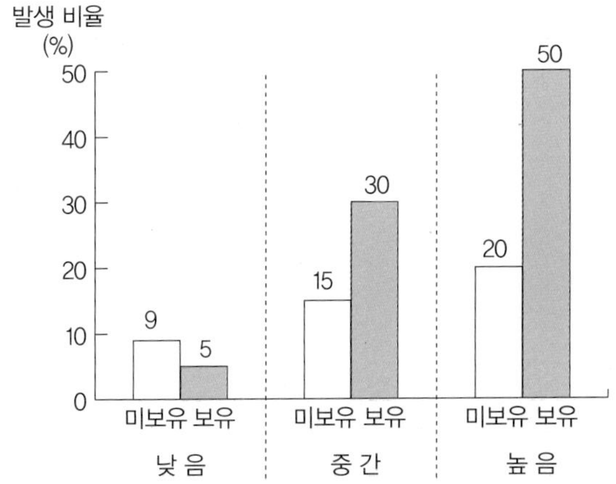

〈그림 2〉 청소년의 품행장애 발생 비율

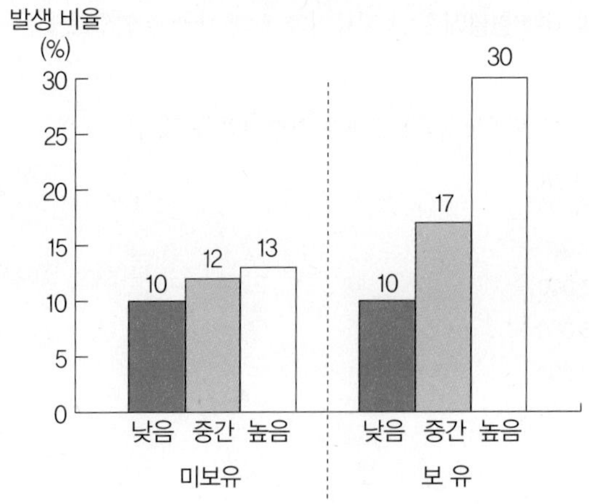

〈보 기〉

ㄱ. 청소년의 반사회적 인격장애 발생 비율은 A유전자 '보유' 집단과 '미보유' 집단 각각, 아동기 가정폭력 경험 수준이 높아질수록 높다.
ㄴ. 청소년의 반사회적 인격장애 발생 비율은 아동기 가정폭력 경험 수준 집단 각각, A유전자 '미보유' 집단이 A유전자 '보유' 집단에 비해 낮다.
ㄷ. 청소년의 품행장애 발생 비율은 아동기 가정폭력 경험 수준 집단 각각, A유전자 '미보유' 집단이 A유전자 '보유' 집단보다 낮다.
ㄹ. 청소년의 품행장애 발생 비율은 A유전자 '보유' 집단 중 아동기 가정폭력 경험 수준이 '높음'인 집단이 가장 높다.
ㅁ. A유전자 '보유' 집단과 '미보유' 집단 간 청소년의 반사회적 인격장애 발생 비율의 차이는 아동기 가정폭력 경험 수준이 높아질수록 크다.

① ㄱ, ㄴ
② ㄱ, ㄹ
③ ㄱ, ㄹ, ㅁ
④ ㄴ, ㄷ, ㄹ
⑤ ㄴ, ㄷ, ㅁ

문 29. 다음 〈그림〉은 2012~2015년 '갑'국 기업의 남성육아휴직제 시행 현황에 관한 자료이다. 이에 대한 설명으로 옳은 것은?

17 행시(가) 22번

〈그림〉 남성육아휴직제 시행기업 수 및 참여직원 수

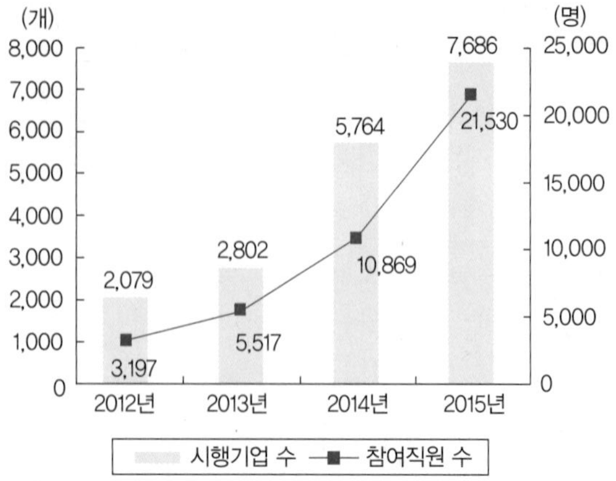

① 2013년 이후 전년보다 참여직원 수가 가장 많이 증가한 해와 시행기업 수가 가장 많이 증가한 해는 동일하다.
② 2015년 남성육아휴직제 참여직원 수는 2012년의 7배 이상이다.
③ 시행기업당 참여직원 수가 가장 많은 해는 2015년이다.
④ 2013년 대비 2015년 시행기업 수의 증가율은 참여직원 수의 증가율보다 높다.
⑤ 2012~2015년 참여직원 수 연간 증가인원의 평균은 6,000명 이하이다.

문 30. 다음 〈그림〉은 '갑'국 4대 유통업태의 성별, 연령대별 구매액 비중에 대한 자료이다. 이에 대한 〈보기〉의 설명 중 옳은 것만을 모두 고르면?

17 행시(가) 26번

〈그림〉 '갑'국 4대 유통업태의 성별, 연령대별 구매액 비중

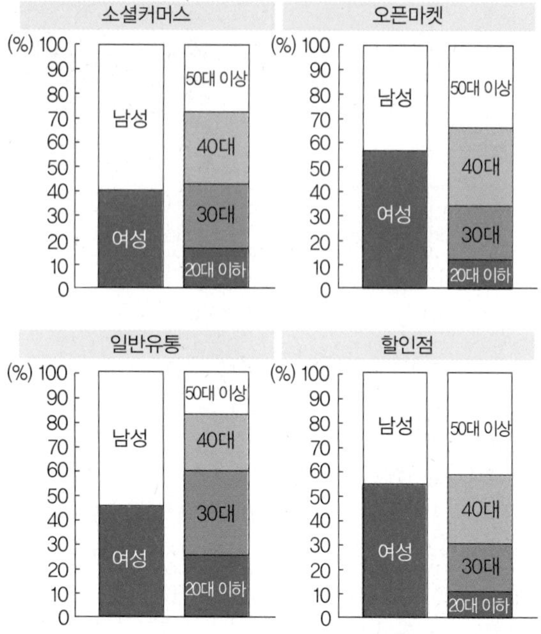

※ 유통업태는 소셜커머스, 오픈마켓, 일반유통, 할인점으로만 구성됨

〈보 기〉

ㄱ. 유통업태별 전체 구매액 중 50대 이상 연령대의 구매액 비중이 가장 큰 유통업태는 할인점이다.
ㄴ. 유통업태별 전체 구매액 중 여성의 구매액 비중이 남성보다 큰 유통업태 각각에서는 40세 이상의 구매액 비중이 60% 이상이다.
ㄷ. 4대 유통업태 각각에서 50대 이상 연령대의 구매액 비중은 20대 이하보다 크다.
ㄹ. 유통업태별 전체 구매액 중 40세 미만의 구매액 비중이 50% 미만인 유통업태에서는 여성의 구매액 비중이 남성보다 크다.

① ㄱ, ㄴ
② ㄱ, ㄷ
③ ㄴ, ㄷ
④ ㄱ, ㄴ, ㄹ
⑤ ㄴ, ㄷ, ㄹ

문 31. 다음 〈그림〉과 〈표〉는 '갑'국의 재생에너지 생산 현황에 관한 자료이다. 이에 대한 〈보기〉의 설명 중 옳은 것만을 모두 고르면? 19 행시(가) 03번

〈그림〉 2011~2018년 재생에너지 생산량

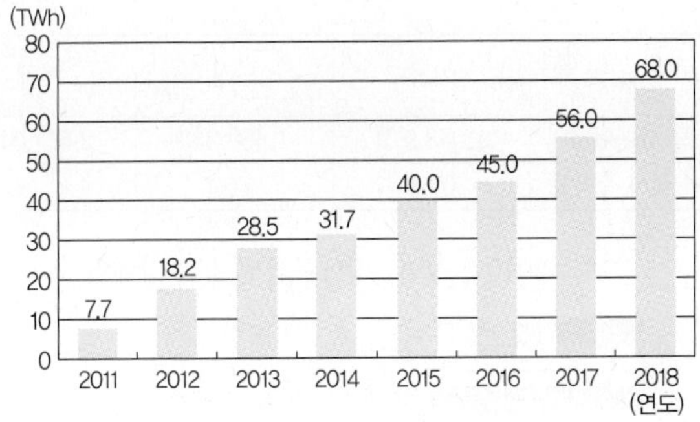

〈표〉 2016~2018년 에너지원별 재생에너지 생산량 비율

(단위 : %)

연도 / 에너지원	2016	2017	2018
폐기물	61.1	60.4	55.0
바이오	16.6	17.3	17.5
수력	10.3	11.3	15.1
태양광	10.9	9.8	8.8
풍력	1.1	1.2	3.6
계	100.0	100.0	100.0

〈보 기〉

ㄱ. 2012~2018년 재생에너지 생산량은 매년 전년 대비 10% 이상 증가하였다.

ㄴ. 2016~2018년 에너지원별 재생에너지 생산량 비율의 순위는 매년 동일하다.

ㄷ. 2016~2018년 태양광을 에너지원으로 하는 재생에너지 생산량은 매년 증가하였다.

ㄹ. 수력을 에너지원으로 하는 재생에너지 생산량은 2018년이 2016년의 3배 이상이다.

① ㄱ, ㄴ

② ㄱ, ㄷ

③ ㄱ, ㄹ

④ ㄴ, ㄷ

⑤ ㄴ, ㄹ

문 32. 다음 〈그림〉은 2012년 주요 곡물(쌀, 밀, 옥수수, 콩)의 국가별 생산량 비율에 대한 자료이다. 〈그림〉을 이용하여 보고서를 작성할 때, 추가로 필요한 자료를 〈보기〉에서 모두 고르면? 13 행시(인) 27번

〈그림〉 주요 곡물의 국가별 생산량 비율

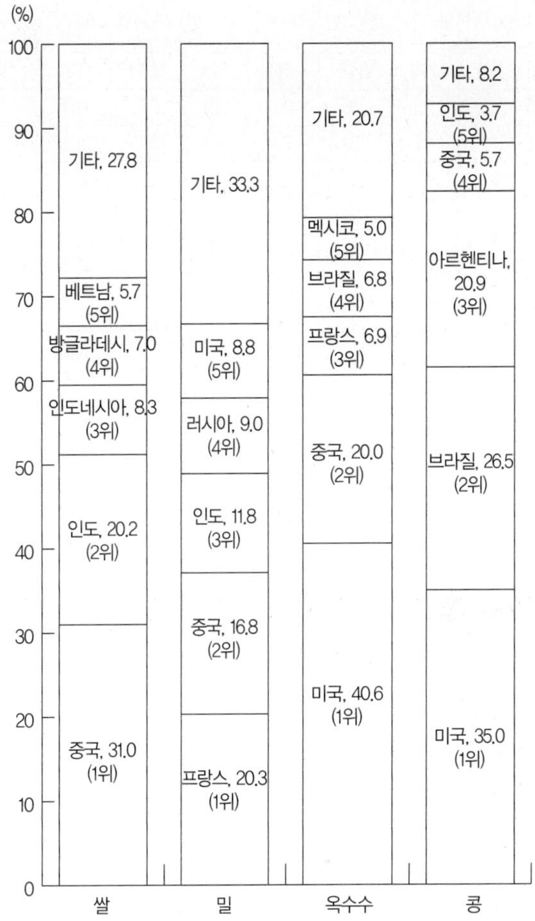

※ 기타는 상위 5개국 이외의 국가 집합임

〈보고서〉

- 쌀 생산량 상위 5개국은 모두 아시아 국가이며, 쌀 수출량 상위 3개국도 모두 아시아 국가이다.
- 밀 생산량 상위 5개국의 밀 평균 가격은 해당 국가들의 쌀 평균 가격보다 낮다.
- 미국의 옥수수 생산량은 세계 생산량의 40.6%이며, 바이오 연료용 옥수수 수요량은 지속적으로 증가하고 있다.
- 주요 곡물 중 생산량 상위 5개국 비중의 합이 가장 큰 것은 콩이다.

〈보 기〉

ㄱ. 아시아 국가별 주요 곡물 수요량

ㄴ. 주요 곡물의 국가별 수출량

ㄷ. 국가별 주요 곡물의 가격

ㄹ. 국가별 바이오연료용 곡물의 수요량 추이

① ㄱ, ㄴ

② ㄴ, ㄷ

③ ㄷ, ㄹ

④ ㄴ, ㄷ, ㄹ

⑤ ㄱ, ㄴ, ㄷ, ㄹ

문 33. 다음 〈표〉와 〈그림〉은 볼거리 발병 환자 수에 관한 자료이다. 이에 대한 〈보기〉의 설명 중 옳은 것을 모두 고르면?

11 행시(인) 04번

〈표〉 지역별 볼거리 발병 환자 수 추이

(단위 : 명)

지역	2001년	2002년	2003년	2004년	2005년	2006년	2007년	2008년 (1~2월)
서울	345	175	348	384	224	239	299	33
부산	72	22	25	23	42	221	191	5
대구	34	31	79	73	43	205	2,128	119
인천	222	41	137	262	194	182	225	23
광주	103	20	18	6	10	35	128	3
대전	54	9	6	45	66	9	65	1
울산	33	49	57	121	114	114	137	9
경기	344	175	272	389	701	569	702	36
강원	53	44	53	107	94	126	130	3
충북	36	27	118	110	217	94	152	12
충남	27	24	38	33	16	33	92	3
전북	127	22	23	34	18	47	36	0
전남	85	42	11	6	7	23	66	2
경북	33	38	227	63	33	45	111	4
경남	34	7	29	61	31	35	57	7
제주	20	40	80	26	38	29	23	1
계	1,622	766	1,521	1,743	1,848	2,006	4,542	261

※ 2008년의 자료는 2월 말까지 집계된 환자 수임

〈그림〉 2007년 전국 볼거리 발병 환자 수의 월별 분포

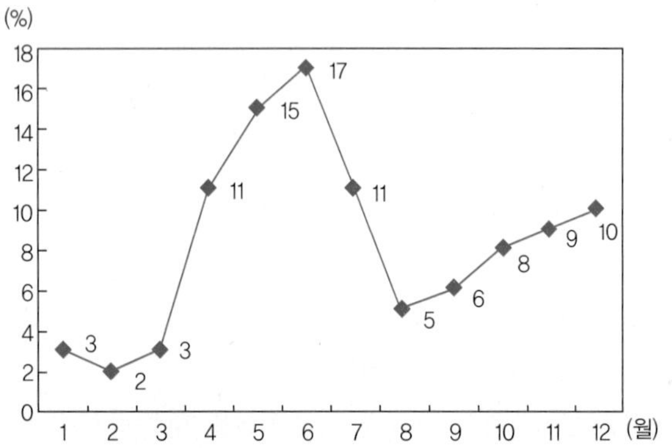

※ 소수점 아래 첫째자리에서 반올림한 값임

〈보 기〉

ㄱ. 2007년 대구지역의 볼거리 발병 환자 수는 전년의 10배 이상이다.

ㄴ. 2007년 볼거리 발병 환자 수가 전년 대비 3배 이상인 지역은 대구, 광주, 대전이다.

ㄷ. 2008년 대구지역 볼거리 발병 환자 수의 월별 분포가 2007년 전국 볼거리 발병 환자 수의 월별 분포와 같다면, 대구지역에서는 2007년보다 2008년에 볼거리 발병 환자 수가 더 많다.

ㄹ. 2001년에 지역 인구당 볼거리 발병 환자 비율이 가장 낮은 지역은 제주이다.

① ㄱ, ㄴ
② ㄱ, ㄹ
③ ㄷ, ㄹ
④ ㄱ, ㄴ, ㄷ
⑤ ㄴ, ㄷ, ㄹ

문 34. 다음 〈표〉와 〈그림〉은 2010년 성별 · 장애등급별 등록 장애인 현황을 나타낸 것이다. 이에 대한 〈보기〉의 설명 중 옳은 것을 모두 고르면?

13 행시(인) 06번

〈표〉 2010년 성별 등록 장애인 수

(단위 : 명, %)

구분 \ 성별	여성	남성	전체
등록 장애인 수	1,048,979	1,468,333	2,517,312
전년 대비 증가율	0.50	5.50	(　)

〈그림〉 2010년 성별 · 장애등급별 등록 장애인 수

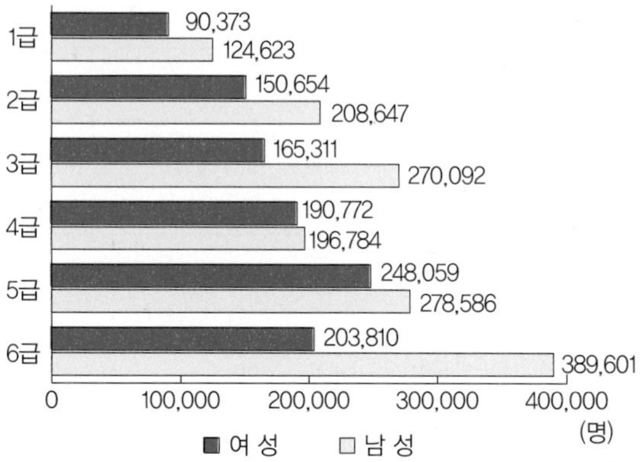

※ 장애등급은 1~6급으로만 구분되며, 미등록 장애인은 없음

〈보 기〉

ㄱ. 2010년 전체 등록 장애인 수의 전년 대비 증가율은 4% 미만이다.

ㄴ. 전년 대비 2010년 등록 장애인 수가 가장 많이 증가한 장애등급은 6급이다.

ㄷ. 장애등급 5급과 6급의 등록 장애인 수의 합은 전체 등록 장애인 수의 50% 이상이다.

ㄹ. 등록 장애인 수가 가장 많은 장애등급의 남성 장애인 수는 등록 장애인 수가 가장 적은 장애등급의 남성 장애인 수의 3배 이상이다.

ㅁ. 성별 등록 장애인 수 차이가 가장 작은 장애등급과 가장 큰 장애등급의 여성 장애인 수의 합은 여성 전체 등록 장애인 수의 40% 미만이다.

① ㄱ, ㄴ
② ㄱ, ㄹ
③ ㄱ, ㄹ, ㅁ
④ ㄴ, ㄷ, ㅁ
⑤ ㄷ, ㄹ, ㅁ

문 35. 다음 〈그림〉은 서로 다른 4개 물질 A～D에 대하여 4개의 실험기관이 각각 농도를 측정한 결과이다. 이에 대한 설명으로 옳지 않은 것은? 13 행시(인) 09번

〈그림〉 4개 물질의 농도 실험 결과

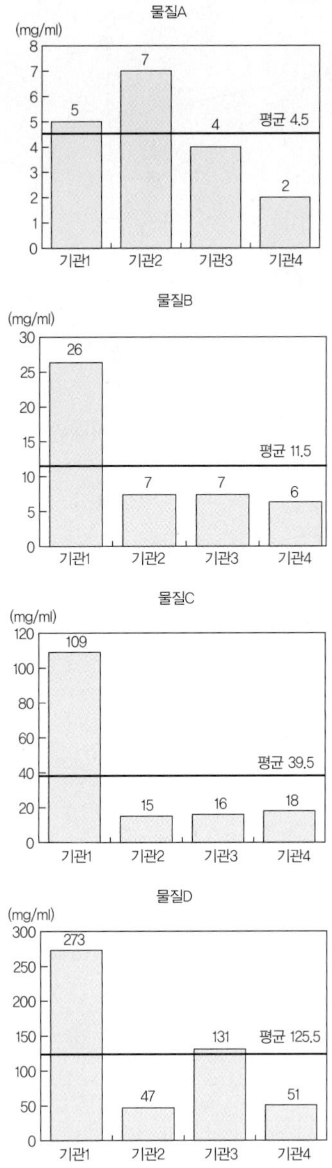

※ 1) 유효농도 : 각 실험기관에서 측정한 농도의 평균

2) 실험오차 = | 실험결과 − 유효농도 |

3) 실험오차율(%) = $\frac{\text{실험오차}}{\text{유효농도}} \times 100$

① 물질 A에 대한 기관2와 기관4의 실험오차율은 동일하다.

② 물질 C에 대한 실험오차율은 기관1이 가장 크다.

③ 물질 A에 대한 기관2의 실험오차율은 물질 B에 대한 기관1의 실험오차율보다 작다.

④ 물질 B에 대한 기관1의 실험오차율은 물질 B에 대한 기관2, 3, 4의 실험오차율 합보다 크다.

⑤ 기관1의 실험 결과를 제외하면, 4개 물질의 유효농도 값은 제외하기 이전보다 모두 작아진다.

문 36. 다음 〈그림〉은 A기업의 2011년과 2012년 자산총액의 항목별 구성비를 나타낸 자료이다. 이에 대한 〈보기〉의 설명 중 옳은 것만을 모두 고르면? 17 행시(가) 38번

〈그림〉 자산총액의 항목별 구성비

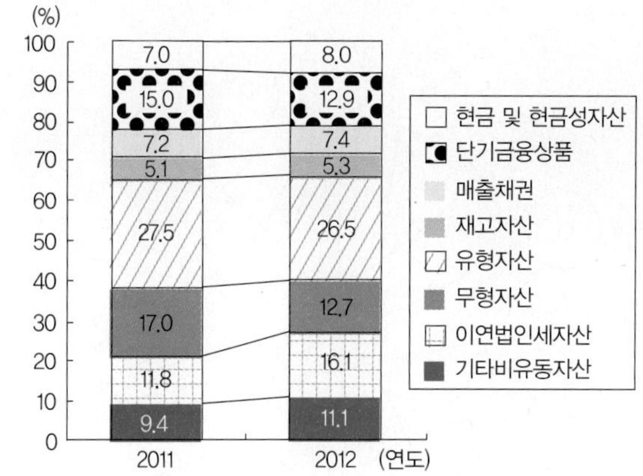

※ 1) 자산총액은 2011년 3,400억 원, 2012년 2,850억 원임

2) 유동자산 = 현금 및 현금성자산 + 단기금융상품 + 매출채권 + 재고자산

〈보 기〉

ㄱ. 2011년 항목별 금액의 순위가 2012년과 동일한 항목은 4개이다.

ㄴ. 2011년 유동자산 중 '단기금융상품'의 구성비는 45% 미만이다.

ㄷ. '현금 및 현금성자산' 금액은 2012년이 2011년보다 크다.

ㄹ. 2011년 대비 2012년에 '무형자산' 금액은 4.3% 감소하였다.

① ㄱ, ㄴ

② ㄱ, ㄷ

③ ㄴ, ㄷ

④ ㄱ, ㄴ, ㄹ

⑤ ㄴ, ㄷ, ㄹ

문 37. 다음 〈그림〉은 지난 3년 동안 A~Q기업 간에 발생한 소송관계를 나타낸 것이다. 이에 대한 설명 중 옳지 않은 것은?

12 행시(인) 03번

〈그림〉 지난 3년 동안 A~Q기업 간의 소송관계도

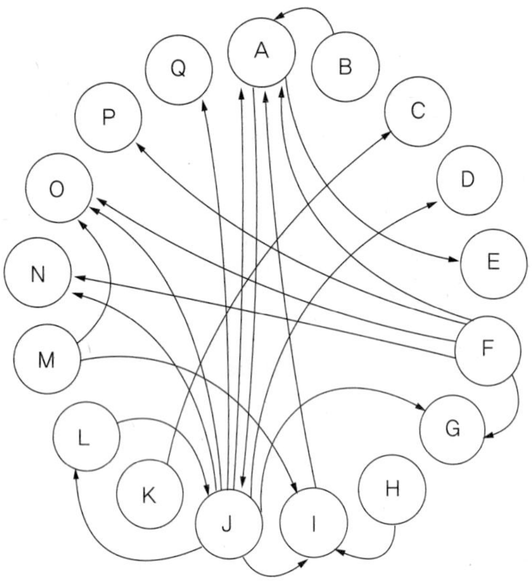

※ '→'는 기업 간의 소송관계를 나타냄. 예를 들어, B → A는 B기업이 원고가 되어 A기업을 피고로 한 번의 소송을 제기했음을 의미함

① 소송을 제기하지 않은 기업의 수는 8개이다.

② 가장 많은 수의 기업으로부터 소송을 제기 받은 기업은 A기업이다.

③ J기업은 가장 많은 8개의 소송을 제기했다.

④ 소송을 제기하기만 하고 소송을 제기 받지 않은 기업의 수는 4개이다.

⑤ 서로가 소송을 제기한 경우는 A기업과 J기업, L기업과 J기업의 경우뿐이다.

문 38. 다음 〈그림〉과 〈표〉는 2010년과 2011년 8개 기업 간의 직접거래관계와 직접거래액을 표시한 것이다. 이에 대한 〈보기〉의 설명 중 옳은 것을 모두 고르면?

13 행시(인) 33번

〈그림 1〉 2010년 직접거래관계

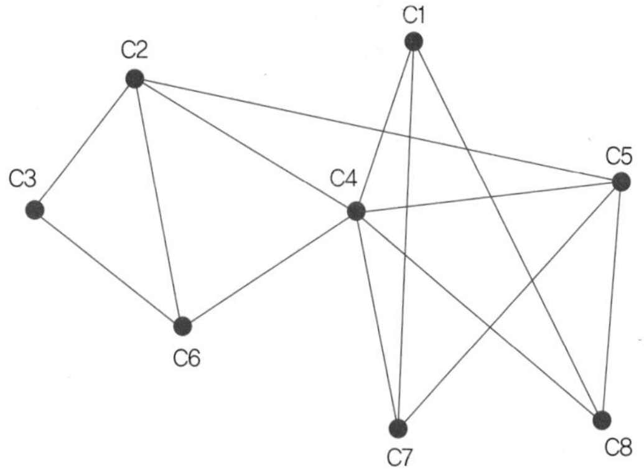

〈그림 2〉 2011년 직접거래관계

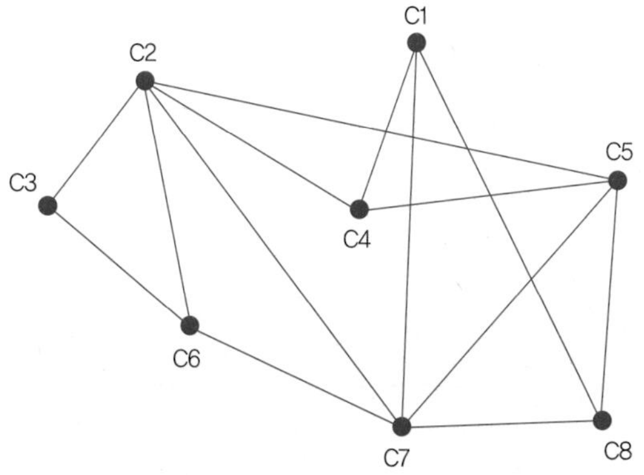

※ 1) 점 C1, C2, …, C8은 8개 기업을 의미함
2) 두 점 사이의 직선은 두 기업이 직접거래관계에 있음을 나타냄

〈표 1〉 2010년 직접거래액

(단위 : 억 원)

구분	C1	C2	C3	C4	C5	C6	C7	C8	합
C1		0	0	10	0	0	6	4	20
C2	0		6	5	6	5	0	0	22
C3	0	6		0	0	4	0	0	10
C4	10	5	0		3	5	7	2	32
C5	0	6	0	3		0	5	6	20
C6	0	5	4	5	0		0	0	14
C7	6	0	0	7	5	0		0	18
C8	4	0	0	2	6	0	0		12

〈표 2〉 2011년 직접거래액

(단위 : 억 원)

구분	C1	C2	C3	C4	C5	C6	C7	C8	합
C1		0	0	10	0	0	7	3	20
C2	0		6	7	7	6	2	0	28
C3	0	6		0	0	4	0	0	10
C4	10	7	0		3	0	0	0	20
C5	0	7	0	3		0	5	10	25
C6	0	6	4	0	0		4	0	14
C7	7	2	0	0	5	4		3	21
C8	3	0	0	0	10	0	3		16

〈보 기〉

ㄱ. 2010년에 비해 2011년 직접거래관계의 수가 가장 많이 증가한 기업은 C7이고, 가장 많이 감소한 기업은 C4이다.

ㄴ. 2010년에 비해 2011년 직접거래액의 합이 가장 많이 증가한 기업은 C2이고, 가장 많이 감소한 기업은 C4이다.

ㄷ. 2010년과 2011년 직접거래관계의 수가 동일한 기업은 총 4개이다.

ㄹ. 2010년에 비해 2011년 총 직접거래관계의 수와 총 직접거래액은 모두 증가하였다.

① ㄱ, ㄴ

② ㄱ, ㄷ

③ ㄴ, ㄷ

④ ㄱ, ㄴ, ㄹ

⑤ ㄴ, ㄷ, ㄹ

문 39. 다음 〈그림〉은 2015~2018년 사용자별 사물인터넷 관련 지출액에 관한 자료이다. 이에 대한 설명으로 옳지 않은 것은?

19 행시(가) 22번

〈그림〉 사물인터넷 관련 지출액

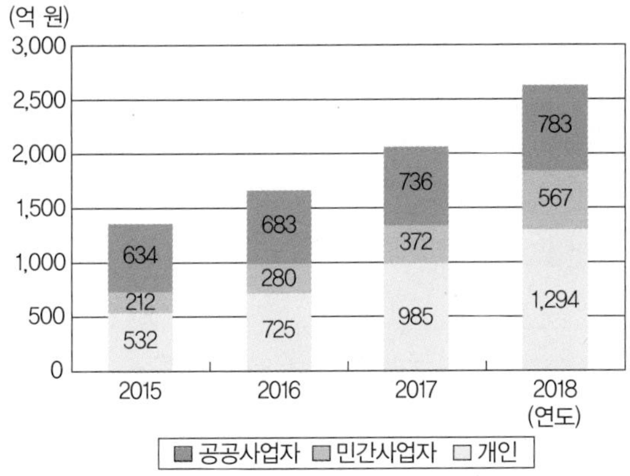

※ 사용자는 공공사업자, 민간사업자, 개인으로만 구성됨

① 2016~2018년 동안 '공공사업자' 지출액의 전년 대비 증가폭이 가장 큰 해는 2017년이다.

② 2018년 사용자별 지출액의 전년 대비 증가율은 '개인'이 가장 높다.

③ 2016~2018년 동안 사용자별 지출액의 전년 대비 증가율은 매년 '공공사업자'가 가장 낮다.

④ '공공사업자'와 '민간사업자'의 지출액 합은 매년 '개인'의 지출액보다 크다.

⑤ 2018년 모든 사용자의 지출액 합은 2015년 대비 80% 이상 증가하였다.

문 40. 다음 〈그림〉은 1998~2007년 동안 어느 시의 폐기물 처리 유형별 처리량 추이에 대한 자료이다. 이에 대한 〈보기〉의 설명 중 옳은 것을 모두 고르면?

12 행시(인) 02번

〈그림 1〉 생활폐기물 처리 유형별 처리량 추이

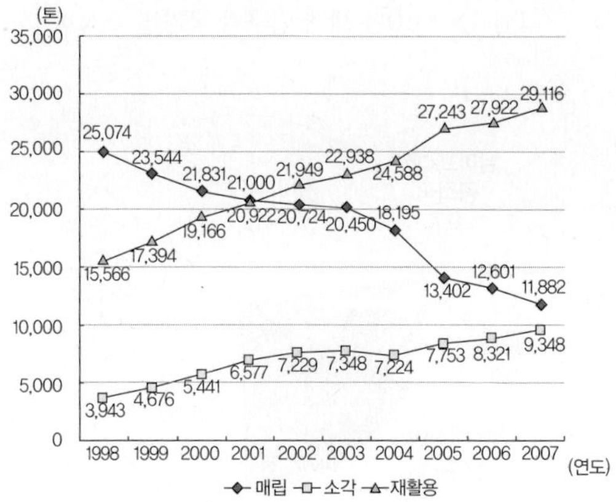

〈그림 2〉 사업장폐기물 처리 유형별 처리량 추이

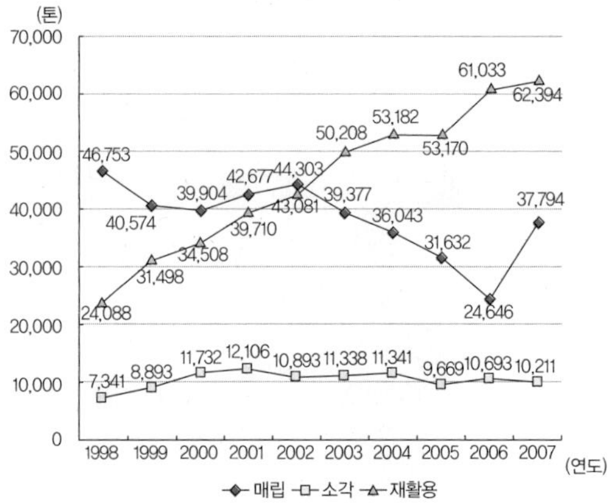

※ 1) 폐기물 처리 유형은 매립, 소각, 재활용으로만 구분됨

2) $\text{매립률(\%)} = \frac{\text{매립량}}{\text{매립량} + \text{소각량} + \text{재활용량}} \times 100$

3) $\text{재활용률(\%)} = \frac{\text{재활용량}}{\text{매립량} + \text{소각량} + \text{재활용량}} \times 100$

〈보 기〉

ㄱ. 생활폐기물과 사업장폐기물 각각의 재활용량은 매년 증가하고 매립량은 매년 감소하고 있다.

ㄴ. 생활폐기물 전체 처리량은 매년 증가하고 있다.

ㄷ. 2006년 생활폐기물과 사업장폐기물 각각 매립률이 25% 이상이다.

ㄹ. 사업장폐기물의 재활용률은 1998년에 40% 미만이나 2007년에는 60% 이상이다.

ㅁ. 2007년 생활폐기물과 사업장폐기물의 전체 처리량은 각각 전년 대비 증가하였다.

① ㄱ, ㄷ

② ㄴ, ㄹ

③ ㄷ, ㅁ

④ ㄱ, ㄴ, ㄹ

⑤ ㄷ, ㄹ, ㅁ

문 41. 다음 〈그림〉은 2010년 세계 인구의 국가별 구성비와 OECD 국가별 인구를 나타낸 자료이다. 2010년 OECD 국가의 총인구 중 미국 인구가 차지하는 비율이 25%일 때, 이에 대한 〈보기〉의 설명 중 옳은 것을 모두 고르면? 13 행시(인) 02번

〈그림 1〉 2010년 세계 인구의 국가별 구성비

(단위 : %)

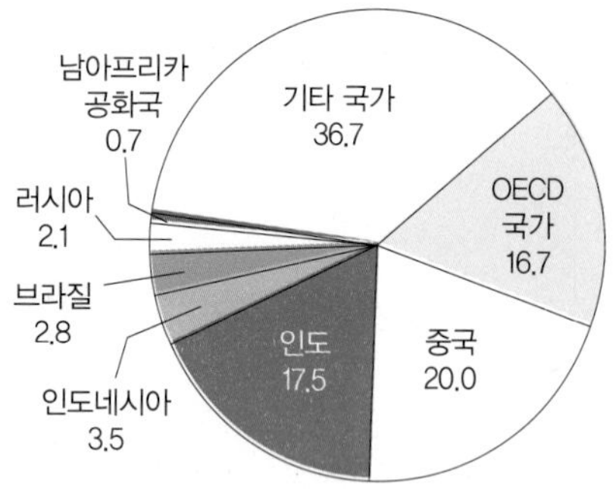

〈그림 2〉 2010년 OECD 국가별 인구

(단위 : 백만 명)

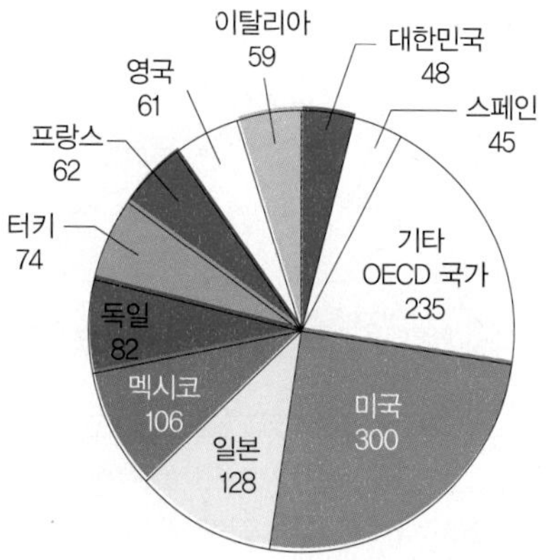

〈보 기〉

ㄱ. 2010년 세계 인구는 70억 명 이상이다.
ㄴ. 2010년 기준 독일 인구가 매년 전년 대비 10% 증가한다면, 독일 인구가 최초로 1억 명 이상이 되는 해는 2014년이다.
ㄷ. 2010년 OECD 국가의 총 인구 중 터키 인구가 차지하는 비율은 5% 이상이다.
ㄹ. 2010년 남아프리카공화국 인구는 스페인 인구보다 적다.

① ㄱ, ㄴ
② ㄱ, ㄷ
③ ㄱ, ㄹ
④ ㄴ, ㄷ
⑤ ㄷ, ㄹ

문 42. 다음 〈그림〉은 2010년과 2011년의 갑 회사 5개 품목(A~E)별 매출액, 시장점유율 및 이익률을 나타내는 그래프이다. 이에 대한 〈보기〉의 설명 중 옳은 것을 모두 고르면? 13 행시(인) 04번

〈그림 1〉 2010년 A~E의 매출액, 시장점유율, 이익률

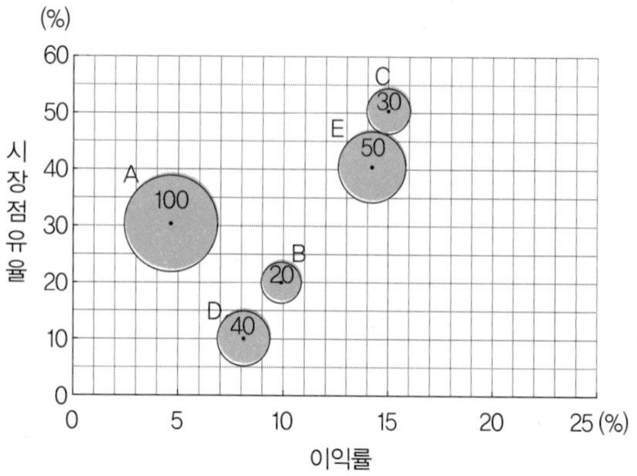

〈그림 2〉 2011년 A~E의 매출액, 시장점유율, 이익률

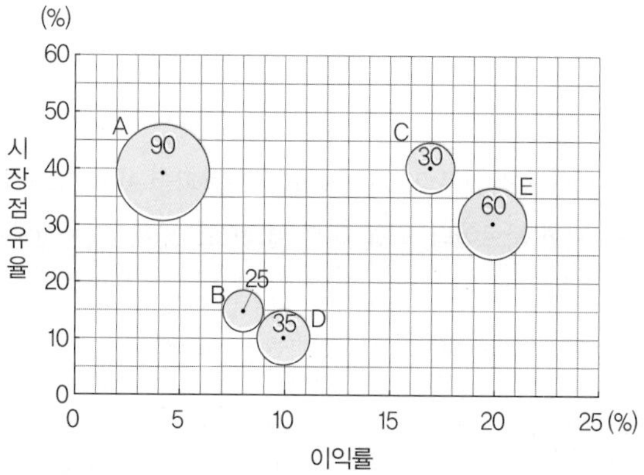

※ 1) 원의 중심좌표는 각각 이익률과 시장점유율을 나타내고, 원 내부값은 매출액(억 원)을 의미하며, 원의 면적은 매출액에 비례함

2) 이익률(%) $= \frac{\text{이익}}{\text{매출액}} \times 100$

3) 시장점유율(%) $= \frac{\text{매출액}}{\text{시장규모}} \times 100$

〈보 기〉

ㄱ. 2010년보다 2011년 매출액, 이익률, 시장점유율 3개 항목이 모두 큰 품목은 없다.
ㄴ. 2010년보다 2011년 이익이 큰 품목은 3개이다.
ㄷ. 2011년 A품목의 시장규모는 2010년보다 크다.
ㄹ. 2011년 시장규모가 가장 큰 품목은 전년보다 이익이 적다.

① ㄱ, ㄴ
② ㄱ, ㄷ
③ ㄴ, ㄹ
④ ㄷ, ㄹ
⑤ ㄱ, ㄴ, ㄷ

문 43. 다음 〈그림〉과 〈표〉는 창업보육센터의 현황에 대한 자료이다. 이에 대한 〈보기〉의 설명 중 옳지 않은 것을 모두 고르면?

13 행시(인) 16번

〈그림〉 연도별 창업보육센터 수 및 지원금액

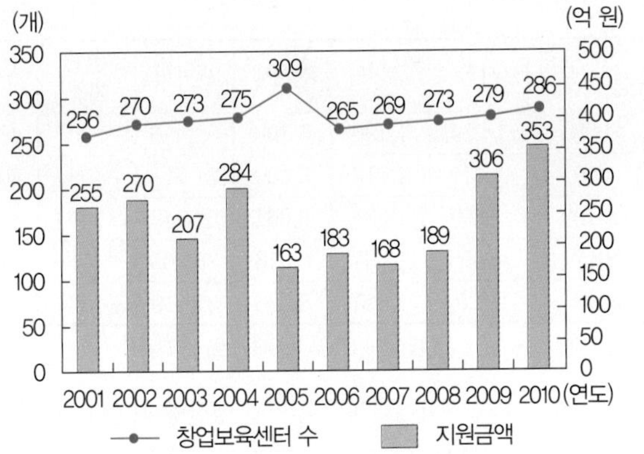

〈표〉 연도별 창업보육센터당 입주업체 수 및 매출액

(단위 : 개, 억 원)

구분 \ 연도	2008	2009	2010
창업보육센터당 입주업체 수	16.6	17.1	16.8
창업보육센터당 입주업체 매출액	85.0	91.0	86.7

※ 한 업체는 1개의 창업보육센터에만 입주함

〈보 기〉

ㄱ. 2010년 전년 대비 창업보육센터 지원금액 증가율은 2010년 전년 대비 창업보육센터 수 증가율의 5배 이상이다.

ㄴ. 2010년 창업보육센터의 전체 입주업체 수는 전년보다 적다.

ㄷ. 창업보육센터당 지원금액이 가장 적은 해는 2005년이며 가장 많은 해는 2010년이다.

ㄹ. 창업보육센터 입주업체의 전체 매출액은 2008년 이후 매년 증가하였다.

① ㄱ, ㄴ

② ㄱ, ㄷ

③ ㄴ, ㄷ

④ ㄴ, ㄹ

⑤ ㄷ, ㄹ

문 44. 다음 〈그림〉은 2004~2017년 '갑'국의 엥겔계수와 엔젤계수를 나타낸 자료이다. 이에 대한 설명으로 옳은 것은?

18 행시(나) 03번

〈그림〉 2004~2017년 엥겔계수와 엔젤계수

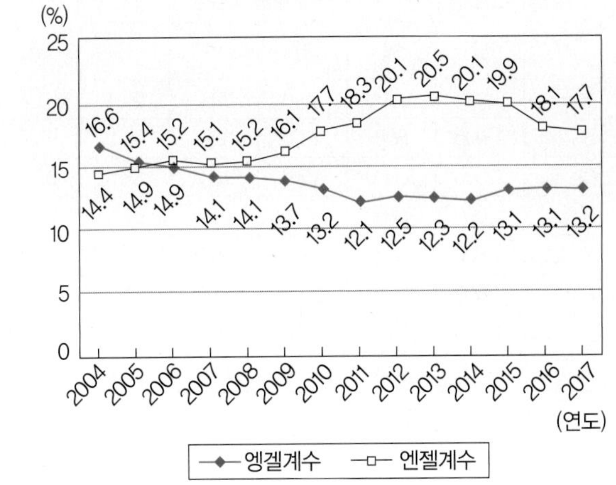

※ 1) 엥겔계수(%) $= \frac{\text{식료품비}}{\text{가계지출액}} \times 100$

2) 엔젤계수(%) $= \frac{\text{18세 미만 자녀에 대한 보육교육비}}{\text{가계지출액}} \times 100$

3) 보육 · 교육비에는 식료품비가 포함되지 않음

① 2008~2013년 동안 엔젤계수의 연간 상승폭은 매년 증가한다.

② 2004년 대비 2014년, 엥겔계수 하락폭은 엔젤계수 상승폭보다 크다.

③ 2006년 이후 매년 18세 미만 자녀에 대한 보육 · 교육비는 식료품비를 초과한다.

④ 2008~2012년 동안 매년 18세 미만 자녀에 대한 보육 · 교육비 대비 식료품비의 비율은 증가한다.

⑤ 엔젤계수는 가장 높은 해가 가장 낮은 해에 비해 7.0%p 이상 크다.

문 45. 다음 〈표〉와 〈그림〉은 2017년 지역별 정보탐색에 관한 자료이다. 이에 대한 설명으로 옳은 것은? 19 행시(가) 09번

〈표〉 지역별 인구 수 및 정보탐색 시도율과 정보탐색 성공률

(단위 : 명, %)

구분 / 성별 / 지역	인구 수		정보탐색 시도율		정보탐색 성공률	
	남	여	남	여	남	여
A	5,800	4,200	35.0	39.0	90.1	91.6
B	1,000	800	28.0	30.0	92.9	95.8
C	2,500	3,000	15.0	25.0	88.0	92.0
D	4,000	3,500	37.0	40.0	91.2	92.9
E	4,800	3,200	42.0	45.0	87.3	84.7
F	6,000	6,500	20.0	33.0	81.7	93.2
G	1,200	900	35.0	28.0	95.2	95.2
H	1,400	1,600	16.0	13.0	89.3	91.3

※ 1) 정보탐색 시도율(%) = $\frac{\text{정보탐색 시도자 수}}{\text{인구수}} \times 100$

2) 정보탐색 성공률(%) = $\frac{\text{정보탐색 성공자 수}}{\text{정보탐색 시도자 수}} \times 100$

〈그림〉 지역별 정보탐색 시도율과 정보탐색 성공률 분포

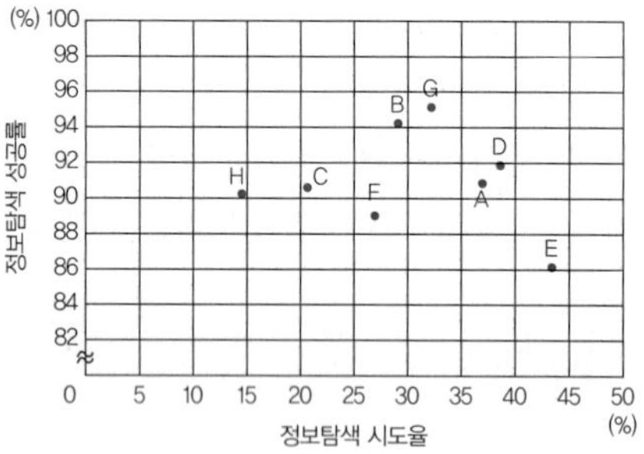

① 인구 수 대비 정보탐색 성공자 수의 비율은 B 지역이 D 지역보다 높다.

② 인구 수 대비 정보탐색 성공자 수의 비율이 가장 낮은 지역은 H 지역이다.

③ 정보탐색 시도율이 높은 지역일수록 정보탐색 성공률도 높다.

④ 인구 수가 가장 적은 지역과 남성 정보탐색 성공자 수가 가장 적은 지역은 동일하다.

⑤ D 지역의 여성 정보탐색 성공자 수는 C 지역의 여성 정보탐색 성공자 수의 2배 이상이다.

문 46. 다음 〈표〉와 〈그림〉은 우리나라의 에너지 유형별 1차에너지 생산과 최종에너지 소비에 관한 자료이다. 이에 대한 〈보기〉의 설명으로 옳지 않은 것은? 19 행시(가) 16번

〈표 1〉 2008~2012년 1차에너지의 유형별 생산량

(단위 : 천 TOE)

유형 / 연도	석탄	수력	신재생	원자력	천연가스	합
2008	1,289	1,196	5,198	32,456	236	40,375
2009	1,171	1,213	5,480	31,771	498	40,133
2010	969	1,391	6,064	31,948	539	40,911
2011	969	1,684	6,618	33,265	451	42,987
2012	942	1,615	8,036	31,719	436	42,748

※ 국내에서 생산하는 1차에너지 유형은 제시된 5가지로만 구성됨

〈그림〉 2012년 1차에너지의 지역별 생산량 비중(TOE 기준)

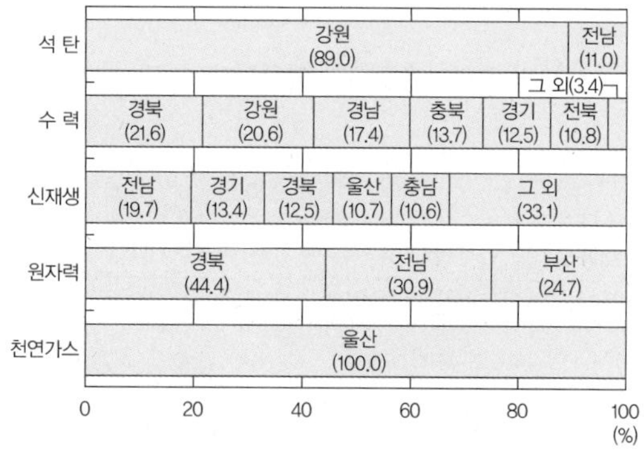

〈표 2〉 유형별 최종에너지 소비 추이(2008~2012년)와 지역별 최종에너지 소비(2012년)

(단위 : 천 TOE)

유형 / 연도·지역	석탄	석유제품	천연 및 도시가스	전력	열	신재생	합
2008	26,219	97,217	19,765	33,116	1,512	4,747	182,576
2009	23,895	98,370	19,459	33,925	1,551	4,867	182,067
2010	29,164	100,381	21,640	37,338	1,718	5,346	195,587
2011	33,544	101,976	23,672	39,136	1,702	5,833	205,863
2012	31,964	101,710	25,445	40,127	1,751	7,124	208,121
서울	118	5,863	4,793	4,062	514	218	15,568
부산	62	3,141	1,385	1,777	–	104	6,469
대구	301	1,583	970	1,286	80	214	4,434
인천	54	6,798	1,610	1,948	–	288	10,698
광주	34	993	630	699	–	47	2,403
대전	47	945	682	788	–	51	2,513
울산	451	19,357	2,860	2,525	–	336	25,529
경기	335	10,139	5,143	8,625	1,058	847	26,147
강원	1,843	1,875	312	1,368	–	644	6,042

충북	1,275	2,044	752	1,837	59	471	6,438
충남	5,812	17,184	1,454	3,826	5	143	28,424
전북	27	2,177	846	1,846	–	337	5,233
전남	11,675	21,539	975	2,450	–	2,251	38,890
경북	9,646	3,476	1,505	3,853	–	879	19,359
경남	284	3,873	1,515	2,839	35	266	8,812
제주	–	721	13	332	–	28	1,094
기타	–	2	–	66	–	–	68

※ 국내에서 소비하는 최종에너지 유형은 제시된 6가지로만 구성됨

① 2008년 대비 2012년의 생산량 증가율이 가장 큰 1차에너지 유형은 천연가스이다.

② 2012년 1차에너지를 가장 많이 생산한 지역에서는 같은 해 최종에너지 중 석유제품을 가장 많이 소비하였다.

③ 2012년 석탄 1차에너지 생산량은 2012년 경기 지역의 신재생 1차에너지 생산량보다 적다.

④ 2012년에 1차에너지 생산량이 최종에너지 소비량의 합보다 많은 지역이 존재한다.

⑤ 2008년 대비 2012년의 소비량 증가율이 가장 큰 최종에너지 유형은 신재생이다.

문 47. 다음 〈그림〉은 국가 A~J의 1인당 GDP와 1인당 의료비지출액을 나타낸 것이다. 이에 대한 〈보기〉의 설명 중 옳은 것만을 모두 고르면? 16 민간(5) 01번

〈그림〉 1인당 GDP와 1인당 의료비지출액

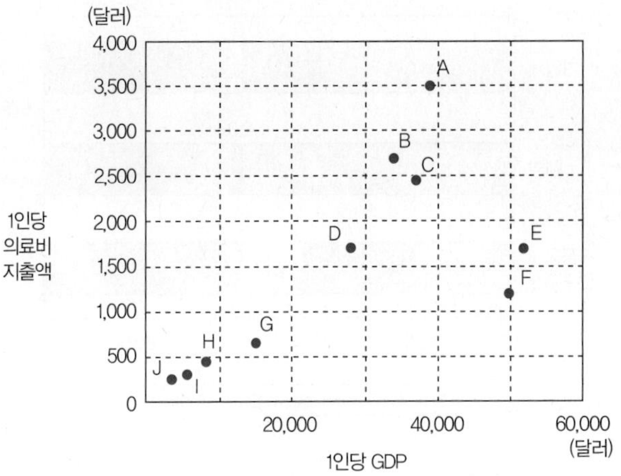

〈보 기〉

ㄱ. 1인당 GDP가 2만 달러 이상인 국가의 1인당 의료비지출액은 1천 달러 이상이다.

ㄴ. 1인당 의료비지출액이 가장 많은 국가와 가장 적은 국가의 1인당 의료비지출액 차이는 3천 달러 이상이다.

ㄷ. 1인당 GDP가 가장 높은 국가와 가장 낮은 국가의 1인당 의료비지출액 차이는 2천 달러 이상이다.

ㄹ. 1인당 GDP 상위 5개 국가의 1인당 의료비지출액 합은 1인당 GDP 하위 5개 국가의 1인당 의료비지출액 합의 5배 이상이다.

① ㄱ, ㄴ

② ㄱ, ㄷ

③ ㄷ, ㄹ

④ ㄱ, ㄴ, ㄹ

⑤ ㄴ, ㄷ, ㄹ

문 48. 다음 〈그림〉은 2012년 3개 기관 유형의 분야별 연구개발비 비중을 나타낸 것이다. 이에 대한 〈보기〉의 설명 중 옳은 것을 모두 고르면? 13 외교원(인) 11번

〈그림〉 3개 기관 유형의 분야별 연구개발비 비중

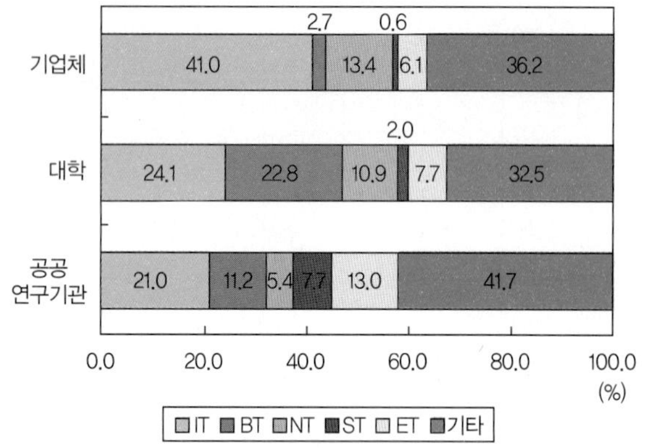

〈보 기〉

ㄱ. 공공연구기관의 연구개발비는 BT분야가 NT분야의 2배 이상이다.
ㄴ. 기업체의 IT, NT분야 연구개발비 합은 기업체 전체 연구개발비의 50% 이상이다.
ㄷ. 3개 기관 유형 중 ET분야 연구개발비는 공공연구기관이 가장 많다.
ㄹ. 공공연구기관의 ST분야 연구개발비는 기업체와 대학의 ST분야 연구개발비 합보다 크다.
ㅁ. 기타를 제외하고 연구개발비 비중이 가장 작은 분야는 3개 기관 유형에서 모두 동일하다.

① ㄱ, ㄴ
② ㄴ, ㄹ
③ ㄱ, ㄴ, ㄷ
④ ㄱ, ㄴ, ㄹ
⑤ ㄷ, ㄹ, ㅁ

문 49. 다음 〈그림〉과 〈표〉는 2005년부터 2009년까지 정당지지도의 연도별 추이이다. 이에 대한 설명으로 옳은 것은? 10 행시(인) 17번

〈그림〉 정당지지도 추이

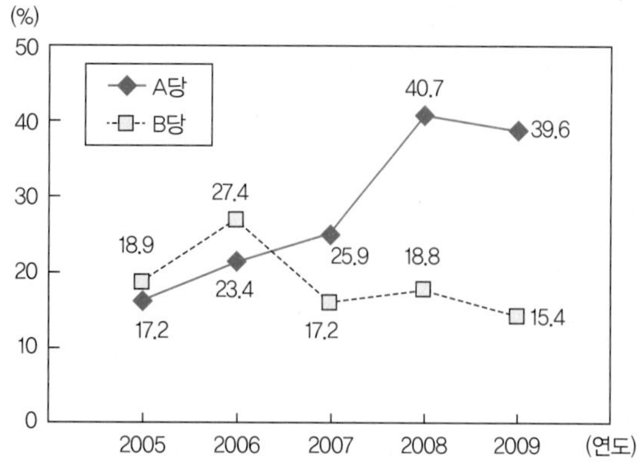

※ 정당지지도 조사는 매년 1회만 실시함

〈표〉 연도별 · 연령대별 정당지지도

(단위 : %)

연도 / 정당 / 연령대	2005		2006		2007		2008		2009	
	A	B	A	B	A	B	A	B	A	B
20대	10.6	21.9	11.2	30.0	19.3	18.1	33.2	14.9	35.3	12.6
30대	12.6	19.8	14.4	32.8	16.0	21.6	36.5	40.6	33.6	18.8
40대	20.6	14.4	27.5	24.2	28.8	18.2	43.4	17.6	38.4	14.4
50대	23.0	16.9	36.0	22.5	36.3	13.7	49.0	17.9	46.4	16.2
60대 이상	25.4	21.5	36.4	23.8	34.2	12.9	45.8	18.7	48.2	15.0

※ 정당은 A당과 B당만 존재하는 것으로 가정하고, 어느 당도 지지하지 않는 응답자들은 모두 '지지정당 없음'으로 처리함

① 2008년은 전년에 비해 '지지정당 없음'의 비율이 낮아졌다.
② 2006년에 비해 2007년에 모든 연령대에서 A당에 대한 지지도는 높아졌다.
③ 20대의 정당지지도 차이는 2006년부터 확대되고 있으나, 2009년에는 축소되었다.
④ A당이 B당의 지지도를 처음으로 추월한 해에 A당 지지도가 가장 높은 연령대는 40대이다.
⑤ 정당지지도의 차이가 가장 큰 해에, 그 차이보다 더 큰 정당지지도 차이를 보이는 연령대의 수는 3개이다.

문 50. 다음 〈그림〉은 우리나라의 직장어린이집 수에 대한 자료이다. 이에 대한 설명으로 옳은 것은? 13 민간(인) 19번

〈그림 1〉 2000~2010년 전국 직장어린이집 수

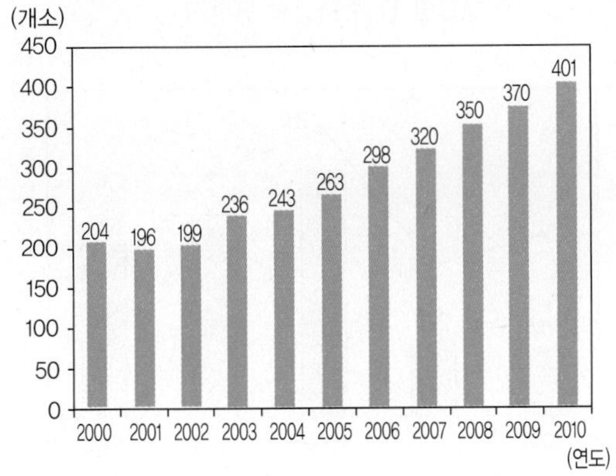

〈그림 2〉 2010년 지역별 직장어린이집 수

(단위 : 개소)

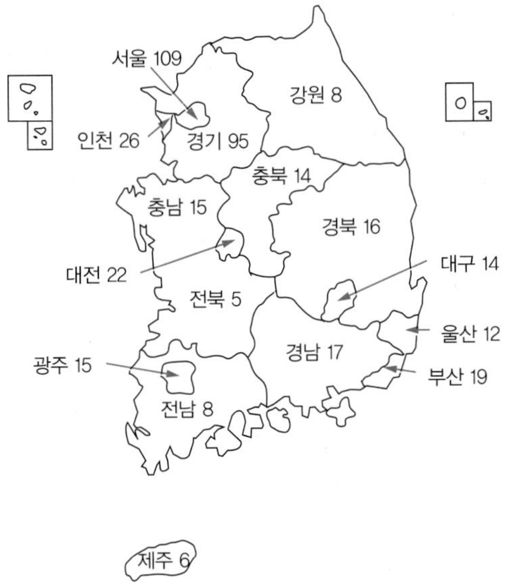

① 2000~2010년 동안 전국 직장어린이집 수는 매년 증가하였다.
② 2006년 대비 2008년 전국 직장어린이집 수는 20% 이상 증가하였다.
③ 2010년 인천 지역 직장어린이집 수는 2010년 전국 직장어린이집 수의 5% 이하이다.
④ 2000~2010년 동안 전국 직장어린이집 수의 전년 대비 증가율이 10% 이상인 연도는 2003년뿐이다.
⑤ 2010년 서울과 경기 지역 직장어린이집 수의 합은 2010년 전국 직장어린이집 수의 절반 이상이다.

문 51. 다음 〈그림〉은 2011년 어느 회사 사원 A~C의 매출에 관한 자료이다. 2011년 4사분기의 매출액이 큰 사원부터 나열하면? 12 민간(인) 20번

〈그림 1〉 2011년 1사분기의 사원별 매출액

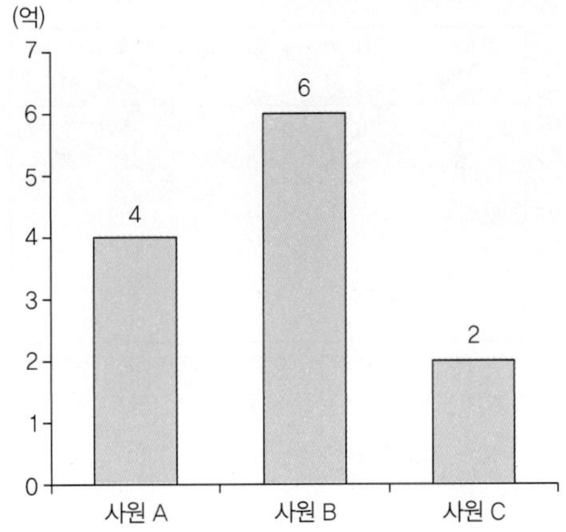

〈그림 2〉 2011년 2~4사분기 사원별 매출액 증감계수

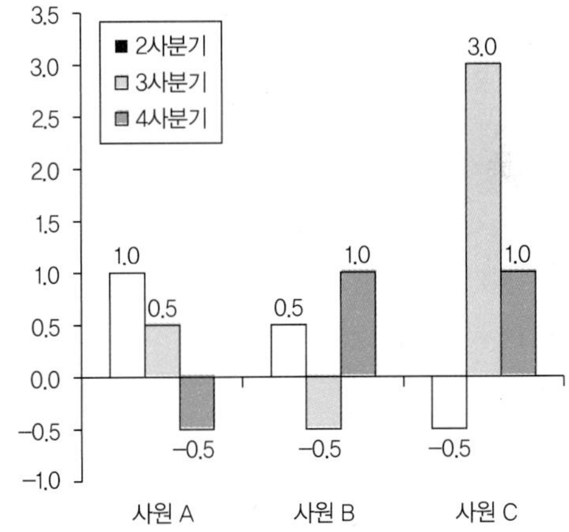

※ 해당 사분기 매출액 증감계수 $= \frac{\text{해당 사분기 매출액} - \text{직전 사분기 매출액}}{\text{직전 사분기 매출액}}$

① A, B, C
② A, C, B
③ B, A, C
④ B, C, A
⑤ C, A, B

문 52. 다음 〈그림〉은 1982~2004년 동안 전년 대비 경제성장률과 소득분배 간의 관계를 나타낸 것이다. 이에 대한 〈보기〉의 설명 중 옳은 것을 모두 고르면? 07 행시(인) 21번

〈그림〉 전년 대비 경제성장률과 소득분배 변화 추이

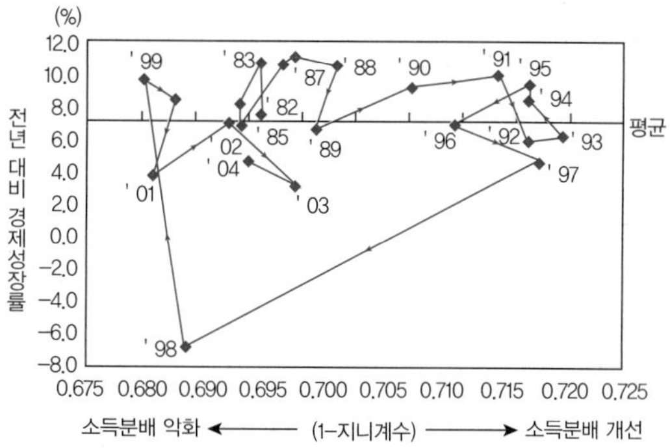

※ 평균 : 조사기간 중 전년 대비 경제성장률의 평균값

〈보 기〉

ㄱ. 1990~1997년의 지니계수 평균값은 0.3 이하이다.
ㄴ. 1988~1992년 동안 전년 대비 경제성장률이 전년에 비해 감소한 연도에는 소득분배도 전년에 비해 악화되었다.
ㄷ. 조사기간 동안 전년 대비 경제성장률이 가장 높은 연도는 1999년이다.
ㄹ. 1999년에는 1998년에 비해 전년 대비 경제성장률이 높아졌지만 소득분배는 악화되었다.
ㅁ. 1997년 외환위기 이전까지는 전년 대비 경제성장률이 평균보다 높게 유지되었고 소득분배도 지속적으로 개선되었다.

① ㄱ, ㄹ
② ㄴ, ㄷ
③ ㄱ, ㄷ, ㄹ
④ ㄱ, ㄷ, ㅁ
⑤ ㄴ, ㄹ, ㅁ

문 53. 다음 〈그림〉은 2001년부터 2005년까지의 주택건설과 상수도보급 현황에 관한 것이다. 이에 대한 〈보기〉의 설명 중 적절한 것을 모두 고르면? 06 견습(역) 24번

〈그림 1〉 주택건설 현황

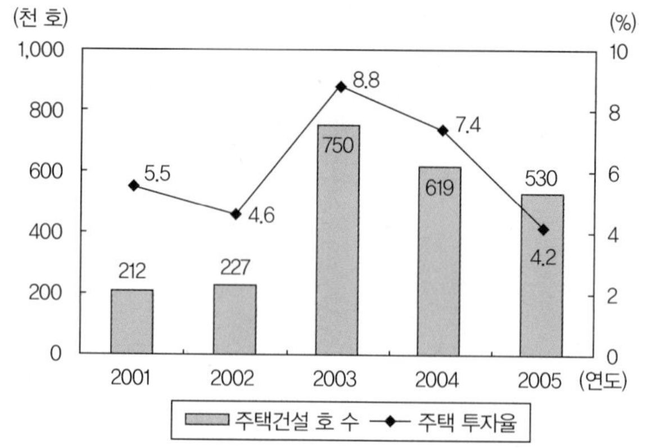

※ 주택투자율(%) = $\frac{\text{주택투자금액}}{\text{총 투자금액}} \times 100$

〈그림 2〉 상수도보급 현황

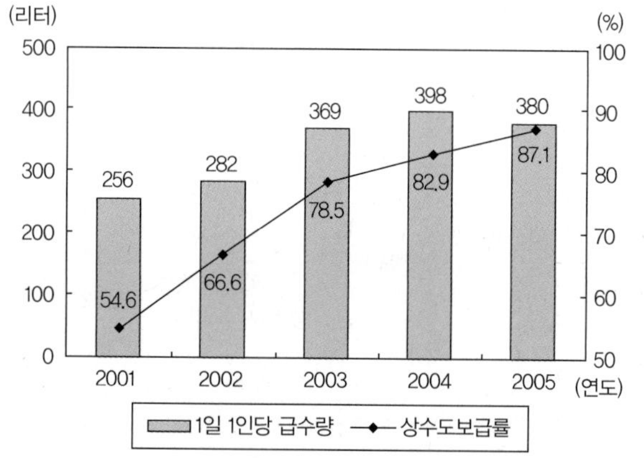

〈보 기〉

ㄱ. 주택투자금액은 2003년을 기점으로 매년 감소하였다.
ㄴ. 주택투자율과 상수도보급률이 가장 높은 해는 2003년이다.
ㄷ. 1일 1인당 급수량의 전년 대비 증가분이 가장 큰 해는 2003년이다.
ㄹ. 주택건설 호 수와 주택투자율은 2003년까지는 매년 증가하다가 2004년 이후 감소하였다.
ㅁ. 주택건설 호 수의 전년 대비 증가분이 가장 큰 해는 2003년이다.

① ㄷ, ㄹ
② ㄷ, ㅁ
③ ㄱ, ㄴ, ㄷ
④ ㄱ, ㄷ, ㅁ
⑤ ㄴ, ㄹ, ㅁ

문 54. **다음 〈그림〉은 음식점 선택의 5개 속성별 중요도 및 이들 속성에 대한 A와 B 음식점의 성과도에 관한 자료이다. 이에 대한 〈보기〉의 설명 중 옳은 것을 모두 고르면?** 07 행시(인) 01번

〈그림〉 음식점 선택의 속성별 중요도 및 음식점별 성과도

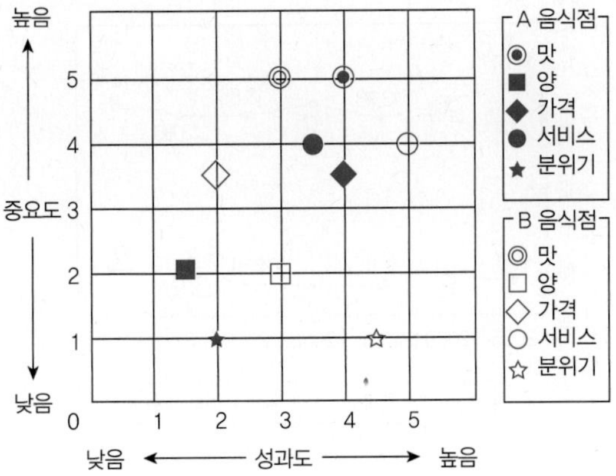

※ 만족도=성과도−중요도

〈보 기〉

ㄱ. A 음식점은 3개 속성에서 B 음식점보다 성과도가 높다.
ㄴ. 만족도가 가장 높은 속성은 B 음식점의 분위기 속성이다.
ㄷ. A 음식점과 B 음식점 사이의 성과도 차이가 가장 큰 속성은 가격이다.
ㄹ. 중요도가 가장 높은 속성에서 A 음식점이 B 음식점보다 성과도가 높다.

① ㄱ, ㄴ
② ㄱ, ㄹ
③ ㄴ, ㄷ
④ ㄴ, ㄹ
⑤ ㄷ, ㄹ

문 55. **다음 〈표〉와 〈그림〉은 1991년과 2010년의 품목별 항만 수출 실적 및 A항만 처리 분담률에 대한 자료이다. 이에 대한 〈보기〉의 설명 중 옳은 것만을 모두 고르면?** 13 민간(인) 09번

〈표〉 품목별 항만 수출 실적

(단위 : 백만 달러)

품목	1991년		2010년	
	총 항만 수출액	A항만 수출액	총 항만 수출액	A항만 수출액
전기 · 전자	16,750	10,318	110,789	19,475
기계류	6,065	4,118	52,031	23,206
자동차	2,686	537	53,445	14,873
광학 · 정밀기기	766	335	37,829	11,415
플라스틱제품	1,863	1,747	23,953	11,878
철강	3,287	766	21,751	6,276
계	31,417	17,821	299,798	87,123

〈그림 1〉 1991년 품목별 A항만 처리 분담률

(단위 : %)

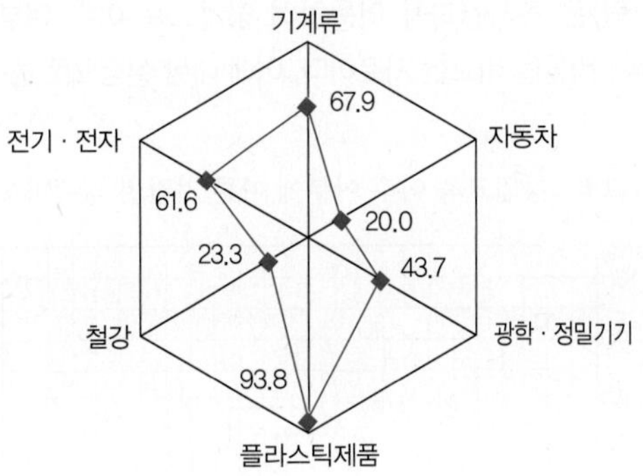

〈그림 2〉 2010년 품목별 A항만 처리 분담률

(단위 : %)

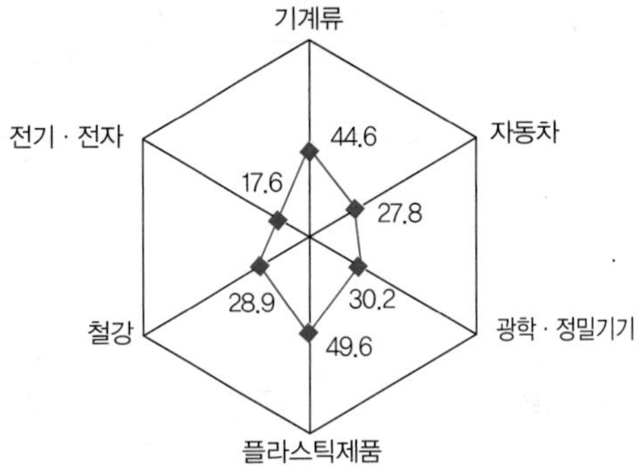

※ 해당 항만 처리 분담률(%) $= \frac{\text{해당 항만 수출액}}{\text{총 항만 수출액}} \times 100$

〈보 기〉

ㄱ. 품목별 총 항만 수출액과 A항만 수출액은 1991년 대비 2010년에 각각 증가하였다.
ㄴ. A항만 처리 분담률이 1991년 대비 2010년에 감소한 품목은 모두 4개이다.
ㄷ. 1991년 대비 2010년의 A항만 수출액 증가율이 가장 큰 품목은 자동차이다.
ㄹ. 플라스틱제품의 A항만 처리 분담률은 1991년 대비 2010년에 70% 이상 감소하였다.

① ㄱ, ㄴ
② ㄱ, ㄹ
③ ㄷ, ㄹ
④ ㄱ, ㄴ, ㄷ
⑤ ㄴ, ㄷ, ㄹ

문 56. A시는 2016년에 폐업 신고한 전체 자영업자를 대상으로 창업교육 이수 여부와 창업부터 폐업까지의 기간을 조사하였다. 다음 〈그림〉은 조사결과를 이용하여 창업교육 이수 여부에 따른 기간별 생존비율을 비교한 자료이다. 이에 대한 설명으로 옳은 것은?

17 민간(나) 10번

〈그림〉 창업교육 이수 여부에 따른 기간별 생존비율

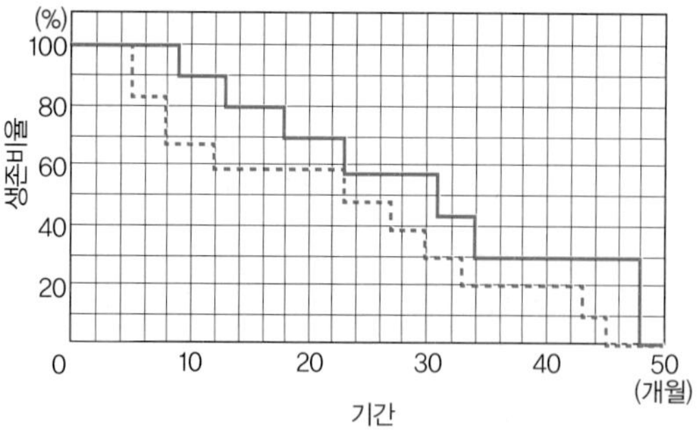

※ 1) 창업교육을 이수(미이수)한 폐업 자영업자의 기간별 생존비율은 창업교육을 이수(미이수)한 폐업 자영업자 중 생존기간이 해당 기간 이상인 자영업자의 비율임
2) 생존기간은 창업부터 폐업까지의 기간을 의미함

① 창업교육을 이수한 폐업 자영업자 수가 창업교육을 미이수한 폐업 자영업자 수보다 더 많다.
② 창업교육을 미이수한 폐업 자영업자의 평균 생존기간은 창업교육을 이수한 폐업 자영업자의 평균 생존기간보다 더 길다.
③ 창업교육을 이수한 폐업 자영업자의 생존비율과 창업교육을 미이수한 폐업 자영업자의 생존비율의 차이는 창업 후 20개월에 가장 크다.
④ 창업교육을 이수한 폐업 자영업자 중 생존기간이 32개월 이상인 자영업자의 비율은 50% 이상이다.
⑤ 창업교육을 미이수한 폐업 자영업자 중 생존기간이 10개월 미만인 자영업자의 비율은 20% 이상이다.

문 57. 다음 〈그림〉과 〈표〉는 어느 도시의 엥겔계수 및 슈바베계수 추이와 소비지출 현황을 나타낸 것이다. 빈칸 A~E에 들어갈 값으로 잘못 짝지어진 것은?

12 민간(인) 10번

〈그림〉 엥겔계수 및 슈바베계수 추이(2005~2011년)

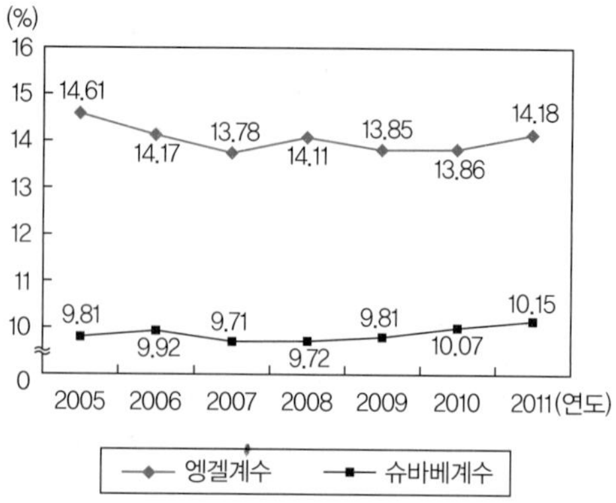

〈표〉 연도별 소비지출 현황(2008~2011년)

(단위 : 억 원, %p)

구분 연도	총소비지출	식료품 · 비주류 음료 소비지출	주거 · 수도 · 광열 소비지출	계수 차이
2008	100,000	(A)	9,720	4.39
2009	120,000	16,620	(B)	4.04
2010	150,000	20,790	15,105	(C)
2011	(D)	(E)	20,300	4.03

※ 1) 엥겔계수(%) $=\frac{\text{식료품 · 비주류음료 소비지출}}{\text{총소비지출}}\times 100$
2) 슈바베계수(%) $=\frac{\text{주거 · 수도 · 광열 소비지출}}{\text{총소비지출}}\times 100$
3) 계수 차이 = |엥겔계수 − 슈바베계수|

① A : 14,110
② B : 11,772
③ C : 3.79
④ D : 200,000
⑤ E : 27,720

문 58. 다음 〈그림〉은 특정분야의 기술에 대한 정보검색 건수를 연도별로 나타낸 자료이다. 다음 〈그림〉에 대한 분석 중 옳은 것을 〈보기〉에서 모두 고르면? 11 민간실험(재) 11번

〈그림〉 연도별 정보검색 동향

(단위 : 건)

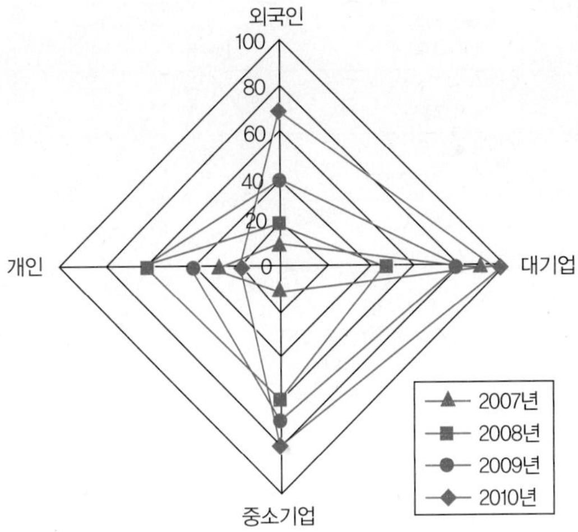

〈보 기〉

ㄱ. 전체 검색 건수는 2008년에 가장 적었다.
ㄴ. 중소기업의 검색 건수는 2007년부터 2010년까지 계속 증가하고 있다.
ㄷ. 2007년부터 2010년까지 검색 건수 총합은 대기업이 가장 많았다.
ㄹ. 2009년에는 외국인과 개인의 검색 건수가 가장 적었고, 중소기업의 검색 건수가 가장 많았다.

① ㄱ, ㄴ
② ㄴ, ㄷ
③ ㄷ, ㄹ
④ ㄱ, ㄴ, ㄷ
⑤ ㄴ, ㄷ, ㄹ

문 59. 다음 〈그림〉과 〈표〉는 전산장비(A~F) 연간유지비와 전산장비 가격 대비 연간유지비 비율을 나타낸 자료이다. 이에 대한 설명으로 옳은 것은? 14 민간(A) 15번

〈그림〉 전산장비 연간유지비

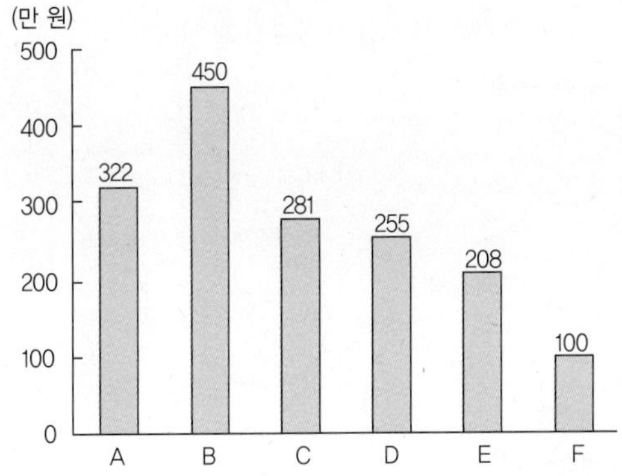

〈표〉 전산장비 가격 대비 연간유지비 비율

(단위 : %)

전산장비	A	B	C	D	E	F
비율	8.0	7.5	7.0	5.0	4.0	3.0

① B의 연간유지비가 D의 연간유지비의 2배 이상이다.
② 가격이 가장 높은 전산장비는 A이다.
③ 가격이 가장 낮은 전산장비는 F이다.
④ C의 가격은 E의 가격보다 높다.
⑤ A를 제외한 전산장비는 가격이 높을수록 연간유지비도 더 높다.

문 60. 다음 〈그림〉은 우리나라 8개 중앙부처의 예산규모와 인적자원을 나타낸 것이다. 〈보기〉에서 설명하는 A~F 부처를 〈그림〉에서 찾을 때 두 번 이상 해당되는 부처는?

07 행시(인) 26번

〈그림〉 부처별 예산규모와 인적자원

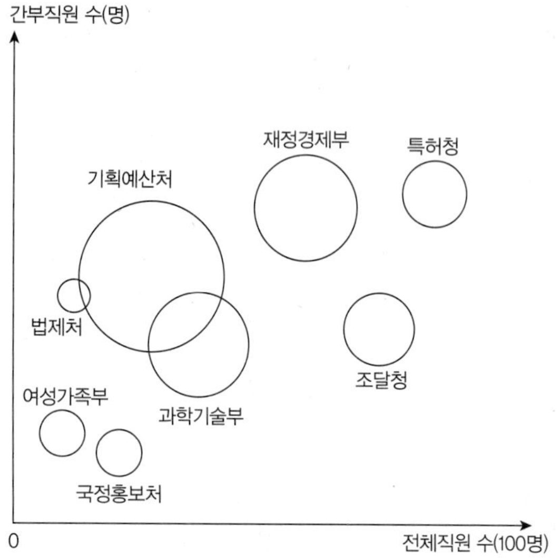

※ 1) 원의 면적이 넓을수록 예산규모가 큼
2) 각 원의 중심 좌표는 전체직원수와 간부직원수를 각각 나타냄

〈보 기〉

- 전체직원이 가장 많은 부처와 가장 적은 부처는 각각 A와 B이다.
- 예산규모가 가장 큰 부처와 가장 작은 부처는 각각 C와 D이다.
- 전체직원 수 대비 간부직원수의 비율이 가장 높은 부처와 가장 낮은 부처는 각각 E와 F이다.

① 특허청
② 기획예산처
③ 법제처
④ 여성가족부
⑤ 조달청

문 61. 다음 〈그림〉과 〈표〉는 2018~2019년 '갑'국의 월별 최대전력수요와 전력수급현황에 관한 자료이다. 이에 대한 설명으로 옳은 것은?

20 7급모의 5번

〈그림〉 '갑'국의 월별 최대전력수요

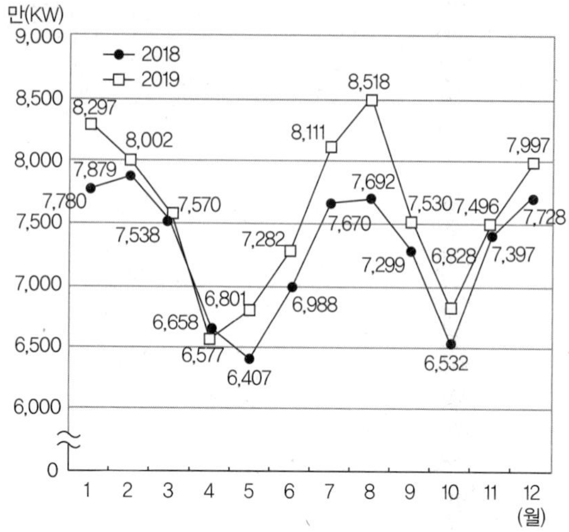

〈표〉 '갑'국의 전력수급현황

(단위 : 만 kW)

구분 \ 시기	2018년 2월	2019년 8월
최대전력수요	7,879	8,518
전력공급능력	8,793	9,240

※ 1) 공급예비력 = 전력공급능력 − 최대전력수요

2) $\text{공급예비율(\%)} = \frac{\text{공급예비력}}{\text{최대전력수요}} \times 100$

① 공급예비력은 2018년 2월이 2019년 8월보다 작다.
② 공급예비율은 2018년 2월이 2019년 8월보다 낮다.
③ 2019년 1~12월 동안 최대전력수요의 월별 증감방향은 2018년과 동일하다.
④ 해당 연도 1~12월 중 최대전력수요가 가장 큰 달과 가장 작은 달의 최대전력수요 차이는 2018년이 2019년보다 작다.
⑤ 2019년 최대전력수요의 전년동월 대비 증가율이 가장 높은 달은 1월이다.

문 62. 다음 〈그림〉은 OECD 회원국 중 5개국의 2018년 가정용, 산업용 전기요금 지수를 나타낸 것이다. 이에 대한 〈보기〉의 설명 중 옳은 것만을 모두 고르면? 20 7급모의 9번

〈그림〉 OECD 회원국 중 5개국의 가정용, 산업용 전기요금 지수

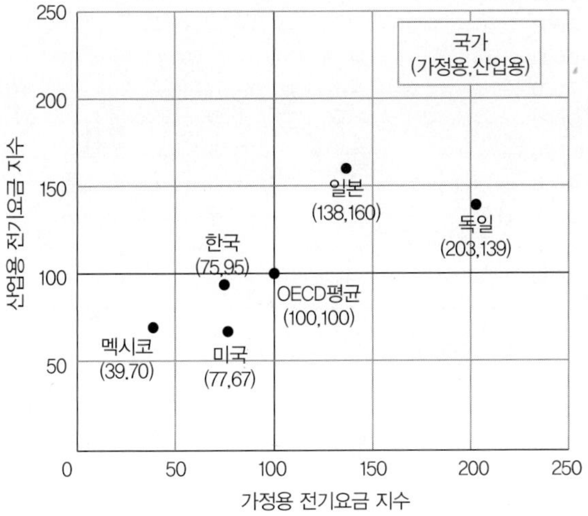

※ 1) OECD 각 국가의 전기요금은 100kWh당 평균 금액($)임

2) 가정용(산업용) 전기요금 지수 = $\frac{\text{해당 국가의 가정용(산업용) 전기요금}}{\text{OECD 평균 가정용(산업용) 전기요금}} \times 100$

3) 2018년 한국의 가정용, 산업용 전기요금은 100kWh당 각각 $120, $95임

〈보 기〉

ㄱ. 산업용 전기요금은 일본이 가장 비싸고 가정용 전기요금은 독일이 가장 비싸다.

ㄴ. OECD 평균 전기요금은 가정용이 산업용의 1.5배 이상이다.

ㄷ. 가정용 전기요금이 한국보다 비싼 국가는 산업용 전기요금도 한국보다 비싸다.

ㄹ. 일본은 산업용 전기요금이 가정용 전기요금보다 비싸다.

① ㄱ, ㄴ

② ㄱ, ㄷ

③ ㄴ, ㄹ

④ ㄷ, ㄹ

⑤ ㄱ, ㄴ, ㄹ

문 63. 다음 〈그림〉은 가구 A~L의 2020년 1월 주거비와 식비, 필수생활비에 관한 자료이다. 이에 대한 설명으로 옳은 것은? 20 7급모의 12번

〈그림 1〉 가구 A~L의 주거비와 식비

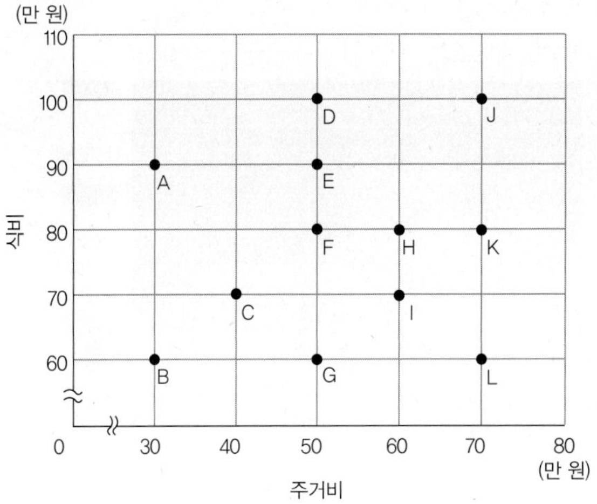

〈그림 2〉 가구 A~L의 식비와 필수생활비

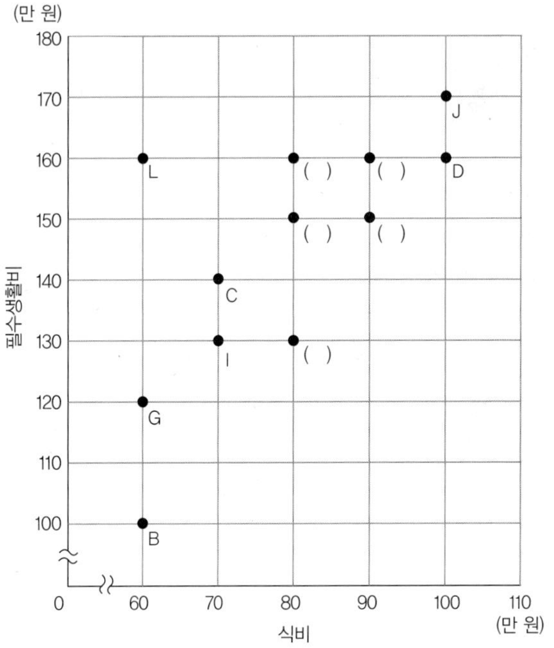

※ 필수생활비 = 주거비 + 식비 + 의복비

① 의복비는 가구 A가 가구 B보다 작다.

② 의복비가 0원인 가구는 1곳이다.

③ 주거비가 40만 원 이하인 가구의 의복비는 각각 10만 원 이상이다.

④ 식비 하위 3개 가구 의복비의 합은 60만 원 이상이다.

⑤ 식비가 80만 원이면서 필수생활비가 130만 원인 가구는 K이다.

문 64. 다음 〈그림〉은 추락사고가 발생한 항공기 800대의 사고 발생 시점과 사고 원인을 정리한 자료이다. 이에 대한 〈보기〉의 설명 중 옳은 것만을 모두 고르면? 20 7급모의 13번

〈그림〉 항공기 추락사고의 사고 발생시점과 사고 원인

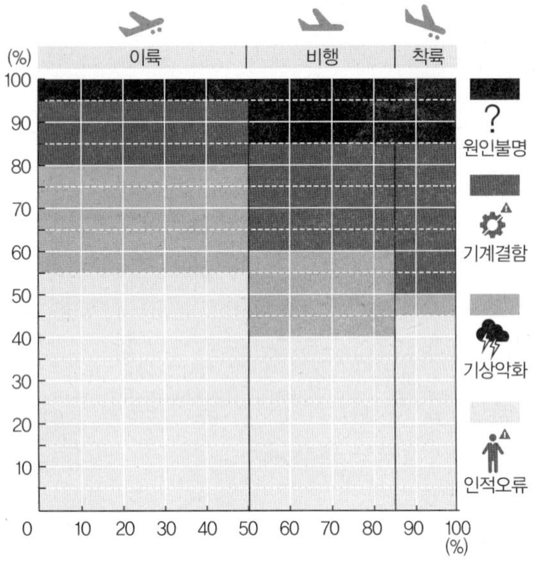

※ 사고 발생시점은 이륙, 비행, 착륙 중 하나이며, 사고 원인은 인적오류, 기상악화, 기계결함, 원인불명 중 하나임

〈보 기〉

ㄱ. 이륙 중에 인적오류로 추락한 항공기 수는 착륙 중에 원인불명으로 추락한 항공기 수의 12배 이상이다.
ㄴ. 비행 중에 원인불명으로 추락한 항공기 수는 착륙 중에 기계결함으로 추락한 항공기 수보다 많다.
ㄷ. 비행 중에 인적오류로 추락한 항공기 수는 이륙 중에 기계결함으로 추락한 항공기 수보다 56대 더 많다.
ㄹ. 기계결함으로 추락한 항공기 수는 추락사고가 발생한 항공기 수의 20% 이상이다.

① ㄱ, ㄴ
② ㄱ, ㄷ
③ ㄱ, ㄹ
④ ㄴ, ㄷ
⑤ ㄷ, ㄹ

※ 다음 〈그림〉과 〈표〉는 세계 및 국내 조선업 현황에 대한 자료이다. 다음 물음에 답하시오. [문 65.~문 66.]

〈그림〉 세계 조선업 수주량 추이

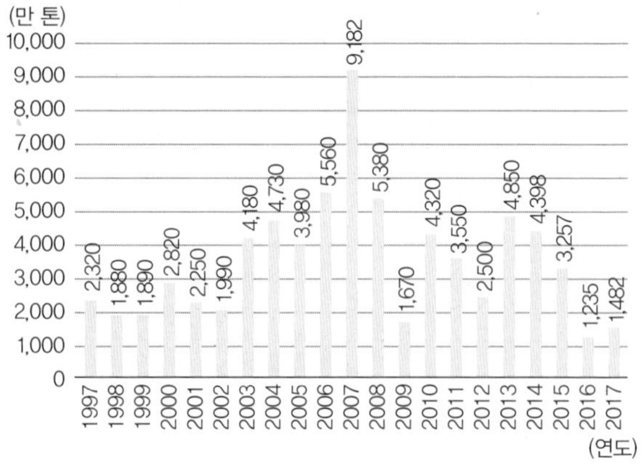

〈표 1〉 2014~2017년 국내 조선업 수주량 및 수주잔량

(단위 : 만 톤, %)

구분 연도	수주량	전년대비 증가율	수주잔량	전년대비 증가율
2014	1,286	−30.1	3,302	−1.6
2015	1,066	( )	3,164	−4.2
2016	221	( )	2,043	( )
2017	619	( )	1,761	−13.8

※ 해당 연도 수주잔량 = 전년도 수주잔량 + 해당 연도 수주량 − 해당 연도 건조량

〈표 2〉 2014~2016년 국내 조선기자재업체 기업규모별 업체 수 및 이자보상배율이 1 미만인 업체 비율

(단위 : 개, %)

기업규모	업체 수 \ 연도	2014	2015	2016
대형	20	15.0	20.0	25.0
중형	35	25.7	17.1	34.3
소형	96	19.8	28.1	38.5
전체	151	20.5	24.5	35.8

※ 1) 2014년 이후 기업규모별 업체 수는 변화 없음
2) 비율은 소수 둘째 자리에서 반올림한 값임

문 65. 제시된 〈그림〉과 〈표〉 이외에 〈보고서〉를 작성하기 위해 추가로 필요한 자료만을 〈보기〉에서 모두 고르면? 20 7급모의 24번

〈보고서〉

세계 조선업 경기는 최악의 부진에서 벗어나는 모습이다. 2016년 세계 조선업의 수주량은 1997년 이후 최저치였다. 2017년 한국은 중국을 밀어내고 수주량 1위를 차지했는데, 이는 2012년 중국에 1위 자리를 내어준 이후 6년 만이다. 3대 조선강국으로 분류되는 일본은 자국 발주 확대에도 불구하고 세계 수주량의 5.8%까지 비중이 하락하였다.

2016년 국내 조선업은 전년대비 79.3% 감소한 수주량을 기록하면서 유례없는 수주절벽을 경험하였다. 그리고 수주량 급감의 영향으로 2016년 수주잔량은 2,043만 톤까지 줄어든 것으로 조사되었다. 2014~2016년 3년간 국내 조선업 평균 건조량이 약 1,295만 톤이었음을 고려하면 수주잔량은 2년 치 미만 일감에 불과한 것으로 나타나 우려는 더욱 커졌다.

2017년 국내 대형 조선사는 해양플랜트 수주량 증가에 힘입어 실적이 개선되고 있다. 그러나 국내 중소형 조선사는 여전히 부진에서 벗어나지 못하고 있으며 국내 조선기자재업체의 실적 회복도 어려울 것으로 전망된다.

〈보 기〉

ㄱ. 2010~2017년 세계 조선업 수주량의 국가별 점유율
ㄴ. 2014~2016년 국내 조선업 건조량
ㄷ. 2014~2016년 중국 조선기자재업체 실적
ㄹ. 2010~2017년 국내 조선사 규모별 해양플랜트 수주량

① ㄱ, ㄴ
② ㄱ, ㄷ
③ ㄱ, ㄹ
④ ㄴ, ㄷ
⑤ ㄴ, ㄹ

문 66. 위 〈표〉에 근거한 〈보기〉의 설명 중 옳은 것만을 모두 고르면? 20 7급모의 25번

〈보 기〉

ㄱ. 2014~2016년 중 국내 조선업 건조량이 가장 적은 해는 2016년이다.
ㄴ. 2014년 이후 국내 조선업 수주량의 전년대비 증감률이 가장 큰 해는 2017년이다.
ㄷ. 2014년 이자보상배율이 1 미만인 국내 조선기자재업체 수는 중형이 대형의 3배이다.
ㄹ. 이자보상배율이 1 미만인 국내 조선기자재업체 수의 2015년 대비 2016년 증감폭이 가장 큰 기업규모는 중형이다.

① ㄱ, ㄴ
② ㄴ, ㄷ
③ ㄴ, ㄹ
④ ㄷ, ㄹ
⑤ ㄱ, ㄷ, ㄹ

문 67. 다음 〈그림〉과 〈정보〉는 A해역의 해수면온도 변화에 따른 α지수, 'E현상' 및 'L현상'에 관한 자료이다. 이에 대한 설명으로 옳은 것은? 20 행시(나) 18번

〈그림〉 기준 해수면온도와 α지수

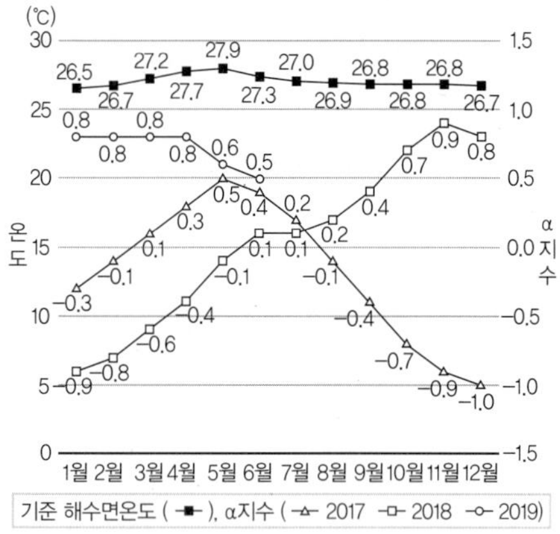

〈정 보〉

- '기준 해수면온도'는 1985~2015년의 해당월 해수면온도의 평균임.
- '해수면온도 지표'는 해당월에 관측된 해수면온도에서 '기준 해수면온도'를 뺀 값임.
- α지수는 전월, 해당월, 익월의 '해수면온도 지표'의 평균값임.
- 'E현상'은 α지수가 5개월 이상 계속 0.5 이상일 때, 0.5 이상인 첫 달부터 마지막 달까지 있었다고 판단함.
- 'L현상'은 α지수가 5개월 이상 계속 −0.5 이하일 때, −0.5 이하인 첫 달부터 마지막 달까지 있었다고 판단함.

① '기준 해수면온도'는 8월이 가장 높다.

② 해수면온도는 2019년 6월까지만 관측되었다.

③ 2018년에는 'E현상'과 'L현상'이 둘 다 있었다.

④ 'E현상'은 8개월간 있었고, 'L현상'은 7개월간 있었다.

⑤ 월별 '기준 해수면온도'가 1℃ 낮았더라도, 2017년에 'L현상'이 있었다.

문 68. 다음 〈그림〉은 옥외광고 시장 규모 및 구성비에 대한 자료이다. 이를 바탕으로 작성한 〈보고서〉의 내용 중 옳은 것만을 모두 고르면? 20 행시(나) 31번

〈그림 1〉 옥외광고 시장 규모 추이

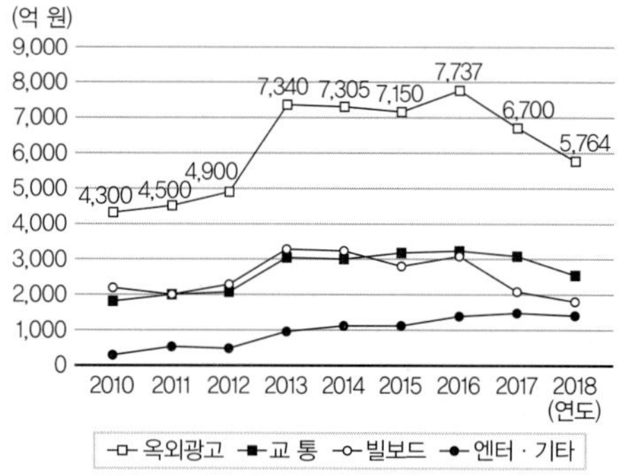

※ 옥외광고는 교통, 빌보드, 엔터 · 기타의 3개 분야로 구성됨

〈그림 2〉 2018년 옥외광고 3개 분야 및 세부분야 시장 구성비

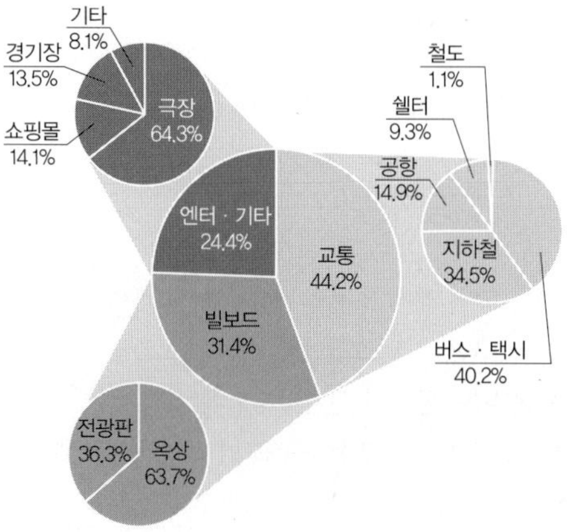

〈보고서〉

2010년부터 2018년까지의 옥외광고 시장 규모 추이를 살펴보면, 2010년 4,300억 원 규모였던 옥외광고 시장은 2016년 7,737억 원 규모까지 성장하였다. ㉠ 2018년 옥외광고 시장 규모는 2016년에 비해 30% 이상 감소하였다. 2018년 옥외광고 시장 규모를 분야별로 살펴보면, ㉡ 2018년 '교통' 분야 시장 규모는 2,500억 원 이상으로 옥외광고 시장에서 가장 큰 비중을 차지하고 있다. ㉢ 2018년 옥외광고 세부분야별 시장 규모는 '옥상'이 가장 크고, 그다음으로 '버스 · 택시', '극장', '지하철' 순이다. ㉣ 2018년 '엔터 · 기타' 분야의 시장 규모를 살펴보면 '극장', '쇼핑몰', '경기장'을 제외한 시장 규모는 120억 원 이상이다.

① ㄱ, ㄷ

② ㄴ, ㄷ

③ ㄴ, ㄹ

④ ㄱ, ㄴ, ㄹ

⑤ ㄱ, ㄷ, ㄹ

※ 다음 〈표〉와 〈그림〉은 2013~2019년 '갑'국의 건설업 재해에 관한 자료이다. 〈표〉와 〈그림〉을 보고 물음에 답하시오. [문 69.~문 70.]

〈표〉 연도별 건설업 재해 현황

(단위 : 명)

연도	근로자 수	재해자 수	
			사망자 수
2013	3,200,645	22,405	611
2014	3,087,131	22,845	621
2015	2,776,587	23,323	496
2016	2,586,832	( )	667
2017	3,249,687	23,723	486
2018	3,358,813	( )	493
2019	3,152,859	26,484	554

〈그림 1〉 연도별 전체 산업 및 건설업 재해율 추이

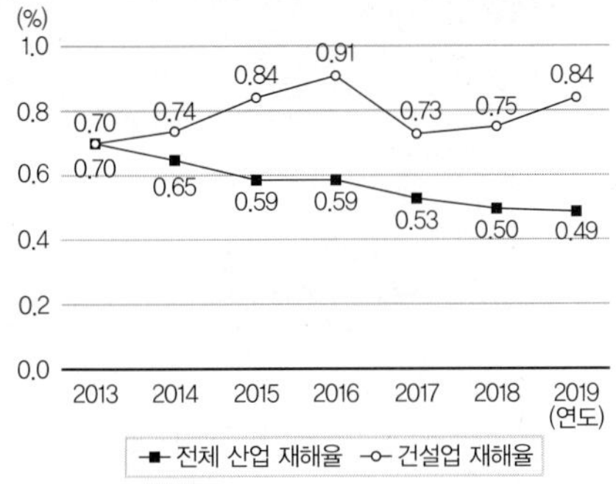

※ 재해율(%) $= \frac{\text{재해자 수}}{\text{근로자 수}} \times 100$

〈그림 2〉 연도별 건설업의 환산도수율과 환산강도율

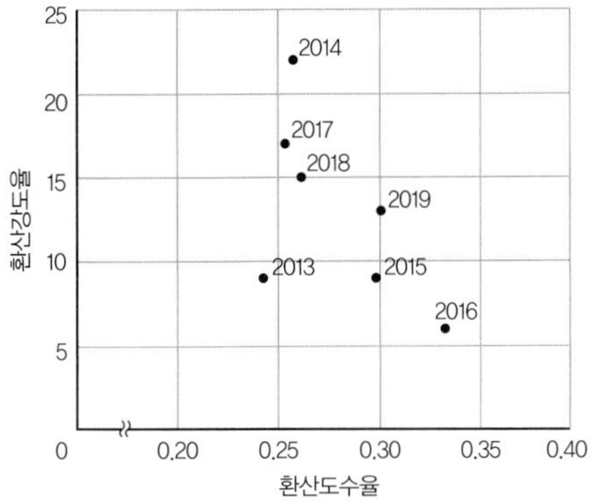

※ 1) 환산도수율 $= \frac{\text{재해건수}}{\text{총 근로시간}} \times 100{,}000$

2) 환산강도율 $= \frac{\text{재해손실일수}}{\text{총 근로시간}} \times 100{,}000$

문 69. 위 〈표〉와 〈그림〉에 근거한 설명으로 옳은 것은?

20 행시(나) 33번

① 건설업 재해자 수는 매년 증가한다.

② 전체 산업 재해율과 건설업 재해율의 차이가 가장 큰 해는 2016년이다.

③ 2020년 건설업 재해자 수가 전년 대비 10% 증가한다면, 건설업 재해율은 전년 대비 0.1%p 증가할 것이다.

④ 2013년 건설업 근로자 수가 전체 산업 근로자 수의 20%라면, 전체 산업 재해자 수는 건설업 재해자 수의 4배이다.

⑤ 건설업 사망자 수가 가장 많은 해는 건설업 환산강도율도 가장 높다.

문 70. 위 〈표〉와 〈그림〉을 바탕으로 건설업의 재해건당 재해손실일수가 가장 큰 연도와 가장 작은 연도를 바르게 나열한 것은?

20 행시(나) 34번

	가장 큰 연도	가장 작은 연도
①	2013년	2014년
②	2013년	2016년
③	2014년	2013년
④	2014년	2016년
⑤	2016년	2014년

문 71. 다음 〈그림〉과 〈표〉는 지역별 고령인구 및 고령인구 비율에 대한 자료이다. 이에 대한 〈보기〉의 설명 중 옳은 것만을 고르면? 21 행시(가) 1번

〈그림〉 2019년 지역별 고령인구 및 고령인구 비율 현황

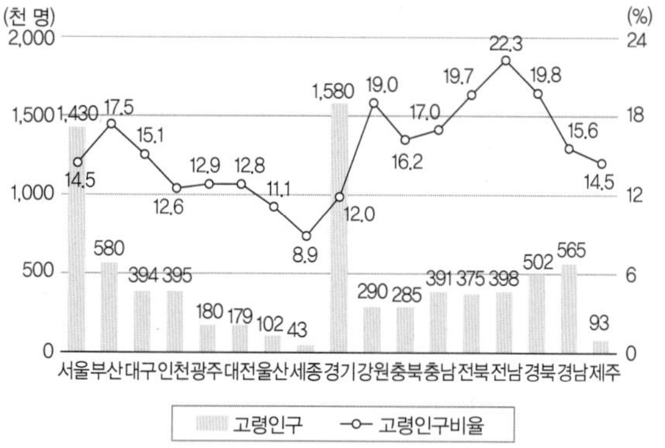

※ 고령인구 비율(%) = $\frac{\text{고령인구}}{\text{인구}} \times 100$

〈표〉 지역별 고령인구 및 고령인구 비율 전망

(단위 : 천 명, %)

지역 / 연도 / 구분	2025		2035		2045	
	고령인구	고령인구비율	고령인구	고령인구비율	고령인구	고령인구비율
서울	1,862	19.9	2,540	28.4	2,980	35.3
부산	784	24.4	1,004	33.4	1,089	39.7
대구	494	21.1	691	31.2	784	38.4
인천	550	18.4	867	28.4	1,080	36.3
광주	261	18.0	377	27.3	452	35.2
대전	270	18.4	392	27.7	471	35.0
울산	193	17.3	302	28.2	352	35.6
세종	49	11.6	97	18.3	153	26.0
경기	2,379	17.0	3,792	26.2	4,783	33.8
강원	387	25.6	546	35.9	649	43.6
충북	357	21.6	529	31.4	646	39.1
충남	488	21.5	714	30.4	897	38.4
전북	441	25.2	587	34.7	683	42.5
전남	475	27.4	630	37.1	740	45.3
경북	673	25.7	922	36.1	1,064	43.9
경남	716	21.4	1,039	31.7	1,230	39.8
제주	132	18.5	208	26.9	275	34.9
전국	10,511	20.3	15,237	29.5	18,328	37.0

〈보 기〉

ㄱ. 2019년 고령인구 비율이 가장 낮은 지역은 2025년 대비 2045년 고령인구 증가율도 가장 낮다.
ㄴ. 2045년 고령인구 비율이 40% 이상인 지역은 4곳이다.
ㄷ. 2025년, 2035년, 2045년 고령인구 상위 세 개 지역은 모두 동일하다.
ㄹ. 2045년 충북 인구는 전남 인구보다 많다.

① ㄱ, ㄴ
② ㄱ, ㄷ
③ ㄴ, ㄷ
④ ㄴ, ㄹ
⑤ ㄷ, ㄹ

문 72. 다음 〈정보〉와 〈그림〉은 '갑'국의 2010년과 2020년 구획별 토지이용유형 현황을 보여주는 자료이다. 이에 대한 설명으로 옳지 <u>않은</u> 것은? 21 행시(가) 12번

〈정 보〉

- '갑'국은 36개의 정사각형 구획으로 이루어져 있고, 각 구획의 토지면적은 동일함.
- '갑'국 각 구획의 토지이용유형은 '도시', '산림', '농지', '수계', '나지'로만 구성됨.

〈그림〉 2010년, 2020년 구획별 토지이용유형 현황

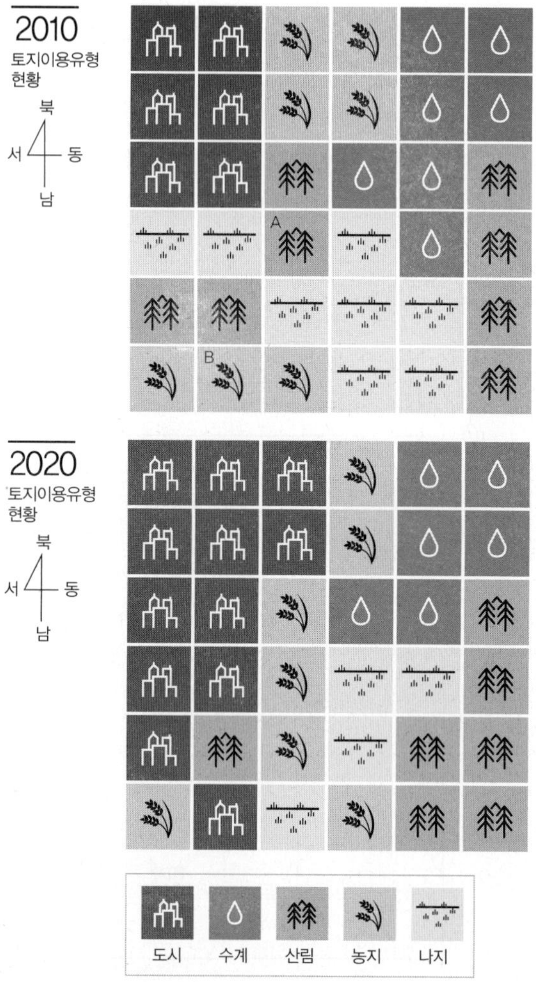

① 2010년 대비 2020년 토지이용유형별 토지면적 증감량은 가장 큰 유형이 두 번째로 큰 유형의 1.5배 이상이다.
② 2010년 '산림' 구획 중 2020년 '산림'이 아닌 구획의 토지면적은 2010년 '농지'가 아닌 구획 중 2020년 '농지'인 구획의 토지면적보다 작다.
③ 2010년 '농지' 구획의 개수는 2010년 '산림'이 아닌 구획 중 2020년 '산림'인 구획의 개수와 같다.
④ 2010년 전체 '나지' 구획 중 일부 구획은 2020년 '도시', '농지', '산림' 구획이 되었다.
⑤ 2021년 A구획과 B구획이 각각 '도시', '나지'이고 나머지 구획이 2020년의 토지이용유형과 동일하다면, 2020년과 2021년의 '도시' 구획의 토지면적은 동일하다.

문 73. 다음 〈그림〉은 2020년 A대학 6개 계열의 학과별 남·여 졸업생 월평균소득, 취업률을 인문계열 기준으로 비교한 자료이다. 이에 대한 〈보기〉의 설명 중 옳은 것만을 고르면?

21 행시(가) 18번

〈그림〉 계열별 월평균상대소득지수와 취업률지수

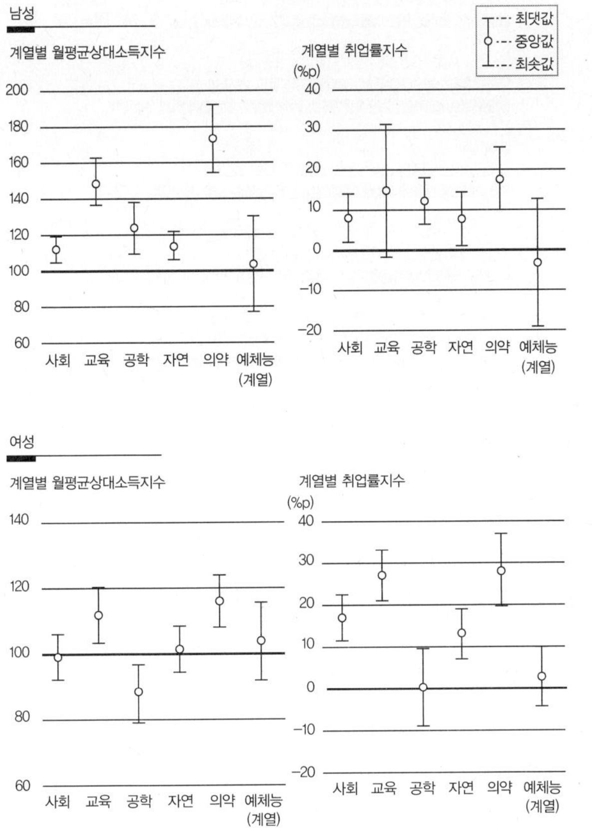

※ 1) 월평균상대소득지수는 학과 졸업생의 월평균소득 값을 인문계열의 월평균소득 기준(100)으로 환산한 값임.
2) 취업률지수(%p)는 학과의 취업률에서 인문계열 평균 취업률을 뺀 값임.
3) 계열별 월평균상대소득(취업률)지수는 해당계열 소속 각 학과의 월평균상대소득(취업률)지수 가운데 최댓값, 중앙값, 최솟값을 그래프로 표시함.

〈보 기〉

ㄱ. 인문계열을 제외하고 계열별 월평균상대소득지수의 최댓값이 네 번째로 큰 계열은 남성과 여성이 같다.
ㄴ. 교육계열 월평균상대소득지수의 최댓값과 최솟값의 차이는 여성이 남성보다 크다.
ㄷ. 취업률이 인문계열 평균 취업률과 차이가 가장 큰 학과가 소속된 계열은 남성과 여성이 다르다.
ㄹ. 취업률이 인문계열 평균 취업률보다 낮은 학과가 소속된 계열의 개수는 남성과 여성이 같다.

① ㄱ, ㄴ
② ㄱ, ㄷ
③ ㄴ, ㄷ
④ ㄴ, ㄹ
⑤ ㄷ, ㄹ

문 74. 다음 〈그림〉과 〈표〉는 한국의 방진용 마스크 수출·수입에 관한 자료이다. 이에 대한 〈보고서〉의 설명 중 옳은 것만을 고르면?

21 행시(가) 21번

〈그림〉 한국의 방진용 마스크 수출액·수입액 변화

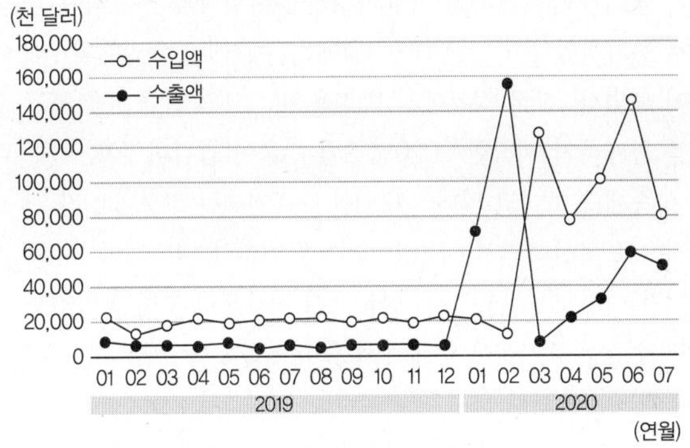

〈표 1〉 한국의 방진용 마스크 수출액 상위 5개국

(단위 : 천 달러)

순위 \ 구분 \ 기간	2019년 1~7월		2020년 1~7월	
	국가	수출액	국가	수출액
1	일본	11,000	중국	90,000
2	베트남	5,000	미국	72,000
3	미국	4,900	일본	37,000
4	중국	4,500	홍콩	27,000
5	멕시코	3,000	아일랜드	17,000

〈표 2〉 한국의 방진용 마스크 수입액 상위 5개국

(단위 : 천 달러)

순위 \ 구분 \ 기간	2019년 1~7월		2020년 1~7월	
	국가	수입액	국가	수입액
1	중국	93,000	중국	490,000
2	베트남	18,000	베트남	35,000
3	일본	4,900	미국	6,300
4	대만	2,850	일본	5,600
5	미국	2,810	싱가포르	4,600

〈보 기〉

한국의 방진용 마스크 수출 · 수입 변화를 살펴보면, 2019년 1월부터 2019년 12월까지는 한국의 월별 수출액이 수입액보다 작은 상황이었다. 코로나19의 확산으로 인해 방진용 마스크 수요가 늘어나면서 2020년 1월과 2월에는 한국의 수출액이 큰 폭으로 증가하였다. ㉠ 2020년 2월에는 수출액이 수입액의 7배 이상이 되었다. 한국 정부에서 방진용 마스크 공급을 조절하고 수출을 규제하기 시작한 2020년 3월 수출이 급감하였고, 이후 다시 상승세를 보이고 있다. 2020년 1~7월에는 코로나19가 전 세계적으로 확산하면서 국가별 수출액 변화가 나타났다. ㉡ 전년 동기간 대비 2020년 1~월 한국에서 미국으로 수출한 방진용 마스크 수출액 증가율은 한국에서 중국으로 수출한 방진용 마스크 수출액 증가율보다 크다.

한국의 방진용 마스크 수입은 2020년 1, 2월까지도 큰 변화가 나타나지 않다가 한국의 코로나19 확산세가 두드러진 2020년 3월부터 급격한 변화가 나타났다. ㉢ 2019년 8월부터 2020년 7월까지의 월별 수입액 변화를 살펴보면, 방진용 마스크 수입액은 2020년 3월에 전월 대비 가장 높은 증가율을 보이고 있다. 2020년 1~7월 수입액 상위 5개 국가를 살펴보면, 중국으로부터의 방진용 마스크 수입액이 가장 많게 나타나고 있다. ㉣ 전년 동기간 대비 2020년 1~7월 한국이 베트남에서 수입한 방진용 마스크 수입액 증가율은 한국이 중국에서 수입한 방진용 마스크 수입액 증가율보다 크다.

① ㄱ, ㄴ
② ㄱ, ㄷ
③ ㄴ, ㄷ
④ ㄴ, ㄹ
⑤ ㄷ, ㄹ

문 75. 다음 〈그림〉과 〈표〉는 2014~2018년 A~C국의 GDP 및 조세부담률을 나타낸 자료이다. 이에 대한 설명으로 옳지 않은 것은? 21 행시(가) 23번

〈그림〉 연도별 A~C국 GDP

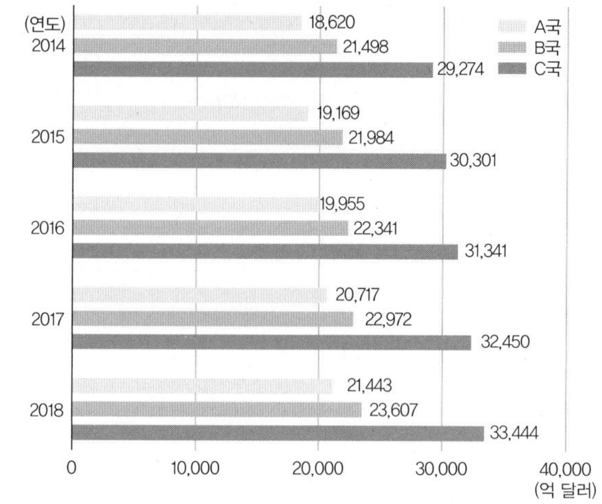

〈표〉 연도별 A~C국 조세부담률

(단위 : %)

연도	구분 \ 국가	A	B	C
2014	국세	24.1	16.4	11.4
	지방세	1.6	5.9	11.3
2015	국세	24.4	15.1	11.3
	지방세	1.6	6.0	11.6
2016	국세	24.8	15.1	11.2
	지방세	1.6	6.1	12.1
2017	국세	25.0	15.9	11.1
	지방세	1.6	6.2	12.0
2018	국세	25.0	15.6	11.4
	지방세	1.6	6.2	12.5

※ 1) 조세부담률 = 국세부담률 + 지방세부담률

2) $\text{국세(지방세)부담률(\%)} = \frac{\text{국세(지방세) 납부액}}{\text{GDP}} \times 100$

① 2016년에는 전년 대비 GDP 성장률이 가장 높은 국가가 조세부담률도 가장 높다.
② B국은 GDP가 증가한 해에 조세부담률도 증가한다.
③ 2017년 지방세 납부액은 B국이 A국의 4배 이상이다.
④ 2018년 A국의 국세 납부액은 C국의 지방세 납부액보다 많다.
⑤ C국의 국세 납부액은 매년 증가한다.

문 76. 다음 〈그림〉은 A~E학교의 장학금에 대한 자료이다. 이를 근거로 해당 학교의 전체 학생 중 장학금 수혜자 비율이 가장 큰 학교부터 순서대로 나열한 것은? 21 행시(가) 24번

〈그림〉 학교별 장학금 신청률과 수혜율

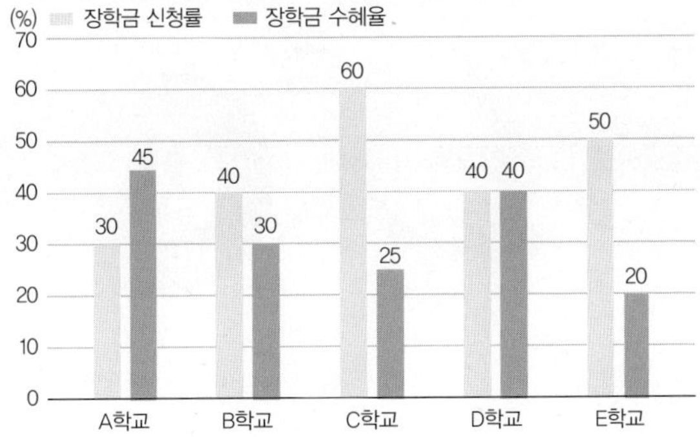

※ 1) 장학금 신청률(%) $= \frac{\text{장학금 신청자}}{\text{전체 학생}} \times 100$

2) 장학금 수혜율(%) $= \frac{\text{장학금 수혜자}}{\text{장학금 신청자}} \times 100$

① A, B, D, E, C

② A, D, B, C, E

③ C, E, B, D, A

④ D, C, A, B, E

⑤ E, D, C, A, B

문 77. 다음 〈그림〉은 4대 곡물 세계 수입 현황에 대한 자료이다. 이에 대한 설명으로 옳지 않은 것은? 21 행시(가) 25번

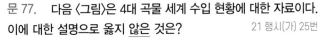

〈그림〉 4대 곡물의 세계 총수입액 및 주요 수입국 현황

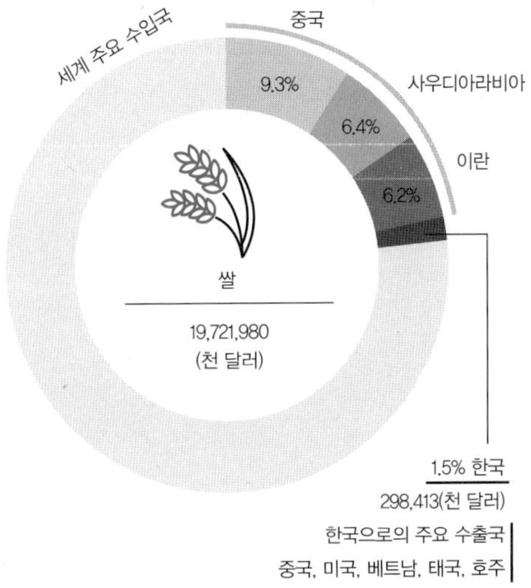

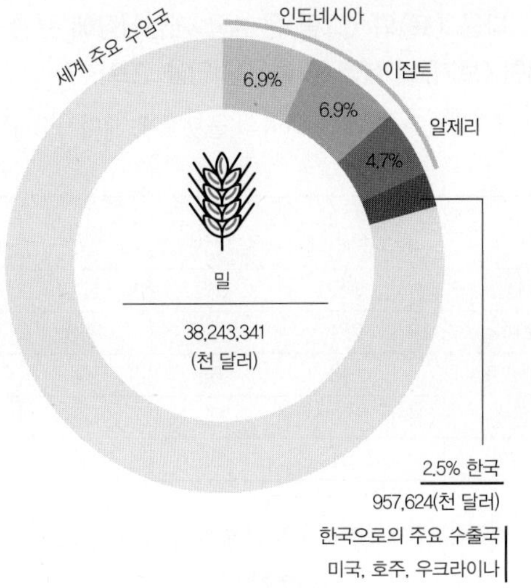

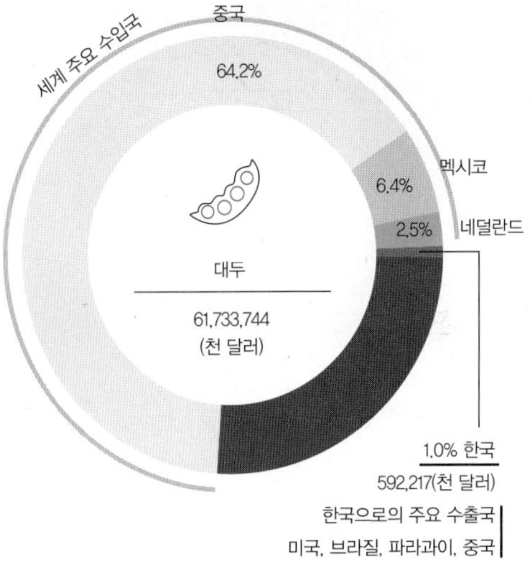

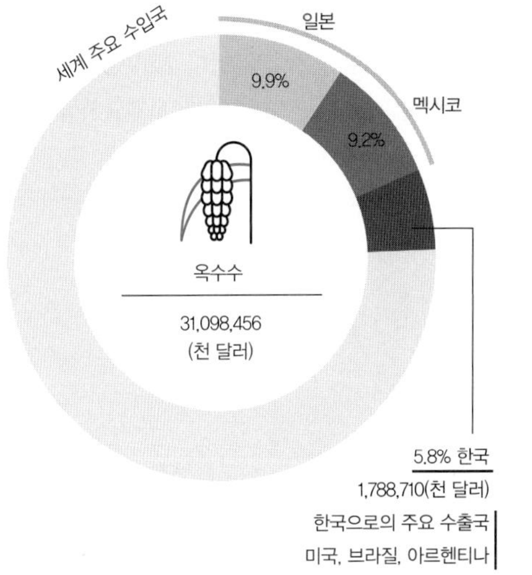

※ '세계 주요 수입국'은 세계 곡물 시장에서 한국보다 해당 곡물의 수입액이 큰 국가임.

① 한국의 밀 수입액은 쌀 수입액의 3배 이상이다.

② 중국이 수입한 4대 곡물 총수입액은 세계 밀 총수입액보다 크다.

③ 브라질은 4대 곡물 중 2개에서 '한국으로의 주요 수출국'이다.

④ 4대 곡물을 한국의 수입액이 큰 곡물부터 순서대로 나열하면 옥수수, 밀, 대두, 쌀 순이다.

⑤ 이란의 쌀 수입액은 알제리의 밀 수입액보다 크다.

문 78. 다음 〈표〉와 〈그림〉은 A국 게임시장에 관한 자료이다. 이에 대한 〈보기〉의 설명 중 옳은 것만을 고르면? 21 행시(가) 28번

〈표〉 2017~2020년 A국의 플랫폼별 게임시장 규모

(단위 : 억 원)

연도 / 플랫폼	2017	2018	2019	2020
PC	149	165	173	(　)
모바일	221	244	256	301
태블릿	56	63	66	58
콘솔	86	95	78	77
기타	51	55	40	28

〈그림〉 2020년 A국의 플랫폼별 게임시장 점유율

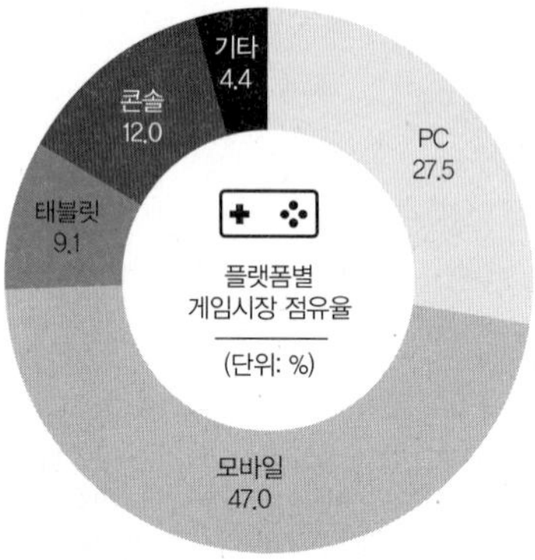

※ 플랫폼별 게임시장 점유율(%) = $\frac{\text{A국 해당 플랫폼의 게임시장 규모}}{\text{A국 게임시장 전체 규모}} \times 100$

〈보 기〉

ㄱ. A국 게임시장 전체 규모는 매년 증가하였다.
ㄴ. 2020년 PC, 태블릿, 콘솔의 게임시장 규모의 합은 A국 게임시장 전체 규모의 50% 미만이다.
ㄷ. PC의 게임시장 점유율은 2020년이 2019년보다 높다.
ㄹ. 기타를 제외하고 2017년 대비 2018년 게임시장 규모 증가율이 가장 높은 플랫폼은 태블릿이다.

① ㄱ, ㄴ
② ㄱ, ㄹ
③ ㄴ, ㄷ
④ ㄴ, ㄹ
⑤ ㄷ, ㄹ

문 79. 다음 〈그림〉은 2020년 A기관의 조직 및 운영에 관한 자료이다. 이에 대한 〈보기〉의 설명 중 옳은 것만을 모두 고르면? 21 행시(가) 36번

〈그림〉 2020년 A기관의 조직 및 운영 현황

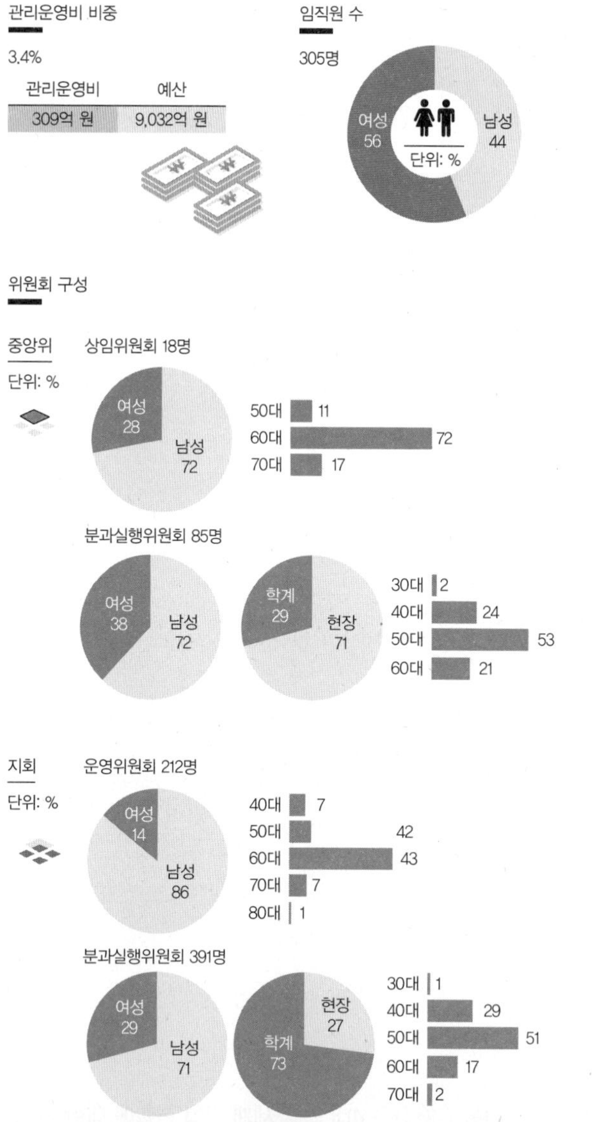

※ 중앙회는 상임위원회와 분과실행위원회로만 구성되고, 지회는 운영위원회와 분과실행위원회로만 구성됨.

〈보 기〉

ㄱ. 2020년 임직원당 관리운영비는 1억 원 이상이다.
ㄴ. 분과실행위원회의 현장 위원 수는 중앙회가 지회보다 많다.
ㄷ. 중앙회 상임위원회의 모든 여성 위원이 동시에 중앙회 분과실행위원회 위원이라면, 중앙회 여성 위원 수는 총 32명이다.
ㄹ. 지회 분과실행위원회의 50대 학계 위원은 80명 이상이다.

① ㄱ, ㄴ
② ㄱ, ㄹ
③ ㄴ, ㄷ
④ ㄴ, ㄹ
⑤ ㄱ, ㄷ, ㄹ

문 80. 다음 〈조건〉, 〈그림〉과 〈표〉는 2015~2019년 '갑'지역의 작물재배와 생산, 판매가격에 대한 자료이다. 이에 대한 설명으로 옳지 않은 것은? 21 행시(가) 40번

〈조 건〉

- '갑'지역의 전체 농민은 '가', '나', '다' 3명뿐이다.
- 각 농민은 1,000m^2 규모의 경작지 2곳만을 가지고 있다.
- 한 경작지에는 한 해에 하나의 작물만 재배한다.
- 각 작물의 '경작지당 연간 최대 생산량'은 A는 100kg, B는 200kg, C는 100kg, D는 200kg, E는 50kg이다.
- 생산된 작물은 해당 연도에 모두 판매된다.
- 각 작물의 판매가격은 해당 연도의 '갑'지역 작물별 연간 총생산량에 따라 결정된다.

〈그림〉 A~E작물별 '갑'지역 연간 총생산량에 따른 판매가격

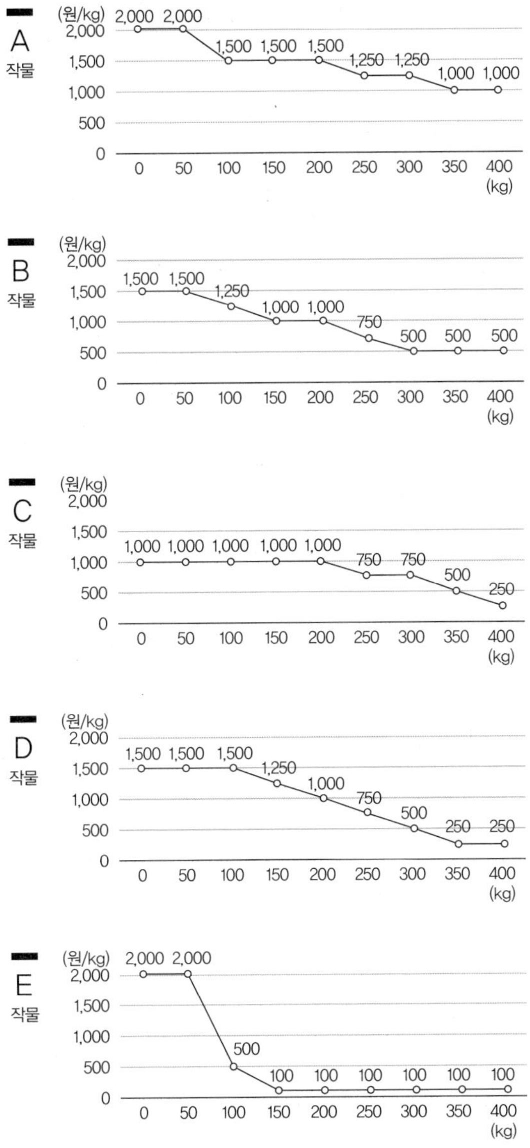

〈표〉 2015~2019년 경작지별 재배작물 종류 및 생산량

(단위 : kg)

농민	경작지 \ 연도	2015		2016		2017		2018		2019	
	구분	작물	생산량	작물	생산량	작물	생산량	작물	생산량	작물	생산량
가	경작지 1	A	100	A	50	A	25	B	100	A	100
	경작지 2	A	100	B	100	D	200	B	100	B	50
나	경작지 3	B	100	B	50	C	100	C	50	D	200
	경작지 4	C	100	A	100	D	200	E	50	E	50
다	경작지 5	D	200	D	200	C	50	D	200	D	200
	경작지 6	E	50	E	50	E	50	E	50	E	50

① 동일 경작지에서 동일 작물을 다년간 연속 재배하였을 때, 전년 대비 생산량 감소를 보인 작물은 A, B, C이다.

② 2016년 농민 '가'의 작물 총판매액은 225,000원이다.

③ E작물은 동일 경작지에서 다년간 연속 재배해도 생산량이 감소하지 않았다.

④ 동일 경작지에서 A작물을 3개년 연속 재배하고 B작물을 재배한 후 다시 A작물을 재배한 해에는 A작물이 '경작지당 연간 최대 생산량'만큼 생산되었다.

⑤ 2016년과 2019년의 작물 판매가격 차이는 D작물이 E 작물보다 작다.

나는 내가 더 노력할수록,

운이 더 좋아진다는 걸 발견했다.

-토마스 제퍼슨(Thomas Jefferson)-

PART 03

유형별 필수기출 160제

정답 및 해설

CHAPTER 01 표 제시형 필수기출 80제 정답 및 해설

CHAPTER 02 그림 제시형 필수기출 80제 정답 및 해설

01 표 제시형 필수기출 80제 정답 및 해설

01	02	03	04	05	06	07	08	09	10
①	②	⑤	④	⑤	③	③	②	③	②
11	12	13	14	15	16	17	18	19	20
⑤	⑤	④	⑤	①	⑤	③	③	①	④
21	22	23	24	25	26	27	28	29	30
④	③	④	②	①	②	③	④	①	④
31	32	33	34	35	36	37	38	39	40
③	⑤	⑤	④	①	④	③	②	②	①
41	42	43	44	45	46	47	48	49	50
②	⑤	③	②	⑤	⑤	②	④	③	①
51	52	53	54	55	56	57	58	59	60
③	①	③	②	⑤	④	⑤	②	④	①
61	62	63	64	65	66	67	68	69	70
①	①	⑤	①	①	④	④	③	③	⑤
71	72	73	74	75	76	77	78	79	80
①	②	①	①	①	⑤	①	①	③	④

01 답 ①

난도 ★★

정답해설

ㄱ. <표 1>에 의하면 1996~2002년 사이에 경제활동참가율과 실업률 모두 남성이 여성보다 높으므로 옳은 내용이다.

ㄴ. <표 2>에 의하면 1997~2002년 사이에 가구주의 경제활동참가율이 전년에 비해 증가한 해는 1997년과 1998년인데 이 두 해의 실업률은 전년에 비해 감소하였으므로 옳은 내용이다.

ㅁ. <표 3>에 의하면 2000~2002년 사이에 취업자 중 자영업주의 비율은 매년 남성이 여성보다 높지만 무급가족종사자의 비율은 매년 여성이 남성보다 높으므로 옳은 내용이다.

오답해설

ㄷ. <표 2>에 의하면 2002년 남성 가구주의 경제활동참가율은 88.9%로 전년에 비해 증가하였으므로 옳지 않은 내용이다.

ㄹ. <표 3>에 의하면 2000~2002년 사이에 여성의 경우 임시직 근로자와 일용직 근로자 비율의 합이 상용직 근로자의 비율보다 크지만 남성의 경우는 그렇지 않으므로 옳지 않은 내용이다.

02 답 ②

난도 ★

정답해설

ㄱ. 전체 경쟁력점수는 E국(460점)이 D국(459점)보다 높으므로 옳지 않은 내용이다.

ㄷ. C국을 제외하고, 각 부문에서 경쟁력점수가 가장 높은 국가와 가장 낮은 국가의 차이가 가장 큰 부문은 변속감(19점)이고, 가장 작은 부문은 연비(9점)이므로 옳지 않은 내용이다.

ㄹ. 내구성 부문에서 경쟁력점수가 가장 높은 국가는 B(109점)이고 경량화 부문에서 경쟁력점수가 가장 낮은 국가는 D(85점)이므로 옳지 않은 내용이다.

오답해설

ㄴ. 경쟁력점수가 가장 높은 부문과 가장 낮은 부문의 차이가 가장 큰 국가는 D(22점)이고, 가장 작은 국가는 C(8점)이므로 옳은 내용이다.

ㅁ. 전체 경쟁력점수가 가장 높은 국가는 A국(519점)이므로 옳은 내용이다.

03 답 ⑤

난도 ★

정답해설

⑤ 2050년 중국의 온실가스 감축비용은 감축시작년도가 2005년일 때 22.6백만 달러이고 2025년일 때 12.9백만 달러이므로 옳지 않은 내용이다.

오답해설

① 2050년 온실가스로 인한 지구 전체의 예상손실액은 온실가스 감축을 2005년에 시작할 경우 1,322.1백만 달러, 2025년에 시작할 경우 3,782.8백만 달러가 될 것으로 예측되므로 옳은 내용이다.

② 2050년 지구 전체의 온실가스 감축비용은 온실가스 감축을 2005년에 시작할 경우 441.4백만 달러, 2025년에 시작할 경우 478.1백만 달러로 36.7백만 달러가 더 소요될 것으로 예측되므로 옳은 내용이다.

③ 미국의 온실가스 감축비용과 온실가스로 인한 예상손실액은 감축시작년도와 관계없이 가장 크므로 옳은 내용이다.

④ 2100년을 기준으로 볼 때, 감축시작년도에 관계없이 모든 국가(지역)에서 온실가스 감축비용은 온실가스로 인한 예상손실액보다 항상 적으므로 옳은 내용이다.

04

답 ④

난도 ★★

정답해설

ㄱ. 2차 산업 인구 구성비가 두 번째로 큰 지역은 D지역인데, 수거된 재활용품 중 고철류 비율이 두 번째로 큰 지역은 G지역이므로 옳지 않은 내용이다.

ㄴ. 3차 산업 인구 구성비가 가장 높은 지역은 B지역인데, 재활용품 수거량이 가장 많은 지역은 A지역이므로 옳지 않은 내용이다.

ㄹ. 1인당 재활용품 수거량이 가장 적은 지역은 G지역인데, 수거된 재활용품 중 종이류 비율이 가장 높은 지역은 C지역이므로 옳지 않은 내용이다.

오답해설

ㄷ. 인구밀도가 높은 상위 3개 지역은 A, B, D이고 수거된 재활용품 중 종이류 비율이 높은 상위 3개 지역도 A, B, D이므로 옳은 내용이다. 순위까지 동일해야 하는 것은 아님에 주의하자.

05

답 ⑤

난도 ★★★

정답해설

ㄷ. 비율만 주어진 자료에서는 같은 연도 내에서의 비교는 가능하지만 다른 연도와의 비교는 불가능하므로 옳지 않은 내용이다.

ㄹ. 비율만 주어진 자료에서는 같은 지역(도시 혹은 농촌) 내에서의 비교는 가능하지만 다른 지역 간의 비교는 불가능하므로 옳지 않은 내용이다.

ㅁ. 2000년의 경우 남성가구주의 혼인상태 중 사별의 비율은 1990년 대비 감소하였으므로 옳지 않은 내용이다.

오답해설

ㄱ. 〈표 2〉에 의하면 55세 이상 인구에서는 연도와 지역에 관계없이 여성가구주의 비율이 남성가구주의 비율보다 항상 높으므로 옳은 내용이다.

ㄴ. 1980년에 비해 2000년에는 도시 여성가구주 중에서 가장 높은 비율을 차지하는 연령대가 45~54세에서 35~44세로 낮아졌으나, 농촌 여성가구주 중에서 가장 높은 비율을 차지하는 연령대는 45~54세에서 65세 이상으로 높아졌으므로 옳은 내용이다.

06

답 ③

난도 ★★

정답해설

ㄱ. G국의 인구는 1913년(35.1백만 명)에 비해 1920년(37.7백만 명)에 증가하였으므로 옳지 않은 내용이다.

ㄷ. B국의 산업잠재력은 1928년(533.0)에 비해 1938년(528.0)에 감소하였으므로 옳지 않은 내용이다.

ㅁ. 산업잠재력의 합은 직접 계산하지 않아도 승전동맹이 더 크다는 것을 눈어림으로도 확인할 수 있으나 군사비 지출의 합은 승전동맹이 9,342백만 달러, 패전동맹이 9,901백만 달러이므로 옳지 않은 내용이다.

오답해설

ㄴ. 〈표 1〉에 의하면 1920년에 비해 1938년에 주요참전국의 인구는 모두 증가하였으므로 옳은 내용이다.

ㄹ. 1930년 대비 1938년의 각국의 군사비 지출 증가율을 계산해보면 C국이 약 45배로 가장 높고, B국이 약 1.6배로 가장 낮으므로 옳은 내용이다.

07

답 ③

난도 ★★

정답해설

③ 투자부적격등급에서 투자적격등급으로 상향된 건수는 〈표 2〉의 3사분면에 해당하는 것이므로 10건이고, 투자적격등급에서 투자부적격등급으로 하향된 건수는 1사분면에 해당하는 것이므로 10건보다는 많음을 알 수 있다. 따라서 옳은 내용이다.

오답해설

① 1993년의 경우는 등급하향 비율(0.27%)이 상향 비율(1.91%)보다 낮으므로 옳지 않은 내용이다.

② 등급하향 건수 대비 등급상향 건수 비율이 가장 낮은 해는 1997년(0)이지만 가장 높은 해는 1993년(7)이므로 옳지 않은 내용이다.

④ 신용등급이 두 등급 이상 하향된 건수 중에서 D등급으로 하향된 건수는 9건이므로 옳지 않은 내용이다.

⑤ 〈표 2〉의 중심대각선보다 두 칸 아래에 위치한 건수의 합인 15건은 신용등급이 두 등급 상향된 것이므로 옳지 않은 내용이다.

08

답 ②

난도 ★★

정답해설

ㄱ. 1920~1932년 동안 보통문관시험 응시자 수는 매년 400명에서 600명 사이였으나, 1934년의 응시자는 938명으로 1,000명에 미치지 못한다. 따라서 옳지 않은 내용이다.

ㄴ. 1925년의 경우 합격자 수 대비 조선인 합격자 수의 비율은 25%$\left(=\frac{7}{28}\right)$이며, 1929년에도 25%$\left(=\frac{5}{20}\right)$이므로 옳지 않은 내용이다.

ㅁ. 조사기간 동안 조선인과 일본인의 전체 임용률은 각각 58.2%, 79.3%이었으나, 1919년, 1921년 등 조선인의 임용률이 일본인보다 높은 경우가 존재하므로 옳지 않은 내용이다.

오답해설

ㄷ. 임용되지 못한 조선인의 수는 161명=A(385명)−D(224명)이고, 일본인의 수는 159명=B(767명)−E(608명)이므로 옳은 내용이다.

ㄹ. 조사기간 동안의 전체 임용자 수는 일본인(608명)이 조선인(224명)의 약 2.7배이고, 전체 합격자 수는 일본인(767명)이 조선인(385명)의 약 2배이므로 옳은 내용이다.

09

답 ③

난도 ★★

정답해설

ㄱ. 2003년~2005년 동안 매년 연평균 아황산가스 오염도가 가장 높은 도시는 G(0.013, 0.011, 0.010)이고, 연평균 오존 오염도가 가장 높은 도시는 B(0.022, 0.023, 0.024)이므로 옳은 내용이다.

ㄷ. 〈표〉에 의하면 연평균 오존 오염도가 매년 지속적으로 높아진 도시는 B, C, E이고, 빗물의 연중최고 산도가 매년 지속적으로 높아진 도시는 D이므로 옳은 내용이다.

ㅁ. 2002~2005년 동안 연평균 오존 오염도는 모든 도시에서 적정 환경기준치(0.06ppm)을 벗어나지 않았으나, 2004년과 2005년에 빗물의 연중최저 pH는 모든 도시에서 5.6이하로 떨어졌으므로 옳은 내용이다.

오답해설

ㄴ. 2005년의 경우, 연평균 오존 오염도가 가장 낮은 도시와 빗물의 연중최고 산도가 가장 높은 도시는 A로 동일하지만 연평균 아황산가스 오염도가 가장 낮은 도시는 E이므로 옳지 않은 내용이다.

ㄹ. 2002년과 2005년을 비교하였을 때, 연평균 아황산가스 오염도의 감소폭이 가장 큰 작은 도시는 E(0.009)이지만, 가장 큰 도시는 C(0.032)이므로 옳지 않은 내용이다.

10 답 ②

난도 ★★

정답해설

ㄴ. '비전 · 일기' 지역의 1410~1419년 파견 횟수(53회)는 1392~1409년(59회)보다 감소하였으므로 옳지 않은 내용이다.

오답해설

ㄱ. 〈표 1〉에서 모든 왕에 걸쳐 조선에서 명으로 사절을 파견한 횟수가 명에서 조선으로 사절을 파견한 횟수보다 많으므로 옳은 내용이다.

ㄷ. 조선에서 일본 또는 명으로 사절을 파견한 횟수가 많은 왕부터 나열하면 세종(216회), 태종(160회), 세조(106회), 성종(75회), 태조(68회), 단종(22회), 문종(13회), 정종(11회), 예종(8회)이므로 옳은 내용이다.

ㄹ. 1392~1494년 사이에 일본에서 조선으로 사절을 파견한 횟수가 많은 지역부터 나열하면 대마도(2,201회), 비전 · 일기(1,087회), 구주(776회), 본주 · 사국(292회), 실정막부(42회), 기타(25회)이므로 옳은 내용이다.

11 답 ⑤

난도 ★

정답해설

⑤ 1990년에 비해 2000년에 대리 직급에서 수가 늘어난 출신 지역은 서울 · 경기도, 강원도, 충청남도의 3곳이고, 줄어든 출신 지역은 충청북도, 경상남도, 전라북도, 전라남도의 4곳이므로 옳지 않은 내용이다.

오답해설

① 이사 직급의 경우 1990년 4명에서 2000년 8명으로 2배(100%)가 증가하였으나 나머지 직급의 증가율은 이에 미치지 못하므로 옳은 내용이다.

② 전라북도의 경우 전체 임직원 수(25명)에서 과장 직급(18명)이 차지하는 비중이 절반을 넘고 있으나 나머지 지역은 이에 미치지 못하므로 옳은 내용이다.

③ 1990년의 과장의 수는 44명이고, 2000년은 75명으로 증가하였으므로 옳은 내용이다.

④ 1990년의 경우 충청북도 출신의 임직원이 67명으로 가장 많고, 2000년의 경우도 충청북도 출신의 임직원이 71명으로 가장 많으므로 옳은 내용이다.

12 답 ⑤

난도 ★★★

정답해설

⑤ F부처의 새터민 장학금의 전년 대비 증가율은 약 117%인 반면, C부처의 보훈장학금의 증가율은 125%이므로 옳지 않은 내용이다.

오답해설

① 2006년 총 등록금 중 정부부담 비율은 27.2%$\left(=\frac{3.4}{12.5}\right)$이므로 옳은 내용이다.

② 2006년 A부처의 기초생활 수급자 장학금과 이공계 장학금을 합한 금액은 1,520억 원으로 총 등록금 12조 5천억 원의 1%를 넘는다. 따라서 옳은 내용이다.

③ 2006년 A부처의 장학금 총액은 2,140억 원으로 전체 정부 부담 장학금 4,000억 원의 절반을 넘는다. 따라서 옳은 내용이다.

④ 2005년 C부처의 군자녀 장학금 수혜인원은 22,000명으로 다른 장학금에 비해 가장 많으므로 옳은 내용이다.

13 답 ④

난도 ★★

정답해설

ㄴ. 2006년 서울시 거주 전체 외국인(175,036명) 중 중국국적 외국인(119,300명)이 차지하는 비중은 약 68%이므로 옳은 내용이다.

ㄹ. 1999년 서울시 거주 전체 외국인 중 일본국적 외국인과 캐나다국적 외국인의 합이 차지하는 비중은 약 14%$\left(=\frac{6{,}332+1{,}809}{57{,}189}\right)$이고, 2006년 서울시 거주 전체 외국인 중 대만국적 외국인과 미국국적 외국인의 합이 차지하는 비중은 약 12%$\left(=\frac{8{,}974+11{,}890}{175{,}036}\right)$이므로 옳은 내용이다.

오답해설

ㄱ. 서울시 거주 인도국적 외국인 수는 2003년 836명에서 2004년 828명으로 감소하였으므로 옳지 않은 내용이다.

ㄷ. 2000~2007년 사이에 서울시 거주 외국인 수가 매년 증가한 국적은 중국뿐이므로 옳지 않은 내용이다.

14 답 ⑤

난도 ★★

정답해설

ㄷ. 같은 지역 내의 비교이므로 비율만으로도 판단이 가능하다. 2009년 수리(가)영역에서 1~4등급을 받은 학생의 비율은 54.2%, 7~9등급을 받은 학생의 비율은 8.4%이므로 1~4등급을 받은 학생의 비율은 7~9등급을 받은 학생의 비율의 5배 이상이다. 따라서 옳은 내용이다.

ㄹ. D지역의 경우 5~6등급의 비율이 37.5%이고 7~9등급의 비율이 25.1%이어서 12.4%p 차이에 불과하다. 따라서 옳은 내용이다.

오답해설

ㄱ. 주어진 자료에서는 각 지역별 비율만을 알 수 있을 뿐 실제 수치는 알 수 없으므로 옳지 않은 내용이다.

ㄴ. 2009년 4개 영역 중 1~4등급 비율이 가장 높은 지역과 가장 낮은 지역 간 비율 차이가 가장 작은 영역은 외국어영역(12.4%p)이므로 옳지 않은 내용이다.

15 답 ①

난도 ★★

정답해설

ㄱ. 〈표 2〉에서 경기북부지역의 도시가스를 사용하는 비율은 66.1%이고 등유를 사용하는 비율은 3.0%이므로 전자는 후자의 20배 이상이다. 따라서 옳은 내용이다.

ㄴ. 서울지역의 도시가스를 사용하는 비율은 84.5%, 인천지역의 도시가스를 사용하는 비율은 91.8%로 다른 난방연료보다 높다. 따라서 옳은 내용이다.

오답해설

ㄷ. 비율만 제시된 자료로는 같은 지역 내에서의 비교만 가능할 뿐 다른 지역과의 비교는 불가능하므로 옳지 않은 내용이다.

ㄹ. 경기남부 지역의 지역난방 사용비율은 67.5%이고 경기북부 지역은 27.4%이므로 옳지 않은 내용이다.

16 답 ⑤

난도 ★★★

정답해설

⑤ 국비를 지원받지 못하는 문화재 수는 7개이고, 구비를 지원 받지 못하는 문화재 수는 9개이므로 옳은 내용이다.

오답해설

① 7번 문화재의 경우 2008년 11월 17일에 공사를 시작하였으며 현재 공정이 공사 중으로 되어있으므로 보고서가 작성된 시점은 11월 17일 이후여야 한다. 따라서 옳지 않은 내용이다.

② 전체 사업비 중 시비와 구비의 합이 전체 사업비의 절반 이하라면 국비가 전체 사업비의 절반 이상이 되어야 한다. 그런데 국비가 전체 사업비의 절반인 8번, 10번, 12번을 제외하면 1번, 7번, 13번만이 이에 해당하고 그마저도 국비 사업비의 금액이 2번 등 시비와 구비 사업비가 절반 이상인 문화재에 비해 현저히 적다. 따라서 옳지 않은 내용이다.

③ 각 문화재별로 시비가 전체 사업비에서 차지하는 비중을 살펴보면 4번, 5번, 6번, 9번, 11번 5개만이 시비가 차지하는 비중이 80%를 넘는다. 그런데 전체 문화재 수는 13개여서 5개는 이의 절반에 미치지 못하므로 옳지 않은 내용이다.

④ 공사 중인 문화재 사업비의 합은 1,159백만 원이고, 공사 완료된 문화재 사업비 합은 2,551백만 원이므로 전자는 후자의 절반에 미치지 못한다. 따라서 옳지 않은 내용이다.

17 답 ③

난도 ★★

정답해설

ㄱ. 2003~2008년 사이 오직 한 해에만 사망자가 발생한 나라는 아제르바이잔, 이라크, 라오스, 나이지리아, 파키스탄, 터키 6개국이므로 옳은 내용이다.

ㄹ. 2005년 태국과 베트남의 감염자 수 합(66명)은 2005년 전체 감염자 수(98명)의 65%를 넘으므로 옳은 내용이다. 전체 감염자 수가 100명이라고 해도 66%인데, 실제 전체 감염자 수는 이보다 적으므로 비율은 당연히 66%보다 올라갈 것이기 때문이다.

ㅁ. 2006~2008년 사이 이집트와 인도네시아의 총 감염자 수 합(163명)은 같은 기간 전체 감염자 수(234명)의 50% 이상이므로 옳은 내용이다.

오답해설

ㄴ. 2003~2008년의 기간에는 중국과 인도네시아의 감염자 수 합이 전체 감염자 수의 50%에 미치지 못하므로 옳지 않은 내용이다.

ㄷ. 2003~2008년 사이 총 감염자 수 대비 총 사망자 수 비율이 50% 이상인 나라는 아제르바이잔, 캄보디아, 중국, 인도네시아, 이라크, 라오스, 나이지리아, 태국 8개국이므로 옳지 않은 내용이다.

18 답 ③

난도 ★

정답해설

ㄴ. 전기전자 업종의 순위는 2008년 5위, 2009년 4위, 2010년 2위로 그 순위가 매년 상승하였으므로 옳은 내용이다.

ㄷ. 2009년과 2010년의 경우 '대기업의 정보화 수준'이 전년과 비교하여 증감한 방향은 증가–감소인데, 건설 업종의 증감 방향도 증가–감소이므로 옳은 내용이다.

오답해설

ㄱ. 2008년 대비 2010년 중소기업 정보통신 업종의 정보화 수준 상승률(약 1.1배)은 2008년 대비 2010년 중소기업 전체의 정보화 수준 상승률(약 1.7배)보다 낮으므로 옳지 않은 내용이다.

ㄹ. 2010년 건설 업종의 정보화 수준도 전년 대비 하락하였으므로 옳지 않은 내용이다.

19 답 ①

난도 ★

정답해설

ㄱ. 지역 평균 흡연율이 전국 평균 흡연율(22.9%)보다 높은 지역은 A(24.4%), B(24.2%), C(23.1%), D(23.0%) 4개이므로 옳은 내용이다.

ㄴ. 40대를 기준으로 흡연율이 가장 높은 지역은 B(29.9%)이고, 20대를 기준으로 흡연율이 가장 높은 지역은 E(30.0%)이므로 옳은 내용이다.

오답해설

ㄷ. 비율로만 제시된 자료에서 다른 지역 간 실수치의 비교는 불가능하므로 옳지 않은 내용이다.

ㄹ. 각 지역의 연령대 흡연율 순위는 30대–20대–40대–50대–60대 이상인데, 이와 순위가 동일한 지역은 D와 F 2개이므로 옳지 않은 내용이다.

20 답 ④

난도 ★★

정답해설

④ A부처(201명)가 B부처(182명)에 비해 충원 직위 수가 많고, A부처의 충원 직위 수 대비 내부 임용 비율은 58.2%이고, B부처는 84.1%이므로 옳은 내용이다.

오답해설

① 〈표 2〉의 연도를 모두 계산할 필요 없이 2005년의 미충원 직위 수가 10명(=156–146)이고 〈표 1〉에서 2006년의 미충원 직위 수가 22명이라고 하였으므로 옳지 않은 내용임을 알 수 있다.

② 2001년도 이후 타부처로부터의 충원 수는 5명, 5명, 4명, 8명, 7명의 순으로 2004년에만 증가하였으므로 옳지 않은 내용이다.
③ 2006년도 개방형 총 직위 수는 165명으로 이의 50%는 82.5명인데 내부 임용된 인원은 81명이어서 50%에 미치지 못한다. 따라서 옳지 않은 내용이다.
⑤ 전년도에 비해 개방형 총 직위 수가 증가한 2001년의 경우 민간인 외부 임용 및 충원 직위 수 대비 민간인 외부 임용 비율은 12.2%로 감소하였으므로 옳지 않은 내용이다.

21

답 ④

난도 ★★

정답해설

④ 2005년 이후 전년에 비해 친환경 농산물 총생산량이 처음으로 감소한 시기는 2009년이며, 이때부터 저농약 인증이 폐지되었다. 따라서 옳은 내용이다.

오답해설

① 친환경 농산물 총생산량은 2008년도에 증가하고 2009년에는 감소하였다. 따라서 저농약 신규 인증 중단(2007년) 이후 친환경 농산물의 총 생산량이 매년 감소한 것은 아니다.
② 저농약 인증 폐지(2009년) 이전인 2004년~2008년의 기간 동안 저농약 농산물 생산량은 2008년을 제외하고 매년 전체 친환경 농산물 생산량의 절반 이상을 차지하였으므로 옳지 않은 내용이다.
③ 2007년과 2008년의 경우 무농약 농산물 생산량은 친환경 농산물 총 생산량의 50%에 미치지 못한다. 따라서 옳지 않은 내용이다.
⑤ 2005년 이후 전년에 비해 무농약 농산물 생산량의 증가폭이 가장 큰 시기는 2010년이므로 옳지 않은 내용이다.

22

답 ③

난도 ★★★

정답해설

③ 2009년의 경우 총 양식어획량이 520백만 마리이고 이의 50%는 260백만 마리이나 조피볼락의 양식어획량은 254백만 마리로 이에 미치지 못한다. 따라서 옳지 않은 내용이다.

오답해설

① 2006년 대비 2007년 어업생산량은 303.2만 톤에서 약 24만 톤 증가한데 반해, 2007년 대비 2008년은 327.5만 톤에서 10에도 미치지 못하는 증가분을 보이고 있다. 2007년의 경우 더 적은 수치에서 더 많은 증가분을 기록했으므로 증가율도 더 높게 된다. 따라서 옳은 내용이다.
② 〈표 1〉에 의하면 다른 조업방법은 그렇지 않으나, 내수면어업의 경우 2005년 2.4만 톤에서 시작하여 2009년 3.0만 톤에 이르기까지 매년 어업생산량이 증가하였다. 따라서 옳은 내용이다.
④ 2009년 양식어획량이 전년 대비 감소한 어종은 조피볼락, 감성돔, 참돔, 농어인데 이 중 감성돔과 참돔은 직관적으로 보아도 농어보다 감소율이 크다는 것을 알 수 있다. 그리고 조피볼락은 감소분이 26백만 마리로서 감소율이 약 9%인데 반해, 농어는 감소율이 1백만 마리로서 감소율이 약 6%이다. 따라서 옳은 내용이다.
⑤ 기타 어류를 제외하면, 각각의 어종을 양식어획량이 많은 순서대로 나열하면 2005년과 2009년 모두 '조피볼락－넙치류－참돔－감성돔－숭어－농어'의 순으로 동일하므로 옳은 내용이다.

23

답 ④

난도 ★★

정답해설

④ 보충급여를 도입한 국가의 수는 14개이고, 소득비례급여를 도입한 국가의 수는 26개이어서 후자가 전자보다 크다. 따라서 옳지 않다.

오답해설

① 기여비례급여를 도입한 국가는 일원체계에 속한 싱가포르, 말레이시아, 인도, 인도네시아 4개국과, 이원체계에 속한 칠레, 멕시코, 아르헨티나, 페루, 콜롬비아 5개국이므로 모두 9개국이다.
② 삼원체계로 분류된 국가들 모두 비부담 방식을 도입하고 있다. 따라서 이스라엘, 라트비아, 덴마크, 캐나다 총 4개국이 해당한다.
③ 일원체계로 분류된 국가의 수는 17개이고, 이원체계로 분류된 국가의 수도 17개이므로 둘은 같다.
⑤ 정액급여를 도입한 국가의 경우, 일원체계로 분류된 국가는 네덜란드, 아이슬란드, 뉴질랜드, 브루나이 4개국이고, 이원체계로 분류된 국가는 일본, 영국, 노르웨이, 핀란드, 아일랜드 5개국이어서 전자가 후자보다 적다. 따라서 옳은 내용이다.

합격생 가이드

선택지 ⑤의 경우 정액급여항목이 사회보험식과 사회수당식에 모두 들어있다는 점에 주의해야 한다. 물론 이 문제의 경우 그것으로 인해 정답이 바뀌지는 않았지만 얼마든지 출제포인트가 될 수 있기에 주의가 필요하다.

24

답 ②

난도 ★★

정답해설

② 〈표 2〉에 의하면 2005년 전체 참여공동체의 수는 122개소이며 이의 30%는 36.6개소이므로 전남지역 참여공동체의 수(32개소)보다 크다. 따라서 옳지 않은 내용이다.

오답해설

① 〈표 3〉에 의하면 참여어업인은 매년 증가하고 있으므로 옳은 내용이다.
③ 〈표 2〉에 의하면 충북지역을 제외하면, 인천의 2004년 대비 2011년 참여공동체는 약 7배 증가하였으며 나머지 지역은 모두 이보다 높은 증가율을 보이고 있다. 따라서 옳은 내용이다.
④ 〈표 1〉에 의하면 모든 어업유형에서 참여공동체의 수는 매년 증가하였으므로 옳은 내용이다.
⑤ 〈표 2〉에 의하면 2009년과 2010년 지역별 참여공동체의 수를 큰 순서대로 나열하면 두 해 모두 '전남－경남－경북－충남'으로 나타낼 수 있다. 따라서 2009년과 2010년 모두 충남은 4위로 동일하므로 옳은 내용이다.

25 답 ①

난도 ★★

정답해설

① 2005년 서울(2.2%), 부산(3.0%), 광주(6.5%)의 실질 성장률은 각각 2004년 서울(1.0%), 부산(0.6%), 광주(1.5%)에 비해 2배 이상 증가하였으므로 옳은 내용이다.

오답해설

② 2004년 실질 성장률이 가장 높은 도시는 울산(4.3%)이고 2005년은 광주(6.5%)이므로 둘은 서로 다르다. 따라서 옳지 않다.
③ 부산의 경우 2001년 실질 성장률(7.9%)은 2000년(5.3%)에 비해 증가하였으므로 옳지 않은 내용이다.
④ 2002년 대비 2003년 실질 성장률이 5%p 이상 감소한 도시는 서울(6.7%p), 인천(8.3%p), 광주(7.9%p), 울산(13.2%p) 총 4개이므로 옳지 않다.
⑤ 2000년 실질 성장률이 가장 높은 도시는 광주(10.1%)이며 2007년 실질 성장률이 가장 낮은 도시는 대전(3.2%)이므로 둘은 다르다. 따라서 옳지 않다.

26 답 ②

난도 ★★

정답해설

② 금요일과 토요일을 비교할 때 식사와 정서 그리고 외출의 경우 각각 30분 이상 증가한 반면 나머지 유형은 증감폭이 이를 상쇄하기에는 매우 부족하다. 따라서 전체 참여시간을 모두 계산할 필요 없이 아내의 총 참여시간은 토요일이 더 크다는 것을 알 수 있다.

오답해설

① 토요일에 남편의 참여시간이 가장 많았던 양육활동유형은 정서활동(73분)이므로 옳은 내용이다.
③ 남편의 양육활동 참여시간을 계산하면 금요일은 총 46분이고, 토요일은 140분임을 알 수 있으므로 옳은 내용이다. 그러나 실전에서는 이러한 선택지는 가장 마지막에 판단해야 한다.
④ 금요일 아내의 양육활동을 참여시간이 많은 순서대로 나열하면 식사(199분), 정서(128분), 가사(110분), 외출(70분)이므로 옳은 내용이다.
⑤ 아내의 양육활동유형 중 금요일에 비해 토요일에 참여시간이 가장 많이 감소한 것은 교육활동(−4분)이므로 옳은 내용이다.

27 답 ③

난도 ★

정답해설

ㄱ. 연령대가 높아질수록 TV 선호비율은 여성이 30%에서 40%로, 남성이 20%에서 35%로 높아지고 있으므로 옳은 내용이다.
ㄴ. 40~50대의 대중매체 선호비율 순위는 여성과 남성이 모두 온라인−TV−신문의 순으로 동일하므로 옳은 내용이다.
ㄷ. 연령대가 높은 집단일수록 신문 선호비율은 남성(25%p)보다 여성(40%p)에서 더 큰 폭으로 증가하므로 옳은 내용이다.

오답해설

ㄹ. 남성그룹과 여성그룹 내에서의 비율 자료만으로는 남성과 여성의 실수치를 비교할 수 없다. 따라서 옳지 않은 내용이다.

28 답 ④

난도 ★

정답해설

ㄱ. 〈표 1〉에 따르면 국내 건강기능식품의 총 생산액과 총 생산량은 각각 매년 증가하였으므로 옳은 내용이다.
ㄴ. 〈표 1〉에 따르면 국내 건강기능식품의 내수용 생산액은 매년 증가하였으므로 옳은 내용이다.
ㄹ. 〈표 2〉에 따르면 2011년 생산액 기준 국내 건강기능식품 상위 10개 품목 중 홍삼은 매년 생산액이 가장 많으므로 옳은 내용이다.

오답해설

ㄷ. 〈표 2〉에 따르면 알로에의 경우 2007년 생산액이 797억 원이고, 2011년 생산액이 691억 원이므로 옳지 않은 내용이다.

29 답 ①

난도 ★★

정답해설

ㄱ. 소년 수감자의 성격유형 구성비 순위와 전국 인구의 성격유형 구성비 순위는 나−가−다−라로 동일하므로 옳은 내용이다.

오답해설

ㄴ. 〈표 2〉에서 제시된 비율은 각 성격유형에서 차지하는 비율이 아닌 범죄유형에서 차지하는 비율이다. 구체적으로 수감자 수에 해당 비율을 곱해 구해보면 '가', '다'형 모두에서 장물취득이 가장 많으므로 옳지 않은 내용이다.
ㄷ. 전국 인구와 갑 지역 인구의 성격유형 구성비 차이가 가장 큰 성격유형은 '가'(0.9%p)이고 기타범죄의 성격유형 구성비가 가장 큰 유형은 '나'(35.6%)이므로 옳지 않은 내용이다.
ㄹ. '라'형 소년 수감자 중 강력범죄로 수감된 수감자 수는 약 6명(=72×0.084)이고, 기타범죄로 수감된 수감자 수는 약 21명(=177×0.119)이므로 옳지 않은 내용이다.

30 답 ④

난도 ★

정답해설

ㄴ. 2007년 이후 영어와 일어 관광통역안내사 자격증 신규 취득자 수는 2010년까지는 전년 대비 매년 증가하다가 2011년에 감소하는 모습이 같으므로 옳은 내용이다.
ㄹ. 교육 건수당 교육인원이 가장 많은 해는 2009년(125명)이므로 옳은 내용이다.

오답해설

ㄱ. 중국어 관광통역안내사 자격증 신규취득자 수는 2007년과 2008년에 전년 대비 감소하였으므로 옳지 않은 내용이다.
ㄷ. 2011년의 경우 중국어 관광통역안내사 자격증 신규취득자 수가 370명으로 가장 많으므로 옳지 않은 내용이다.

31 답 ③

난도 ★★

정답해설

③ 갑국의 인구는 '$\frac{\text{연구개발비}}{\text{인구 만 명당 연구개발비}}$'를 통해 알 수 있는데, 2009년과 2010년을 비교하면 분자는 10% 이상 증가한 것이 명확한 반면, 분모는 그보다 적게 증가하고 있다. 따라서 갑국의 인구는 2009년에 비해 2010년이 더 많다.

오답해설

① 연구개발비의 공공부담 비중은 2010년에 전년 대비 0.7%p만큼 감소하였으므로 옳지 않은 내용이다.

② 2007년의 경우 인구 만 명당 연구개발비는 2006년에 비해 약 800백만 원만큼 증가한 것에 반해 나머지 연도들의 증가폭은 그에 미치지 못하고 있으므로 옳지 않은 내용이다.

④ 2008년의 경우 연구개발비는 전년에 비해 약 3,200십억 원만큼 증가한 것에 반해 나머지 연도들의 증가폭은 모두 그보다 크다. 2009년의 경우는 전년에 비해 약 3,400십억 원만큼 증가하였다.

⑤ 먼저 각 연도별로 전년 대비 연구개발비의 증가액을 어림해보면 2007년은 약 4,000십억 원, 2008년은 약 3,100십억 원, 2009년은 약 3,500십억 원, 2010년은 약 6,000십억 원 증가하였다. 따라서 증가율이 가장 작은 해는 2008년과 2009년 둘 중의 하나임을 알 수 있다. 그런데, 민간부담 비중이 가장 큰 해, 즉 공공부담 비중이 가장 작은 해는 2006년으로 두 해는 서로 다르므로 옳지 않은 내용이다.

합격생 가이드

흔히 하나의 지문에서 두 가지 이상을 묻고 있는 경우 뒤의 것을 먼저 판단하라는 얘기를 하곤 한다. 만약 자료에서 전년 대비 증가율이 주어져 있지 않았다고 가정해보고 선택지 ⑤를 판단해보자. 만약 앞의 내용부터 확인하려 했다면 실제 차이가 미미한 2008년과 2009년을 모두 확인해야 했을 것이고 상당한 시간 소모가 있었을 것이다. 만약 본인이 그렇게 풀이했다면 이 문제는 반드시 기억하고 같은 실수를 하지 않아야 한다. 한 문제를 맞히기 위해 2문제를 풀 수 있는 시간을 소비했다면 결과적으로는 한 문제를 틀린 것과 같다.

32 답 ⑤

난도 ★★

정답해설

⑤ 학습성과 항목 각각에 대해 대학 졸업생 보유도와 산업체 고용주 보유도 차이가 가장 큰 학습성과 항목은 '직업윤리(0.9)'이므로 옳지 않은 내용이다.

오답해설

① 대학 졸업생의 보유도와 중요도 간의 차이가 가장 큰 학습성과 항목은 국제적 감각(0.9)이고 산업체 고용주의 보유도와 중요도 간의 차이가 가장 큰 학습성과 항목도 국제적 감각(1.2)이므로 옳은 내용이다.

② 대학 졸업생 설문결과에서 중요도가 가장 높은 학습성과 항목은 '실험능력(4.1)'이므로 옳은 내용이다.

③ 산업체 고용주 설문결과에서 중요도가 가장 높은 학습성과 항목은 '기본지식(4.2)'이므로 옳은 내용이다.

④ 대학 졸업생 설문결과에서 보유도가 가장 낮은 학습성과 항목은 '시사지식(2.6)'이므로 옳은 내용이다.

33 답 ⑤

난도 ★★

정답해설

ㄴ. 경남(72.0%)보다 PC 보유율이 낮은 지역은 충남(69.9%), 전북(71.8%), 전남(66.7%), 경북(68.8%)이며 이 네 곳의 인터넷 이용률은 충남(69.7%), 전북(72.2%), 전남(67.8%), 경북(68.4%)으로 모두 경남(72.5%)보다 낮다. 따라서 옳은 내용이다.

ㄹ. PC 보유율보다 인터넷 이용률이 높은 지역은 전북, 전남, 경남 세 곳이므로 옳은 내용이다.

오답해설

ㄱ. PC 보유율이 네 번째로 높은 지역은 경기(86.3%)이지만, 인터넷 이용률이 네 번째로 높은 지역은 광주(81.0%)이므로 둘은 일치하지 않는다.

ㄷ. 인터넷 이용률이 가장 낮은 지역은 전남(67.8%)으로 이의 1.3배는 약 88%인데 반해, 울산의 인터넷 이용률은 85%이므로 전자가 후자보다 크다. 따라서 옳지 않다.

34 답 ④

난도 ★★

정답해설

ㄱ. 강풍과 풍랑의 피해금액이 눈어림으로는 쉽게 판단되지 않는 상태이므로 직접 계산하면 강풍 피해금액 합계는 661억 원, 풍랑 피해금액 합계는 702억 원이므로 전자가 더 작다. 따라서 옳은 내용이다.

ㄴ. 전체의 90%를 직접 구하기보다는 여사건 개념을 적용하여 전체 피해금액의 10%를 이용하여 계산해보자. 2012년 전체 피해금액은 9,620억 원이므로 이의 10%는 962억 원으로 계산될 수 있다. 그런데, 만약 태풍 피해금액이 전체의 90% 이상이라면, 태풍을 제외한 나머지 유형의 피해금액 총합이 전체의 10%에 미치지 못해야 한다. 그런데 실제 이를 계산해보면 855억 원으로 962억 원보다 작다는 것을 확인할 수 있다. 따라서 옳은 내용이다.

ㄹ. 피해금액이 큰 자연재해 유형부터 순서대로 나열하면 2010년과 2011년 모두 '호우 – 태풍 – 대설 – 풍랑 – 강풍'임을 알 수 있다.

오답해설

ㄷ. 피해금액이 매년 10억 원보다 큰 자연재해 유형은 호우와 대설이므로 옳지 않은 내용이다.

35 답 ①

난도 ★★

정답해설

① 〈표 2〉에서 2013년 10월 스마트폰 기반 웹 브라우저 중 상위 5종 전체의 이용률 합이 94.39%이므로 6위 이하의 이용률 합은 5.61%임을 알 수 있다. 그런데 10월 현재 5위인 인터넷 익스플로러의 이용률이 1.30%이므로 6위 이하의 이용률은 1.30%를 넘을 수 없다. 따라서 6위 이하 나머지 웹 브라우저의 이용률이 모두 1.30%이라고 하더라도 최소 5개 이상이 존재해야 함을 알 수 있다. 왜냐하면 4개만 존재한다면 이용률의 합이 최대 5.2%에 그쳐 5.61%에 모자라기 때문이다. 결론적으로 자료에서 주어진 5개 이외에 추가로 최소 5개의 브라우저가 존재하여야 하므로 전체 대상 웹 브라우저는 10종 이상이 됨을 알 수 있다.

오답해설

② <표 1>에서 2014년 1월 이용률 상위 5종 웹 브라우저 중 PC 기반 이용률 3위와 스마트폰 기반 이용률 3위가 모두 크롬으로 동일하여 옳지 않다.

③ <표 1>에서 2013년 12월 PC 기반 웹 브라우저 이용률 3위는 파이어폭스이고 2위는 크롬인 반면, 2014년 1월의 3위는 크롬, 2위는 파이어폭스로 둘의 순위가 바뀌었다. 따라서 옳지 않은 내용이다.

④ <표 2>에서 스마트폰 기반 이용률 상위 5종 웹 브라우저 중 2013년 10월과 2014년 1월 이용률의 차이가 2%p 이상인 것은 크롬(4.02%p), 오페라(2.40%p)이므로 옳지 않다.

⑤ <표 2>에서 상위 3종 웹 브라우저 이용률의 합을 직접 구하기보다는 주어진 상위 5종 전체 이용률 합에서 4위와 5위를 차감하여 판단하는 것이 더 수월하다. 이에 따르면 주어진 모든 월에서 상위 3종 웹 브라우저 이용률의 합이 90%에 미치지 못하므로 옳지 않다.

36

답 ④

난도 ★★

정답해설

ㄴ. 각 연도별 비중을 직접 계산할 필요 없이 2013년의 비중은 분모가 되는 전체 생산액은 증가한 반면, 분자가 되는 쌀 생산액은 감소하였으므로 전체 비중은 2012년에 비해 감소하였음을 알 수 있다. 또한 2014년의 경우 분모가 되는 전체 생산액과 분자가 되는 쌀 생산액 모두 증가하였으나 눈으로 어림해보더라도 분모의 증가율이 더 크다. 따라서 2014년의 비중은 2013년에 비해 감소하였으므로 옳은 내용이다.

ㄹ. 2014년의 오리 생산액(12,323억 원)은 2013년(6,490억 원)에 비해 증가하였다는 것을 자료를 통해 곧바로 알 수 있다. 또 2013년의 경우도 2012년에 10위를 차지한 마늘의 생산액이 5,324억 원이어서 오리의 생산액이 아무리 많아도 이 수치보다는 작다는 것을 알 수 있다. 따라서 2013년의 오리 생산액도 2012년에 비해 증가하였음을 알 수 있다.

오답해설

ㄱ. 2013년에 비해 2014년의 감귤 생산액(분자)은 10%가량 증가하였으나 농축수산물 전체 생산액(분모)은 10%를 훨씬 넘는 증가율을 기록하였다. 따라서 전체 비중은 감소하였다.

ㄷ. 2012년부터 2014년까지 매년 상위 10위 이내에 포함된 품목은 쌀, 돼지, 소, 우유, 고추, 닭, 달걀, 감귤 총 8개이므로 옳지 않은 내용이다.

37

답 ③

난도 ★★

정답해설

③ 삶의 만족도가 한국보다 낮은 국가들의 장시간근로자비율은 에스토니아(3.6%), 포르투갈(9.3%), 헝가리(2.7%)이므로 이들의 산술평균은 5.2%이다. 따라서 이탈리아의 장시간근로자비율(5.4%)보다 낮으므로 옳지 않은 내용이다.

오답해설

① 삶의 만족도가 가장 높은 국가는 덴마크(7.6점)이며 장시간근로자비율이 가장 낮은 국가도 덴마크(2.1%)이므로 옳은 내용이다.

② 한국의 장시간근로자비율은 28.1%로 삶의 만족도가 가장 낮은 국가인 헝가리의 장시간근로자비율 2.7%의 10배 이상이므로 옳은 내용이다.

④ 여가 · 개인돌봄시간이 가장 긴 국가는 덴마크(16.1시간)이고 가장 짧은 국가는 멕시코(13.9시간)이며 이들 국가의 삶의 만족도는 덴마크(7.6점), 멕시코(7.4점)이어서 둘의 차이는 0.2점으로 0.3점 이하이다. 따라서 옳은 내용이다.

⑤ 장시간근로자비율이 미국(11.4%)보다 낮은 국가는 덴마크, 프랑스, 이탈리아, 에스토니아, 포르투갈, 헝가리이며 이들 국가의 여가 · 개인돌봄시간은 모두 미국(14.3시간)보다 길다. 따라서 옳은 내용이다.

합격생 가이드

대부분의 사람들은 뺄셈보다는 덧셈, 나눗셈보다는 곱셈의 연산이 더 빠르다. 따라서 산술평균의 정확한 수치를 구해야 할 필요가 없는 보기 ③과 같은 경우, 단순 합을 비교하는 것이 더 편할 수 있다. 즉 삶의 만족도가 한국보다 낮은 국가들의 장시간근로자비율인 3.6, 9.3, 2.7의 합(=15.6)이 이탈리아의 장시간근로자비율인 5.4의 세 배(=16.2)보다 작음을 확인함으로써 빠르게 정답을 찾을 수 있다.

38

답 ②

난도 ★

정답해설

② 표에서 서울의 비중이 22.1%, 인천 · 경기의 비중이 35.8%으로 주어져 있으므로 둘을 합하면 50% 이상임을 알 수 있다.

오답해설

① 대마 단속 전체 건수(167건)는 마약 단속 전체 건수(65건)의 3배(195)건에 미치지 못하므로 옳지 않은 내용이다.

③ 마약 단속 건수가 없는 지역은 강원, 충북, 제주 3곳이므로 옳지 않은 내용이다.

④ 향정신성의약품 단속 건수는 대구 · 경북 지역(138건)이 광주 · 전남 지역(38건)의 4배(152)건에 미치지 못하므로 옳지 않은 내용이다.

⑤ 강원 지역은 향정신성의약품 단속 건수(35건)가 대마 단속 건수(13건)의 3배(39건)에 미치지 못하므로 옳지 않은 내용이다.

39

답 ②

난도 ★★

정답해설

ㄱ. 습도가 70%일 때 연간소비전력량이 가장 적은 제습기는 A(790kwh)임을 알 수 있으므로 옳은 내용이다.

ㄷ. 습도가 40%일 때 제습기 E의 연간소비전력량은 660kwh이고, 습도가 50%일 때 제습기 B의 연간소비전력량은 640kwh이므로 옳은 내용이다.

오답해설

ㄴ. 제습기 D와 E를 비교하면, 60%일 때 D(810kwh)가 E(800kwh)보다 소비전력량이 더 많은 반면, 70%일 때에는 E(920kwh)가 D(880kwh)보다 더 많아 순서가 다르게 되므로 옳지 않은 내용이다.

ㄹ. 제습기 E의 경우 습도가 40%일 때의 연간전력소비량은 660kwh이어서 이의 1.5배는 990kwh로 계산되는 반면 습도가 80%일 때의 연간전력소비량은 970kwh이므로 전자가 후자보다 크다. 따라서 옳지 않은 내용이다.

40

답 ①

난도 ★★

정답해설

① 스노보드에서 A국이 획득한 모든 메달 수는 2개이고, B국이 획득한 메달 수는 7개이므로 둘을 합하면 9개로 계산되는데, 이 수치는 다른 어떤 종목의 합보다도 크므로 옳은 내용임을 알 수 있다.

오답해설

② A국이 획득한 금메달 수는 14개이고, C국이 획득한 동메달 수는 11개이므로 둘은 같지 않다.
③ A국이 루지(6개), 봅슬레이(4개), 스켈레톤(1개) 종목에서 획득한 모든 메달 수의 합은 11개이고, C국이 크로스컨트리 종목에서 획득한 모든 메달 수는 14개이므로 후자가 전자보다 크다. 따라서 옳지 않다.
④ B국이 메달을 획득한 종목의 수는 11개인 반면, D국은 9개에 그치고 있다. 따라서 메달을 획득한 종목의 수가 가장 많은 국가는 B국이다.
⑤ 각국이 획득한 은메달 수를 계산하면 A국 10개, B국 8개, C국 14개, D국 8개이므로 이를 순서대로 나열하면 C>A>B=D이다. 따라서 옳지 않다.

합격생 가이드

선택지 ④와 같이 해당 항목에 데이터가 있는지의 여부만 판단하면 되는 경우가 종종 출제되는 편이다. 이러한 경우 거의 대부분 데이터가 없는 경우가 더 적으므로 빈칸으로 남아있는 항목의 개수를 파악하는 것이 단 몇 초의 시간이라도 절약할 수 있는 방법이다.

41

답 ②

난도 ★★

정답해설

② 11위를 차지한 '썬더맨'은 10월에 개봉된 영화 중 흥행순위 1~20위 내에 든 유일한 국외제작영화이다. 따라서 옳지 않은 내용이다.

오답해설

① 흥행순위 1~20위 내의 영화 중 한 편의 영화도 개봉되지 않았던 달은 2월뿐인데, 2월의 국외제작영화 관객 수는 6,282천 명이며 국내제작영화 관객 수는 8,900천 명이어서 전자가 후자보다 작다. 따라서 옳은 내용이다.
③ 〈표 2〉에 의하면 매달 국외제작영화 개봉 편수가 국내제작영화 개봉 편수보다 많음을 확인할 수 있으므로 옳은 내용이다.
④ 국외제작영화 관객 수가 가장 많았던 달은 7월이며, 7월에 개봉된 영화 중 흥행순위 1~20위 내에 든 국외제작영화 개봉작은 '거미인간(4위)', '슈퍼카인드(18위)'이므로 옳은 내용이다.
⑤ 흥행순위가 1위인 영화는 '버스운전사'인데, '버스운전사'의 관객 수는 12,100천 명이고 국내제작영화 전체 관객 수가 113,905천 명이므로 이의 10%보다 '버스운전사'의 관객 수가 더 많으므로 옳은 내용이다.

42

답 ⑤

난도 ★★★

정답해설

ㄷ. 〈표 2〉에서 두 순위가 2017년 대비 2018년에 모두 상승한 브랜드는 AU와 HY 2개뿐이므로 옳은 내용이다.
ㄹ. 일단 〈표 2〉의 자동차업계 내 순위에서 2018년 부분은 1위부터 7위까지 순서대로 나열되어 있고 2017년 부분은 TO~WO까지의 6개 브랜드와 하단에서 두 번째인 XO가 7위를 차지하고 있다. 이를 토대로 〈표 1〉에서 필요한 정보만을 나타내면 다음과 같다.

구분	2017	2018
TO	248	279
BE	200	218
BM	171	196
HO	158	170
FO	132	110
WO	56	60
AU	–	42
HY	–	–
XO	38	–
NI	–	–

선택지에서 묻는 것은 '상위 7개 브랜드 가치평가액의 평균'의 대소를 비교하는 것이었다. 그런데 이는 다르게 생각하면 '상위 7개 브랜드 가치평가액의 총합'의 대소를 비교하는 것과 동일한 결과를 가져오게 됨을 알 수 있다. 따라서 먼저 각각의 브랜드별로 2017년과 2018년을 비교해보자. 공교롭게도 FO를 제외한 나머지 브랜드들은 2018년의 가치평가액이 더 크다는 것을 알 수 있는데, 그 차이가 FO의 감소분을 상쇄하고도 남는다. 따라서 총합은 2018년이 더 크다는 것을 알 수 있으며, 평균 역시 2018년이 더 크게 된다.

오답해설

ㄱ. 2017년 대비 2018년 '전체 제조업계 내 순위'가 하락한 브랜드는 FO, XO, NI의 3개 브랜드인데 XO의 브랜드 가치평가액은 2018년 39억 달러로 2017년에 비해 1억 달러 상승하였다. 따라서 옳지 않다.
ㄴ. 각 브랜드별로 2017년과 2018년의 브랜드 가치평가액 차이를 계산해보면 FO가 22억 달러로 3번째임을 알 수 있다.

합격생 가이드

선택지 ㄴ과 같은 것은 첫 번째 풀이단계에서는 스킵해야 한다. 이 문제에서는 간단한 뺄셈으로 판단이 가능했지만 결과론적으로 그 선택지를 판단하지 않더라도 답을 선택하는 데 아무런 문제가 없었다. 이는 단지 사후적·결과론적으로 해석한 것이 아니다. 실제 출제를 할 때 불필요하게 시간을 허비하게끔 선택지를 넣는 경우가 매우 많다는 점을 활용한 것이다.

43

답 ③

난도 ★★

정답해설

ㄱ. 3억 원의 납입자금을 내는 경우는 2009년 매출액이 5천억 원 이상 1조 원 미만인 경우이므로, D, F, G가 이에 해당한다. 따라서 옳은 내용이다.

ㄴ. 2010년의 각 회원사별 납입자금은 A(2억 원), B(4억 원), C(5억 원), D(3억 원), E(4억 원), F(3억 원), G(3억 원), H(2억 원)이므로 총 납입자금은 26억 원이다. 따라서 옳은 내용이다.

ㄷ. 2010년 매출액이 전년 대비 10% 증가하는 경우 〈표 1〉에서의 단계가 상승해 2011년에 납입자금이 늘어나는 회원사는 B, G, H 3개이므로 옳은 내용이다.

오답해설

ㄹ. 2010년에 3억 원의 납입자금을 내는 회원사(D, F, G)들의 전년도 매출액 합은 23.5억 원이고, 4억 원의 납입자금을 내는 회원사(B, E)들의 전년도 매출액 합은 34.5억 원이므로 옳지 않은 내용이다.

44

답 ②

난도 ★★

정답해설

ㄱ. 초고속 인터넷의 속도 1Mbps당 월평균 요금이 10달러 이상인 국가가 미국 1개국뿐이므로 10달러 이하인 국가는 14개국이다. 따라서 옳은 내용이다.

ㄷ. 인터넷 부문에서는 네덜란드가 3위, 캐나다가 12위이며, 초고속 인터넷 부문에서는 네덜란드가 2위, 캐나다가 10위이다. 그리고 초고속 인터넷 요금은 네덜란드가 13위이고 캐나다는 16위 이하이므로 옳은 내용이다.

오답해설

ㄴ. 인구 100명당 초고속 인터넷 가입자 수 상위 5개국 중 인구 100명당 인터넷 이용자 수가 가장 적은 국가는 아이슬란드이다. 아이슬란드는 인구 100명당 이용자 수가 16위 이하로 가장 적다. 따라서 옳지 않은 내용이다.

ㄹ. 세 가지 지표 각각에서 모두 15위 이내에 속한 국가는 노르웨이, 네덜란드, 덴마크, 핀란드, 룩셈부르크, 한국, 미국 7개국이므로 옳지 않은 내용이다.

45

답 ⑤

난도 ★★

정답해설

ㄴ. 2010년에 신청금액이 전년 대비 30% 이상 증가한 기술분야는 네트워크(약 38.8%), 차세대컴퓨팅(약 43.2%), 시스템반도체(약 45.1%) 3개이므로 옳지 않은 내용이다.

ㄷ. 2009년 확정금액 상위 3개 기술분야의 확정금액의 합은 3,049억 원(=1,082억 원+1,227억 원+740억 원)이므로 전체 확정금액의 약 65%를 차지한다. 따라서 옳지 않은 내용이다.

ㄹ. 3D 장비의 경우 2009년에 신청금액이 감소하였으나 확정금액은 증가하였으므로 옳지 않은 내용이다.

오답해설

ㄱ. 2009년과 2010년에 신청금액이 전년 대비 매년 증가한 기술분야는 메모리반도체, 디스플레이, 시스템반도체, RFID 4개이므로 옳은 내용이다.

46

답 ⑤

난도 ★★

정답해설

⑤ 조선의 대일 수입액과 조선의 대청 수입액의 차이를 계산하면 1890년이 1,426,822달러이고, 1886년이 1,609,338달러이므로 1886년이 더 크다. 따라서 옳지 않은 내용이다.

오답해설

① 1891년 조선의 대일 수출액(3,219,887달러)이 대일 수입액(3,226,468달러)보다 적으므로 대일 무역수지는 적자이다. 따라서 옳은 내용이다.

② 1885~1892년 동안 매년 조선의 대일 수출액은 대청 수출액의 10배 이상이므로 옳은 내용이다.

③ 1885~1892년 동안 매년 조선의 대일 수입액은 대청 수입액보다 크므로 옳은 내용이다.

④ 1886~1892년 동안 조선의 대청 · 대일 수입액 전체에서 대일 수입액이 차지하는 비중은 1886년 82%에서 1892년 55%로 지속적으로 감소하고 있으므로 옳은 내용이다.

47

답 ②

난도 ★★★

정답해설

② '갑'팀 구성원 중 A작업을 수행할 수 있는 사람은 수리활용, 대인관계, 변화관리 역량을 모두 보유하고 있는 '라'이며, F작업을 수행하기 위해 추가로 필요한 역량인 의사소통역량을 '라'가 이미 보유하고 있으므로 옳지 않은 내용이다.

오답해설

① '갑'팀 구성원 중 D작업을 수행할 수 있는 사람은 의사소통, 정보활용, 자원관리, 변화관리 역량을 모두 보유하고 있는 '가'이며 '가'는 기술활용 역량도 보유하고 있으므로 G작업도 수행할 수 있다. 따라서 옳은 내용이다.

③ '갑'팀 구성원 중 E작업을 수행할 수 있는 사람은 자기개발, 문제해결, 변화관리 역량을 모두 보유하고 있는 '나'인데, '나'의 보유역량을 〈표 2〉와 연결 지어 보면 E작업 이외의 다른 작업을 수행할 수 없음을 알 수 있다. 따라서 옳은 내용이다.

④ '갑'팀 구성원 중 B작업을 수행할 수 있는 사람은 문제해결, 대인관계, 문화이해 역량을 모두 보유하고 있는 '다'인데, '다'가 기술활용 역량을 추가로 보유하면 G작업을 수행할 수 있으므로 옳은 내용이다.

⑤ C작업을 수행하기 위해서는 문제해결, 자원관리 역량을 모두 보유하고 있어야 하는데 '갑'팀 구성원 중 이 둘을 모두 보유하고 있는 구성원이 없으므로 옳은 내용이다.

48

답 ④

난도 ★★

정답해설

ㄱ. 풍력의 경우 2009~2011년 동안 출원 건수와 등록 건수가 매년 증가하였으므로 옳지 않은 내용이다.

ㄷ. 2011년 등록 건수가 많은 상위 3개 기술분야의 등록 건수 합은 2,126건(=950+805+371)이어서 2011년 전체 등록 건수(3,166건)의 약 67%를 차지한다. 따라서 옳지 않은 내용이다.

ㄹ. 2011년 출원 건수가 전년 대비 50% 이상 증가한 기술분야는 '태양광/열/전지', '석탄가스화', '풍력', '지열' 4개이므로 옳지 않은 내용이다.

오답해설

ㄴ. 2010년에 전년 대비 출원 건수가 감소한 기술분야는 '태양광/열/전지', '수소바이오/연료전지', '석탄가스화'이며 이들은 모두 2011년 전년 대비 등록 건수도 감소하였으므로 옳은 내용이다.

49

답 ③

난도 ★★

정답해설

③ 쌍계사와 천은사는 증가율이 0%이고, 화엄사는 약 36%$\left(=\frac{800}{2,200}\right)$, 연곡사는 25%$\left(=\frac{400}{1,600}\right)$이므로 옳은 내용이다.

오답해설

① 관람료가 한 번도 변경되지 않은 사찰은 쌍계사(1,800원), 천은사(1,600원), 보리암(1,000원) 3곳이므로 옳지 않은 내용이다.
② 2006년에 문화재 관람료가 가장 높은 사찰은 화엄사와 법주사(2,200원)이고, 2008년은 불국사와 석굴암(4,000원)이므로 둘은 같지 않다. 따라서 옳지 않은 내용이다.
④ 신흥사가 2,500원의 문화재 관람료를 받고 있으므로 옳지 않은 내용이다.
⑤ 제시된 자료에서 문화재 관람료가 매년 상승한 사찰은 한 곳도 없으므로 옳지 않은 내용이다.

50

답 ①

난도 ★★

정답해설

ㄱ. 2006년 원자로 안전도 평가의 모든 분야에서 '보통' 이상의 평가점수를 받은 원자로는 2, 3, 6호기이지만 이 중 2011년 모든 분야에서 '보통' 이상의 평가점수를 받은 원자로는 3호기뿐이므로 옳은 내용이다.

ㄴ. 2006년 전체 '주의' 평가 건수는 11건이고, 2011년은 10건이므로 이 중 7호기가 차지하는 비중은 2006년 약 18%$\left(=\frac{2}{11}\right)$, 2011년 20%로 모두 15% 이상이다. 따라서 옳은 내용이다.

오답해설

ㄷ. 2006년 '안전설비 신뢰도' 부분의 안전도 점수를 구하면 '안전 주입'(25점), '비상 발전기'(20점), '보조 급수'(22점)이며, 2011년은 '안전 주입'(19점), '비상 발전기'(21점), '보조 급수'(24점)이다. 따라서 2006년 안전도 점수가 가장 높은 분야는 '안전 주입'이고 2011년은 '보조 급수'이므로 옳지 않은 내용이다.

ㄹ. 2006년 대비 2011년 '양호' 평가 건수의 증가율은 약 83%$\left\{=\frac{(22-12)}{12}\right\}$, '보통' 평가 건수의 증가율은 약 45%$\left\{=\frac{(16-11)}{11}\right\}$이므로 옳지 않은 내용이다.

51

답 ③

난도 ★★

정답해설

ㄴ. 〈표 2〉에서 2010년 산업부분의 최종에너지 소비량은 115,155천 TOE이고 전체 최종에너지 소비량은 193,832천 TOE이므로 전자는 후자의 절반을 넘는다. 따라서 옳은 내용이다.

ㄷ. 〈표 1〉에서 석유제품 소비량 대비 전력 소비량의 비율을 구하면 2008년 약 34.1%$\left(=\frac{18.2}{53.3}\right)$, 2009년 약 34.4%$\left(=\frac{18.6}{54.0}\right)$이므로 2008년 대비 2009년에 증가하였으며 2010년은 2009년에 비해 분모는 감소하고 분자는 증가하였으므로 계산할 필요 없이 증가하였음을 확인할 수 있다. 따라서 옳은 내용이다.

오답해설

ㄱ. 〈표 1〉에서 주어진 것은 전체 에너지 소비량에서 차지하는 비중이다. 따라서 2008년과 2009년의 전체 최종에너지 소비량을 알지 못하면 해당 기간의 전력 소비량은 구할 수 없다. 따라서 옳지 않은 내용이다.

ㄹ. 유연탄 소비량 대비 무연탄 소비량의 비율이 25% 이하라는 것은 무연탄 소비량의 4배보다 유연탄 소비량이 더 커야 한다는 의미이다. 이에 따르면 가정·상업부분은 25% 이하이지만 산업부분은 25% 이상이므로 옳지 않은 내용이다.

52

답 ①

난도 ★★

정답해설

ㄱ. '출신 성분이 낮은 급제자' 중 '본관이 없는 자'의 비율은 태조·정종 대는 $\frac{28}{40}$=0.7이고, 선조 대는 $\frac{11}{186}$≒0.06이므로 옳은 내용이다.

ㄴ. '본관이 없는 자'와 '3품 이상 오른 자'에 해당하는 사람들이 서로 중복되지 않기 위해서는 두 그룹의 합이 '출신신분이 낮은 급제자'의 수인 40명 이하이어야 한다. 하지만 '본관이 없는 자'는 28명, '3품 이상 오른 자'는 13명으로 두 그룹의 합은 41명이 되어 최소 1명은 중복되어야 함을 알 수 있으므로 옳은 내용이다.

오답해설

ㄷ. 전체 급제자가 가장 많은 왕은 선조(1,112명)이지만 출신 신분이 낮은 급제자가 가장 많은 왕은 중종(188명)이므로 옳지 않은 내용이다.

ㄹ. 중종 대의 '전체 급제자' 중에서 '출신신분이 낮은 급제자'가 차지하는 비율은 약 21%$\left(=\frac{188}{900}\right)$이므로 옳지 않은 내용이다.

53

답 ③

난도 ★★★

정답해설

ㄱ. 2016년에 출생한 인구는 2018년 현재 나이가 2세인 인구를 가리키므로 A, B 지역 인구의 합은 194,646명(=119,772명+74,874명)이다. 그리고 2015년에 출생한 인구는 2018년 현재 나이가 3세인 인구를 가리키므로 A, B지역 인구의 합은 193,744명(=120,371명+73,373명)이므로 2016년에 출생한 인구의 합이 더 크다. 따라서 옳은 내용이다.

ㄹ. 2019년의 C지역 6~11세 인구의 합은 2018년의 5~10세의 합과 같다. 따라서 선택지는 2018년의 C지역 5~10세의 합과 6~11세의 합을 비교하는 것과 같다. 이를 살펴보면 6~10세는 공통적으로 포함되는 부분이므로 결과적으로 5세의 인구와 11세의 인구 중 어느 것이 더 큰가를 비교하면 되는데 5세의 인구는 3,627명이고 11세의 인구는 2,905명이므로 전자가 더 크다. 따라서 2018년 5~10세의 합, 즉 2019년 6~11세의 합이 더 크다는 것을 알 수 있으며 이는 해당 범위의 인구의 합이 2018년 대비 2019년에 증가했다는 것을 의미한다. 따라서 옳은 내용이다.

오답해설

ㄴ. 2017년의 0~11세 인구는 2018년의 1~12세 인구를 가리키지만 주어진 자료에서는 2018년 12세의 인구를 알 수 없다. 따라서 옳지 않은 내용이다.

ㄷ. 2018년 5세 인구가 가장 많은 지역은 A(131,257명)이지만, 5세 인구 대비 0세 인구의 비율이 가장 높은 지역은 B(92.1%)이므로 둘은 같지 않다. 따라서 옳지 않은 내용이다.

54

답 ②

난도 ★★

정답해설

주어진 자료를 정리하면 다음과 같다.

(단위: 만 원)

구분	가 (6,000)	나 (14,000)	다 (35,000)	라 (117,000)	마 (59,000)	총 지출	사전 지출	환급(-)/지급(+)
A	○	○	○	○	○	34,000	10,000	24,000
B	○	○	○	○	○	34,000	26,000	8,000
C	○	○	○	○	○	34,000	10,000	24,000
D	○	○	○	○	○	34,000	10,000	24,000
E	×	×	○	○	○	29,000	175,000	-146,000
F	×	×	×	○	○	22,000	0	22,000
G	×	×	×	○	○	22,000	0	22,000
H	×	×	×	○	○	22,000	0	22,000
부담비용	1,500	3,500	7,000	14,625	7,375	–	–	–

② B부서는 8,000만 원을 지급해야 하므로 옳지 않은 내용이다.

오답해설

① G부서는 22,000만 원을 지급해야 하므로 옳은 내용이다.

③ E부서는 146,000만 원을 환급받으므로 옳은 내용이다.

④ A, C, D 부서는 24,000만 원씩 지급해야 하므로 옳은 내용이다.

⑤ '다'행사의 총비용은 35,000만 원이고 참여하는 부서가 총 5개인데 이들은 7,000만 원씩 부담하므로 옳은 내용이다.

55

답 ⑤

난도 ★★

정답해설

ㄴ. '나'국은 A요건(742억 달러), B요건(8.5%)을 모두 충족하므로 옳은 내용이다.

ㄷ. 관찰대상국으로 지정되는 국가는 '가', '나', '마', '차' 4개국이므로 옳은 내용이다.

ㄹ. A요건이 변동되면 영향을 받는 것은 '아'국뿐인데, '아'국은 나머지 요건을 충족하지 못하기 때문에 관찰대상국 및 환율조작국으로 지정되는 국가들은 동일하다. 따라서 옳은 내용이다.

오답해설

ㄱ. '다'국의 경우 요건 A(686억 달러), B(3.3%), C(2.1%)를 모두 충족하여 환율조작국으로 지정되므로 옳지 않은 내용이다.

56

답 ④

난도 ★★★

정답해설

④ 2010년 이후 부서별 직종별 인원 수의 변동이 없다고 하였으므로, 2010년의 직종별 현원과 2011년은 같다. 따라서, 2011년 현원 대비 일반직 비중을 계산해보면 A는 약 75%$\left(=\frac{35}{47}\right)$, B는 약 74%$\left(=\frac{25}{34}\right)$, C는 약 78%$\left(=\frac{14}{18}\right)$, D는 약 79%$\left(=\frac{23}{29}\right)$, E는 87.5%$\left(=\frac{14}{16}\right)$, F는 약 53%$\left(=\frac{38}{72}\right)$이므로 E의 비중이 가장 크다. E의 기본경비 예산은 24,284만 원으로 2011년 모든 부서 중 가장 적다. 따라서 옳은 내용이다.

오답해설

① 2011년 정원이 가장 많은 부서는 F(75명), 가장 적은 부서는 E(15명)인데 두 부서의 2011년 예산을 합하면 24,023,883만 원(=4,244,804만 원+19,779,079만 원)이므로 2011년 전체 예산의 약 24.7%이다. 따라서 옳지 않은 내용이다.

② 2011년 부서별 인건비 예산을 모두 더하면 3,931,126만 원인데, 이는 전체 예산의 약 4%를 차지하므로 옳지 않은 내용이다.

③ 2010년 현원 1인당 기본경비 예산을 계산하면, A는 약 6,588만 원$\left(=\frac{309,617}{47}\right)$, B는 약 1,027만 원$\left(=\frac{34,930}{34}\right)$, C는 약 1,767만 원$\left(=\frac{31,804}{18}\right)$, D는 약 829만 원$\left(=\frac{24,050}{29}\right)$, E는 약 1,437만 원$\left(=\frac{22,992}{16}\right)$, F는 12,027만 원$\left(=\frac{865,957}{72}\right)$이므로 가장 적은 부서는 D이다. 따라서 옳지 않은 내용이다.

⑤ 2011년 사업비는 모든 부서에서 전년에 비해 증가하였고, 전년 대비 사업비는 D와 E가 2배 이상 증가하였고 A는 2배에 미치지 못하고 있다. 따라서 옳지 않은 내용이다.

57

답 ⑤

난도 ★★

정답해설

⑤ 2011년 11월 일본어선과 중국어선의 한국 EEZ 내 어획량 합은 11,621톤(=2,176톤+9,445톤)이고, 중국 EEZ와 일본 EEZ 내 한국어선 어획량 합은 564톤(=64톤+500톤)이므로 전자는 후자의 20배 이상이다. 따라서 옳은 내용이다.

오답해설

① 2011년 12월 중국 EEZ 내 한국어선 조업 일수는 11월의 789일에서 1,122일로 증가하였으므로 옳지 않은 내용이다.
② 2010년 11월 한국어선의 일본 EEZ 입어 척수는 알 수 없으므로 옳지 않은 내용이다.
③ 2011년 12월 일본 EEZ 내 한국어선의 조업 일수(3,236일)는 같은 기간 중국 EEZ 내 한국어선의 조업 일수(1,122일)의 3배에 미치지 못하므로 옳지 않은 내용이다.
④ 2011년 12월 일본어선의 한국 EEZ 내 입어 척수당 조업 일수는 약 4.86일$\left(=\frac{277}{57}\right)$이고 2010년 12월은 약 5.53일$\left(=\frac{166}{30}\right)$이므로 옳지 않은 내용이다.

58

답 ②

난도 ★★

정답해설

ㄱ. 〈표 2〉에서 전체 수입액이 가장 큰 해는 1907년이며, 1907년의 러시아 상대 수출액은 전년 대비 약 20.9%$\left(=\frac{136}{651}\right)$ 증가하였으므로 옳은 내용이다.
ㄷ. 〈표 2〉에서 1898~1910년 동안 청으로부터의 수입액이 전년보다 큰 해는 1889년, 1901년, 1903년, 1905년, 1907년이며, 이 해들에는 모두 전체 수입액이 전년보다 증가하였다. 따라서 옳은 내용이다.

오답해설

ㄴ. 〈표 1〉에서 1905년 기타가 전체 수입액에서 차지하는 비중은 약 0.9%$\left(=\frac{72}{7,917}\right)$이고, 1906년은 약 0.7%$\left(=\frac{60}{8,903}\right)$이므로 전체 수출액에서 기타가 차지하는 비중이 1901년 이후 매년 높아지는 것은 아니다. 따라서 옳지 않은 내용이다.
ㄹ. 1908년 전체 수출액에서 일본이 차지하는 비중은 약 77%$\left(=\frac{10,916}{14,113}\right)$이지만 전체 수입액에서 차지하는 비중은 약 58.5%$\left(=\frac{23,982}{41,025}\right)$이므로 옳지 않은 내용이다.

59

답 ④

난도 ★★

정답해설

ㄴ. 화훼 생산액은 〈표 1〉의 농·임업 생산액×화훼생산비중으로 계산할 수 있는데 곱해지는 두 값이 모두 증가한 2013년을 제외하고 구해보면 2008년 약 11,105(십억 원, 이하 단위 생략), 2009년 약 11,909, 2010년 약 12,795, 2011년 약 13,007, 2012년 약 14,695로 매년 증가하고 있음을 알 수 있다. 따라서 옳은 내용이다.
ㄹ. 〈표 2〉에서 농업의 부가가치와 임업의 부가가치는 GDP 대비 비중으로 대체하여 구할 수 있으므로 이를 구해보면, 2008년 약 95.4%, 2009년 약 95.4%, 2010년 약 90.0%, 2011년 약 95.4%, 2012년 약 90.9%, 2013년 약 90.9%로 매년 85% 이상임을 알 수 있다. 따라서 옳은 내용이다.

오답해설

ㄱ. 〈표 1〉에서 농·임업 생산액이 전년보다 작은 해는 2011년임을 알 수 있으며 〈표 2〉에서 농·임업 부가가치는 전년에 비해 증가하였으므로 옳지 않은 내용이다.
ㄷ. 〈표 1〉의 분야별 비중은 공통적으로 전체 농·임업 생산액에서 차지하는 비율이므로 주어진 비중으로 대체하여 판단할 수 있다. 이에 따르면 2010년의 경우 곡물의 비중(15.6%)은 과수의 비중(40.2%)의 절반에 미치지 못하므로 옳지 않은 내용이다.

60

답 ①

난도 ★★

정답해설

ㄱ. 사업체당 종사자 수가 100명 미만이라는 것은 뒤집어 생각하면 종사자 수가 사업체 수의 100배에 미치지 못한다는 것을 의미한다. 〈표〉에 의하면 H와 J 2개 지역이 이에 해당하므로 옳은 내용이다.
ㄷ. I 지역의 종사자당 매출액은 약 626$\left(=\frac{1,305,468}{2,086}\right)$백만 원이고, E 지역의 종사자당 매출액은 약 572$\left(=\frac{1,804,262}{3,152}\right)$백만 원이므로 전자가 더 크다. 따라서 옳은 내용이다.

오답해설

ㄴ. G 지역의 사업체당 매출액은 약 79,084$\left(=\frac{11,625,278}{147}\right)$백만 원이지만, A 지역의 사업체당 매출액은 약 103,797$\left(=\frac{4,878,472}{47}\right)$백만 원이므로 후자가 더 크다. 따라서 옳지 않은 내용이다.
ㄹ. 건물 연면적이 가장 작은 지역은 J(326,373m^2)이지만, 매출액이 가장 작은 지역은 H(861,094백만 원)이므로 옳지 않은 내용이다.

61

답 ①

난도 ★

정답해설

ㄱ. 택시를 이용한 날은 1일, 9일, 11일, 12일, 14일, 15일이다. 택시를 이용한 날 모두 만보기 측정값이 9,500보 이하이다.

ㄴ. 섭취 열량이 소비 열량보다 큰 날은 8일, 10일이다. 8일에는 몸무게가 77.3에서 79.0으로 증가했고, 10일에는 78.5에서 79.6으로 증가했다.

오답해설

ㄷ. 버스를 이용한 날은 2일, 3일, 4일, 5일, 6일, 7일, 8일, 10일, 13일이다. 7일에는 몸무게가 77.3으로 그대로 유지되었으며, 10일에는 78.5에서 79.6으로 오히려 증가했다.

ㄹ. 만보기 측정값이 10,000보 이상인 날은 2일, 3일, 4일, 5일, 6일, 7일, 8일, 10일, 13일이다. 3일, 4일에는 섭취 열량이 각각 2,400, 2,350kcal으로 2,500kcal보다 작다.

62

답 ①

난도 ★★

정답해설

ㄱ. 신소재 산업분야에서 중요도 상위 2개 직무역량은 4.58점인 '문제 해결능력'과 4.46점인 '수리능력'이다.

ㄴ. '미디어'의 산업분야별 직무역량 중요도의 최댓값은 4.59점, 최솟값은 3.68점이다. 최댓값과 최솟값의 차이는 0.91점이다. '신소재'와 '식품'은 최댓값이 4.59점보다 작고, 최솟값은 3.68점보다 크므로 최댓값과 최솟값의 차이는 0.91점보다 작다. '게임'의 최댓값은 4.66점, 최솟값은 3.78점으로 양자의 차이는 0.88점이다.

오답해설

ㄷ. '미디어'에서 중요도가 가장 낮은 직무역량은 '기술능력'이다.

ㄹ. '문제 해결능력'의 중요도 평균값은 4.51점, '직업윤리'의 중요도 평균값은 4.52점이다.

합격생 가이드

ㄴ 선지를 해결하기 위해 각 산업분야의 최댓값과 최솟값 차이를 일일이 계산하지 않아도 된다. '미디어'를 기준으로 미디어의 최댓값보다 최댓값이 작고, 미디어의 최솟값보다 최솟값이 크다면 양자의 차이는 당연히 '미디어'보다 작을 것이다.

ㄹ 선지에서도 '문제 해결능력'의 중요도 평균값을 계산할 필요가 없다. 일부 산업분야에서 '문제 해결능력'보다 중요도가 높은 직무역량은 '직업윤리'가 있는데, 각 분야의 차이를 확인하면 된다. '직업윤리'는 '신소재'에서 0.14점 낮고, '게임'에서 0.14점 높고, '미디어'에서 0.14점 높으며, '식품'에서 0.11점 낮다. 결과적으로 '직업윤리'는 중요도 합이 0.03점 높다.

63

답 ⑤

난도 ★★★

정답해설

면적×면적당 지가를 정리하면 다음과 같다.

지목	면적×면적당 지가	보상 배율	
		감정가 기준	실거래가 기준
전	3×2500	1.8	3.2
답	2×2500	1.8	3.0
대지	8×2500	1.6	4.8
임야	2×2500	2.5	6.1
공장	6×2500	1.6	4.8
창고	2×2500	1.6	4.8

보상비=용지 구입비+지장물 보상비

용지 구입비=면적×면적당 지가×보상 배율

지장물 보상비=용지 구입비×20%

∴ 보상비=면적×면적당 지가×보상 배율×1.2

ㄱ. 감정가 기준 총보상비는 39.6×2,500×1.2, 실거래가 기준 총보상비는 104.6×2,500×1.2이므로 2배 이상이다.

ㄴ. 대지는 보상비가 8×2,500×3.2만큼 증가한다. 임야는 2×2,500×3.6만큼, 공장은 6×2,500×3.2만큼 증가하여 대지보다 증가폭이 작다.

ㄹ. '공장'의 감정가 기준 보상비는 6×2,500×1.6×1.2, '전'의 실거래가 기준 보상비는 3×2,500×3.2×1.2로 같다.

오답해설

ㄷ. 기준과 무관하게 지목별 보상비에서 용지 구입비가 차지하는 비율은 1/1.2로 일정하다.

합격생 가이드

면적과 면적당 지가는 모두 50의 배수이므로, 일일이 계산하기보다 50으로 일률적으로 나누어 계산하면 편하다.

64

답 ①

난도 ★

정답해설

ㄱ. '종합물류업'의 업체당 매출액은 약 16,830억 원으로 다른 업종에 비해 압도적으로 많다. 업종별 업체 수는 크게 차이가 없으나 매출액이 압도적으로 큰 것에서 구체적인 계산을 하지 않고도 이를 확인할 수 있다.

ㄴ. 종업원 중 자격증 소지자 비중이 가장 낮은 업종은 '화물정보업'으로, 자격증 소비자 비중이 1%에 불과하다. 한편 매출액당 전문인력 수가 가장 많은 업종 또한 '화물정보업'이다. (단위를 무시하면) '화물정보업'의 매출액당 전문인력 수는 약 0.04명으로 다른 업종에 비해 명백히 많다.

오답해설

ㄷ. '화물정보업'의 경우 업체당 전문인력 수가 4명에 불과하다. '물류시설업'에서는 업체당 전문인력 수가 8명을 넘는다.

ㄹ. 업체당 종업원 수가 가장 적은 업종은 50명인 '화물정보업'이다. 반면 종업원 중 전문인력 비중이 가장 낮은 업종은 7.7%인 '물류시설업'이다. '화물정보업'의 종업원 중 전문인력 비중은 8%이다.

65

답 ①

난도 ★★★

정답해설

ㄱ. 마트의 비정규직 간접고용 인원은 14,618명이다. 이는 전체 비정규직 간접고용 인원의 2/3를 초과하므로, 업종별 비정규직 간접고용 총인원은 마트가 백화점의 2배 이상임을 알 수 있다.

ㄷ. 비정규직 간접고용 비율이 가장 낮은 사업장은 E로, 이 사업장의 비정규직 직접고용 인원은 약 35,290명이다. 한편 전체 비정규직 직접고용 인원은 약 48,670명이므로 E의 비정규직 직접고용 인원은 다른 9개 사업장의 비정규직 직접고용 인원의 합보다 많다.

오답해설

ㄴ. 특정 사업장의 총 비정규직 고용 인원은 비정규직 간접고용 인원을 비정규직 간접고용 비율로 나누어 구할 수 있다. 따라서 비정규직 직접고용 인원을 계산하는 공식은 다음과 같다.

비정규직 직접고용 인원

$$=\frac{1-\text{비정규직 간접고용 비율}}{\text{비정규직 간접고용 비율}}\times\text{비정규직 간접고용 인원}$$

A의 비정규직 직접고용 인원은 약 1142명이고, H의 비정규직 직접고용 인원은 약 165명이므로 10배 이하이다.

ㄹ. '라'의 비정규직 간접고용 비율은 34.3~34.4%이다. 그런데 '다'의 대부분을 차지하는 사업장 E의 비정규직 간접고용 비율은 19.6%로 매우 낮다. 따라서 구체적인 계산을 하지 않고도 '다'의 비정규직 간접고용 비율은 34.3%보다 낮다는 것을 알 수 있다.

합격생 가이드

이 문제에서 요구하는 것은 정확한 계산이 아니라, 적절한 분수식을 세우고 그 크기를 비교할 수 있는 능력이다. ㄷ의 경우 E의 비정규직 직접고용 인원은 $\frac{0.8}{0.2}\times8{,}600$으로, 전체 비정규직 직접고용 인원은 $\frac{0.7}{0.3}\times20{,}700$으로 어림하여 계산할 수 있다. 이제 전자가 후자의 2배보다 큰지만 확인하면 된다.

66

답 ④

난도 ★★★

정답해설

ㄱ. '만 1세 초과 만 2세 이하'인 원아는 총 120명이다. 이 중 '이든샘' 어린이집 원아는 40명으로, 전체의 1/3이다.

ㄷ. 현재 원아수는 '만 5세 이하'인 원아와 '만 5세 초과'인 원아를 합하면 된다. '아이온'의 정원은 160명, 현재 원아수는 150명으로, 정원 대비 현재 원아수의 비율이 가장 낮다.

ㄹ. 현재 '윤빛' 어린이집의 '만 3세 초과 만 4세 이하'인 원아는 51명이다. 해당 연령의 보육교사 1인당 최대 보육가능 원아수는 15명으로, 현재 4명 고용되어 있다. 따라서 추가로 보육교사를 고용하지 않더라도 9명을 더 충원할 수 있다. 그러나 '윤빛'은 정원이 186명이고, 현재 원아수가 181명이므로 최대 5명까지만 받을 수 있다.

오답해설

ㄴ. '만 1세 이하'인 원아에 대해서는 보육교사가 2명 필요하다. '만 1세 초과 만2세 이하'인 원아에 대해서는 보육교사가 4명 필요하다. '만 2세 초과 만3세 이하'인 원아에 대해서는 4명 필요하다. '만 3세 초과 만 4세 이하'인 원아에 대해서는 4명 필요하다. '만 4세 초과'인 원아에 대해서는 5명이 필요하다. 따라서 '올고운' 어린이집의 현재 보육교사수는 19명이다.

67

답 ④

난도 ★

정답해설

ㄱ. 경성보다 물가가 낮은 도시는 '1910~1914년' 기간에는 대구, 목포, 부산, 신의주, 평양 5곳이다. '1935~1939년' 기간에는 대구, 목포, 부산, 신의주, 원산, 청진, 평양 7곳이다.

ㄴ. 물가와 명목임금 모두가 도시 평균보다 높다면 물가 비교지수와 명목임금 비교지수가 1보다 커야 한다. 매 기간에 걸쳐 물가 비교지수와 명목임금 비교지수가 1보다 큰 도시는 청진 한 곳뿐이다.

ㄹ. '1920~1924년' 기간의 명목임금 비교지수는 목포가 0.97, 신의주가 0.79이다. 따라서 명목임금은 목포가 신의주의 1.2배 이상이다.

오답해설

ㄷ. 명목임금 비교지수는 해당 기간 8개 도시 평균 명목임금 대비 각 도시 명목임금의 비율이다. 기간별 8개 도시 평균 명목임금이 제시되어 있지 않으므로, 제시된 자료만으로는 명목임금의 증감을 확인할 수 없다.

합격생 가이드

지수가 제시되어 있는 경우 비교할 수 있는 것과 비교할 수 없는 것을 잘 구별해야 한다. 기준은 기간별로 달라지므로 기간 간 비교는 불가하나, 해당 기간 내에서 항목 간 비교는 가능하다.

68

답 ③

난도 ★★

정답해설

ㄴ. 매년 영업직 사원수는 생산직과 사무직 사원수를 합한 것보다 현저히 적다. 2018년에도 생산직과 사무직 사원수를 합하면 171명으로, 영업직보다 2명 더 많다.

ㄷ. 전체 사원수가 가장 적은 해는 2015년이다. 2015년 총 사원수는 313명으로, 생산직 사원수 비중은 30% 미만이다.

오답해설

ㄱ. 2018년에는 전년도에 비해 전체 사원수가 19명 감소하였다.

ㄹ. 2016년에는 영업직 사원수는 1명 늘었으나, 생산직과 사무직 사원수의 합은 5명 늘었다. 생산직과 사무직 사원수 합의 증가율이 더 높으므로, 영업직 사원의 비중은 감소하였다.

합격생 가이드

ㄷ에서는 생산직 사원의 비중이 30% 미만인 해와 전체 사원수가 가장 적은 해를 비교하도록 하고 있다. 둘 중 구하기 쉬운 것을 먼저 구하고, 해당 연도가 나머지 조건을 충족하는지를 보면 된다. 30%를 계산하는 것보다는 덧셈을 하는 것이 편하므로, 전체 사원수가 가장 적은 해를 찾자. 영업직 사원수가 현저히 적은 2014~2016년 중에서, 생산직 사원수가 가장 적은 2015년을 기준으로 비교하면 2015년의 전체 사원수가 가장 적다는 것을 알 수 있다.

69 답 ③

난도 ★★

정답해설

③ '충청'에서 2점 이하로 부여한 응답자는 총 43%이고, 4점 이상으로 부여한 응답자는 36.8%이다. 한편 '강원'에서 2점 이하로 부여한 응답자는 26.8%, 4점 이상으로 부여한 응답자는 61.7%이다. 분모가 작고 분모가 더 크므로, 당연히 '강원'의 비율이 더 높다.

오답해설

① 소유면적별 인지도 평균점수는 '50ha 이상'이 3.32점, '2ha 미만'이 2.36점이다. 2.36×1.4=3.304이므로 옳다.

② 인지도 평균점수는 '강원'이 3.46점, '경기'가 2.86점이다.

④ 인지도 점수를 1점으로 부여한 '소재잔주'는 39명(669×5.8%)이다. 한편 인지도 점수를 5점으로 부여한 '부재산주'는 15명(149×10.1%)이다.

⑤ 경영주체별로 '독림가'는 173명 중 약 80%, '임업후계자'는 292명 중 약 70%, '일반산주'는 353명 중 약 30%가 인지도 점수를 3점 이상으로 부여하였다.

합격생 가이드

①은 정확한 계산을 요하는 흔치 않은 선지이다. 간혹 이런 선지가 등장하는데, 억지로 계산을 하지 않으려다 오히려 시간을 잡아먹는 경우가 있다. 자료해석에서 최선은 계산을 하지 않는 것이지만, 이렇게 어쩔 수 없이 계산을 해야 하는 경우도 있음을 명심하자. 이를 분간해 내는 실력이 곧 자료해석 실력이다.

70 답 ⑤

난도 ★★★

정답해설

ㄷ. 재배면적은 '저농약'이 '유기농'의 7배이다. 그러나 생산방법별 구성비를 보면 가장 많은 차이가 나는 곡류에서도 '저농약'은 '유기농'의 7배 미만으로 생산했다. 이를 볼 때 '유기농'이 '저농약'보다 재배면적당 생산량이 많다.

ㄹ. 구성비에 농작물별 생산량 비를 곱하여 비교하면 된다. '유기농'은 119(11×1+27×2+18×3), '무농약'은 235(17×1+67×2+28×3), '저농약'은 246(72×1+6×2+54×3)으로, '저농약'의 생산량이 가장 많다.

오답해설

ㄱ. 재배농가당 재배면적은 2018년에 전년 대비 증가한다.

ㄴ. 2018년에 '저농약'은 2배 이상 증가했으나, '유기농'과 '무농약'은 소폭 증가하면서 비중이 오히려 감소하였다.

71 답 ①

난도 ★

정답해설

① 2016년 환경 분야 재정지출 금액은 527,335×2.4%=12,656.04(백만 달러)이고, 2017년 환경 분야 재정지출 금액은 522,381×2.4%=12,537.144(백만 달러)이므로 2015~2020년 환경 분야 재정지출 금액은 매년 증가하지 않는다.

오답해설

② 2020년 교육 분야 재정지출 금액은 614,130×16.1%=98,874.93(백만 달러), 2013년 안전 분야 재정지출 금액은 487,215×3.6%=17,539.74(백만 달러)이므로 2020년 교육 분야 재정지출 금액은 2013년 안전 분야 재정지출 금액의 4배 이상이다.

③ 2013년 GDP는 $\frac{487,215}{34.9}\times100=1,396,031$(백만 달러), 2020년 GDP는 $\frac{614,130}{32.3}\times100=1,901,331$(백만 달러)이므로 약 1.36배이다.

④ GDP 대비 전체 재정지출 비율과 전체 재정지출 중 보건 분야 재정지출 비중이 나와 있으므로 이 둘을 곱하면 GDP 대비 보건 분야 재정지출 비율을 계산할 수 있다.
GDP 대비 보건 분야 재정지출 비율은 연도별로 2015년 3.6936%, 2016년 3.7278%, 2017년 3.8796%, 2018년 4%, 2019년 4.1344%, 2020년 4.2636% 이므로 2016년 이후 GDP 대비 보건 분야 재정지출 비율은 매년 증가했다.

⑤ 5대 분야 재정지출 금액의 합은 연도별로 2013년 40%, 2014년 41.6%, 2015년 40.4%, 2016년 41%, 2017년 42.7%, 2018년 43.1%, 2019년 43.2%, 2020년 43.5% 이므로 매년 전체 재정지출 금액의 35% 이상이다.

합격생 가이드

이 문제는 엄격한 계산을 수행하는 것이 아니라 가볍게 계산을 하면서 정답을 구하는 것이 중요하다.

72 답 ②

난도 ★

정답해설

ㄱ. 2020년 전체 대학의 전임교원 담당학점 비율은 66.7이고 비전임교원 담당학점 비율은 33.3이므로 66.7>33.3×2=66.6이기 때문에 2배 이상이다.

ㄹ. 2019년 대비 2020년에 증가한 비전임교원 담당학점은 비수도권 대학의 경우 132,991−123,091=8,900이고 수도권 대학의 경우 106,403−101,864=4,539로 비수도권 대학이 수도권 대학의 2배 미만이다.

오답해설

ㄴ. 2019년 전체 대학의 전임교원 담당학점은 476,551이고 2020년 전체 대학의 전임교원 담당학점은 479,876이므로 약 0.1% 증가하였으므로 전년 대비 1.1% 줄어들지 않았다.

ㄷ. 사립대학의 경우, 비전임교원 담당학점 중 강사 담당학점 비중은 2019년 : $\frac{14.7}{31.0}\times100=47.42\%$이며, 2020년 : $\frac{19.2}{32.2}\times100=59.63\%$이다. 따라서, 2019년과 2020년간 차이는 10%p 이상이다.

합격생 가이드

보기 ㄴ의 경우 비율의 차이로 숫자를 읽으면 1.1%가 감소한 것으로 볼 수 있으나 이는 자료해석의 전형적인 오답유형에 해당하므로 이를 선택하면 안 된다. 또한 보기를 줄여나감에 따라 ㄹ을 계산하지는 않았겠지만 ㄹ을 보게 되는 경우라면 구체적인 계산을 수행해 줘야 한다.

73

답 ①

난도 ★

정답해설

ㄱ. '조선왕조실록', '호구총수'에 따라 구(口)를 호(戶)로 나누면 모든 조사연도마다 각각 3명 이상이 나온다.

ㄴ. 현종 13년 이후 직전 조사연도 대비 호(戶) 증가율이 가장 큰 조사연도는 '조선왕조실록'에서는 숙종 19년이며, '호구총수'에서도 숙종 19년이다. 따라서 '조선왕조실록'과 '호구총수'에서 같다.

오답해설

ㄷ. 숙종 원년 대비 숙종 19년 '조선왕조실록'에 따른 구(口) 증가율은 약 52.83%이며, '호구총수'에 따른 구(口) 증가율은 약 49.08%이다. 따라서, '조선왕조실록'의 구(口) 증가율이 '호구총수'의 구(口) 증가율보다 크다.

ㄹ. '조선왕조실록'과 '호구총수' 간 호(戶)의 차이가 가장 큰 조사연도는 숙종 25년이다. '조선왕조실록'과 '호구총수' 간 구(口)의 차이가 가장 큰 조사연도는 숙종 19년도이다.

합격생 가이드

계산을 눈대중으로 할 수 있을 정도로 상당히 쉬운 문제에 속한다. 이러한 문제들은 빨리 계산한 만큼 시간을 벌 수 있기 때문에 최대한 실수하지 않도록 한다.

74

답 ①

난도 ★★

정답해설

ㄱ. 2024년과 2018년 대비 2024년 매출액 순위변화를 이용하여 각 기업들의 등수를 구한다. 그러면 2024년 기준 매출액 순위를 기준으로 2018년 기준 매출액 순위는 다음과 같이 1, 3, 2, 4, 5, 6, 12, 10, 16, 14등이 된다. 이때 2018년 10등인 ABBVIE의 매출액이 321억 원이 된다. 따라서 7등, 8등, 9등의 매출액이 321억 이상임을 알 수 있다. 이를 고려하면 2018년 기준 매출액 소계를 기준으로 3,455+(321−306)+(321−174)+(321−207)=3,731억 원이므로 3,700억 원 이상이다.

ㄴ. 2024년 매출액 상위 10개 제약사 중 2018년 대비 2024년 매출액이 가장 많이 증가한 기업은 Takeda로 149억 원이 증가했으며 가장 적게 증가한 기업은 Roche로 21억 원 증가했다.

오답해설

ㄷ. 2024년 매출액 상위 10개 제약사의 매출액 합이 전체 제약사 총 매출액에서 차지하는 비중은 2024년 : $\frac{2,149}{11,809}\times 100 \fallingdotseq 35.13\%$이며, 2018년 : $\frac{3,455}{8,277}\times 100 \fallingdotseq 41.74\%$이므로 2024년이 2018년보다 작다.

ㄹ. 2024년 매출액 상위 10개 제약사 중, 2018년 대비 2024년 매출액 증가율이 60% 이상인 기업은 1개로 Takeda이다.

합격생 가이드

보기 ㄱ이 약간 생소할 수 있으나 2024년 기준 매출액 상위 10개 제약사의 2018년 매출액 순위를 적는다면 문제 풀이 방법이 보일 것이다. 이러한 아이디어를 떠올리기만 한다면 정답을 쉽게 도출할 수 있다. 만일 떠올리지 못하더라도 계산을 통해 구할 수 있다.

75

답 ①

난도 ★

정답해설

선지에서 '갑'기업의 월간 순지출액이 가장 작은 지역으로 마닐라와 자카르타가 써져 있으므로 이들을 비교해 본다.

마닐라 : 10×230+100×2+1,150×4=7,100,

자카르타 : 10×230+7×100+1,150×4=7,900이다.

따라서 월간 순지출액이 가장 작은 지역은 마닐라이다.

이제 정답은 ①과 ② 중에 하나이다. 따라서 마지막으로 다낭과 하노이를 비교한다.

다낭 : 10×170+14×100+4,000×4=19,100,

하노이 : 10×190+14×100+3,400×4=16,900이다. 따라서 월간 순지출액이 가장 큰 지역은 다낭이므로 정답은 ①이다.

합격생 가이드

구해야 할 계산이 많다고 여겨지는 경우 선지를 통해서 계산의 범위를 줄여야 한다. 위 문제에서는 가장 작은 지역이 마닐라와 자카르타이므로 이를 먼저 계산함으로써 나머지 불필요한 계산을 줄인다면 시간을 단축하면서 풀 수 있다.

76

답 ⑤

난도 ★★★

정답해설

ㄱ. 〈표1〉에서 애니메이션 전체의 합은 39개이다. 이때 〈표2〉에서 중복하여 등록한 회사가 18개이므로 이를 제한다면 21개의 회사가 1편의 애니메이션만 등록하였다.

ㄴ. 1월에 국내단독 유형인 애니메이션을 등록한 회사는 유이락이 2편을 등록하였다고 한 바 6−(2−1)=5개의 회사가 애니메이션을 등록했다.

ㄷ. 3월에 유이락이 국내단독으로 3편의 애니메이션을 등록하였으므로 전체 11편 중 1개의 회사가 3편을 등록했기 때문에 11−(3−1)=9개의 회사가 애니메이션을 등록했을 것이다.

합격생 가이드

〈표2〉에서 말하고자 하는바가 무엇인지를 정확하게 캐치해야 한다. 과거 기출문제에서도 회사가 중복되었던 경우가 있는데 기출문제를 많이 풀었다면 그 아이디어를 살짝만 변형하여 풀 수 있었다.

77

답 ①

난도 ★

정답해설

ㄱ. 2017년의 보유세는 9,196십억 원이고 2015년의 보유세는 5,030십 억 원이다. 9,054십억 원이므로 2017년의 보유세는 2015년의 보유세의 1.8배 이상이다.

ㄴ. 보유세 중 재산세 비중은 다음과 같다.
2015년 : 51.45%, 2016년 : 45.67%, 2017년 : 40.83%, 2018년 : 44.75%, 2019년 : 50.71%이다. 따라서, 2017년까지는 지속적으로 감소하다가 2018년부터 매년 증가했다.

오답해설

ㄷ. 농어촌특별세가 보유세에서 차지하는 비중이 매년 가장 작기 위해서는 농어촌특별세가 가장 작아야 한다. 하지만 2017년의 농어촌특별세는 공동시설세보다 크기 때문에 농어촌특별세는 보유세에서 차지하는 비중이 매년 가장 작다고 볼 수 없다.

ㄹ. 재산세 대비 종합부동산세 비가 가장 큰 연도는 2015년으로 약 5.87이다. 반면, 가장 작은 연도는 2017년으로 약 1.55이므로 4배 이상이 아니다.

합격생 가이드

연도만 비교하여도 풀 수 있을 정도에 가장 기초적인 계산 문제이다. 특별히 주의할 점이 없는 만큼 확실하고 빠르게 풀고 넘어가야 한다.

78

답 ①

난도 ★★

정답해설

ㄱ. 화물차의 오염물질 CO, NOx, SOx, VOC의 배출량 합은 2,828+7,427+3+645=10,903이며, 건설장비의 오염물질 CO, NOx, SOx, VOC의 배출량 합은 2,278+4,915+2+649=7,844이다.

ㄴ. 현재 표에 주어진 PM2.5의 배출비중은 91.7이다. 따라서 PM2.5 기준 배출량 상위 5개 배출원의 PM2.5 배출비중의 합은 최소 91.7이므로 90% 이상이다.

오답해설

ㄷ. 현재 표에 주어진 NOx의 배출비중의 합은 82이다. 따라서 알지 못하는 산업에서 NOx의 배출비중이 9.0보다 클 가능성이 있다.

ㄹ. PM10의 전체 배출량은 $\frac{163}{5.2}\times100=3,134.6$이다. 반면, VOC의 전체 배출량은 $\frac{200}{0.5}\times100=40,000$이다.

합격생 가이드

표에서 주어지지 않은 부분까지 생각하면서 풀어야 하는 문제이다. 특히 ㄴ과 ㄷ을 풀 때 배출비중을 활용하여 계산하지 않는다면 알 수 있는지 없는지 헷갈리게 될 것이다.

79

답 ③

난도 ★★

정답해설

ㄴ. 총 노선 수의 전년 대비 감소폭은 2017년 3개, 2018년 3개, 2019년 4개, 총 차량대수의 전년 대비 감소폭은 2018년 3대, 2019년 61대, 2020년 16대이다. 따라서 전년 대비 감소폭은 2019년이 총노선 수와 총차량대수 모두 가장 크다.

ㄷ. 2019년 심야버스만 전년에 비해 차량대수가 23대 증가했고 전년 대비 차량대수 증가율은 $\frac{23}{47}\times100=49\%$이므로 45% 이상이다.

ㄹ. 2016~2020년 노선 수 대비 차량대수 비는 간선버스가 지속적으로 30에 가깝고 이는 지선버스와 광역버스보다 압도적으로 큰 바이다.

오답해설

ㄱ. A시 버스 총 노선 수는 2019년에 351개에서 2020년에 354개로 증가한다.

ㅁ. 2016년 심야버스의 노선 수 대비 차량대수비는 5인 반면, 순환버스는 6.25이다.

합격생 가이드

문제를 이해하는데 많은 노력이 필요 없으나 지속적인 계산을 요구하고 있다. 따라서 눈대중을 통한 암산을 강화할 필요성이 있다.

80

답 ④

난도 ★★★

정답해설

ㄱ. 배송업체 A를 이용하면 소용비용은 다음과 같다.
갑 : 300×500+120×17=152,010(천 원)
을 : 200×500+110×1.1×10=126,210(천 원)
병 : 320×500+130×0.7×8=160,728(천 원)
정 : 400×500+80×0.8×13=200,832(천 원)
무 : 270×500+150×0.5×20=136,500(천 원)
띠리사 '을'이 가장 적다.

ㄴ. ㄱ에서 보았듯이 의자 제작비용이 저렴할수록 유리하다. 따라서 '을'을 기준으로 살펴보면 250×300+110×1.1×6=75,726(천 원)이므로 소요비용이 1억 원 미만이다.

ㄹ. 의자를 590개 설치할 경우에 제작비용이 가장 싼 '을'은 250×590+110×0.9×12=148,688(천 원)이므로 소요비용이 1.5억 원 미만이다.

오답해설

ㄷ. 배송업체 B를 이용하더라도 ㄱ에서 보았듯이 의자 제작비용이 차이가 많이 나는 것이며 배송비용은 차이가 많이 나지 않는 것을 고려하여 '을'과 '무'만 비교한다.
을 : 250×300+110×0.9×6=75,594(천 원)
무 : 270×300+150×0.3×12=81,540(천 원)이다.

합격생 가이드

단위를 주목하여 계산해야 한다. 또한 많은 계산을 요구하는 것처럼 보이나 동일한 개수의 의자를 설치하기 때문에 의자 제작비용이 가장 싼 기업이 당연히 유리할 것임을 고려한다면 쉽게 풀 수 있다.

02 그림 제시형 필수기출 80제 정답 및 해설

01	02	03	04	05	06	07	08	09	10
④	③	②	①	③	⑤	④	⑤	②	①
11	12	13	14	15	16	17	18	19	20
③	③	④	②	③	④	①	②	④	⑤
21	22	23	24	25	26	27	28	29	30
①	③	④	③	⑤	①	①	③	③	①
31	32	33	34	35	36	37	38	39	40
②	④	④	③	④	①	④	①	②	③
41	42	43	44	45	46	47	48	49	50
②	①	④	③	②	②	①	①	①	⑤
51	52	53	54	55	56	57	58	59	60
④	①	②	④	①	⑤	⑤	②	③	③
61	62	63	64	65	66	67	68	69	70
④	①	③	③	③	②	③	②	①	④
71	72	73	74	75	76	77	78	79	80
④	③	⑤	②	②	④	⑤	④	⑤	②

01

답 ④

난도 ★

정답해설

ㄱ. 신문보도에서 착공 전에 가장 높은 보도비율을 보인 두 분야는 교통과 환경인데, 이 두 분야 모두 착공 후 보도비율이 감소하였으므로 옳은 내용이다.

ㄷ. 착공 전에 비해 착공 후 교통에 대한 보도비율의 감소폭은 신문(30.6%p)이 방송(22.3%p)보다 더 크므로 옳은 내용이다.

ㄹ. 역사분야의 착공 전 대비 착공 후 보도비율의 증가율은 신문(약 3배), 방송(약 5배)로 다른 분야에 비해 가장 크므로 옳은 내용이다.

ㅁ. 착공 전 교통에 대한 보도비율은 신문(49.0%)보다 방송(51.6%)에서 더 높으므로 옳은 내용이다.

오답해설

ㄴ. 착공 후 신문에서 가장 많이 보도된 분야는 교통이지만 방송에서 가장 많이 보도된 분야는 공정이므로 옳지 않은 내용이다.

02

답 ③

난도 ★★

정답해설

ㄴ, ㄹ 제시된 자료를 통해서는 알 수 없으므로 옳지 않은 내용이다.

ㅂ. 제시된 자료는 교통사고가 발생한 음주운전에 대한 내용이므로 사고가 발생하지 않은 경우에 대해서는 알 수 없다. 따라서 옳지 않은 내용이다.

오답해설

ㄱ. 〈그림 1〉에서 20대의 교통사고 발생 건수의 비율은 35.6%이고, 30대의 비율은 38.6%이므로 둘의 합은 74.2%로 66.7%$\left(=\frac{2}{3}\right)$를 넘는다. 따라서 옳은 내용이다.

ㄷ. 전체 음주운전 교통사고 발생 건수 중에서 운전자의 혈중 알코올 농도가 0.30% 이상인 경우는 10.4%(=8.6%+1.8%)이므로 옳은 내용이다.

ㅁ. 20세 미만의 음주운전 교통사고 발생 건수 대비 사망자 수 비율은 약 1.9$\left(=\frac{5.1}{2.7}\right)$인 반면 다른 연령대의 비율은 이에 한참 미치지 못한다. 따라서 옳은 내용이다.

03

답 ②

난도 ★★

정답해설

ㄱ. 각 분기별 출발지연 건수를 직접 계산하지 않더라도 그래프 상으로도 확인이 가능하다. 3/4분기의 경우가 조금 혼동될 수 있으나 4월과 7월, 5월과 9월, 6월과 8월로 그룹지어 판단해보면 3/4분기에도 증가했음을 알 수 있다. 따라서 옳은 내용이다.

ㄷ. 2006년의 월별 편성 횟수 대비 정시출발 비율이 95% 이상이 되려면 월별 출발지연 건수가 12.5회 이하여야 하는데, 〈그림 2〉에서 볼 수 있듯이 2006년 매월 지연 건수는 12.5회에 미치지 못하므로 옳은 내용이다.

오답해설

ㄴ. 〈그림 3〉의 5건의 도수가 0이라는 의미는 5월에 수하물 분실 건수가 0이라는 것이 아니라 한 달에 5건 분실이 발생한 달이 없다는 의미이다. 또한, 〈그림 3〉의 도수를 모두 더해보면 44건으로 〈그림 1〉에서의 수치와 일치하므로 〈그림 3〉에 표시된 수치 이외의 분실은 없다는 것을 의미한다. 따라서 옳지 않은 내용이다.

ㄹ. '항공기 출발지연'(84건), '수하물 분실'(44건), '기계적 결함'(25건)의 건수의 합은 153건이고, 전체 문제 발생 건수는 181건이다. 따라서 이들 3가지 문제의 발생 건수가 전체 문제에서 차지하는 비율은 약 84.5%$\left(=\frac{153}{181}\right)$이므로 옳지 않은 내용이다.

04

답 ①

난도 ★★

정답해설

ㄱ. 지방정부 신뢰 수준이 높은 집단일수록 그래프가 상단에 위치하여 중앙정부에 대해서도 신뢰도가 높다는 것을 알 수 있다. 따라서 옳은 내용이다.

오답해설

ㄴ. 최종학력이 중학교인 집단의 경우 지방정부의 신뢰 수준이 높은 경우에도 중앙정부의 신뢰도가 가장 낮은 것으로 나타나고 있으므로 두 신뢰도 사이의 차이가 크다고 볼 수 있다. 따라서 옳지 않은 내용이다.

ㄷ. 지방정부에 대한 신뢰 수준이 낮은 그룹에서만 중앙정부에 대한 신뢰도가 1.15로 동일할 뿐, 나머지 그룹들에서는 모두 중앙정부에 대한 신뢰도가 다르므로 옳지 않은 내용이다.

ㄹ. 지방정부에 대한 신뢰 수준이 낮은 그룹 중 최종학력이 전문대학인 경우와 지방정부에 대한 신뢰 수준이 높은 그룹 중 최종학력이 대학원인 경우는 그보다 학력이 낮은 경우에 비해 중앙정부에 대한 신뢰도가 낮아졌으므로 옳지 않은 내용이다.

05

답 ③

난도 ★★

정답해설

㉠ 30대, 40대, 50대의 각 연령대별 남성의 경우, 기부경험률은 각각 39.0%, 41.5%, 40.8%로 응답자 전체 기부경험률(37.8%)보다 높으나, 자원봉사참여율은 각각 10.0%, 13.1%, 15.0%로 응답자 전체 자원봉사참여율(16.0%)보다 낮다. 따라서 옳은 내용이다.

㉢ 〈표〉에 의하면 60대 이상을 제외한 각 연령대에서 여성의 기부경험률과 자원봉사참여율이 각각 남성의 기부경험률과 자원봉사참여율보다 높으므로 옳은 내용이다.

㉣ 〈그림〉에 의하면 20대를 제외한 각 연령대에서 자원봉사에 참여하는 사람들의 행복지수가 참여하지 않는 사람들에 비해서 높으므로 옳은 내용이다.

오답해설

㉡ 20대의 기부경험률은 남성 29.8%, 여성 34.7%로 가중평균을 감안하더라도 응답자 전체 기부경험률인 37.8%에 미치지 못하나 30대, 40대, 50대는 각 성별, 연령별 기부경험률이 37.8%를 넘으므로 가중평균을 감안했을 때 응답자 전체 기부경험률을 넘는다. 하지만 60대의 경우는 남성 29.8%, 여성 21.4%로 모두 37.8%에 미치지 못하므로 응답자 전체 기부경험률을 넘지 못한다. 따라서 옳지 않은 내용이다.

㉤ 자원봉사 참여자의 경우 20대(6.80점)에서 60대 이상(6.22점)으로 0.58점 하락하였으나, 자원봉사 비참여자의 경우 20대(6.86점)에서 60대 이상(5.34점)으로 1.52점 하락하였다. 따라서 옳지 않은 내용이다.

06

답 ⑤

난도 ★★

정답해설

ㄴ. 2004~2007년 사이에 A사와 C사의 매출액은 증가한 반면, B사는 감소하였으므로 결과적으로 B사의 시장점유율은 하락하였으며, 2007년의 경우 A사의 매출액은 증가하였고, C사의 매출액은 감소하였으나 그 감소폭이 B사보다 적으므로 역시 B사의 시장점유율은 하락하였다. 따라서 옳은 내용이다.

ㄷ. 2002년에 비해 2003년에 A사의 매출액은 증가하였으나 B와 C사의 매출액은 모두 감소하였으므로 A사의 시장점유율은 상승하였다. 따라서 옳은 내용이다.

ㄹ. C사는 1999~2002년 사이에 매출액이 증가하였으나 A사와 B사의 경우는 매출액의 증가폭이 C사에 미치지 못하거나 매출액이 감소하였으므로 C사의 시장점유율은 증가하였다. 그러나 2003년에는 A사와 B사의 매출액은 증가하였으나 C사의 매출액은 감소하였으므로 C사의 시장점유율은 감소하였다. 따라서 옳은 내용이다.

오답해설

ㄱ. 2007년의 경우 A사의 매출액의 증가분보다 B사와 C사의 매출액의 감소분의 합이 더 크므로 전체 매출액은 감소하였다. 따라서 옳지 않은 내용이다.

07

답 ④

난도 ★★

정답해설

ㄴ. A사가 조사한 시청률과 B사가 조사한 시청률이 동일한 점을 선으로 이으면 원점을 통과하는 45°선을 그릴 수 있다. 만약 어떠한 항목이 이 선위에 위치한다면 A사와 B사가 조사한 시청률이 동일하다는 것이며 멀리 떨어져 있다면 두 회사 간의 시청률의 차이가 크다는 것을 의미한다. 이에 따르면 예능프로그램이 가장 멀리 떨어져 있으므로 시청률 차이가 가장 크다는 것을 알 수 있다.

ㅁ. A사의 조사에서는 오디션프로그램(20% 이상)이 뉴스(20%)보다 시청률이 높으나, B사의 조사에서는 뉴스(20% 이상)가 오디션프로그램(20% 미만)보다 시청률이 높다.

오답해설

ㄱ. 〈그림〉에 따르면 B사가 조사한 일일연속극의 시청률은 40%를 약간 넘고 있으므로 옳지 않다.

ㄷ. 오디션프로그램의 시청률은 A사의 조사에서는 20%를 조금 넘고 있으나 B사의 조사에서는 20%에 미치지 못하고 있다. 따라서 A사의 조사결과가 B사의 조사결과보다 더 높다.

ㄹ. ㄴ에서 설명한 것처럼 주말연속극 항목은 45°선에 위치하고 있으므로 두 회사의 조사결과가 동일하다.

합격생 가이드

이와 같이 그래프를 읽고 선택지를 판단하는 문제는 난도의 차이가 있을지언정 매년 등장하는 유형이다. 특히 이와 같은 격자형 그래프에서는 45°선과 기울기, 더 나아가 기울기의 역수를 이용한 문제들이 단골로 출제되고 있으니 개념을 확실히 익혀두기 바란다.

08

답 ⑤

난도 ★

정답해설

ㄴ. 사회유형에 무관하게 C에서 A로 갈수록 민주주의 발전지수가 증가하므로 옳은 내용이다.

ㄷ. 평균 비례지수가 높은 순서대로 나열하면 A, B, C인데, 제1당의 평균 의석률이 작은 순서대로 나열해도 역시 A, B, C이므로 옳은 내용이다.

ㄹ. 평균 비례지수가 높은 순서대로 나열하면 A, B, C인데, 사회유형에 무관하게 C에서 A로 갈수록 발전지수가 증가하므로 옳은 내용이다.

오답해설

ㄱ. A선거제도의 경우, 동질사회(79)에서보다 이질사회(74)에서 민주주의 발전지수가 더 작으므로 옳지 않은 내용이다.

09

답 ②

난도 ★★

정답해설

㉡ 〈그림 1〉에서 1사분면에 속한 5개의 유형 중 〈그림 2〉에서는 1사분면에 속하지 않는 것은 도매시장 항목이다. 따라서 민간업체, 영농법인, 대형공급업체, 농협 4개 유형이 모든 속성에서 3점 이상을 얻고 있다.

㉣ 〈그림 2〉에 따르면 할인점의 공급력 속성의 선호도가 가장 낮았으므로 옳은 내용이다.

오답해설

㉠ 가격적정성 속성의 경우 민간업체가 농협보다 높은 점수를 받았으나, 품질 속성에서는 농협이 민간업체보다 높은 점수를 받았으므로 옳지 않은 내용이다.

㉢ 농협은 품질과 공급력 속성에서는 선호도가 가장 높았으나 가격적정성의 경우는 민간업체의 선호도가 가장 높으므로 옳지 않은 내용이다.

㉤ 개인 납품업자의 경우 품질속성에서는 가장 낮은 선호도를 보이고 있으나 나머지 속성에서는 그렇지 않으므로 옳지 않은 내용이다.

10

답 ①

난도 ★

정답해설

ㄱ. 1993년 폭－수심비 최댓값은 5.5km 지점에서 측정된 값이며 약 550임을 알 수 있다.

오답해설

ㄴ. 1983년과 1993년의 폭－수심비 차이가 가장 큰 측정지점은 5.5km 지점이며 그 차이는 약 360임을 알 수 있다. 따라서 옳지 않은 내용이다.

ㄷ. 구체적인 수치를 직접 계산할 필요 없이 1983년의 그래프 자체가 300의 범위를 벗어나지 못하고 있으므로 옳지 않은 내용이다.

11

답 ③

난도 ★★

정답해설

㉢ 〈표〉에서 2011년 미국 소셜광고 시장 규모는 25.4억 달러에서 2014년 55.9억 달러로 성장할 것으로 예상됨을 알 수 있다. 하지만 2014년의 수치는 세계 소셜광고 시장 규모(119억 달러)의 50%에는 미치지 못하므로 옳지 않은 내용이다.

오답해설

㉠ 〈그림 1〉에 따르면 2011년 세계 소셜네트워크 서비스 이용자 수는 12억 명이며 이것이 50% 증가한 수치는 18억 명이다. 그런데 2014년의 이용자 수는 18.5억 명으로 이보다 많으므로 2011년 대비 2014년의 이용자 수 증가율은 50%를 넘는다.

㉡ 〈그림 2〉에 따르면 2012년 세계 소셜광고 시장 규모는 77억 달러이며 전년 대비 성장률은 48.1%임을 알 수 있다.

㉣ 〈표〉에 의하면 2011년 미국 소셜광고 시장 점유율 순위는 페이스북이 67%로 선두를 달리고 있으며 그 다음으로 소셜게임, 트위터, 링크드인이 순서대로 그 뒤를 잇고 있다.

㉤ 〈표〉에 의하면 2014년 페이스북의 시장 점유율은 67%이며 이는 2012년 71%에 비해 4%p 감소한 수치이므로 옳은 내용이다.

합격생 가이드

'자료－보고서'형 문제는 외형적으로는 보고서형 문제이지만 실상은 일반적인 선택지형 문제와 동일한 유형이다. 단지 차이가 있다면 선택지의 정오판단에 거의 영향을 주지 못하는 잉여문장들이 많다는 것이다. 따라서 보고서의 내용 중 밑줄이 그어지지 않은 부분은 처음부터 아예 읽지도 말고 그냥 넘기기 바란다. 아주 간혹 그 부분이 있어야 의미 파악이 가능한 경우도 있기는 하지만 극소수에 불과하다.

12

답 ③

난도 ★★

정답해설

③ 스위스의 경우 남성이 1위, 여성이 3위이며, 일본의 경우 남성이 4위, 여성이 1위이다. 반면 나머지 국가들 중에는 남성과 여성 모두 5위 이내에 포함된 국가가 없으므로 옳은 내용이다.

오답해설

① 2003년 한국 남성의 기대수명은 73.9세이고 2009년은 76.8세이므로 증가폭은 2.9세이다. 그런데 73.9의 절반(50%)이 30을 훨씬 넘는 상황이므로 5% 역시 3보다 크게 되어 증가율은 5%에 미치지 못한다는 것을 알 수 있다.

② 2009년 일본 여성의 기대수명이 86.4세이기 때문에 이의 90%는 86.4－(86.4×0.1)＝77.76으로 계산할 수 있다. 그런데 일본 남성의 기대수명은 79.6세로서 이보다 크다. 따라서 옳지 않다.

④ 2006년과 2009년 한국 남성의 기대수명 차이는 1.1세인 반면 여성은 1.4세로서 이보다 크다. 따라서 옳지 않다.

⑤ 스위스 여성과 스웨덴 여성의 기대수명 차이는 1.2세인 반면, 남성은 0.5세에 불과하다. 따라서 옳지 않다.

13

답 ④

난도 ★★

정답해설

④ 자살률이 가장 높은 국가는 A이고, A국가의 1인당 GDP는 약 17천 달러이다. 자살률이 두 번째로 높은 국가는 B이고 B국가의 1인당 GDP는 약 30천 달러이다. 따라서 B국가의 1인당 GDP는 A국가의 1인당 GDP의 50% 이상이므로 옳은 내용이다.

오답해설

① 1인당 GDP가 가장 낮은 국가는 S(10천 달러)이며, 자살률이 가장 낮은 국가는 T(약 3명)이므로 둘은 일치하지 않는다.

② 1인당 GDP가 4만 달러 이상인 국가는 K(60천 달러)인데, 이 국가의 자살률은 약 13명이므로 옳지 않은 내용이다.

③ 자살률이 가장 높은 국가는 A(약 23명)이고, 가장 낮은 국가는 T(약 3명)이므로 둘의 차이는 약 20명이어서 15명을 초과한다. 따라서 옳지 않은 내용이다.

⑤ C국보다 자살률과 1인당 GDP가 모두 낮은 국가는 G, H, I, O, S 5개국이며 C국보다 자살률과 1인당 GDP가 모두 높은 국가는 B이므로 옳지 않은 내용이다.

합격생 가이드

이 문제와 같이 그래프에서 ~%, ~배와 같이 대상들을 비교하는 경우에는 굳이 구체적인 수치를 대입할 것이 아니라, ~칸으로 접근하면 매우 빠르게 판단할 수 있다. 예를 들어 선택지 ④의 경우는 B가 거의 30에 육박하고 있으나 굳이 이를 위의 해설처럼 근사값으로 계산할 필요 없이 6칸으로 보면 50%는 3칸 정도이므로 옳지 않음을 시각적으로 확인할 수 있다. 또한 선택지 ③의 경우도 15명을 직접 계산하기보다는 3칸으로 이해하면 보다 손쉽게 판단할 수 있을 것이다. 별것 아닌 것 같지만 이것이 체화된 사람과 그렇지 않은 사람의 차이는 시험장에서 매우 크게 나타난다.

14

답 ②

난도 ★

정답해설

② '용기디자인'의 점수는 A음료가 약 4.5점이므로 가장 높고, C음료가 약 1.5점에서 가장 낮으므로 옳은 내용이다.

오답해설

① C음료는 8개 항목 중 '단맛'의 점수가 가장 높으므로 옳지 않은 내용이다.

③ A음료가 B음료보다 높은 점수를 얻은 항목은 '단맛'과 '쓴맛'을 제외한 6개 항목이므로 옳지 않은 내용이다.

④ 각각의 항목별 점수의 합이 크다는 것은 이를 연결한 다각형의 면적이 가장 크다는 것을 의미한다. 따라서 D음료가 B음료보다 크다.

⑤ A~D 음료 간 '색'의 점수를 비교할 때 점수가 가장 높은 음료는 A음료이고, '단맛'의 점수가 가장 높은 것은 B, C음료이므로 옳지 않은 내용이다.

15

답 ③

난도 ★★

정답해설

③ 그래프만으로 판단해보더라도 2006년과 2007년의 미혼녀와 미혼남의 인원 수 차이는 거의 비슷함을 알 수 있다. 실제로 계산해보아도 2006년이 11,695명, 2007년이 11,634명으로 거의 차이가 나지 않는다.

오답해설

① 〈그림 1〉에서 2004년 이후 미혼녀 인원 수가 매년 증가하였음을 알 수 있으므로 옳은 내용이다.

② 2006년의 미혼녀 인원 수는 14,720명이며 이의 2배는 29,440명이다. 따라서 2007년의 미혼녀 인원 수는 2006년의 2배 이상이다.

④ 〈그림 2〉에서 공무원의 수는 9,644명이며 변호사의 수는 3,888명이다. 따라서 공무원 수는 변호사 수의 2배 이상이다.

⑤ 〈그림 2〉에서 회계사의 수는 5,315명이며 승무원의 수는 2,580명이다. 따라서 회계사 수는 승무원 수의 2배 이상이다.

16

답 ④

난도 ★★

정답해설

ㄱ. 전체 순위를 모두 살펴볼 필요 없이 남자 국가대표선수들의 경우 축구의 평균 연령이 가장 낮으나 여자 국가대표선수들은 수영의 평균 연령이 가장 낮으므로 옳지 않다.

ㄴ. 역시 전체 순위를 모두 살펴볼 필요 없이 남자 국가대표선수들의 경우 역도의 평균 신장이 가장 낮으나 여자 국가대표선수들은 사격의 평균 신장이 가장 낮으므로 옳지 않다.

ㄷ. 역도와 축구의 경우 여자 국가대표선수의 평균 연령이 남자보다 더 높으므로 옳지 않은 내용이다.

오답해설

ㄹ. 세로축의 수치들이 다르다는 것만 유념하면 주어진 6가지 운동종목의 남자 국가대표선수의 평균 신장이 여자보다 크다는 것을 쉽게 확인할 수 있다.

합격생 가이드

이 문제와 같이 동일한 형식의 그래프이지만 축의 수치가 다르게 표시되는 경우가 종종 있다. 그러한 문제들의 경우 거의 예외 없이 그 함정에 걸려들게끔 선택지가 구성되는데 이 문제의 경우도 마찬가지였다. 따라서 그래프가 등장하면 세로축, 가로축의 수치들이 어떻게 표현되어 있는지 반드시 확인하도록 하자.

17 답 ①

난도 ★★

정답해설

ㄱ. 2011년과 2012년 모두 이용률이 가장 높은 소셜미디어는 페이스북임을 〈그림〉에서 확인할 수 있다.

ㄴ. 2011년 4위는 링크트인, 5위는 구글플러스였었던 것에 반해, 2012년에는 4위와 5위의 순서가 바뀌었으므로 옳은 내용이다.

ㄹ. 2011년에 비해 2012년 이용률이 감소한 소셜미디어는 페이스북(93%에서 91%로 2%p 감소)뿐이다.

오답해설

ㄷ. 2011년에 비해 2012년 이용률이 가장 큰 폭으로 증가한 소셜미디어는 45%에서 62%로 17%p 증가한 유튜브이다.

ㅁ. 2011년 이용률이 50% 이상인 소셜미디어는 페이스북(93%)뿐이며, 유튜브의 이용률은 45%에 그치고 있다.

18 답 ②

난도 ★★

정답해설

ㄱ. 〈그림 1〉에서 성과 점수가 가장 높은 과제는 '비용부담완화'(5.12점)이고 가장 낮은 과제는 '보육인력 전문성 제고'(3.84점)이므로 둘의 차이는 1점보다 크다. 따라서 옳은 내용이다.

ㄴ. '보육인력 전문성 제고'의 성과 점수는 3.84점이고 추진 필요성 점수는 3.70점으로 차이는 0.14점인데 나머지 항목들은 눈으로 어림해 보아도 이보다 더 크다는 것을 쉽게 알 수 있다.

오답해설

ㄷ. 6대 과제의 추진 필요성 점수의 총합은 21.76점이므로 이들의 평균은 3.62점이다. 따라서 옳지 않다.

합격생 가이드

선택지 ㄷ의 경우 '보육인력 전문성 제고' 항목의 점수가 3.70점이라는 것에 착안하여 보다 간편하게 판단할 수 있다. 주어진 항목 중 3.70점보다 큰 것은 '비용부담완화'로 4.15점이며 3.70과의 차이는 0.45점이다. 여기서 평균의 원리를 응용하면 나머지 4개 항목들의 점수와 3.70점과의 차이의 합이 0.45점이 된다면 전체의 평균은 3.70이 된다. 하지만 눈으로 어림해 보아도 나머지 항목들과의 차이는 0.45보다 훨씬 크다. 따라서 평균은 3.70보다 작게 된다.

19 답 ④

난도 ★★

정답해설

㉠ 〈표〉에서 3D 입체영상 분야의 경우 2000~2010년 일본 특허출원 건수는 3,620건이고 3개국 전체 특허출원 건수는 5,655건임을 알 수 있다. 3개국 전체 특허출원 건수의 60%는 약 3,400건임을 알 수 있으므로 일본 특허출원 건수는 3개국 전체 특허출원 건수의 60% 이상을 차지하였음을 확인할 수 있다.

㉡ 〈그림 1〉에서 3D 입체영상 분야에서 2007~2010년 동안 한국 특허출원 건수는 매년 미국 특허출원 건수를 초과하였음을 알 수 있다.

㉣ 〈그림 2〉에서 2000~2010년 동안 한국과 일본의 CG분야 특허출원 건수의 차이가 2010년에 가장 작았음을 알 수 있다.

오답해설

㉢ 2009년의 경우 CG분야에서 한국의 특허출원 건수는 미국에 비해 크다. 따라서 매년이라는 표현은 옳지 않다.

20 답 ⑤

난도 ★★

정답해설

⑤ 2002년에 10위를 차지한 캐나다인 방문객 수가 67,000명이므로 인도네시아인 방문객 수는 이를 넘을 수 없다. 그런데 2012년 인도네시아인 방문객 수는 124,000명이므로 2002년에 비해 최소 57,000명은 증가하였다는 것을 알 수 있다. 따라서 옳은 내용이다.

오답해설

① 어림해서 계산하면 2002년의 미국인, 중국인, 일본인 방문객 수의 합은 약 3,300천 명이고, 2012년은 약 6,200천 명이므로 2012년이 2002년의 2배에 미치지 못한다. 따라서 옳지 않다.

② 2002년 대비 2012년 말레이시아인 방문객은 거의 2배에 육박하는 증가율을 보였으나 미국인 방문객은 2배에는 훨씬 미치지 못하는 증가율을 보이고 있다. 따라서 옳지 않다.

③ 전체 외국인 방문객 중 중국인 방문객 비중을 어림하면, 2012년은 약 10%이고, 2002년은 약 22%이므로 후자는 전자의 3배에 미치지 못한다. 따라서 옳지 않다.

④ 2002년 외국인 방문객 수 상위 10개국 중 2012년 외국인 방문객 수 상위 10개국에 포함되지 않은 국가는 캐나다 뿐이므로 옳지 않다.

21 답 ①

난도 ★★★

정답해설

ㄱ. 이와 같이 그래프의 수치가 명확하지 않은 경우에는 수치로 접근하기 보다는 간격이 몇 칸인지로 판단하는 것이 더 효율적이다. 이에 따라 20g일 때와 60g일 때를 비교하면 약품 A는 2칸, B는 2칸 이상, C는 3칸의 차이를 보이고 있다. 따라서 A의 오염물질 제거량 차이(약 10g)가 가장 작다.

ㄴ. 각 약품의 투입량이 20g일 때, 각 약품별 오염물질 제거량은 A가 7칸이며, C가 3칸이다. 따라서 A가 C의 2배 이상이다.

오답해설

ㄷ. 오염물질 30g을 제거하기 위해 필요한 약품의 투입량을 살펴보면 A약품의 그래프가 가장 왼쪽에 있으므로 구체적인 수치를 찾아볼 필요 없이 A의 투입량이 가장 적다는 것을 알 수 있다. 따라서 옳지 않다.

ㄹ. 약품투입량 20g~40g의 구간은 시각적으로 살펴보아도 오염물질 제거량이 7g을 넘는다는 것을 알 수 있으므로 옳지 않은 내용이다.

22

답 ③

난도 ★

정답해설

ㄴ. 이른바 '여사건'의 개념을 활용하는 문제이다. '학생비만율'이 증가한다는 것은 뒤집어 생각하면 '비만 아님'의 비율이 감소하는 것을 의미하는데 〈그림〉에서 이를 확인할 수 있으므로 옳은 내용임을 알 수 있다.

ㄹ. 2017년 '학생비만율'의 남녀 학생 간 차이는 중학생(4.7%p)이 초등학생(5.7%p)보다 적으므로 옳은 내용이다.

오답해설

ㄱ. 〈표 1〉에서 2014년 중학교 여학생의 평균 키는 전년에 비해 감소하였음을 알 수 있으므로 옳지 않은 내용이다.

ㄷ. 2017년의 고등학교 남학생의 '학생비만율'에 대한 자료는 〈표 2〉를 통해 알 수 있으나, 2013년의 자료는 주어져 있지 않으므로 알 수 없다.

23

답 ④

난도 ★★

정답해설

④ 미국이 4대 분야에서 획득한 점수의 합(15.4점)은 프랑스가 4대 분야에서 획득한 점수의 합(14.9점)보다 크므로 옳은 내용이다.

오답해설

① 기술력 분야에서는 프랑스의 점수가 5.0점으로 가장 높으므로 옳지 않은 내용이다.

② 성장성 분야에서 점수가 가장 높은 국가는 한국(4.2점)이고, 시장지배력 분야에서 점수가 가장 높은 국가는 미국(5.0점)이므로 둘은 서로 같지 않다. 따라서 옳지 않은 내용이다.

③ 브랜드파워 분야의 최댓값은 미국의 4.3점이고 최솟값은 일본의 1.1점이다. 따라서 이 둘의 차이는 3.2점이므로 옳지 않은 내용이다.

⑤ 시장지배력 분야의 점수는 일본(1.7점)이 프랑스(3.4점), 미국(5.0점)보다 낮으므로 옳지 않은 내용이다.

합격생 가이드

④의 경우 미국과 프랑스가 획득한 점수를 모두 합하는 방법도 있지만 양국 간의 점수 차이를 비교하여 보다 간단하게 해결하는 방법도 있다. 즉 시장지배력과 브랜드파워 분야에서는 미국이 프랑스에 비해 각각 1.6점, 0.6점 크고, 기술력과 성장성 분야에서는 각각 0.8점, 0.9점 작다. 따라서 이 값들을 상계처리하면 미국이 4대 분야에서 획득한 점수의 합이 프랑스보다 더 크다는 것을 알 수 있다.

24

답 ③

난도 ★★

정답해설

먼저 〈표〉의 인간개발지수를 이용하여 〈그림〉의 A~D를 연결하면, A는 도미니카공화국, B는 멕시코, C는 불가리아, D는 대한민국임을 알 수 있다.

ㄱ. A국(도미니카공화국)의 인터넷 사용률은 52%이므로 옳은 내용이다.

ㄹ. 1인당 GDP가 가장 높은 국가는 노르웨이이며, 이는 〈그림〉에서 우측 최상단에 위치한 점과 연결된다. 따라서 노르웨이의 시민지식 평균점수도 가장 높음을 알 수 있다.

오답해설

ㄴ. GDP 대비 공교육비 비율은 B국(멕시코) 5.2%, C국(불가리아) 3.5%이므로 옳지 않은 내용이다.

ㄷ. 최근 국회의원 선거 투표율의 하위 3개국은 B국(멕시코, 47.7%), 칠레(49.3%), C국(불가리아, 54.1%)이며 D국(대한민국, 58%)은 이보다 높다. 따라서 옳지 않다.

25

답 ⑤

난도 ★★

정답해설

ㄱ. 〈그림〉에 의하면 OECD 주요 국가들 모두의 2005년 어린이 사고 사망률이 1995년보다 감소하였으므로 옳은 내용이다.

ㄴ. Y국의 2005년 어린이 사고 사망률이 1995년의 3분의 1 이하라면 1995년의 사망률이 24.9명을 넘어서야 한다. 그런데 〈그림〉에서 Y국의 1995년 사망률이 25명을 넘은 것을 확인할 수 있으므로 옳은 내용이다.

ㄹ. 어린이 사고 사망률이 당해 연도 OECD 평균보다 높은 국가의 수는 1995년(8개)보다 2005년(10개)에 더 많으므로 옳은 내용이다.

오답해설

ㄷ. 1995년 대비 2005년 어린이 사고 사망률의 감소율이 P국(50%)보다 더 큰 국가는 E, J, K, M, R, S, W, Y 8개국이므로 옳지 않은 내용이다.

26

답 ①

난도 ★★

정답해설

ㄱ. 〈그림〉에 의하면 2007년 남성에게서 발생률이 가장 높은 암은 위암(70.4명)이고, 그 다음으로 폐암, 대장암, 간암의 순이며, 이들 네 개 암 발생률의 합은 217.4명이다. 이는 2007년 남성 암 발생률(346.2명)의 50% 이상이므로 옳은 내용이다.

ㄷ. 2007년 여성의 갑상샘암 발생률은 73.5명으로 남성의 발생률 12.8명의 5배 이상이므로 옳은 내용이다.

오답해설

ㄴ. 각각을 비교해보면 2007년 남성의 위암(70.4명), 폐암(52.1명), 간암(45.2명)의 발생률은 여성의 위암(35.0명), 폐암(20.4명), 간암(15.4명)의 두 배 이상이지만, 대장암은 남성(49.7명), 여성(33.9명)으로 그렇지 않다. 따라서 옳지 않은 내용이다.

ㄹ. 제시된 자료는 2007년 새롭게 발생한 암 환자 수를 나타내는 것이다. 따라서 전체 여성 암 환자 중 갑상샘암 환자의 비율은 알 수 없다.

27 답 ①

난도 ★

정답해설

ㄱ. 집단A의 유권자와 집단B의 유권자를 1:1로 짝을 지어 판단해보면 5쌍 모두 집단B의 유권자의 소득이 더 크다는 것을 알 수 있으므로 집단의 평균소득 역시 집단B가 집단A보다 더 크다. 따라서 옳은 내용이다.

ㄴ. ㄱ과 같은 논리로 판단해보면 집단B의 '가' 정당 지지도의 평균이 집단C보다 높으므로 옳은 내용이다.

오답해설

ㄷ. 동일한 집단 내에 있는 임의의 두 유권자를 선택해 비교해보면 소득이 많을수록 '가' 정당 지지도도 높으므로 옳지 않은 내용이다.

ㄹ. 평균소득이 많은 순서대로 각 집단을 나열하면 C, B, A임을 알 수 있는데, '가' 정당 지지도의 평균이 높은 순서대로 나열하면 A, B, C이다. 따라서 옳지 않은 내용이다.

28 답 ③

난도 ★★★

정답해설

ㄱ. 〈그림 1〉에서 청소년의 반사회적 인격장애 발생 비율은 A유전자 '보유'집단(5%–30%–50%)과 '미보유' 집단(9%–15%–20%) 모두 아동기 가정폭력 경험 수준이 높아질수록 증가하고 있으므로 옳은 내용이다.

ㄹ. 〈그림 2〉에서 청소년의 품행장애 발생 비율은 A유전자 '보유' 집단 중 아동기 가정폭력 경험 수준이 '높음'(30%)인 집단이 가장 높으므로 옳은 내용이다.

ㅁ. 〈그림 1〉에서 A유전자 '보유' 집단과 '미보유' 집단 간 청소년의 반사회적 인격장애 발생 비율의 차이는 아동기 가정폭력 경험 수준이 낮음인 경우 4%p, 중간인 경우 15%p, 높음인 경우 30%p이다. 따라서 옳은 내용이다.

오답해설

ㄴ. 〈그림 1〉에서 청소년의 반사회적 인격장애 발생 비율은 아동기 가정폭력 경험 수준이 '낮음'인 경우 A유전자 '미보유' 집단(9%)이 A유전자 '보유' 집단(5%)보다 높으므로 옳지 않은 내용이다.

ㄷ. 〈그림 2〉에서 아동기 가정폭력 경험수준이 낮은 경우에는 A유전자 '미보유' 집단과 '보유' 집단의 비율이 10%로 동일하므로 옳지 않은 내용이다.

29 답 ③

난도 ★★★

정답해설

③ 2015년의 경우 시행기업당 참여직원 수가 거의 3.0에 육박하는 수준이지만 다른 해는 2에도 미치지 못하는 상황이다. 따라서 옳은 내용이다.

오답해설

① 직접 계산을 하지 않고 눈으로도 판단이 가능한 선택지이다. 2013년 이후 전년보다 참여직원 수가 가장 많이 증가한 해는 2015년인 반면, 시행기업 수가 가장 많이 증가한 해는 2014년이므로 둘은 동일하지 않다. 따라서 옳지 않은 내용이다.

② 2015년 남성육아휴직제 참여직원 수는 21,530명이며, 2012년은 3,197명이므로 2015년의 참여직원 수는 2012년의 약 6.7배에 그친다. 따라서 옳지 않은 내용이다.

④ 2013년 대비 2015년 시행기업 수의 증가율은 약 174%$\left(=\frac{7,686-2,802}{2,802}\right)$이고 참여직원 수의 증가율은 약 290%$\left(=\frac{21,530-5,517}{5,517}\right)$이므로 옳지 않은 내용이다.

⑤ 2012년 대비 2015년 참여직원 수는 18,333명 증가하였으므로 3년간 증가인원의 평균은 6,111명으로 6,000명을 넘는다. 따라서 옳지 않은 내용이다.

30 답 ①

난도 ★★

정답해설

ㄱ. 할인점의 전체 구매액 중 50대 이상 연령대의 구매액 비중은 약 40%인데 반해 나머지 연령대의 구매액 비중은 이에 미치지 못한다. 따라서 옳은 내용이다.

ㄴ. 여성의 구매액 비중이 남성보다 큰 유통업태는 오픈마켓과 할인점인데, 이 모두에서 40세 이상의 구매액 비중은 60%가 넘으므로 옳은 내용이다.

오답해설

ㄷ. 일반유통에서는 50대 이상의 구매액 비중이 20대 이하의 구매액 비중보다 작으므로 옳지 않은 내용이다.

ㄹ. 40세 미만의 구매액 비중이 50% 미만인 유통업태는 소셜커머스, 오픈마켓, 할인점인데, 소셜커머스에서는 여성의 구매액 비중이 50%에 미치지 못해 남성보다 작다. 따라서 옳지 않은 내용이다.

31 답 ②

난도 ★★

정답해설

ㄱ. 〈그림〉에 의하면 2012~2018년 재생에너지 생산량은 매년 전년 대비 10% 이상 증가하였음을 어림산으로도 확인할 수 있다. 만약을 위해 증가폭이 좁은 2014년(31.7TWh)의 경우를 살펴보더라도 2013년의 28.5TWh에서 10% 증가한 수치인 31.35TWh보다 더 많이 증가하였으므로 옳은 내용이다.

ㄷ. 2016년 태양광을 에너지원으로 하는 재생에너지 생산량은 4.905TWh(=45.0TWh×10.9%)이고, 2017년은 5.488TWh(=56.0TWh×9.8%), 2018년은 5.984TWh(=68.0TWh×8.8%)로 매년 증가하였으므로 옳은 내용이다.

오답해설

ㄴ. 2016년 에너지원별 재생에너지 생산량 비율의 순위는 1위 폐기물, 2위 바이오, 3위 태양광인데 반해 2017년은 1위 폐기물, 2위 바이오, 3위 수력으로 둘은 서로 다르다. 따라서 옳지 않은 내용이다.

ㄹ. 2016년 수력을 에너지원으로 하는 재생에너지 생산량은 4.635TWh(=45.0TWh×10.3%)이고, 2018년은 10.268TWh(=68.0TWh×15.1%)이다. 따라서 2018년의 생산량은 2016년의 3배인 13.905TWh(=4.635TWh×3)에 미치지 못하므로 옳지 않은 내용이다.

32

답 ④

난도 ★

정답해설

〈보고서〉 첫 번째 항목의 '쌀 수출량 상위 3개국도 모두 아시아 국가'라는 부분을 위해 ㄴ의 자료가 추가로 필요하다. 그리고 두 번째 항목의 '밀 생산량 상위 5개국의 밀 평균 가격은 해당 국가들의 쌀 평균 가격보다 낮다'는 부분을 위해 ㄷ의 자료가 필요하며, 마지막으로 세 번째 항목의 '바이오연료용 옥수수 수요량은 지속적으로 증가하고 있다'는 부분을 위해 ㄹ의 자료가 추가로 필요하다. 따라서 추가로 필요한 자료는 ㄴ, ㄷ, ㄹ이다.

33

답 ④

난도 ★★

정답해설

ㄱ. 2007년 대구지역의 볼거리 발병 환자 수는 2006년 205명, 2007년 2,128명으로 10배 이상이므로 옳은 내용이다.

ㄴ. 2007년에 볼거리 발병 환자 수가 전년 대비 3배 이상인 지역은 대구(약 10.4배), 광주(약 3.7배), 대전(약 7.2배)이므로 옳은 내용이다.

ㄷ. 〈그림〉에서 2007년 1~2월의 비중이 5%임과, 〈표〉에서 이에 해당하는 수치가 119명임을 알 수 있다. 따라서 이를 비례식으로 풀면 2008년 대구지역 볼거리 발병 환자 수는 2,380명(=119명×20)으로 계산되므로 2007년의 2,128명보다 더 많게 된다. 따라서 옳은 내용이다.

오답해설

ㄹ. 제시된 자료로는 각 지역별 인구를 알 수 없으므로 옳지 않은 내용이다.

34

답 ③

난도 ★★

정답해설

ㄱ. 〈표〉의 성별 등록 장애인 수를 가중치(여성 1, 남성 1.4)로 삼아 가중평균을 구하면 약 3.4%$\left(=\frac{(0.5\times1)+(5.5\times1.4)}{2.4}\right)$이므로 옳은 내용이다.

ㄹ. 등록 장애인 수가 가장 많은 장애등급은 6급이며 6급의 남성 장애인 수는 389,601명이고, 등록 장애인 수가 가장 적은 장애등급은 1급이며 1급의 남성 장애인 수는 124,623명이어서 전자는 후자의 3배 이상이다. 따라서 옳은 내용이다.

ㅁ. 성별 등록 장애인 수 차이가 가장 작은 장애등급은 4급이며, 가장 큰 장애등급은 6급이므로 4급과 6급의 여성 장애인 수의 합은 394,582명(=190,772+203,810)이다. 이는 여성 전체 등록 장애인 수의 40%(419,592명)보다 적으므로 옳은 내용이다.

오답해설

ㄴ. 2009년 장애등급별 등록 장애인 수는 알 수 없으므로 옳지 않은 내용이다.

ㄷ. 장애등급 5급과 6급의 등록 장애인 수의 합은 1,120,056명이므로 전체 등록 장애인 수(2,517,312명)의 절반에 미치지 못한다. 따라서 옳지 않은 내용이다.

35

답 ④

난도 ★★

정답해설

④ ①과 같은 논리로 실험오차의 비교를 통해 판단해보면, 기관1의 실험오차는 14.5이고 기관2(4.5), 기관3(4.5), 기관4(5.5)의 실험오차의 합 역시 14.5이므로 둘의 실험오차율은 같다. 따라서 옳지 않은 내용이다.

오답해설

① 동일한 물질에 대해서는 유효농도(평균값)가 동일하므로 실험오차의 비교를 통해 판단하면 되는데, 기관2와 기관4의 실험오차는 모두 2.5로 동일하므로 실험오차율도 동일함을 알 수 있다. 따라서 옳은 내용이다.

② ①과 같은 논리로 실험오차의 비교를 통해 판단하면 되는데, 시각적으로 보아도 기관1의 실험오차가 다른 기관에 비해 압도적으로 크다는 것을 알 수 있다. 따라서 옳은 내용이다.

③ 물질A에 대한 기관2의 실험오차율은 $\frac{2.5}{4.5}$이고, 물질B에 대한 기관1의 실험오차율은 $\frac{14.5}{11.5}$이므로 물질A의 실험오차율이 작다. 따라서 옳은 내용이다.

⑤ 기관1의 실험 결과는 모두 각 물질의 유효농도보다 크므로, 기관1의 실험 결과가 제외된다면 4개 물질의 유효농도 값은 제외하기 이전보다 작아지게 된다. 따라서 옳은 내용이다.

36

답 ①

난도 ★★★

정답해설

ㄱ. 2011년과 2012년의 항목별 금액 순위와 구성비 순위를 정리하면 다음과 같다.

구분	2011년	2012년
1	유형자산	유형자산
2	무형자산	이연법인세자산
3	단기금융상품	단기금융상품
4	이연법인세자산	무형자산
5	기타 비유동자산	기타 비유동자산
6	매출채권	현금 및 현금성자산
7	현금 및 현금성자산	매출채권
8	재고자산	재고자산

이에 따르면 2011년 항목별 금액의 순위가 2012년과 동일한 항목은 '유형자산', '단기금융상품', '기타비유동자산', '재고자산' 4개이므로 옳은 내용이다.

ㄴ. 2011년 유동자산의 구성비의 합은 34.3%(=7.0%+15.0%+7.2%+5.1%)이므로 유동자산 중 '단기금융상품'의 구성비는 약 44%$\left(=\frac{15}{34.3}\right)$이다. 따라서 옳은 내용이다.

오답해설

ㄷ. 2012년의 '현금 및 현금성자산'의 금액은 228억 원(=2,850억 원×0.08)이고 2011년은 238억 원(=3,400억 원×0.07)이므로 옳지 않은 내용이다.

ㄹ. 2011년 대비 2012년 '무형자산'의 구성비가 4.3%p만큼 감소하였다고 해서 금액이 그만큼 감소하였다고 볼 수는 없다. 그 같은 관계가 성립하기 위해서는 2011년과 2012년 자산총액이 동일하다는 전제가 있어야만 하므로 옳지 않은 내용이다. 또한 이 선택지는 %p가 아닌 %를 사용한 함정 선택지이기도 하다.

37

답 ④

난도 ★★

정답해설

④ 소송을 제기하기만 하고 소송을 제기 받지 않은 기업은 B, F, H, K, M 5개이므로 옳지 않은 내용이다.

오답해설

① 소송을 제기하지 않은 기업은 C, D, E, G, N, O, P, Q 8개이므로 옳은 내용이다.
② A기업은 B, F, I, J 4개 기업으로부터 소송을 제기 받아 가장 많은 수의 기업으로부터 소송을 제기 받았다. 따라서 옳은 내용이다.
③ J기업은 A, D, G, I, L, N, O, Q 8개 기업에 소송을 제기하였으므로 옳은 내용이다.
⑤ 서로가 소송을 제기한 경우는 A기업과 J기업, L기업과 J기업의 경우뿐이므로 옳은 내용이다.

38

답 ①

난도 ★★

정답해설

ㄱ. 〈그림 1〉과 〈그림 2〉에서 2010년에 비해 2011년에 직접거래관계의 수가 가장 많이 증가한 기업은 C7(3개 → 5개)이고, 가장 많이 감소한 기업은 C4(6개 → 3개)이므로 옳은 내용이다.
ㄴ. 〈표 1〉과 〈표 2〉에서 2010년에 비해 2011년 직접거래액의 합이 가장 많이 증가한 기업은 C2(22억 원 → 28억 원)이고, 가장 많이 감소한 기업은 C4(32억 원 → 20억 원)이므로 옳은 내용이다.

오답해설

ㄷ. 〈그림 1〉과 〈그림 2〉에서 직접거래관계의 수가 동일한 기업은 C1(3개), C3(2개), C5(4개), C6(3개), C8(3개) 5개이므로 옳지 않은 내용이다.
ㄹ. 2010년에 비해 2011년 총 직접거래관계의 수는 28개로 동일하나, 총 직접거래액은 148억 원에서 154억 원으로 증가하였으므로 옳지 않은 내용이다.

39

답 ②

난도 ★★

정답해설

② 2018년 사용자별 지출액의 전년 대비 증가율을 구하면 공공사업자가 약 6%, 민간사업자가 약 52%, 개인이 약 31%로 민간사업자가 가장 크다. 따라서 옳지 않은 내용이다.

오답해설

① 공공사업자의 지출액 증가폭은 2016년 49억 원, 2017년 53억 원, 2018년 47억 원으로 2017년이 가장 크므로 옳은 내용이다.
③ 2016년의 전년 대비 증가율은 공공사업자가 약 7.7%로 가장 작고, 2017년의 전년 대비 증가율도 7.8%로 가장 작다. 마지막으로 2018년은 위의 ②에서 살펴본 것처럼 약 6%로 가장 작으므로 2016~2018년 동안 '공공사업자'가 가장 낮다. 따라서 옳은 내용이다.
④ 공공사업자와 민간사업자 지출액의 합은 2015년 846억 원, 2016년 963억 원, 2017년 1,108억 원, 2018년 1,350억 원으로 매년 개인의 지출액보다 크다. 따라서 옳은 내용이다.
⑤ 2015년 모든 사용자의 지출액 합은 1,378억 원이며, 2018년은 2,644억 원으로 2015년 대비 약 92% 증가하였다. 따라서 옳은 내용이다.

40

답 ③

난도 ★★★

정답해설

ㄷ. 2006년 생활폐기물의 매립률은 약 25.8%$\left(=\frac{12,601}{48,844}\right)$이고, 사업장폐기물의 매립률 역시 약 25.6%$\left(=\frac{24,646}{96,372}\right)$이므로 모두 25% 이상이다. 따라서 옳은 내용이다.
ㅁ. 2006년 생활폐기물과 사업장폐기물의 양은 각각 48,844톤, 50,346톤이며, 2007년은 각각 96,372톤, 110,399톤이므로 모두 전년 대비 증가하였다. 따라서 옳은 내용이다.

오답해설

ㄱ. 생활폐기물의 재활용량은 매년 증가하고 있으나, 사업장폐기물의 재활용량은 2005년에 감소하였다. 또 사업장폐기물의 매립량은 2001년, 2002년, 2007년에 증가하였으므로 옳지 않은 내용이다.
ㄴ. 전체 처리량을 모두 더할 필요없이 2005년의 경우 매립량의 감소분이 소각량과 재활용량의 증가분을 상쇄하고도 남는 상황이어서 전체 처리량은 감소했음을 알 수 있다. 따라서 옳지 않은 내용이다.
ㄹ. 1998년 사업장폐기물의 재활용률은 약 30.8%$\left(=\frac{24,088}{78,182}\right)$이므로 40% 미만이나, 2007년 사업장폐기물의 재활용률은 약 56.5%$\left(=\frac{62,394}{110,399}\right)$이므로 60%에 미치지 못한다. 따라서 옳지 않은 내용이다.

41

답 ②

난도 ★★

정답해설

ㄱ. 세계 인구 중 OECD 국가의 인구가 차지하는 비율은 16.7%이고, OECD 국가의 총 인구 중 미국 인구가 차지하는 비율이 25%라고 하였으므로 세계 인구에서 미국 인구가 차지하는 비율은 약 4%이다. 이를 이용하여 2010년 세계 인구를 구하면 약 7,500백만 명$\left(=\frac{300\text{백만 명}}{0.04}\right)$이므로 옳은 내용이다.
ㄷ. 2010년 OECD 인구가 1,200백만 명이고, 터키의 인구는 74백만 명이라고 하였으므로 OECD 국가의 총 인구 중 터키 인구가 차지하는 비율은 약 6%이다. 따라서 옳은 내용이다.

오답해설

ㄴ. 2010년 기준 독일 인구가 매년 전년 대비 10% 증가한다면, 2011년 90.2백만 명, 2012년 99.22백만 명, 2013년 109.14백만 명이 되어 독일 인구가 최초로 1억 명 이상이 되는 해는 2013년이므로 옳지 않은 내용이다.
ㄹ. 2010년 남아프리카공화국 인구를 x로 두면 16.7 : 12 = 0.7 : x의 관계가 성립하므로 2010년 남아프리카공화국 인구는 약 50.3백만 명으로 계산된다. 그런데 이는 스페인 인구 45백만 명보다 많으므로 옳지 않은 내용이다.

42

답 ①

난도 ★★★

정답해설

ㄱ. 〈그림 1〉과 〈그림 2〉를 통해 2010년보다 2011년 매출액이 큰 품목은 B와 E이고, 이 중 이익률도 큰 품목은 E임을 알 수 있다. 하지만 E의 시장점유율은 2010년에 비해 2011년이 더 낮으므로 결과적으로 매출액, 이익률, 시장점유율 모두가 큰 품목은 없다. 따라서 옳은 내용이다.

ㄴ. 각주 2)에 의해 이익은 매출액과 이익률(%)의 곱으로 계산되는데 이를 정리하면 다음과 같다.

구분	A	B	C	D	E
2010년	5	2	4.5	3.2	7
2011년	3.6	2	5.1	3.5	12

이에 따르면 2010년보다 2011년 이익이 큰 품목은 C, D, E 3개이므로 옳은 내용이다.

오답해설

ㄷ. 2010년 A품목의 시장규모는 약 $333\left(=\frac{100}{0.3}\right)$이고 2011년은 $225\left(=\frac{90}{0.4}\right)$이므로 옳지 않은 내용이다.

ㄹ. 2011년 시장규모를 구하면 A는 225, B는 약 $167\left(=\frac{25}{0.15}\right)$, C는 $75\left(=\frac{30}{0.4}\right)$, D는 $350\left(=\frac{35}{0.1}\right)$, E는 $200\left(=\frac{60}{0.3}\right)$이므로 가장 큰 품목은 D이다. 그런데 위의 ㄴ의 해설에서 본 것처럼 D의 경우는 2011년에 이익이 증가하므로 옳지 않은 내용이다.

43

답 ④

난도 ★★★

정답해설

ㄴ. 2010년 창업보육센터의 전체 입주업체 수는 '창업보육센터 수×창업보육센터당 입주업체 수'로 구할 수 있다. 따라서 2010년의 전체 입주업체 수는 약 4,805개(=16.8×286)이고 2009년은 약 4,771개(=17.1×279)이므로 전자가 더 크다. 따라서 옳지 않은 내용이다.

ㄹ. 창업보육센터 입주업체의 전체 매출액은 '창업보유센터당 입주업체 매출액×창업보육센터 수'로 구할 수 있는데, 2009년의 경우 25,389억 원(=91억 원×279개)인데 반해 2010년은 24,796.2억 원(=86.7억 원×286개)이므로 전년 대비 감소하였다. 따라서 옳지 않은 내용이다.

오답해설

ㄱ. 2010년 전년 대비 창업보육센터 지원금액 증가율은

약 $15.4\%\left(=\frac{353\text{억 원}-306\text{억 원}}{306\text{억 원}}\right)$이고,

창업보육센터 수의 증가율은 약 $2.5\%\left(=\frac{286\text{억 원}-279\text{억 원}}{279\text{억 원}}\right)$이므로

전자는 후자의 5배 이상이다. 따라서 옳은 내용이다.

ㄷ. 〈그림〉에서 창업보육센터당 지원금액을 구하면 가장 적은 해는

$2005\text{년}\left(\text{약 }0.53\text{억 원}=\frac{163\text{억 원}}{309}\right)$이고,

가장 많은 해는 $2010\text{년}\left(\text{약 }1.23\text{억 원}=\frac{353\text{억 원}}{286}\right)$이므로

옳은 내용이다.

44

답 ③

난도 ★★

정답해설

③ 엥겔계수와 엔젤계수는 분모가 서로 같기 때문에 18세 미만 자녀에 대한 보육 교육비는 엔젤계수를, 식료품비는 엥겔계수를 기준으로 비교하면 된다. 따라서 2006년 이후 엔젤계수가 매년 엥겔계수보다 크기 때문에 보육 · 교육비가 식료품비보다 크다는 것을 알 수 있으므로 옳은 내용이다.

오답해설

① 엔젤계수의 2009년 대비 2010년의 상승폭은 1.6%p(=17.7%−16.1%)이고, 2010년 대비 2011년의 상승폭은 0.6%p(=18.3%−17.7%)이다. 따라서 상승폭이 매년 증가하는 것은 아니므로 옳지 않은 내용이다.

② 엥겔계수 하락폭은 4.4%p(=16.6%−12.2%)이고, 엔젤계수 상승폭은 5.7%p(=20.1%−14.4%)이다. 따라서 엔젤계수 상승폭이 더 크므로 옳지 않은 내용이다.

④ $\frac{\text{엥겔계수}}{\text{엔젤계수}}=\frac{\text{식료품비}}{\text{가계지출액}}\times\frac{\text{가계지출액}}{\text{보육 · 교육비}}=\frac{\text{식료품비}}{\text{보육 · 교육비}}$이다. 따라서 이 분수값이 2008~2012년 동안 매년 증가하는지 확인하면 된다. 그런데 2009년만 보더라도 분모인 엔젤계수가 증가하고, 분자인 엥겔계수가 감소해 해당 분수는 감소함을 확인할 수 있다. 따라서 보육 · 교육비 대비 식료품비의 비율이 매년 증가하는 것은 아니므로 옳지 않은 내용이다.

⑤ 엔젤계수가 가장 높은 해는 2013년으로 20.5%이고, 가장 낮은 해는 2004년으로 14.4%이다. 따라서 둘의 차이는 7.0%p에 미치지 못하므로 옳지 않은 내용이다.

45

답 ②

난도 ★★

정답해설

② 인구 수 대비 정보탐색 성공자 수의 비율은 〈각주〉를 통해 〈그림〉의 X값과 Y값을 곱한 것임을 알 수 있다. 이에 의하면 H와 F, 그리고 E가 후보가 될 수 있는데 이를 구해보면 H는 0.135(=90%×15%), F는 0.222(=89%×25%), E는 0.370(=86%×43%)로 계산되므로 H가 가장 낮은 지역임을 알 수 있다.

오답해설

① 인구 수 대비 정보탐색 성공자 수의 비율은 〈그림〉의 X값과 Y값을 곱한 것이다. 따라서 B지역의 비율은 27%×94%이고, D지역의 비율은 37%×92%임을 알 수 있다. 이를 곱셈비교를 통해 판단해보면 27에서 37로의 증가율은 약 40%인데 반해 92에서 94로의 증가율은 약 2%에 그치고 있으므로 D지역의 비율이 더 크다는 것을 알 수 있다. 따라서 옳지 않은 내용이다.

③ F지역은 C지역에 비해 정보탐색 시도율이 높지만 정보탐색 성공률은 낮으므로 옳지 않은 내용이다.

④ 남성 정보탐색 성공자 수는 '남성 인구 수×남성 정보탐색 시도율×남성 정보탐색 성공률'로 구할 수 있는데 B지역을 계산해보면 약 260명(=1,000명×28%×92.9%)이고 H지역은 약 200명(=1,400명×16%×89.3%)이므로 H지역의 남성 정보탐색 성공자 수가 더 작다. 그런데 인구 수가 가장 적은 지역은 B지역(1,800명)이므로 두 지역은 일치하지 않는다는 것을 알 수 있다. 따라서 옳지 않은 내용이다.

⑤ 여성 정보탐색 성공자 수는 '여성 인구 수×여성 정보탐색 시도율×여성 정보탐색 성공률'로 구할 수 있는데 D지역을 계산해보면 약 1,300명(=3,500명×40%×92.9%)이고 C지역은 약 690명(=3,000명×25%×92%)이므로 D지역의 성공자 수는 C지역의 2배에 미치지 못한다. 따라서 옳지 않은 내용이다.

46

답 ②

난도 ★★

정답해설

② 직접 계산하기보다는 2012년 원자력의 생산량이 다른 유형에 비해 월등히 많다는 점과 신재생, 수력에서도 경북이 상위권을 차지하고 있다는 점을 근거로 하여 경북이 1차에너지를 가장 많이 생산했다는 것을 추론할 수 있다. 그런데 〈표 2〉에서 경북이 가장 많이 소비한 에너지는 석유(3,476천 TOE)가 아니라 석탄(9,646천 TOE)이므로 옳지 않은 내용이다.

오답해설

① 〈표 1〉에서 2008년 대비 2012년의 생산량이 감소한 석탄과 원자력을 제외한 나머지를 살펴보면, 수력의 증가율은 약 35%, 신재생은 약 55%, 천연가스는 약 85%이다. 천연가스의 증가율이 가장 크므로 옳은 내용이다.

③ 〈표 1〉에서 2012년 석탄 생산량은 942천 TOE이고, 〈그림〉에서 2012년 경기의 신재생 에너지 생산량은 약 1,077(=8,036×13.4%)천 TOE이므로 후자가 더 크다. 따라서 옳은 내용이다.

④ 부산의 경우 최종에너지 소비량이 6,469천 TOE인데, 부산 지역의 원자력 에너지 생산량이 약 7,834(31,719×24.7%)천 TOE이다. 부산 지역의 수력, 신재생 에너지 생산량이 존재하지 않는다고 하더라도 원자력 에너지 생산량만으로도 최종에너지 소비량을 넘어서고 있는 상황이므로 옳은 내용이다.

⑤ 〈표 2〉에서 석탄의 소비량 증가율은 약 22%, 석유제품은 약 4.6%, 천연 및 도시가스는 약 29%, 전력은 약 21%, 열은 약 16%, 신재생은 약 50%이므로 신재생의 소비량 증가율이 가장 크다. 따라서 옳은 내용이다.

47

답 ①

난도 ★★

정답해설

ㄱ. 1인당 GDP가 2만 달러 이상인 국가는 A, B, C, E, F인데 이들의 1인당 의료비 지출액은 모두 1,000달러를 넘고 있는 것을 〈그림〉을 통해 알 수 있으므로 옳은 내용이다.

ㄴ. 1인당 의료비지출액이 가장 많은 국가는 A(3,500달러)이며 가장 적은 국가는 J(약 300달러)이므로 둘의 차이는 3,000달러 이상이다.

오답해설

ㄷ. 1인당 GDP가 가장 높은 국가(E)의 1인당 의료비지출액은 약 1,700달러이며, 가장 낮은 국가(J)의 1인당 의료비지출액은 약 300달러이므로 둘의 차이는 2,000달러에 미치지 못한다.

ㄹ. 이러한 유형의 선택지는 직접 계산하는 것이 정석이지만 선택지를 조금 더 뜯어 보면 보다 간단하게 풀이할 수 있다. 선택지를 식으로 정리해보면, 상위 5개 국가의 1인당 의료비지출액 합>5×(하위 5개 국가의 1인당 의료비지출액 합)으로 나타낼 수 있다. 여기서 양변을 5로 나누면, 상위 5개 국가의 1인당 의료비지출액 평균>하위 5개 국가의 1인당 의료비지출액 합으로 변환할 수 있다.

이제 상위 5개 국가의 평균을 그림에서 살펴보기 위해 A, B, C, E, F 5개 국가를 서로 대칭된 구조를 가지고 있는 B, C, E, F와 그렇지 않은 A로 나누어 보자. 먼저 B, C, E, F는 세로축을 기준으로 (B, C)와 (E, F)의 대칭된 구조를 가지고 있으므로 이들의 평균은 중간지점인 약 2,250에서 형성될 것임을 알 수 있다. 그리고 가중평균의 원리를 이용해 2,250과 A의 평균을 구하면 상위 5개 국가의 평균은 약 2,500이 됨을 확인할 수 있다. 여기서 중요한 것은 4개 국가의 평균값인 2,250과 3,000(A국)의 평균을 구할 때에는 산술평균값이 아닌 가중평균값을 구해야 한다는 사실이다. 2,250은 4개 국가의 평균치이므로 1개 국가의 값인 3,000에 비해 4배의 가중치를 가지기 때문이다. 반면 하위 5개 국가의 합은 D와 G만으로도 2,500에 육박하며 거기에 H~J까지 더해지면 3,000을 훌쩍 넘게 된다. 따라서 선택지는 옳지 않다.

합격생 가이드

위의 해설을 통해 5배라는 수치가 아무 의미 없이 주어진 것은 아니라는 것을 알 수 있었을 것이다. 문제를 풀 때 단순히 계산을 해서 답을 맞히고 끝낼 것이 아니라 어떻게 하면 보다 간단하게 풀이할 수 있는지 분석하는 습관을 들이도록 하자.

48

답 ①

난도 ★

정답해설

ㄱ. 공공연구기관의 연구개발비는 BT분야(11.2%)가 NT분야(5.4%)의 2배 이상이므로 옳은 내용이다.

ㄴ. 기업체의 IT(41.0%), NT(13.4%)분야 연구개발비 합은 기업체 전체 연구개발비의 50% 이상이므로 옳은 내용이다.

오답해설

ㄷ, ㄹ. 각 기관 유형의 연구개발비가 주어져 있지 않으므로 옳지 않은 내용이다.

ㅁ. 기타를 제외하고 연구개발비 비중이 가장 작은 분야는 기업체와 대학은 ST분야인데 반해, 공공연구기관은 NT분야이므로 옳지 않은 내용이다.

49

답 ①

난도 ★★

정답해설

① '지지정당 없음'의 비율이 낮아졌다는 것은 역으로 A정당과 B정당의 지지율의 합이 높아졌다는 것을 의미한다. 그런데 2007년의 경우 두 정당의 지지율의 합이 43.1%이고 2008년은 59.5%로 지지율의 합이 높아졌으므로 옳은 내용이다.

오답해설

② 60대 이상의 경우 2006년에 비해 2007년에 A당에 대한 지지도가 36.4%에서 34.2%로 낮아졌으므로 옳지 않은 내용이다.

③ 20대의 정당지지도 차이는 2006년 18.8%p에서 2007년 1.2%p로 축소되었으므로 옳지 않은 내용이다.

④ A당이 B당의 지지도를 처음으로 추월한 해는 2007년이고 그 해에 A당 지지도가 가장 높은 연령대는 50대이므로 옳지 않은 내용이다.

⑤ 정당지지도의 차이가 가장 큰 해는 2009년(24.2%p)이고 그 차이보다 더 큰 정당지지도 차이를 보이는 연령대는 50대(30.2%p), 60대 이상(33.2%p) 2개이므로 옳지 않은 내용이다.

50

답 ⑤

난도 ★★

정답해설

⑤ 2010년 서울(109개소)과 경기 지역(95개소)의 직장어린이집 수의 합은 204개소이므로 2010년 전국 직장어린이집 수(401개소)의 절반을 넘는다. 따라서 옳은 내용이다.

오답해설

① 2000~2010년 동안 2001년을 제외하고 매년 전국 직장어린이집의 수가 증가하였으므로 옳지 않은 내용이다.

② 2006년 전국 직장어린이집 수의 20%는 60개소에 약간 미치지 못하는 상황인데 2006년 대비 2008년의 어린이집 수의 증가분은 52개소에 불과한 상황이다. 따라서 2006년 대비 2008년 전국 직장어린이집 수는 20% 이하로 증가하였다.

③ 2010년 전국 직장어린이집 수가 401개소이며 이의 5%는 20.05개소이다. 그런데 인천의 직장어린이집 수는 26개소로 이보다 크므로 2010년 인천지역 직장어린이집 수는 전국 직장어린이집 수의 5% 이상이다.

④ 2003년과 함께 2006년에도 전국 직장어린이집 수의 전년 대비 증가율이 10%를 넘으므로 옳지 않은 내용이다.

합격생 가이드

④와 같이 어느 항목의 증가율과 특정 수치(예 이 문제의 경우 10%)를 비교하는 경우에는 증가율을 직접 구할 것이 아니라 10%값이 얼마인지를 구하고 그 수치와 비교하는 것이 훨씬 간편하다. 이러한 문제에서 중요한 것은 실제 증가율이 얼마인지가 아니라 증가율이 %보다 큰지 작은지를 묻는 것이기 때문이다.

51

답 ④

난도 ★★

정답해설

주어진 산식을 변형하면 다음과 같다.

해당 사분기 매출액

=(해당 사분기 매출액 증감계수×직전 사분기 매출액)+직전 사분기 매출액

=직전 사분기 매출액×(해당 사분기 매출액 증감계수+1)로 나타낼 수 있다.

이 변형된 산식에 자료의 수치들을 대입하면 각 사분기별 매출액을 구할 수 있다.

분기 \ 사원	사원 A	사원 B	사원 C
1사분기	4	6	2
2사분기	8	9	1
3사분기	12	4.5	4
4사분기	6	9	8

따라서 2011년 4사분기의 매출액이 큰 순서대로 나열하면 B, C, A가 된다.

52

답 ①

난도 ★★

정답해설

ㄱ. 1990~1997년의 (1－지니계수)가 모두 0.700 이상이므로 지니계수는 모두 0.300 이하가 된다. 따라서 지니계수의 평균값도 0.300 이하이므로 옳은 내용이다.

ㄹ. 〈그림〉에서 1999년은 1998년에 비해 좌상방으로 이동한 점이므로 옳은 내용이다.

오답해설

ㄴ. 1992년의 경우 전년 대비 경제성장률은 감소하였으나 소득분배는 개선되었으므로 옳지 않은 내용이다.

ㄷ. 조사기간 동안 전년 대비 경제성장률이 가장 높은 연도는 1987년이므로 옳지 않은 내용이다.

ㅁ. 전년 대비 경제성장률을 살펴보면 1985년, 1989년, 1992년, 1993년의 경우 전년 대비 경제성장률이 평균 아래로 하락하였고, 소득분배는 1984년, 1989년, 1994년, 1996년의 경우 전년에 비해 악화되었으므로 옳지 않은 내용이다.

53

답 ②

난도 ★

정답해설

ㄷ. 2003년의 1일 1인당 급수량의 전년 대비 증가분은 87리터로 가장 크므로 옳은 내용이다.

ㅁ. 2003년의 주택건설 호 수의 전년 대비 증가분은 523천 호로 가장 크므로 옳은 내용이다.

오답해설

ㄱ. 총 투자금액이 제시되지 않았으므로 알 수 없는 내용이다.

ㄴ. 주택투자율이 가장 높은 해는 2003년(8.8%)이지만 상수도보급률이 가장 높은 해는 2005년(87.1%)이므로 옳지 않은 내용이다.

ㄹ. 2002년 주택투자율(4.6%)은 2001년(5.5%)보다 감소하였으므로 옳지 않은 내용이다.

54

답 ④

난도 ★

정답해설

ㄴ. 만족도가 가장 높은 속성은 B 음식점의 분위기(3.5)이므로 옳은 내용이다.

ㄹ. 중요도가 가장 높은 속성은 맛이며, 맛 속성의 A 음식점 성과도는 4, B 음식점은 3이므로 옳은 내용이다.

오답해설

ㄱ. A 음식점이 B 음식점보다 성과도가 높은 것은 맛과 가격의 2개 속성이므로 옳지 않은 내용이다.

ㄷ. A 음식점과 B 음식점 사이의 성과도 차이가 가장 큰 속성은 분위기(2.5)이므로 옳지 않은 내용이다.

55

답 ①

난도 ★★

정답해설

ㄱ. 〈표〉에 의하면 품목별 총 항만 수출액과 A항만 수출액이 1991년 대비 2010년에 각각 증가하였음을 알 수 있으므로 옳은 내용이다.

ㄴ. 〈그림 1〉과 〈그림 2〉에 의하면 A항만 처리 분담률이 1991년 대비 2010년에 감소한 품목은 전기 · 전자, 기계류, 광학 · 정밀기기, 플라스틱제품 4개이므로 옳은 내용이다.

오답해설

ㄷ. 1991년 대비 2010년의 광학 · 정밀기기의 A항만 수출액은 약 28배 증가, 자동차의 A항만 수출액은 약 34배 증가하였다. 이것은 증가율도 광학 · 정밀기기가 더 크다는 것을 의미하므로 옳지 않은 내용이다.

ㄹ. 1991년 플라스틱제품의 A항만 처리 분담률은 93.8%인데 2010년은 49.6%로 절반에 조금 미치지 못한다. 즉 1991년 대비 2010년의 감소율은 50%에 미치지 못하고 있는 것이므로 옳지 않은 내용이다.

합격생 가이드

선택지 ㄷ의 경우 직접 계산하기보다 위의 해설과 같이 곱셈비교를 이용하여 풀이하는 것이 효율적이다. 이것은 어림산이라기보다는 일종의 수치적인 감각을 이용하는 것인데 이는 한순간에 이루어지지 않으며 많은 연습을 통해 체화된다. 그렇다고 해서 단순한 산수연습지를 이용해서 연습하는 것은 문제풀이에 크게 도움이 되지 않으며 이와 같이 문제에서 주어진 자료 자체를 이용하여 익숙해져야 한다.

56

답 ⑤

난도 ★★

정답해설

⑤ 창업교육을 미이수한 폐업 자영업자 중 생존기간이 10개월인 자영업자의 비율이 약 68%이어서 생존기간이 10개월 미만인 자영업자의 비율은 약 32%이다. 따라서 옳은 내용임을 알 수 있다.

오답해설

① 주어진 그래프를 통해서는 기간별 생존비율만을 알 수 있을 뿐 창업교육을 이수 또는 미이수한 폐업 자영업자 수는 알 수 없다.

② 0~5개월 구간과 48~50개월 구간에서는 두 그룹의 생존비율이 같으나 나머지 구간에서는 모두 창업교육 미이수 그룹의 생존비율이 이수 그룹에 비해 낮다. 따라서 평균 생존기간은 이수 그룹이 더 길다.

③ 창업교육을 이수한 폐업 자영업자의 생존비율과 창업교육을 미이수한 폐업 자영업자의 생존비율의 차이는 창업 후 45~48개월의 구간에서 약 30%p로 가장 크다는 것을 알 수 있으므로 옳지 않은 내용이다.

④ 창업교육을 이수한 폐업 자영업자 중 생존기간이 32개월 이상인 자영업자의 비율은 45%에 미치지 못하므로 옳지 않은 내용이다.

합격생 가이드

선택지 ②와 같이 실제 수치는 주어져 있지 않았더라도 평균의 대소비교가 가능한 경우가 종종 있다. 단순히 비율만 주어져 있다고 해서 평균에 대한 것을 구할 수 없다고 섣불리 단정하는 실수는 하지 않기 바란다.

57

답 ⑤

난도 ★★

정답해설

⑤ E는 ④에서 D가 200,000임을 확인했으므로 200,000×14.18=28,360이다. 따라서 옳지 않다.

오답해설

① A는 2008년도의 엥겔계수가 14.11이므로 100,000×14.11(%)=14,110이다.

② B는 2009년도의 슈바베계수가 9.81이므로 120,000×9.81(%)=11,772이다.

③ C는 2010년도의 엥겔계수가 13.86, 슈바베계수가 10.07이므로 둘의 차이는 3.79이다.

④ D는 2011년도의 주거 · 수도 · 광열 소비지출이 주어져 있으므로 역으로 판단해보면 된다. 산식에 의해 총소비지출액에 슈바베계수를 곱한 것이 주거 · 수도 · 광열 소비지출액이므로 200,000×10.15=20,300으로 계산되는데 이미 주어진 수치와 동일하므로 결국 D는 200,000이 맞다.

합격생 가이드

비중이 크지는 않지만 이 문제와 같이 직접 계산하는 것 이외에는 별다른 방법이 없는 단순계산형 문제가 출제되곤 한다. 이런 문제는 선택지 ④와 같이 역으로 확인하는 방법도 있으니 두 방법을 상황에 맞추어 자유자재로 선택할 수 있어야 한다. 어떤 문제든 선택지 전체가 단순한 계산만으로 구성되어 출제되지는 않는다는 점을 명심하자.

58

답 ②

난도 ★

정답해설

ㄴ. 그래프 상에서 중소기업의 검색 건수는 2007년을 시작으로 매년 바깥쪽으로 이동하고 있으므로 옳은 내용이다.

ㄷ. 시각적으로 판단해야 하는 선택지이다. 2008년을 제외한 나머지 연도에서는 대기업의 검색 건수가 가장 큰데다가 80~100구간에 몰려있는 상태이다. 또한 2008년의 경우도 중소기업과 개인과는 거의 차이가 없으며 단지 외국인의 경우만 차이가 큰 상태이다. 그러나 이 차이라는 것도 2008년을 제외한 나머지 연도에서 쌓아놓은 격차보다는 작으므로 결국 2007년부터 2010년까지의 검색 건수 총합은 대기업이 가장 많았음을 알 수 있다. 따라서 옳은 내용이다.

오답해설

ㄱ. 2007년과 2008년의 검색 건수를 비교해보면 외국인, 개인, 중소기업에서는 모두 2007년의 검색 건수가 적고, 대기업의 경우만 2008년이 큰 상황이다. 그런데, 대기업의 검색 건수의 차이보다 외국인, 개인, 중소기업의 검색 건수 합의 차이가 더 크므로 전체 검색 건수는 2007년이 더 작다. 따라서 옳지 않은 내용이다.

ㄹ. 2009년에는 외국인과 개인의 검색 건수가 가장 적었고, 대기업의 검색 건수가 가장 많았으므로 옳지 않은 내용이다.

59

답 ③

난도 ★★

정답해설

③ 전산장비 가격 대비 연간유지비 비율의 산식을 변형하면 '전산장비 가격 $=\frac{\text{연간유지비}}{\text{유지비 비율}}\times 100$'로 나타낼 수 있다. 이에 따라 계산해보면 A=4,025만 원, B=6,000만 원, C=4,014만 원, D=5,100만 원, E=5,200만 원, F=3,333만 원으로 구할 수 있다. 따라서 가격이 가장 높은 것은 B이고, 가장 낮은 것은 F이다.

오답해설

① 〈그림〉에서 D의 연간유지비 255만 원의 2배는 500만 원이 넘는 반면 B는 450만 원에 그치고 있다. 따라서 옳지 않은 내용이다.

②, ④ 위 ③의 해설에 따라 가격이 가장 높은 것은 B이고, E의 가격이 C의 가격보다 높다는 사실을 알 수 있으므로 옳지 않은 내용이다.

⑤ 선택지의 관계가 성립하려면 C가 E보다 가격이 높아야 하는데 위의 ④에서 C가 E보다 가격이 낮음을 확인하였다. 따라서 옳지 않다.

60

답 ③

난도 ★

정답해설

먼저 첫 번째 조건을 살펴보면 전체 직원이 가장 많은 부처는 특허청(A)이고, 가장 적은 부처는 여성가족부(B)임을 알 수 있다.

다음으로 두 번째 조건을 살펴보면 예산규모가 가장 큰 부처는 기획예산처(C)이고, 가장 작은 부처는 법제처(D)임을 알 수 있다.

마지막으로 세 번째 조건을 살펴보면 전체 직원 수 대비 간부직원 수의 비율이 가장 높은 부처는 법제처(E)이고, 가장 낮은 부처는 조달청(F)임을 알 수 있으므로, 두 번 이상 해당되는 부처는 법제처(D, E)이다.

61

답 ④

난도 ★★

정답해설

④ 2018년 최대전력수요는 2월로 7,879이고 최소전력수요는 5월로 6,407이다. 2019년 최대전력수요는 8월로 8,518이고 최소전력수요는 4월로 6,577이다. 최대수요와 최소수요의 차이는 2018년이 1,472이고 2019년이 1,941이다. 따라서 2018년이 2019년 보다 작다(구체적으로 계산하지 않아도 그래프의 상한과 하한의 거리차이를 보면 쉽게 알 수 있다).

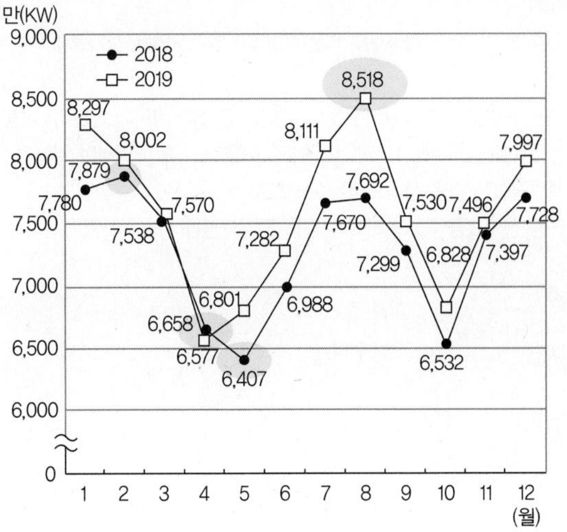

오답해설

① 공급예비력은 '전력공급능력－최대전력수요'이다. 따라서 2018년은 8,793－7,879=914이고, 2019년은 9,240－8,518=722이다. 따라서 2018년이 더 크다.

② 공급예비율은 $\frac{\text{공급예비력}}{\text{최대전력수요}}\times 100$이므로 2018년은 $\frac{914}{7{,}879}\times 100$이고, 2019년은 $\frac{722}{8{,}518}\times 100$이다. 대략적인 크기비교를 하면 2018년은 분자(91,400)가 분모(7879) 보다 10배 초과이고 2019년 분자(72,200)가 분모(8518) 보다 10배 미만이다. 따라서 2018년이 더 큼을 쉽게 알 수 있다.

③ 2019년과 2018년 1월에서 2월 사이만 비교해봐도 2019년은 감소방향이나 2018년은 증가방향이므로 옳지 않다.

⑤ 전년동월대비 증가율이 가장 높은 달은 해당월의 두 연도별 그래프 사이의 폭이 가장 큰 달이다. 따라서 8월이 가장 증가율이 크다고 볼 수 있다.

62

답 ①

난도 ★★

정답해설

ㄱ. 산업용 전기요금은 일본이 160으로 가장 높고 가정용 전기요금은 독일이 203으로 가장 높다.

ㄴ. 한국의 경우 가정용, 산업용 전기요금지수는 (75, 95)이다. 2018년 한국의 가정용, 산업용 전기요금은 100kw당 각각 $120, $95이므로 공식에 대입하여 가정용, 산업용 OECD 평균 전기요금을 구할 수 있다. OECD 평균 가정용 전기요금을 x, OECD 산업용 전기요금을 y라고 하면

$$\frac{120}{x}\times 100=75$$

$$75x=12000$$

$$x=\frac{12{,}000}{75}=160$$이고,

$$\frac{95}{y}\times 100=95$$

$$y=100$$이다.

따라서 x는 y보다 1.5배 이상이다. 그러므로 'OECD 평균 전기요금은 가정용이 산업용의 1.5배 이상이다.'는 옳은 내용이다.

오답해설

ㄷ. 가정용 전기요금이 한국보다 비싼 미국의 경우 산업용 전기요금지수는 한국보다 싸다.

ㄹ. 일본은 산업용 전기요금이 가정용 전기요금보다 비싸다. 일본의 가정용, 산업용 전기요금지수는 138과 160이다. 이를 공식에 대입하여 일본의 가정용 전기요금과 산업용 전기요금을 구해보자.
가정용 전기요금을 x라 하고 산업용 전기요금을 y라고 하면,

$$\frac{x}{160} \times 100 = 138$$

$$\therefore x = \frac{138 \times 160}{100} = 220.8\text{이다.}$$

$$\frac{y}{100} \times 100 = 160$$

$\therefore y = 160$이다.
따라서 가정용 전기요금이 산업용 전기요금보다 비싸다.

63

답 ③

난도 ★

정답해설

③ 필수생활비= 주거비+식비+의복비이다. 주거비가 40만 원 이하인 가구는 A, B, C이며
A : 주거비=30, 식비=90, 필수생활비=?
B : 주거비=30, 식비=60, 필수생활비=100, 따라서 의복비=10
C : 주거비=40, 식비=70, 필수생활비=140, 따라서 의복비=30
A는 〈그림 2〉의 5개 ( )구간 중 하나이며 그중 가장 필수생활비가 작은 것은 130만 원이다.
따라서 A의 필수생활비를 130만 원이라 하더라도 그 때 의복비는 10만 원이다. 필수생활비가 올라가면 주거비와 식비는 고정되어 있으므로 의복비가 올라간다. 따라서 주거비가 40만 원 이하인 가구의 의복비는 각각 10만원 이상이다.

오답해설

① A가구의 의복비가 10만 원일 때(최소치) 같고 나머지 경우는 A가구의 의복비가 더 많다.

② J는 주거비 70, 식비 100, 필수생활비 170이므로 의복비가 0이며, I는 주거비 60, 식비 70, 필수생활비 130이므로 의복비가 0이다. 따라서 의복비가 0원인 가구는 2곳이다.

④ 식비 하위 3개인 가구는 B, G, L이며 의복비는 각각 10, 10, 30이다. 따라서 의복비의 합은 50이다.

⑤ 식비가 80인 가구는 F, H, K이며 이때 K는 식비 80, 주거비 70이므로 의복비를 제외한 합이 150만 원이므로 K의 필수생활비가 130만 원이라는 것은 옳지 않다.

64

답 ③

난도 ★★

정답해설

ㄱ. 이륙 중에 인적오류로 추락한 항공기 수는 55대이고(1블록을 비행기 1대로 계산한다) 착륙 중에 원인불명으로 추락한 항공기 수는 4.5대이므로 12배(54대) 이상이다.

ㄹ. 기계결함으로 추락한 항공기 수는 이륙중, 비행 중, 착륙 중 기계결함으로 추락한 경우로 각각 3×5+5×5+3=43대이며 이는 전체 추락사고 발생건수 200대 중 20% 이상이다.

오답해설

ㄴ. 비행 중에 원인불명으로 추락한 항공기 수는 10.5대이고 착륙 중에 기계결함으로 추락한 항공기 수 10.5대와 같다.

ㄷ. 비행 중에 인적오류로 추락한 항공기 수는 8×3+4=28대이므로 이륙 중에 기계결함으로 추락한 항공기 수는 5×5=25대 보다 3대 많다.

65

답 ③

난도 ★

정답해설

ㄱ. '2017년 한국은 중국을 밀어내고 수주량 1위를 차지했는데, 이는 2012년 중국에 1위 자리를 내어준 후 6년 만이다.'에서 '2010~2017년 세계 조선업 수주량의 국가별 점유율'이 추가로 필요함을 알 수 있다.

ㄹ. '2017년 국내 대형 조선사는 해양플랜트 수주량 증가에 힘입어 실적이 개선되고 있다. 그러나 국내 중소형 주선사는 여전히 부진에서 벗어나지 못하고 있으며 국내 조선기자재업체의 실적 회복도 어려울 것으로 전망된다.'에서 '2010~2017년 국내 조선사 규모별 해양플랜트 수주량'에 대한 정보가 추가로 필요함을 알 수 있다.

오답해설

ㄴ. '2014~2016년 국내 조선업 건조량'은 〈표1〉을 통해 계산할 수 있다.

ㄷ. '2014~2016년 중국 조선기자재업체 실적' 〈보고서〉에 언급되지 않고 있다.

66

답 ②

난도 ★★

정답해설

ㄴ. 2014년 대비 2015년은 220만톤 감소했으므로 −20% 정도 되고 2015년 대비 2016년은 840만톤 감소하여 약 80% 감소했고 2016년 대비 2017년은 약 400만톤 증가했고 이는 약 200% 증가한 것이므로 2014년 이후 국내 조선업 수주량의 전년대비 증감률이 가장 큰 해는 2017년이다.

ㄷ. 2014년 이자보상배율이 1 미만인 중형업체 수는 전체 35개 중 25.7%이고 9개 업체이다.(소수둘째자리반올림) 이 시기 대형 업체는 3개이므로 2014년 이자보상배율이 1 미만인 국내 조선기자재업체 수는 중형이 대형의 3배이다.

오답해설

ㄱ. '해당연도 국내 조선업 건조량=전년도 수주잔량+해당연도 수주량－해당연도 수주잔량'이므로

연도 \ 구분	수주량	수주잔량	건조량
2014	1,286	3,302	①
2015	1,066	3,164	②
2016	221	2,043	③
2017	619	1,761	④

① 2013 수주잔량+1,286－3,302=?
② 3,302+1,066－3,164=1,204
③ 3,164+221－2,043=1,342
④ 2,043+619－1,761=901이다.

2016년 건조량은 1,342이나 2015년 건조량 1,204나 2017년 건조량 901보다 크므로 2014년 건조량을 구하지 않더라도 '2014~2016년 중 국내 조선업 건조량이 가장 적은 해는 2016년이다.'는 옳지 않다는 것을 알 수 있다.

ㄹ. 이자보상배율이 1 미만인 국내 조선기자재업체 개수의 크기를 비교하는 것임에 주의해야 한다. 비율의 증감폭을 비교하는 것은 〈표2〉를 통해 바로 알 수 있지만 '증감 업체의 수'를 비교해야 하므로 계산해보면(계산을 정확하게 할 필요는 없으므로 소수 이하 단수를 정리하고 대략적인 계산을 한다)

대형업체의 경우 2015년 전체 20개 업체 중 20%에서 2016년 25%로 증가했고 20개의 20%는 4개이며 25%는 5개이므로 1개 업체가 증가했다.

중형업체의 경우 35개의 17.1%는 35×0.17=5.95, 35개의 34.3%는 35×0.34=11.9 약 6개 증가했다.

소형업체의 경우 96개의 19.8%는 96×0.2=19.2, 96개의 38.5%는 96×0.38=36.4로 약 16개 증가했다.

따라서 이자보상배율이 1 미만인 국내 조선기자재업체 수의 2015년 대비 2016년 증감폭이 가장 큰 기업규모는 소형이다.

67

답 ③

난도 ★★

정답해설

③ 2018년 10월부터 2019년 6월까지 'E 현상'이 있었으며, 2017년 10월부터 2018년 3월까지 'L 현상'이 있었다.

오답해설

① 기준 해수면 온도는 5월이 27.9도로 가장 높다.

② α지수는 전월, 해당월, 익월의 '해수면온도 지표'의 평균값이다. 〈그림〉에 2019년 6월의 α지수가 제시되어 있으므로, 적어도 2019년 7월에 해수면온도가 측정되었음을 알 수 있다.

④ 'E 현상' α지수가 0.5 이상인 첫 달부터 마지막 달까지 있었던 것으로 판단한다. 따라서 'E 현상'은 9개월간 있었다. 한편 'L 현상'은 α지수가 －0.5 이하인 첫 달부터 마지막 달까지 있었던 것으로 판단한다. 따라서 'L 현상'은 6개월간 있었다.

⑤ 월별 '기준 해수면온도'가 1℃ 낮다면 '해수면온도 지표'는 1℃씩 높아진다. 이 경우 〈그림〉에 제시된 모든 기간의 α지수는 0.0 이상이 된다.

68

답 ②

난도 ★

정답해설

ㄴ. 2018년 '교통' 분야 시장 규모는 전체 옥외광고의 44.2%로 가장 큰 비중을 차지하고 있으며, 그 규모는 약 2,548억 원이다.

ㄷ. 세부분야별 시장 규모는 '옥상'이 전체의 약 20%로 가장 큰 비중을 차지한다. '버스·택시'는 약 17.7%, '극장'은 15.7%, '지하철'은 15%이다.

오답해설

ㄱ. 2018년 옥외광고 시장의 규모는 7,737에서 5,764로 감소하였다. 감소율은 30% 이하이다.

ㄹ. '기타'에 해당하는 시장 규모는 전체의 2% 미만이다. 2018년 전체 옥외광고 시장 규모는 5,764억 원이므로, '기타'의 시장 규모는 115억 원 이하이다.

69

답 ①

난도 ★★

정답해설

① 재해자 수는 근로자 수와 재해율을 곱한 값이다. 2016년과 2018년의 재해자 수를 각각 구하면 약 23500명, 25200명이다. 따라서 매년 증가한다.

오답해설

② 2016년 재해율 차이는 0.32%p이다. 한편 2019년 재해율 차이는 0.35p%이다.

③ 재해율을 계산하기 위해서는 재해자 수와 근로자 수를 모두 알아야 한다. 재해자 수가 10% 증가하더라도 근로자 수 증가율에 따라 재해율은 달라질 수 있다.

④ 건설업 근로자 수가 전체 산업 근로자 수의 20%라면, 전체 근로자 수는 건설업 근로자의 5배이다. 한편 전체 산업 재해율과 건설업 재해율이 같으므로, 전체 산업 재해자 수는 건설업 재해자 수의 5배가 된다.

⑤ 사망자 수가 가장 많은 해는 2016년이다. 건설업 환산강도율이 가장 높은 해는 2014년이다.

70

답 ④

난도 ★

정답해설

재해건당 재해손실일수는 환산강도율을 환산도수율로 나누어 구한다. 이는 〈그림 2〉에서 원점과 특정 연도를 이은 직선의 기울기와 같다. 따라서 가장 큰 연도는 2014년, 가장 작은 연도는 2016년이다.

합격생 가이드

이번 문제처럼 기울기를 구할 때 X축이나 Y축에 줄임표시(물결표시)가 없는지 잘 확인해야 한다. 이번 문제는 큰 상관이 없었으나, 이를 무시하고 원점에서 곧바로 직선을 그어 기울기를 비교하면 결과가 달라지는 경우가 있다. 안전한 방법은 줄임표시와 무관한 임의의 점을 찍어 이 점과 각 연도 점들을 잇는 것이다. 가령, 〈그림 2〉에서 (0.20, 5)에서 직선을 그으면 된다.

71

답 ④

난도 ★

정답해설

ㄴ. 2045년 고령인구 비율이 40% 이상인 지역은 강원, 전북, 전남 및 경북으로 총 4곳이다.

ㄹ. 2045년의 인구는 고령인구와 고령인구 비율을 통해 구할 수 있다. 충북 인구는 646÷39.1×100≒1652.2(천 명), 전남 인구는 740÷45.3×100≒1633.6(천 명)이다.

오답해설

ㄱ. 2019년 고령인구 비율이 가장 낮은 지역은 세종이다. 따라서 세종의 2025년 대비 2045년 고령인구 증가율을 구해 보면 $\frac{(153-49)}{49}\times100≒212.24\%$이다. 반면, 세종 바로 위의 울산만 보더라도 $\frac{(352-193)}{193}\times100≒82.38\%$이다.

ㄷ. 2025년 고령인구 상위 세 개 지역은 서울, 부산, 경기이다.
2035년 고령인구 상위 세 개 지역은 서울, 경기, 경남이다.
2045년 고령인구 상위 세 개 지역은 서울, 경기, 경남이다.

합격생 가이드

단순한 확인 문제이며 그림과 표에서 놓치는 것이 없어야 함을 항상 주의해야 한다.

72

답 ③

난도 ★

정답해설

③ 2010년 '농지' 구획의 개수는 7개이며, 2010년 '산림'이 아닌 구획 중 2020년 '산림'인 구획은 2개이다. 따라서 양자는 같지 않다.

오답해설

① 2010년 구획별 토지이용유형은 '도시' 6개, '수계' 7개, '산림' 8개, '농지' 7개, '나지' 8개이며 2020년 구획별 토지이용유형은 '도시' 12개, '수계' 6개, '산림' 7개, '농지' 7개, '나지' 4개이다. 따라서, 토지면적 증감량이 가장 큰 유형은 '도시'로 6개이며, 두 번째로 큰 유형은 '나지'로 4개이다. 따라서 1.5배 이상이다.

② 2010년 '산림' 구획 중 2020년 '산림'이 아닌 구획의 토지면적은 3개이며, 2010년 '농지'가 아닌 구획 중 2020년 '농지'인 구획은 4개이다.

④ 맨 왼쪽 아래를 (1,1)좌표라고 하면 2010년 전체 '나지' 구획 중 2020년에 (1,3)는 '도시'로 (3,2)는 '농지'로 (5,1)은 '산림'이 되었다.

⑤ 2021년 A구획은 '농지'에서 '도시'가 되었고 B구획은 '도시'에서 '나지'가 되었으므로 2021년과 2020년의 '도시' 구획의 토지면적은 동일하다.

합격생 가이드

익숙하지 않은 그림형 문제의 경우에는 차근차근 개수를 세기만 한다면 쉽게 풀 수 있다. 이 문제의 경우에는 헷갈리지 않게 2010년 토지 구획별 유형의 개수와 2020년 토지 구획별 유형의 개수를 적어놓는다면 쉽게 풀 수 있다.

73

답 ⑤

난도 ★

정답해설

ㄷ. 취업률이 인문계열 평균 취업률과 차이가 가장 큰 학과가 소속된 계열은 남성의 경우는 교육이고 여성의 경우는 의약이므로 다르다.

ㄹ. 취업률이 인문계열 평균 취업률보다 낮은 학과가 소속된 계열의 개수는 남성의 경우는 교육 및 예체능으로 2개이고 여성의 경우는 공학 및 예체능으로 2개이다.

오답해설

ㄱ. 월평균상대소득지수의 최댓값이 네 번째로 큰 계열은 남성의 경우는 예체능, 여성의 경우는 자연이다.

ㄴ. 여성의 교육계열 월평균상대소득지수의 최댓값과 최솟값의 차이는 20보다 작은 반면, 남성의 교육계열 월평균상대소득지수의 최댓값과 최솟값의 차이는 20보다 크다.

합격생 가이드

각주의 내용을 자세하게 이해한다면 보기의 내용을 이해하는 데 무리가 없을 것이다. 평상시에 각주의 내용을 잘 이해하는 연습을 해야 한다.

74

답 ②

난도 ★

정답해설

ㄱ. 2020년 2월 한국의 방진용 마스크 수출액은 140,000천 달러보다 많으며 한국의 방진용 마스크 수입액은 20,000천 달러보다 적으므로 수출액이 수입액의 7배 이상이다.

ㄷ. 2019년 8월부터 2020년 7월 사이에 방진용 마스크 수입액은 2020년 3월에 전월 대비 대략 6배 이상 증가하여 가장 높은 증가율을 보인다.

오답해설

ㄴ. 2020년 1~7월 한국에서 미국으로 수출한 방진용 마스크 수출액은 전년 동기간 4,900천 달러에서 72,000천 달러로 증가하여 약 13.7배 증가했다. 반면, 2020년 1~7월 한국에서 중국으로 수출한 방진용 마스크 수출액은 전년 동기간 4,500천 달러에서 90,000천 달러로 증가하여 20배 증가하였다.

ㄹ. 전년 동기간 대비 2020년 1~7월 한국이 베트남에서 수입한 방진용 마스크 수입액 증가율은 18,000천 달러에서 35,000천 달러로 약 94%의 증가율이다. 반면, 전년 동기간 대비 2020년 1~7월 한국이 중국에서 수입한 방진용 마스크 수입액은 93,000천 달러에서 490,000천 달러로 증가율은 약 426%의 증가율을 보인다.

합격생 가이드

전체적인 계산수준이 암산이 가능한 정도이다. 또한 정확한 비율을 구하지 않아도 되는 문제이므로 상당히 쉬운 수준의 문제라고 할 수 있다.

75

답 ②

난도 ★

정답해설

② B국은 GDP가 매년 증가했다. 반면, 조세부담률은 2014년 22.3%에서, 2015년 21.1%로 낮아진다. 따라서 GDP가 증가한 해에 조세부담률이 증가하지 않았다.

오답해설

① 2016년도에 전년 대비 GDP 성장률이 가장 높은 나라는 A국이다. 또한 조세부담률은 2016년에 A국이 26.4%로 B국 21.2%, C국 23.3%와 비교했을 때 가장 높다.

③ 2017년 B국의 지방세 납부액은 22,972×6.2%=1,424억 달러이며, A국의 지방세 납부액은 20,717×1.6%=331억 달러이다. 따라서 2017년 B국의 지방세 납부액은 A국의 지방세 납부액의 4배 이상이다.

④ 2018년 A국의 국세 납부액은 21,433×25.0%=5,358억 달러이며, C국의 지방세 납부액은 33,444×12.5%=4,180억 달러이다. 따라서 2018년 A국의 국세 납부액이 C국의 지방세 납부액보다 많다.

⑤ C국의 GDP는 매년 2~4% 증가하였으나 국세 부담률은 1%보다 작게 감소하였기 때문이다.

합격생 가이드

계산을 할 때 구체적인 값을 도출하여 계산하기보다는 상대적으로 비교해 나가며 구한다면 정답을 쉽게 도출하고 다른 선지를 검토할 때도 시간을 단축할 수 있었을 것이다.

76

답 ④

난도 ★

정답해설

해당 학교의 전체 학생 중 장학금 수혜자 비율은 각주 1)과 2)를 곱하여 도출할 수 있다.

즉, 장학금 신청률×장학금 수혜율이 전체 학생 중 장학금 수혜자 비율이다.

A : 30%×45%=13.5%, B : 40%×30%=12%, C : 60%×25%=15%,

D : 40%×40%=16%, E : 50%×20%=10%이다.

따라서 장학금 수혜자 비율이 가장 큰 학교는 D, C, A, B, E 순이다.

합격생 가이드

각주의 내용을 어떻게 활용할지를 문제를 읽으면서 바로 생각할 수 있어야 한다. 또한 매우 쉬운 문제이므로 사소한 계산 실수라도 발생해서는 안 된다.

77

답 ⑤

난도 ★

정답해설

⑤ 이란의 쌀 수입액은 19,721,980×6.2%=1,222,765천 달러이며 알제리의 밀 수입액은 38,243,341×4.7%=1,797,437천 달러이다. 따라서, 알제리의 밀 수입액이 이란의 쌀 수입액보다 더 크다.

오답해설

① 한국의 밀 수입액은 38,243,341×2.5%=956,083천 달러이며, 한국의 쌀 수입액은 19,721,980×1.5%=295,829천 달러이다. 따라서 3배 이상이다.

② 중국이 수입한 4대 곡물 총수입액 중 일부인 중국의 대두 수입액은 61,733,744×64.2%=39,633,063천 달러이므로 이는 세계 밀 총수입액보다 크다.

③ 브라질은 4대 곡물 중 대두, 옥수수 2개에서 '한국으로의 주요 수출국'이다.

④ 4대 곡물을 한국의 수입액이 큰 순서대로 나열하면 옥수수 : 31,098,456×5.8%=1,803,710천 달러, 밀 : 38,243,341×4.7%=1,797,437천 달러, 대두 : 61,733,744×64.2%=39,633,063천 달러, 쌀 : 19,721,980×1.5%=295,829천 달러이다.

합격생 가이드

계산형 문제의 경우 구체적인 값을 계산할 필요가 없는 경우가 많다. 예를 들어 ⑤를 살펴보면 밀의 세계 총수입액은 쌀의 세계 총수입액의 약 2배이며 이란의 수입 비율은 알제리의 수입 비율의 약 1.5배이다. 따라서 1.5배와 2배를 비교하는 것으로서 알제리의 밀 수입액이 이란의 쌀 수입액보다 큼을 쉽게 파악할 수 있다. 이런 계산형 문제는 많은 연습을 통해 간단하게 계산을 할 수 있도록 하는 것이 좋다.

78

답 ④

난도 ★

정답해설

ㄴ. 2020년 PC, 태블릿, 콘솔의 게임시장 규모의 합은 48.6%로 A국 게임시장 전체 규모의 50% 미만이다.

ㄹ. 기타를 제외하고 2017년 대비 2018년 게임시장 규모 증가율은 PC : 10.7%, 모바일 : 10.4%, 태블릿 : 12.5%, 콘솔 : 10.4%이므로 태블릿의 증가율이 가장 크다.

오답해설

ㄱ. A국 게임시장 전체규모는 2017년 563억 원, 2018년 622억 원, 2019년 613억 원으로 매년 증가하지 않았다.

ㄷ. PC의 게임시장 점유율은 2020년 27.5%이며, 2019년 $\frac{173}{613}\times100=28.2\%$이다. 따라서 2019년 PC의 게임시장 점유율이 더 높다.

합격생 가이드

ㄹ을 계산할 때 눈대중으로 태블릿의 증가율이 가장 크다는 것을 캐치한다면 그만큼 풀이 시간을 단축시킬 수 있다.

79

답 ⑤

난도 ★★

정답해설

ㄱ. 2020년에 관리운영비는 309억 원이며 임직원 수는 305명이므로 임직원당 관리운영비는 $\frac{309}{305}>1$억 원 이상이다.

ㄷ. 중앙회 상임위원회의 여성 위원은 총 5명이다. 또한 중앙회 분과실행위원회의 여성 위원은 총 32명이다. 이들 모두가 동시에 중앙회 분과실행위원회 의원이기 때문에 중앙회의 여성 위원은 총 32명이다.

ㄹ. 지회 분과실행위원회의 50대 위원의 수는 총 199명이다. 또한 지회 분과실행위원회의 학계 위원 수는 285명이다. 따라서 50대이며 동시에 학계 위원이 되는 최소 인원은 199+285−391=93명이다.

오답해설

ㄴ. 중앙회의 분과실행위원회의 현장위원은 85×71%=60명이다. 반면 지회의 분과실행위원회의 현장위원은 391×27%=105명이다. 따라서 중앙회의 현장위원 수가 지회의 현장위원 수보다 적다.

합격생 가이드

중복하여 발생하는 인원의 숫자를 구하는 방법을 정확하게 아는지 묻는 문제이다. 또한 사람이 나오는 문제의 경우에는 사람은 소수점으로 나눠지지 않기 때문에 소수점 부분을 버림하고 인원을 정확하게 구해주는 것이 문제를 풀 때 틀리지 않는 방법일 것이다.

80

답 ②

난도 ★★

정답해설

② 2016년에 농민 가는 작물 A를 50kg 생산하였고 작물 B를 100kg 생산하였다. 또한 2016년의 작물 A의 총생산량은 150kg이며 작물 B의 총생산량은 150kg이다. 따라서 농민 '가'의 작물 총판매액은 1,500×50+1,000×100=175,000원이다.

오답해설

① 농민 '가'는 경작지 1에서 A의 생산량 감소 및 경작지 2에서 B의 생산량 감소를 보았으며 농민 '나'는 경작지 3에서 B와 C의 생산량 감소를 보았다.

③ 작물 E가 동일 경작지에서 다년간 연속 재배된 경우는 경작지 4와 경작지 6인데 모두 생산량이 감소하지 않았다.

④ 농민 '가'의 경작지 1에서 A작물을 3개년 연속 재배하고 B작물을 재배한 후 다시 A작물을 재배한 경우 경작지당 연간 최대 생산량인 100kg가 생산되었다.

⑤ 2016년 D작물은 총 200kg 생산되었고 이때의 가격은 1,000원이며, 2019년 D작물은 총 400kg 생산되었고 이때의 가격은 250원이다. 따라서 D작물의 2016년과 2019년의 판매가격 차이는 750원이다. E작물은 2016년 총 50kg 생산되었고 이때의 가격은 2,000원이며 2019년에는 총 100kg 생산되었고 이때의 가격은 500원이다. 따라서 E작물의 2016년과 2019년의 판매가격 차이는 1,500원이다.

합격생 가이드

〈그림〉이 무엇을 나타내는지만 이해한다면 쉽게 풀 수 있는 문제이다. 보통의 40번 문제는 38~39번 문제보다 쉬운 경우가 많으므로 앞선 문제가 어렵다면 40번 문제를 먼저 푸는 것도 하나의 방법이 될 것이다.

부록

5·7급 PSAT 자료해석 최신기출문제

CHAPTER 01 2022년 5급 PSAT 자료해석 기출문제

CHAPTER 02 2022년 7급 PSAT 자료해석 기출문제

CHAPTER 03 2021년 5급 PSAT 자료해석 기출문제

CHAPTER 04 2021년 7급 PSAT 자료해석 기출문제

CHAPTER 05 5 · 7급 PSAT 자료해석 기출문제 정답 및 해설

01 2022년 5급 PSAT 자료해석 기출문제

문 1. **다음 〈표〉는 2020년 4분기(10~12월) 전국 아파트 입주 물량에 관한 자료이다. 제시된 〈표〉 이외에 〈보고서〉를 작성하기 위해 추가로 필요한 자료만을 〈보기〉에서 모두 고르면?**

〈표 1〉 월별 아파트 입주 물량

(단위 : 세대)

구분 \ 월	10월	11월	12월	합
전국	21,987	25,995	32,653	80,635
수도권	13,951	15,083	19,500	48,534
비수도권	8,036	10,912	13,153	32,101

〈표 2〉 규모 및 공급주체별 아파트 입주 물량

(단위 : 세대)

구분	규모			공급주체	
	$60m^2$ 이하	$60m^2$ 초과 $85m^2$ 이하	$85m^2$ 초과	공공	민간
전국	34,153	42,528	3,954	23,438	57,197
수도권	21,446	24,727	2,361	15,443	33,091
비수도권	12,707	17,801	1,593	7,995	24,106

〈보고서〉

2020년 4분기(10~12월) 전국 아파트 입주 물량은 80,635세대로 집계되었다. 수도권은 48,534세대로 전년동기 및 2015~2019년 4분기 평균 대비 각각 37.5%, 1.7% 증가했고, 비수도권은 32,101세대로 전년동기 및 2015~2019년 4분기 평균 대비 각각 47.6%, 46.8% 감소하였다. 시도별로 살펴보면, 서울은 12,097세대로 전년동기 대비 7.9% 증가하였다. 그 외 인천 · 경기 36,437세대, 대전 · 세종 · 충남 8,015세대, 충북 3,835세대, 강원 646세대, 전북 0세대, 광주 · 전남 · 제주 5,333세대, 대구 · 경북 5,586세대, 부산 · 울산 5,345세대, 경남 3,341세대였다. 주택 규모별로는 $60m^2$ 이하 34,153세대, $60m^2$ 초과 $85m^2$ 이하 42,528세대, $85m^2$ 초과 3,954세대로, $85m^2$ 이하 중소형주택이 전체의 95.1%를 차지하여 중소형주택의 입주 물량이 많았다. 공급주체별로는 민간 57,197세대, 공공 23,438세대로, 민간 입주 물량이 공공 입주 물량의 2배 이상이었다.

〈보 기〉

ㄱ. 2015~2019년 4분기 수도권 및 비수도권 아파트 입주 물량
ㄴ. 2015~2019년 공급주체별 연평균 아파트 입주 물량
ㄷ. 2019~2020년 4분기 시도별 아파트 입주 물량
ㄹ. 2019년 4분기 규모 및 공급주체별 아파트 입주 물량

① ㄱ, ㄴ
② ㄱ, ㄷ
③ ㄱ, ㄹ
④ ㄴ, ㄷ
⑤ ㄴ, ㄹ

문 2. **다음 〈표〉는 A~E지점을 연이어 주행한 '갑'~'병'자동차의 구간별 연료 소모량 및 평균 속력에 관한 자료이다. 이에 대한 〈보기〉의 설명 중 옳은 것만을 모두 고르면?**

〈표〉 '갑'~'병'자동차의 구간별 연료 소모량 및 평균 속력

(단위 : km, L, km/h)

구간 \ 구분 \ 자동차(연료)	거리	갑(LPG) 연료 소모량	갑(LPG) 평균 속력	을(휘발유) 연료 소모량	을(휘발유) 평균 속력	병(경유) 연료 소모량	병(경유) 평균 속력
A→B	100	7.0	100	5.0	100	3.5	110
B→C	50	4.0	90	3.0	100	2.0	90
C→D	70	5.0	100	4.0	90	3.0	100
D→E	20	2.0	100	1.5	110	1.5	100
전체	240	18.0	( )	13.5	( )	10.0	( )

※ 1) L당 연료비는 LPG 1,000원, 휘발유 1,700원, 경유 1,500원임
2) 주행 연비(km/L) $= \frac{\text{주행 거리}}{\text{연료 소모량}}$

〈보 기〉

ㄱ. 전체 구간 주행 시간은 '병'이 가장 길다.
ㄴ. 전체 구간 주행 연료비는 '을'이 가장 많고, '병'이 가장 적다.
ㄷ. 전체 구간 주행 연비는 '병'이 가장 높고, '갑'이 가장 낮다.
ㄹ. '갑'의 A→B 구간 주행 연비는 '을'의 B→C 구간 주행 연비보다 높다.

① ㄱ, ㄴ
② ㄱ, ㄷ
③ ㄴ, ㄷ
④ ㄷ, ㄹ
⑤ ㄴ, ㄷ, ㄹ

문 3. **다음 〈표〉는 A질환 환자의 성별 흡연 및 음주 여부에 관한 자료이다. 이에 대한 〈보기〉의 설명 중 옳은 것만을 모두 고르면?**

〈표〉 A질환 환자의 성별 흡연 및 음주 여부

(단위 : 명, %)

음주 여부 \ 성별 / 흡연 여부 / 구분		남성		여성	
		흡연	비흡연	흡연	비흡연
음주	인원	600	( )	( )	( )
	비율	30	35	( )	20
비음주	인원	( )	( )	300	450
	비율	10	( )	( )	30

※ 비율(%)은 흡연 및 음주 여부에 따른 남(여)성 환자 수를 전체 남(여)성 환자 수로 나눈 값에 100을 곱한 것임. 예를 들어, 남성 환자 중 흡연과 음주를 모두 하는 비율은 30%임

〈보 기〉

ㄱ. 흡연 비율은 남성 환자가 여성 환자보다 높다.
ㄴ. 비음주이면서 비흡연인 환자는 남성이 여성보다 많다.
ㄷ. 각 성별에서 음주 환자가 비음주 환자보다 많다.
ㄹ. 전체 환자 중 음주 환자 비중은 전체 환자 중 흡연 환자 비중보다 크다.

① ㄱ, ㄴ
② ㄱ, ㄷ
③ ㄴ, ㄹ
④ ㄷ, ㄹ
⑤ ㄴ, ㄷ, ㄹ

문 4. **다음 〈표〉는 '갑'국 국세청의 행정소송 현황에 관한 자료이다. 제시된 〈표〉 이외에 〈보고서〉를 작성하기 위해 추가로 필요한 자료만을 〈보기〉에서 모두 고르면?**

〈표 1〉 2017~2020년 행정소송 현황

(단위 : 건)

연도 \ 구분	처리대상건수		처리완료건수				처리미완료건수		
	전년 이월	당년 제기	취하	각하	국가 승소	국가 패소	행정 법원	고등 법원	대법원
2017	2,093	1,679	409	74	862	179	1,279	647	322
2018	2,248	1,881	485	53	799	208	1,536	713	335
2019	2,584	1,957	493	78	749	204	2,043	692	282
2020	3,017	2,026	788	225	786	237	1,939	793	275

※ 미완료율(%) = $\frac{\text{처리미완료건수}}{\text{처리대상건수}} \times 100$

〈표 2〉 2020년 세목별 행정소송 현황

(단위 : 건)

세목 \ 구분	처리대상건수		처리완료건수				처리미완료건수		
	전년 이월	당년 제기	취하	각하	국가 승소	국가 패소	행정 법원	고등 법원	대법원
종합 소득세	305	249	85	7	103	33	227	74	25
법인세	443	347	54	6	108	44	396	123	59
부가 가치세	645	405	189	13	162	42	400	183	61
양도 소득세	909	447	326	170	240	39	378	167	36
상속세	84	52	14	1	28	9	50	20	14
증여세	429	282	70	12	96	49	272	157	55
기타	202	244	50	16	49	21	216	69	25

〈표 3〉 2020년 소송가액별 행정소송 현황

(단위 : 건)

소송가액 \ 구분	처리대상건수		처리완료건수				처리미완료건수		
	전년 이월	당년 제기	취하	각하	국가 승소	국가 패소	행정 법원	고등 법원	대법원
3억 원 미만	1,758	1,220	599	204	540	102	1,028	414	91
3억 원 이상 10억 원 미만	542	375	129	15	133	56	374	156	54
10억 원 이상	717	431	60	6	113	79	537	223	130

〈보고서〉

2017~2020년 '갑'국 국세청의 연도별 행정소송 현황을 살펴보면 전년 이월 처리대상건수와 당년 제기 처리대상건수는 매년 증가하였다. 한편 2017~2019년 미완료율은 매년 증가하였으나, 2020년에는 미완료율이 전년 대비 감소하였다. 2017~2020년 처리대상건수 대비 국가승소 건수의 비율은 매년 감소하였는데, 특히 2017년에는 전년 대비 20%p 감소하여 가장 큰 폭으로 감소하였다. 2017~2020년 국가승소 건수 중 법인세 관련 행정소송 건수가 차지하는 비율 또한 매년 감소하였다.

2020년에 전년 이월 처리대상건수가 가장 많은 세목은 양도소득세였으며, 행정소송이 진행 중이어서 처리완료되지 못하고 2021년으로 이월된 행정소송 건수가 가장 많은 세목은 부가가치세였다.

2020년의 경우 소송가액 3억 원 미만인 국가승소 건수가 3억 원 이상인 국가승소 건수보다 많았다. 한편 2017~2020년 행정법원 소송 처리미완료건수 중 소송가액 10억 원 이상인 건수가 차지하는 비율은 2018년이 가장 높았으며 2020년이 가장 낮았다.

〈보 기〉

ㄱ. 2016년 행정소송 처리대상건수 및 국가승소 건수
ㄴ. 2021년 소송가액별 행정소송 처리대상건수
ㄷ. 2017~2019년 국가승소 건수 중 법인세 관련 행정소송 건수
ㄹ. 2017~2019년 소송가액이 10억 원 이상인 행정법원 소송 처리미완료건수

① ㄱ, ㄴ
② ㄱ, ㄷ
③ ㄴ, ㄹ
④ ㄱ, ㄷ, ㄹ
⑤ ㄴ, ㄷ, ㄹ

문 5. 다음 〈표〉는 '갑'도매시장에서 출하되는 4개 농산물의 수송 방법별 운송량에 관한 자료이다. 이에 대한 〈보기〉의 설명 중 옳은 것만을 모두 고르면?

〈표〉 4개 농산물의 수송 방법별 운송량

(단위 : 톤)

수송 방법 \ 농산물	쌀	밀	콩	보리	합계
도로	10,600	16,500	400	2,900	30,400
철도	5,800	7,500	600	7,100	21,000
해운	1,600	3,000	4,000	2,000	10,600

※ '갑'도매시장 농산물 수송 방법은 도로, 철도, 해운으로만 구성됨

〈보 기〉

ㄱ. 농산물별 해운 운송량이 각각 100톤씩 증가하면 4개 농산물 해운 운송량의 평균은 2,750톤이다.
ㄴ. 보리의 수송 방법별 운송량이 각각 50%씩 감소하고 콩의 수송 방법별 운송량이 각각 100%씩 증가하더라도, 4개 농산물 전체 운송량에는 변동이 없다.
ㄷ. 도로 운송량이 많은 농산물일수록 해당 농산물의 운송량 중 도로 운송량이 차지하는 비중이 더 크다.
ㄹ. 해운 운송량이 적은 농산물일수록 해당 농산물의 운송량 중 해운 운송량이 차지하는 비중이 더 작다.

① ㄱ, ㄷ
② ㄱ, ㄹ
③ ㄴ, ㄷ
④ ㄴ, ㄹ
⑤ ㄷ, ㄹ

문 6. 다음 〈그림〉은 2019~2021년 '갑'국의 건설, 농림수산식품, 소재 3개 산업의 기술도입액과 기술수출액 현황에 관한 자료이다. 이에 대한 설명으로 옳지 않은 것은?

〈그림〉 3개 산업의 기술도입액과 기술수출액 현황

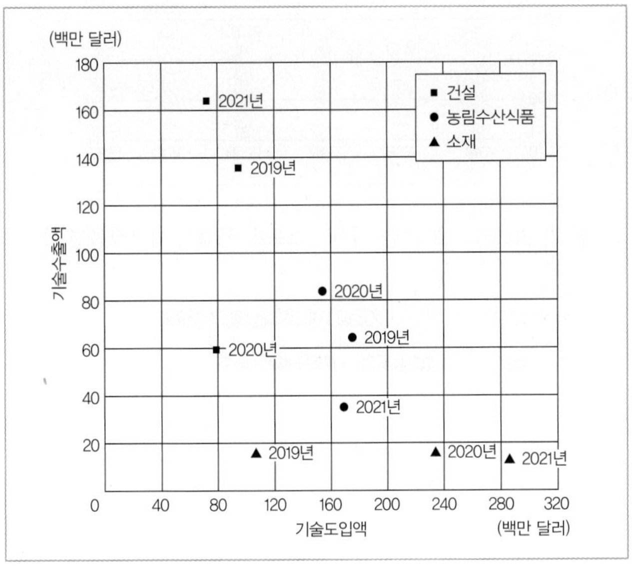

※ 1) 기술무역규모 = 기술수출액 + 기술도입액
2) 기술무역수지 = 기술수출액 − 기술도입액
3) 기술무역수지비 = $\frac{\text{기술수출액}}{\text{기술도입액}}$

① 2020년 3개 산업 중 기술무역수지가 가장 작은 산업은 건설 산업이다.
② 2021년 3개 산업 중 기술무역규모가 가장 큰 산업은 소재 산업이다.
③ 2019년 3개 산업의 전체 기술도입액은 3억 2천만 달러 이상이다.
④ 소재 산업에서 기술무역수지는 매년 감소한다.
⑤ 농림수산식품 산업에서 기술무역수지비가 가장 큰 해는 2020년이다.

문 7. 다음 〈표〉는 2018~2021년 '갑'국의 여름철 물놀이 사고 사망자에 관한 자료이다. 이를 바탕으로 작성한 〈보고서〉의 내용 중 옳지 않은 것은?

〈표 1〉 연령대별 여름철 물놀이 사고 사망자 수

(단위 : 명)

연령대 / 연도	10세 미만	10대	20대	30대	40대	50대 이상
2018	2	6	4	4	4	4
2019	2	13	9	2	2	8
2020	2	9	7	2	4	13
2021	0	5	3	5	5	19

〈표 2〉 4대 주요 발생 장소 및 원인별 여름철 물놀이 사고 사망자 수

(단위 : 명)

구분 / 연도	4대 주요 발생 장소				4대 주요 원인			
	하천	해수욕장	계곡	수영장	안전부주의	수영미숙	음주수영	급류
2018	16	3	2	2	6	13	3	2
2019	23	3	5	4	9	14	5	6
2020	19	3	1	12	8	14	3	8
2021	23	7	2	5	9	12	6	2

※ 여름철 물놀이 사고 사망자의 발생 장소와 원인은 각각 1가지로만 정함

〈보고서〉

물놀이 사고는 여름철인 6~8월에 집중적으로 발생한다. 연도별 사고 현황을 살펴보면, ㉠ 여름철 물놀이 사고 사망자는 2019년에 전년 대비 50% 이상 증가하였고, 이후 매년 30명 이상이었다.

㉡ 여름철 물놀이 사고 사망자 중 4대 주요 원인에 의한 사망자가 차지하는 비율이 가장 높은 해는 2018년이다. 한편, ㉢ 여름철 물놀이 사고 사망자 중 수영미숙에 의한 사망자가 매년 30% 이상을 차지해 이에 대한 예방책이 필요한 것으로 판단된다. 또 2019년과 2020년은 급류사고로 인한 사망자가 다른 해에 비해 많았다.

사고 발생 장소를 살펴보면, ㉣ 2018년부터 2021년까지 매년 여름철 물놀이 사고 사망자의 60% 이상이 하천에서 발생한 사고로 사망하였다. 따라서 하천에서의 사고를 예방하기 위해 물놀이 안전수칙 홍보를 강화할 필요가 있다. 여름철 물놀이 사고 사망자 수를 연령대와 장소 및 원인에 따라 세부적으로 살펴보면, 2020년 50대 이상 사망자 중 수영장 외의 장소에서 사망한 사망자가 1명 이상이고, ㉤ 2021년 안전부주의 사망자 중 30대 이상 사망자가 1명 이상이다.

① ㄱ
② ㄴ
③ ㄷ
④ ㄹ
⑤ ㅁ

문 8. 다음 〈표〉는 2020년 A~D국의 어업 생산량에 관한 자료이다. 〈표〉와 〈조건〉을 근거로 A~D에 해당하는 국가를 바르게 나열한 것은?

〈표〉 2020년 A~D국의 어업 생산량

(단위 : 천 톤)

어업유형 / 국가	전체	해면어업	천해양식	원양어업	내수면어업
A	3,255	1,235	1,477	( )	33
B	10,483	3,245	( )	1,077	3,058
C	8,020	2,850	( )	720	1,150
D	9,756	4,200	324	( )	2,287

※ 1) 어업유형은 해면어업, 천해양식, 원양어업, 내수면어업으로만 구분됨

2) 어업유형별 의존도 = $\frac{\text{해당 어업유형의 어업 생산량}}{\text{전체 어업 생산량}}$

〈조 건〉

- 내수면어업 생산량이 원양어업 생산량보다 많은 국가는 '갑'과 '병'이다.
- 해면어업 의존도는 '갑'~'정' 중 '정'이 두 번째로 높다.
- '병'의 천해양식 생산량은 '을'의 원양어업 생산량의 1.1배 이상이다.

	A	B	C	D
①	을	갑	병	정
②	을	병	갑	정
③	병	을	정	갑
④	정	갑	병	을
⑤	정	병	갑	을

문 9. 다음 〈그림〉은 '갑'국 및 글로벌 e스포츠 산업 규모에 관한 자료이다. 이에 대한 〈보고서〉의 내용 중 옳지 않은 것은?

〈그림 1〉 2017~2021년 '갑'국 e스포츠 산업 규모

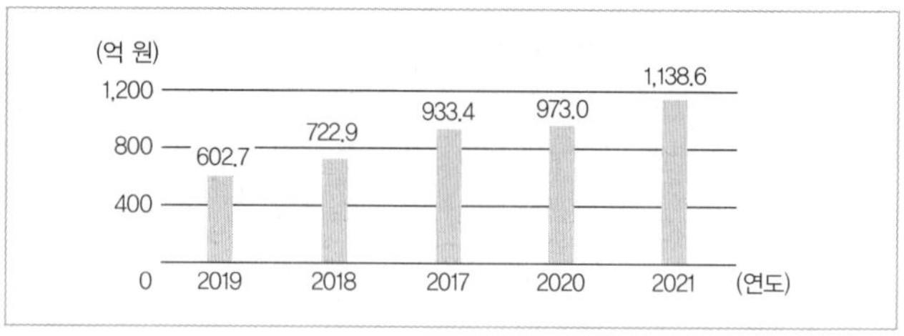

〈그림 2〉 2020년, 2021년 '갑'국 e스포츠 산업의 세부항목별 규모

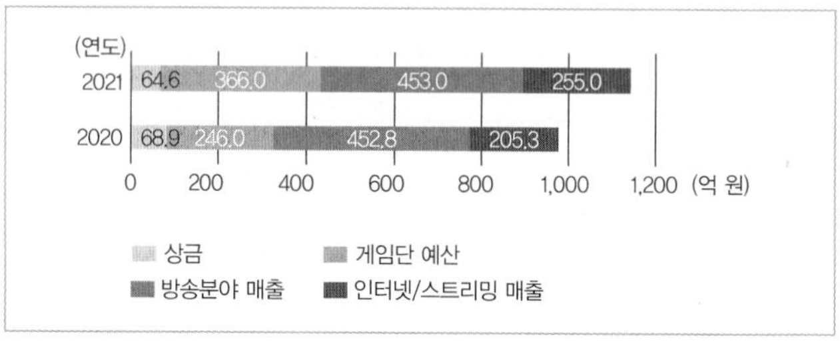

〈그림 3〉 2017~2021년 글로벌 e스포츠 산업 규모

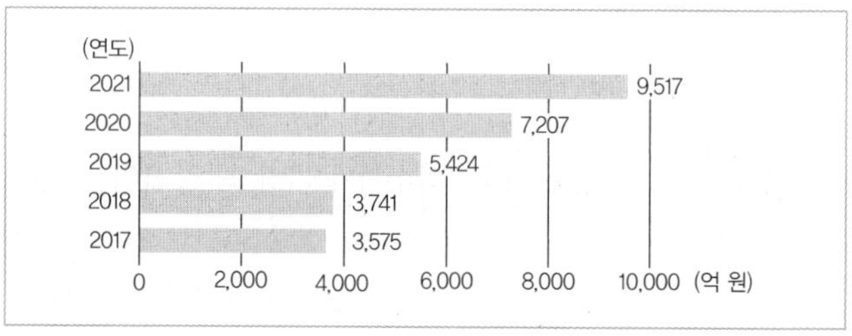

〈보고서〉

2021년 '갑'국 e스포츠 산업 규모는 1,138억 6,000만 원으로 집계되었다. ㉠ 이는 2020년 973억 원에서 15% 이상 성장한 것이다. 세부항목별로 살펴보면 ㉡ 방송분야 매출이 453억 원으로 전체의 35% 이상을 차지하여 가장 비중이 큰 것으로 나타났다. 이외에 게임단 예산은 366억 원, 인터넷/스트리밍 매출은 255억 원, 상금은 64억 6,000만 원이었다. 게임단 예산은 전년 대비 45% 이상 증가한 것이고, 인터넷/스트리밍 매출 또한 전년 대비 20% 이상 증가한 것이다. 하지만 방송분야 매출은 큰 차이가 없었으며, 상금은 전년 대비 5% 이상 감소한 것으로 나타났다.

한편 글로벌 e스포츠 산업 규모와 '갑'국 e스포츠 산업 규모의 성장세를 살펴보면, ㉢ 글로벌 e스포츠 산업 규모는 2019년부터 전년 대비 30% 이상 성장하였고, '갑'국 e스포츠 산업 규모도 매년 성장하였다. 그러나, ㉣ '갑'국 e스포츠 산업 규모가 2020년에는 전년 대비 5% 미만의 성장에 그쳐 글로벌 e스포츠 산업 규모에서 차지하는 비중이 15% 미만이 되었다. 이는 ㉤ 글로벌 e스포츠 산업 규모 대비 '갑'국 e스포츠 산업 규모의 비중이 2017년 이후 매년 감소한 것으로, '갑'국 e스포츠 산업 규모가 꾸준히 성장하고는 있으나 글로벌 e스포츠 산업 규모의 성장세에는 미치지 못하고 있기 때문이다.

① ㄱ
② ㄴ
③ ㄷ
④ ㄹ
⑤ ㅁ

문 10. **다음 〈표〉는 2017~2021년 '갑'국의 불법체류외국인 현황에 관한 자료이다. 이에 대한 설명으로 옳은 것은?**

〈표 1〉 연도별 체류외국인 현황

(단위 : 명, %)

연도 \ 구분	체류외국인	불법체류외국인	체류유형별 구성비			
			단기체류외국인	등록외국인	외국국적동포 국내거소신고자	전체
2017	1,797,618	208,778	54.0	45.0	1.0	100.0
2018	1,899,519	214,168	59.8	39.7	0.5	100.0
2019	2,049,441	208,971	63.5	36.0	0.5	100.0
2020	2,180,498	251,041	66.6	33.0	0.4	100.0
2021	2,367,607	355,126	74.4	25.4	0.3	100.0

※ 체류외국인은 불법체류외국인과 합법체류외국인으로 구분됨

〈표 2〉 체류자격별 불법체류외국인 현황

(단위 : 명, %)

체류자격 \ 연도	2017	2018	2019	2020	2021	
						구성비
사증면제	46,117	56,307	63,319	85,196	162,083	45.6
단기방문	45,746	47,373	46,041	56,331	67,157	18.9
비전문취업	52,760	49,272	45,567	46,618	47,373	13.3
관광통과	15,899	19,658	19,038	20,662	30,028	8.5
일반연수	4,816	4,425	4,687	7,209	12,613	3.6
기타	43,440	37,133	30,319	35,025	35,872	10.1
전체	208,778	214,168	208,971	251,041	355,126	100.0

※ 체류자격은 불법체류외국인의 입국 당시 체류자격을 의미함

국적 \ 연도	2017	2018	2019	2020	2021	
						구성비
A	53,689	61,943	65,647	81,129	153,485	43.2
B	79,717	76,757	65,379	75,507	85,964	24.2
C	36,338	35,987	37,410	44,371	56,950	16.0
D	16,814	17,698	19,694	25,399	30,813	8.7
기타	22,220	21,783	20,841	24,635	27,914	7.9
전체	208,778	214,168	208,971	251,041	355,126	100.0

① 2020년 대비 2021년 불법체류외국인 증가인원 중에서 국적이 A인 불법체류외국인이 차지하는 비중은 60% 이상이다.

② 체류유형이 등록외국인인 불법체류외국인의 수는 매년 감소한다.

③ 불법체류외국인 수가 많은 상위 3개 체류자격을 그 수가 큰 것부터 순서대로 나열하면 사증면제, 단기방문, 비전문취업 순으로 매년 동일하다.

④ 체류외국인 대비 불법체류외국인 비중은 매년 증가한다.

⑤ 2021년 체류외국인은 전년 대비 10% 이상 증가하였다.

문 11. **다음 〈표〉는 2015~2021년 '갑'국 4개 대학의 변호사시험 응시자 및 합격자에 관한 자료이다. 〈표〉와 〈조건〉에 근거하여 A~D에 해당하는 대학을 바르게 나열한 것은?**

〈표〉 2015~2021년 대학별 변호사시험 응시자 및 합격자

(단위 : 명)

대학	구분 \ 연도	2015	2016	2017	2018	2019	2020	2021
A	응시자	50	52	54	66	74	89	90
	합격자	50	51	46	51	49	55	48
B	응시자	58	81	94	98	94	89	97
	합격자	47	49	65	73	66	53	58
C	응시자	89	101	109	110	115	142	145
	합격자	79	83	94	88	75	86	80
D	응시자	95	124	152	162	169	210	212
	합격자	86	82	85	109	80	87	95

〈조 건〉

- '우리대'와 '나라대'는 해당 대학의 응시자 수가 가장 많은 해에 합격률이 가장 낮다.
- 2021년 '우리대'의 합격률은 55% 미만이다.
- '푸른대'와 '강산대'는 해당 대학의 합격자 수가 가장 많은 해와 가장 적은 해의 합격자 수 차이가 각각 25명 이상이다.
- '강산대'의 2015년 대비 2021년 합격률 감소폭은 40%p 이하이다.

※ 합격률(%) $= \frac{\text{합격자}}{\text{응시자}} \times 100$

	A	B	C	D
①	나라대	강산대	우리대	푸른대
②	나라대	푸른대	우리대	강산대
③	우리대	강산대	나라대	푸른대
④	우리대	푸른대	나라대	강산대
⑤	푸른대	나라대	강산대	우리대

문 12. 다음 〈표〉는 2019~2021년 '갑'국의 조세지출에 관한 자료이다. 이에 대한 〈보기〉의 설명 중 옳은 것만을 모두 고르면?

〈표〉 2019~2021년 항목별 조세지출 현황

(단위 : 억 원, %)

연도 / 항목 \ 구분	2019		2020		2021	
	금액	비중	금액	비중	금액	비중
중소기업지원	24,176	6.09	26,557	6.34	31,050	6.55
연구개발	29,514	7.44	29,095	6.95	28,360	5.98
국제자본거래	24	0.01	5	0.00	4	0.00
투자촉진	16,496	4.16	17,558	4.19	10,002	2.11
고용지원	1,742	0.44	3,315	0.79	4,202	0.89
기업구조조정	921	0.23	1,439	0.34	1,581	0.33
지역균형발전	25,225	6.36	26,199	6.26	27,810	5.87
공익사업지원	5,006	1.26	6,063	1.45	6,152	1.30
저축지원	14,319	3.61	14,420	3.44	14,696	3.10
국민생활안정	125,727	31.69	134,631	32.16	142,585	30.07
근로 · 자녀장려	17,679	4.46	18,314	4.38	57,587	12.15
간접국세	94,455	23.81	97,158	23.21	104,071	21.95
외국인투자	2,121	0.53	1,973	0.47	2,064	0.44
국제도시육성	2,316	( )	2,149	0.51	2,255	( )
기업도시	75	0.02	54	0.01	56	0.01
농협구조개편	480	0.12	515	0.12	538	0.11
수협구조개편	44	0.01	1	0.00	0	0.00
기타	36,449	9.19	39,155	9.35	41,112	8.67
전체	396,769	100.00	418,601	100.00	474,125	100.00

〈보 기〉

ㄱ. 기타를 제외하고, 전년 대비 조세지출금액이 증가한 항목 수는 2020년이 2021년보다 많다.

ㄴ. 기타를 제외한 항목 중 조세지출금액 상위 3개 항목이 전체 조세지출에서 차지하는 비중의 합은 매년 60%를 초과한다.

ㄷ. 기타를 제외하고, 조세지출금액이 매년 증가한 항목은 10개이다.

ㄹ. 국제도시육성 항목의 비중은 매년 감소한다.

① ㄱ, ㄷ

② ㄱ, ㄹ

③ ㄴ, ㄷ

④ ㄷ, ㄹ

⑤ ㄴ, ㄷ, ㄹ

문 13. 다음 〈표〉는 '갑'국의 2017~2021년 소년 범죄와 성인 범죄 현황에 관한 자료이다. 이에 대한 〈보기〉의 설명 중 옳은 것만을 모두 고르면?

〈표〉 소년 범죄와 성인 범죄 현황

(단위 : 명, %)

구분 / 연도	소년 범죄			성인 범죄			소년 범죄자 비율
	범죄자수	범죄율	발생지수	범죄자수	범죄율	발생지수	
2017	63,145	1,172	100.0	953,064	2,245	100.0	6.2
2018	56,962	1,132	96.6	904,872	2,160	96.2	5.9
2019	61,162	1,249	106.3	920,760	2,112	94.1	( )
2020	58,255	1,249	( )	878,991	2,060	( )	6.2
2021	54,205	1,201	102.5	878,917	2,044	91.0	5.8

※ 1) 범죄는 소년 범죄와 성인 범죄로만 구분함

2) 소년(성인) 범죄율은 소년(성인) 인구 10만 명당 소년(성인) 범죄자수를 의미함

3) 소년(성인) 범죄 발생지수는 2017년 소년(성인) 범죄율을 100.0으로 할 때, 해당 연도 소년(성인) 범죄율의 상대적인 값임

4) $\text{소년 범죄자 비율(\%)} = \left(\frac{\text{소년 범죄자수}}{\text{소년 범죄자수} + \text{성인 범죄자수}}\right) \times 100$

〈보 기〉

ㄱ. 2017년 대비 2021년 소년 인구는 증가하고 소년 범죄자수는 감소하였다.

ㄴ. 소년 범죄율이 2017년 대비 6.0% 이상 증가한 연도의 소년 범죄자 비율은 6.0% 이상이다.

ㄷ. 소년 범죄 발생지수와 성인 범죄 발생지수 모두 2021년이 2020년보다 작다.

ㄹ. 소년 범죄 발생지수가 전년 대비 증가한 연도에는 소년 범죄자수도 전년 대비 증가하였다.

① ㄱ, ㄴ

② ㄱ, ㄷ

③ ㄴ, ㄷ

④ ㄴ, ㄹ

⑤ ㄷ, ㄹ

문 14. **다음 〈표〉는 A~D마을로 구성된 '갑'지역의 가구수에 관한 자료이다. 〈표〉를 이용하여 작성한 그래프로 옳은 것은?**

〈표 1〉 마을별 1인 가구 현황

(단위 : 가구, %)

연도 \ 마을	A	B	C	D
2018	90(18.0)	130(26.0)	200(40.0)	80(16.0)
2019	220(36.7)	60(10.0)	130(21.7)	190(31.7)
2020	305(43.6)	240(34.3)	80(11.4)	75(10.7)
2021	120(15.0)	205(25.6)	160(20.0)	315(39.4)

※ (　)안 수치는 연도별 '갑'지역 1인 가구수 중 해당 마을 1인 가구수의 비중임

〈표 2〉 마을별 총가구수

(단위 : 가구)

마을	A	B	C	D
총가구수	600	550	500	500

※A~D마을별 총가구수는 매년 변동 없음

① 연도별 '갑'지역 1인 가구수

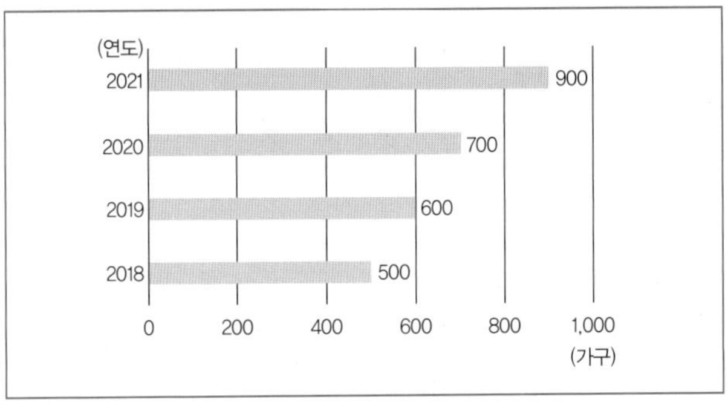

② 2021년 '갑'지역 2인 이상 가구의 마을별 구성비

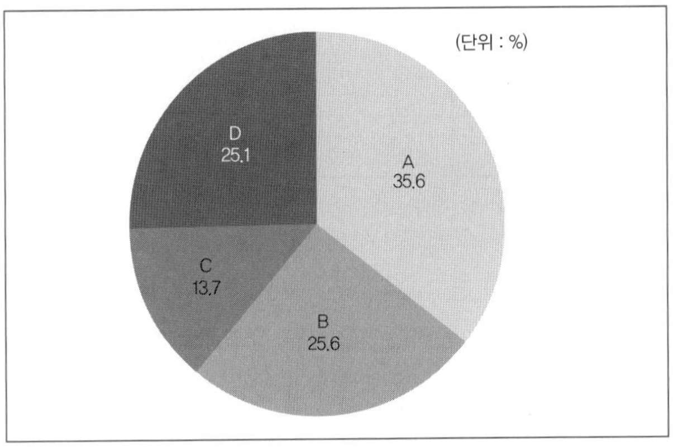

③ 연도별 A마을의 총가구수 대비 1인 가구수 비중

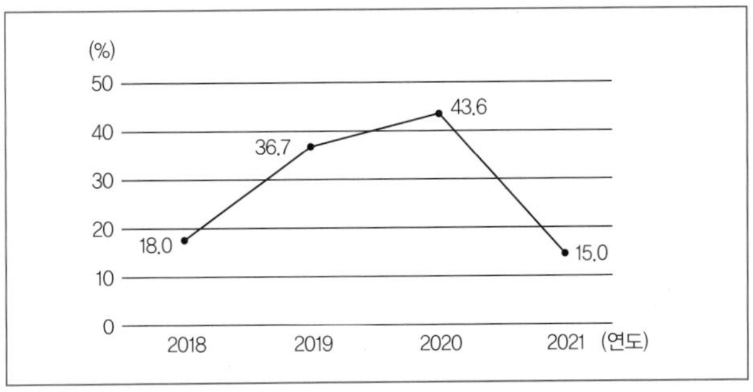

④ 연도별 B, C마을의 2인 이상 가구수와 1인 가구수 차이

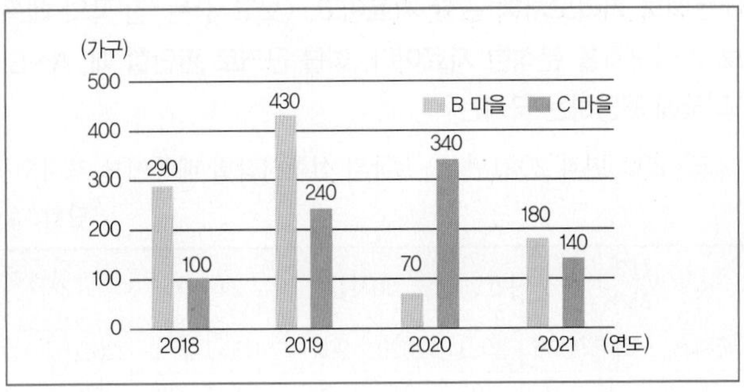

⑤ 연도별 D마을의 전년 대비 1인 가구수 증가율

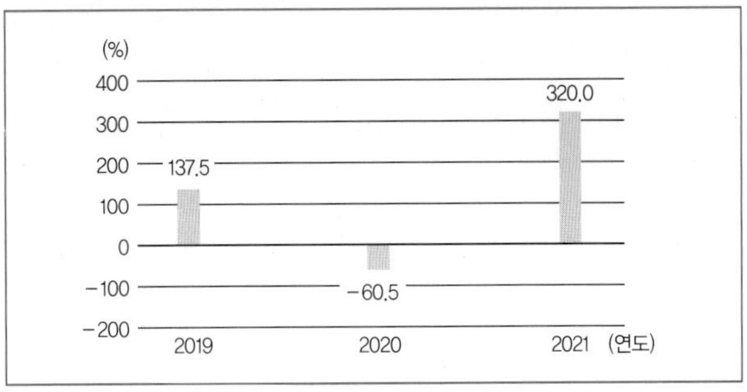

문 15. **다음 〈표〉는 2020년과 2021년 A~E국의 선행시간별 태풍예보 거리오차에 관한 자료이고, 〈보고서〉는 '갑'국의 태풍예보 거리오차를 분석한 자료이다. 이를 근거로 판단할 때, A~E 중 '갑'국에 해당하는 국가는?**

〈표〉 2020년과 2021년 A~E국의 선행시간별 태풍예보 거리오차

(단위 : km)

선행시간 / 국가 \ 연도	48시간		36시간		24시간		12시간	
	2020	2021	2020	2021	2020	2021	2020	2021
A	121	119	95	90	74	66	58	51
B	151	112	122	88	82	66	77	58
C	128	132	106	103	78	78	59	60
D	122	253	134	180	113	124	74	81
E	111	170	88	100	70	89	55	53

〈보고서〉

태풍예보 정확도 개선을 위해 지난 2년간의 '갑'국 태풍예보 거리오차를 분석하였다. 이때 선행시간 48시간부터 12시간까지 12시간 간격으로 예측한 태풍에 대해 거리오차를 계산하였고, 그 결과 다음과 같은 사실을 확인하였다.

첫째, 2020년과 2021년 모두 선행시간이 12시간씩 감소할수록 거리오차도 감소하였다. 둘째, 2021년의 거리오차는 선행시간이 36시간, 24시간, 12시간일 때 각각 100km 이하였다. 셋째, 선행시간별 거리오차는 모두 2020년보다 2021년이 작았다. 마지막으로 2020년과 2021년 모두 선행시간이 12시간씩 감소하더라도 거리오차 감소폭은 30km 미만이었다.

① A
② B
③ C
④ D
⑤ E

문 16. **다음 〈그림〉과 〈표〉는 2016~2020년 '갑'국 대체육 분야의 정부 R&D 지원 규모에 관한 자료이다. 이에 대한 설명으로 옳은 것은?**

〈그림〉 대체육 분야별 정부 R&D 지원 규모

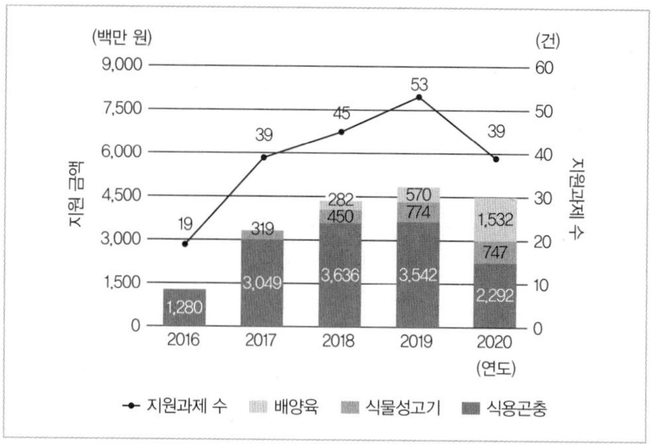

〈표〉 대체육 분야 연구유형별 정부 R&D 지원 금액

(단위 : 백만 원)

분야	연구유형 \ 연도	2016	2017	2018	2019	2020
배양육	기초연구	–	–	–	8	972
	응용연구	–	–	67	( )	0
	개발연구	–	–	215	383	( )
	기타	–	–	–	40	0
식물성고기	기초연구	–	–	–	–	100
	응용연구	–	78	130	221	70
	개발연구	–	241	320	553	577
	기타	–	–	–	–	–
식용곤충	기초연구	( )	75	( )	209	385
	응용연구	250	1,304	1,306	1,339	89
	개발연구	836	1,523	1,864	1,915	( )
	기타	127	147	127	79	37
전체		1,280	3,368	4,368	4,886	4,571

※ 1) 대체육 분야는 배양육, 식물성고기, 식용곤충으로만 구분됨
2) '–'는 지원이 시작되지 않았음을 나타내며, 식용곤충 분야는 2016년부터 지원이 시작되었음

① 지원과제당 지원 금액은 2019년이 2017년보다 적다.
② 배양육 분야 지원 금액에서 응용연구 지원 금액이 차지하는 비중은 2018년이 2019년보다 크다.
③ 대체육 전체 지원 금액에서 식물성고기 분야 지원 금액이 차지하는 비중은 2017년이 2018년보다 크다.
④ 식용곤충 분야 기초연구 지원 금액은 2018년이 2016년의 5배 이상이다.
⑤ 모든 분야에서 개발연구 지원 금액은 지원이 시작된 이후 매년 증가하였다.

문 17. **다음 〈표〉는 2020년 기준 글로벌 전기차 시장 점유율 상위 10개 업체의 2015~2020년 전기차 판매량에 관한 자료이다. 이에 대한 〈보고서〉의 설명 중 옳은 것만을 모두 고르면?**

〈표〉 2020년 기준 글로벌 전기차 시장 점유율 상위 10개 업체의 전기차 판매량 및 시장 점유율

(단위 : 대, %)

업체 \ 연도	2015	2016	2017	2018	2019	2020
T사	43,840 (15.9)	63,479 (14.4)	81,161 (10.8)	227,066 (17.4)	304,353 (19.8)	458,385 (22.1)
G사	2,850 (1.0)	3,718 (0.8)	39,454 (5.2)	56,294 (4.3)	87,936 (5.7)	218,626 (10.6)
V사	5,190 (1.9)	12,748 (2.9)	18,424 (2.5)	24,093 (1.8)	69,427 (4.5)	212,959 (10.3)
R사	60,129 (21.8)	78,048 (17.7)	85,308 (11.3)	140,441 (10.8)	143,780 (9.4)	184,278 (8.9)
H사	1,364 (0.5)	6,460 (1.5)	26,841 (3.6)	53,138 (4.1)	98,737 (6.4)	146,153 (7.1)
B사	9,623 (3.5)	46,909 (10.6)	42,715 (5.7)	103,263 (7.9)	147,185 (9.6)	130,970 (6.3)
S사	412 (0.1)	1,495 (0.3)	10,490 (1.4)	34,105 (2.6)	52,547 (3.4)	68,924 (3.3)
P사	1,543 (0.6)	5,054 (1.1)	4,640 (0.6)	8,553 (0.7)	6,855 (0.4)	67,446 (3.3)
A사	–	–	–	15 (0.0)	40,272 (2.6)	60,135 (2.9)
W사	–	–	–	5,245 (0.4)	38,865 (2.5)	56,261 (2.7)

※ 괄호 안의 수치는 글로벌 전기차 시장에서 해당 업체의 판매량 기준 점유율임

〈보고서〉

2020년 글로벌 전기차 시장에서 판매량 기준 업체별 순위는 T사, G사, V사, R사, H사 순이었다. ㉠ H사의 2020년 전기차 판매량은 2016년 대비 20배 이상이었으며, 시장 점유율은 7.1%였다. ㉡ H사의 전기차 판매량 순위는 2015년 7위에서 2016년 5위로 상승하였으며, 2019년에는 4위로 오른 후 2020년에 다시 5위를 기록하였다. T사는 2020년 약 45만 8천 대로 가장 많은 전기차를 판매한 업체였다. ㉢ T사의 전기차 판매량이 2016년 이후 전년 대비 가장 많이 증가한 해에는 시장 점유율도 전년 대비 가장 많이 증가하였다. 한편, G사는 2020년 약 21만 9천 대의 전기차를 판매하였는데, 이 중 81.4%인 약 17만 8천 대가 중국에서 판매되었다. V사는 2020년 다양한 모델을 출시하여 시장 점유율을 확대하였는데, ㉣ V사의 2020년 전기차 판매량은 전년 대비 14만 대 이상 증가하여 전기차 판매량 상위 10개 업체 중 판매량 증가율이 가장 높았다.

① ㄱ

② ㄱ, ㄴ

③ ㄱ, ㄹ

④ ㄴ, ㄷ

⑤ ㄴ, ㄷ, ㄹ

※ 다음 〈표〉는 2021년 '갑'기관에서 출제한 1차, 2차 면접 문제의 문항별 점수 및 반영률과 면접에 참여한 지원자 A~F의 면접 점수 및 결과를 나타낸 자료이다. 다음 물음에 답하시오. [18~19]

〈표 1〉 '갑'기관의 면접 문항별 점수 및 반영률

차수 \ 구분	평가항목	문항번호	문항점수	기본점수	명목 반영률	실질 반영률
1차	교양	1	20	10	( )	0.17
		2	30	10	0.25	( )
	전문성	3	30	20	( )	( )
		4	40	20	( )	( )
	합계		120	60	1.00	1.00
2차	창의성	1	20	10	0.22	( )
	도전성	2	20	10	0.22	( )
	인성	3	50	20	0.56	0.60
	합계		90	40	1.00	1.00

※ 1) 문항의 명목 반영률 $= \dfrac{\text{문항점수}}{\text{해당차수 문항점수의 합계}}$

2) 문항의 실질 반영률 $= \dfrac{\text{문항점수} - \text{기본점수}}{\text{해당차수 문항별 (문항점수} - \text{기본점수)의 합계}}$

〈표 2〉 지원자 A~F의 면접 점수 및 결과

지원자 \ 차수·평가항목·문항번호	1차 교양 1	1차 교양 2	1차 전문성 3	1차 전문성 4	1차 합계	2차 창의성 1	2차 도전성 2	2차 인성 3	2차 합계	종합점수	결과
A	18	26	30	38	112	20	18	46	84	( )	( )
B	20	28	28	38	114	18	20	46	84	93.0	합격
C	18	28	26	38	110	20	20	46	86	( )	( )
D	20	28	30	40	118	20	18	44	82	( )	불합격
E	18	30	30	40	118	18	18	50	86	95.6	( )
F	18	28	28	40	114	20	20	48	88	( )	( )

※ 1) 종합점수 = 1차 합계 점수 × 0.3 + 2차 합계 점수 × 0.7

2) 합격정원까지 종합점수가 높은 지원자부터 순서대로 합격시킴

3) 지원자는 A~F 뿐임

문 18. 위 〈표〉에 근거하여 결과가 합격인 지원자를 종합점수가 높은 지원자부터 순서대로 모두 나열하면?

① E, F, B
② E, F, B, C
③ F, E, C, B
④ E, F, C, B, A
⑤ F, E, B, C, A

문 19. 위 〈표〉에 근거한 〈보기〉의 설명 중 옳은 것만을 모두 고르면?

〈보 기〉

ㄱ. 각 문항에서 명목 반영률이 높을수록 실질 반영률도 높다.
ㄴ. 1차 면접에서 문항별 실질 반영률의 합은 '교양'이 '전문성'보다 크다.
ㄷ. D가 1차 면접 2번 문항에서 1점을 더 받았다면, D의 결과는 합격이다.
ㄹ. 명목 반영률보다 실질 반영률이 더 높은 2차 면접 문항에서 지원자 중 가장 낮은 점수를 받은 지원자는 2차 합계 점수도 가장 낮다.

① ㄱ
② ㄹ
③ ㄱ, ㄹ
④ ㄴ, ㄷ
⑤ ㄷ, ㄹ

문 20. 다음 〈표〉는 2021년 12월 31일 기준 '갑'국 응급의료기관의 응급실 현황에 관한 자료이다. 이에 대한 설명으로 옳은 것은?

〈표〉 응급의료기관 유형별 응급실 현황

(단위 : 개, 명)

구분 유형	응급 의료기관 수	내원 환자 수	응급실 병상 수	응급실 전담 전문의 수	응급실 전담 간호사 수
전체	399	7,664,679	7,087	1,417	7,240
권역응급 의료센터	35	1,540,393	1,268	318	1,695
지역응급 의료센터	125	3,455,117	3,279	720	3,233
기초응급 의료센터	239	2,669,169	2,540	379	2,312

※ 내원 환자 수는 2021년에 응급의료기관 응급실에 내원한 전체 환자 수임

① 응급실 전담 전문의 1인당 응급실 전담 간호사 수가 가장 많은 응급의료기관 유형은 기초응급의료센터이다.
② 전체 응급의료기관당 응급실 전담 전문의 수는 4명 이상이다.
③ 내원 환자 수가 가장 많은 응급의료기관 유형과 응급의료기관당 응급실 전담 간호사 수가 가장 많은 유형은 동일하다.
④ 응급실 전담 전문의 1인당 내원 환자 수가 가장 적은 응급의료기관 유형은 권역응급의료센터이다.
⑤ 응급실 병상당 내원 환자 수는 모든 응급의료기관 유형에서 각각 1,200명 이하이다.

문 21. 다음 〈표〉는 2016~2020년 '갑'국의 장기 기증 및 이식 현황에 관한 자료이다. 이에 대한 〈보기〉의 설명 중 옳은 것만을 모두 고르면?

〈표〉 연도별 장기 기증 및 이식 현황

(단위 : 명, 건)

구분 \ 연도	2016	2017	2018	2019	2020
기증 희망자	926,009	1,036,916	1,140,808	1,315,132	1,438,665
뇌사 기증자	268	368	409	416	446
이식 대기자	18,189	21,861	22,695	26,036	24,607
이식 건수	3,133	3,797	3,990	3,814	3,901
뇌사자장기이식	1,108	1,548	1,751	1,741	1,818
생체이식	1,780	1,997	2,045	1,921	1,952
사후각막이식	245	252	194	152	131

〈보 기〉

ㄱ. 2017년 이후 뇌사 기증자 수의 전년 대비 증가율은 기증 희망자 수의 전년 대비 증가율보다 매년 높다.

ㄴ. 뇌사 기증자 1인당 뇌사자장기이식 건수는 매년 4건 이상이다.

ㄷ. 이식 대기자 수와 이식 건수는 연도별 증감 방향이 같다.

ㄹ. 이식 건수 중 생체이식 건수가 차지하는 비중은 매년 감소한다.

① ㄱ

② ㄱ, ㄴ

③ ㄴ, ㄹ

④ ㄷ, ㄹ

⑤ ㄴ, ㄷ, ㄹ

문 22. 다음 〈표〉는 '갑'국을 방문한 외국인 관광객을 관광객 국적에 따라 대륙별, 국가별로 정리한 자료이다. 이에 대한 〈보기〉의 설명 중 옳은 것만을 모두 고르면?

〈표 1〉 '갑'국 방문 외국인 관광객의 대륙별 현황

(단위 : 명)

대륙 \ 연도	2010	2015	2020
아시아	6,749,222	10,799,355	1,918,037
북미	813,860	974,153	271,487
유럽	645,753	806,438	214,911
대양주	146,089	168,064	30,454
아프리카	33,756	46,525	14,374
기타	408,978	439,116	69,855
전체	8,797,658	13,233,651	2,519,118

〈표 2〉 '갑'국 방문 외국인 관광객의 주요 국가별 현황

(단위 : 명)

국가 \ 연도	2010	2015	2020
일본	3,023,009	1,837,782	430,742
중국	1,875,157	5,984,170	686,430
미국	652,889	767,613	220,417

〈보 기〉

ㄱ. 2010년 대비 2015년 외국인 관광객 증가율은 '아프리카'가 '대양주'의 2배 이상이다.

ㄴ. 2015년 '일본'과 '중국' 관광객의 합은 같은 해 '아시아' 관광객의 75% 이상이다.

ㄷ. 2015년 대비 2020년 외국인 관광객 감소폭은 '북미'가 '유럽'보다 크다.

ㄹ. 2020년 전체 외국인 관광객 중 '미국' 관광객이 차지하는 비중은 8% 미만이다.

① ㄱ, ㄴ

② ㄱ, ㄷ

③ ㄱ, ㄹ

④ ㄴ, ㄷ

⑤ ㄴ, ㄹ

문 23. **다음 〈표〉는 5개 구간(A~E)의 교통수단별 소요시간 및 비용에 관한 자료이다. 이에 대한 설명으로 옳은 것은?**

〈표〉 교통수단별 소요시간 및 비용

(단위: 분, 원)

구간	교통수단 / 구분	고속열차	일반열차	고속버스	일반버스
A	소요시간	160	290	270	316
	비용	53,300	40,700	32,800	27,300
B	소요시간	181	302	245	329
	비용	48,600	39,300	29,300	26,500
C	소요시간	179	247	210	264
	비용	36,900	32,800	25,000	22,000
D	소요시간	199	287	240	300
	비용	41,600	37,800	29,200	25,400
E	소요시간	213	283	250	301
	비용	42,800	39,300	29,500	26,400

① C구간에서 비용이 35,000원 이하인 교통수단 중 소요시간당 비용이 가장 큰 교통수단은 고속버스이다.

② 고속열차와 일반버스 간 소요시간 차이가 가장 작은 구간과 고속열차와 일반버스 간 비용 차이가 가장 작은 구간은 동일하다.

③ 고속열차 이용 시 소요시간당 비용은 D구간이 E구간보다 작다.

④ 고속버스가 일반열차보다 소요시간과 비용이 모두 작은 구간은 4개이다.

⑤ A구간에서 교통수단 간 소요시간 차이가 클수록 비용 차이도 크다.

문 24. **다음 〈표〉는 A~D지역의 면적, 동 수 및 인구 현황에 관한 자료이다. 〈표〉와 〈조건〉을 근거로 A~D에 해당하는 지역을 바르게 나열한 것은?**

〈표〉 A~D지역의 면적, 동 수 및 인구 현황

(단위 : km^2, %, 개, 명)

지역 \ 구분	면적	구성비				동수		행정동 평균 인구
		주거	상업	공업	녹지	행정동	법정동	
A	24.5	35.0	20.0	10.0	35.0	16	30	9,175
B	15.0	65.0	35.0	0.0	0.0	19	19	7,550
C	27.0	40.0	2.0	3.0	55.0	14	13	16,302
D	21.5	30.0	3.0	45.0	22.0	11	12	14,230

※ 1) 각 지역은 용도에 따라 주거, 상업, 공업, 녹지로만 구성됨
2) 지역을 동으로 구분하는 방법에는 행정동 기준과 법정동 기준이 있음. 예를 들어, A지역의 동 수는 행정동 기준으로 16개이지만 법정동 기준으로 30개임

〈조 건〉

- 인구가 15만 명 미만인 지역은 '행복'과 '건강'이다.
- 주거 면적당 인구가 가장 많은 지역은 '사랑'이다.
- 행정동 평균 인구보다 법정동 평균 인구가 많은 지역은 '우정'이다.
- 법정동 평균 인구는 '우정' 지역이 '행복' 지역의 3배 이상이다.

	A	B	C	D
①	건강	행복	사랑	우정
②	건강	행복	우정	사랑
③	사랑	행복	건강	우정
④	행복	건강	사랑	우정
⑤	행복	건강	우정	사랑

문 25. 다음 〈표〉는 '갑'국의 재난사고 발생 및 피해 현황에 관한 자료이다. 이를 이용하여 작성한 것으로 옳지 않은 것은?

〈표 1〉 재난사고 발생 현황

(단위 : 건, 명)

유형	구분 \ 연도	2017	2018	2019	2020	2021
전체	발생건수	14,879	24,454	17,662	15,313	12,413
	피해인원	9,819	13,189	14,959	16,109	16,637
화재	발생건수	1,527	1,296	1,552	1,408	1,594
	피해인원	138	46	148	111	178
붕괴	발생건수	2	8	2	6	14
	피해인원	4	6	2	4	14
폭발	발생건수	6	2	2	5	3
	피해인원	3	1	3	1	6
도로 교통사고	발생건수	12,805	23,115	13,960	12,098	9,581
	피해인원	9,536	13,097	14,394	14,560	15,419
기타	발생건수	539	33	2,146	1,796	1,221
	피해인원	138	39	412	1,433	1,020

※ '피해인원'은 재난사고로 인해 인적피해 또는 재산피해를 본 인원임

〈표 2〉 재난사고 피해 현황

(단위 : 명, 백만 원)

연도 \ 구분	인적피해		재산피해액
	사망	부상	
2017	234	8,352	14,629
2018	224	10,873	20,165
2019	222	12,435	52,654
2020	215	14,547	20,012
2021	292	14,637	40,981

※ 인적피해는 사망과 부상으로만 구분됨

① 연도별 전체 재난사고 인적피해 중 부상 비율

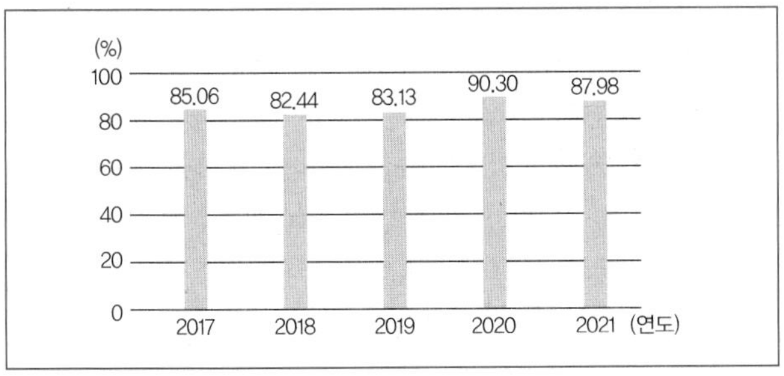

② 연도별 전체 재난사고 발생건수 및 피해인원

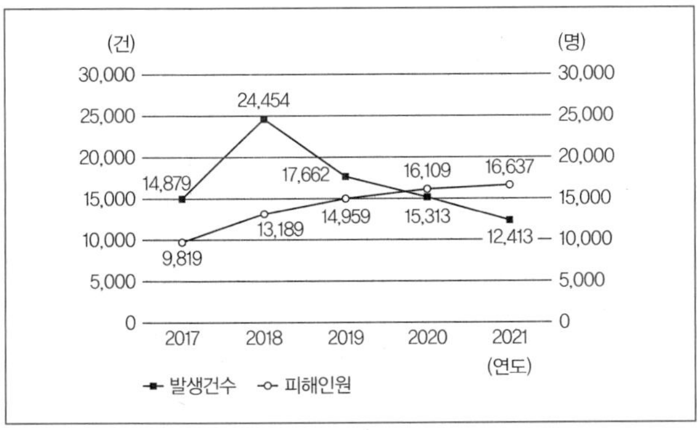

③ 연도별 전체 재난사고 발생건수 중 도로교통사고 발생건수 비중

(단위 : %)

연도	2017	2018	2019	2020	2021
비중	86.06	94.52	79.04	79.00	77.19

④ 연도별 전체 재난사고 발생건수당 재산피해액

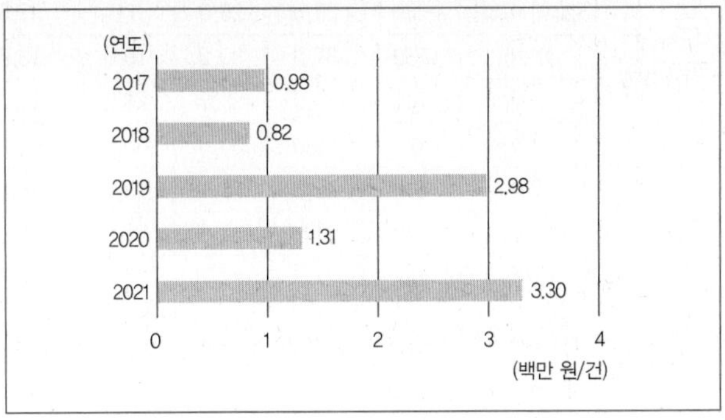

⑤ 연도별 화재 및 도로교통사고 발생건수당 피해인원

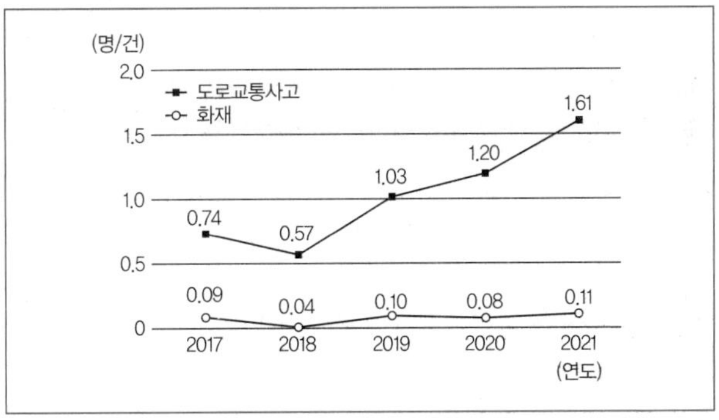

문 26. 다음 〈표〉는 2021년 A시 자녀장려금 수급자의 특성별 수급횟수를 조사한 자료이다. 이에 대한 〈보기〉의 설명 중 옳은 것만을 모두 고르면?

〈표〉 자녀장려금 수급자 특성별 수급횟수 비중

(단위 : 명, %)

수급자 특성		수급자 수	수급횟수			
대분류	소분류		1회	2회	3회	4회 이상
연령대	20대 이하	8	37.5	25.0	0.0	37.5
	30대	583	37.2	30.2	19.0	13.6
	40대	347	34.9	27.7	23.9	13.5
	50대 이상	62	29.0	30.6	35.5	4.8
자녀수	1명	466	42.3	28.1	19.7	9.9
	2명	459	31.2	31.8	22.2	14.8
	3명	66	27.3	22.7	27.3	22.7
	4명 이상	9	11.1	11.1	44.4	33.3
주택보유 여부	무주택	732	35.0	29.5	22.0	13.5
	유주택	268	38.4	28.7	20.5	12.3
전체		1,000	35.9	29.3	21.6	13.2

〈보 기〉

ㄱ. 자녀장려금 수급자의 전체 수급횟수는 2,000회 이상이다.
ㄴ. 자녀장려금을 1회 수령한 수급자 수는 30대가 40대의 1.5배 이상이다.
ㄷ. 자녀수가 2명인 수급자의 자녀장려금 전체 수급횟수는 자녀수가 1명인 수급자의 자녀장려금 전체 수급횟수보다 많다.
ㄹ. 자녀장려금을 2회 이상 수령한 수급자 수는 무주택 수급자가 유주택 수급자의 2.5배 이상이다.

① ㄱ
② ㄷ, ㄹ
③ ㄱ, ㄴ, ㄷ
④ ㄱ, ㄴ, ㄹ
⑤ ㄴ, ㄷ, ㄹ

문 27. 다음 〈표〉는 2020년 11월 '갑'국의 도로종류 및 기상상태별 교통사고 현황에 관한 자료이다. 이에 대한 설명으로 옳은 것은?

〈표〉 2020년 11월 도로종류 및 기상상태별 교통사고 현황

(단위 : 건, 명)

도로종류	기상상태	발생건수	사망자수	부상자수
일반국도	맑음	1,442	32	2,297
	흐림	55	3	115
	비	83	6	134
	안개	24	3	38
	눈	29	0	51
지방도	맑음	1,257	26	1,919
	흐림	56	5	110
	비	73	2	104
	안개	14	1	18
	눈	10	0	20
고속국도	맑음	320	10	792
	흐림	14	1	23
	비	15	1	29
	안개	4	2	12
	눈	4	0	8

※ 1) 기상상태는 교통사고 발생시점을 기준으로 맑음, 흐림, 비, 안개, 눈 중 1가지로만 분류함
2) 사상자수 = 사망자수 + 부상자수

① 각 도로종류에서 교통사고 발생건수 대비 사망자수 비율은 기상상태가 '안개'일 때 가장 높다.
② 각 도로종류에서 부상자수 대비 사망자수 비율은 기상상태가 '안개'일 때가 '맑음'일 때의 3배 이상이다.
③ 각 도로종류에서 기상상태가 '비'일 때와 '눈'일 때의 교통사고 발생건수 합은 해당 도로종류의 전체 교통사고 발생건수의 10% 이상이다.
④ 교통사고 발생건수당 사상자수가 2명을 초과하는 기상상태는 일반국도 1가지, 지방도 1가지, 고속국도 3가지이다.
⑤ 기상상태가 '흐림'일 때 교통사고 발생건수 대비 부상자수 비율은 일반국도가 지방도보다 낮다.

문 28. 다음 〈표〉는 '갑'국의 6~9월 무역지수 및 교역조건지수에 관한 자료이다. 이에 대한 〈보기〉의 설명 중 옳은 것만을 모두 고르면?

〈표 1〉 무역지수

구분 / 월	수출		수입	
	수출금액지수	수출물량지수	수입금액지수	수입물량지수
6	110.06	113.73	120.56	114.54
7	103.54	106.28	111.33	102.78
8	104.32	108.95	116.99	110.74
9	105.82	110.60	107.56	103.19

※ $수출(입)물가지수 = \frac{수출(입)금액지수}{수출(입)물량지수} \times 100$

〈표 2〉 교역조건지수

구분 / 월	순상품교역조건지수	소득교역조건지수
6	91.94	( )
7	( )	95.59
8	( )	98.75
9	91.79	( )

※ 1) $순상품교역조건지수 = \frac{수출물가지수}{수입물가지수} \times 100$

2) $소득교역조건지수 = \frac{수출물가지수 \times 수출물량지수}{수입물가지수}$

〈보 기〉

ㄱ. 수출금액지수와 수출물량지수는 매월 상승한다.
ㄴ. 수출물가지수는 매월 90 이상이다.
ㄷ. 순상품교역조건지수는 매월 100 이하이다.
ㄹ. 소득교역조건지수는 9월이 6월보다 낮다.

① ㄱ, ㄴ
② ㄴ, ㄷ
③ ㄴ, ㄹ
④ ㄱ, ㄷ, ㄹ
⑤ ㄴ, ㄷ, ㄹ

문 29. 다음 〈방법〉은 2021년 '갑'국의 건물 기준시가 산정방법이고, 〈표〉는 건물 A~E의 기준시가를 산정하기 위한 자료이다. 이에 근거하여 A~E 중 2021년 기준시가가 두 번째로 높은 건물을 고르면?

〈방 법〉

• 기준시가 = 구조지수 × 용도지수 × 경과연수별잔가율 × 건물면적(m^2) × 100,000(원/m^2)

• 구조지수

구조	지수
경량철골조	0.67
철골콘크리트조	1.00
통나무조	1.30

• 용도지수

용도	대상건물	지수
주거용	단독주택	1.00
	아파트	1.10
상업용 및 업무용	여객자동차터미널	1.20
	청소년수련관	1.25
	관광호텔	1.50
	무도장	1.50

• 경과연수별잔가율 = 1 − 연상각률 × (2021 − 신축연도)

용도	주거용	상업용 및 업무용
연상각률	0.04	0.05

※ 경과연수별잔가율 계산 결과가 0.1 미만일 경우에는 경과연수별잔가율을 0.1로 정함

〈표〉 건물 A~E의 구조, 대상건물, 신축연도 및 건물면적

구분 / 건물	구조	대상건물	신축연도	건물면적(m^2)
A	철골콘크리트조	아파트	2016	125
B	경량철골조	여객자동차터미널	1991	500
C	철골콘크리트조	청소년수련관	2017	375
D	통나무조	관광호텔	2001	250
E	통나무조	무도장	2002	200

① A
② B
③ C
④ D
⑤ E

문 30. 다음 〈표〉는 2017년 기준 농림어업 생산액 상위 20개국의 GDP 및 농림어업 생산액에 관한 자료이다. 이에 대한 설명으로 옳지 않은 것은?

〈표〉 2017년 기준 농림어업 생산액 상위 20개국의 GDP 및 농림어업 생산액 현황

(단위 : 십억 달러, %)

연도 / 구분 / 국가	2017			2012		
	GDP	농림어업 생산액	GDP 대비 비율	GDP	농림어업 생산액	GDP 대비 비율
중국	12,237	( )	7.9	8,560	806	9.4
인도	2,600	( )	15.5	1,827	307	16.8
미국	( )	198	1.0	16,155	194	1.2
인도네시아	1,015	133	13.1	917	122	13.3
브라질	2,055	93	( )	2,465	102	( )
나이지리아	375	78	20.8	459	100	21.8
파키스탄	304	69	( )	224	53	( )
러시아	1,577	63	4.0	2,210	70	3.2
일본	4,872	52	1.1	6,230	70	1.1
터키	851	51	6.0	873	67	7.7
이란	454	43	9.5	598	45	7.5
태국	455	39	8.6	397	45	11.3
멕시코	1,150	39	3.4	1,201	38	3.2
프랑스	2,582	38	1.5	2,683	43	1.6
이탈리아	1,934	37	1.9	2,072	40	1.9
호주	1,323	36	2.7	1,543	34	2.2
수단	117	35	29.9	68	22	32.4
아르헨티나	637	35	5.5	545	31	5.7
베트남	223	34	15.2	155	29	18.7
스페인	1,311	33	2.5	1,336	30	2.2
전세계	80,737	3,351	4.2	74,993	3,061	4.1

① 2017년 농림어업 생산액 상위 5개국 중, 농림어업 생산액의 GDP 대비 비율이 전세계보다 낮은 국가는 미국뿐이다.

② 2017년 농림어업 생산액 상위 3개국의 GDP 합은 전세계 GDP의 50% 이상이다.

③ 2017년 농림어업 생산액 상위 20개국 중, 2012년 대비 2017년 농림어업 생산액의 GDP 대비 비율이 증가한 국가는 모두 2012년 대비 2017년 GDP가 감소하였다.

④ 2017년 농림어업 생산액은 중국이 인도의 2배 이상이다.

⑤ 파키스탄은 농림어업 생산액의 GDP 대비 비율이 2012년 대비 2017년에 감소하였다.

문 31. 다음 〈보고서〉는 '갑'국 아동 및 청소년의 성별 스마트폰 과의존위험군에 관한 자료이고, 〈표〉는 A~E국의 스마트폰 과의존위험군 비율에 관한 자료이다. 〈보고서〉의 내용을 근거로 판단할 때, A~E 중 '갑'국에 해당하는 국가는?

〈보고서〉

'갑'국은 전체 아동과 청소년 중 스마트폰 과의존위험군 비율을 조사하여 스마트폰 과의존위험군을 위험의 정도에 따라 고위험군과 잠재위험군으로 구분했다. '갑'국의 아동은 남자가 여자보다 고위험군과 잠재위험군 비율이 모두 높았으나, 청소년은 반대로 여자가 남자보다 모든 위험군에서 비율이 높았다.

다음으로, 남자와 여자 모두 아동에 비해 청소년의 과의존위험군 비율이 높았다. 아동의 경우 남자와 여자 각각 과의존위험군 비율이 20%에서 25% 사이이지만, 청소년의 경우 남자와 여자의 과의존위험군 비율은 각각 25%를 초과했다.

아동과 청소년 간 과의존위험군 비율 차이는 남자보다 여자가 컸지만, 여자의 해당 비율 차이는 10%p 이하였다. 잠재위험군 비율에서 아동과 청소년 간 차이는 남자가 5%p 이하였으나, 여자는 7%p 이상이었다.

〈표〉 A~E국 아동 및 청소년의 성별 스마트폰 과의존위험군 비율 현황

(단위 : %)

구분	성별	위험군 \ 국가	A	B	C	D	E
아동	남자	고위험	2.1	2.3	2.2	2.6	2.2
		잠재위험	20.1	20.0	20.2	21.3	21.2
	여자	고위험	2.0	2.2	1.8	2.0	2.4
		잠재위험	18.1	19.8	17.5	19.9	18.8
청소년	남자	고위험	3.1	3.3	3.2	3.6	3.2
		잠재위험	24.7	25.3	24.8	25.5	25.1
	여자	고위험	4.1	3.9	3.8	4.0	3.5
		잠재위험	28.2	28.1	25.2	27.4	27.7

① A

② B

③ C

④ D

⑤ E

문 32. **다음 〈그림〉과 〈표〉는 2021년 '갑'국 생물 갈치와 냉동 갈치의 유통구조 및 물량 현황에 관한 자료이다. 이에 대한 〈보기〉의 설명 중 옳은 것만을 모두 고르면?**

〈그림 1〉 생물 갈치의 유통구조 및 물량비율

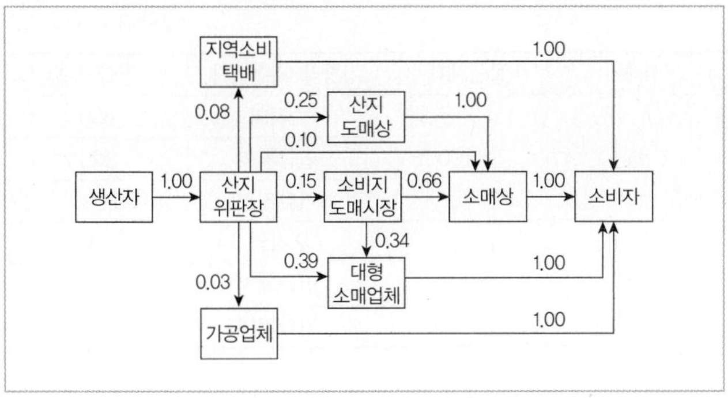

〈그림 2〉 냉동 갈치의 유통구조 및 물량비율

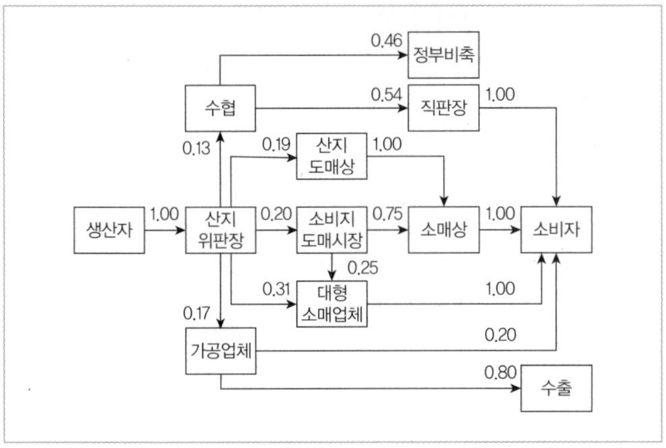

※ 유통구조 내 수치는 물량비율$\left(=\frac{\text{다음 유통경로에 전달되는 유통물량}}{\text{해당 유통경로에 투입되는 유통물량}}\right)$을 의미함. 예를 들어, 가 →(0.20) 나는 해당 유통경로 '가'에 100톤의 유통물량이 투입되면 이 중 20톤(=100톤×0.20)의 유통물량이 다음 유통경로 '나'에 전달되어 투입됨을 의미함.

〈표〉 생산자가 공급한 생물 갈치와 냉동 갈치의 물량

(단위 : 톤)

구분	생물 갈치	냉동 갈치
물량	42,100	7,843

〈보 기〉

ㄱ. '생산자'가 공급한 냉동 갈치 물량의 85% 이상이 유통구조를 거쳐 '소비자'에게 전달되었다.

ㄴ. '소매상'을 통해 유통된 물량은 생물 갈치가 냉동 갈치의 6배 이상이다.

ㄷ. '대형소매업체'를 통해 유통된 생물 갈치와 냉동 갈치 물량의 합은 20,000톤 미만이다.

ㄹ. 2022년 냉동 갈치 '수출' 물량이 2021년보다 60% 증가한다면, 2022년 냉동 갈치 '수출' 물량은 2021년 '소비지 도매시장'을 통해 유통된 냉동 갈치 물량보다 많다.

① ㄱ, ㄴ　② ㄱ, ㄷ
③ ㄴ, ㄹ　④ ㄷ, ㄹ
⑤ ㄴ, ㄷ, ㄹ

문 33. **다음 〈표〉는 총 100회 개최된 사내 탁구대회에 매회 모두 참가한 사원 A, B, C의 라운드별 승률에 관한 자료이다. 〈표〉와 〈탁구대회 운영방식〉에 근거한 〈보기〉의 설명 중 옳은 것만을 모두 고르면?**

〈표〉 사원 A, B, C의 사내 탁구대회 라운드별 승률

(단위 : %)

사원 \ 라운드	16강	8강	4강	결승
A	80.0	100.0	( )	( )
B	100.0	90.0	( )	( )
C	96.0	87.5	( )	( )

〈탁구대회 운영방식〉

- 매회 사내 탁구대회는 16강, 8강, 4강, 결승 순으로 라운드가 치러지고, 라운드별 경기 승자만 다음 라운드에 진출하며, 결승 라운드 승자가 우승한다.
- 매회 16명이 대회에 참가하고, 각 라운드에서 참가자는 한 경기만 치른다.
- 모든 경기는 참가자 1:1 방식으로 진행되며 무승부는 없다.

〈보 기〉

ㄱ. 사원 A, B, C 중 4강에 많이 진출한 사원부터 순서대로 나열하면 B, A, C 순이다.

ㄴ. A가 8번 우승했다면, A의 결승 라운드 승률 최솟값은 10%이다.

ㄷ. 16강에서 A와 B 간 또는 B와 C 간 경기가 있었던 대회 수는 24회 이하이다.

ㄹ. 사원 A, B, C가 모두 4강에 진출한 대회 수는 50회 이상이다.

① ㄱ, ㄷ
② ㄴ, ㄷ
③ ㄴ, ㄹ
④ ㄱ, ㄴ, ㄷ
⑤ ㄴ, ㄷ, ㄹ

문 34. 다음 〈그림〉은 '갑'국의 급수 사용량과 사용료에 관한 자료이다. 이에 대한 〈보기〉의 설명 중 옳은 것만을 모두 고르면?

〈그림 1〉 2016~2021년 연간 급수 사용량

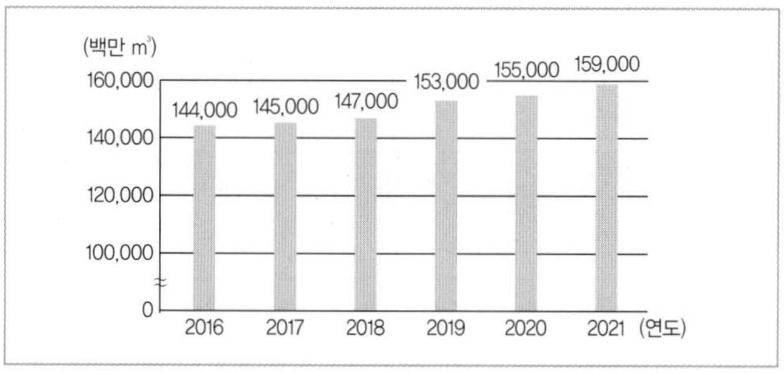

〈그림 2〉 2021년 용도별 급수 사용량과 사용료

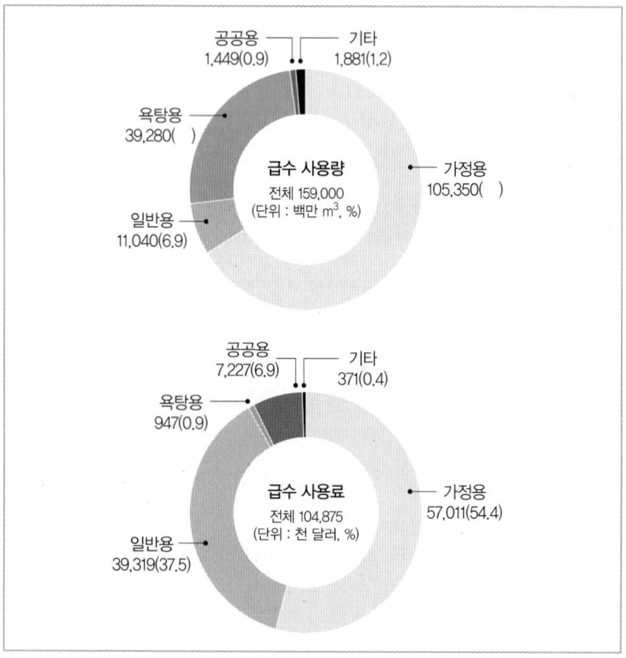

※ 1) 괄호 안의 수치는 전체에서 해당 용도가 차지하는 비중임

2) 용도별 급수단가(달러/m³) $=\frac{\text{용도별 급수 사용료}}{\text{용도별 급수 사용량}}$

〈보 기〉

ㄱ. 2018년 이후 급수 사용량의 전년 대비 증가율은 매년 감소한다.

ㄴ. 2021년 급수 사용량의 60% 이상이 가정용이다.

ㄷ. 2016년 용도별 급수 사용량의 구성비와 용도별 급수단가가 2021년과 동일하다면, 2016년 전체 급수 사용료는 1억 달러 이상이다.

ㄹ. 2021년 공공용 급수단가는 가정용 급수단가의 9배 이상이다.

① ㄱ, ㄷ

② ㄴ, ㄷ

③ ㄴ, ㄹ

④ ㄱ, ㄷ, ㄹ

⑤ ㄴ, ㄷ, ㄹ

문 35. 다음 〈표〉는 A지역 아파트 분양 청약 및 경쟁률에 관한 자료이다. 〈표〉와 〈청약 및 추첨 방식〉을 근거로 판단할 때, (가)에 해당하는 값은?

〈표 1〉 A지역 아파트 분양 청약 결과

(단위 : 세대, 명)

택형	공급세대수	청약자 주소지	청약자수
84	100	A지역	600
		인근지역	420
		기타지역	5,020
99	200	A지역	800
		인근지역	440
		기타지역	4,840

〈표 2〉 A지역 아파트 추첨 단계별 경쟁률

(단위 : 세대)

택형	공급세대수	단계	경쟁률
84	100	1단계	30
		2단계	(가)
		3단계	100
99	200	1단계	(나)
		2단계	30
		3단계	50

※(해당 단계) 경쟁률 $=\frac{\text{(해당 단계) 추첨 대상 청약자수}}{\text{(해당 단계) 당첨자수}}$

〈청약 및 추첨 방식〉

- 청약자는 한 개의 택형에만 청약이 가능함.
- 청약자 주소지에 의해 'A지역', '인근지역', '기타지역'으로 접수됨.
- 84택형과 99택형의 추첨 방식은 동일함.
- 다음 단계에 따라 택형별 당첨자를 뽑음.
  - (1단계) 'A지역' 청약자 중 해당 택형 공급세대수의 (다) %를 뽑은 후,
  - (2단계) 1단계에서 당첨되지 않은 'A지역' 청약자와 '인근지역' 청약자 중 해당 택형 공급세대수의 (라) %를 뽑고,
  - (3단계) 마지막으로 1~2단계에서 당첨되지 않은 청약자와 '기타지역' 청약자 중 해당 택형의 남은 공급세대수만큼 당첨자를 뽑음.

① 20

② 50

③ 60

④ 75

⑤ 80

문 36. 다음 〈표〉는 '갑'국 국민 4,000명을 대상으로 공동인증서 비밀번호 변경주기를 조사한 자료이다. 이에 대한 〈보기〉의 설명 중 옳은 것만을 모두 고르면?

〈표〉 공동인증서 비밀번호 변경주기 조사 결과

(단위 : 명, %)

구분		대상자수	변경하였음					변경하지 않았음
				1년 초과	6개월 초과 1년 이하	3개월 초과 6개월 이하	3개월 이하	
전체		4,000	70.0	30.9	21.7	10.5	6.9	29.7
성별	남성	2,059	70.5	28.0	23.2	11.7	7.6	29.1
	여성	1,941	69.5	34.0	20.1	9.2	6.2	30.3
연령대	15~19세	367	55.0	22.9	12.5	12.0	7.6	45.0
	20대	702	67.7	32.5	17.0	9.5	8.7	32.3
	30대	788	74.7	33.8	20.4	11.9	8.6	24.5
	40대	922	71.0	29.5	25.1	10.1	6.4	28.5
	50대 이상	1,221	72.0	31.6	25.5	10.0	4.9	27.8
직업	전문직	691	70.3	28.7	23.7	11.4	6.5	29.2
	사무직	1,321	72.7	30.8	23.1	11.6	7.3	26.7
	판매직	374	74.3	32.4	22.2	11.5	8.3	25.4
	기능직	242	73.1	29.8	25.6	9.1	8.7	26.9
	농림어업직	22	81.8	13.6	31.8	18.2	18.2	18.2
	학생	611	58.9	27.5	12.8	11.0	7.7	41.1
	전업주부	506	73.5	36.4	24.5	7.5	5.1	26.5
	기타	233	63.5	35.6	19.3	6.0	2.6	36.1

※ 항목별로 중복응답은 없으며, 전체 대상자 중 무응답자는 12명임

〈보 기〉

ㄱ. 변경주기가 1년 이하인 응답자수는 남성이 여성보다 많다.

ㄴ. 전체 무응답자 중 '사무직' 남성은 2명 이상이다.

ㄷ. 20대 응답자 중 변경주기가 6개월 이하인 비율은 40대 응답자 중 변경주기가 6개월 이하인 비율보다 높다.

ㄹ. 비밀번호를 변경한 응답자 중 변경주기가 1년 초과인 응답자수는 '학생'이 '전업주부'보다 많다.

① ㄱ, ㄷ

② ㄱ, ㄹ

③ ㄴ, ㄹ

④ ㄱ, ㄴ, ㄷ

⑤ ㄴ, ㄷ, ㄹ

문 37. 다음 〈표〉는 '갑'국 소프트웨어 A~C의 개발에 관한 자료이다. 〈표〉와 〈개발비 및 생산성지수 산정 방식〉에 근거한 〈보기〉의 설명 중 옳은 것만을 모두 고르면?

〈표 1〉 소프트웨어 A~C의 기능유형별 기능 개수

(단위 : 개)

기능유형 / 소프트웨어	내부논리파일	외부연계파일	외부입력	외부출력	외부조회
A	10	5	5	10	4
B	15	4	6	7	3
C	3	2	4	6	5

〈표 2〉 기능유형별 가중치

기능유형	내부논리파일	외부연계파일	외부입력	외부출력	외부조회
가중치	7	5	4	5	3

〈표 3〉 소프트웨어 A~C의 보정계수, 이윤 및 공수

구분 / 소프트웨어	보정계수				이윤(%)	공수
	규모계수	언어계수	품질 및 특성계수	애플리케이션유형계수		
A	0.8	2.0	0.2	2.0	20	20
B	1.0	1.0	1.2	3.0	10	30
C	0.8	2.0	1.2	1.0	20	10

※공수는 1인의 개발자가 1개월 동안 일하는 노력의 양(man-month)을 의미함

〈개발비 및 생산성지수 산정 방식〉

- 개발비 = 개발원가 + 개발원가 × 이윤
- 개발원가 = 기준원가 × 보정계수
- 기준원가 = 기능점수 × 50만 원
- 보정계수 = 규모계수 × 언어계수 × 품질 및 특성계수 × 애플리케이션유형계수
- 기능점수는 각 기능유형별 기능 개수에 해당 기능유형별 가중치를 곱한 값의 합으로 계산됨.
- 생산성지수 = $\frac{\text{기능점수}}{\text{공수}}$

〈보 기〉

ㄱ. 기능점수는 B가 가장 높고 C가 가장 낮다.

ㄴ. 기준원가가 가장 낮은 소프트웨어와 개발비가 가장 적은 소프트웨어는 동일하다.

ㄷ. 개발원가와 기준원가의 차이는 B가 C의 5배 이상이다.

ㄹ. 기능점수가 가장 높은 소프트웨어가 생산성지수도 가장 크다.

① ㄱ, ㄴ

② ㄱ, ㄷ

③ ㄱ, ㄹ

④ ㄴ, ㄷ

⑤ ㄴ, ㄹ

※ 다음 〈표〉는 A~J팀으로만 구성된 '갑'야구리그에 관한 자료이다. 다음 물음에 답하시오. [38~39]

〈표 1〉 A~J팀의 8월 15일 기준 순위 및 기록

순위	팀	전체 경기수	승수	패수	무승부수	승률 (%)	승차	최근 연속 승패 기록	최근 10경기 기록
1	A	99	61	37	1	62.24	0.0	3패	4승 6패
2	B	91	55	34	2	61.80	1.5	1패	6승 4패
3	C	98	54	43	1	55.67	6.5	1패	4승 6패
4	D	100	49	51	0	49.00	( )	1승	4승 6패
5	E	99	48	50	1	48.98	13.0	1패	8승 2패
6	F	97	46	51	0	47.42	14.5	1승	3승 7패
7	G	97	43	51	3	45.74	16.0	1승	6승 4패
8	H	96	43	52	1	45.26	16.5	3승	7승 3패
9	I	96	41	54	1	43.16	18.5	2승	4승 6패
10	J	95	38	55	2	40.86	20.5	2패	4승 6패

※ 1) 일자별 팀 순위 및 기록은 해당일 경기를 포함한 모든 경기결과를 반영한 값이며, 팀 순위는 승률이 높은 순서로 정함

2) 각 팀은 최근 10일 동안 매일 한 경기씩 참여하였고, 매 경기는 시작 당일에 종료됨

3) $\text{승률(\%)} = \frac{\text{승수}}{\text{승수} + \text{패수}} \times 100$

4) $\text{승차} = \frac{(\text{1위 팀 승수} - \text{해당 팀 승수}) - (\text{1위 팀 패수} - \text{해당 팀 패수})}{2}$

〈표 2〉 A~J팀의 8월 16일 기준 최근 연속 승패 기록

팀	A	B	C	D	E	F	G	H	I	J
최근 연속 승패 기록	4패	1승	2패	2승	1승	2승	1패	4승	1패	3패

문 38. 위 〈표〉를 근거로 판단한 내용으로 옳지 않은 것은?

① 8월 15일 기준 D팀의 승차는 13.0이다.

② 8월 5일 기준 승차 대비 8월 15일 기준 승차가 가장 많이 증가한 팀은 F이다.

③ 8월 12일 경기에서 A팀이 승리하였다.

④ 8월 13일 기준 E팀과 I팀의 승차 합은 35.0이다.

⑤ 8월 15일 기준 최근 연속 승수가 가장 많은 팀과 최근 10경기 승률이 가장 높은 팀은 다르다.

문 39. 위 〈표〉에 대한 〈보기〉의 설명 중 옳은 것만을 모두 고르면?

〈보 기〉

ㄱ. 8월 15일과 8월 16일 경기의 승패 결과가 동일한 팀은 5개이다.

ㄴ. 8월 16일 기준 7위 팀은 H이다.

ㄷ. 8월 16일 기준 승차가 음수인 팀이 있다.

ㄹ. 8월 16일 기준 4위 팀 승차와 5위 팀 승차는 동일하다.

① ㄱ, ㄹ

② ㄴ, ㄷ

③ ㄴ, ㄹ

④ ㄱ, ㄴ, ㄷ

⑤ ㄴ, ㄷ, ㄹ

문 40. 다음 〈표〉는 2018~2020년 프랜차이즈 기업 A~E의 가맹점 현황에 관한 자료이다. 이에 대한 〈보기〉의 설명 중 옳은 것만을 모두 고르면?

〈표 1〉 2018~2020년 기업 A~E의 가맹점 신규개점 현황

(단위 : 개, %)

구분	신규개점 수			신규개점률	
기업 \ 연도	2018	2019	2020	2019	2020
A	249	390	357	31.1	22.3
B	101	89	75	9.5	7.8
C	157	110	50	12.6	5.7
D	93	233	204	35.7	24.5
E	131	149	129	27.3	19.3

※ 해당 연도 신규개점률(%) = $\frac{\text{해당 연도 신규개점 수}}{\text{전년도 가맹점 수} + \text{해당 연도 신규개점 수}} \times 100$

〈표 2〉 2018~2020년 기업 A~E의 가맹점 폐점 수 현황

(단위 : 개)

기업 \ 연도	2018	2019	2020
A	11	12	21
B	27	53	140
C	24	39	70
D	55	25	64
E	4	8	33

※ 해당 연도 가맹점 수 = 전년도 가맹점 수 + 해당 연도 신규개점 수 − 해당 연도 폐점 수

〈보 기〉

ㄱ. 2018년 C의 가맹점 수는 800개 이상이다.
ㄴ. 2019년에 비해 2020년 가맹점 수가 감소한 기업은 B와 C이다.
ㄷ. 2020년 가맹점 수는 E가 가장 적고, A가 가장 많다.
ㄹ. 2018년 폐점 수 대비 신규개점 수의 비율은 D가 가장 낮고, A가 가장 높다.

① ㄱ, ㄴ
② ㄱ, ㄷ
③ ㄴ, ㄷ
④ ㄴ, ㄹ
⑤ ㄷ, ㄹ

02 2022년 7급 PSAT 자료해석 기출문제

문 1. 다음 〈그림〉은 2021년 7월 '갑'지역의 15세 이상 인구를 대상으로 한 경제활동인구조사 결과를 정리한 자료이다. 〈그림〉의 A, B에 해당하는 값을 바르게 나열한 것은?

〈그림〉 2021년 7월 경제활동인구조사 결과

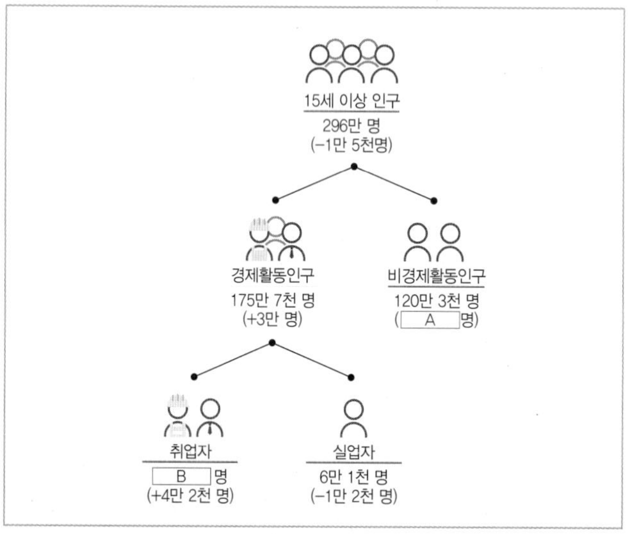

※ ( )는 2020년 7월 대비 증감 인구수임.

	A	B
①	−4만 5천	169만 6천
②	−4만 5천	165만 4천
③	−1만 2천	172만 7천
④	−1만 2천	169만 6천
⑤	+4만 2천	172만 7천

문 2. 다음 〈표〉는 2017~2021년 '갑'국의 청구인과 피청구인에 따른 특허심판 청구건수에 관한 자료이다. 이에 대한 〈보기〉의 설명 중 옳은 것만을 모두 고르면?

〈표〉 청구인과 피청구인에 따른 특허심판 청구건수

(단위: 건)

청구인 / 연도 / 피청구인	내국인		외국인	
	내국인	외국인	내국인	외국인
2017	765	270	204	172
2018	889	1,970	156	119
2019	795	359	191	72
2020	771	401	93	230
2021	741	213	152	46

〈보 기〉

ㄱ. 2019년 청구인이 내국인인 특허심판 청구건수의 전년 대비 감소율은 50 % 이상이다.

ㄴ. 2021년 피청구인이 내국인인 특허심판 청구건수는 피청구인이 외국인인 특허심판 청구건수의 3배 이상이다.

ㄷ. 2017년 내국인이 외국인에게 청구한 특허심판 청구건수는 2020년 외국인이 외국인에게 청구한 특허심판 청구건수보다 많다.

① ㄱ
② ㄷ
③ ㄱ, ㄴ
④ ㄴ, ㄷ
⑤ ㄱ, ㄴ, ㄷ

문 3. **다음 〈보고서〉는 2018~2021년 '갑'국의 생활밀접업종 현황에 대한 자료이다. 〈보고서〉의 내용과 부합하지 않는 자료는?**

〈보고서〉

생활밀접업종은 소매, 음식, 숙박, 서비스 등과 같이 일상생활과 밀접하게 관련된 재화 또는 용역을 공급하는 업종이다. 생활밀접업종 사업자 수는 2021년 현재 2,215천 명으로 2018년 대비 10 % 이상 증가하였다. 2018년 대비 2021년 생활밀접업종 중 73개 업종에서 사업자 수가 증가하였는데, 이 중 스포츠시설운영업이 가장 높은 증가율을 기록하였고 펜션 · 게스트하우스, 애완용품점이 그 뒤를 이었다.

그러나 혼인건수와 출생아 수가 줄어드는 사회적 현상은 관련 업종에도 직접 영향을 미친 것으로 나타났다. 산부인과 병 · 의원 사업자 수는 2018년 이후 매년 감소하였다. 또한, 2018년 이후 예식장과 결혼상담소의 사업자 수도 각각 매년 감소하는 것으로 나타났다.

한편 복잡한 현대사회에서 전문직에 대한 수요는 꾸준히 증가하고 있다. 생활밀접업종을 소매, 음식, 숙박, 병 · 의원, 전문직, 교육, 서비스의 7개 그룹으로 분류했을 때 전문직 그룹의 2018년 대비 2021년 사업자 수 증가율이 17.6 %로 가장 높았다.

① 생활밀접업종 사업자 수

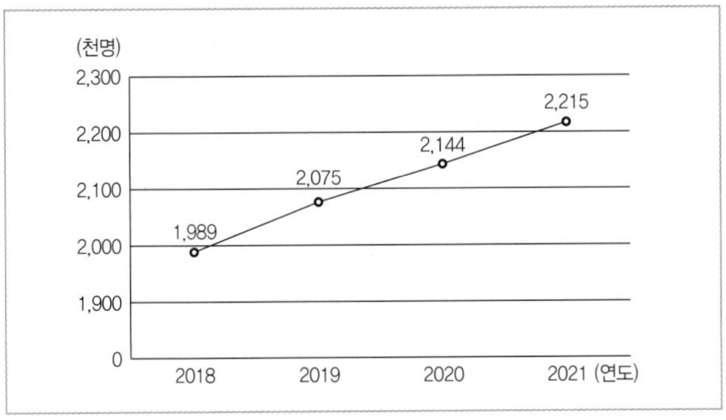

② 2018년 대비 2021년 생활밀접업종 사업자 수 증가율 상위 10개 업종

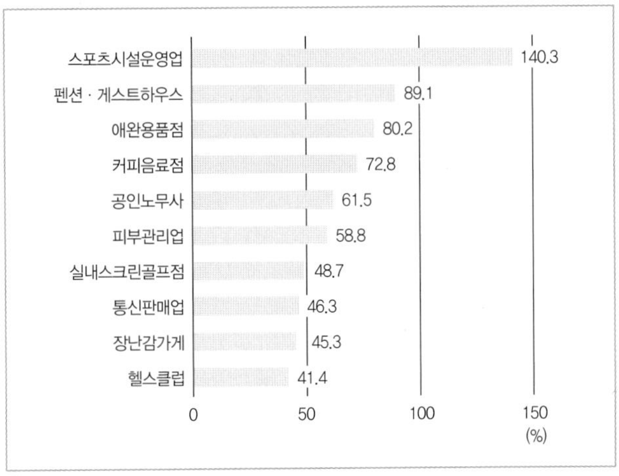

③ 주요 진료과목별 병 · 의원 사업자 수

(단위: 명)

진료과목 \ 연도	2018	2019	2020	2021
신경정신과	1,270	1,317	1,392	1,488
가정의학과	2,699	2,812	2,952	3,057
피부과 · 비뇨의학과	3,267	3,393	3,521	3,639
이비인후과	2,259	2,305	2,380	2,461
안과	1,485	1,519	1,573	1,603
치과	16,424	16,879	17,217	17,621
일반외과	4,282	4,369	4,474	4,566
성형외과	1,332	1,349	1,372	1,414
내과 · 소아과	10,677	10,861	10,975	11,130
산부인과	1,726	1,713	1,686	1,663

④ 예식장 및 결혼상담소 사업자 수

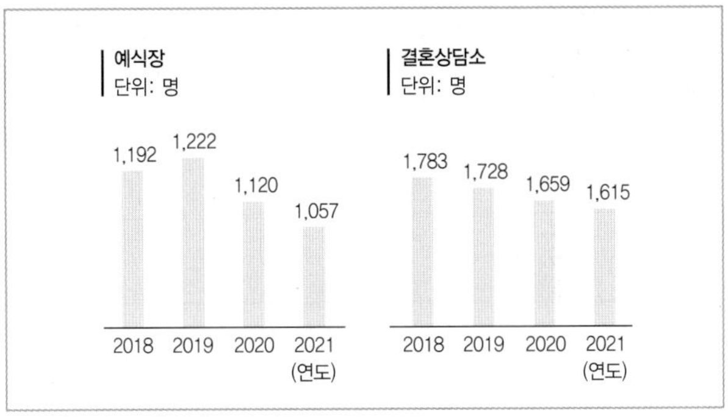

⑤ 2018년 대비 2021년 생활밀접업종의 7개 그룹별 사업자 수 증가율

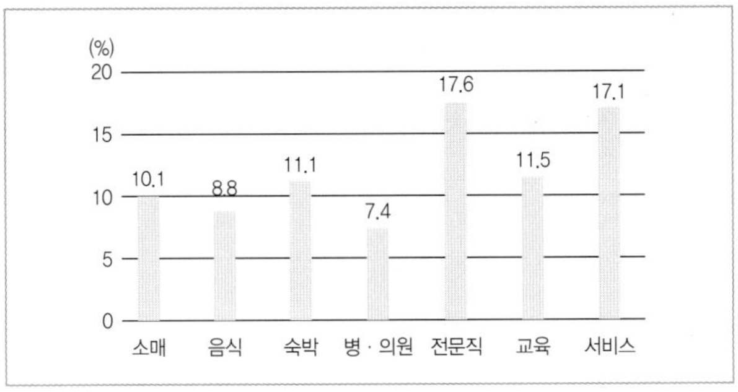

안심Touch

문 4. 다음 〈표〉는 '갑'국 A 위원회의 24~26차 회의 심의결과에 관한 자료이다. 이에 대한 〈보기〉의 설명 중 옳은 것만을 모두 고르면?

〈표〉 A 위원회의 24~26차 회의 심의결과

회차 / 위원 \ 동의 여부	24		25		26	
	동의	부동의	동의	부동의	동의	부동의
기획재정부장관	○		○		○	
교육부장관	○			○	○	
과학기술정보통신부장관	○		○			○
행정안전부장관	○			○	○	
문화체육관광부장관	○			○	○	
농림축산식품부장관		○	○		○	
산업통상자원부장관		○		○		○
보건복지부장관	○		○		○	
환경부장관		○	○			○
고용노동부장관		○		○	○	
여성가족부장관	○		○		○	
국토교통부장관	○		○		○	
해양수산부장관	○		○		○	
중소벤처기업부장관		○	○			○
문화재청장	○		○		○	
산림청장	○				○	

※ 1) A 위원회는 〈표〉에 제시된 16명의 위원으로만 구성됨.
2) A 위원회는 매 회차 개최 시 1건의 안건만을 심의함.

〈보 기〉

ㄱ. 24~26차 회의의 심의안건에 모두 동의한 위원은 6명이다.

ㄴ. 심의안건에 부동의한 위원 수는 매 회차 증가하였다.

ㄷ. 전체 위원의 $\frac{2}{3}$이상이 동의해야 심의안건이 의결된다면, 24~26차 회의의 심의안건은 모두 의결되었다.

① ㄱ

② ㄴ

③ ㄱ, ㄷ

④ ㄴ, ㄷ

⑤ ㄱ, ㄴ, ㄷ

문 5. 다음 〈표〉는 1990년대 이후 A~E 도시의 시기별 및 자본금액별 창업 건수에 관한 자료이고, 〈보고서〉는 A~E 중 한 도시의 창업 건수에 관한 설명이다. 이를 근거로 판단할 때, 〈보고서〉의 내용에 부합하는 도시는?

〈표〉 A~E 도시의 시기별 및 자본금액별 창업 건수

(단위: 건)

시기 / 도시 \ 자본금액	1990년대		2000년대		2010년대		2020년 이후	
	1천만 원 미만	1천만 원 이상	1천만 원 미만	1천만 원 이상	1천만 원 미만	1천만 원 이상	1천만 원 미만	1천만 원 이상
A	198	11	206	32	461	26	788	101
B	46	0	101	5	233	4	458	16
C	12	2	19	17	16	17	76	14
D	27	3	73	34	101	24	225	27
E	4	0	25	0	53	3	246	7

〈보고서〉

이 도시의 시기별 및 자본금액별 창업 건수는 다음과 같은 특징이 있다. 첫째, 1990년대 이후 모든 시기에서 자본금액 1천만 원 미만 창업 건수가 자본금액 1천만 원 이상 창업 건수보다 많다. 둘째, 자본금액 1천만 원 미만 창업 건수와 1천만 원 이상 창업 건수의 차이는 2010년대가 2000년대의 2배 이상이다. 셋째, 2020년 이후 전체 창업 건수는 1990년대 전체 창업 건수의 10배 이상이다. 넷째, 2020년 이후 전체 창업 건수 중 자본금액 1천만 원 이상 창업 건수의 비중은 3 % 이상이다.

① A

② B

③ C

④ D

⑤ E

문 6. 다음 〈표〉는 '갑'국의 원료곡종별 및 등급별 가공단가와 A~C 지역의 가공량에 관한 자료이다. 이에 대한 〈보기〉의 설명 중 옳은 것만을 모두 고르면?

〈표 1〉 원료곡종별 및 등급별 가공단가

(단위: 천 원/톤)

원료곡종 \ 등급	1등급	2등급	3등급
쌀	118	109	100
현미	105	97	89
보리	65	60	55

〈표 2〉 A~C 지역의 원료곡종별 및 등급별 가공량

(단위: 톤)

지역	원료곡종 \ 등급	1등급	2등급	3등급	합계
A	쌀	27	35	25	87
	현미	43	20	10	73
	보리	5	3	7	15
B	쌀	23	25	55	103
	현미	33	25	21	79
	보리	9	9	5	23
C	쌀	30	35	20	85
	현미	30	37	25	92
	보리	8	30	2	40
전체	쌀	80	95	100	275
	현미	106	82	56	244
	보리	22	42	14	78

※ 가공비용=가공단가×가공량

〈보 기〉

ㄱ. A 지역의 3등급 쌀 가공비용은 B 지역의 2등급 현미 가공비용보다 크다.

ㄴ. 1등급 현미 전체의 가공비용은 2등급 현미 전체 가공비용의 2배 이상이다.

ㄷ. 3등급 쌀과 3등급 보리의 가공단가가 각각 90천 원/톤, 50천 원/톤으로 변경될 경우, 지역별 가공비용 총액 감소폭이 가장 작은 지역은 A이다.

① ㄱ

② ㄷ

③ ㄱ, ㄴ

④ ㄱ, ㄷ

⑤ ㄴ, ㄷ

문 7. 다음 〈표〉는 재해위험지구 '갑', '을', '병'지역을 대상으로 정비사업 투자의 우선순위를 결정하기 위한 자료이다. '편익', '피해액', '재해발생위험도' 3개 평가 항목 점수의 합이 큰 지역일수록 우선순위가 높다. 이에 대한 〈보기〉의 설명 중 옳은 것만을 모두 고르면?

〈표 1〉 '갑'~'병'지역의 평가 항목별 등급

지역 \ 평가 항목	편익	피해액	재해발생위험도
갑	C	A	B
을	B	D	A
병	A	B	C

〈표 2〉 평가 항목의 등급별 배점

(단위: 점)

등급 \ 평가 항목	편익	피해액	재해발생위험도
A	10	15	25
B	8	12	17
C	6	9	10
D	4	6	0

〈보 기〉

ㄱ. '재해발생위험도' 점수가 높은 지역일수록 우선순위가 높다.

ㄴ. 우선순위가 가장 높은 지역과 가장 낮은 지역의 '피해액' 점수 차이는 '재해발생위험도' 점수 차이보다 크다.

ㄷ. '피해액' 점수와 '재해발생위험도' 점수의 합이 가장 큰 지역은 '갑'이다.

ㄹ. '갑'지역의 '편익' 등급이 B로 변경되면, 우선순위가 가장 높은 지역은 '갑'이다.

① ㄱ, ㄴ

② ㄱ, ㄷ

③ ㄴ, ㄹ

④ ㄱ, ㄷ, ㄹ

⑤ ㄴ, ㄷ, ㄹ

문 8. 다음 〈그림〉은 2017~2021년 '갑'국의 반려동물 사료 유형별 특허 출원건수에 관한 자료이다. 이에 대한 〈보기〉의 설명 중 옳은 것만을 모두 고르면?

〈그림〉 반려동물 사료 유형별 특허 출원건수

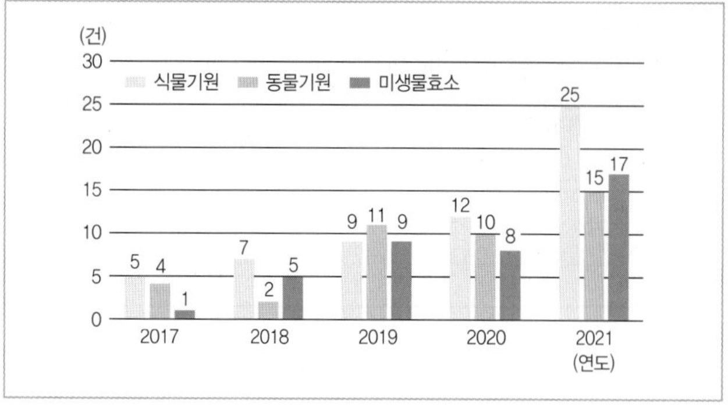

※ 반려동물 사료 유형은 식물기원, 동물기원, 미생물효소로만 구분함.

〈보 기〉

ㄱ. 2017~2021년 동안의 특허 출원건수 합이 가장 작은 사료 유형은 '미생물효소'이다.

ㄴ. 연도별 전체 특허 출원건수 대비 각 사료 유형의 특허 출원건수 비율은 '식물기원'이 매년 가장 높다.

ㄷ. 2021년 특허 출원건수의 전년 대비 증가율이 가장 높은 사료 유형은 '식물기원'이다.

① ㄱ

② ㄷ

③ ㄱ, ㄴ

④ ㄱ, ㄷ

⑤ ㄴ, ㄷ

문 9. 다음 〈표〉는 2019년과 2020년 지역별 전체주택 및 빈집 현황에 관한 자료이다. 이를 바탕으로 작성한 〈보고서〉의 A~C에 해당하는 내용을 바르게 나열한 것은?

〈표〉 2019년과 2020년 지역별 전체주택 및 빈집 현황

(단위: 호, %)

연도 / 구분 / 지역	2019			2020		
	전체주택	빈집	빈집비율	전체주택	빈집	빈집비율
서울특별시	2,953,964	93,402	3.2	3,015,371	96,629	3.2
부산광역시	1,249,757	109,651	8.8	1,275,859	113,410	8.9
대구광역시	800,340	40,721	5.1	809,802	39,069	4.8
인천광역시	1,019,365	66,695	6.5	1,032,774	65,861	6.4
광주광역시	526,161	39,625	7.5	538,275	41,585	7.7
대전광역시	492,797	29,640	6.0	496,875	26,983	5.4
울산광역시	391,596	33,114	8.5	394,634	30,241	7.7
세종특별자치시	132,257	16,437	12.4	136,887	14,385	10.5
경기도	4,354,776	278,815	6.4	4,495,115	272,358	6.1
강원도	627,376	84,382	13.4	644,023	84,106	13.1
충청북도	625,957	77,520	12.4	640,256	76,877	12.0
충청남도	850,525	107,609	12.7	865,008	106,430	12.3
전라북도	724,524	91,138	12.6	741,221	95,412	12.9
전라남도	787,816	121,767	15.5	802,043	122,103	15.2
경상북도	1,081,216	143,560	13.3	1,094,306	139,770	12.8
경상남도	1,266,739	147,173	11.6	1,296,944	150,982	11.6
제주특별자치도	241,788	36,566	15.1	246,451	35,105	14.2
전국	18,126,954	1,517,815	8.4	18,525,844	1,511,306	8.2

※ 빈집비율(%) $= \frac{\text{빈집}}{\text{전체주택}} \times 100$

〈보고서〉

2020년 우리나라 전체주택 수는 전년 대비 39만 호 이상 증가하였으나 빈집 수는 6천 호 이상 감소하여 빈집비율은 전년 대비 감소하였다. 특히 세종특별자치시의 빈집비율이 가장 큰 폭으로 감소하였다.

하지만 2020년에는 [A]개 지역에서 빈집 수가 전년 대비 증가하였고, 전년 대비 빈집비율이 가장 큰 폭으로 증가한 지역은 [B]였다. 빈집비율이 가장 높은 지역과 가장 낮은 지역의 빈집비율 차이는 2019년에 비해 2020년이 [C]하였다.

	A	B	C
①	5	광주광역시	감소
②	5	전라북도	증가
③	6	광주광역시	증가
④	6	전라북도	증가
⑤	6	전라북도	감소

문 10. 다음 〈표〉와 〈보고서〉는 2021년 '갑'국의 초등돌봄교실에 관한 자료이다. 제시된 〈표〉 이외에 〈보고서〉를 작성하기 위해 추가로 필요한 자료만을 〈보기〉에서 모두 고르면?

〈표 1〉 2021년 초등돌봄교실 이용학생 현황

(단위: 명, %)

구분 \ 학년		1	2	3	4	5	6	합
오후돌봄교실	학생 수	124,000	91,166	16,421	7,708	3,399	2,609	245,303
	비율	50.5	37.2	6.7	3.1	1.4	1.1	100.0
저녁돌봄교실	학생 수	5,215	3,355	772	471	223	202	10,238
	비율	50.9	32.8	7.5	4.6	2.2	2.0	100.0

〈표 2〉 2021년 지원대상 유형별 오후돌봄교실 이용학생 현황

(단위: 명, %)

구분 \ 지원대상 유형		우선지원대상					일반지원대상	합
		저소득층	한부모	맞벌이	기타	소계		
오후돌봄교실	학생 수	23,066	6,855	174,297	17,298	221,516	23,787	245,303
	비율	9.4	2.8	71.1	7.1	90.3	9.7	100.0

〈보고서〉

2021년 '갑'국의 초등돌봄교실 이용학생은 오후돌봄교실 245,303명, 저녁돌봄교실 10,238명이다. 오후돌봄교실의 경우 2021년 기준 전체 초등학교의 98.9 %가 참여하고 있다.

오후돌봄교실의 우선지원대상은 저소득층 가정, 한부모 가정, 맞벌이 가정, 기타로 구분되며, 맞벌이 가정이 전체 오후돌봄교실 이용학생의 71.1 %로 가장 많고 다음으로 저소득층 가정이 9.4 %로 많다.

저녁돌봄교실의 경우 17시부터 22시까지 운영하고 있으나, 19시를 넘는 늦은 시간까지 이용하는 학생 비중은 11.2 %에 불과하다. 2021년 현재 저녁돌봄교실 이용학생은 1~2학년이 8,570명으로 전체 저녁돌봄교실 이용학생의 83.7 %를 차지한다.

초등돌봄교실 담당인력은 돌봄전담사, 현직교사, 민간위탁업체로 다양하다. 담당인력 구성은 돌봄전담사가 10,237명으로 가장 많고, 다음으로 현직교사 1,480명, 민간위탁업체 565명 순이다. 그중 돌봄전담사는 무기계약직이 6,830명이고 기간제가 3,407명이다.

〈보 기〉

ㄱ. 연도별 오후돌봄교실 참여 초등학교 수 및 참여율

(단위: 개, %)

구분 \ 연도	2016	2017	2018	2019	2020	2021
학교 수	5,652	5,784	5,938	5,972	5,998	6,054
참여율	96.0	97.3	97.3	96.9	97.0	98.9

ㄴ. 2021년 저녁돌봄교실 이용학생의 이용시간별 분포

(단위: 명, %)

구분 \ 이용시간	17~18시	17~19시	17~20시	17~21시	17~22시	합
이용학생 수	6,446	2,644	1,005	143	0	10,238
비율	63.0	25.8	9.8	1.4	0.0	100.0

ㄷ. 2021년 저녁돌봄교실 이용학생의 학년별 분포

(단위: 명, %)

구분 \ 학년	1~2	3~4	5~6	합
이용학생 수	8,570	1,243	425	10,238
비율	83.7	12.1	4.2	100.0

ㄹ. 2021년 초등돌봄교실 담당인력 현황

(단위: 명, %)

구분	돌봄전담사			현직교사	민간위탁업체	합
	무기계약직	기간제	소계			
인력	6,830	3,407	10,237	1,480	565	12,282
비율	55.6	27.7	83.3	12.1	4.6	100.0

① ㄱ, ㄴ

② ㄱ, ㄷ

③ ㄷ, ㄹ

④ ㄱ, ㄴ, ㄹ

⑤ ㄴ, ㄷ, ㄹ

문 11. **다음 〈표〉는 2016~2020년 '갑'국의 해양사고 심판현황이다. 이에 대한 〈보기〉의 설명 중 옳은 것만을 모두 고르면?**

〈표〉 2016~2020년 해양사고 심판현황

(단위: 건)

구분 \ 연도	2016	2017	2018	2019	2020
전년 이월	96	100	( )	71	89
해당 연도 접수	226	223	168	204	252
심판대상	322	( )	258	275	341
재결	222	233	187	186	210

※ '심판대상' 중 '재결'되지 않은 건은 다음 연도로 이월함.

〈보 기〉

ㄱ. '심판대상' 중 '전년 이월'의 비중은 2018년이 2016년보다 높다.
ㄴ. 다음 연도로 이월되는 건수가 가장 많은 연도는 2016년이다.
ㄷ. 2017년 이후 '해당 연도 접수' 건수의 전년 대비 증가율이 가장 높은 연도는 2020년이다.
ㄹ. '재결' 건수가 가장 적은 연도에는 '해당 연도 접수' 건수도 가장 적다.

① ㄱ, ㄴ
② ㄱ, ㄷ
③ ㄴ, ㄷ
④ ㄴ, ㄹ
⑤ ㄷ, ㄹ

문 12. **다음 〈표〉는 '갑'주무관이 해양포유류 416종을 4가지 부류(A~D)로 나눈 후 2022년 기준 국제자연보전연맹(IUCN) 적색 목록 지표에 따라 분류한 자료이다. 이를 근거로 작성한 〈보고서〉의 A, B에 해당하는 해양포유류 부류를 바르게 연결한 것은?**

〈표〉 해양포유류의 IUCN 적색 목록 지표별 분류 현황

(단위: 종)

지표 \ 해양포유류 부류	A	B	C	D	합
절멸종(EX)	3	–	2	8	13
야생절멸종(EW)	–	–	–	2	2
심각한위기종(CR)	–	–	–	15	15
멸종위기종(EN)	11	1	–	48	60
취약종(VU)	7	2	8	57	74
위기근접종(NT)	2	–	–	38	40
관심필요종(LC)	42	2	1	141	186
자료부족종(DD)	2	–	–	24	26
미평가종(NE)	–	–	–	–	0
계	67	5	11	333	416

〈보고서〉

국제자연보전연맹(IUCN)의 적색 목록(Red List)은 지구 동식물종의 보전 상태를 나타내며, 각 동식물종의 보전 상태는 9개의 지표 중 1개로만 분류된다. 이 중 심각한위기종(CR), 멸종위기종(EN), 취약종(VU) 3개 지표 중 하나로 분류되는 동식물종을 멸종우려종(threatened species)이라 한다.

조사대상 416종의 해양포유류를 '고래류', '기각류', '해달류 및 북극곰', '해우류' 4가지 부류로 나눈 후, IUCN의 적색 목록 지표에 따라 분류해 보면 전체 조사대상의 약 36 %가 멸종우려종에 속하고 있다. 특히, 멸종우려종 중 '고래류'가 차지하는 비중은 80 % 이상이다. 또한 '해달류 및 북극곰'은 9개의 지표 중 멸종우려종 또는 관심필요종(LC)으로만 분류된 것으로 나타났다.

한편 해양포유류에 대한 과학적인 이해가 부족하여 26종은 자료부족종(DD)으로 분류되고 있다. 다만 '해달류 및 북극곰'과 '해우류'는 자료부족종(DD)으로 분류된 종이 없다.

	A	B
①	고래류	기각류
②	고래류	해우류
③	기각류	해달류 및 북극곰
④	기각류	해우류
⑤	해우류	해달류 및 북극곰

문 13. 다음 〈표〉와 〈조건〉은 공유킥보드 운영사 A~D의 2022년 1월 기준 대여요금제와 대여방식이고 〈보고서〉는 공유킥보드 대여요금제 변경 이력에 관한 자료이다. 〈보고서〉에서 (다)에 해당하는 값은?

〈표〉 공유킥보드 운영사 A~D의 2022년 1월 기준 대여요금제

(단위: 원)

구분 \ 운영사	A	B	C	D
잠금해제료	0	250	750	1,600
분당대여료	200	150	120	60

〈조 건〉

- 대여요금＝잠금해제료＋분당대여료×대여시간
- 공유킥보드 이용자는 공유킥보드 대여시간을 분단위로 미리 결정하고 운영사 A~D의 대여요금을 산정한다.
- 공유킥보드 이용자는 산정된 대여요금이 가장 낮은 운영사의 공유킥보드를 대여한다.

〈보고서〉

2022년 1월 기준 대여요금제에 따르면 운영사 (가) 는 이용자의 대여시간이 몇 분이더라도 해당 대여시간에 대해 운영사 A~D 중 가장 낮은 대여요금을 제공하지 못하는 것으로 나타났다. 자사 공유킥보드가 1대도 대여되지 않고 있음을 확인한 운영사 (가) 는 2월부터 잠금해제 이후 처음 5분간 분당대여료를 면제하는 것으로 대여요금제를 변경하였다.

운영사 (나) 가 2월 기준 대여요금제로 운영사 A~D의 대여요금을 재산정한 결과, 이용자의 대여시간이 몇 분이더라도 해당 대여시간에 대해 운영사 A~D 중 가장 낮은 대여요금을 제공하지 못하는 것을 파악하였다. 이에 운영사 (나) 는 3월부터 분당대여료를 50원 인하하는 것으로 대여요금제를 변경하였다.

그 결과 대여시간이 20분일 때, 3월 기준 대여요금제로 산정된 운영사 (가) 와 (나) 의 공유킥보드 대여요금 차이는 (다) 원이다.

① 200
② 250
③ 300
④ 350
⑤ 400

문 14. 다음 〈보고서〉는 2021년 '갑'국 사교육비 조사결과에 대한 자료이다. 〈보고서〉의 내용과 부합하지 않는 자료는?

〈보고서〉

2021년 전체 학생 수는 532만 명으로 전년보다 감소하였지만, 사교육비 총액은 23조 4천억 원으로 전년 대비 20 % 이상 증가하였다. 또한, 사교육의 참여율과 주당 참여시간도 전년 대비 증가한 것으로 나타났다.

2021년 전체 학생의 1인당 월평균 사교육비는 전년 대비 20 % 이상 증가하였고, 사교육 참여학생의 1인당 월평균 사교육비 또한 전년 대비 6 % 이상 증가하였다. 2021년 전체 학생 중 월평균 사교육비를 20만 원 미만 지출한 학생의 비중은 전년 대비 감소하였으나, 60만 원 이상 지출한 학생의 비중은 전년 대비 증가한 것으로 나타났다.

한편, 2021년 방과후학교 지출 총액은 4,434억 원으로 2019년 대비 50 % 이상 감소하였으며, 방과후학교 참여율 또한 28.9 %로 2019년 대비 15.0 %p 이상 감소하였다.

① 전체 학생 수와 사교육비 총액

(단위: 만 명, 조 원)

구분 \ 연도	2020	2021
전체 학생 수	535	532
사교육비 총액	19.4	23.4

② 사교육의 참여율과 주당 참여시간

(단위: %, 시간)

구분 \ 연도	2020	2021
참여율	67.1	75.5
주당 참여시간	5.3	6.7

③ 학생 1인당 월평균 사교육비

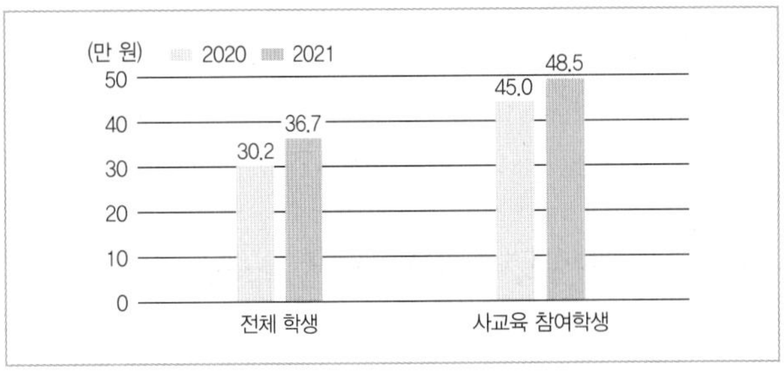

④ 전체 학생의 월평균 사교육비 지출 수준에 따른 분포

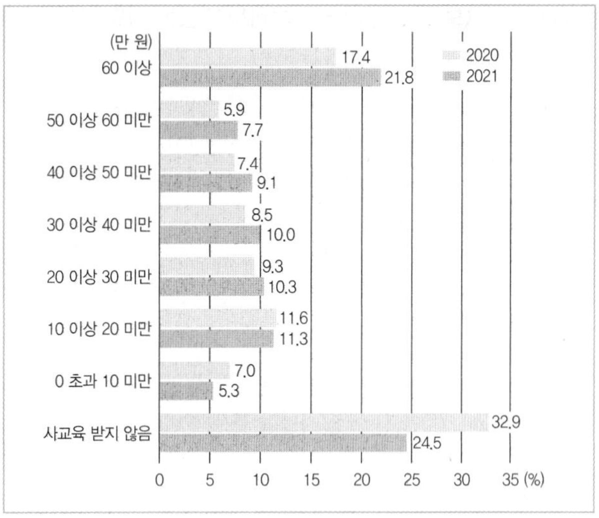

⑤ 방과후학교의 지출 총액과 참여율

(단위: 억 원, %)

구분 \ 연도	2019	2021
지출 총액	8,250	4,434
참여율	48.4	28.9

문 15. 다음 〈표〉는 '갑'국의 학교급별 여성 교장 수와 비율을 1980년부터 5년마다 조사한 자료이다. 이에 대한 설명으로 옳은 것은?

〈표〉 학교급별 여성 교장 수와 비율

(단위: 명, %)

학교급 \ 구분 \ 조사연도	초등학교		중학교		고등학교	
	여성 교장 수	비율	여성 교장 수	비율	여성 교장 수	비율
1980	117	1.8	66	3.6	47	3.4
1985	122	1.9	98	4.9	60	4.0
1990	159	2.5	136	6.3	64	4.0
1995	222	3.8	181	7.6	66	3.8
2000	490	8.7	255	9.9	132	6.5
2005	832	14.3	330	12.0	139	6.4
2010	1,701	28.7	680	23.2	218	9.5
2015	2,058	34.5	713	24.3	229	9.9
2020	2,418	40.3	747	25.4	242	10.4

※ 1) 학교급별 여성 교장 비율(%)$=\frac{\text{학교급별 여성 교장 수}}{\text{학교급별 전체 교장 수}}\times 100$

2) 교장이 없는 학교는 없으며, 각 학교의 교장은 1명임.

① 2000년 이후 중학교 여성 교장 비율은 매년 증가한다.

② 초등학교 수는 2020년이 1980년보다 많다.

③ 고등학교 남성 교장 수는 1985년이 1990년보다 많다.

④ 1995년 초등학교 수는 같은 해 중학교 수와 고등학교 수의 합보다 많다.

⑤ 초등학교 여성 교장 수는 2020년이 2000년의 5배 이상이다.

문 16. 다음 〈표〉는 도지사 선거 후보자 A와 B의 TV 토론회 전후 '가'~'마'지역 유권자의 지지율에 대한 자료이고, 〈보고서〉는 이 중 한 지역의 지지율 변화를 분석한 자료이다. 〈보고서〉의 내용에 해당하는 지역을 '가'~'마' 중에서 고르면?

〈표〉 도지사 선거 후보자 TV 토론회 전후 지지율

(단위: %)

시기 / 지역 \ 후보자	TV 토론회 전		TV 토론회 후	
	A	B	A	B
가	38	52	50	46
나	28	40	39	41
다	31	59	37	36
라	35	49	31	57
마	29	36	43	41

※ 1) 도지사 선거 후보자는 A와 B뿐임.
2) 응답자는 '후보자 A 지지', '후보자 B 지지', '지지 후보자 없음' 중 하나만 응답하고, 무응답은 없음.

〈보고서〉

도지사 선거 후보자 TV 토론회를 진행하기 전과 후에 실시한 이 지역의 여론조사 결과, 도지사 후보자 지지율 변화는 다음과 같다. TV 토론회 전에는 B 후보자에 대한 지지율이 A 후보자보다 10 %p 이상 높게 집계되어 B 후보자가 선거에 유리한 것으로 보였으나, TV 토론회 후에는 지지율 양상에 변화가 있는 것으로 분석된다.

TV 토론회 후 '지지 후보자 없음'으로 응답한 비율이 줄어 TV 토론회가 그동안 어떤 후보자에 투표할지 고민하던 유권자의 선택에 영향을 미친 것으로 판단된다. 또한, A 후보자에 대한 지지율 증가폭이 B 후보자보다 큰 것으로 나타나 TV 토론회를 통해 A 후보자의 강점이 더 잘 드러났던 것으로 분석된다. 그러나 TV 토론회 후 두 후보자간 지지율 차이가 3 %p 이내에 불과하여 이 지역에서 선거의 결과는 예측하기 어렵다.

① 가
② 나
③ 다
④ 라
⑤ 마

문 17. 다음 〈그림〉은 '갑'공업단지 내 8개 업종 업체 수와 업종별 스마트시스템 도입률 및 고도화율에 관한 자료이다. 이에 대한 〈보기〉의 설명 중 옳은 것만을 모두 고르면?

〈그림 1〉 업종별 업체 수

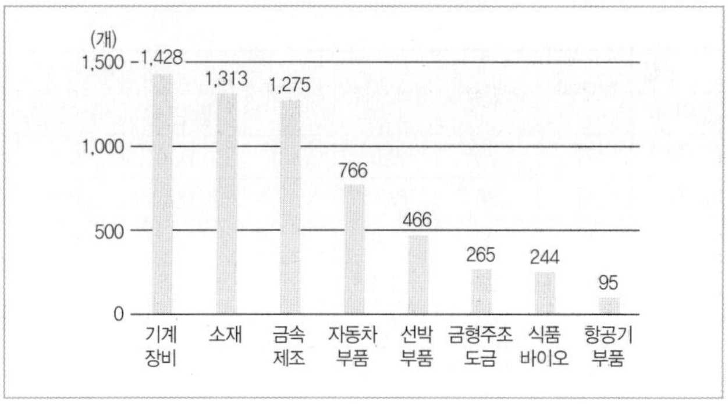

〈그림 2〉 업종별 스마트시스템 도입률 및 고도화율

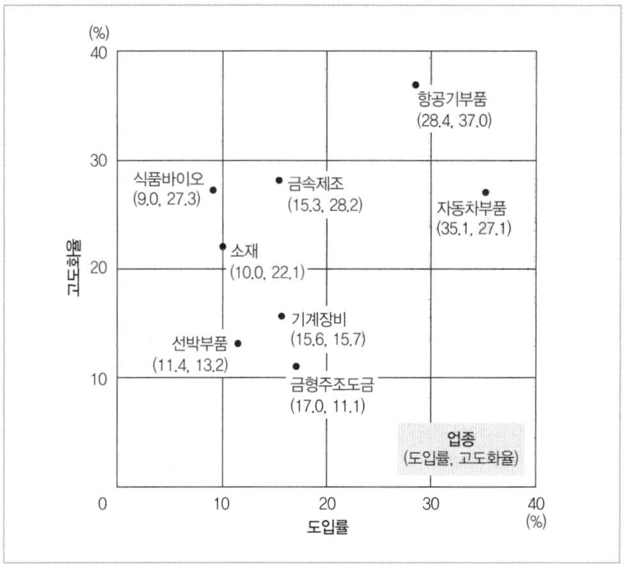

※ 1) 도입률(%) = $\frac{\text{업종별 스마트시스템 도입 업체 수}}{\text{업종별 업체 수}} \times 100$
2) 고도화율(%) = $\frac{\text{업종별 스마트시스템 고도화 업체 수}}{\text{업종별 스마트시스템 도입 업체 수}} \times 100$

〈보 기〉

ㄱ. 스마트시스템 도입 업체 수가 가장 많은 업종은 '자동차부품'이다.
ㄴ. 고도화율이 가장 높은 업종은 스마트시스템 고도화 업체 수도 가장 많다.
ㄷ. 업체 수 대비 스마트시스템 고도화 업체 수가 가장 높은 업종은 '항공기부품'이다.
ㄹ. 도입률이 가장 낮은 업종은 고도화율도 가장 낮다.

① ㄱ, ㄴ
② ㄱ, ㄷ
③ ㄱ, ㄹ
④ ㄴ, ㄷ
⑤ ㄴ, ㄹ

문 18. 다음 〈표〉는 운전자 A~E의 정지시거 산정을 위해 '갑' 시험장에서 측정한 자료이다. 〈표〉와 〈정보〉에 근거하여 맑은 날과 비 오는 날의 운전자별 정지시거를 바르게 연결한 것은?

〈표〉 운전자 A~E의 정지시거 산정을 위한 자료

(단위: m/초, 초, m)

구분 \ 운전자	자동차	운행속력	반응시간	반응거리	마찰계수	
					맑은 날	비 오는 날
A	가	20	2.0	40	0.4	0.1
B	나	20	2.0	( )	0.4	0.2
C	다	20	1.6	( )	0.8	0.4
D	나	20	2.4	( )	0.4	0.2
E	나	20	1.4	( )	0.4	0.2

〈정 보〉

- 정지시거=반응거리+제동거리
- 반응거리=운행속력×반응시간
- 제동거리$=\frac{(\text{운행속력})^2}{2\times\text{마찰계수}\times g}$(단, g는 중력가속도이며 10 m/초^{2}으로 가정함)

	운전자	맑은 날 정지시거[m]	비 오는 날 정지시거[m]
①	A	120	240
②	B	90	160
③	C	72	82
④	D	98	158
⑤	E	78	128

문 19. 다음 〈표〉와 〈그림〉은 '갑'국 8개 어종의 2020년 어획량에 관한 자료이다. 이에 대한 〈보기〉의 설명 중 옳은 것만을 모두 고르면?

〈표〉 8개 어종의 2020년 어획량

(단위: 톤)

어종	갈치	고등어	광어	멸치	오징어	전갱이	조기	참다랑어
어획량	20,666	64,609	5,453	26,473	23,703	19,769	23,696	482

〈그림〉 8개 어종 2020년 어획량의 전년비 및 평년비

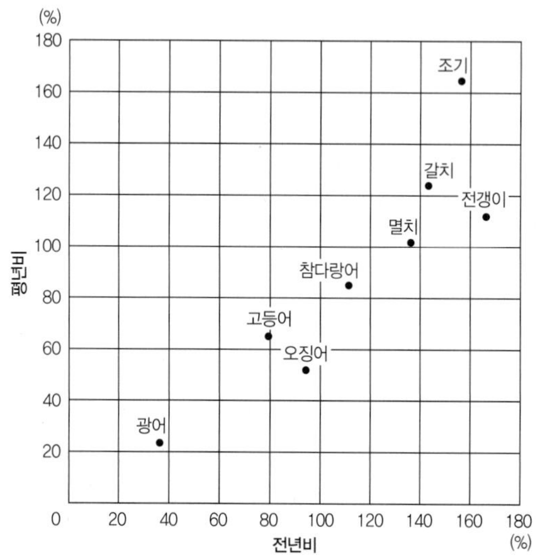

※ 1) 전년비(%)$=\frac{\text{2020년 어획량}}{\text{2019년 어획량}}\times100$

2) 평년비(%)$=\frac{\text{2020년 어획량}}{\text{2011~2020년 연도별 어획량의 평균}}\times100$

〈보 기〉

ㄱ. 8개 어종 중 2019년 어획량이 가장 많은 어종은 고등어이다.

ㄴ. 8개 어종 각각의 2019년 어획량은 해당 어종의 2011~2020년 연도별 어획량의 평균보다 적다.

ㄷ. 2021년 갈치 어획량이 2020년과 동일하다면, 갈치의 2011~2021년 연도별 어획량의 평균은 2011~2020년 연도별 어획량의 평균보다 크다.

① ㄱ

② ㄴ

③ ㄱ, ㄷ

④ ㄴ, ㄷ

⑤ ㄱ, ㄴ, ㄷ

문 20. 다음 〈표〉는 2021년 A 시에서 개최된 철인3종경기 기록이다. 이에 대한 〈보기〉의 설명 중 옳은 것만을 모두 고르면?

〈표〉 A 시 개최 철인3종경기 기록

(단위: 시간)

종합기록 순위	국적	종합	수영	T1	자전거	T2	달리기
1	러시아	9:22:28	0:48:18	0:02:43	5:04:50	0:02:47	3:23:50
2	브라질	9:34:36	0:57:44	0:02:27	5:02:30	0:01:48	3:30:07
3	대한민국	9:37:41	1:04:14	0:04:08	5:04:21	0:03:05	3:21:53
4	대한민국	9:42:03	1:06:34	0:03:33	5:11:01	0:03:33	3:17:22
5	대한민국	9:43:50	(　)	0:03:20	5:00:33	0:02:14	3:17:24
6	일본	9:44:34	0:52:01	0:03:28	5:25:59	0:02:56	3:20:10
7	러시아	9:45:06	1:08:32	0:03:55	5:07:46	0:03:02	3:21:51
8	독일	9:46:48	1:03:49	0:03:53	4:59:20	0:03:00	(　)
9	영국	(　)	1:07:01	0:03:37	5:07:07	0:03:55	3:26:27
10	중국	9:48:18	1:02:28	0:03:29	5:16:09	0:03:47	3:22:25

※ 1) 기록 '1:01:01'은 1시간 1분 1초를 의미함.
2) 'T1', 'T2'는 각각 '수영'에서 '자전거', '자전거'에서 '달리기'로 전환하는 데 걸리는 시간임.
3) 경기 참가 선수는 10명뿐이고, 기록이 짧을수록 순위가 높음.

〈보 기〉

ㄱ. '수영'기록이 한 시간 이하인 선수는 'T2'기록이 모두 3분 미만이다.
ㄴ. 종합기록 순위 2~10위인 선수 중, 종합기록 순위가 한 단계 더 높은 선수와의 '종합'기록 차이가 1분 미만인 선수는 3명뿐이다.
ㄷ. '달리기'기록 상위 3명의 국적은 모두 대한민국이다.
ㄹ. 종합기록 순위 10위인 선수의 '수영'기록 순위는 '수영'기록과 'T1'기록의 합산 기록 순위와 다르다.

① ㄱ, ㄴ
② ㄱ, ㄷ
③ ㄷ, ㄹ
④ ㄱ, ㄴ, ㄹ
⑤ ㄴ, ㄷ, ㄹ

문 21. 다음 〈표〉는 제품 A~E의 제조원가에 관한 자료이다. 제품 A~E 중 매출액이 가장 작은 제품은?

〈표〉 제품 A~E의 고정원가, 변동원가율, 제조원가율

(단위: 원, %)

구분 / 제품	고정원가	변동원가율	제조원가율
A	60,000	40	25
B	36,000	60	30
C	33,000	40	30
D	50,000	20	10
E	10,000	50	10

※ 1) 제조원가 = 고정원가 + 변동원가
2) 고정원가율(%) = $\frac{\text{고정원가}}{\text{제조원가}} \times 100$
3) 변동원가율(%) = $\frac{\text{변동원가}}{\text{제조원가}} \times 100$
4) 제조원가율(%) = $\frac{\text{제조원가}}{\text{매출액}} \times 100$

① A
② B
③ C
④ D
⑤ E

※ 다음 〈표〉는 2018~2020년 '갑'국 방위산업의 매출액 및 종사자 수에 관한 자료이다. 다음 물음에 답하시오. [22~23]

〈표 1〉 2018~2020년 '갑'국 방위산업의 국내외 매출액

(단위: 억 원)

구분 \ 연도	2018	2019	2020
총매출액	136,493	144,521	153,867
국내 매출액	116,502	( )	( )
국외 매출액	19,991	21,048	17,624

〈표 2〉 2020년 '갑'국 방위산업의 기업유형별 매출액 및 종사자 수

(단위: 억 원, 명)

기업유형 \ 구분	총매출액	국내 매출액	국외 매출액	종사자 수
대기업	136,198	119,586	16,612	27,249
중소기업	17,669	16,657	1,012	5,855
전체	153,867	( )	17,624	33,104

〈표 3〉 2018~2020년 '갑'국 방위산업의 분야별 매출액

(단위: 억 원)

분야 \ 연도	2018	2019	2020
항공유도	41,984	45,412	49,024
탄약	24,742	21,243	25,351
화력	20,140	20,191	21,031
함정	18,862	25,679	20,619
기동	14,027	14,877	18,270
통신전자	14,898	15,055	16,892
화생방	726	517	749
기타	1,114	1,547	1,931
전체	136,493	144,521	153,867

〈표 4〉 2018~2020년 '갑'국 방위산업의 분야별 종사자 수

(단위: 명)

분야 \ 연도	2018	2019	2020
A	9,651	10,133	10,108
B	6,969	6,948	6,680
C	3,996	4,537	4,523
D	3,781	3,852	4,053
E	3,988	4,016	3,543
화력	3,312	3,228	3,295
화생방	329	282	228
기타	583	726	674
전체	32,609	33,722	33,104

※ '갑'국 방위산업 분야는 기타를 제외하고 항공유도, 탄약, 화력, 함정, 기동, 통신전자, 화생방으로만 구분함.

문 22. 위 〈표〉에 근거한 〈보기〉의 설명 중 옳은 것만을 모두 고르면?

〈보 기〉

ㄱ. 방위산업의 국내 매출액이 가장 큰 연도에 방위산업 총매출액 중 국외 매출액 비중이 가장 작다.

ㄴ. '기타'를 제외하고, 2018년 대비 2020년 매출액 증가율이 가장 낮은 방위산업 분야는 '탄약'이다.

ㄷ. 2020년 방위산업의 기업유형별 종사자당 국외 매출액은 대기업이 중소기업의 4배 이상이다.

ㄹ. 2020년 '항공유도' 분야 대기업 국내 매출액은 14,500억 원 이상이다.

① ㄱ, ㄴ　② ㄱ, ㄷ

③ ㄴ, ㄹ　④ ㄷ, ㄹ

⑤ ㄱ, ㄴ, ㄹ

문 23. 위 〈표〉와 다음 〈보고서〉를 근거로 '항공유도'에 해당하는 방위산업 분야를 〈표 4〉의 A~E 중에서 고르면?

〈보고서〉

2018년 대비 2020년 '갑'국 방위산업의 총매출액은 약 12.7 % 증가하였으나 방위산업 전체 종사자 수는 약 1.5 % 증가하는 데 그쳤다. '기타'를 제외한 7개 분야에 대해 이를 구체적으로 분석하면 다음과 같다.

2018년 대비 2020년 방위산업 분야별 매출액은 모두 증가하였으나 종사자 수는 '통신전자', '함정', '항공유도' 분야만 증가하고 나머지 분야는 감소한 것으로 나타났다. 2018~2020년 동안 매출액과 종사자 수 모두 매년 증가한 방위산업 분야는 '통신전자'뿐이고, '탄약'과 '화생방' 분야는 종사자 수가 매년 감소하였다. 특히, '기동' 분야는 2018년 대비 2020년 매출액 증가율이 방위산업 분야 중 가장 높았지만 종사자 수는 가장 많이 감소하였다. 2018년 대비 2020년 '함정' 분야 매출액 증가율은 방위산업 전체 매출액 증가율보다 낮았으나 종사자 수는 방위산업 분야 중 가장 많이 증가하였다. 이에 따라 방위산업의 분야별 종사자당 매출액 순위에도 변동이 있었다. 2018년에는 '화력' 분야의 종사자당 매출액이 가장 컸고, 다음으로 '함정', '항공유도' 순으로 컸다. 한편, 2020년에는 '화력' 분야의 종사자당 매출액이 가장 컸고, 다음으로 '기동', '항공유도' 순으로 컸다.

① A　② B

③ C　④ D

⑤ E

문 24. 다음 〈표〉는 2021년 국가 A~D의 국내총생산, 1인당 국내총생산, 1인당 이산화탄소 배출량에 관한 자료이다. 이를 근거로 국가 A~D를 이산화탄소 총배출량이 가장 적은 국가부터 순서대로 바르게 나열한 것은?

〈표〉 국가별 국내총생산, 1인당 국내총생산, 1인당 이산화탄소 배출량

(단위: 달러, 톤CO2eq.)

구분 \ 국가	국내총생산	1인당 국내총생산	1인당 이산화탄소 배출량
A	20조 4,941억	62,795	16.6
B	4조 9,709억	39,290	9.1
C	1조 6,194억	31,363	12.4
D	13조 6,082억	9,771	7.0

※ 1) 1인당 국내총생산 $= \frac{\text{국내총생산}}{\text{총인구}}$

2) 1인당 이산화탄소 배출량 $= \frac{\text{이산화탄소 총배출량}}{\text{총인구}}$

① A, C, B, D
② A, D, C, B
③ C, A, D, B
④ C, B, A, D
⑤ D, B, C, A

문 25. 다음 〈표〉는 2019~2021년 '갑'국의 장소별 전기차 급속충전기 수에 관한 자료이다. 이에 대한 〈보기〉의 설명 중 옳은 것만을 모두 고르면?

〈표〉 장소별 전기차 급속충전기 수

(단위: 대)

구분	연도 \ 장소	2019	2020	2021
다중이용 시설	쇼핑몰	807	1,701	2,701
	주유소	125	496	( )
	휴게소	( )	( )	2,099
	문화시설	757	1,152	1,646
	체육시설	272	498	604
	숙박시설	79	146	227
	여객시설	64	198	378
	병원	27	98	152
	소계	2,606	5,438	8,858
일반시설	공공시설	1,595	( )	( )
	주차전용시설	565	898	1,275
	자동차정비소	119	303	375
	공동주택	( )	102	221
	기타	476	499	522
	소계	2,784	4,550	6,145
전체		5,390	9,988	15,003

〈보 기〉

ㄱ. 전체 급속충전기 수 대비 '다중이용시설' 급속충전기 수의 비율은 매년 증가한다.
ㄴ. '공공시설' 급속충전기 수는 '주차전용시설'과 '쇼핑몰' 급속충전기 수의 합보다 매년 많다.
ㄷ. '기타'를 제외하고, 2019년 대비 2021년 급속충전기 수의 증가율이 가장 큰 장소는 '주유소'이다.
ㄹ. 급속충전기 수는 '휴게소'가 '문화시설'보다 매년 많다.

① ㄱ, ㄴ
② ㄱ, ㄷ
③ ㄱ, ㄹ
④ ㄴ, ㄷ
⑤ ㄴ, ㄹ

03 2021년 5급 PSAT 자료해석 기출문제

문 1. 다음 〈그림〉과 〈표〉는 지역별 고령인구 및 고령인구 비율에 대한 자료이다. 이에 대한 〈보기〉의 설명 중 옳은 것만을 고르면?

〈그림〉 2019년 지역별 고령인구 및 고령인구 비율 현황

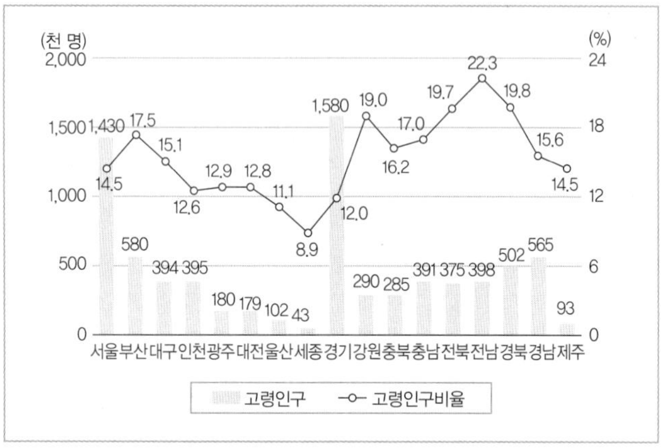

※ 고령인구 비율(%) $= \frac{\text{고령인구}}{\text{인구}} \times 100$

〈표〉 지역별 고령인구 및 고령인구 비율 전망

(단위 : 천 명, %)

연도 / 지역 / 구분	2025		2035		2045	
	고령인구	고령인구비율	고령인구	고령인구비율	고령인구	고령인구비율
서울	1,862	19.9	2,540	28.4	2,980	35.3
부산	784	24.4	1,004	33.4	1,089	39.7
대구	494	21.1	691	31.2	784	38.4
인천	550	18.4	867	28.4	1,080	36.3
광주	261	18.0	377	27.3	452	35.2
대전	270	18.4	392	27.7	471	35.0
울산	193	17.3	302	28.2	352	35.6
세종	49	11.6	97	18.3	153	26.0
경기	2,379	17.0	3,792	26.2	4,783	33.8
강원	387	25.6	546	35.9	649	43.6
충북	357	21.6	529	31.4	646	39.1
충남	488	21.5	714	30.4	897	38.4
전북	441	25.2	587	34.7	683	42.5
전남	475	27.4	630	37.1	740	45.3
경북	673	25.7	922	36.1	1,064	43.9
경남	716	21.4	1,039	31.7	1,230	39.8
제주	132	18.5	208	26.9	275	34.9
전국	10,511	20.3	15,237	29.5	18,328	37.0

〈보 기〉

ㄱ. 2019년 고령인구 비율이 가장 낮은 지역은 2025년 대비 2045년 고령인구 증가율도 가장 낮다.

ㄴ. 2045년 고령인구 비율이 40% 이상인 지역은 4곳이다.

ㄷ. 2025년, 2035년, 2045년 고령인구 상위 세 개 지역은 모두 동일하다.

ㄹ. 2045년 충북 인구는 전남 인구보다 많다.

① ㄱ, ㄴ

② ㄱ, ㄷ

③ ㄴ, ㄷ

④ ㄴ, ㄹ

⑤ ㄷ, ㄹ

문 2. 다음 〈표〉는 2020년 '갑'국의 가구당 보험료 및 보험급여 현황에 대한 자료이다. 〈표〉와 〈보고서〉를 근거로 A, B, D에 해당하는 질환을 바르게 나열한 것은?

〈표〉 2020년 가구당 보험료 및 보험급여 현황

(단위 : 원)

구분 / 보험료 분위	보험료	전체질환 보험급여 (보험혜택 비율)	4대 질환별 보험급여 (보험혜택 비율)			
			A 질환	B 질환	C 질환	D 질환
전체	99,934	168,725 (1.7)	337,505 (3.4)	750,101 (7.5)	729,544 (7.3)	390,637 (3.9)
1분위	25,366	128,431 (5.1)	327,223 (12.9)	726,724 (28.6)	729,830 (28.8)	424,764 (16.7)
5분위	231,293	248,741 (1.1)	322,072 (1.4)	750,167 (3.2)	713,160 (3.1)	377,568 (1.6)

※ 1) 보험혜택 비율 = $\frac{\text{보험급여}}{\text{보험료}}$

2) 4대 질환은 뇌혈관, 심장, 암, 희귀 질환임

〈보고서〉

2020년 전체 가구당 보험료는 10만 원 이하였지만 전체질환의 가구당 보험급여는 16만 원 이상으로 전체질환 보험혜택 비율은 1.7로 나타났다.

4대 질환 중 전체 보험혜택 비율이 가장 높은 질환은 심장 질환이었다. 뇌혈관, 심장, 암 질환의 1분위 보험혜택 비율은 각각 5분위의 10배에 미치지 못하였다. 또한, 뇌혈관, 심장, 희귀 질환의 1분위 가구당 보험급여는 각각 전체질환의 1분위 가구당 보험급여의 3배 이상이었다.

	A	B	D
①	뇌혈관	심장	희귀
②	뇌혈관	암	희귀
③	암	심장	희귀
④	암	희귀	심장
⑤	희귀	심장	암

문 3. 다음 〈표〉는 2013~2020년 '갑'국 재정지출에 대한 자료이다. 이에 대한 설명으로 옳지 않은 것은?

〈표 1〉 전체 재정지출

(단위 : 백만 달러, %)

구분 / 연도	금액	GDP 대비 비율
2013	487,215	34.9
2014	466,487	31.0
2015	504,426	32.4
2016	527,335	32.7
2017	522,381	31.8
2018	545,088	32.0
2019	589,175	32.3
2020	614,130	32.3

〈표 2〉 전체 재정지출 중 5대 분야 재정지출 비중

(단위 : %)

연도 / 분야	2013	2014	2015	2016	2017	2018	2019	2020
교육	15.5	15.8	15.4	15.9	16.3	16.3	16.2	16.1
보건	10.3	11.9	11.4	11.4	12.2	12.5	12.8	13.2
국방	7.5	7.7	7.6	7.5	7.8	7.8	7.7	7.6
안전	3.6	3.7	3.6	3.8	4.0	4.0	4.1	4.2
환경	3.1	2.5	2.4	2.4	2.4	2.5	2.4	2.4

① 2015~2020년 환경 분야 재정지출 금액은 매년 증가하였다.
② 2020년 교육 분야 재정지출 금액은 2013년 안전 분야 재정지출 금액의 4배 이상이다.
③ 2020년 GDP는 2013년 대비 30% 이상 증가하였다.
④ 2016년 이후 GDP 대비 보건 분야 재정지출 비율은 매년 증가하였다.
⑤ 5대 분야 재정지출 금액의 합은 매년 전체 재정지출 금액의 35% 이상이다.

문 4. 다음 〈표〉는 2020년 12월 '갑'공장 A~C제품의 생산량과 불량품수에 대한 자료이다. 이에 대한 설명으로 옳지 않은 것은?

〈표〉 A~C 제품의 생산량과 불량품수

(단위 : 개)

구분 \ 제품	A	B	C	전체
생산량	2,000	3,000	5,000	10,000
불량품수	200	300	400	900

※ 1) 불량률(%) $= \frac{\text{불량품수}}{\text{생산량}} \times 100$

2) 수율(%) $= \frac{\text{생산량} - \text{불량품수}}{\text{생산량}} \times 100$

① 불량률이 가장 낮은 제품은 C이다.

② 제품별 생산량 변동은 없고 불량품수가 제품별로 100%씩 증가한다면 전체 수율은 82%이다.

③ 제품별 불량률 변동은 없고 생산량이 제품별로 100%씩 증가한다면 전체 수율은 기존과 동일하다.

④ 제품별 생산량 변동은 없고 불량품수가 제품별로 100개씩 증가한다면 전체 수율은 88%이다.

⑤ 제품별 불량률 변동은 없고 생산량이 제품별로 1,000개씩 증가한다면 전체 수율은 기존과 동일하다.

문 5. 다음 〈표〉는 '갑'국의 2019년과 2020년의 대학 교원 유형별 강의 담당학점 현황에 대한 자료이다. 이에 대한 〈보기〉의 설명 중 옳은 것만을 모두 고르면?

〈표〉 교원 유형별 강의 담당학점 현황

(단위 : 학점, %)

구분 \ 연도			2020년			2019년		
교원 유형			전임교원	비전임교원	강사	전임교원	비전임교원	강사
전체(196개교)		담당학점	479,876	239,394	152,898	476,551	225,955	121,265
		비율	66.7	33.3	21.3	67.8	32.2	17.3
설립주체	국공립(40개교)	담당학점	108,237	62,934	47,504	107,793	59,980	42,824
		비율	63.2	36.8	27.8	64.2	35.8	25.5
	사립(156개교)	담당학점	371,639	176,460	105,394	368,758	165,975	78,441
		비율	67.8	32.2	19.2	69.0	31.0	14.7
소재지	수도권(73개교)	담당학점	173,383	106,403	64,019	171,439	101,864	50,696
		비율	62.0	38.0	22.9	62.7	37.3	18.5
	비수도권(123개교)	담당학점	306,493	132,991	88,879	305,112	124,091	70,569
		비율	69.7	30.3	20.2	71.1	28.9	16.4

※ 비율(%) $= \frac{\text{교원 유형별 담당학점}}{\text{전임교원 담당학점} + \text{비전임교원 담당학점}} \times 100$

〈보 기〉

ㄱ. 2020년 전체 대학의 전임교원 담당학점 비율은 비전임교원 담당학점 비율의 2배 이상이다.

ㄴ. 2020년 전체 대학의 전임교원 담당학점은 전년 대비 1.1% 줄어들었다.

ㄷ. 사립대학의 경우, 비전임교원 담당학점 중 강사 담당학점 비중의 2019년과 2020년간 차이는 10%p 미만이다.

ㄹ. 2019년 대비 2020년에 증가한 비전임교원 담당학점은 비수도권 대학이 수도권 대학의 2배 미만이다.

① ㄱ, ㄴ

② ㄱ, ㄹ

③ ㄷ, ㄹ

④ ㄱ, ㄴ, ㄷ

⑤ ㄴ, ㄷ, ㄹ

문 6. **다음 〈보고서〉는 세계 전기차 현황과 전망에 대한 자료이다. 〈보고서〉를 작성하기 위해 사용하지 않은 것은?**

〈보고서〉

세계 각국이 내연기관차의 배기가스 배출을 규제하고, 친환경차 도입을 위한 각종 지원정책을 이어가면서 전기차 시장은 빠르게 성장하고 있다. '세계 전기차 전망' 보고서에 따르면, 전문가들은 2015년 1.2백만 대에 머물던 세계 전기차 누적 생산량이 2030년에는 2억 5천만 대를 넘어설 것으로 추정하고 있다. 전기차 보급에 대한 전망도 희망적이다. 2020년 5백만 대에 못 미치던 전 세계 전기차 연간 판매량이 2030년에는 2천만 대가 넘을 것으로 추정된다.

국내 역시 빠른 속도로 전기차 시장이 성장하고 있다. 정부의 친환경차보급로드맵에 따르면 2015년 산업수요 대비 비중이 0.2%였던 전기차는 2019년에는 2.4%까지 비중이 늘었고, 2025년에는 산업수요에서 차지하는 비중을 14.4%까지 끌어올린다는 목표를 가지고 있다.

전기차가 빠른 기간 내에 시장 규모를 키워나갈 수 있었던 것은 보조금 지원과 전기 충전 인프라 확충의 영향이 크다. 현재 전기차는 동급의 내연기관차에 비해 가격이 비싸지만, 보조금을 받아 구매하면 실구매가가 낮아진다. 우리나라에서 소비자는 2019년 3월 기준, 전기차 구매 시 지역별로 대당 최소 450만 원에서 최대 1,000만 원까지 구매 보조금을 받을 수 있다. 이는 전기차의 가격 경쟁력을 높이는 요인 중 하나다. 충전 인프라의 확충은 전기차 보급 확대의 핵심적인 요소로, 국내 전기 충전 인프라는 2019년 3월 기준 전국 주유소 대비 80% 수준으로 설치되어 있다.

① 세계 전기차 누적 생산량 현황과 전망

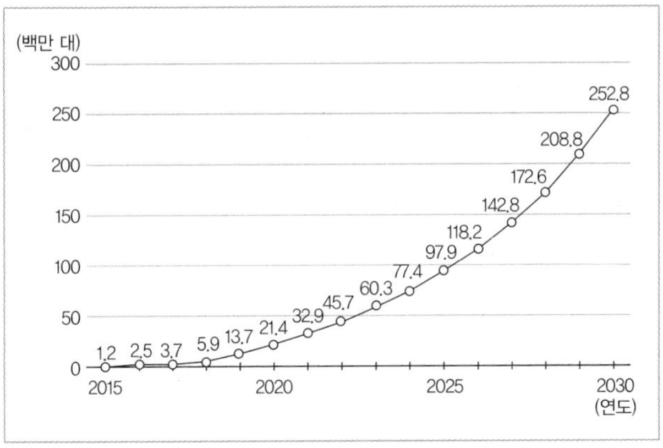

② 우리나라 지역별 전기차 공용 충전기 현황(2020년 3월)

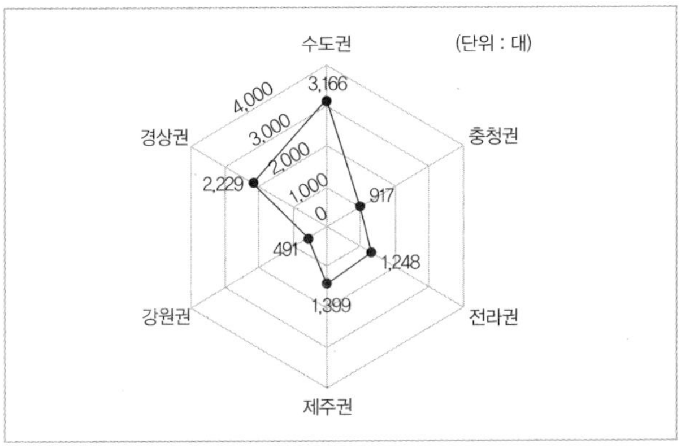

③ 우리나라 산업수요 대비 전기차 비중의 현황과 전망

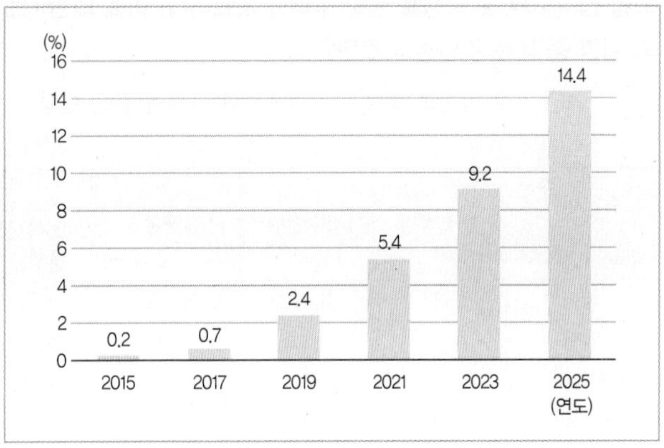

④ 세계 전기차 연간 판매량의 국가별 비중 현황과 전망

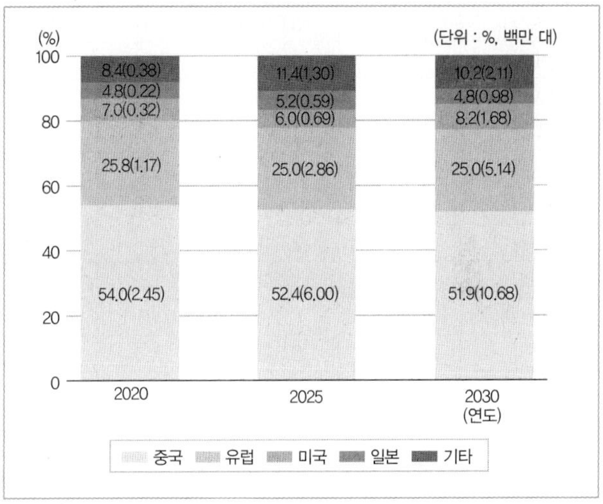

⑤ 우리나라 지역별 전기차 구매 보조금 현황(2019년 3월)

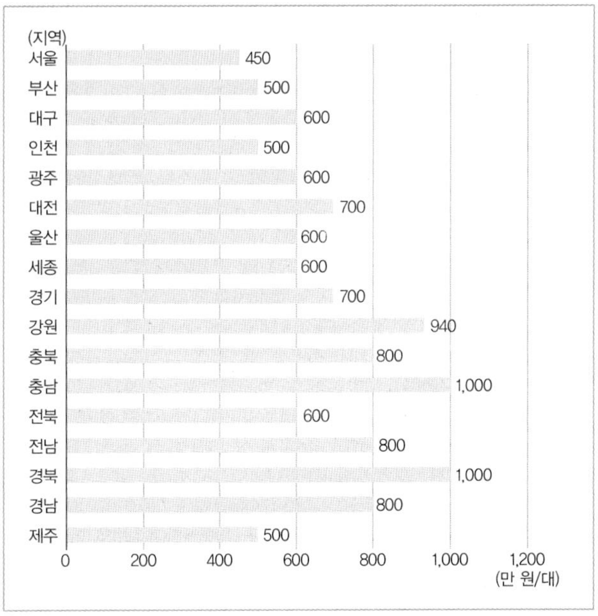

문 7. 다음 〈표〉는 '갑'국의 2021학년도 중등교사 임용시험 과목별 접수인원 및 경쟁률 현황에 대한 자료이다. 이에 대한 〈보기〉의 설명 중 옳은 것만을 고르면?

〈표〉 2021학년도 중등교사 임용시험 과목별 접수 현황

(단위 : 명)

구분 과목	모집정원	접수인원	경쟁률	2020학년도 경쟁률
국어	383	6,493	16.95	19.55
영어	( )	4,235	15.92	19.10
중국어	31	819	26.42	23.98
도덕윤리	297	1,396	4.70	( )
일반사회	230	1,557	6.77	7.06
지리	150	1,047	( )	6.83
역사	229	3,268	14.27	15.22
수학	( )	4,452	12.54	14.20
물리	133	( )	7.46	7.10
화학	142	1,122	7.90	8.10
생물	159	1,535	( )	11.14
지구과학	115	795	6.91	7.25
가정	141	1,048	7.43	8.03
기술	144	424	( )	2.65
정보컴퓨터	145	( )	6.26	5.88
음악	193	2,574	( )	11.33
미술	209	1,998	9.56	10.62
체육	425	4,046	9.52	9.46

※ 경쟁률 $= \frac{\text{접수인원}}{\text{모집정원}}$

〈보 기〉

ㄱ. 2021학년도 경쟁률이 전년 대비 하락한 과목 수는 상승한 과목 수보다 많다.

ㄴ. 2021학년도 경쟁률 상위 3과목과 접수인원 상위 3과목은 일치한다.

ㄷ. 2021학년도 경쟁률이 5.0 미만인 과목의 모집정원은 각각 150명 이상이다.

ㄹ. 2021학년도 과목별 모집정원은 수학이 영어보다 많다.

① ㄱ, ㄴ

② ㄱ, ㄷ

③ ㄱ, ㄹ

④ ㄴ, ㄷ

⑤ ㄴ, ㄹ

문 8. 다음 〈표〉는 '조선왕조실록'과 '호구총수'에 따른 17세기 후반 현종에서 숙종 사이 5개 조사연도의 호구(戶口) 자료이다. 이에 대한 〈보기〉의 설명 중 옳은 것만을 모두 고르면?

〈표〉 17세기 후반 호구(戶口) 자료

(단위 : 호, 명)

구분 조사연도	조선왕조실록		호구총수	
	호(戶)	구(口)	호(戶)	구(口)
현종 10년	1,342,274	5,164,524	1,313,652	5,018,744
현종 13년	1,176,917	4,695,611	1,205,866	4,720,815
숙종 원년	1,234,512	4,703,505	1,250,298	4,725,704
숙종 19년	1,546,474	7,188,574	1,547,237	7,045,115
숙종 25년	1,293,083	5,772,300	1,333,330	5,774,739

〈보 기〉

ㄱ. '조선왕조실록', '호구총수'에 따른 호(戶)당 구(口)는 모든 조사연도마다 각각 3명 이상이다.

ㄴ. 현종 13년 이후, 직전 조사연도 대비 호(戶) 증가율이 가장 큰 조사연도는 '조선왕조실록'과 '호구총수'가 같다.

ㄷ. 숙종 원년 대비 숙종 19년 '조선왕조실록'에 따른 구(口) 증가율은 '호구총수'에 따른 구(口) 증가율보다 작다.

ㄹ. '조선왕조실록'과 '호구총수' 간 호(戶)의 차이가 가장 큰 조사연도는 구(口)의 차이도 가장 크다.

① ㄱ, ㄴ

② ㄱ, ㄹ

③ ㄴ, ㄷ

④ ㄱ, ㄷ, ㄹ

⑤ ㄴ, ㄷ, ㄹ

문 9. 다음 〈표〉는 작가 A의 SNS 팔로워 25,000명에 대한 자료이다. 이에 대한 설명으로 옳은 것은?

〈표 1〉 팔로워의 성별 및 연령대 비율

(단위 : %)

성별 \ 연령대	24세 이하	25~34세	35~44세	45~54세	55~64세	65세 이상	합
여성	12.4	11.6	8.1	4.4	1.6	1.1	39.2
남성	19.6	17.4	9.9	7.6	5.4	0.9	60.8
계	32.0	29.0	18.0	12.0	7.0	2.0	100.0

〈표 2〉 팔로워의 거주지역별 수

(단위 : 명)

거주 지역	서울	부산	대구	인천	광주	대전	울산	기타	전체
팔로워	13,226	2,147	1,989	1,839	1,171	1,341	( )	( )	25,000

① 34세 이하 팔로워는 45세 이상 팔로워의 3배 이상이다.

② 서울에 거주하는 34세 이하 팔로워는 3,000명 이상이다.

③ 서울에 거주하는 팔로워는 다른 모든 지역에 거주하는 팔로워의 합보다 적다.

④ 팔로워 중 10% 이상이 기타 지역에 거주하면, 울산에 거주하는 팔로워는 750명 이하이다.

⑤ 기타 지역에 거주하는 팔로워 수는 변동이 없고 다른 지역에 거주하는 팔로워만 각각 100명씩 증가하면, 광주에 거주하는 팔로워는 전체 팔로워의 5% 이상이 된다.

문 10. 다음 〈표〉는 성인 A~F의 일일 영양소 섭취량에 관한 자료이다. 〈표〉와 〈조건〉을 근거로 〈에너지 섭취 권장기준〉에 부합하는 남성과 여성을 바르게 나열한 것은?

〈표〉 성인 A~F의 일일 영양소 섭취량

(단위 : g)

성인 \ 영양소	탄수화물	단백질	지방
A	375	50	60
B	500	50	60
C	300	75	50
D	350	120	70
E	400	100	70
F	200	80	90

〈조 건〉

- 에너지 섭취량은 탄수화물 1g당 4kcal, 단백질 1g당 4kcal, 지방 1g당 9kcal이다.
- 에너지는 탄수화물, 단백질, 지방으로만 섭취하며, 섭취하는 과정에서 손실되는 에너지는 없다.
- 〈에너지 섭취 권장기준〉에 부합하는 남성과 여성은 1명씩 존재한다.

〈에너지 섭취 권장기준〉

- 일일 총에너지 섭취량 중 55~65%를 탄수화물로, 7~20%를 단백질로, 15~30%를 지방으로 섭취한다.
- 일일 에너지 섭취 권장량은 성인 남성이 2,600~2,800kcal이며, 성인 여성이 1,900~2,100kcal이다.

	남성	여성
①	A	F
②	B	C
③	B	F
④	E	C
⑤	E	F

문 11. 다음 〈표〉는 2024년 예상 매출액 상위 10개 제약사의 2018년, 2024년 매출액에 관한 자료이다. 이에 대한 〈보기〉의 설명 중 옳은 것만을 고르면?

〈표〉 2024년 매출액 상위 10개 제약사의 2018년, 2024년 매출액

(단위 : 억 달러)

2024년 기준 매출액 순위	기업명	2024년	2018년	2018년 대비 2024년 매출액 순위변화
1	Pfizer	512	453	변화없음
2	Novartis	498	435	1단계 상승
3	Roche	467	446	1단계 하락
4	J&J	458	388	변화없음
5	Merck	425	374	변화없음
6	Sanofi	407	351	변화없음
7	GSK	387	306	5단계 상승
8	AbbVie	350	321	2단계 상승
9	Takeda	323	174	7단계 상승
10	AstraZeneca	322	207	4단계 상승
매출액 소계		4,149	3,455	
전체 제약사 총매출액		11,809	8,277	

※ 2024년 매출액은 예상 매출액임

〈보 기〉

ㄱ. 2018년 매출액 상위 10개 제약사의 2018년 매출액 합은 3,700억 달러 이상이다.

ㄴ. 2024년 매출액 상위 10개 제약사 중, 2018년 대비 2024년 매출액이 가장 많이 증가한 기업은 Takeda이고 가장 적게 증가한 기업은 Roche이다.

ㄷ. 2024년 매출액 상위 10개 제약사의 매출액 합이 전체 제약사 총매출액에서 차지하는 비중은 2024년이 2018년보다 크다.

ㄹ. 2024년 매출액 상위 10개 제약사 중, 2018년 대비 2024년 매출액 증가율이 60% 이상인 기업은 2개이다.

① ㄱ, ㄴ

② ㄱ, ㄷ

③ ㄱ, ㄹ

④ ㄴ, ㄷ

⑤ ㄴ, ㄹ

문 12. 다음 〈정보〉와 〈그림〉은 '갑'국의 2010년과 2020년 구획별 토지이용유형 현황을 보여주는 자료이다. 이에 대한 설명으로 옳지 않은 것은?

〈정 보〉

- '갑'국은 36개의 정사각형 구획으로 이루어져 있고, 각 구획의 토지면적은 동일함
- '갑'국 각 구획의 토지이용유형은 '도시', '산림', '농지', '수계', '나지'로만 구성됨

〈그림〉 2010년, 2020년 구획별 토지이용유형 현황

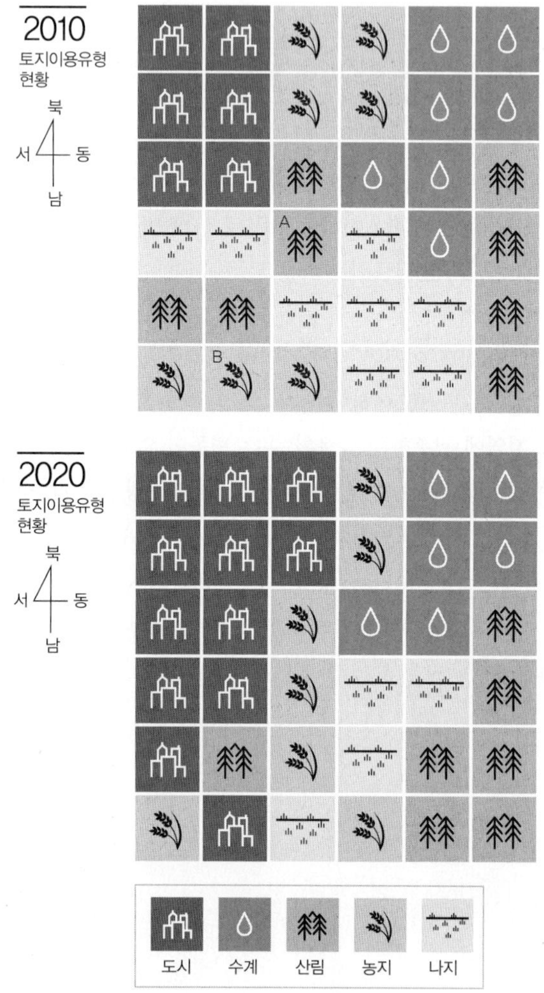

① 2010년 대비 2020년 토지이용유형별 토지면적 증감량은 가장 큰 유형이 두 번째로 큰 유형의 1.5배 이상이다.

② 2010년 '산림' 구획 중 2020년 '산림'이 아닌 구획의 토지면적은 2010년 '농지'가 아닌 구획 중 2020년 '농지'인 구획의 토지면적보다 작다.

③ 2010년 '농지' 구획의 개수는 2010년 '산림'이 아닌 구획 중 2020년 '산림'인 구획의 개수와 같다.

④ 2010년 전체 '나지' 구획 중 일부 구획은 2020년 '도시', '농지', '산림' 구획이 되었다.

⑤ 2021년 A구획과 B구획이 각각 '도시', '나지'이고 나머지 구획이 2020년의 토지이용유형과 동일하다면, 2020년과 2021년의 '도시' 구획의 토지면적은 동일하다.

문 13. 다음 〈표〉는 A, B지역의 2020년 6~10월 돼지열병 발생 현황에 관한 자료이다. 이에 대한 설명으로 옳은 것은?

〈표 1〉 A지역의 돼지열병 발생 현황

(단위 : 두, %, ‰)

구분 \ 월	6	7	8	9	10	전체
발병	( )	( )	1,600	2,400	3,000	( )
폐사	20	20	100	80	180	400
폐사율	10.0	2.5	6.3	3.3	6.0	( )
발병률	1.0	( )	( )	( )	15.0	( )

〈표 2〉 B지역의 돼지열병 발생 현황

(단위 : 두, %, ‰)

구분 \ 월	6	7	8	9	10	전체
발병	600	800	2,400	1,400	600	5,800
폐사	( )	50	( )	20	40	( )
폐사율	5.0	6.3	2.5	1.4	6.7	( )
발병률	6.0	( )	( )	( )	6.0	( )

※ 1) (해당월) 폐사율(%) = $\frac{\text{(해당월) 폐사 두수}}{\text{(해당월) 발병 두수}} \times 100$

2) (해당월) 발병률(‰) = $\frac{\text{(해당월) 발병 두수}}{\text{사육 두수}} \times 1{,}000$

3) 사육 두수는 2020년 6월 두수임

① 사육 두수는 B지역이 A지역보다 많다.

② 전체 폐사 두수는 A지역이 B지역의 3배 이상이다.

③ 전체 폐사율은 B지역이 A지역보다 높다.

④ B지역의 폐사 두수가 가장 적은 월에 A지역의 발병 두수는 전월 대비 40% 증가했다.

⑤ 전월 대비 11월 발병 두수가 A지역은 100%, B지역은 400% 증가하면, A, B지역의 11월 발병률은 같다.

문 14. 다음 〈표〉는 2019년 아세안 3개국 7개 지역별 외국투자기업의 지출 항목별 단가 및 보조금 지급기준에 관한 자료이다. 〈표〉와 〈정보〉에 근거하여 7개 지역에 진출한 우리나라 '갑'기업의 월간 순지출액이 가장 작은 지역과 가장 큰 지역을 바르게 나열한 것은?

〈표 1〉 지역별 외국투자기업의 지출 항목별 단가

(단위 : 달러)

국가	지역 \ 항목	급여 (1인당 월지급액)	전력 사용료 (100kWh당 요금)	운송비 (1회당 운임)
인도네시아	자카르타	310	7	2,300
	바탐	240	7	3,500
베트남	하노이	220	19	3,400
	호치민	240	10	2,300
	다낭	200	19	4,000
필리핀	마닐라	230	12	2,300
	세부	220	21	3,500

〈표 2〉 국가별 외국투자기업의 지출 항목별 보조금 지급기준

국가 \ 항목	급여	전력 사용료	운송비
인도네시아	1인당 월 50달러	보조금 없음	1회당 50% 보조
베트남	1인당 월 30달러	100kWh당 5달러	보조금 없음
필리핀	보조금 없음	100kWh당 10달러	1회당 50% 보조

〈정 보〉

- 지역별 외국투자기업의 월간 순지출액은 각 지역에서 월간 발생하는 총지출액에서 해당 국가의 월간 총보조금을 뺀 금액임
- 지출과 보조금 항목은 급여, 전력 사용료, 운송비로만 구성됨
- '갑'기업은 7개 지역에서 각각 10명의 직원에게 급여를 지급하고, 월간 전력 사용량은 각각 1만 kWh이며, 월간 4회 운송을 각각 시행함

	가장 작은 지역	가장 큰 지역
①	마닐라	다낭
②	마닐라	하노이
③	자카르타	다낭
④	자카르타	세부
⑤	자카르타	하노이

문 15. 다음 〈표〉는 어느 학술지의 우수논문 선정대상 논문 Ⅰ~Ⅴ에 대한 심사자 '갑', '을', '병'의 선호순위를 나열한 것이다. 〈표〉와 〈규칙〉에 근거한 〈보기〉의 설명 중 옳은 것만을 모두 고르면?

〈표〉 심사자별 논문 선호순위

논문 / 심사자	Ⅰ	Ⅱ	Ⅲ	Ⅳ	Ⅴ
갑	1	2	3	4	5
을	1	4	2	5	3
병	5	3	1	4	2

※ 선호순위는 1~5의 숫자로 나타내며 숫자가 낮을수록 선호가 더 높음

〈규 칙〉

- 평가점수 산정방식
  - 가. [(선호순위가 1인 심사자 수×2)+(선호순위가 2인 심사자 수×1)]의 값이 가장 큰 논문은 1점, 그 외의 논문은 2점의 평가점수를 부여한다.
  - 나. 논문별 선호순위의 중앙값이 가장 작은 논문은 1점, 그 외의 논문은 2점의 평가점수를 부여한다.
  - 다. 논문별 선호순위의 합이 가장 작은 논문은 1점, 그 외의 논문은 2점의 평가점수를 부여한다.
- 우수논문 선정방식
  - A. 평가점수 산정방식 가, 나, 다 중 한 가지만을 활용하여 평가점수가 가장 낮은 논문을 우수논문으로 선정한다. 단, 각 산정방식이 활용될 확률은 동일하다.
  - B. 평가점수 산정방식 가, 나, 다에서 도출된 평가점수의 합이 가장 낮은 논문을 우수논문으로 선정한다.
  - C. 평가점수 산정방식 가, 나, 다에서 도출된 평가점수에 가중치를 각각 $\frac{1}{6}, \frac{1}{3}, \frac{1}{2}$을 적용한 점수의 합이 가장 낮은 논문을 우수논문으로 선정한다.

※ 1) 중앙값은 모든 관측치를 크기 순서로 나열하였을 때, 중앙에 오는 값을 의미함. 예를 들어, 선호순위가 2, 3, 4인 경우 3이 중앙값이며, 선호순위가 2, 2, 4인 경우 2가 중앙값임

2) 점수의 합이 가장 낮은 논문이 2편 이상이면, 심사자 '병'의 선호가 더 높은 논문을 우수논문으로 선정함

〈보 기〉

ㄱ. 선정방식 A에 따르면 우수논문으로 선정될 확률이 가장 높은 논문은 Ⅰ이다.

ㄴ. 선정방식 B에 따르면 우수논문은 Ⅱ이다.

ㄷ. 선정방식 C에 따르면 우수논문은 Ⅲ이다.

① ㄴ

② ㄱ, ㄴ

③ ㄱ, ㄷ

④ ㄴ, ㄷ

⑤ ㄱ, ㄴ, ㄷ

※ 다음 〈설명〉과 〈표〉는 2019년 12월 31일 기준 우리나라 행정구역 현황에 관한 자료이다. 다음 물음에 답하시오. [16~17]

〈설 명〉

- 광역지방자치단체는 특별시, 광역시, 특별자치시, 도, 특별자치도로 구분된다.
- 기초지방자치단체는 시, 군, 구로 구분된다.
- 특별시는 구를, 광역시는 구와 군을, 도는 시와 군을 하위 행정구역으로 둔다. 단, 도의 하위 행정구역인 시에는 하위 행정구역으로 구를 둘 수 있으나, 이 구는 기초지방자치단체에 해당하지 않는다.
- 특별자치도는 하위 행정구역으로 시를 둘 수 있으나, 이 시는 기초지방자치단체에 해당하지 않는다.
- 시와 구는 읍, 면, 동을, 군은 읍, 면을 하위 행정구역으로 둔다.

〈표〉 2019년 12월 31일 기준 우리나라 행정구역 현황

(단위 : 개, km^2, 세대, 명)

행정구역	시	군	구	면적	세대수	공무원 수	인구	
								여성
서울특별시	0	0	25	605.24	4,327,605	34,881	9,729,107	4,985,048
부산광역시	0	1	15	770.02	1,497,908	11,591	3,413,841	1,738,424
대구광역시	0	1	7	883.49	1,031,251	7,266	2,438,031	1,232,745
인천광역시	0	2	8	1,063.26	1,238,641	9,031	2,957,026	1,474,777
광주광역시	0	0	5	501.14	616,485	4,912	1,456,468	735,728
대전광역시	0	0	5	539.63	635,343	4,174	1,474,870	738,263
울산광역시	0	1	4	1,062.04	468,659	3,602	1,148,019	558,307
세종특별자치시	0	0	0	464.95	135,408	2,164	340,575	170,730
경기도	28	3	17	10,192.52	5,468,920	45,657	13,239,666	6,579,671
강원도	7	11	0	16,875.28	719,524	14,144	1,541,502	766,116
충청북도	3	8	4	7,406.81	722,123	10,748	1,600,007	789,623
충청남도	8	7	2	8,245.55	959,255	14,344	2,123,709	1,041,771
전라북도	6	8	2	8,069.13	816,191	13,901	1,818,917	914,807
전라남도	5	17	0	12,345.20	872,628	17,874	1,868,745	931,071
경상북도	10	13	2	19,033.34	1,227,548	21,619	2,665,836	1,323,799
경상남도	8	10	5	10,540.39	1,450,822	20,548	3,362,553	1,670,521
제주특별자치도	2	0	0	1,850.23	293,155	2,854	670,989	333,644
계	77	82	101	100,448.22	22,481,466	239,310	51,849,861	25,985,045

문 16. 위 〈설명〉과 〈표〉를 이용하여 2019년 12월 31일 기준으로 작성한 〈보기〉의 그래프 중 옳은 것만을 고르면?

〈보 기〉

ㄱ. 남부지역 4개 도의 군당 거주 여성인구 수

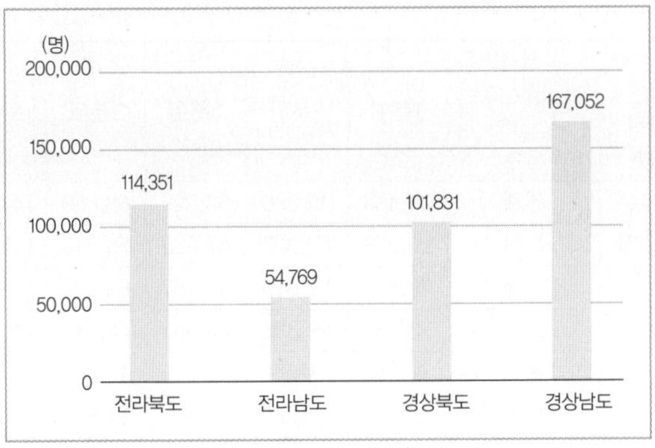

ㄴ. 도와 특별자치도의 세대당 면적

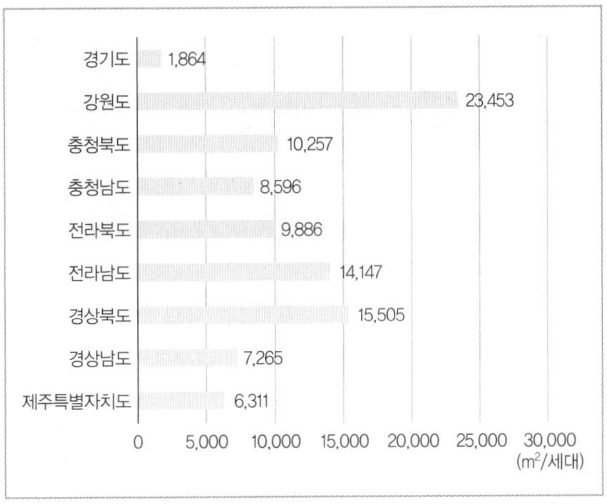

ㄷ. 서울특별시 공무원수 대비 6대 광역시 공무원수의 비율

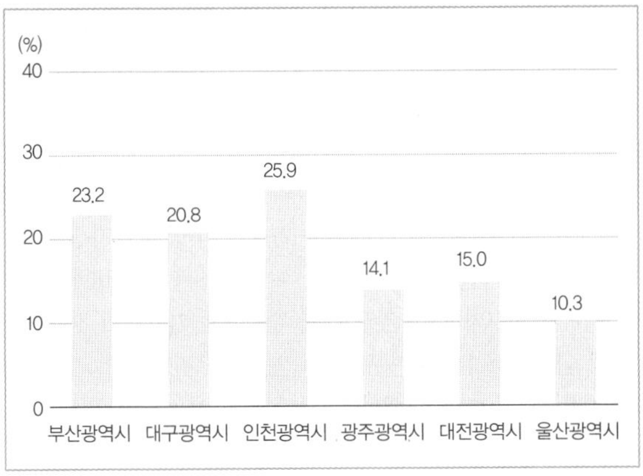

ㄹ. 전국 기초지방자치단체 구성 비율

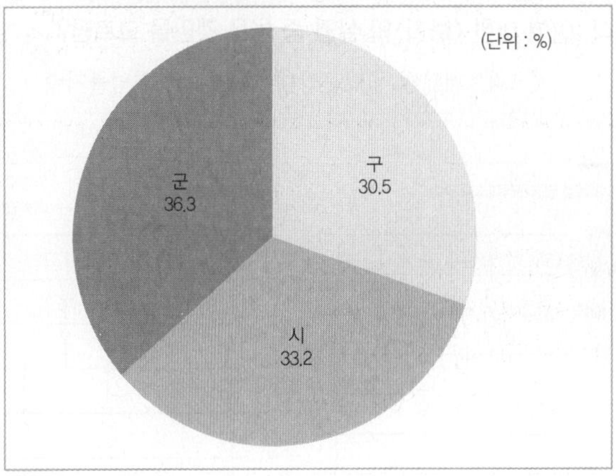

① ㄱ, ㄴ
② ㄱ, ㄷ
③ ㄱ, ㄹ
④ ㄴ, ㄷ
⑤ ㄴ, ㄹ

문 17. 위 〈설명〉, 〈표〉와 다음 〈우리나라 행정구역 변천사〉를 이용하여 2012년 6월 30일 광역지방자치단체의 하위 행정구역인 시, 군, 구의 수를 바르게 나열한 것은?

〈우리나라 행정구역 변천사〉

- 2012년 1월 1일 당진군이 당진시로 승격하였다.
- 2012년 7월 1일 세종특별자치시가 출범하였다. 이로 인하여 충청남도 연기군이 폐지되어 세종특별자치시로 편입되었다.
- 2013년 9월 23일 여주군이 여주시로 승격되었다.
- 2014년 7월 1일 청원군은 청주시와의 통합으로 폐지되고, 청주시에 청원구, 서원구가 새로 설치되어 구가 4개가 되었다.
- 2016년 7월 4일 부천시의 3개 구가 폐지되었다.

※ 2012년 1월 1일 이후 시, 군, 구의 설치, 승격, 폐지를 모두 포함함

	시	군	구
①	74	86	100
②	74	88	100
③	76	85	102
④	76	86	102
⑤	78	83	100

문 18. 다음 〈그림〉은 2020년 A대학 6개 계열의 학과별 남·여 졸업생 월평균소득, 취업률을 인문계열 기준으로 비교한 자료이다. 이에 대한 〈보기〉의 설명 중 옳은 것만을 고르면?

〈그림〉 계열별 월평균상대소득지수와 취업률지수

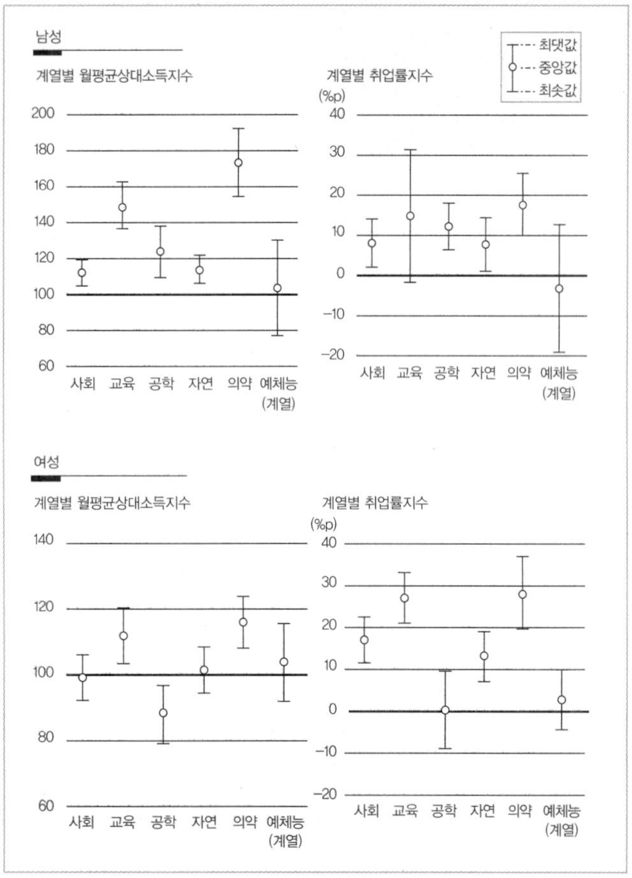

※ 1) 월평균상대소득지수는 학과 졸업생의 월평균소득 값을 인문계열의 월평균소득 기준(100)으로 환산한 값임
2) 취업률지수(%p)는 학과의 취업률에서 인문계열 평균 취업률을 뺀 값임
3) 계열별 월평균상대소득(취업률)지수는 해당계열 소속 각 학과의 월평균상대소득(취업률)지수 가운데 최댓값, 중앙값, 최솟값을 그래프로 표시함

〈보 기〉

ㄱ. 인문계열을 제외하고 계열별 월평균상대소득지수의 최댓값이 네 번째로 큰 계열은 남성과 여성이 같다.
ㄴ. 교육계열 월평균상대소득지수의 최댓값과 최솟값의 차이는 여성이 남성보다 크다.
ㄷ. 취업률이 인문계열 평균 취업률과 차이가 가장 큰 학과가 소속된 계열은 남성과 여성이 다르다.
ㄹ. 취업률이 인문계열 평균 취업률보다 낮은 학과가 소속된 계열의 개수는 남성과 여성이 같다.

① ㄱ, ㄴ
② ㄱ, ㄷ
③ ㄴ, ㄷ
④ ㄴ, ㄹ
⑤ ㄷ, ㄹ

문 19. 다음 〈표〉는 2019년 금융소득 분위별 가구당 자산규모와 소득규모에 관한 자료이다. 제시된 〈표〉 이외에 〈보고서〉를 작성하기 위해 추가로 필요한 자료만을 〈보기〉에서 고르면?

〈표 1〉 금융소득 분위별 가구당 자산규모

(단위 : 만 원)

자산 구분	가구 분류 \ 금융소득 분위	1분위	2분위	3분위	4분위	5분위
자산총액	전체	34,483	42,390	53,229	68,050	144,361
	노인	26,938	32,867	38,883	55,810	147,785
순자산액	전체	29,376	37,640	47,187	63,197	133,050
	노인	23,158	29,836	35,687	53,188	140,667
저축액	전체	6,095	8,662	11,849	18,936	48,639
	노인	2,875	4,802	6,084	11,855	48,311

〈표 2〉 금융소득 분위별 가구당 소득규모

(단위 : 만 원)

소득 구분	가구 분류 \ 금융소득 분위	1분위	2분위	3분위	4분위	5분위
경상소득	전체	4,115	4,911	5,935	6,509	9,969
	노인	1,982	2,404	2,501	3,302	6,525
근로소득	전체	2,333	2,715	3,468	3,762	5,382
	노인	336	539	481	615	1,552
사업소득	전체	1,039	1,388	1,509	1,334	1,968
	노인	563	688	509	772	1,581

※ 금융소득 분위는 금융소득이 있는 가구의 금융소득을 1~5분위로 구분하며, 숫자가 클수록 금융소득 분위가 높음

〈보고서〉

2019년 금융소득 분위별 가구당 자산규모를 살펴보면, 금융소득 5분위 가구를 제외할 경우 각 금융소득 분위에서 노인가구당 자산총액은 전체가구당 자산총액보다 낮았다. 가구당 자산총액과 순자산액은 전체가구와 노인가구 모두에서 금융소득 분위가 높아짐에 따라 각각 증가하였다. 금융자산 역시 금융소득과 함께 증가하였는데 특히 전체가구 중 금융소득 1분위 가구당 금융자산은 자산총액의 약 35% 수준으로 나타났다. 이는 자산총액에 비해 금융자산의 불평등 정도가 심한 것으로 볼 수 있다. 저축액의 경우 노인가구 중 금융소득 1분위 가구당 저축액은 2,875만 원이고, 2분위 가구당 저축액은 4,802만 원으로 나타났다. 이는 금융소득 분위별로 구한 가구당 금융소득과 유사한 비율로 증가한 것이다.

2019년 금융소득 분위별 가구당 소득규모를 살펴보면, 금융소득 5분위를 제외한 가구당 경상소득은 각 금융소득 분위에서 노인가구가 전체가구 대비 60% 이하로 나타났다. 이는 노인가구의 경우 근로활동의 비중이 감소하므로 자산총액과는 다르게 전체가구의 경상소득과 노인가구의 경상소득 차이가 크게 나타난 결과로 볼 수 있다. 근로소득의 경우는 노인가구에서 금융소득 2분위보다 3분위의 가구당 근로소득이 더 작은 것으로 나타나 금융소득 분위가 높아짐에 따라 증가 추세를 보여준 가구당 금융자산과는 다른 형태를 보여주었다.

〈보 기〉

ㄱ. 2019년 금융소득 없는 가구의 자산, 소득
ㄴ. 2019년 금융소득 분위별 가구당 금융자산
ㄷ. 2019년 경상소득 분위별 가구당 금융소득
ㄹ. 2019년 금융소득 분위별 가구당 금융소득

① ㄱ, ㄴ
② ㄱ, ㄷ
③ ㄴ, ㄷ
④ ㄴ, ㄹ
⑤ ㄷ, ㄹ

문 20. **다음 〈표〉는 2020년 1~4월 애니메이션을 등록한 회사의 애니메이션 등록 현황에 관한 자료이다. 이에 대한 〈보기〉의 설명 중 옳은 것만을 모두 고르면?**

〈표 1〉 월별 애니메이션 등록 회사와 유형별 애니메이션 등록 현황

(단위 : 개사, 편)

월 \ 유형	회사	국내단독	국내합작	해외합작	전체
1	13	6	6	2	14
2	6	4	0	2	6
3	( )	6	4	1	11
4	7	3	5	0	8

※ 애니메이션 1편당 등록 회사는 1개사임

〈표 2〉 1~4월 동안 2편 이상의 애니메이션을 등록한 회사의 월별 애니메이션 등록 현황

(단위 : 편)

회사	유형 \ 월	1	2	3	4
아트팩토리	국내단독	0	1	1	0
꼬꼬지	국내단독	1	1	0	0
코닉스	국내단독	0	0	1	1
제이와이제이	국내합작	1	0	0	1
유이락	국내단독	2	0	3	1
한스튜디오	국내합작	1	0	1	2

〈보 기〉

ㄱ. 1~4월 동안 1편의 애니메이션만 등록한 회사는 20개사 이상이다.
ㄴ. 1월에 국내단독 유형인 애니메이션을 등록한 회사는 5개사이다.
ㄷ. 3월에 애니메이션을 등록한 회사는 9개사이다.

① ㄱ
② ㄴ
③ ㄱ, ㄴ
④ ㄴ, ㄷ
⑤ ㄱ, ㄴ, ㄷ

문 21. 다음 〈그림〉과 〈표〉는 한국의 방진용 마스크 수출 · 수입에 관한 자료이다. 이에 대한 〈보고서〉의 설명 중 옳은 것만을 고르면?

〈그림〉 한국의 방진용 마스크 수출액 · 수입액 변화

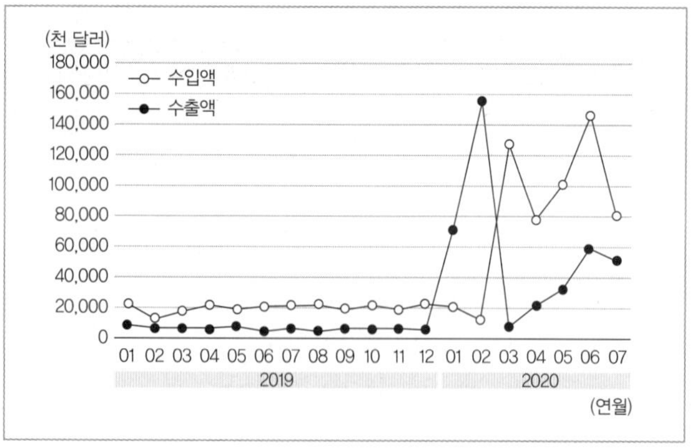

〈표 1〉 한국의 방진용 마스크 수출액 상위 5개국

(단위 : 천 달러)

기간 / 구분 / 순위	2019년 1~7월		2020년 1~7월	
	국가	수출액	국가	수출액
1	일본	11,000	중국	90,000
2	베트남	5,000	미국	72,000
3	미국	4,900	일본	37,000
4	중국	4,500	홍콩	27,000
5	멕시코	3,000	아일랜드	17,000

〈표 2〉 한국의 방진용 마스크 수입액 상위 5개국

(단위 : 천 달러)

기간 / 구분 / 순위	2019년 1~7월		2020년 1~7월	
	국가	수입액	국가	수입액
1	중국	93,000	중국	490,000
2	베트남	18,000	베트남	35,000
3	일본	4,900	미국	6,300
4	대만	2,850	일본	5,600
5	미국	2,810	싱가포르	4,600

〈보 기〉

한국의 방진용 마스크 수출 · 수입 변화를 살펴보면, 2019년 1월부터 2019년 12월까지는 한국의 월별 수출액이 수입액보다 작은 상황이었다. 코로나19의 확산으로 인해 방진용 마스크 수요가 늘어나면서 2020년 1월과 2월에는 한국의 수출액이 큰 폭으로 증가하였다. ㉠ 2020년 2월에는 수출액이 수입액의 7배 이상이 되었다. 한국 정부에서 방진용 마스크 공급을 조절하고 수출을 규제하기 시작한 2020년 3월 수출이 급감하였고, 이후 다시 상승세를 보이고 있다. 2020년 1~7월에는 코로나19가 전 세계적으로 확산하면서 국가별 수출액 변화가 나타났다. ㉡ 전년 동기간 대비 2020년 1~7월 한국에서 미국으로 수출한 방진용 마스크 수출액 증가율은 한국에서 중국으로 수출한 방진용 마스크 수출액 증가율보다 크다.

한국의 방진용 마스크 수입은 2020년 1, 2월까지도 큰 변화가 나타나지 않다가 한국의 코로나19 확산세가 두드러진 2020년 3월부터 급격한 변화가 나타났다. ㉢ 2019년 8월부터 2020년 7월까지의 월별 수입액 변화를 살펴보면, 방진용 마스크 수입액은 2020년 3월에 전월 대비 가장 높은 증가율을 보이고 있다. 2020년 1~7월 수입액 상위 5개 국가를 살펴보면, 중국으로부터의 방진용 마스크 수입액이 가장 많게 나타나고 있다. ㉣ 전년 동기간 대비 2020년 1~7월 한국이 베트남에서 수입한 방진용 마스크 수입액 증가율은 한국이 중국에서 수입한 방진용 마스크 수입액 증가율보다 크다.

① ㄱ, ㄴ
② ㄱ, ㄷ
③ ㄴ, ㄷ
④ ㄴ, ㄹ
⑤ ㄷ, ㄹ

문 22. 다음 〈표〉는 우리나라 7개 도시의 공원 현황을 나타낸 자료이다. 〈표〉와 〈조건〉을 바탕으로 '가'~'라' 도시를 바르게 나열한 것은?

〈표〉 우리나라 7개 도시의 공원 현황

구분	개소	결정면적 (백만 m^2)	조성면적 (백만 m^2)	활용률 (%)	1인당 결정면적(m^2)
전국	20,389	1,020.1	412.0	40.4	22.0
서울	2,106	143.4	86.4	60.3	14.1
(가)	960	69.7	29.0	41.6	25.1
(나)	586	19.6	8.7	44.2	13.4
부산	904	54.0	17.3	29.3	16.7
(다)	619	22.2	12.3	49.6	15.5
대구	755	24.6	11.2	45.2	9.8
(라)	546	35.9	11.9	33.2	31.4

〈조 건〉

- 결정면적이 전국 결정면적의 3% 미만인 도시는 광주, 대전, 대구이다.
- 활용률이 전국 활용률보다 낮은 도시는 부산과 울산이다.
- 1인당 조성면적이 1인당 결정면적의 50% 이하인 도시는 부산, 대구, 광주, 인천, 울산이다.

	가	나	다	라
①	울산	광주	대전	인천
②	울산	대전	광주	인천
③	인천	광주	대전	울산
④	인천	대전	광주	울산
⑤	인천	울산	광주	대전

문 23. 다음 〈그림〉과 〈표〉는 2014~2018년 A~C국의 GDP 및 조세부담률을 나타낸 자료이다. 이에 대한 설명으로 옳지 않은 것은?

〈그림〉 연도별 A~C국 GDP

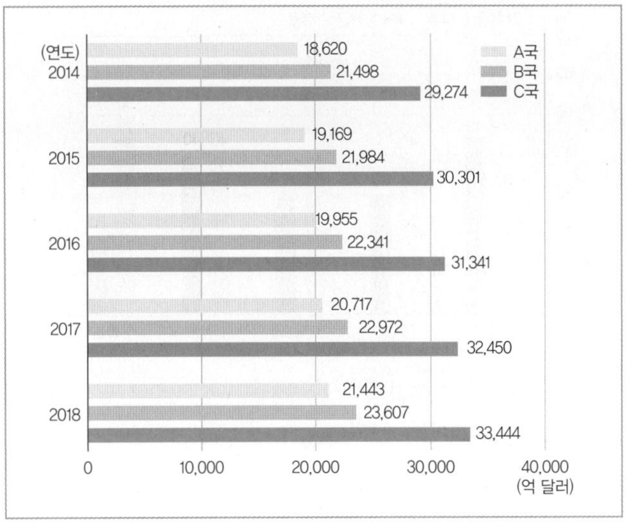

〈표〉 연도별 A~C국 조세부담률

(단위 : %)

연도	구분 \ 국가	A	B	C
2014	국세	24.1	16.4	11.4
	지방세	1.6	5.9	11.3
2015	국세	24.4	15.1	11.3
	지방세	1.6	6.0	11.6
2016	국세	24.8	15.1	11.2
	지방세	1.6	6.1	12.1
2017	국세	25.0	15.9	11.1
	지방세	1.6	6.2	12.0
2018	국세	25.0	15.6	11.4
	지방세	1.6	6.2	12.5

※ 1) 조세부담률=국세부담률+지방세부담률

2) 국세(지방세)부담률(%) = $\frac{\text{국세(지방세) 납부액}}{\text{GDP}} \times 100$

① 2016년에는 전년 대비 GDP 성장률이 가장 높은 국가가 조세부담률도 가장 높다.

② B국은 GDP가 증가한 해에 조세부담률도 증가한다.

③ 2017년 지방세 납부액은 B국이 A국의 4배 이상이다.

④ 2018년 A국의 국세 납부액은 C국의 지방세 납부액보다 많다.

⑤ C국의 국세 납부액은 매년 증가한다.

문 24. 다음 〈그림〉은 A~E학교의 장학금에 대한 자료이다. 이를 근거로 해당 학교의 전체 학생 중 장학금 수혜자 비율이 가장 큰 학교부터 순서대로 나열한 것은?

〈그림〉 학교별 장학금 신청률과 수혜율

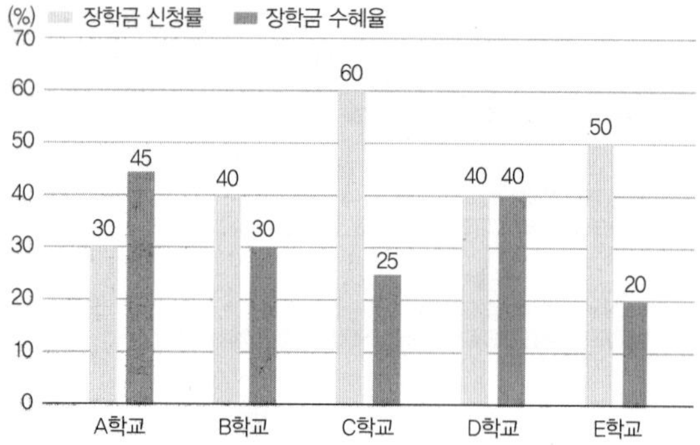

※ 1) 장학금 신청률(%) $= \frac{\text{장학금 신청자}}{\text{전체 학생}} \times 100$

2) 장학금 수혜율(%) $= \frac{\text{장학금 수혜자}}{\text{장학금 신청자}} \times 100$

① A, B, D, E, C
② A, D, B, C, E
③ C, E, B, D, A
④ D, C, A, B, E
⑤ E, D, C, A, B

문 25. 다음 〈그림〉은 4대 곡물 세계 수입 현황에 대한 자료이다. 이에 대한 설명으로 옳지 않은 것은?

〈그림〉 4대 곡물의 세계 총수입액 및 주요 수입국 현황

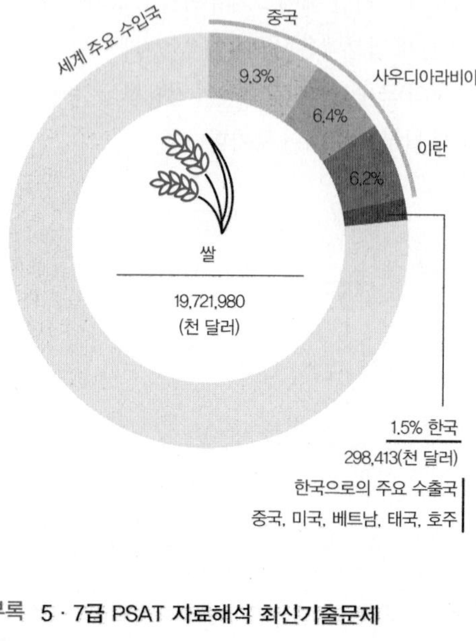

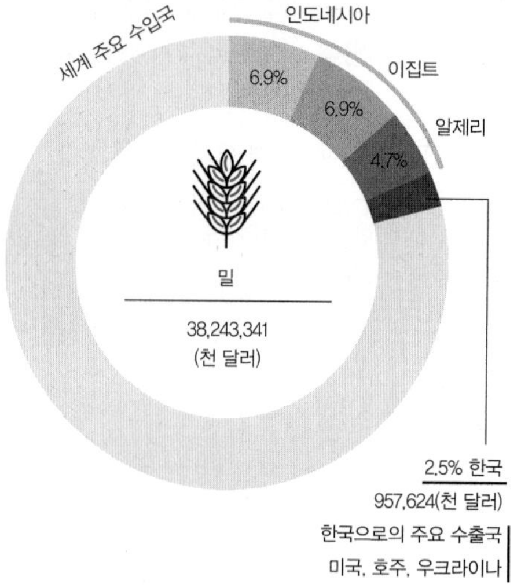

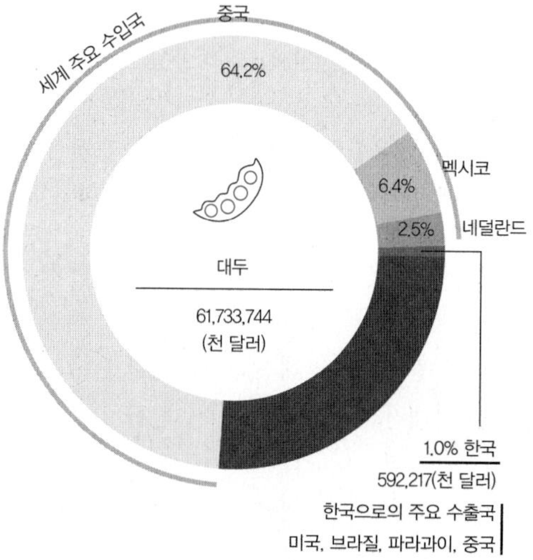

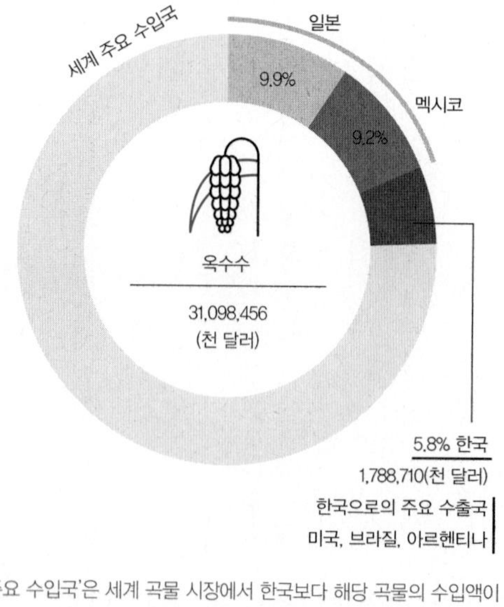

※ '세계 주요 수입국'은 세계 곡물 시장에서 한국보다 해당 곡물의 수입액이 큰 국가임

① 한국의 밀 수입액은 쌀 수입액의 3배 이상이다.
② 중국이 수입한 4대 곡물 총수입액은 세계 밀 총수입액보다 크다.
③ 브라질은 4대 곡물 중 2개에서 '한국으로의 주요 수출국'이다.
④ 4대 곡물을 한국의 수입액이 큰 곡물부터 순서대로 나열하면 옥수수, 밀, 대두, 쌀 순이다.
⑤ 이란의 쌀 수입액은 알제리의 밀 수입액보다 크다.

문 26. 다음 〈표〉는 국내 건축물 내진율 현황에 관한 자료이다. 〈표〉를 이용하여 작성한 〈보기〉의 그래프 중 옳은 것만을 모두 고르면?

〈표〉 국내 건축물 내진율 현황

(단위 : 개, %)

구분			건축물 전체	건축물 내진대상	건축물 내진확보	내진율
계			6,986,913	1,439,547	475,335	33.0
지역		서울	628,947	290,864	79,100	27.2
		부산	377,147	101,795	26,282	25.8
		대구	253,662	81,311	22,123	27.2
		인천	215,996	81,156	23,129	28.5
		광주	141,711	36,763	14,757	40.1
		대전	133,118	44,118	15,183	34.4
		울산	132,950	38,225	15,690	41.0
		세종	32,294	4,648	2,361	50.8
		경기	1,099,179	321,227	116,805	36.4
		강원	390,412	45,700	13,412	29.3
		충북	372,318	50,598	18,414	36.4
		충남	507,242	57,920	22,863	39.5
		전북	436,382	47,870	18,506	38.7
		전남	624,155	43,540	14,061	32.3
		경북	786,058	84,391	29,124	34.5
		경남	696,400	89,522	36,565	40.8
		제주	158,942	19,899	6,960	35.0
용도	주택	소계	4,568,851	806,225	314,376	39.0
		단독주택	4,168,793	445,236	143,204	32.2
		공동주택	400,058	360,989	171,172	47.4
	주택이외	소계	2,418,062	633,322	160,959	25.4
		학교	46,324	31,638	7,336	23.2
		의료시설	6,260	5,079	2,575	50.7
		공공업무시설	42,077	15,003	2,663	17.7
		기타	2,323,401	581,602	148,385	25.5

※ 내진율(%) = $\frac{\text{내진확보 건축물}}{\text{내진대상 건축물}} \times 100$

〈보 기〉

ㄱ. 지역별 내진율

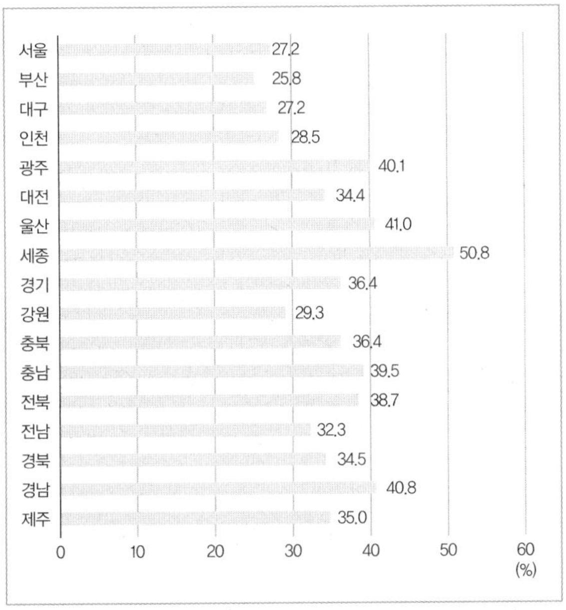

ㄴ. 용도별 내진대상 건축물 구성비

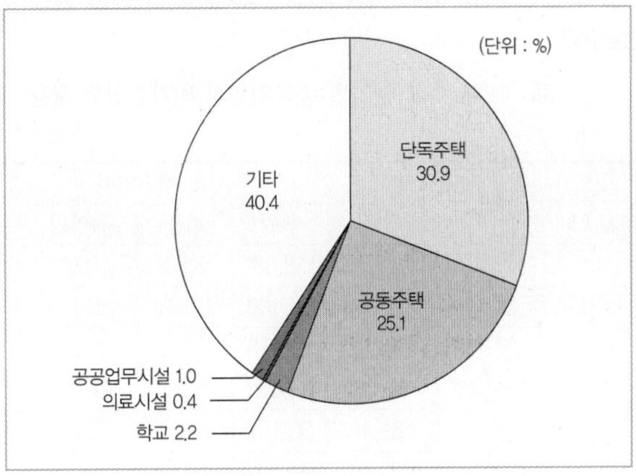

ㄷ. 주택 및 주택이외 건축물의 용도별 내진확보 건축물 구성비

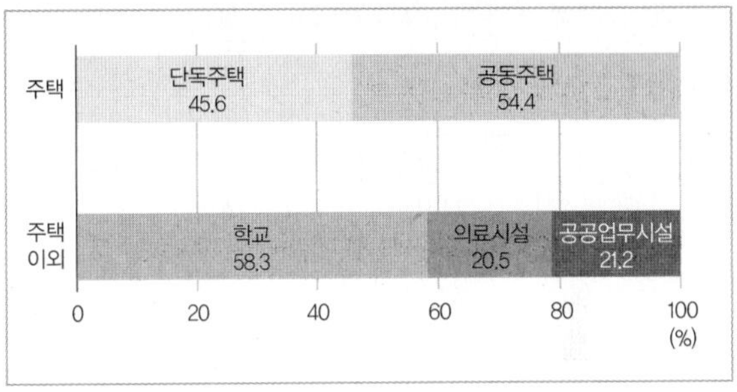

ㄹ. 주택이외 건축물 용도별 내진율

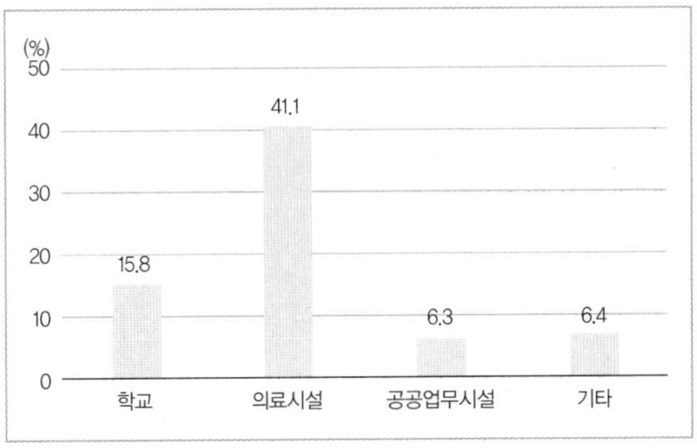

① ㄱ, ㄴ

② ㄱ, ㄷ

③ ㄴ, ㄷ

④ ㄴ, ㄹ

⑤ ㄱ, ㄴ, ㄷ

문 27. 다음 〈표〉는 12대 주요 산업별 총산업인력과 기술인력 현황에 관한 자료이다. 이에 대한 〈보기〉의 설명 중 옳은 것만을 고르면?

〈표〉 12대 주요 산업별 총산업인력과 기술인력 현황

(단위 : 명, %)

부문	산업	총산업인력	기술인력 현원	기술인력 비중	기술인력 부족인원	기술인력 부족률
제조	기계	287,860	153,681	53.4	4,097	( )
	디스플레이	61,855	50,100	( )	256	( )
	반도체	178,734	92,873	( )	1,528	1.6
	바이오	94,364	31,572	33.5	1,061	( )
	섬유	131,485	36,197	( )	927	2.5
	자동차	325,461	118,524	( )	2,388	2.0
	전자	416,111	203,988	( )	5,362	2.6
	조선	107,347	60,301	56.2	651	( )
	철강	122,066	65,289	( )	1,250	1.9
	화학	341,750	126,006	36.9	4,349	3.3
서비스	소프트웨어	234,940	139,454	( )	6,205	( )
	IT 비즈니스	111,049	23,120	20.8	405	( )

※ 1) 기술인력 비중(%) $= \frac{\text{기술인력 현원}}{\text{총산업인력}} \times 100$

2) 기술인력 부족률(%) $= \frac{\text{기술인력 부족인원}}{\text{기술인력 현원} + \text{기술인력 부족인원}} \times 100$

〈보 기〉

ㄱ. 디스플레이 산업의 기술인력 비중은 80% 미만이다.
ㄴ. 기술인력 비중이 50% 이상인 산업은 6개다.
ㄷ. 소프트웨어 산업의 기술인력 부족률은 5% 미만이다.
ㄹ. 기술인력 부족률이 두 번째로 낮은 산업은 반도체 산업이다.

① ㄱ, ㄴ
② ㄱ, ㄷ
③ ㄴ, ㄷ
④ ㄴ, ㄹ
⑤ ㄷ, ㄹ

문 28. 다음 〈표〉와 〈그림〉은 A국 게임시장에 관한 자료이다. 이에 대한 〈보기〉의 설명 중 옳은 것만을 고르면?

〈표〉 2017~2020년 A국의 플랫폼별 게임시장 규모

(단위 : 억 원)

플랫폼 \ 연도	2017	2018	2019	2020
PC	149	165	173	( )
모바일	221	244	256	301
태블릿	56	63	66	58
콘솔	86	95	78	77
기타	51	55	40	28

〈그림〉 2020년 A국의 플랫폼별 게임시장 점유율

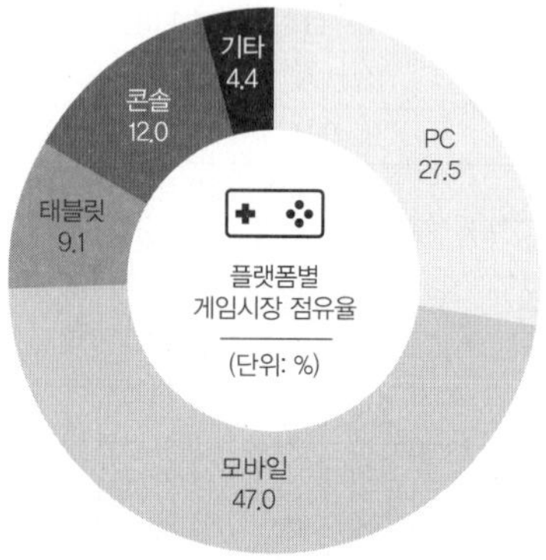

※ 플랫폼별 게임시장 점유율(%) $= \frac{\text{A국 해당 플랫폼의 게임시장 규모}}{\text{A국 게임시장 전체 규모}} \times 100$

〈보 기〉

ㄱ. A국 게임시장 전체 규모는 매년 증가하였다.
ㄴ. 2020년 PC, 태블릿, 콘솔의 게임시장 규모의 합은 A국 게임시장 전체 규모의 50% 미만이다.
ㄷ. PC의 게임시장 점유율은 2020년이 2019년보다 높다.
ㄹ. 기타를 제외하고 2017년 대비 2018년 게임시장 규모 증가율이 가장 높은 플랫폼은 태블릿이다.

① ㄱ, ㄴ
② ㄱ, ㄹ
③ ㄴ, ㄷ
④ ㄴ, ㄹ
⑤ ㄷ, ㄹ

문 29. 다음 〈표〉는 2015~2019년 A국의 보유세 추이에 관한 자료이다. 이에 대한 〈보기〉의 설명 중 옳은 것만을 모두 고르면?

〈표〉 A국의 보유세 추이

(단위 : 십억 원)

구분 \ 연도	2015	2016	2017	2018	2019
보유세	5,030	6,838	9,196	9,856	8,722
재산세	2,588	3,123	3,755	4,411	4,423
도시계획세	1,352	1,602	1,883	2,183	2,259
공동시설세	446	516	543	588	591
종합부동산세	441	1,328	2,414	2,130	1,207
농어촌특별세	203	269	601	544	242

※ 보유세는 재산세, 도시계획세, 공동시설세, 종합부동산세, 농어촌특별세로만 구성됨.

〈보 기〉

ㄱ. '보유세'는 2017년이 2015년의 1.8배 이상이다.
ㄴ. '보유세' 중 재산세 비중은 2017년까지는 매년 감소하다가 2018년부터는 매년 증가하였다.
ㄷ. 농어촌특별세는 '보유세'에서 차지하는 비중이 매년 가장 작다.
ㄹ. 재산세 대비 종합부동산세 비는 가장 큰 연도가 가장 작은 연도의 4배 이상이다.

① ㄱ, ㄴ
② ㄱ, ㄷ
③ ㄷ, ㄹ
④ ㄱ, ㄴ, ㄹ
⑤ ㄴ, ㄷ, ㄹ

※ 다음 〈표〉는 2014~2019년 '갑'지역의 월별 기상자료이다. 다음 물음에 답하시오. [30~31]

〈표 1〉 2014~2019년 월별 평균기온

(단위 : ℃)

연도 \ 월	1	2	3	4	5	6	7	8	9	10	11	12
2014	−4.5	1.4	4.3	9.5	17.2	23.4	25.8	26.5	21.8	14.5	6.5	−1.3
2015	−7.2	1.2	3.6	10.7	17.9	22.0	24.6	25.8	21.8	14.2	10.7	−0.9
2016	−2.8	−2.0	5.1	12.3	19.7	24.1	25.4	27.1	21.0	15.3	5.5	−4.1
2017	−3.4	−1.2	5.1	10.0	18.2	24.4	25.5	27.7	21.8	15.8	6.2	−0.2
2018	−0.7	1.9	7.9	14.0	18.9	23.1	26.1	25.2	22.1	15.6	9.0	−2.9
2019	−0.9	1.0	6.3	13.3	18.9	23.6	25.8	26.3	22.4	15.5	8.9	1.6

〈표 2〉 2014~2019년 월별 강수량

(단위 : mm)

연도 \ 월	1	2	3	4	5	6	7	8	9	10	11	12	합계 (연강수량)
2014	6	55	83	63	124	128	239	599	672	26	11	16	2,022
2015	29	29	15	110	53	405	1,131	167	26	32	56	7	2,060
2016	9	1	47	157	8	92	449	465	212	99	68	41	1,648
2017	7	74	27	72	132	28	676	149	139	14	47	25	1,390
2018	22	16	7	31	63	98	208	173	88	52	42	18	818
2019	11	23	10	81	29	99	226	73	26	82	105	29	794

〈표 3〉 2014~2019년 월별 일조시간

(단위 : 시간)

연도 \ 월	1	2	3	4	5	6	7	8	9	10	11	12	합계 (연 일조시간)
2014	168	141	133	166	179	203	90	97	146	195	180	158	1,856
2015	219	167	240	202	180	171	80	94	180	215	130	196	2,074
2016	191	225	192	213	251	232	143	159	191	235	181	194	2,407
2017	168	187	256	213	238	224	101	218	191	250	188	184	2,418
2018	184	164	215	213	304	185	173	151	214	240	194	196	2,433
2019	193	180	271	216	290	258	176	207	262	240	109	178	2,580

문 30. 다음 〈표 4〉는 '갑'지역의 2020년 월별 기상 관측값의 전년 동월 대비 변화량을 나타낸 자료의 일부이다. 위 〈표〉와 아래 〈표 4〉를 근거로 〈보기〉의 설명 중 옳은 것만을 모두 고르면?

〈표 4〉 2020년 기상 관측값의 전년 동월 대비 변화량

(단위 : ℃, mm, 시간)

관측항목 \ 월	1	2	3	4	5	6	7	8	9	10
평균기온	−2.3	−0.8	+0.7	+0.8	+0.7	0.0	+0.4	+1.7	+0.7	
강수량	−10	+25	+31	−4	+132	−45	+132	−6	−7	
일조시간	+3	+15	−17	+4	−10	−28	−16	+29	−70	

〈보 기〉

ㄱ. 8월 평균기온은 2020년이 가장 높다.
ㄴ. 2020년 7월 강수량은 2014~2019년 동안의 7월 평균강수량보다 많다.
ㄷ. 연강수량은 2020년이 2019년보다 많다.
ㄹ. 여름(6~8월)의 일조시간은 2020년이 2019년보다 적으나 2018년보다는 많다.

① ㄱ, ㄴ
② ㄱ, ㄹ
③ ㄴ, ㄷ
④ ㄱ, ㄷ, ㄹ
⑤ ㄴ, ㄷ, ㄹ

문 31. 다음 〈그림〉은 2014~2019년 중 특정 연도의 '갑'지역 월별 일평균 일조시간과 누적 강수량에 대한 자료의 일부이다. 위 〈표〉와 아래 〈그림〉을 근거로 A, B에 해당하는 값을 바르게 나열한 것은?

〈그림〉 월별 일평균 일조시간과 누적 강수량

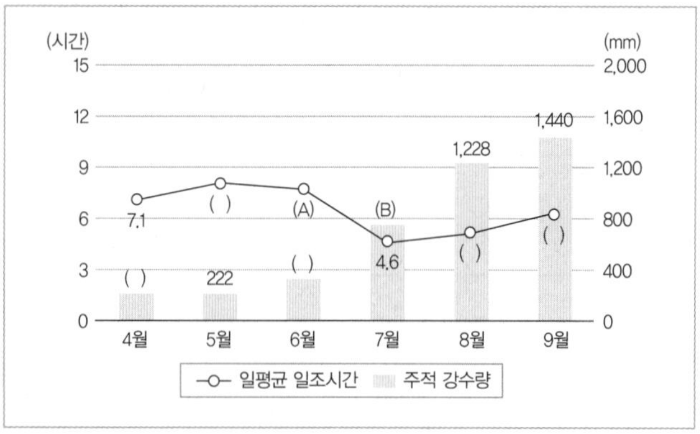

※ 1) 일평균 일조시간은 해당 월 일조시간을 해당 월 날짜 수로 나눈 값임
2) 누적 강수량은 해당 연도 1월부터 해당 월까지의 강수량을 누적한 값임

	A	B
①	7.5	763
②	7.5	779
③	7.5	794
④	7.7	763
⑤	7.7	779

문 32. 다음 〈표〉는 2020년 A지역의 가구주 연령대별 및 종사상지위별 가구 구성비와 가구당 자산 보유액 현황에 관한 자료이다. 이를 이용하여 작성한 〈보기〉의 그래프 중 옳은 것만을 모두 고르면?

〈표〉 가구 구성비 및 가구당 자산 보유액

(단위 : %, 만 원)

구분		가구 구성비	전체	금융자산	실물자산: 부동산	실물자산: 거주주택	실물자산: 기타
가구 전체		100.0	43,191	10,570	30,379	17,933	2,242
가구주 연령대	30세 미만	2.0	10,994	6,631	3,692	2,522	671
	30~39세	12.5	32,638	10,707	19,897	13,558	2,034
	40~49세	22.6	46,967	12,973	31,264	19,540	2,730
	50~59세	25.2	49,346	12,643	33,798	19,354	2,905
	60세 이상	37.7	42,025	7,912	32,454	18,288	1,659
가구주 종사상 지위	상용근로자	42.7	48,531	13,870	32,981	20,933	1,680
	임시·일용근로자	12.4	19,498	4,987	13,848	9,649	663
	자영업자	22.8	54,869	10,676	38,361	18,599	5,832
	기타(무직 등)	22.1	34,179	7,229	26,432	16,112	518

〈보 기〉

ㄱ. 가구주 연령대별 부동산 자산 중 거주주택 자산 비중

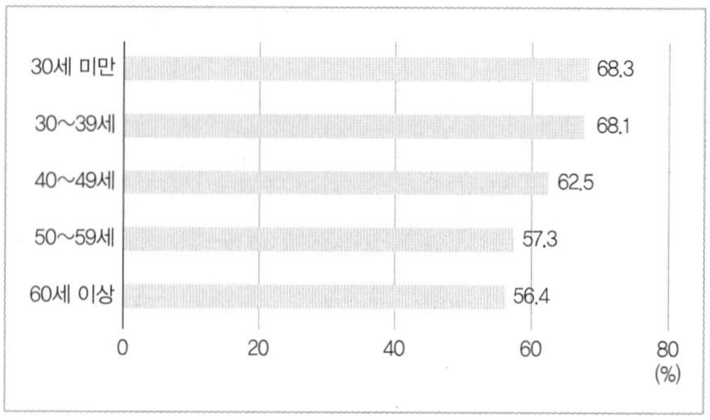

ㄴ. 상용근로자와 자영업자의 자산 유형별 자산 보유액 구성비 비교

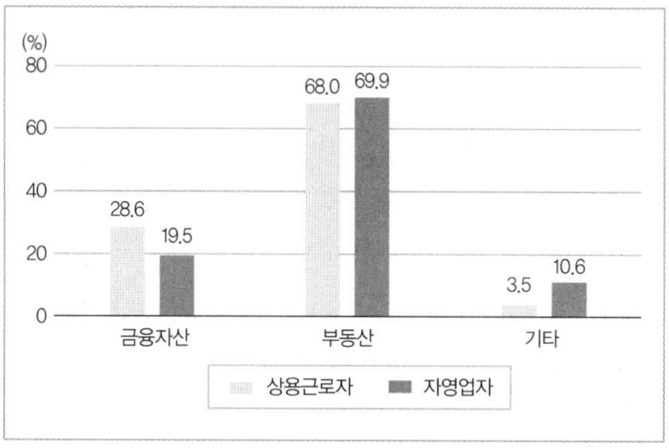

ㄷ. 전체 자산의 가구주 연령대별 구성비

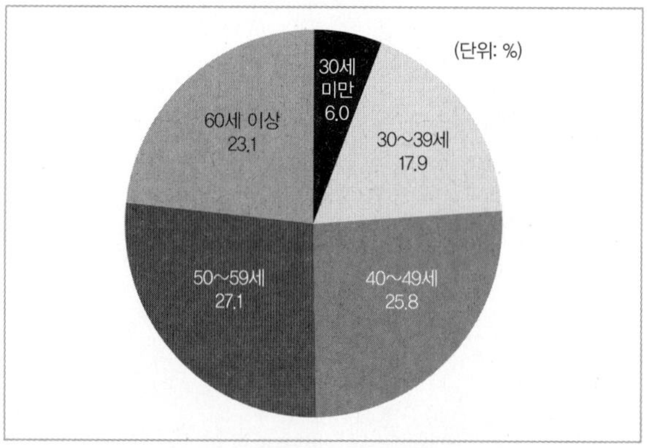

ㄹ. 가구주 종사상지위별 가구당 실물자산 규모

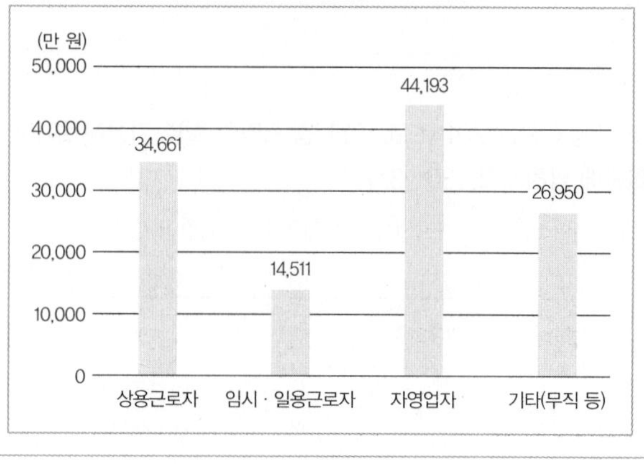

① ㄱ, ㄹ
② ㄴ, ㄷ
③ ㄴ, ㄹ
④ ㄷ, ㄹ
⑤ ㄱ, ㄴ, ㄹ

문 33. 다음 〈표〉는 2020년 '갑'시의 오염물질 배출원별 배출량에 대한 자료이다. 이에 대한 〈보기〉의 설명 중 옳은 것만을 모두 고르면?

〈표〉 2020년 오염물질 배출원별 배출량 현황

(단위 : 톤, %)

오염물질 / 구분 / 배출원	PM10		PM2.5		CO		NO_X		SO_X		VOC	
	배출량	배출비중	배출량	배출비중	배출량	배출비중	배출량	배출비중	배출량	배출비중	배출량	배출비중
선박	1,925	61.5	1,771	64.0	2,126	5.8	24,994	45.9	17,923	61.6	689	1.6
화물차	330	10.6	304	11.0	2,828	7.7	7,427	13.6	3	0.0	645	1.5
건설장비	253	8.1	233	8.4	2,278	6.2	4,915	9.0	2	0.0	649	1.5
비산업	163	5.2	104	3.8	2,501	6.8	6,047	11.1	8,984	30.9	200	0.5
RV	134	4.3	123	4.5	1,694	4.6	1,292	2.4	1	0.0	138	0.3
계	2,805	( )	2,535	( )	11,427	( )	44,675	( )	26,913	( )	2,321	( )

※ 1) PM10 기준 배출량 상위 5개 오염물질 배출원을 선정하고, 6개 오염물질 배출량을 조사함

2) $배출비중(\%) = \frac{해당\ 배출원의\ 배출량}{전체\ 배출원의\ 배출량} \times 100$

〈보 기〉

ㄱ. 오염물질 CO, NO_X, SO_X, VOC 배출량 합은 '화물차'가 '건설장비'보다 많다.

ㄴ. PM2.5 기준 배출량 상위 5개 배출원의 PM2.5 배출비중 합은 90% 이상이다.

ㄷ. NO_X의 전체 배출원 중에서 '건설장비'는 네 번째로 큰 배출비중을 차지한다.

ㄹ. PM10의 전체 배출량은 VOC의 전체 배출량보다 많다.

① ㄱ, ㄴ

② ㄱ, ㄷ

③ ㄴ, ㄹ

④ ㄱ, ㄴ, ㄷ

⑤ ㄴ, ㄷ, ㄹ

문 34. 다음 〈표〉는 '갑'국의 2020년 5월, 6월 음원차트 상위 15위 현황에 대한 자료이다. 이에 대한 〈보기〉의 설명 중 옳은 것만을 모두 고르면?

〈표 1〉 2020년 6월 음원차트 상위 15위 현황

순위	전월 대비 순위변동	음원	GA점수
1	–	( )	147,391
2	( )	알로에	134,098
3	( )	미워하게 될 줄 알았어	127,995
4	신곡	LESS & LESS	117,935
5	▽[2]	매우 화났어	100,507
6	신곡	Uptown Baby	98,506
7	신곡	땅 Official Remix	91,674
8	( )	개와 고양이	80,927
9	▽[2]	( )	77,789
10	△[100]	나에게 넌, 너에게 난	74,732
11	△[5]	Whale	73,333
12	▽[2]	( )	68,435
13	△[18]	No Memories	67,725
14	△[3]	화려한 고백	67,374
15	▽[10]	마무리	65,797

〈표 2〉 2020년 5월 음원차트 상위 15위 현황

순위	전월 대비 순위변동	음원	GA점수
1	신곡	세븐	203,934
2	▽[1]	알로에	172,604
3	△[83]	( )	135,959
4	신곡	개와 고양이	126,306
5	▽[3]	마무리	93,295
6	△[4]	럼더덤	90,637
7	△[6]	좋은 사람 있으면 만나	88,775
8	▽[5]	첫사랑	87,962
9	신곡	Sad	87,128
10	▽[6]	흔들리는 풀잎 속에서	85,957
11	▽[6]	아는 노래	78,320
12	–	Blue Moon	73,807
13	▽[4]	METER	69,182
14	▽[3]	OFF	68,592
15	신곡	미워하게 될 줄 알았어	66,487

※ 1) GA점수는 음원의 스트리밍, 다운로드, BGM 판매량에 가중치를 부여하여 집계한 것으로 GA점수가 높을수록 순위가 높음

2) – : 변동없음, △[ ] : 상승[상승폭], ▽[ ] : 하락[하락폭], 신곡 : 해당 월 발매 신곡

〈보 기〉

ㄱ. 2020년 4~6월 동안 매월 상위 15위에 포함된 음원은 모두 4곡이다.

ㄴ. 'Whale'의 2020년 6월 GA점수는 전월에 비해 6,000 이상 증가하였다.

ㄷ. 2020년 6월 음원차트 상위 15위 음원 중 6월 발매 신곡을 제외하고 전월 대비 순위 상승폭이 세 번째로 큰 음원의 GA점수는 전월 GA점수의 두 배 이상이다.

ㄹ. 2020년 6월 음원차트 상위 15위 음원 중 6월 발매 신곡을 제외하고 전월 대비 순위가 상승한 음원은 전월 대비 순위가 하락한 음원보다 많다.

① ㄱ, ㄴ

② ㄴ, ㄹ

③ ㄷ, ㄹ

④ ㄱ, ㄴ, ㄷ

⑤ ㄱ, ㄷ, ㄹ

문 35. 다음 〈표〉는 A시의 2016~2020년 버스 유형별 노선 수와 차량대수에 관한 자료이다. 이에 대한 〈보고서〉의 내용 중 옳은 것만을 고르면?

〈표〉 2016~2020년 버스 유형별 노선 수와 차량대수

(단위 : 개, 대)

유형	간선버스		지선버스		광역버스		순환버스		심야버스	
구분 / 연도	노선 수	차량 대수	노선 수	차량 대수	노선 수	차량 대수	노선 수	차량 대수	노선 수	차량 대수
2016	122	3,703	215	3,462	11	250	4	25	9	45
2017	121	3,690	214	3,473	11	250	4	25	8	47
2018	122	3,698	211	3,474	11	249	3	14	8	47
2019	122	3,687	207	3,403	10	247	3	14	9	70
2020	124	3,662	206	3,406	10	245	3	14	11	78

※ 버스 유형은 간선버스, 지선버스, 광역버스, 순환버스, 심야버스로만 구성됨

〈보고서〉

㉠ 2017~2020년 A시 버스 총노선 수와 총차량대수는 각각 매년 감소하고 있으며, ㉡ 전년 대비 감소폭은 총노선 수와 총차량대수 모두 2019년이 가장 크다. 이는 A시 버스 이용객의 감소와 버스 노후화로 인한 감차가 이루어져 나타난 결과로 볼 수 있다. ㉢ 2019년 심야버스는 버스 유형 중 유일하게 전년에 비해 차량대수가 증가하였고 전년 대비 차량대수 증가율은 45%를 상회하였다. 이는 심야시간 버스 이용객의 증가로 인해 나타난 것으로 볼 수 있다. ㉣ 2016~2020년 동안 노선 수 대비 차량대수 비는 간선버스가 매년 가장 크다. 이는 간선버스가 차량운행거리가 길고 배차시간이 짧다는 특성이 반영된 것으로 볼 수 있다. 마지막으로 ㉤ 2016~2020년 동안 노선 수 대비 차량대수 비는 심야버스가 순환버스보다 매년 크다.

① ㄱ, ㄴ, ㄷ

② ㄱ, ㄹ, ㅁ

③ ㄴ, ㄷ, ㄹ

④ ㄴ, ㄷ, ㅁ

⑤ ㄷ, ㄹ, ㅁ

문 36. 다음 〈그림〉은 2020년 A기관의 조직 및 운영에 관한 자료이다. 이에 대한 〈보기〉의 설명 중 옳은 것만을 모두 고르면?

〈그림〉 2020년 A기관의 조직 및 운영 현황

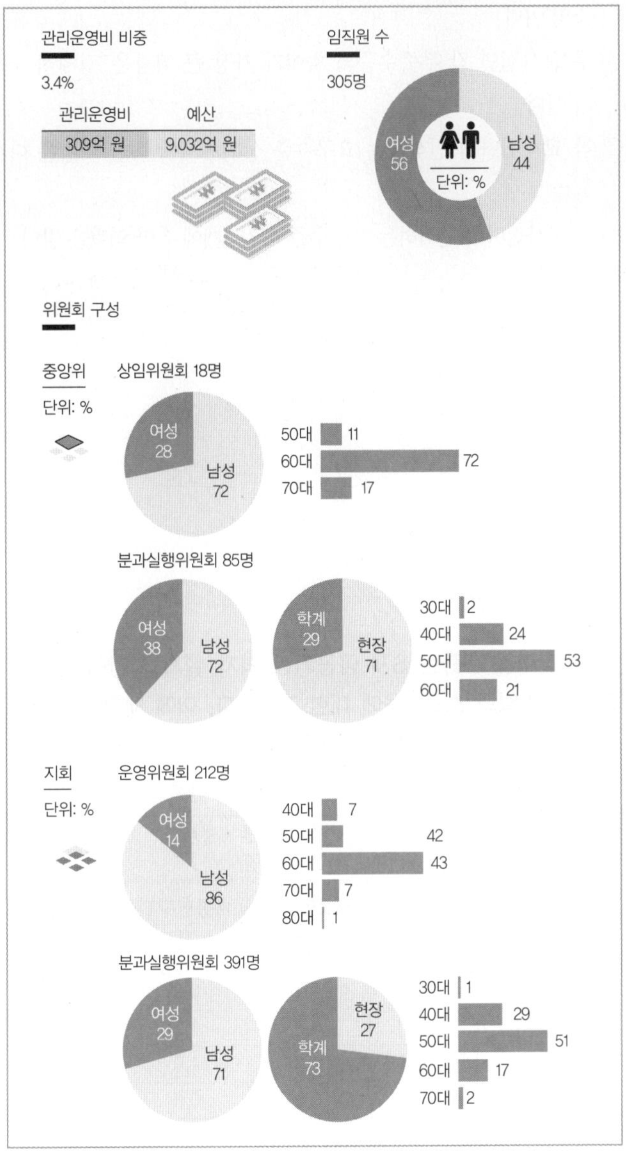

※ 중앙회는 상임위원회와 분과실행위원회로만 구성되고, 지회는 운영위원회와 분과실행위원회로만 구성됨

〈보 기〉

ㄱ. 2020년 임직원당 관리운영비는 1억 원 이상이다.

ㄴ. 분과실행위원회의 현장 위원 수는 중앙회가 지회보다 많다.

ㄷ. 중앙회 상임위원회의 모든 여성 위원이 동시에 중앙회 분과실행위원회 위원이라면, 중앙회 여성 위원 수는 총 32명이다.

ㄹ. 지회 분과실행위원회의 50대 학계 위원은 80명 이상이다.

① ㄱ, ㄴ
② ㄱ, ㄹ
③ ㄴ, ㄷ
④ ㄴ, ㄹ
⑤ ㄱ, ㄷ, ㄹ

문 37. 다음 〈표〉는 2015~2019년 보호조치 아동의 발생원인 및 조치방법에 관한 자료이다. 이에 대한 〈보기〉의 설명 중 옳은 것만을 모두 고르면?

〈표 1〉 보호조치 아동의 발생원인별 현황

(단위 : 명)

발생원인 \ 연도	2015	2016	2017	2018	2019
학대	2,866	3,139	2,778	2,726	2,865
비행	360	314	227	231	473
가정불화	930	855	847	623	464
유기	321	264	261	320	237
미아	26	11	12	18	8
전체	( )	( )	( )	( )	4,047

※ 보호조치 아동 한 명당 발생원인은 1개임

〈표 2〉 보호조치 아동의 조치방법별 현황

(단위 : 명)

조치방법 \ 연도	2015	2016	2017	2018	2019
시설보호	2,682	2,887	2,421	2,449	2,739
가정위탁	1,582	1,447	1,417	1,294	1,199
입양	239	243	285	174	104
기타	0	6	2	1	5
전체	( )	( )	( )	( )	4,047

※ 보호조치 아동 한 명당 조치방법은 1개임

〈보 기〉

ㄱ. 매년 전체 보호조치 아동은 감소한다.

ㄴ. 매년 전체 보호조치 아동 중 발생원인이 '가정불화'인 보호조치 아동의 비중은 10% 이상이다.

ㄷ. 2019년 조치방법이 '시설보호'인 보호조치 아동 중 발생원인이 '학대'인 보호조치 아동의 비중은 50% 이상이다.

ㄹ. 2016년 이후 조치방법이 '가정위탁'인 보호조치 아동의 전년 대비 감소율은 매년 10% 이하이다.

① ㄱ, ㄴ
② ㄱ, ㄷ
③ ㄴ, ㄹ
④ ㄱ, ㄷ, ㄹ
⑤ ㄴ, ㄷ, ㄹ

문 38. 다음 〈표〉는 영재학생 역량에 대한 과학교사와 인문교사 두 집단의 인식에 대한 자료이다. 이에 대한 설명으로 옳은 것은?

〈표 1〉 영재학생 역량별 요구수준 및 현재수준

(단위 : 점)

집단 / 구분 / 역량	과학교사			인문교사		
	요구수준	현재수준	부족수준	요구수준	현재수준	부족수준
문해력	4.30	3.30	1.00	4.50	3.26	1.24
수리적 소양	4.37	4.00	0.37	4.43	3.88	0.55
과학적 소양	4.52	4.03	0.49	4.63	4.00	0.63
ICT 소양	4.33	3.59	0.74	4.52	3.68	0.84
경제적 소양	3.85	2.84	1.01	4.01	2.87	1.14
문화적 소양	4.26	2.84	1.42	4.46	3.04	1.42
비판적 사고	4.71	3.53	1.18	4.73	3.70	1.03
창의성	4.64	3.43	1.21	4.84	3.67	1.17
의사소통능력	4.68	3.42	1.26	4.71	3.65	1.06
협업능력	( )	3.56	( )	4.72	3.66	1.06
호기심	4.64	3.50	1.14	4.64	3.63	1.01
주도성	4.39	3.46	0.93	4.47	3.43	1.04
끈기	4.48	3.30	1.18	4.60	3.35	1.25
적응력	4.31	3.34	0.97	4.41	3.43	0.98
리더십	4.24	3.34	0.90	4.34	3.49	0.85
사회인식	4.32	3.05	1.27	4.48	3.24	1.24

※ 1) 부족수준 = 요구수준 − 현재수준
2) 점수가 높을수록 해당 역량의 요구(현재, 부족)수준이 높음

〈표 2〉 교사집단별 영재학생 역량 우선지수 순위

집단 / 구분 / 순위	과학교사		인문교사	
	역량	우선지수	역량	우선지수
1	문화적 소양	6.05	문화적 소양	6.33
2	( )	( )	( )	( )
3	( )	( )	창의성	5.66
4	비판적 사고	5.56	문해력	5.58
5	사회인식	5.49	사회인식	5.56
6	호기심	5.29	( )	( )
7	끈기	5.29	의사소통능력	4.99
8	협업능력	5.24	비판적 사고	4.87
9	문해력	4.30	호기심	4.69
10	적응력	4.18	주도성	4.65
11	주도성	4.08	경제적 소양	4.57
12	( )	( )	( )	( )
13	리더십	3.82	( )	( )
14	( )	( )	리더십	3.69
15	( )	( )	( )	( )
16	( )	( )	( )	( )

※ 우선지수 = 요구수준 × 부족수준

① '끈기'에 대한 우선지수는 과학교사 집단이 인문교사 집단보다 높다.
② 각 교사집단에서 우선지수가 가장 낮은 역량은 모두 '수리적 소양'이다.
③ 두 교사집단 간 부족수준의 차이가 가장 큰 역량은 '경제적 소양'이다.
④ 각 교사집단이 인식하는 요구수준 상위 5개에 속한 역량은 다르다.
⑤ 각 교사집단이 인식하는 요구수준 하위 3개에 속한 역량은 같다.

문 39. 다음 〈표〉는 S시 공공기관 의자 설치 사업에 참여한 '갑'~'무'기업의 소요비용에 대한 자료이다. 이에 대한 〈보기〉의 설명 중 옳은 것만을 모두 고르면?

〈표〉 기업별 의자 설치 소요비용 산출근거

기업	의자 제작 비용 (천 원/개)	배송거리 (km)	배송차량당 배송비용 (천 원/km)		배송차량의 최대 배송량 (개/대)
			배송업체 A	배송업체 B	
갑	300	120	1.0	1.2	30
을	250	110	1.1	0.9	50
병	320	130	0.7	0.9	70
정	400	80	0.8	1.0	40
무	270	150	0.5	0.3	25

※ 1) 소요비용 = 제작비용 + 배송비용
2) '갑'~'무' 기업은 배송에 필요한 최소대수의 배송차량을 사용함

〈보 기〉

ㄱ. 배송업체 A를 이용하여 의자 500개를 설치할 때, 소요비용이 가장 적은 기업은 '을'이다.
ㄴ. 배송업체 A를 이용하여 의자 300개를 설치할 때, 소요비용이 1억 원 미만인 기업이 있다.
ㄷ. 배송업체 B를 이용하여 의자 300개를 설치할 때, 소요비용이 가장 적은 기업은 '무'이다.
ㄹ. 배송업체 B를 이용하여 의자 590개를 설치할 때, 소요비용이 1억 5천만 원 미만인 기업이 있다.

① ㄱ, ㄴ
② ㄱ, ㄹ
③ ㄴ, ㄷ
④ ㄱ, ㄴ, ㄹ
⑤ ㄴ, ㄷ, ㄹ

문 40. 다음 〈조건〉, 〈그림〉과 〈표〉는 2015~2019년 '갑'지역의 작물재배와 생산, 판매가격에 대한 자료이다. 이에 대한 설명으로 옳지 않은 것은?

〈조 건〉

- '갑'지역의 전체 농민은 '가', '나', '다' 3명뿐이다.
- 각 농민은 1,000m^2 규모의 경작지 2곳만을 가지고 있다.
- 한 경작지에는 한 해에 하나의 작물만 재배한다.
- 각 작물의 '경작지당 연간 최대 생산량'은 A는 100kg, B는 200kg, C는 100kg, D는 200kg, E는 50kg이다.
- 생산된 작물은 해당 연도에 모두 판매된다.
- 각 작물의 판매가격은 해당 연도의 '갑'지역 작물별 연간 총생산량에 따라 결정된다.

〈그림〉 A~E작물별 '갑'지역 연간 총생산량에 따른 판매가격

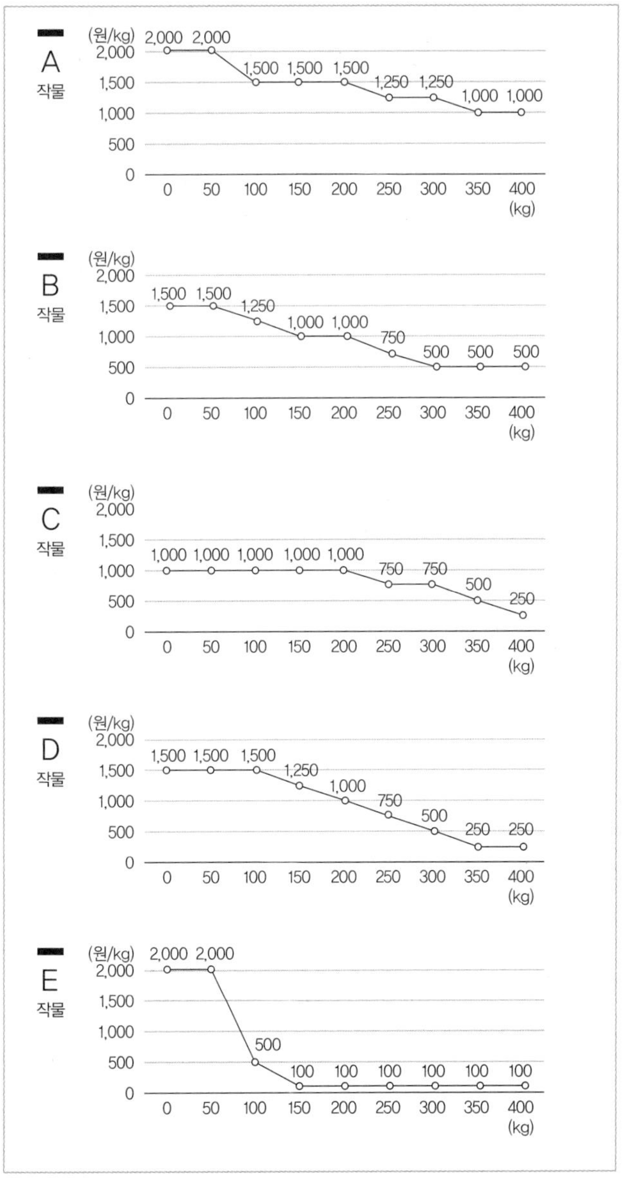

〈표〉 2015~2019년 경작지별 재배작물 종류 및 생산량

(단위 : kg)

농민	경작지 \ 연도	2015		2016		2017		2018		2019	
	구분	작물	생산량	작물	생산량	작물	생산량	작물	생산량	작물	생산량
가	경작지 1	A	100	A	50	A	25	B	100	A	100
	경작지 2	A	100	B	100	D	200	B	100	B	50
나	경작지 3	B	100	B	50	C	100	C	50	D	200
	경작지 4	C	100	A	100	D	200	E	50	E	50
다	경작지 5	D	200	D	200	C	50	D	200	D	200
	경작지 6	E	50	E	50	E	50	E	50	E	50

① 동일 경작지에서 동일 작물을 다년간 연속 재배하였을 때, 전년 대비 생산량 감소를 보인 작물은 A, B, C이다.

② 2016년 농민 '가'의 작물 총판매액은 225,000원이다.

③ E작물은 동일 경작지에서 다년간 연속 재배해도 생산량이 감소하지 않았다.

④ 동일 경작지에서 A작물을 3개년 연속 재배하고 B작물을 재배한 후 다시 A작물을 재배한 해에는 A작물이 '경작지당 연간 최대 생산량'만큼 생산되었다.

⑤ 2016년과 2019년의 작물 판매가격 차이는 D작물이 E 작물보다 작다.

04 2021년 7급 PSAT 자료해석 기출문제

문 1. 다음 〈표〉와 〈보고서〉는 2019년 전국 안전체험관과 생활안전에 관한 자료이다. 제시된 〈표〉 이외에 〈보고서〉를 작성하기 위해 추가로 이용한 자료만을 〈보기〉에서 모두 고르면?

〈표〉 2019년 전국 안전체험관 규모별 현황

(단위 : 개소)

전체	대형		중형		소형
	일반	특성화	일반	특성화	
473	25	7	5	2	434

〈보고서〉

2019년 생활안전 통계에 따르면 전국 473개소의 안전체험관이 운영 중인 것으로 확인되었다. 전국 안전체험관을 규모별로 살펴보면, 대형이 32개소, 중형이 7개소, 소형이 434개소였다. 이 중 대형 안전체험관은 서울이 가장 많고 경북, 충남이 그 뒤를 이었다.

전국 안전사고 사망자 수는 2015년 이후 매년 감소하다가 2018년에는 증가하였다. 교통사고 사망자 수는 2015년 이후 매년 줄어들었고, 특히 2018년에 전년 대비 11.2% 감소하였다.

2019년 분야별 지역안전지수 1등급 지역을 살펴보면 교통사고 분야는 서울, 경기, 화재 분야는 광주, 생활안전 분야는 경기, 부산으로 나타났다.

〈보고서〉

ㄱ. 연도별 전국 교통사고 사망자 수

(단위 : 명)

연도	2015	2016	2017	2018
사망자 수	4,380	4,019	3,973	3,529

ㄴ. 분야별 지역안전지수 4년 연속(2015~2018년) 1등급, 5등급 지역(시 · 도)

등급 \ 분야	교통사고	화재	범죄	생활안전	자살
1등급	서울, 경기	–	세종	경기	경기
5등급	전남	세종	제주	제주	부산

ㄷ. 연도별 전국 안전사고 사망자 수

(단위 : 명)

연도	2015	2016	2017	2018
사망자 수	31,582	30,944	29,545	31,111

ㄹ. 2018년 지역별 안전체험관 수

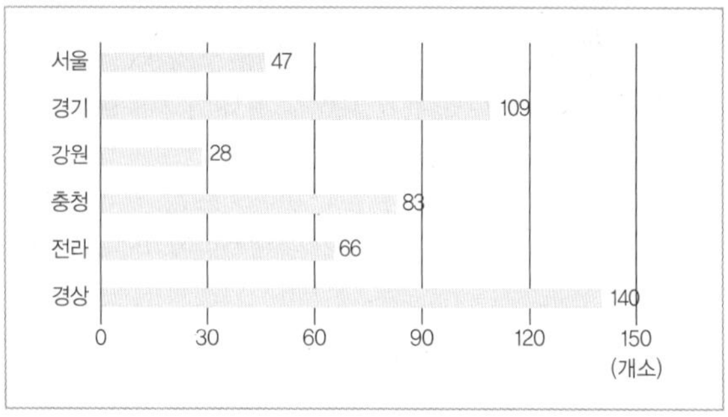

① ㄱ, ㄴ

② ㄱ, ㄷ

③ ㄴ, ㄹ

④ ㄱ, ㄷ, ㄹ

⑤ ㄴ, ㄷ, ㄹ

문 2. 다음 〈표〉는 아프리카연합이 주도한 임무단의 평화유지활동에 관한 자료이다. 이를 바탕으로 작성한 〈보고서〉의 설명 중 옳지 않은 것은?

〈표〉 임무단의 평화유지활동(2021년 5월 기준)

(단위 : 명)

임무단	파견지	활동기간	주요 임무	파견규모
부룬디 임무단	부룬디	2003. 4.~2004. 6.	평화협정 이행 지원	3,128
수단 임무단	수단	2004. 10.~2007. 12.	다르푸르 지역 정전 감시	300
코모로 선거감시 지원 임무단	코모로	2006. 3.~2006. 6.	코모로 대통령 선거 감시	462
소말리아 임무단	소말리아	2007. 1.~현재	구호 활동 지원	6,000
코모로 치안 지원 임무단	코모로	2007. 5.~2008. 10.	앙주앙 섬 치안 지원	350
다르푸르 지역 임무단	수단	2007. 7.~현재	민간인 보호	6,000
우간다 임무단	우간다	2012. 3.~현재	반군 소탕작전	3,350
말리 임무단	말리	2012. 12.~ 2013. 7.	정부 지원	1,450
중앙아프리카 공화국 임무단	중앙 아프리카 공화국	2013. 12.~2014. 9.	안정 유지	5,961

〈보고서〉

아프리카연합은 아프리카 지역 분쟁 해결 및 평화 구축을 위하여 2021년 5월 현재까지 9개의 임무단을 구성하고 평화유지활동을 주도하였다. ㉠ 평화유지활동 중 가장 오랜 기간 동안 활동한 임무단은 '소말리아 임무단'이다. 이 임무는 소말리아 과도 연방정부가 아프리카연합에 평화유지군을 요청한 것을 계기로 시작되어 현재에 이르고 있다. 한편, ㉡ '코모로 선거감시 지원 임무단'은 가장 짧은 기간 동안 활동하였다. 2006년 코모로는 대통령 선거를 앞두고 아프리카연합에 지원을 요청하였고 같은 해 3월 시작된 평화유지활동은 선거가 끝난 6월에 임무가 종료되었다.

㉢ 아프리카연합이 현재까지 평화유지활동을 위해 파견한 임무단의 총규모는 25,000명 이상이며, 현재 활동 중인 임무단의 규모는 소말리아 6,000명, 수단 6,000명, 우간다 3,350명으로 총 15,000여 명이다.

아프리카연합은 아프리카 내의 문제를 자체적으로 해결하기 위해 다양한 임무단 활동을 활발히 수행하였다. 특히 ㉣ 수단과 코모로에서는 각각 2개의 임무단이 활동하였다.

현재 평화유지활동을 수행 중인 임무단은 3개이지만 ㉤ 2007년 10월 기준 평화유지활동을 수행 중이었던 임무단은 5개였다.

① ㄱ
② ㄴ
③ ㄷ
④ ㄹ
⑤ ㅁ

문 3. 다음 〈그림〉은 2014~2020년 연말 기준 '갑'국의 국가채무 및 GDP에 관한 자료이다. 이에 대한 〈보기〉의 설명 중 옳은 것만을 모두 고르면?

〈그림 1〉 GDP 대비 국가채무 및 적자성채무 비율 추이

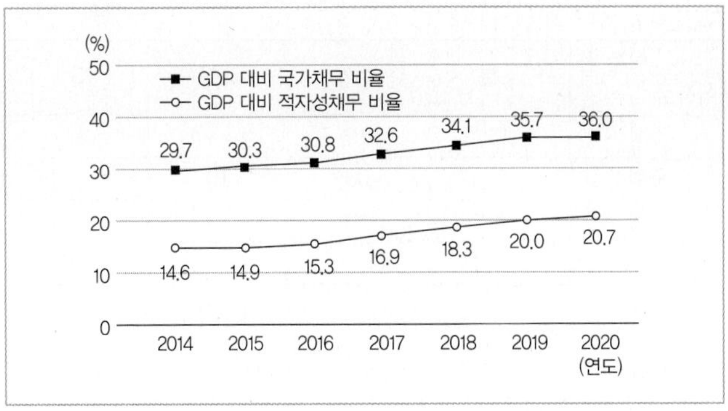

※ 국가채무 = 적자성채무 + 금융성채무

〈그림 2〉 GDP 추이

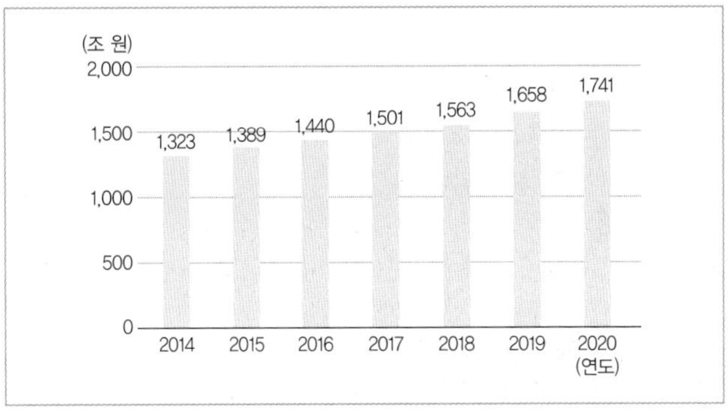

〈보 기〉

ㄱ. 2020년 국가채무는 2014년의 1.5배 이상이다.
ㄴ. GDP 대비 금융성채무 비율은 매년 증가한다.
ㄷ. 적자성채무는 2019년부터 300조 원 이상이다.
ㄹ. 금융성채무는 매년 국가채무의 50% 이상이다.

① ㄱ, ㄴ
② ㄱ, ㄷ
③ ㄴ, ㄹ
④ ㄱ, ㄷ, ㄹ
⑤ ㄴ, ㄷ, ㄹ

문 4. 다음 〈표〉는 최근 이사한 100가구의 이사 전후 주택규모에 관한 조사 결과이다. 이에 대한 〈보기〉의 설명 중 옳은 것만을 모두 고르면?

〈표〉 이사 전후 주택규모 조사 결과

(단위 : 가구)

이사 후 \ 이사 전	소형	중형	대형	합
소형	15	10	( )	30
중형	( )	30	10	( )
대형	5	10	15	( )
계	( )	( )	( )	100

※ 주택규모는 '소형', '중형', '대형'으로만 구분하며, 동일한 주택규모는 크기도 같음

〈보 기〉

ㄱ. 주택규모가 이사 전 '소형'에서 이사 후 '중형'으로 달라진 가구는 없다.
ㄴ. 이사 전후 주택규모가 달라진 가구 수는 전체 가구 수의 50% 이하이다.
ㄷ. 주택규모가 '대형'인 가구 수는 이사 전이 이사 후보다 적다.
ㄹ. 이사 후 주택규모가 커진 가구 수는 이사 후 주택규모가 작아진 가구 수보다 많다.

① ㄱ, ㄴ
② ㄱ, ㄷ
③ ㄴ, ㄹ
④ ㄷ, ㄹ
⑤ ㄱ, ㄴ, ㄷ

문 5. 다음 〈그림〉은 A사 플라스틱 제품의 제조공정도이다. 1,000kg의 재료가 '혼합' 공정에 투입되는 경우, '폐기처리' 공정에 전달되어 투입되는 재료의 총량은 몇 kg인가?

〈그림〉 A사 플라스틱 제품의 제조공정도

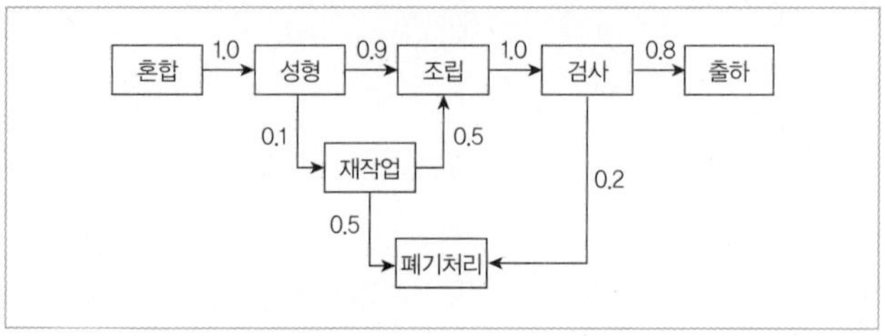

※ 제조공정도 내 수치는 직진율(= 다음 공정에 전달되는 재료의 양 / 해당 공정에 투입되는 재료의 양)을 의미함. 예를 들어, [가] →0.2→ [나] 는 해당 공정 '가'에 100kg의 재료가 투입되면 이 중 20kg(=100kg×0.2)의 재료가 다음 공정 '나'에 전달되어 투입됨을 의미함

① 50
② 190
③ 230
④ 240
⑤ 280

문 6. 다음 〈그림〉은 12개 국가의 수자원 현황에 관한 자료이며, A~H는 각각 특정 국가를 나타낸다. 〈그림〉과 〈조건〉을 근거로 판단할 때, 국가명을 알 수 없는 것은?

〈그림〉 12개 국가의 수자원 현황

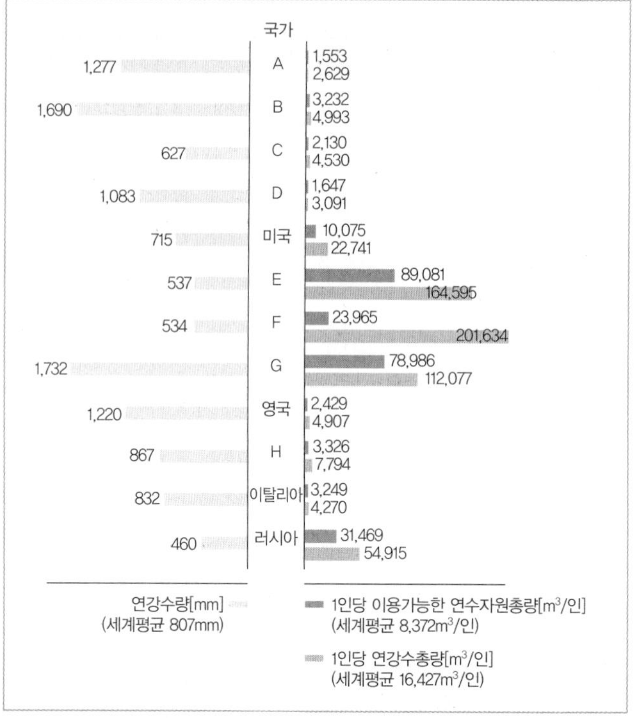

〈조 건〉

- '연강수량'이 세계평균의 2배 이상인 국가는 일본과 뉴질랜드이다.
- '연강수량'이 세계평균보다 많은 국가 중 '1인당 이용가능한 연수자원총량'이 가장 적은 국가는 대한민국이다.
- '1인당 연강수총량'이 세계평균의 5배 이상인 국가를 '연강수량'이 많은 국가부터 나열하면 뉴질랜드, 캐나다, 호주이다.
- '1인당 이용가능한 연수자원총량'이 영국보다 적은 국가 중 '1인당 연강수총량'이 세계평균의 25% 이상인 국가는 중국이다.
- '1인당 이용가능한 연수자원총량'이 6번째로 많은 국가는 프랑스이다.

① B
② C
③ D
④ E
⑤ F

문 7. **다음 〈표〉는 학생 '갑'~'무'의 중간고사 3개 과목 점수에 관한 자료이다. 이에 대한 〈보기〉의 설명 중 옳은 것만을 모두 고르면?**

〈표〉 '갑'~'무'의 중간고사 3개 과목 점수

(단위 : 점)

과목 \ 학생	갑	을	병	정	무
성별	남	여	( )	여	남
국어	90	85	60	95	75
영어	90	85	100	65	100
수학	75	70	85	100	100

〈보 기〉

ㄱ. 국어 평균 점수는 80점 이상이다.
ㄴ. 3개 과목 평균 점수가 가장 높은 학생과 가장 낮은 학생의 평균 점수 차이는 10점 이하이다.
ㄷ. 국어, 영어, 수학 점수에 각각 0.4, 0.2, 0.4의 가중치를 곱한 점수의 합이 가장 큰 학생은 '정'이다.
ㄹ. '갑'~'무'의 성별 수학 평균 점수는 남학생이 여학생보다 높다.

① ㄱ, ㄷ
② ㄱ, ㄹ
③ ㄴ, ㄷ
④ ㄱ, ㄷ, ㄹ
⑤ ㄴ, ㄷ, ㄹ

문 8. **다음 〈표〉는 2021~2027년 시스템반도체 중 인공지능반도체의 세계 시장규모 전망이다. 이에 대한 〈보기〉의 설명 중 옳은 것만을 모두 고르면?**

〈표〉 시스템반도체 중 인공지능반도체의 세계 시장규모 전망

(단위 : 억 달러, %)

구분 \ 연도	2021	2022	2023	2024	2025	2026	2027
시스템반도체	2,500	2,310	2,686	2,832	( )	3,525	( )
인공지능반도체	70	185	325	439	657	927	1,179
비중	2.8	8.0	( )	15.5	19.9	26.3	31.3

〈보 기〉

ㄱ. 인공지능반도체 비중은 매년 증가한다.
ㄴ. 2027년 시스템반도체 시장규모는 2021년보다 1,000억 달러 이상 증가한다.
ㄷ. 2022년 대비 2025년의 시장규모 증가율은 인공지능반도체가 시스템반도체의 5배 이상이다.

① ㄷ
② ㄱ, ㄴ
③ ㄱ, ㄷ
④ ㄴ, ㄷ
⑤ ㄱ, ㄴ, ㄷ

문 9. **다음 〈표〉는 A~H 지역의 화물 이동 현황에 관한 자료이다. 이에 대한 〈보기〉의 설명 중 옳은 것만을 모두 고르면?**

〈표〉 화물의 지역 내, 지역 간 이동 현황

(단위 : 개)

출발 지역 \ 도착 지역	A	B	C	D	E	F	G	H	합
A	65	121	54	52	172	198	226	89	977
B	56	152	61	55	172	164	214	70	944
C	29	47	30	22	62	61	85	30	366
D	24	61	30	37	82	80	113	45	472
E	61	112	54	47	187	150	202	72	885
F	50	87	38	41	120	188	150	55	729
G	78	151	83	73	227	208	359	115	1,294
H	27	66	31	28	94	81	116	46	489
계	390	797	381	355	1,116	1,130	1,465	522	6,156

※ 출발 지역과 도착 지역이 동일한 경우는 해당 지역 내에서 화물이 이동한 것임

〈보 기〉

ㄱ. 도착 화물보다 출발 화물이 많은 지역은 3개이다.
ㄴ. 지역 내 이동 화물이 가장 적은 지역은 도착 화물도 가장 적다.
ㄷ. 지역 내 이동 화물을 제외할 때, 출발 화물과 도착 화물의 합이 가장 작은 지역은 출발 화물과 도착 화물의 차이도 가장 작다.
ㄹ. 도착 화물이 가장 많은 지역은 출발 화물 중 지역 내 이동 화물의 비중도 가장 크다.

① ㄱ, ㄴ
② ㄱ, ㄷ
③ ㄴ, ㄷ
④ ㄴ, ㄹ
⑤ ㄱ, ㄷ, ㄹ

문 10. 다음 〈표〉와 〈대화〉는 4월 4일 기준 지자체별 자가격리자 및 모니터링 요원에 관한 자료이다. 〈표〉와 〈대화〉를 근거로 C와 D에 해당하는 지자체를 바르게 나열한 것은?

〈표〉 지자체별 자가격리자 및 모니터링 요원 현황(4월 4일 기준)

(단위 : 명)

구분 \ 지자체		A	B	C	D
내국인	자가격리자	9,778	1,287	1,147	9,263
	신규 인원	900	70	20	839
	해제 인원	560	195	7	704
외국인	자가격리자	7,796	508	141	7,626
	신규 인원	646	52	15	741
	해제 인원	600	33	5	666
모니터링 요원		10,142	710	196	8,898

※ 해당일 기준 자가격리자 = 전일 기준 자가격리자 + 신규 인원 − 해제 인원

〈대 화〉

갑 : 감염병 확산에 대응하기 위한 회의를 시작합시다. 오늘은 대전, 세종, 충북, 충남의 4월 4일 기준 자가격리자 및 모니터링 요원 현황을 보기로 했는데, 각 지자체의 상황이 어떤가요?

을 : 4개 지자체 중 세종을 제외한 3개 지자체에서 4월 4일 기준 자가격리자가 전일 기준 자가격리자보다 늘어났습니다.

갑 : 모니터링 요원의 업무 부담과 관련된 통계 자료도 있나요?

을 : 4월 4일 기준으로 대전, 세종, 충북은 모니터링 요원 대비 자가격리자의 비율이 1.8 이상입니다.

갑 : 지자체에 모니터링 요원을 추가로 배치해야 할 것 같습니다. 자가격리자 중 외국인이 차지하는 비중이 4개 지자체 가운데 대전이 가장 높으니, 외국어 구사가 가능한 모니터링 요원을 대전에 우선 배치하는 방향으로 검토해 봅시다.

	C	D
①	충북	충남
②	충북	대전
③	충남	충북
④	세종	대전
⑤	대전	충북

문 11. 다음 〈그림〉과 〈조건〉은 직장인 '갑'~'병'이 마일리지 혜택이 있는 알뜰교통카드를 사용하여 출근하는 방법 및 교통비에 관한 자료이다. 이에 근거하여 월간 출근 교통비를 많이 지출하는 직장인부터 순서대로 나열하면?

〈그림〉 직장인 '갑'~'병'의 출근 방법 및 교통비 관련 정보

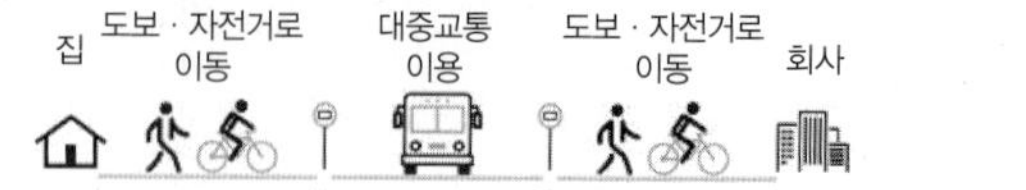

직장인	이동거리 A [m]	출근 1회당 대중교통요금[원]	이동거리 B [m]	월간 출근 횟수[회]	저소득층 여부
갑	600	3,200	200	15	○
을	500	2,300	500	22	×
병	400	1,800	200	22	○

〈조 건〉

- 월간 출근 교통비 $= \left\{\text{출근 1회당 대중교통요금} - (\text{기본 마일리지} + \text{추가 마일리지}) \times \left(\frac{\text{마일리지 적용거리}}{800}\right)\right\} \times \text{월간 출근 횟수}$
- 기본 마일리지는 출근 1회당 대중교통요금에 따라 다음과 같이 지급함

출근 1회당 대중교통요금	2천 원 이하	2천 원 초과 3천 원 이하	3천 원 초과
기본 마일리지 (원)	250	350	450

- 추가 마일리지는 저소득층에만 다음과 같이 지급함

출근 1회당 대중교통요금	2천 원 이하	2천 원 초과 3천 원 이하	3천 원 초과
기본 마일리지 (원)	100	150	200

- 마일리지 적용거리(m)는 출근 1회당 도보 · 자전거로 이동한 거리의 합이며 최대 800m까지만 인정함

① 갑, 을, 병
② 갑, 병, 을
③ 을, 갑, 병
④ 을, 병, 갑
⑤ 병, 을, 갑

문 12. 다음 〈그림〉은 개발원조위원회 29개 회원국 중 공적개발원조액 상위 15개국과 국민총소득 대비 공적개발원조액 비율 상위 15개국 자료이다. 이에 대한 〈보기〉의 설명 중 옳은 것만을 모두 고르면?

〈그림 1〉 공적개발원조액 상위 15개 회원국

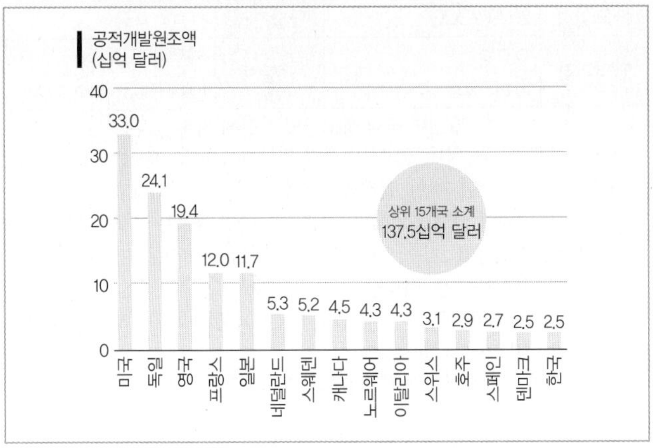

〈그림 2〉 국민총소득 대비 공적개발원조액 비율 상위 15개 회원국

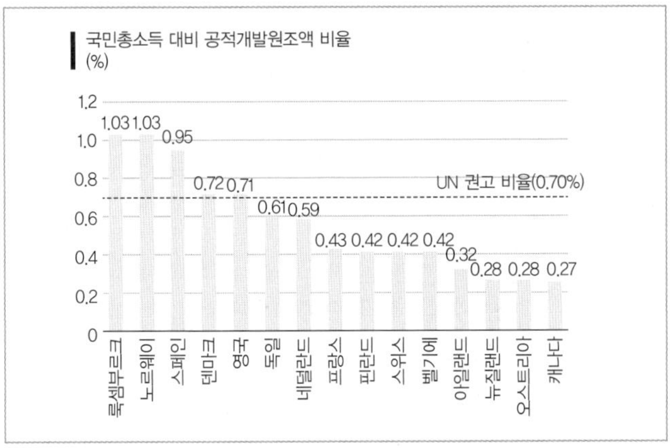

〈보 기〉

ㄱ. 국민총소득 대비 공적개발원조액 비율이 UN 권고 비율보다 큰 국가의 공적개발원조액 합은 250억 달러 이상이다.

ㄴ. 공적개발원조액 상위 5개국의 공적개발원조액 합은 개발원조위원회 29개 회원국 공적개발원조액 합의 50% 이상이다.

ㄷ. 독일이 공적개발원조액만 30억 달러 증액하면 독일의 국민총소득 대비 공적개발원조액 비율은 UN권고 비율 이상이 된다.

① ㄱ

② ㄷ

③ ㄱ, ㄴ

④ ㄴ, ㄷ

⑤ ㄱ, ㄴ, ㄷ

문 13. 다음 〈표〉는 '갑'국의 2020년 농업 생산액 현황 및 2021~2023년의 전년 대비 생산액 변화율 전망치에 관한 자료이다. 이에 대한 〈보기〉의 설명 중 옳은 것만을 모두 고르면?

〈표〉 농업 생산액 현황 및 변화율 전망치

(단위 : 십억 원, %)

구분	2020년 생산액	전년 대비 생산액 변화율 전망치		
		2021년	2022년	2023년
농업	50,052	0.77	0.02	1.38
재배업	30,270	1.50	−0.42	0.60
축산업	19,782	−0.34	0.70	2.57
소	5,668	3.11	0.53	3.51
돼지	7,119	−3.91	0.20	1.79
닭	2,259	1.20	−2.10	2.82
달걀	1,278	5.48	3.78	3.93
우유	2,131	0.52	1.12	0.88
오리	1,327	−5.58	5.27	3.34

※ 축산업은 소, 돼지, 닭, 달걀, 우유, 오리의 6개 세부항목으로만 구성됨

〈보 기〉

ㄱ. 2021년 '오리' 생산액 전망치는 1.2조 원 이상이다.

ㄴ. 2021년 '돼지' 생산액 전망치는 같은 해 '농업' 생산액 전망치의 15% 이상이다.

ㄷ. '축산업' 중 전년 대비 생산액 변화율 전망치가 2022년보다 2023년이 낮은 세부항목은 2개이다.

ㄹ. 2020년 생산액 대비 2022년 생산액 전망치의 증감폭은 '재배업'이 '축산업'보다 크다.

① ㄱ, ㄴ

② ㄱ, ㄷ

③ ㄴ, ㄹ

④ ㄱ, ㄷ, ㄹ

⑤ ㄴ, ㄷ, ㄹ

문 14. 다음 〈그림〉은 2020년 기준 A공제회 현황에 관한 자료이다. 이에 대한 설명으로 옳지 않은 것은?

〈그림〉 2020년 기준 A공제회 현황

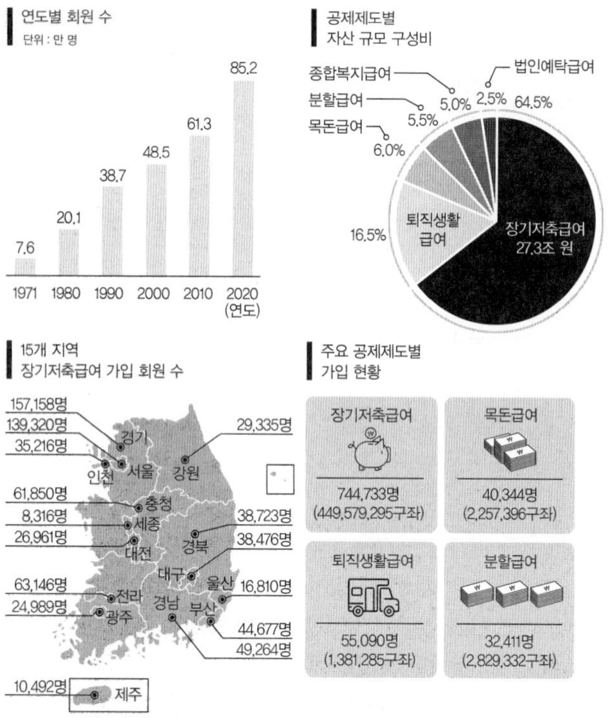

※ 1) 공제제도는 장기저축급여, 퇴직생활급여, 목돈급여, 분할급여, 종합복지급여, 법인예탁급여로만 구성됨
2) 모든 회원은 1개 또는 2개의 공제제도에 가입함

① 장기저축급여 가입 회원 수는 전체 회원의 85% 이하이다.

② 공제제도의 총자산 규모는 40조 원 이상이다.

③ 자산 규모 상위 4개 공제제도 중 2개의 공제제도에 가입한 회원은 2만 명 이상이다.

④ 충청의 장기저축급여 가입 회원 수는 15개 지역 평균 장기저축급여 가입 회원 수보다 많다.

⑤ 공제제도별 1인당 구좌 수는 장기저축급여가 분할급여의 5배 이상이다.

문 15. 다음은 국내 광고산업에 관한 문화체육관광부의 보도자료이다. 이에 부합하지 않는 자료는?

문화체육관광부	보도자료		사람이 있는 문화
보도일시	배포 즉시 보도해 주시기 바랍니다.		
배포일시	2020.2.XX.	담당부서	□□□□국
담당과장	○○○ (044-203-○○○○)	담당자	사무관 △△△ (044-203-○○○○)

2018년 국내 광고산업 성장세 지속

- 문화체육관광부는 국내 광고사업체의 현황과 동향을 조사한 '2019년 광고산업조사(2018년 기준)' 결과를 발표했다.
- 이번 조사 결과에 따르면 2018년 기준 광고산업 규모는 17조 2,119억 원(광고사업체 취급액* 기준)으로, 전년 대비 4.5% 이상 증가했고, 광고사업체당 취급액 역시 증가했다.
  * 광고사업체 취급액은 광고주가 매체(방송국, 신문사 등)와 매체 외 서비스에 지불하는 비용 전체(수수료 포함)임
  - 업종별로 살펴보면 광고대행업이 6조 6,239억 원으로 전체 취급액의 38% 이상을 차지했으나, 취급액의 전년 대비 증가율은 온라인광고대행업이 16% 이상으로 가장 높다.
- 2018년 기준 광고사업체의 매체 광고비* 규모는 11조 362억 원(64.1%), 매체 외 서비스 취급액은 6조 1,757억 원(35.9%)으로 조사됐다.
  * 매체 광고비는 방송매체, 인터넷매체, 옥외광고매체, 인쇄매체 취급액의 합임
  - 매체 광고비 중 방송매체 취급액은 4조 266억 원으로 가장 큰 비중을 차지하고 있으며, 그 다음으로 인터넷매체, 옥외광고매체, 인쇄매체 순으로 나타났다.
  - 인터넷매체 취급액은 3조 8,804억 원으로 전년 대비 6% 이상 증가했다. 특히, 모바일 취급액은 전년 대비 20% 이상 증가하여 인터넷 광고 시장의 성장세를 이끌었다.
  - 한편, 간접광고(PPL) 취급액은 전년 대비 14% 이상 증가하여 1,270억 원으로 나타났으며, 그 중 지상파TV와 케이블TV 간 비중의 격차는 5%p 이하로 조사됐다.

① 광고사업체 취급액 현황(2018년 기준)

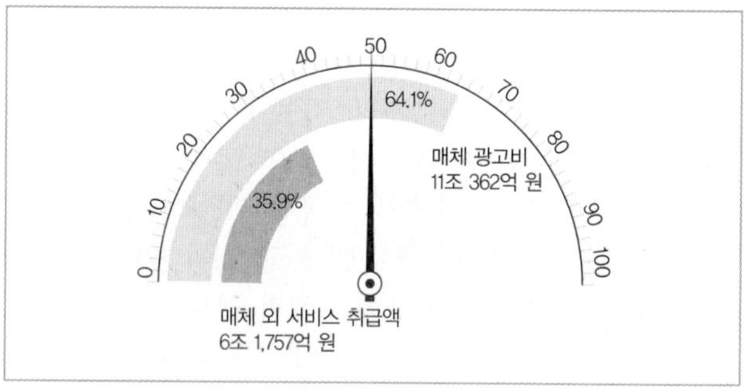

② 인터넷매체(PC, 모바일) 취급액 현황

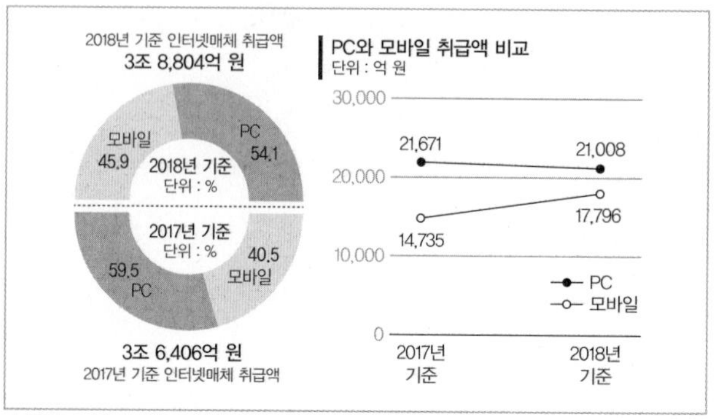

③ 간접광고(PPL) 취급액 현황

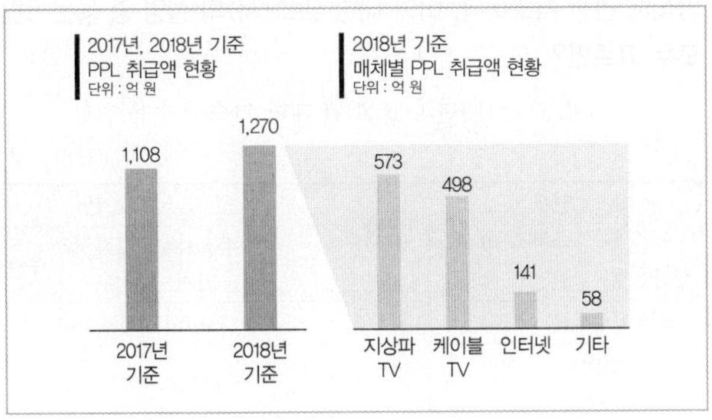

④ 업종별 광고사업체 취급액 현황

(단위 : 개소, 억 원)

구분 / 업종	2018년 조사(2017년 기준)		2019년 조사(2018년 기준)	
	사업체 수	취급액	사업체 수	취급액
전체	7,234	164,133	7,256	172,119
광고대행업	1,910	64,050	1,887	66,239
광고제작업	1,374	20,102	1,388	20,434
광고전문 서비스업	1,558	31,535	1,553	33,267
인쇄업	921	7,374	921	8,057
온라인광고 대행업	780	27,335	900	31,953
옥외광고업	691	13,737	607	12,169

⑤ 매체별 광고사업체 취급액 현황(2018년 기준)

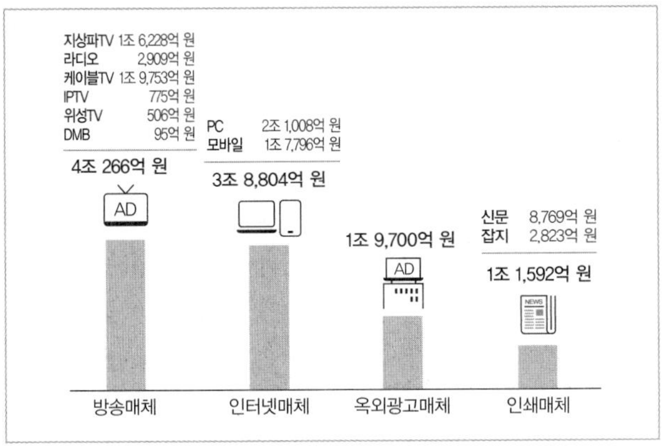

문 16. **다음 〈그림〉은 2020년 '갑'시의 교통사고에 관한 자료이다. 이에 대한 〈보기〉의 설명 중 옳은 것만을 모두 고르면?**

〈그림 1〉 2020년 월별 교통사고 사상자

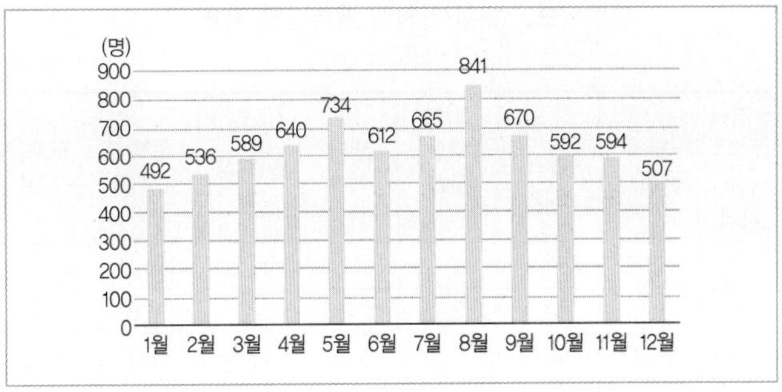

〈그림 2〉 2020년 월별 교통사고 건수

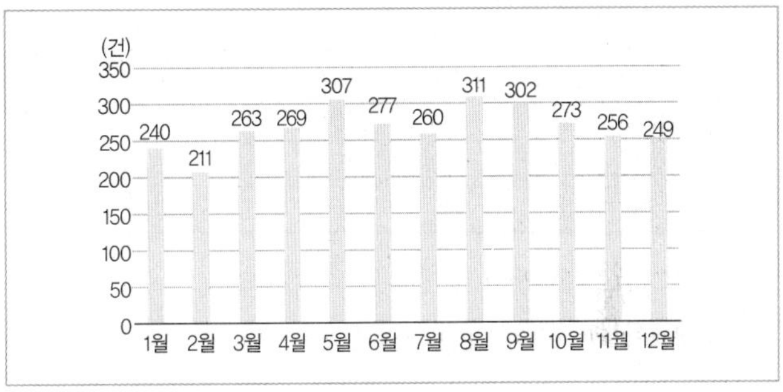

〈그림 3〉 2020년 교통사고 건수의 사고원인별 구성비

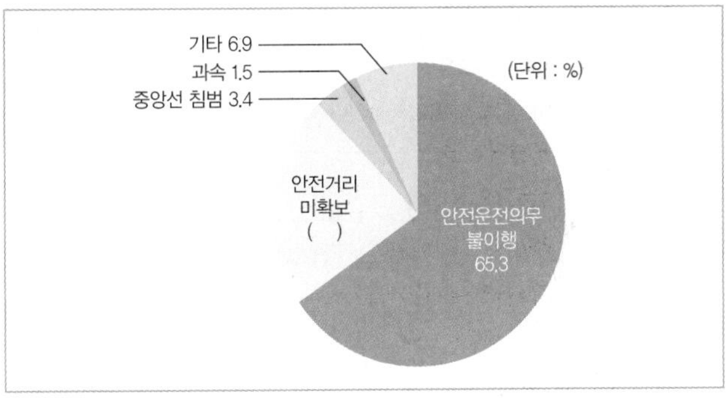

〈보 기〉

ㄱ. 월별 교통사고 사상자는 가장 적은 달이 가장 많은 달의 60% 이하이다.

ㄴ. 2020년 교통사고 건당 사상자는 1.9명 이상이다.

ㄷ. '안전거리 미확보'가 사고원인인 교통사고 건수는 '중앙선 침범'이 사고원인인 교통사고 건수의 7배 이상이다.

ㄹ. 사고원인이 '안전운전의무 불이행'인 교통사고 건수는 2,000건 이하이다.

① ㄱ, ㄴ

② ㄱ, ㄷ

③ ㄴ, ㄷ

④ ㄷ, ㄹ

⑤ ㄱ, ㄴ, ㄹ

문 17. 다음 〈표〉와 〈정보〉는 A~J 지역의 지역발전 지표에 관한 자료이다. 이를 근거로 '가'~'라'에 들어갈 수 있는 값으로만 나열한 것은?

〈표〉 A~J 지역의 지역발전 지표

(단위 : %, 개)

지표 / 지역	재정자립도	시가화 면적 비율	10만 명당 문화 시설수	10만 명당 체육 시설수	주택 노후화율	주택 보급률	도로 포장률
A	83.8	61.2	4.1	111.1	17.6	105.9	92.0
B	58.5	24.8	3.1	(다)	22.8	93.6	98.3
C	65.7	35.7	3.5	103.4	13.5	91.2	97.4
D	48.3	25.3	4.3	128.0	15.8	96.6	100.0
E	(가)	20.7	3.7	133.8	12.2	100.3	99.0
F	69.5	22.6	4.1	114.0	8.5	91.0	98.1
G	37.1	22.9	7.7	110.2	20.5	103.8	91.7
H	38.7	28.8	7.8	102.5	19.9	(라)	92.5
I	26.1	(나)	6.9	119.2	33.7	102.5	89.6
J	32.6	21.3	7.5	113.0	26.9	106.1	87.9

〈정 보〉

- 재정자립도가 E보다 높은 지역은 A, C, F임
- 시가화 면적 비율이 가장 낮은 지역은 주택노후화율이 가장 높은 지역임
- 10만 명당 문화시설수가 가장 적은 지역은 10만 명당 체육시설수가 네 번째로 많은 지역임
- 주택보급률이 도로포장률보다 낮은 지역은 B, C, D, F임

	가	나	다	라
①	58.6	20.9	100.9	92.9
②	60.8	19.8	102.4	92.5
③	63.5	20.1	115.7	92.0
④	65.2	20.3	117.1	92.6
⑤	65.8	20.6	118.7	93.7

문 18. 다음 〈표〉는 '갑'국 대학 기숙사 수용 및 기숙사비 납부 방식에 관한 자료이다. 이에 대한 〈보고서〉의 설명 중 옳은 것만을 모두 고르면?

〈표 1〉 2019년과 2020년 대학 기숙사 수용 현황

(단위 : 명, %)

대학유형 \ 연도·구분		2020 수용가능 인원	2020 재학생 수	2020 수용률	2019 수용가능 인원	2019 재학생 수	2019 수용률
전체(196개교)		354,749	1,583,677	22.4	354,167	1,595,436	22.2
설립주체	국공립(40개교)	102,025	381,309	26.8	102,906	385,245	26.7
	사립(156개교)	( )	1,202,368	21.0	251,261	1,210,191	20.8
소재지	수도권(73개교)	122,099	672,055	18.2	119,940	676,479	( )
	비수도권(123개교)	232,650	911,622	25.5	234,227	918,957	25.5

※ 수용률(%) $= \frac{\text{수용가능 인원}}{\text{재학생 수}} \times 100$

〈표 2〉 2020년 대학 기숙사비 납부 방식 현황

(단위 : 개교)

대학유형 \ 납부 방식·기숙사 유형		카드납부 가능 직영	카드납부 가능 민자	카드납부 가능 공공	카드납부 가능 합계	현금분할납부 가능 직영	현금분할납부 가능 민자	현금분할납부 가능 공공	현금분할납부 가능 합계
전체(196개교)		27	20	0	47	43	25	9	77
설립주체	국공립(40개교)	20	17	0	37	18	16	0	34
	사립(156개교)	7	3	0	10	25	9	9	43
소재지	수도권(73개교)	3	2	0	5	16	8	4	28
	비수도권(123개교)	24	18	0	42	27	17	5	49

※ 각 대학은 한 가지 유형의 기숙사만 운영함

〈보고서〉

2020년 대학 기숙사 수용률은 22.4%로, 2019년의 22.2%에 비해 증가하였지만 여전히 20%대 초반에 그쳤다. 대학유형별 기숙사 수용률은 사립대학보다는 국공립대학이 높고, 수도권 대학보다는 비수도권 대학이 높았다. 한편, ㉠ 2019년 대비 2020년 대학유형별 기숙사 수용률은 국공립대학보다 사립대학이, 비수도권대학보다 수도권대학이 더 큰 폭으로 증가하였다.

2020년 대학 기숙사 수용가능 인원의 변화를 설립주체별로 살펴보면, ㉡ 국공립대학은 전년 대비 800명 이상 증가하였으나, 사립대학은 전년 대비 1,400명 이상 감소하였다. 소재지별로 살펴보면 수도권 대학의 기숙사 수용가능 인원은 2019년 119,940명에서 2020년 122,099명으로 2,100명 이상 증가하였으나, 비수도권 대학은 2019년 234,227명에서 2020년 232,650명으로 1,500명 이상 감소하였다.

2020년 대학 기숙사비 납부 방식을 살펴보면, ㉢ 전체 대학 중 기숙사비 카드납부가 가능한 대학은 37.9%에 불과하였다. 이를 기숙사 유형별로 자세히 보면, ㉣ 카드납부가 가능한 공공기숙사는 없었고, 현금분할납부가 가능한 공공기숙사도 사립대학 9개교뿐이었다.

① ㄱ
② ㄱ, ㄴ
③ ㄱ, ㄹ
④ ㄷ, ㄹ
⑤ ㄴ, ㄷ, ㄹ

문 19. 다음 〈조건〉과 〈표〉는 2018~2020년 '가'부서 전체 직원 성과급에 관한 자료이다. 이를 근거로 판단할 때, '가'부서 전체 직원의 2020년 기본 연봉의 합은?

〈조 건〉

- 매년 각 직원의 기본 연봉은 변동 없음
- 성과급은 전체 직원에게 각 직원의 성과등급에 따라 매년 1회 지급함
- 성과급=기본 연봉×지급비율
- 성과등급별 지급비율 및 인원 수

성과등급 / 구분	S	A	B
지급비율	20%	10%	5%
인원 수	1명	2명	3명

〈표〉 2018~2020년 '가'부서 전체 직원 성과급

(단위 : 백만 원)

연도 / 직원	2018	2019	2020
갑	12.0	6.0	3.0
을	5.0	20.0	5.0
병	6.0	3.0	6.0
정	6.0	6.0	12.0
무	4.5	4.5	4.5
기	6.0	6.0	12.0

① 430백만 원
② 460백만 원
③ 490백만 원
④ 520백만 원
⑤ 550백만 원

문 20. 다음 〈표〉는 '갑'국 하수처리장의 1일 하수처리용량 및 지역등급별 방류수 기준이고, 〈그림〉은 지역등급 및 36개 하수처리장 분포이다. 이에 근거한 〈보기〉의 설명 중 옳은 것만을 모두 고르면?

〈표〉 하수처리장 1일 하수처리용량 및 지역등급별 방류수 기준

(단위 : mg/L)

1일 하수처리 용량	항목 / 지역등급	생물학적 산소 요구량	화학적 산소 요구량	총질소	총인
$500m^3$ 이상	Ⅰ	5 이하	20 이하	20 이하	0.2 이하
	Ⅱ	5 이하	20 이하	20 이하	0.3 이하
	Ⅲ	10 이하	40 이하	20 이하	0.5 이하
	Ⅳ	10 이하	40 이하	20 이하	2.0 이하
$50m^3$ 이상 $500m^3$ 미만	Ⅰ~Ⅳ	10 이하	40 이하	20 이하	2.0 이하
$50m^3$ 미만	Ⅰ~Ⅳ	10 이하	40 이하	40 이하	4.0 이하

〈그림〉 지역등급 및 하수처리장 분포

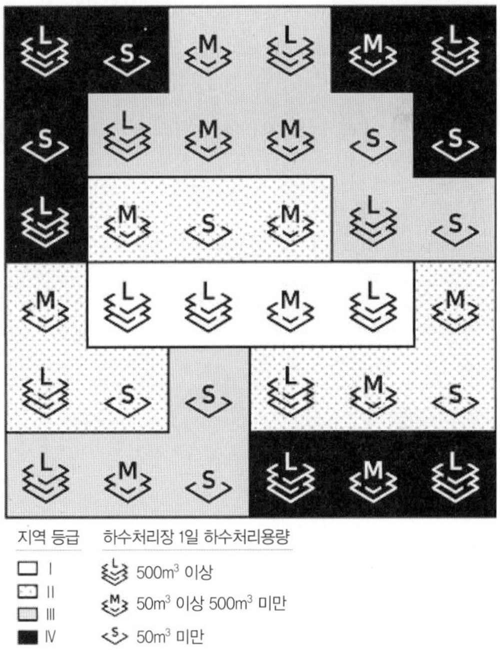

〈보 기〉

ㄱ. 방류수의 생물학적 산소요구량 기준이 '5mg/L 이하'인 하수처리장 수는 5개이다.
ㄴ. 1일 하수처리용량 $500m^3$ 이상인 하수처리장 수는 1일 하수처리용량 $50m^3$ 미만인 하수처리장 수의 1.5배 이상이다.
ㄷ. Ⅱ등급 지역에서 방류수의 총인 기준이 '0.3mg/L 이하'인 하수처리장의 1일 하수처리용량 합은 최소 $1,000m^3$이다.
ㄹ. 방류수의 총질소 기준이 '20mg/L 이하'인 하수처리장 수는 방류수의 화학적 산소요구량 기준이 '20mg/L 이하'인 하수처리장 수의 5배 이상이다.

① ㄱ, ㄴ
② ㄱ, ㄷ
③ ㄴ, ㄹ
④ ㄱ, ㄷ, ㄹ
⑤ ㄴ, ㄷ, ㄹ

문 21. 다음 〈표〉는 직원 '갑'~'무'에 대한 평가자 A~E의 직무평가 점수이다. 이에 대한 〈보기〉의 설명 중 옳은 것만을 모두 고르면?

〈표〉 직원 '갑'~'무'에 대한 평가자 A~E의 직무평가 점수

(단위 : 점)

직원 \ 평가자	A	B	C	D	E	종합점수
갑	91	87	( )	89	95	89.0
을	89	86	90	88	( )	89.0
병	68	76	( )	74	78	( )
정	71	72	85	74	( )	77.0
무	71	72	79	85	( )	78.0

※ 1) 직원별 종합점수는 해당 직원이 평가자 A~E로부터 부여받은 점수 중 최댓값과 최솟값을 제외한 점수의 평균임
2) 각 직원은 평가자 A~E로부터 각각 다른 점수를 부여받았음
3) 모든 평가자는 1~100점 중 1점 단위로 점수를 부여하였음

〈보 기〉

ㄱ. '을'에 대한 직무평가 점수는 평가자 E가 가장 높다.
ㄴ. '병'의 종합점수로 가능한 최댓값과 최솟값의 차이는 5점 이상이다.
ㄷ. 평가자 C의 '갑'에 대한 직무평가 점수는 '갑'의 종합점수보다 높다.
ㄹ. '갑'~'무'의 종합점수 산출시, 부여한 직무평가 점수가 한 번도 제외되지 않은 평가자는 없다.

① ㄱ
② ㄱ, ㄹ
③ ㄴ, ㄷ
④ ㄱ, ㄴ, ㄹ
⑤ ㄴ, ㄷ, ㄹ

※ 다음 〈표 1〉과 〈표 2〉는 '갑'국 A~E 5개 도시의 지난 30년 월평균 지상 10m 기온과 월평균 지표면 온도이고, 〈표 3〉과 〈표 4〉는 도시별 설계적설하중과 설계기본풍속이다. 다음 물음에 답하시오. [22~23]

〈표 1〉 도시별 월평균 지상 10m 기온

(단위 : ℃)

월 \ 도시	A	B	C	D	E
1	−2.5	1.6	−2.4	−4.5	−2.3
2	−0.3	3.2	−0.5	−1.8	−0.1
3	5.2	7.4	4.5	4.2	5.1
4	12.1	13.1	10.7	11.4	12.2
5	17.4	17.6	15.9	16.8	17.2
6	21.9	21.1	20.4	21.5	21.3
7	25.9	25.0	24.0	24.5	24.4
8	25.4	25.7	24.9	24.3	25.0
9	20.8	21.2	20.7	18.9	19.7
10	14.4	15.9	14.5	12.1	13.0
11	6.9	9.6	7.2	4.8	6.1
12	−0.2	4.0	0.6	−1.7	−0.1

〈표 2〉 도시별 월평균 지표면 온도

(단위 : ℃)

월 \ 도시	A	B	C	D	E
1	−2.4	2.7	−1.2	−2.7	0.3
2	−0.3	4.8	0.8	−0.7	2.8
3	5.6	9.3	6.3	4.8	8.7
4	13.4	15.7	13.4	12.6	16.3
5	19.7	20.8	19.4	19.1	22.0
6	24.8	24.2	24.5	24.4	25.9
7	26.8	27.7	26.8	26.9	28.4
8	27.4	28.5	27.5	27.0	29.0
9	22.5	19.6	22.8	21.4	23.5
10	14.8	17.9	15.8	13.5	16.9
11	6.2	10.8	7.5	5.3	8.6
12	−0.1	4.7	1.1	−0.7	2.1

〈표 3〉 도시별 설계적설하중

(단위 : kN/m^2)

도시	A	B	C	D	E
설계적설하중	0.5	0.5	0.7	0.8	2.0

〈표 4〉 도시별 설계기본풍속

(단위 : m/s)

도시	A	B	C	D	E
설계기본풍속	30	45	35	30	40

문 22. 위 〈표〉를 근거로 〈보기〉의 설명 중 옳은 것만을 모두 고르면?

〈보 기〉

ㄱ. '월평균 지상 10m 기온'이 가장 높은 달과 '월평균 지표면 온도'가 가장 높은 달이 다른 도시는 A뿐이다.

ㄴ. 2월의 '월평균 지상 10m 기온'은 영하이지만 '월평균 지표면 온도'가 영상인 도시는 C와 E이다.

ㄷ. 1월의 '월평균 지표면 온도'가 A~E 도시 중 가장 낮은 도시의 설계적설하중은 5개 도시 평균 설계적설하중보다 작다.

ㄹ. 설계기본풍속이 두 번째로 큰 도시는 8월의 '월평균 지상 10m 기온'도 A~E 도시 중 두 번째로 높다.

① ㄱ, ㄴ

② ㄴ, ㄷ

③ ㄴ, ㄹ

④ ㄷ, ㄹ

⑤ ㄱ, ㄷ, ㄹ

문 23. 폭설피해 예방대책으로 위 〈표 3〉에 제시된 도시별 설계적설하중을 수정하고자 한다. 〈규칙〉에 따라 수정하였을 때, A~E 도시 중 설계적설하중 증가폭이 두 번째로 큰 도시와 가장 작은 도시를 바르게 연결한 것은?

〈규 칙〉

단계 1 : 각 도시의 설계적설하중을 50% 증가시킨다.

단계 2 : '월평균 지상 10m 기온'이 영하인 달이 3개 이상인 도시만 단계 1에 의해 산출된 값을 40% 증가시킨다.

단계 3 : 설계기본풍속이 40m/s 이상인 도시만 단계 1~2를 거쳐 산출된 값을 20% 감소시킨다.

단계 4 : 단계 1~3을 거쳐 산출된 값을 수정된 설계적설하중으로 한다. 단, 1.0kN/m² 미만인 경우 1.0kN/m²으로 한다.

	두 번째로 큰 도시	가장 작은 도시
①	A	B
②	A	C
③	B	D
④	D	B
⑤	D	C

문 24. 다음 〈표〉는 2017년과 2018년 '갑'국에 운항하는 항공사의 운송실적 및 피해구제 현황에 관한 자료이다. 〈표〉를 이용하여 작성한 그래프로 옳지 않은 것은?

〈표 1〉 2017년과 2018년 국적항공사의 노선별 운송실적

(단위 : 천 명)

국적항공사 \ 노선·연도		국내선 2017	국내선 2018	국제선 2017	국제선 2018
대형 항공사	태양항공	7,989	6,957	18,925	20,052
	무지개항공	5,991	6,129	13,344	13,727
저비용 항공사	알파항공	4,106	4,457	3,004	3,610
	에어세종	0	0	821	1,717
	청렴항공	3,006	3,033	2,515	2,871
	독도항공	4,642	4,676	5,825	7,266
	참에어	3,738	3,475	4,859	5,415
	동해항공	2,935	2,873	3,278	4,128
합계		32,407	31,600	52,571	58,786

〈표 2〉 2017년 피해유형별 항공사의 피해구제 접수 건수 비율

(단위 : %)

항공사 \ 피해유형	취소환불 위약금	지연 결항	정보제공 미흡	수하물 지연 파손	초과 판매	기타	합계
국적항공사	57.14	22.76	5.32	6.81	0.33	7.64	100.00
외국적 항공사	49.06	27.77	6.89	6.68	1.88	7.72	100.00

〈표 3〉 2018년 피해유형별 항공사의 피해구제 접수 건수

(단위 : 건)

항공사 \ 피해유형		취소 환불 위약금	지연 결항	정보 제공 미흡	수하물 지연 파손	초과 판매	기타	합계	전년 대비 증가
대형 항공사	태양항공	31	96	0	7	0	19	153	13
	무지개 항공	20	66	0	5	0	15	106	−2
저비용 항공사	알파항공	9	9	0	1	0	4	23	−6
	에어세종	19	10	2	1	0	12	44	7
	청렴항공	12	33	3	4	0	5	57	16
	독도항공	34	25	3	9	0	27	98	−35
	참에어	33	38	0	6	0	8	85	34
	동해항공	19	32	1	10	0	10	72	9
국적항공사		177	309	9	43	0	100	638	36
외국적항공사		161	201	11	35	0	78	486	7

① 2017년 피해유형별 외국적항공사의 피해구제 접수 건수 대비 국적항공사의 피해구제 접수 건수 비

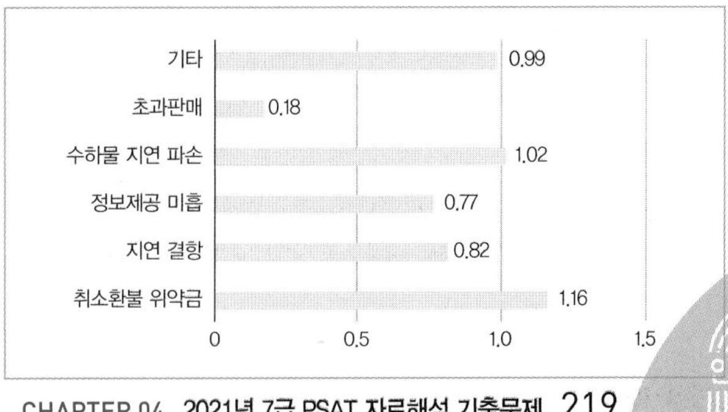

② 2017년 국적항공사별 피해구제 접수 건수 비중

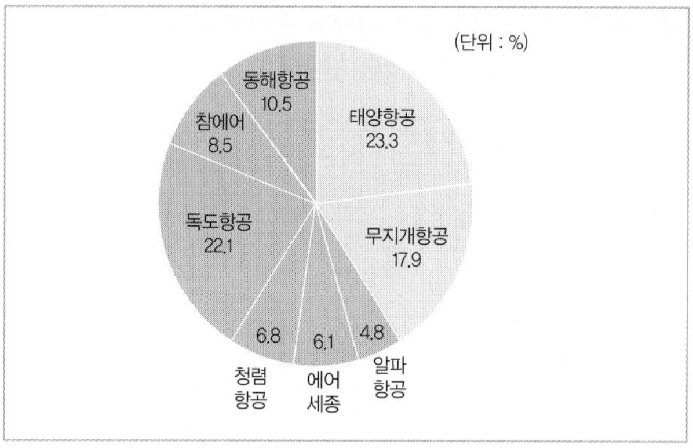

③ 2017년 피해유형별 국적항공사의 피해구제 접수 건수

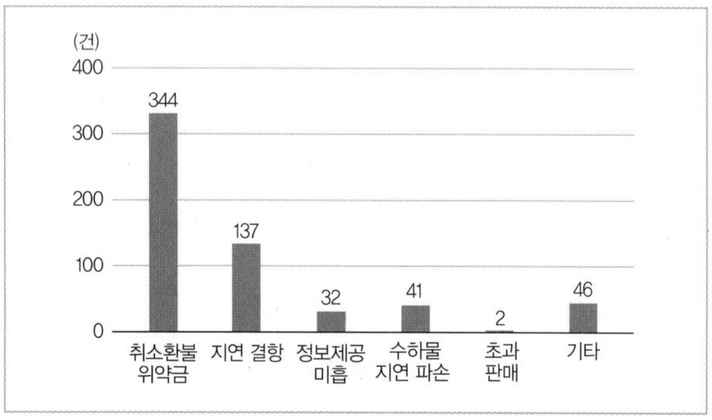

④ 2017년 대비 2018년 저비용 국적항공사의 전체 노선 운송실적 증가율

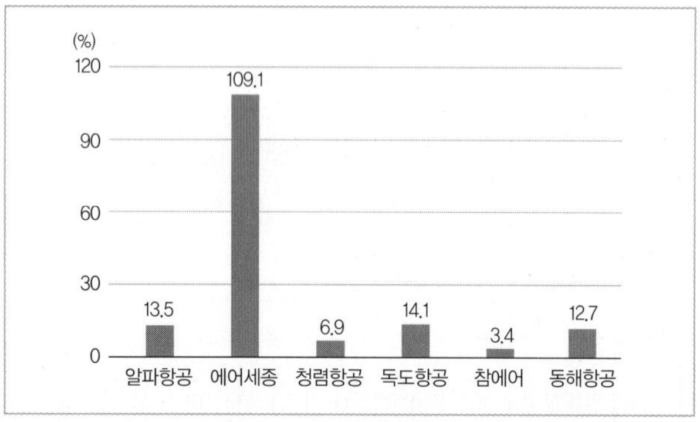

⑤ 대형 국적항공사의 전체 노선 운송실적 대비 피해구제 접수 건수 비

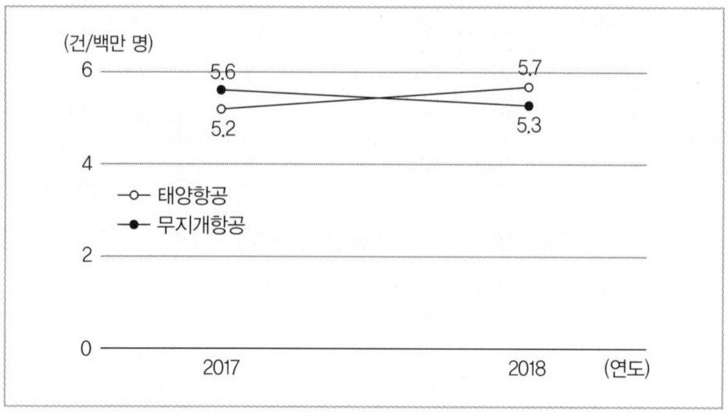

문 25. 다음 〈표〉는 2011~2020년 산불 건수 및 산불 가해자 검거 현황과 2020년 산불 원인별 가해자 검거 현황에 관한 자료이다. 이에 대한 〈보기〉의 설명 중 옳은 것만을 모두 고르면?

〈표 1〉 2011~2020년 산불 건수 및 산불 가해자 검거 현황

(단위 : 건, %)

연도 \ 구분	산불 건수	가해자 검거 건수	검거율
2011	277	131	47.3
2012	197	73	( )
2013	296	137	46.3
2014	492	167	33.9
2015	623	240	38.5
2016	391	( )	( )
2017	692	305	( )
2018	496	231	46.6
2019	653	239	36.6
2020	620	246	39.7
계	( )	1,973	( )

〈표 2〉 2020년 산불 원인별 산불 건수 및 가해자 검거 현황

(단위 : 건, %)

산불 원인 \ 구분	산불 건수	가해자 검거 건수	검거율
입산자 실화	( )	32	( )
논밭두렁 소각	49	45	( )
쓰레기 소각	65	( )	( )
담뱃불 실화	75	17	22.7
성묘객 실화	9	6	( )
어린이 불장난	1	1	100.0
건축물 실화	54	33	61.1
기타	150	52	34.7
전체	( )	246	39.7

※ 1) 산불 1건은 1개의 산불 원인으로만 분류함
2) 가해자 검거 건수는 해당 산불 발생 연도를 기준으로 집계함
3) $\text{검거율(\%)} = \frac{\text{가해자 검거 건수}}{\text{산불 건수}} \times 100$

〈보 기〉

ㄱ. 2011~2020년 연평균 산불 건수는 500건 이하이다.
ㄴ. 산불 건수가 가장 많은 연도의 검거율은 산불 건수가 가장 적은 연도의 검거율보다 높다.
ㄷ. 2020년에는 기타를 제외하고 산불 건수가 적은 산불 원인일수록 검거율이 높다.
ㄹ. 2020년 전체 산불 건수 중 입산자 실화가 원인인 산불 건수의 비율은 35%이다.

① ㄱ, ㄴ
② ㄴ, ㄹ
③ ㄷ, ㄹ
④ ㄱ, ㄴ, ㄷ
⑤ ㄱ, ㄴ, ㄹ

05 5 · 7급 PSAT 자료해석 기출문제 정답 및 해설

2022 5급 PSAT 자료해석 기출문제

01	02	03	04	05	06	07	08	09	10
②	③	③	④	①	①	④	④	⑤	①
11	12	13	14	15	16	17	18	19	20
③	⑤	③	⑤	①	④	①	③	⑤	①
21	22	23	24	25	26	27	28	29	30
③	②	②	⑤	①	④	②	⑤	①	②
31	32	33	34	35	36	37	38	39	40
④	③	⑤	③	②	④	②	④	⑤	③

01 답 ②

난도 ★

정답해설

ㄱ. 보고서의 두 번째 문장을 보면, 수도권과 비수도권의 2015~2019년 4분기 평균을 2020년 4분기와 비교한다. 따라서 2015~2019년 4분기 수도권 및 비수도권 아파트 입주 물량 자료가 필요하다.

ㄷ. 보고서의 세 번째 문장을 보면, 시도별 아파트 입주 물량 자료를 필요로 한다. 또한 그 시기는 전년동기를 비교하고 있으므로 2019~2020년 4분기가 적절하다.

오답해설

ㄴ. 보고서에서 공급주체별 입주 물량에 대한 언급은 마지막 부분에 나온다. 그러나 2020년 4분기 자료에 대한 언급이 전부이므로, 2015~2019년 공급주체별 연평균 아파트 입주 물량 자료는 필요하지 않다.

ㄹ. 보고서에서 규모 및 공급주체별 입주 물량에 대한 언급은 2020년 4분기 자료에 대한 언급이 전부이므로, 2019년 4분기 규모 및 공급주체별 아파트 입주 물량은 필요로 하지 않는다.

합격생 가이드

추가로 필요한 자료 유형의 문제를 풀기 위해서는 첫 번째로 이미 주어진 자료로 보고서의 내용을 작성할 수 있는 경우 추가로 자료가 필요하지 않다는 것을 주의하여야 한다. 두 번째로 보고서에서 언급되지 않은 내용의 자료를 추가하는 것은 적절하지 않다.

02 답 ③

난도 ★★

정답해설

ㄴ. 전체 구간 주행 연료비를 각각 계산하면 다음과 같다.

- 갑 : 18×1,000=18,000
- 을 : 13.5×1,700=22,950
- 병 : 10×1,500=15,000

따라서 을이 가장 많고, 병이 가장 적다.

ㄷ. 전체 구간 주행 연비는 주행거리 240을 연료 소모량으로 나눈 값이다. 분자인 주행 거리가 모두 240으로 동일하기 때문에 전체 연료 소모량이 적을수록 전체 구간 주행 연비는 높다. 연료 소모량은 병이 가장 적고, 갑이 가장 높으므로 연비는 병이 가장 높고, 갑이 가장 낮다.

오답해설

ㄱ. 시간은 $\frac{거리}{속력}$로 구한다. 이에 따라 전체 구간 주행 시간을 각각 계산하면 다음과 같다.

- 갑 : $\frac{100}{100}$+ + + =2.455
- 을 : $\frac{50}{90}$+ + =2.459
- 병 : $\frac{70}{100}$+ + + =2.364

따라서 전체 구간 주행 시간은 을이 가장 길고, 병이 가장 짧다.

ㄹ. 갑의 A→B 구간 주행 연비는 $\frac{100}{7}$이고, 을의 B→C 구간 주행 연비는 $\frac{50}{3}$이다. 따라서 을의 구간 주행 연비가 더 높다.

합격생 가이드

단순 계산 문제처럼 보이지만, 자잘한 계산이 많아 시간을 뺏길 수 있는 문제이다. 특히 ㄱ의 경우 선지 중 가장 많은 계산을 요구한다. 이때에는 ㄱ 이외의 다른 선지부터 확인하는 스킬이 필요하다.

03 답 ③

난도 ★★

정답해설

ㄴ. 남성 중 '비음주∧비흡연'인 환자 비율은 100%−(30%+35%+10%)=25%이다. 남성 인원은 '음주∧흡연'에서 도출할 수 있는데, 600명이 30%이므로 남성 환자는 총 $\frac{600}{0.3}$=2,000명이다. 남성 중 '비음주∧비흡연'인 환자 수는 2,000명×25%=500명이고, 여성 중 '비음주∧비흡연'인 환자 수는 450명이다. 따라서 비음주이면서 비흡연인 환자는 남성이 여성보다 많다.

ㄹ. 남성 중 음주 환자 비중은 65%(=30%+35%)이고, 여성 중 음주 환자 비중은 '비음주∧흡연'이 20%(300/1,500)임을 감안할 때 100%−50%=50%이다. 남성 중 흡연 환자 비중은 40%(=30%+10%)이고, 여성 중 흡연 환자 비중은 100%−50%=50%이다. 전체 환자 중 음주 환자 비중은 50% 이상~65% 미만일 것이고, 흡연 환자 비중은 40% 이상~50% 미만이므로 음주 환자 비중이 흡연 환자 비중보다 더 크다.

오답해설

ㄱ. 남성 환자의 흡연 비율은 남성 중 '음주∧흡연' 비율에 '비음주∧흡연' 비율을 더하여 도출할 수 있다. 남성 환자의 흡연 비율은 30%+10%=40%이고, 여성 환자의 흡연 비율은 100%−50%(여성 비흡연 비율)=50%이다. 따라서 흡연 비율은 여성 환자가 남성 환자보다 높다.

ㄷ. 여성의 경우 음주 환자와 비음주 환자 비중은 각각 50%로 같다.

합격생 가이드

처음부터 표를 모두 채울 생각을 하지 말고, 계산이 많이 요구되지 않는 선지부터 푼다고 생각하면 빠르게 정보를 확인할 수 있다.

04

답 ④

난도 ★

정답해설

ㄱ. 보고서 1문단 "특히 2017년에는 전년 대비 20%p 감소하여 가장 큰 폭으로 감소하였다."를 판단하기 위하여 2016년 행정소송 처리대상건수 및 국가승소 건수가 필요하다.

ㄷ. 보고서 1문단 마지막 문장을 위해 필요하다.

ㄹ. 보고서 3문단 마지막 문장을 위해 필요하다.

오답해설

ㄴ. 소송가액별 행정소송 처리대상건수와 관련된 언급은 보고서 3문단에 있다. 하지만 해당 내용은 제시된 자료와 보기 ㄹ이 추가로 제시된다면 알 수 있는 내용이므로, 2021년 소송가액별 행정소송 처리대상건수는 필요로 하지 않는다.

합격생 가이드

보고서가 주어지고 추가로 필요한 자료를 찾는 문제에서는 먼저 보고서를 차례대로 읽어 내려가며 표만 보고 해당 내용이 설명되는지 살펴보아야 한다. 문제의 경우 표 2와 표 3은 2020년 자료만 주어져 있다. 만약 2020년 이외의 내용이 작성되어 있다면 반드시 다른 자료를 필요로 할 것이다.

05

답 ①

난도 ★★

정답해설

ㄱ. 현재 농산물 해운 운송량 합계는 10,600톤이고, 평균은 2,650톤(10,600톤÷4)이다. 농산물별 해운 운송량이 각각 100톤씩 증가하면 평균도 100만큼 늘어나므로 평균은 2,750톤이 된다.

ㄷ. 도로 운송량이 많은 농산물은 순서대로 밀, 쌀, 보리, 콩이다. 해당 농산물의 운송량 중 도로 운송량이 차지하는 비중은 $\frac{\text{도로}}{\text{도로}+\text{철도}+\text{해운}}$ 이지만, $\frac{\text{도로}}{\text{철도}+\text{해운}}$으로 계산하여도 된다. 계산하여 보면, 밀, 쌀, 보리, 콩 순으로 $\frac{16{,}500}{10{,}500}$(≒1.57), $\frac{10{,}600}{7{,}400}$(≒1.43), $\frac{2{,}900}{9{,}100}$(≒0.32), $\frac{400}{4{,}600}$(≒0.09)이므로 도로 운송량이 많은 농산물의 순서와 동일하다.

오답해설

ㄴ. 보리의 운송량의 50%와 콩의 운송량의 100%가 서로 같은지 확인하면 된다.

- 보리 : 2,900톤+7,100톤+2,000톤=12,000톤
- 콩 : 400톤+600톤+4,000톤=5,000톤

따라서 보리의 50%(=6,000톤)와 콩의 100%(=5,000톤)는 같지 않으므로, 전체 운송량은 변한다.

ㄹ. 해운 운송량이 적은 농산물은 순서대로 쌀, 보리, 밀, 콩이다. 해당 농산물의 운송량 중 해운 운송량이 차지하는 비중의 순서를 계산해보면 다음과 같다.

- 쌀 : $\frac{1{,}600}{16{,}400}$≒0.10
- 밀 : $\frac{3{,}000}{24{,}000}$=0.125
- 콩 : $\frac{4{,}000}{1{,}000}$=4
- 보리 : $\frac{2{,}000}{10{,}000}$=0.2

따라서 해운 운송량이 차지하는 비중이 작은 순서는 쌀, 밀, 보리, 콩 순으로 해운 운송량이 적은 농산물의 순서와 다르다.

합격생 가이드

각 농산물의 운송량 중 도로 운송량이 차지하는 비중의 절댓값을 구하기 위해서는 $\frac{\text{도로}}{\text{도로}+\text{철도}+\text{해운}}$이지만, 상대적인 수치로 순서 비교만을 위해서는 $\frac{\text{도로}}{\text{철도}+\text{해운}}$으로 계산하여도 된다. 이처럼 항상 계산을 줄일 수 있는 방법을 고민하여야 한다.

06

답 ①

난도 ★

정답해설

① 기술무역수지=기술수출액−기술도입액이다. 2020년 3개 산업 중 기술무역수지가 가장 작은 산업은 소재 산업이다.

오답해설

② 기술무역규모=기술수출액+기술도입액이다. 2021년 3개 산업 중 기술무역규모가 가장 큰 산업은 소재 산업이다.

③ 2019년 3개 산업의 기술도입액은 적게 잡아도 각각 약 90, 90, 170이다. 이를 모두 더하면 약 350백만 달러이므로 3억 2천만 달러 이상이다.

④ 기술무역수지=기술수출액−기술도입액으로 해당 점에서 기울기가 1인 그래프를 그렸을 때 $y=x+k$ 그래프의 k(y절편 값)에 해당한다. 소재 산업의 2019년, 2020년, 2021년 기술무역 수지는 매년 감소한다.

⑤ 기술무역수지비=$\frac{\text{기술수출액}}{\text{기술도입액}}$으로 $y=ax$ 그래프의 α(기울기)에 해당한다. 농림수산식품 산업에서 원점과 직선 연결 시 기울기가 가장 큰 해는 2020년이다.

합격생 가이드

y축 값이 기술수출액, x축 값이 기술도입액이므로, 기술무역규모=$x+y$, 기술무역수지=$x-y$, 기술무역수지비=$\frac{x}{y}$ 그래프를 그려 상대적인 크기를 비교할 수 있다.

07

답 ④

난도 ★★

정답해설

④ 하천에서 발생한 사고의 수는 2018~2021년 16명, 23명, 19명, 23명이다. 전체 사고 사망자 수가 2018~2021년 24명, 36명, 37명, 37명임으로 고려할 때 2020년은 $\frac{19}{37}$≒0.51(약 51%)로 60% 이상이 아니다.

오답해설

① 여름철 물놀이 사고 사망자 수를 모두 더하면 2018년은 24명, 2019년은 36명, 2020년은 37명, 2021년은 37명이다. 따라서 2019년에 전년 대비 50% 증가하였고, 이후 매년 30명 이상이다.

② 4대 주요 원인에 의한 사망자 수는 2018~2021년 각각 24명, 34명, 33명, 29명이다. 따라서 4대 주요 원인에 의한 사망자가 차지하는 비율이 가장 높은 해는 $\frac{24}{24}\times100=100\%$인 2018년이다.

③ 물놀이 사고 사망자 중 수영미숙에 의한 사망자는 2018~2021년 각각 13명, 14명, 14명, 12명이다. 전체 사고 사망자 수가 2018~2021년 24명, 36명, 37명, 37명임으로 고려할 때 매년 30% 이상을 차지한다.

⑤ 2021년 30대 미만 사망자는 총 8명이다. 2021년 30대 미만 사망자 전체가 안전부주의 사망자라고 가정하더라도, 남은 1명은 반드시 30대 이상이어야 한다.

합격생 가이드

표가 2개 이상 등장하는 문제에서는 표를 2개 이상 복합적으로 활용하여 확인하는 선지가 구성되는 경우가 대부분이다. 표를 여러 개 확인하는 도중 실수하지 않도록 주의한다.

08

답 ④

난도 ★

정답해설

첫 번째 조건을 보면 계산하지 않고도 내수면어업 생산량이 원양어업 생산량보다 많은 국가는 B, C임을 알 수 있으므로, 두 국가가 갑과 병 중 하나이다.

두 번째 조건을 보면, 해면어업 의존도는 D가 $\frac{4,200}{9,756}$으로 가장 높고, 그 다음은 A가 $\frac{1,235}{3,255}$로 높다. 따라서 A는 정이 되고, 자동적으로 D는 을이 된다.

세 번째 조건을 보면, 을(D)의 원양어업 생산량이 9,756−4,200−324−2,287=2,945이므로, 병의 천해양식 생산량은 2945×1.1=3,239.5 이상이어야 한다. B의 천해양식 생산량은 10,483−3,245−1,077−3,058=3,103이고, C의 천해양식 생산량은 8,020−2,850−720−1,150=3,300이다. 따라서 C가 병, B가 갑이 된다.

합격생 가이드

세 번째 조건을 판단할 때 병의 천해양식 생산량은 을의 원양어업 생산량의 1.1배 이상이라고 하였으니, B와 C 중 천해양식 생산량이 더 큰 것이 을이 된다는 사실도 빠른 풀이에 도움이 된다. 굳이 을의 원양어업 생산량을 구해서 1.1배를 하는 것보다 바로 B와 C의 천해양식 생산량을 계산하고 크기 비교만 하면 되는 것이다.

09

답 ⑤

난도 ★

정답해설

⑤ 글로벌 e스포츠 산업 규모 대비 '갑'국의 e스포츠 산업 규모 비중은 2017년 $\frac{602.7}{3,575}$≒0.168, 2018년 $\frac{722.9}{3,741}$≒0.193으로 2018년에 전년 대비 상승한다.

오답해설

① $\frac{1,138}{973}$≒1.17로, 15% 이상 성장하였다.

② 방송분야 매출은 453억 원, 전체 매출은 1,138.6이므로 그 비중은 $\frac{453}{1,138}$≒0.40이다. 따라서 전체의 35% 이상을 차지하여 가장 비중이 크다.

③ 2019년은 $\frac{5,424}{3,741}$≒1.45(전년 대비 약 45%), 2020년은 $\frac{7,207}{5,424}$≒1.33(약 33%), 2021년에는 $\frac{9,517}{7,207}$≒1.32(약 32%)가 성장하여 모두 30% 이상 성장하였다.

④ '갑'국 e스포츠 산업규모는 2020년 전년 대비 $\frac{973}{933.4}$≒1.042, 즉 5% 미만 성장하였다. 글로벌 e스포츠 산업 규모에서 차지하는 비중은 $\frac{973}{7,207}$≒0.135로, 15% 미만이다.

합격생 가이드

복수의 표를 주고 보고서의 내용 중 옳지 않은 것을 고르는 문제에서는 선지가 보고서 내에 줄글로 되어 있다. 이러한 유형의 문제에서는 해당 선지의 내용 이외에는 읽을 필요가 없다는 사실을 유념한다. 또한 모든 문제가 그러한 것은 아니지만, 이러한 유형에서는 답이 뒤쪽에서 도출되는 경우가 유의미하게 많으므로, 뒤쪽 선지부터 확인하도록 한다.

10

답 ①

난도 ★★

정답해설

① 2020년 대비 2021년 불법체류외국인 증가인원은 표 1에서 보면 355,126−251,041=104,085명이다. 2020년 대비 2021년 국적이 A인 불법체류외국인의 증가인원은 표 3에서 보면 153,485−81,129=72,356(명)이다. $\frac{72,356}{104,085}$≒0.70이므로, 60% 이상이다.

오답해설

② 2019년에서 2020년으로 넘어갈 때, 불법체류외국인 중 체류유형이 등록외국인인 구성비는 36%에서 33%로 $\frac{3}{36}\times100$≒8.3% 감소하나, 불법체류외국인 수는 208,971명에서 251,041명으로 $\frac{42,070}{208,971}\times100$≒20% 증가한다. 따라서 체류유형이 등록외국인인 불법체류외국인 수는 2020년에 전년 대비 증가한다.

③ 2017년과 2018년에는 순서가 다르다.

④ 2019년에는 체류외국인의 수가 전년보다 증가했지만, 불법체류외국인의 수는 오히려 감소하였으므로, 2019년 체류외국인 대비 불법체류외국인 비중은 전년 대비 감소한다.

⑤ 2021년 체류외국인 증가 수는 2,367,607명−2,180,498명=187,109명이다. 따라서 2021년 체류외국인의 전년 대비 증가율은 약 8.6%이다.

합격생 가이드

표가 2개 이상 주어지면 선지의 정오를 판단하는 데 필요한 정보를 어떠한 표에서 얻어야 하는지를 찾는 데도 시간이 많이 걸린다. 따라서 문제를 풀기 시작함과 동시에 표의 개략적인 정보를 파악하여 어떤 정보를 어떤 표에서 찾아야 하는지 생각하면서 풀어야 한다.

11
답 ③

난도 ★

정답해설

첫 번째 조건을 통해 A 대학과 C 대학 중 하나가 우리대 또는 나라대인 것을 알 수 있다. A 대학과 C 대학 모두 2021년에 응시자 수가 가장 많은 반면, 합격률이 가장 낮다.

두 번째 조건을 통해 2021년 합격률이 $\frac{48}{90}\times100≒53\%$인 A 대학이 우리대인 것을 알 수 있으므로, C 대학이 나라대가 된다.

네 번째 조건을 통해 2015년 합격률은 $\frac{47}{58}\times100≒81\%$, 2021년 합격률은 $\frac{58}{97}\times100≒59.8\%$로, 감소폭이 40%p 이하인 B 대학이 강산대임을 알 수 있다.

합격생 가이드

첫 번째 조건과 같은 경우 확인할 정보가 많다. 매칭형 문제에서 약간의 팁은 우리대와 나라대는 무려 4개의 선지에서 A 또는 C에 분포되어 있는 것을 알 수 있다. 따라서 첫 번째 조건은 표의 숫자를 일일이 계산하지 않고, A 대학과 C 대학 중 하나가 우리대 또는 나라대인 것을 알 수 있어야 한다.

12
답 ⑤

난도 ★★

정답해설

ㄴ. 2019년 조세지출금액 상위 3개 항목은 국민생활안정, 간접국세, 연구개발로 모두 더하면 249,696이며, 전체 396,769의 60%를 넘는다. 2020년에는 국민생활안정, 간접국세, 연구개발로 모두 더하면 260,884이며, 전체 418,601의 60%를 넘는다. 2021년에는 국민생활안정, 간접국세, 근로 · 자녀장려이고 모두 더하면 304,243으로 전체 474,125의 60%를 넘는다.

ㄷ. 기타를 제외하고 조세지출금액이 매년 증가한 항목은 중소기업지원, 고용지원, 기업구조조정, 지역균형발전, 공익사업지원, 저축지원, 국민생활안정, 근로 · 자녀장려, 간접국세, 농협구조개편으로 10개이다.

ㄹ. 2020년 국제도시육성 항목의 조세지출금액은 전년대비 감소했으나, 전체 조세지출금액은 증가하는 것으로 보아 비중은 감소했음을 알 수 있다. 2021년에는 국제도시육성 항목의 조세지출금액과 전체 조세지출금액이 모두 증가했으나, 국제도시육성 항목 금액은 $\frac{2,255-2,149}{2,149}\times100≒4.9\%$ 증가한 반면, 전체 조세지출금액은 $\frac{474-418}{418}\times100≒13.3\%$ 증가하였으므로, 국제도시육성 항목의 비중은 감소한다.

오답해설

ㄱ. 기타를 제외하고 전년 대비 조세지출금액이 증가한 항목 수는 2020년 중소기업지원, 투자촉진, 고용지원, 기업구조조정, 지역균형발전, 공익사업지원, 저축지원, 국민생활안정, 근로 · 자녀장려, 간접국세, 농협구조개편 11개이다. 2021년에는 중소기업지원, 고용지원, 기업구조조정, 지역균형발전, 공익사업지원, 저축지원, 국민생활안정, 근로 · 자녀장려, 간접국세, 외국인투자, 국제도시육성, 기업도시, 농협구조개편으로 13개이다. 따라서 2020년이 2021년보다 적다.

13
답 ③

난도 ★★

정답해설

ㄴ. 소년 범죄율이 2017년 대비 6.0% 이상 증가했다는 것은 발생지수가 106이 넘는 연도를 의미한다. 2020년의 경우 소년 범죄 발생지수가 주어져 있지 않은데, 2017년의 소년 범죄율인 1,172의 1.06배를 하면 1,242.32가 도출되므로, 1,249인 2020년 역시 발생지수가 106이 넘는다고 볼 수 있다. 따라서 해당하는 연도는 2019년과 2020년이다. 이 때 소년 범죄자 비율은 2020년의 경우 6.2%로 주어져있고, 2019년의 경우 $\frac{61,260}{61,162+920,760}\times100≒6.2\%$이므로, 두 해 모두 6.0% 이상이다.

ㄷ. 보기 ㄴ에서 2020년 소년 범죄 발생지수가 106 이상임을 도출했다. 따라서 2021년 소년 범죄 발생지수는 2020년에 비해 작다. 발생지수는 2017년을 기준으로 하기 때문에 범죄율이 낮다면 발생지수도 낮다. 따라서 성인 범죄의 범죄율이 2021년이 2020년보다 낮으므로, 발생지수도 낮다.

오답해설

ㄱ. 2017년 대비 2021년 소년 범죄 범죄율은 비슷하나, 소년 범죄 범죄자수는 약 15% 감소하였으므로 소년인구 역시 감소하였다고 볼 수 있다.

ㄹ. 소년 범죄 발생지수가 전년대비 증가한 연도는 2019년, 2020년이지만, 2020년에 소년 범죄 범죄자수는 감소하였다.

합격생 가이드

ㄴ에서 2019년 소년 범죄자 비율을 계산할 때 소년 범죄자수 61,162와 성인 범죄자수 920,760을 더한 값이 1,000,000을 넘지 않는다는 점만 파악하면 소년 범죄자수가 61,162이므로 반드시 6.0% 이상인 것을 알 수 있다.

14
답 ⑤

난도 ★★★

정답해설

⑤ 연도별 D마을의 전년 대비 1인 가구수 증가율을 살펴보면, 2019년에는 $\frac{190-80}{80}\times100=137.5\%$, 2020년은 $\frac{75-190}{190}\times100≒-60.5\%$, 2021년은 $\frac{315-75}{75}\times100=320.0\%$이다.

오답해설

① 2021년 갑지역 1인 가구수는 120+205+160+315=800명이다.

② 2021년 갑지역 2인 이상 가구의 수는 '총가구수−1인 가구수'로 구한다. 이렇게 구한 2인 이상 가구수는 A, B, C, D 순으로 480가구, 345가구, 340가구, 185가구이므로, 갑지역 2인 이상 가구수는 1,350가구이다. 따라서 각각의 구성비는 A마을 35.6%, B마을 25.6%, C 마을 25.2%, D마을 13.7%이다.

③ 표 1을 보면 각주에서 괄호 안의 수치는 연도별 갑지역 1인 가구수 중 해당 마을 1인 가구수의 비중이라고 제시한다. 그러나 선지 ③의 그래프는 A마을의 총가구수 대비 1인 가구수의 비중을 나타내고자 하는데, 그래프의 수치는 표 1에 있는 괄호 안의 수치가 그대로 들어가 있다. 참고로, 연도별 A마을의

총가구수 대비 1인 가구수의 비중은 2018년 15%, 2019년 36.7%, 2020년 50.8%, 2021년 20%이다.

④ 2인 이상 가구수와 1인 가구수 차이는 총가구수에서 '(1인 가구수)×2'를 뺀 값과 같다. 2021년 B마을의 2인 이상 가구수와 1인 가구수 차이는 550−(205×2)=140가구이고, 마찬가지로 2021년 C마을 2인 이상 가구수와 1인 가구수 차이는 500−(160×2)=180가구이다.

합격생 가이드

③ 선지의 경우는 ①에서 연도별 1인 가구수 비중이 연도별로 지속적으로 상승함을 알 수 있다. 따라서 총가구수가 매년 같을 때, 계속 상승하는 추세여야 함을 파악한다면 구체적인 계산 없이 정오를 판단할 수 있다. ④의 경우 2인 이상 가구수를 구하고, 그것과 1인 가구수의 차이를 구한다면 계산이 많고 복잡해진다. $x+y=z$일 때, 양변에 x를 빼서 $y-x=z-2x$를 만드는 원리를 활용하였다.

15

답 ①

난도 ★★

정답해설

첫째, "2020년과 2021년 모두 선행시간이 12시간씩 감소할수록 거리오차도 감소하였다."라는 사실을 통해 D가 소거된다. 2020년 D의 경우 48시간에서 36시간으로 갈 때 거리오차가 증가한다.

둘째, "2021년의 거리오차는 선행시간이 36시간, 24시간, 12시간일 때 각각 100km 이하였다."라는 사실을 통해 C와 E가 추가로 소거된다.

마지막으로 "2020년과 2021년 모두 선행시간이 12시간씩 감소하더라도 거리오차 감소폭은 30km 미만이었다."라는 사실을 통해 B가 소거된다. 2020년 B의 경우 36시간에서 24시간으로 선행시간이 12시간 감소할 때 감소폭은 40이다. 따라서 갑국에 해당하는 국가는 A이다.

16

답 ④

난도 ★★

정답해설

④ 식용곤충 분야 기초연구 지원 금액은 그림에 제시된 2018년 식용곤충 값인 3,636에서 표에 제시된 식용곤충 응용연구, 개발연구, 기타 값을 빼면 된다. 그 값은 339백만 원이다. 2016년 또한 같은 방식으로 구하면 67백만 원이므로, 2018년이 2016년의 5배 이상(67×5=335)이다.

오답해설

① 지원과제당 지원금액은 2019년 $\frac{4,886}{53}$≒92.2이다. 2017년은 $\frac{3,368}{39}$≒86.4이다.

② 2018년의 경우 $\frac{67}{282}$×100≒23.8%이고, 2019년의 경우 $\frac{570-431}{570}=\frac{139}{570}$×100≒24.4%이므로, 후자가 더 크다.

③ 그림에서 2017년은 $\frac{319}{3,368}$×100≒9.47%, 2018년은 $\frac{450}{4,368}$×100≒10.30%이므로, 후자가 더 크다.

⑤ 2020년 식용곤충 분야의 개발연구 지원 금액은 2,292−(385+89+37)=1,781이다. 따라서 2020년 식용곤충 분야 개발연구 지원 금액의 경우 전년도보다 감소하였다.

합격생 가이드

단순확인 문제이나 자잘한 숫자 값이 많이 주어져 계산에 어려움을 겪을 수 있다. 하지만 이러한 계산 문제는 신속하고 정확하게 필요한 계산을 해내는 정공법이 가장 빠르게 해결하는 방법이라고 생각한다.

17

답 ①

난도 ★★★

정답해설

ㄱ. H사의 2020년 전기차 판매량은 146,153대, 2016년 6,460대이다. 6,460×2=12,920이므로 적절하다.

오답해설

ㄴ. 표의 경우 2020년 기준 전기차 시장 점유율 상위 10개 업체의 연도별 판매량 및 시장 점유율을 나타낸 것이다. 따라서 2015년, 2016년, 2017년의 경우 정확한 순위를 알 수 없다.

ㄷ. T사의 전기차 판매량이 가장 많이 증가한 해는 154,032대가 증가한 2020년이다. 하지만 시장 점유율이 전년대비 가장 많이 증가한 해는 6.6%p가 증가한 2018년이다.

ㄹ. 2020년 전기차 판매량 상위 10개 업체 중 판매량 증가율이 가장 높은 업체는 10배 가까이 증가한 P사이다.

합격생 가이드

ㄴ 판단에는 함정이 있었다. 실제로 표만 보면 H사의 전기차 판매량 순위는 ㄴ과 같이 도출되기 때문이다. 따라서 모든 문제에서 선지의 정오를 판단하기 전에 반드시 표나 그림의 구조를 파악하여야 한다.

18

답 ③

난도 ★★

정답해설

먼저 E와 F의 종합점수를 비교하면, E의 1차 점수는 F보다 4점 높고, E의 2차 점수는 F보다 2점 낮다. 종합점수는 0.3×4+0.7×(−2)=−0.2이므로 E의 종합점수는 F보다 0.2점 낮다. 따라서 E, F 순으로 시작하는 ①, ②, ④가 소거된다. 다음으로 B와 C의 종합점수를 비교하면, B의 1차 점수는 C보다 4점 높고, B의 2차 점수는 C보다 2점 낮다. 종합점수는 0.3×4+0.7×(−2)=−0.2이므로 B의 종합점수는 C보다 0.2점 낮다. 이에 따라 ⑤가 소거되므로 정답은 ③이다.

합격생 가이드

표에 빈칸이 있다고 하여 그 빈칸을 모두 채울 필요는 없다. 때에 따라 선지 플레이를 통해 해설과 같이 빠른 경로로 정답을 도출하여야 시간을 절약할 수 있다.

19 답 ⑤

난도 ★★

정답해설

ㄷ. B의 경우 면접 결과가 합격이다. D의 경우 1차 면접 2번 문항에서 1점을 더 받았다면 1차 면접 점수 합계는 119점으로, 그 결과 D는 B보다 1차 면접에서 5점 높고, 2차 면접에서 2점 낮게 된다. 0.3×5+0.7×(−2)=0.1이므로 D가 B보다 종합점수가 0.1점 높아지기 때문에 D는 합격할 수 있다.

ㄹ. 2차 면접 문항별 실질 반영률은 1, 2번이 둘 다 $\frac{10}{50}$=0.2이므로, 실질 반영률이 명목 반영률보다 높은 항목은 인성이다. 인성 문항에서 지원자 중 가장 낮은 점수를 받은 지원자는 D이고, D는 2차 합계 점수도 가장 낮다.

오답해설

ㄱ. 1차수의 문항 번호별 명목 반영률은 1~4번 순서대로 $\frac{20}{120}$, $\frac{30}{120}$, $\frac{30}{120}$, $\frac{40}{120}$이다. 실질 반영률은 1~4번 순서대로 $\frac{10}{60}$, $\frac{20}{60}$, $\frac{10}{60}$, $\frac{20}{60}$이다. 따라서 명목 반영률이 높다고 실질 반영률이 높은 것은 아니다.

ㄴ. ㄱ에서 구한 바에 따르면 문항별 실질 반영률의 합은 교양이 $\frac{30}{60}$, 전문성이 $\frac{30}{60}$으로 동일하다.

합격생 가이드

선지의 정오를 판단하기 전에 표의 분석과 각주를 먼저 읽어 명목 반영률이나 실질 반영률이 어떻게 구해지는지 파악하여야 한다.

20 답 ①

난도 ★

정답해설

① 응급실 전담 전문의 1인당 응급실 전담 간호사 수는 권역, 지역, 기초 각각 $\frac{1,695}{318}$≒5.33, $\frac{3,233}{720}$≒4.49, $\frac{2,312}{379}$≒6.10이다. 따라서 기초응급의료센터가 가장 많다.

오답해설

② 전체 응급의료기관당 응급실 전담 전문의 수는 $\frac{1,417}{399}$≒3.55명이므로, 4명 미만이다.

③ 내원 환자 수가 가장 많은 응급의료기관 유형은 지역응급의료센터이다. 응급의료기관당 응급실 전담 간호사 수가 가장 많은 유형은 $\frac{1,695}{35}$≒48.4인 권역응급의료센터이다.

④ 응급실 전담 전문의 1인당 내원 환자 수는 지역응급의료센터가 가장 적다($\frac{2,669}{379}>\frac{1,540}{318}>\frac{3,455}{720}$).

⑤ 권역응급의료센터의 경우 $\frac{1,540,393}{1,268}$≒1,214명이다.

합격생 가이드

분수 비교를 빠르게 할 수 있는 연습이 되어 있는 경우 쉽게 풀 수 있는 문제였다. 분수 비교는 자료해석에서 기초 중의 기초라고 생각하고 많은 시간을 들여 연습하여야 한다.

21 답 ③

난도 ★★

정답해설

ㄴ. 뇌사 기증자 수에 4를 곱하여 비교하는 것이 빠른 방법이다. 이 방법으로 풀어보면, 2016년은 268×4=1,072, 2017년은 368×4=1,472, 2018년은 409×4=1,636, 2019년은 416×4=1,664, 2020년은 446×4=1,784이다. 모두 해당 연도 뇌사자장기이식 건수보다 적으므로, 뇌사 기증자 1인당 뇌사자장기이식 건수는 매년 4건 이상이다.

ㄹ. 이식 건수 중 생체이식 건수가 차지하는 비중은 2016년이 $\frac{1,780}{3,133}$×100≒56.8%, 2017년이 $\frac{1,997}{3,797}$×100≒52.6%, 2018년이 $\frac{2,045}{3,990}$×100≒51.3%, 2019년이 $\frac{1,921}{3,814}$×100≒50.4%, 2020년이 $\frac{1,952}{3,901}$×100≒50.0%로, 매년 감소하고 있다.

오답해설

ㄱ. 2019년의 경우에는 기증 희망자 수의 전년 대비 증가율($\frac{1,315,132-1,140,808}{1,140,808}$×100≒15.3%)이 뇌사 기증자 수의 전년 대비 증가율($\frac{416-409}{409}$×100≒1.7%)보다 높다.

ㄷ. 2019년의 경우 이식 대기자는 증가하나 이식 건수는 감소한다.

22 답 ②

난도 ★

정답해설

ㄱ. 아프리카의 2010년 대비 2015년 외국인 관광객 증가율은 $\frac{465-337}{337}$×100≒38.0%이다. 대양주의 증가율은 $\frac{168-146}{146}$×100≒15.1%이므로 아프리카는 대양주의 2배 이상이다.

ㄷ. 2015년 대비 2020년 외국인 관광객 감소폭은 북미가 974,153−271,487=702,666이고, 유럽이 806,438−214,911=591,527이다. 따라서 북미가 유럽보다 크다.

오답해설

ㄴ. 2015년 일본과 중국 관광객의 합은 약 7,821,952명이다. 2015년 아시아 관광객의 수가 10,799,355명이므로, 비중은 75%를 넘지 않는다.

ㄹ. 2020년 전체 외국인 관광객 중 미국 관광객이 차지하는 비중은 $\frac{220}{2,519}$×100≒8.7%이다.

23 답 ②

난도 ★★

정답해설

② 고속열차와 일반버스 간 소요시간 차이가 가장 작은 구간은 C구간이며(264분−179분=85분), 고속열차와 일반버스 간 비용 차이가 가장 작은 구간도 C구간이다(36,900원−22,000원=14,900원).

오답해설

① C구간에서 비용이 35,000원 이하인 교통수단은 일반열차, 고속버스, 일반버스이다. 소요시간당 비용이 가장 큰 교통수단은 일반열차이다($\frac{32,800}{247}$ > $\frac{25,000}{210}$ > $\frac{22,000}{264}$).

③ 고속열차 이용 시 소요시간당 비용은 D구간이 $\frac{41,600}{199}$≒208, E구간이 $\frac{42,800}{213}$≒201이다. 따라서 D구간이 더 크다.

④ A~E 모든 구간에서 고속버스가 일반열차보다 소요시간과 비용이 모두 작다. 따라서 이에 해당하는 구간은 5개이다.

⑤ A구간에서 고속열차를 기준으로 소요시간의 차이가 큰 교통수단은 일반버스(156분), 일반열차(130분), 고속버스(110분) 순이다. 마찬가지로 A구간에서 고속열차를 기준으로 비용의 차이가 큰 교통수단은 일반버스(26,000원), 고속버스(20,500원), 일반열차(12,600원) 순이므로, 순서가 서로 다르다.

합격생 가이드

복잡해 보이는 표이나 선지는 분수 2개를 비교하거나 단순히 대소비교를 하는 등 평이하게 구성되었다.

24

답 ⑤

난도 ★★

정답해설

첫 번째 조건을 통해 A, B가 행복 또는 건강임을 알 수 있다.

두 번째 조건을 통해 C와 D의 주거 면적당 인구를 비교하면, 다음과 같다.

- C : $\frac{14\times16,302}{27.0\times0.4}$≒21,132(명)
- D : $\frac{11\times14,230}{21.5\times0.3}$≒24,268(명)

D의 주거 면적당 인구가 더 많기 때문에 D는 사랑이고, 자동으로 C가 우정이다(①, ③, ④ 소거).

네 번째 조건을 보면 법정동 평균인구는 A가 $\frac{9,175\times16}{30}$≒4,893(명)이고, B가 7,550명, C가 $\frac{16,302\times14}{13}$=17,556(명)이다. 따라서 A가 행복이고, B가 건강이다.

합격생 가이드

두 번째 조건의 경우 행정동 평균 인구에 행정동 수를 곱하여 전체 인구를 알고, 전체 면적에 주거 면적 구성비를 곱하여 주거 면적을 알아야 하며, 이를 주거 면적당 인구로 비교하여야 한다. 즉 계산하여야 하는 정보가 매우 많으므로 실제 시험장에서는 이러한 문제의 경우 일단 스킵하고 최대한 나중에 확인하도록 한다.

25

답 ①

난도 ★★

정답해설

① 연도별 전체 재난사고 인적피해 중 부상 비율은 표 2에서 $\frac{부상}{사망+부상}$으로 도출한다. 2017~2021년 값을 구해보면 모두 95% 이상임을 알 수 있다.

오답해설

② 연도별 전체 재난사고 발생건수와 피해인원 모두 표 1에서 확인할 수 있다.

③ 표 1에서 연도별 전체 재난사고 발생건수 중 도로교통사고 발생건수를 계산하면 표와 같다.

④ 표 2에서 연도별 재산피해액을 표 1에서 구한 연도별 전체 재난사고 발생건수로 나누면 그래프와 같다.

⑤ 표 1에서 연도별 화재 및 도로교통사고 발생건수당 피해인원을 구하면 그래프와 같다.

합격생 가이드

① 판단과 관련하여 표 2 각주를 확인하는 것이 중요하다. 인적피해는 사망과 부상으로만 구분되기 때문에 인적피해 중 부상 비율을 구하기 위해 사망+부상으로 전체 인적피해를 도출할 수 있다.

26

답 ④

난도 ★★

정답해설

ㄱ. 전체 수급자 수가 1,000명이므로 수급횟수를 고려하면 전체 수급횟수는 (1,000×0.359)+(2×1,000×0.293)+(3×1,000×0.216)+(4×1,000×0.132)로 도출하고, 그 값은 2,000(회) 이상이다.

ㄴ. 1회 수령한 수급자 수는 30대가 583×0.372≒217(명), 40대가 347×0.349≒121(명)이다. 따라서 30대는 40대의 1.5배 이상이다.

ㄹ. 자녀장려금을 2회 이상 수령한 무주택 수급자 수는 732×(1−0.35)≒476(명)이고, 유주택 수급자 수는 268×(1−0.384)≒165(명)이다. 따라서 2.5배 이상이다.

오답해설

ㄷ. 자녀수가 1명인 수급자의 자녀장려금 전체 수급횟수의 최댓값을 알 수 없다. 4회 이상은 충분히 큰 숫자를 포함하기 때문이다.

합격생 가이드

보기 ㄷ과 같은 경우 크기 비교가 불가능하다. 4회 이상이라는 항목이 있기 때문이다. 따로 각주로 한도가 정해져 있지 않는 이상 최댓값이 정해지지 않은 것이다. 이렇듯 표의 구조만을 보고도 선지의 정오판단이 가능한 경우가 있다.

27

답 ②

난도 ★★

정답해설

② 일반국도 : $\frac{3}{38}$ > $\frac{32}{2,297}$×3, 지방도 : $\frac{1}{18}$ > $\frac{26}{1,919}$×3, 고속국도 : $\frac{2}{12}$ > $\frac{10}{792}$×3이므로 각 3배 이상이다.

오답해설

① 지방도의 경우 흐림일 때 $\frac{5}{56}$로 가장 높다.

③ 전체 발생건수를 계산할 필요 없이 비와 눈일 때 교통사고 발생건수 합은 모든 도로종류에서 맑음일 때 교통사고 발생건수의 10%도 넘지 못한다.

④ 일반국도의 경우 흐림 1가지, 지방도의 경우 흐림 1가지, 고속국도의 경우 맑음, 안개 2가지이다.

⑤ 일반국도는 $\frac{115}{55}$≒2.09, 지방도는 $\frac{110}{56}$≒1.96이므로, 전자가 더 크다.

합격생 가이드

표에서 주어진 정보도 많고, 선지 또한 여러 정보를 조합하여야 하는 문제이다. 이때에는 선지를 읽으며 표에 메모 또는 표시를 하여 정보를 빨리 확인하는 것이 시간을 단축할 수 있는 방법이다.

28

답 ⑤

난도 ★★

정답해설

ㄴ. 수출물가지수는 6~9월 순으로 $\frac{110}{113}\times100$≒97, $\frac{103}{106}\times100$≒97, $\frac{104}{108}\times100$≒96, $\frac{105}{110}\times100$≒95이다.

ㄷ. 순상품교역조건지수가 100 이하라는 것은 수출물가지수보다 수입물가지수가 더 크다는 의미이다. 7, 8월의 값을 분수 비교하면 7월 : $\frac{103}{106}<\frac{111}{102}$, 8월 : $\frac{104}{108}<\frac{116}{110}$이므로, 두 기간 모두 수출물가지수보다 수입물가지수가 더 크다. 따라서 순상품교역조건지수는 매월 100 이하이다.

ㄹ. 소득교역조건지수를 변형하면 $\frac{\text{수출물가지수}}{\text{수입물가지수}}$×수출물량지수=순상품교역조건지수×$\frac{1}{100}$×수출물량지수이다. 이를 이용하여 계산하면, 6월은 91.94×$\frac{1}{100}$×113.17≒104.0, 9월은 91.79×$\frac{1}{100}$×110.60≒101.5이므로, 9월이 6월보다 낮다.

오답해설

ㄱ. 수출금액지수와 수출물량지수는 7월에 전월대비 하락한다.

합격생 가이드

ㄹ 같은 경우 각주의 소득교역조건지수를 표에 나온 자료들을 바로 활용할 수 있도록 변형하는 것이 중요하다.

29

답 ①

난도 ★★★

정답해설

제시된 기준시가 산정공식에 따라 계산하되, 각 건물의 기준시가를 비교할 수만 있으면 되기 때문에 공통으로 곱해지는 값인 100,000(원/m^2)은 생략한다. 각 건물의 기준시가를 구하면 다음과 같다.

- A : 1.00×1.10×(1－0.04×5)×125=110
- B : 0.67×1.20×0.1×500=40.2
- C : 1.00×1.25×(1－0.05×4)×375=375
- D : 1.30×1.50×0.1×250=48.75
- E : 1.30×1.50×0.1×200=39

따라서 기준시가가 두 번째로 높은 건물은 A이다.

합격생 가이드

각주에서 경과연수별잔가율 계산결과가 0.1 미만인 경우 경과연수별잔가율을 0.1로 한다는 것을 유의하여야 한다.

30

답 ②

난도 ★★

정답해설

② 중국과 인도의 농림어업 생산액은 GDP에 GDP 대비 비율을 곱하여 구한다. 각각 약 996.7, 403이고, 미국의 GDP는 $\frac{198}{0.01}$=19,800이다. 농림어업 생산액 상위 3개국은 중국, 인도, 미국이므로 3국의 GDP를 모두 더하면 34,637이 되며, 이는 전세계 GDP의 50% 미만이다.

오답해설

① 2017년 농림어업 생산액 상위 5개국은 중국, 인도, 미국, 인도네시아, 브라질이다. 브라질의 GDP 대비 비율은 $\frac{93}{2,055}$×100≒4.5%이다. 따라서 GDP 대비 비율이 전세계보다 낮은 국가는 미국뿐이다.

③ 2017년 농림어업 생산액 상위 20개국 중, 2012년 대비 2017년 농림어업 생산액의 GDP 대비 비율이 증가한 국가는 브라질, 러시아, 이란, 멕시코, 호주, 스페인이다. 해당 국가 모두 2012년 대비 2017년 GDP가 감소하였다.

④ 2017년 농림어업 생산액은 중국, 인도 각각 약 996.7, 403이므로, 중국이 인도의 2배 이상이다.

⑤ 파키스탄의 농림어업 생산액의 GDP 대비 비율은 2017년이 $\frac{69}{304}$×100≒22.7, 2012년이 $\frac{53}{224}$×100≒23.7이므로, 2012년 대비 2017년에 감소하였다.

합격생 가이드

선지 ④, ⑤에 비해 선지 ②, ③은 계산이 많다. 계산이 적은 선지부터 보든지, 계산이 복잡한 선지부터 보든지는 수험생의 취향에 따라 다르다. 계산이 적은 선지부터 본다면 나중에 복잡한 선지를 계산할 때 힌트를 얻게 될 수 있고(④의 정보가 ②를 판단할 때 활용된다. 계산이 많은 선지부터 본다면 정답은 복합적인 계산을 요할 때가 많으므로 정답에 빠르게 접근할 수 있다는 장점이 있다.

31

답 ④

난도 ★★

정답해설

첫 번째 조건("'갑'국의 아동은~비율이 높았다.")을 통해 아동 남자의 고위험군 비율이 아동 여자보다 낮은 E가 소거된다. 다음으로 두 번째 조건(2문단)을 통해 아동 여자의 과의존위험군 비율이 1.8+17.5=19.3%로 20% 미만인 C가 소거된다. 세 번째 조건(3문단 첫 번째 문장)을 통해 A가 소거(A의 아동 여자와 청소년 여자의 과의존위험군 비율 차이는 12.2%p로 10%p 이상)되며, 네 번째 조건(마지막 문장)을 통해 B가 소거(B의 아동 남자와 청소년 남자의 잠재위험 비율 차이는 5.3%p로 5%p 이상)된다.

따라서 '갑'국에 해당하는 국가는 D이다.

합격생 가이드

조건이 총 4개 주어지므로 조건 하나당 한 개의 선지를 소거하는 전략을 취한다.

32

답 ③

난도 ★★★

정답해설

ㄴ. 소매상을 통해 유통된 물량은 다음과 같이 '각 상품의 비율×각 상품의 총 물량'으로 구한다.

- 생물 갈치 비율=0.25+0.10+(0.15×0.66)=0.449
- 냉동 갈치 비율=0.19+(0.20×0.75)=0.34

여기에 총 물량 각각 42,100톤과 7,843톤을 곱하면 각각 약 18,903톤, 약 2,667톤이므로, 생물이 냉동의 6배 이상이다.

ㄹ. 2021년 냉동 갈치 수출 물량은 7,843톤×(0.17×0.80)≒1,067톤이다. 2022년에 60%가 증가한다면 1,067톤×1.6≒1,707톤이다. 2021년 소비지 도매시장을 통해 유통된 냉동 갈치 물량은 7,843톤×0.2≒1,569톤이므로, 전자가 더 크다.

오답해설

ㄱ. 소비자에게 전달된 냉동 갈치 물량의 비율은 1−(정부비축 비율+수출 비율)이다. 정부비축 비율은 0.13×0.46=0.0598이고, 수출 비율은 0.17×0.8=0.136이므로, 소비자에게 전달된 냉동 갈치 물량의 비율은 1−(0.0598+0.136)=0.8042(약 80%)이다. 따라서 85% 이하이다.

ㄷ. 대형소매업체를 통해 유통된 생물 갈치의 물량은 42,100톤×{0.39+(0.15×0.34)}≒18,566톤이고, 냉동 갈치의 물량은 7,843톤×{0.31+(0.2×0.25)}≒2,823톤이다. 따라서 두 물량의 합은 20,000톤을 초과한다.

합격생 가이드

ㄹ을 판단할 때 모두 냉동 갈치에 관한 값의 비교이므로 냉동 갈치의 절대적인 물량인 7,843톤을 일일이 곱하지 않고 비율로만 계산할 수 있다. 즉, 냉동 갈치 수출 비율이 0.136이었다면, 여기서 60% 증가한 값과 소비지 도매시장 비율을 비교하여도 된다.

33

답 ⑤

난도 ★★★

정답해설

ㄴ. 결승 라운드 승률을 최솟값으로 만들기 위해서는 4강 승률을 최대로 하여야 한다. 즉 16강 80%, 8강 100% 승률인 A의 4강 승률이 100%가 아니라면 A가 8번 우승하기 위해서는 결승 라운드 승률은 10% 이상이어야 하기 때문이다. 따라서 A가 8번 우승했다면 결승 라운드 승률 최솟값은 10%이다.

ㄷ. 16강에서 A와 B 간 또는 B와 C 간 경기가 있었던 대회 수의 최댓값을 구하면 된다. B는 16강에서 모든 경기를 승리하였으므로, 16강 승률이 80%인 A와는 최대 20회, 16강 승률이 96%인 C와는 최대 4회 경기할 수 있다. 따라서 최댓값이 24회이므로 해당 대회 수는 24회 이하이다.

ㄹ. 사원 A, B, C가 모두 4강에 진출한 대회의 최솟값은 다음과 같이 도출한다. A, B, C가 각각 4강에 진출하는 횟수는 80번, 90번, 84번이므로, $n(A \cup B \cup C) = n(A)+n(B)+n(C)-n(A \cap B)-n(B \cap C)-n(C \cap A)+n(A \cap B \cap C)$ 원리를 활용하면, 대회는 총 100회가 개최되었기 때문에 $n(A \cup B \cup C)<100$이다. 우변을 계산하면 $80+90+84-(80+90-100)-(90+84-100)-(84+80-100)+n(A \cap B \cap C)=46+n(A \cap B \cap C)$이므로, $n(A \cap B \cap C)>54$가 된다. 따라서 A, B, C가 모두 4강에 진출한 대회 수는 54회 이상이다.

오답해설

ㄱ. 사원 A는 4강에 80번(100회×80%×100%), B는 90번(100회×100%×90%), C는 84번(100회×96%×87.5%) 진출하였다. 따라서 B, C, A 순이다.

합격생 가이드

ㄹ의 경우 벤다이어그램을 그리거나 집합의 개념에 관한 이해가 되어 있다면 더 쉽게 풀 수 있을 것이다.

34

답 ③

난도 ★★

정답해설

ㄴ. 그림 1에 따르면 2021년 급수 사용량은 159,000백만 m^3이므로 60%는 95,400(백만 m^3)이다. 가정용 사용량은 105,350백만 m^3이므로 60% 이상이다.

ㄹ. 2021년 공공용 급수단가는 $\frac{7,227}{1,449}$≒4.99, 가정용 급수단가는 $\frac{57,011}{105,350}$≒0.54이므로 9배 이상이다.

오답해설

ㄱ. 2020년의 급수 사용량 전년대비 증가율은 $\frac{155,000-153,000}{153,000}\times100$≒1.31%, 2021년의 급수 사용량 전년대비 증가율은 $\frac{159,000-155,000}{155,000}$≒2.58%이므로 전년대비 증가한다.

ㄷ. 주어진 용도별 급수단가 공식을 변형하면 '용도별 급수 사용료=용도별 급수 사용량×용도별 급수단가'를 도출할 수 있다. 2021년 전체 용도별 급수단가는 $\frac{104,875}{159,000}$≒0.66천 달러/백만 m^3이고, 2016년 전체 급수 사용량은 144,000백만 m^3이므로 용도별 급수단가와 곱하면 약 95,040천 달러(약 9,500만 달러)가 된다. 따라서 1억 달러 미만이다.

합격생 가이드

ㄷ 판단 시 단위를 헷갈리지 않도록 한다. 숫자가 크고 복잡하여 계산이 어려운 경우 숫자 3개만을 뽑아 판단하여도 된다. 예를 들어 2021년 전체 용도별 급수단가는 $\frac{104}{159}$≒0.65로 계산하여 대입해도 무방하다.

35

답 ②

난도 ★★★

정답해설

- 84택형 1단계 경쟁률이 30이므로, $\frac{600}{a}=30$, a=20이다. 따라서 84택형 1단계 당첨자 수는 20세대이다.
- 1단계 공식에 따라 100×(다)=20이므로 (다)=20%이다. 따라서 99택형 1단계 당첨자 수는 40세대, 99택형 경쟁률은 (나)=$\frac{800}{40}$=20이다.
- 99택형 2단계 경쟁률이 30이므로, $\frac{(760+440)}{b}=\frac{1,200}{b}=30$, b=40이다. 따

라서 99택형 2단계 당첨자 수는 40세대이므로 (라)$=\frac{40}{200}\times100=20\%$이다.

- 2단계 공식에 따라 84택형 2단계 당첨자 수는 100×20%('라'의 값)=20세대이므로 경쟁률은 $\frac{(580+420)}{20}=\frac{1,000}{20}=50$이다.

합격생 가이드

공식을 이해하는 데도 시간이 걸리고, 계산 과정 상 실수를 유발할 수 있는 장치가 많기 때문에 이 문제를 풀기보다 다른 문제를 먼저 풀어 시간을 절약하도록 한다.

36

답 ④

난도 ★★

정답해설

ㄱ. 변경주기가 1년 이하인 응답자수는 남성=2,059×(1－0.28)≒1,482명, 여성=1,941×(1－0.34)≒1,281명이므로, 남성이 더 많다.

ㄴ. 각주에 따르면 전체 대상자 중 무응답자는 12명이다. 남성 대상자는 2,059명이고, 이 중 응답자는 70.5+29.1=99.6(%)이므로, 무응답자의 비율은 0.4%, 약 8명이다. 사무직 대상자는 1,321명이고, 이 중 응답자는 72.7+26.7=99.4(%)이므로, 무응답자의 비율은 0.6%, 약 8명이다. 따라서 전체 무응답자 중 사무직이 아닌 무응답자는 12－8=4명이고, 이 4명이 모두 남성이라고 한다면, 전체 무응답자 중 사무직 남성은 최소한 4명이다.

ㄷ. 20대 응답자 중 변경주기가 6개월 이하인 비율은 9.5+8.7=18.2(%)고, 40대는 10.1+6.4=16.5(%)이므로, 20대가 높다.

오답해설

ㄹ. 변경주기가 1년 초과인 학생 응답자 수는 611×0.275≒168명, 전업주부 응답자 수는 506×0.364≒184명이므로, 전업주부가 더 많다.

합격생 가이드

ㄴ 같은 문제의 풀이는 표의 구조를 정확하게 파악하고 있어야 한다. 응답자는 '변경하였음'을 선택하거나 '변경하지 않았음'을 선택한 것이고, 둘을 더하면 100%가 아니라는 사실을 알았다면 항목별 무응답자 수를 어떻게 구하는지 알아차릴 수 있었을 것이다.

37

답 ②

난도 ★★★

정답해설

ㄱ. 각각의 기능점수를 구하면 다음과 같다.

- A : (7×10)+(5×5)+(4×5)+(5×10)+(3×4)=177점
- B : (7×15)+(5×4)+(4×6)+(5×7)+(3×3)=193점
- C : (7×3)+(5×2)+(4×4)+(5×6)+(3×5)=92점

따라서 B가 가장 높고, C가 가장 낮다.

ㄷ. 개발원가－기준원가=기준원가×보정계수－기준원가=기준원가×(보정계수－1)이다.

- B의 기준원가=193×50, B의 보정계수=3.6
- C의 기준원가=92×50, C의 보정계수=1.92
- B의 차이=193×50×2.6=25,090>C의 차이의 5배=5×(92×50×0.92)=21,160

오답해설

ㄴ. 기준원가가 가장 낮은 소프트웨어는 기능점수가 가장 낮은 C이다. 개발비와 관련해서는 이윤이 같은 A와 C의 개발비를 먼저 비교한다. A와 C는 이윤이 같으므로 개발원가만 비교하면 되는데, A의 보정계수는 0.64이므로 A의 개발원가는 177×50×0.64=5,664이고, C의 개발원가는 92×50×1.92=8,832로 C가 더 크다. 따라서 기준원가가 가장 낮은 소프트웨어인 C는 개발비가 가장 적지는 않기 때문에 기준원가가 가장 낮은 소프트웨어와 개발비가 가장 적은 소프트웨어는 동일하지 않다.

ㄹ. 기능점수가 가장 높은 소프트웨어는 B이다. 하지만 생산성지수는 A, B, C 순서대로 $\frac{177}{20}=8.85$, $\frac{193}{30}\fallingdotseq6.43$, $\frac{92}{10}=9.2$로, C가 가장 높다.

합격생 가이드

공식을 적절히 변형하여 계산하는 수고를 덜 수 있도록 하여야 한다.

38

답 ④

난도 ★★

정답해설

④ 최근 연속 승패 기록을 볼 때, 8월 14일과 15일 각각 E팀은 1승 1패, I팀은 2승을 하였다. 따라서 즉 8월 13일 기록을 나타내면 (승수, 패수) 기준으로 E팀은 (47, 49), I팀은 (39, 54)이다. 8월 13일 1위 팀은 A로 (61, 35)의 기록이다.
승차 합은 $\frac{(61-47)-(35-49)}{2}+\frac{(61-39)-(35-54)}{2}=14+20.5=34.5$이다.

오답해설

① 8월 15일 기준 D의 승차는 $\frac{(61-49)-(37-51)}{2}=13.0$이다.

② 최근 10경기 기록이 1위 팀인 A와 동일한 팀들은 승차의 변화가 없으므로, C, D, I, J는 승차의 변화가 없을 것이다. 또한 최근 10경기 동안 A보다 승리를 많이 한 팀들은 승차가 감소하므로, B, E, G, H는 승차가 감소했을 것이다. 따라서 A보다 승리를 덜한 F팀만이 승차가 증가했을 것이므로, 8월 5일 기준 승차 대비 8월 15일 기준 승차가 가장 많이 증가한 팀은 F이다.

③ A의 최근 연속 승패 기록은 3패이다. 8월 12일은 승리하였을 것이다. 12~15일간 '승, 패, 패, 패'를 기록하여야만 최근 연속 승패 기록이 3패일 수 있다.

⑤ 연속 승수가 가장 많은 팀은 H이고, 최근 10경기 승률이 가장 높은 팀은 E이다.

합격생 가이드

④ 선지의 판단에는 상당히 많은 정보의 확인과 계산이 필요하다. 하지만 그 외의 선지는 비교적 간단하게 정오를 확인할 수 있다. 실전에서는 ④ 이외 모든 선지를 소거하여 정답을 ④로 선택하여야 할 것이다.

39

답 ⑤

난도 ★★★

정답해설

ㄴ. 8월 16일 기존 7위 팀인 G는 패배하고, 기존 8위 팀인 H는 승리함으로써 G의 승률은 $\frac{43}{43+52}\times100≒45.26\%$, H의 승률은 $\frac{44}{44+52}\times100≒45.83\%$가 된다. 따라서 8월 16일 7위 팀은 H이다.

ㄷ. 8월 16일이 되면 B가 56승 34패, 승률 62.22%로 1위가 되고, A가 61승 38패, 승률 61.61%로 2위가 된다. 이 경우 A의 승차는 $\frac{(56-61)-(34-38)}{2}=\frac{-5+4}{2}$ $=-0.5$로 음수가 된다.

ㄹ. 8월 16일에는 B가 56승 34패로 1위이다. 8월 15일 기준 4위와 5위 팀은 D와 E인데, 3위 팀인 C와는 승차가 많이 나서 8월 16일에 1승을 추가한다고 하더라도 3위와는 순위가 변동이 없으며, D와 E 모두 승리를 한 상태이므로, 마찬가지로 승리를 한 6위 팀 F와도 순위 변동이 없다. 따라서 8월 16일에도 D와 E는 4위와 5위이며, D, E의 승차는 모두 11.5로 동일하다.

오답해설

ㄱ. 표 2에서 1승 또는 1패가 아닌 팀은 모두 8월 15일과 8월 16일 경기의 승패 결과가 동일하다. A, C, D, F, H, J가 동일하므로, 총 6개 팀이다.

합격생 가이드

8월 16일에 1위 팀이 B가 된다는 사실을 놓친 학생이 많았다. 또한 표의 구조나 내용을 이해하는 것이 어려웠고, 승차 공식이 복잡하여 난이도가 높은 문제였다.

40

답 ③

난도 ★★★

정답해설

ㄴ. 가맹점 수가 감소하기 위해서는 신규개점 수보다 폐점 수가 많아야 한다. B와 C는 2020년 폐점 수가 신규개점 수보다 많다.

ㄷ. '$\frac{\text{2020년 신규개점수}\times100}{\text{2020년 신규개점률}}-\text{2020년 폐점 수}$'를 통해 2020년 가맹점 수를 구할 수 있다. 이에 따를 때, A는 약 1,580개, B는 약 822개, C는 약 807개, D는 약 769개, E는 약 635개이다. 따라서 2020년 가맹점 수는 E가 가장 적고, A가 가장 많다.

오답해설

ㄱ. 2019년 C의 신규개점률은 $\frac{110}{a+110}=0.126$이다. $1+\frac{a}{110}=\frac{1}{0.126}$이므로 $a≒763$(개)이므로, 800개 미만이다.

ㄹ. 폐점 수 대비 신규개점 수의 비율은 E가 $\frac{131}{4}$로 가장 높다.

합격생 가이드

각주의 해당 연도 신규개점률을 통해 전년도 가맹점 수를 파악하고, 다시 신규개점 수와 폐점 수를 더하고 빼서 당해 연도 가맹점 수를 구하여야 하기 때문에 공식이 복잡하고 이에 따른 계산도 많다. 이때에는 해설의 ㄷ처럼 공식을 풀어 하나씩 계산하기 보다는 감각적으로 숫자를 대입하여 전년도 가맹점 수를 유추해보는 것도 도움이 된다.

2022 7급 PSAT 자료해석 기출문제

01	02	03	04	05	06	07	08	09	10
①	⑤	④	①	②	①	④	①	⑤	④
11	12	13	14	15	16	17	18	19	20
②	③	③	⑤	④	②	②	⑤	③	①
21	22	23	24	25					
③	⑤	①	④	②					

01 정답 ①

난도 ★

정답해설

① 2020년 7월 대비 15세 이상 인구가 1만 5천 명 감소하였는데, 경제활동인구는 3만 명 증가하였으므로 또 다른 구성요소인 비경제활동인구는 4만 5천명 감소하였을 것이다. 그리고 2021년 7월의 경제활동인구가 175만 7천 명인데, 실업자 수가 6만 1천 명이므로 또 다른 구성요소인 취업자는 169만 6천 명일 것이다.

02 정답 ⑤

난도 ★

정답해설

ㄱ. 2019년 청구인이 내국인인 특허심판 청구건수는 어림해 보더라도 1,200건에 미치지 못하는데, 2018년은 이의 2배인 2,400을 훌쩍 넘는다.

ㄴ. 직접 계산해보지 않더라도 청구인이 내국인이면서 피청구인이 내국인인 건수가 외국인인 건수의 3배를 넘으며, 청구인이 외국인인 경우도 같으므로 전체 합은 3배 이상이 될 것이다.

ㄷ. 전자는 270건이고 후자는 230건이므로 전자가 더 크다.

03 정답 ④

난도 ★

정답해설

④ 예식장의 경우 2019년의 사업자 수가 2018년에 비해 증가하였으므로 부합하지 않는다.

04 정답 ①

난도 ★

정답해설

ㄱ. 기획재정부장관, 보건복지부장관, 여성가족부장관, 국토교통부장관, 해양수산부장관, 문화재청장 총 6명이 모두 동의하였다.

오답해설

ㄴ. 25회차에서는 6명이 부동의하였으나 26회차에서는 4명이 부동의하였다.

ㄷ. 전체 위원의 $\frac{2}{3}$ 이상이 동의하기 위해서는 11명 이상이 동의해야 하는데 25회차에서는 10명이 동의하였다.

합격생 가이드

선택지를 판단할 때 전체 위원 수를 직접 헤아려본 수험생이 있을 것이다. 이는 각주를 꼼꼼하게 읽지 않았기 때문에 생기는 일이다. 각주 1)에서 전체 위원의 수가 16명으로 명시되어 있다.

05 정답 ②

난도 ★

정답해설

- 첫 번째 조건 : C는 2010년대에 1천만 원 이상의 창업 건수가 더 많으므로 제외
- 두 번째 조건 : D는 2010년대에 77건, 2000년대에 39건이므로 2배에 미치지 못하므로 제외
- 세 번째 조건 : A는 1990년대에 200건을 넘는데 2020년 이후에는 2,000건에 훨씬 미치지 못하므로 제외
- 네 번째 조건 : E는 전체 창업건수가 253건인데 이의 3%는 7을 넘으므로 제외

따라서 모든 조건을 충족하는 B가 보고서의 내용에 부합하는 도시이다.

06 정답 ①

난도 ★

정답해설

ㄱ. A지역의 3등급 쌀 가공비용은 25×100천 원인데 B지역의 2등급 현미 가공비용은 25×97천 원이므로 계산해 볼 필요 없이 전자가 더 크다.

오답해설

ㄴ. 1등급 현미 전체의 가공비용은 106×105천 원인데 2등급 현미 전체 가공비용은 82×97천 원이므로 곱해지는 값들의 차이가 그리 크지 않은 상황이다. 따라서 직접 계산해볼 필요 없이 2배에는 미치지 못할 것이다.

ㄷ. 감소폭을 구하면 되는 것이므로 전체 총액을 구하지 말고 곧바로 감소액을 계산해보자.

A지역 : (25×10)+(7×5)

B지역 : (55×10)+(5×5)

C지역 : (20×10)+(2×5)

B지역은 쌀의 가공비용이 다른 지역에 비해 압도적으로 많으므로 제외되며, A지역은 곱해지는 가공량이 모두 C지역에 비해 크다. 따라서 C지역의 감소폭이 가장 작다.

07

정답 ④

난도 ★

정답해설

주어진 자료를 정리하면 다음과 같다

	편익	피해액	재해발생위험도	합계(우선순위)
갑	6	15	17	38(2)
을	8	6	25	39(1)
병	10	12	10	32(3)

ㄱ. 재해발생위험도는 을, 갑, 병의 순으로 높은데, 우선순위도 이와 순서가 같다.

ㄷ. 피해액 점수와 재해발생위험도 점수의 합은 갑이 32, 을이 31, 병이 22이므로 갑이 가장 크다.

ㄹ. 갑지역의 합계점수가 40으로 변경되므로 갑지역의 우선순위가 가장 높아진다.

오답해설

ㄴ. 우선순위가 가장 높은 지역(을)과 가장 낮은 지역(병)의 피해액 점수 차이는 6점인데, 재해발생위험도 점수 차이는 15점이므로 후자가 전자보다 크다.

08

정답 ①

난도 ★

정답해설

ㄱ. 해당 기간동안의 특허 출원건수 합은 식물기원이 58, 동물기원이 42, 미생물효소가 40이므로 미생물효소가 가장 작다.

오답해설

ㄴ. 각 연도별로는 분모가 되는 전체 특허 출원건수가 동일하므로 유형별 특허 출원건수의 대소만 비교해보면 된다. 이에 따르면 2019년은 동물기원이 가장 높다.

ㄷ. 식물기원과 미생물효소가 전년대비 2배 이상 증가하였으므로 이 둘만 비교해보면 된다. 그런데 두 유형 모두 2021년의 출원건수가 2020년의 2배보다 1만큼 더 많은 상황이다. 그렇다면 2020년의 출원건수가 더 작은 미생물효소의 증가율이 더 높을 것임을 계산을 하지 않고도 알 수 있다.

09

정답 ⑤

난도 ★

정답해설

- A : 서울특별시, 부산광역시, 광주광역시, 전라북도, 전라남도, 경상남도 총 6개 지역이 이에 해당한다.
- B : 전라북도의 경우 전년 대비 증가폭이 0.3%p로 가장 크다.
- C : 2019년 빈집비율이 가장 높은 지역은 전라남도(15.5%)이고, 가장 낮은 지역은 서울특별시(3.2%)인데, 2020년 역시 전자가 전라남도(15.2%), 후자가 서울특별시(3.2%)이다. 그런데 서울특별시의 빈집비율이 두 해 모두 동일하므로 전라남도의 빈집비율이 더 큰 2019년의 차이가 더 크다는 것을 알 수 있다. 따라서 빈집비율의 차이는 2019년에 비해 2020년이 감소하였다.

10

정답 ④

난도 ★★

정답해설

ㄱ. 첫 번째 단락의 두 번째 문장을 작성하기 위해 필요한 자료이다.

ㄴ. 세 번째 단락의 첫 번째 문장을 작성하기 위해 필요한 자료이다.

ㄹ. 마지막 단락을 작성하기 위해 필요한 자료이다.

오답해설

ㄷ. 표 1을 통해 알 수 있으므로 추가로 필요한 자료가 아니다.

합격생 가이드

추가로 필요한 자료를 묻는 문제의 경우 선택지의 자료들이 올바르게 작성되었는지를 따져볼 필요는 없다. 자료의 항목이 제대로 반영되어 있다면 수치들을 꼼꼼하게 살펴볼 필요없이 곧바로 다음 문제로 넘어가도록 하자. 자료의 정오를 따져야 하는 경우는 문제에서 '올바르게 작성된 것은'과 같이 명확하게 표현해준다.

11

정답 ②

난도 ★★★

정답해설

ㄱ. 2016년의 비중은 $\frac{96}{322}$, 2018년은 $\frac{90}{258}$인데 분자의 경우 2016년이 2018년에 비해 10%에 미치지 못하게 크지만, 분모는 10%를 훨씬 넘게 크다. 따라서 2018년의 비중이 더 높다.

ㄷ. 2017년과 2018년은 전년에 비해 접수 건수가 감소하였으니 제외하고 2019년과 2020년을 비교해보자. 2019년의 전년 대비 증가율은 $\frac{36}{168}$이고, 2020년은 $\frac{48}{204}$인데, 2020년의 분자는 $\frac{1}{3}$만큼 2019년에 비해 크지만 2020년의 분모는 $\frac{1}{3}$보다 작게 크다. 따라서 증가율은 2020년이 더 크다.

오답해설

ㄴ. 2018년의 전년 이월 건수가 90건이고 2019년이 71건이므로 2018년이 답이 될 것으로 착각하기 쉬우나 마지막 2020년의 차년도 이월 건수가 131건임을 놓쳐서는 안된다.

ㄹ. 재결 건수가 가장 적은 연도는 2019년인데 해당 연도 접수 건수가 가장 적은 것은 2018년이다.

12

정답 ③

난도 ★

정답해설

③ 멸종우려종 중 고래류가 80% 이상이라고 하였는데 이는 표에서 D에 해당함을 쉽게 알 수 있다. 다음으로 9개의 지표 중 멸종우려종 또는 관심필요종으로만 분류된 것은 B이므로 해달류 및 북극곰이 이에 해당한다. 마지막으로 A와 C중 자료부족종으로 분류된 종이 없는 것은 C이므로 해우류가 이에 해당하게 되며 남은 A는 기각류임을 알 수 있다.

13

정답 ③

난도 ★★★

정답해설

먼저, 이 자료에서 잠금해제료는 일종의 기본요금 성격을 가진다고 볼 수 있다. 따라서 잠금해제료가 없는 A의 대여요금이 대여 직후부터 일정 시점까지는 4곳 중 가장 낮지만 어느 시점부터는 분당대여료가 A보다 낮은 나머지 3곳의 요금이 작아질 것이다. 그럼 어느 시점에서 이런 일이 일어날까? 이를 알기 위해서 4곳의 요금식을 구해보자.

A : 200x

B : 250+150x

C : 750+120x

D : 1,600+60x

(x : 대여시간)

먼저 A와 B가 교차하는 시점을 알기 위해 둘을 같다고 놓고 풀어보면 5가 나오게 되는데, 이것은 5시간 이전까지는 A가 B보다 요금이 작지만 5시간을 기점으로 순서가 뒤바뀌게 된다는 것을 의미한다(이는 그래프를 그려보면 더 직관적으로 이해가능한데, A는 원점을 지나는 직선인 반면 나머지는 모두 Y절편이 양수이면서 기울기가 A보다 작은 직선이기 때문이다).

같은 방식으로 계산해보면 C는 10, D는 12가 되므로 B가 가장 먼저 A보다 낮은 요금이 된다는 것을 확인할 수 있다(이때, 실제 C의 값은 9.x가 되는데 요금은 분단위로 부과되므로 10분부터 실제 요금이 달라지게 될 것이다. D도 같다.)

이제 세 번째로 낮은 요금이 되는 것을 찾기 위해 B와 C, B와 D의 요금식을 풀어보면 C는 17, D는 15가 된다. 따라서 15분부터는 D의 요금이 가장 작게 된다. 그럼 남은 C가 마지막으로 낮은 요금이 되는 것일까? 만약 C가 마지막으로 낮은 요금이 된다면 이는 어느 시점부터는 계속 C가 가장 낮은 요금이 되어야 하는데, 이는 기하학적으로 불가능하다. 왜냐하면 D는 C보다 기울기가 작기 때문에 이 둘이 교차한 이후부터는 D가 C의 아래쪽에 위치하기 때문이다. 따라서 C는 마지막으로 낮은 요금이 될 수 없다. 그렇다면 C는 어떤 경우에도 가장 낮은 요금이 되지 못하므로 (가)에는 C가 들어가게 된다.

다음으로 (나)를 판단해보자. (나)는 C가 요금을 바꾼 이후에 가장 낮은 요금이 되지 못한다고 하였는데 잠금해제료 자체가 없는 A는 대여직후부터 일정 시점까지는 가장 낮은 요금이 될 수 밖에 없으므로 (나)는 A가 될 수 없다. 또한 C도 될 수 없다. 왜냐하면 C가 요금을 바꾼 이유가 자신들의 요금이 최저요금이 되지 못하기 때문이었는데, 바꾼 다음에도 여전히 최저요금이 되지 못한다는 것은 말이 되지 않기 때문이다(만약 그렇다면 처음부터 분당대여료를 50원 인하했으면 될 것이다). 그렇다면 남은 것은 B와 D인데 D도 (나)가 될 수 없다. D는 4곳 중에서 기울기가 가장 작기 때문에 그래프 상에서 어느 순간부터는 가장 아래에 위치할 수밖에 없기 때문이다. 그렇다면 남은 B가 (나)에 해당한다.

마지막으로 (다)를 구하기 위해 C와 B의 요금을 계산해보면 C는 2,550원(=750+(120×15)), B는 2,250원(=250+(100×20))이 된다. 따라서 둘의 차이인 300이 (다)에 들어가게 된다.

합격생 가이드

(나)를 판단할 때 C가 최저 요금이 될 수 없는 과정을 따로 계산하지 않았다. 물론 (가)를 구할 때와 마찬가지로 각각의 요금식을 구해서 판단할 수도 있지만 그러기에는 불필요하게 아까운 시간이 소모된다. 때로는 이와 같이 풀이 이외의 센스가 필요한 경우가 있다는 것을 알아두자.

14

정답 ⑤

난도 ★

정답해설

⑤ 2019년의 지출 총액은 8,250억 원인데 이의 50%는 4,125억 원으로 2021년보다 작다. 따라서 감소율은 50%에 미치지 못한다.

15

정답 ④

난도 ★★★

정답해설

④ 각급 학교의 수는 교장의 수와 같으므로 $\frac{\text{여성 교장 수}}{\text{비율}}$을 구하면 전체 학교의 수를 구할 수 있다. 그런데 중학교의 비율을 2로 나누면 나머지 학교들과 같은 3.8이 되므로 모두 분모가 같게 만들 수 있다. 분모가 같다면 굳이 분수식을 계산할 필요없이 분자의 수치만으로 판단하면 되는데, 이에 따르면 초등학교는 222, 중학교는 90.5, 교등학교는 66이 되어 중학교와 고등학교의 합보다 초등학교가 더 크게 된다.

오답해설

① 제시된 표는 5년마다 조사한 자료이므로 매년 증가했는지 여부는 알 수 없다.

② 각 학교의 교장은 1명이므로 교장 수를 구하면 곧바로 학교의 수를 알 수 있다. 2020년의 여성 교장 수 비율이 40.3%이므로 전체 교장 수는 대략 6,000으로 판단할 수 있는데, 6,000의 1.8%는 108에 불과하므로 1980년의 여성 교장수에 미치지 못한다. 따라서 1980년의 전체 교장 수는 6,000보다는 클 것이라는 것을 알 수 있다.

③ 두 해 모두 여성 교장의 비율이 같은 반면 여성 교장 수는 1990년이 더 많으므로 전체 교장 수도 1990년이 더 많다. 그런데 여성 교장의 비율이 같다면 남성 교장의 비율도 같을 것이므로 이 비율에 더 많은 전체 교장의 수가 곱해진 1990년의 남성 교장 수가 더 많을 것이다.

⑤ 2000년의 초등학교 여성 교장 수는 490명이고 이의 5배는 2,450이므로 이는 2020년에 비해 크다. 따라서 5배에 미치지 못한다.

16

정답 ②

난도 ★

정답해설

보고서의 순서대로 지역을 판단해보면 다음과 같다.

i) TV 토론회 전에 B후보자에 대한 지지율이 A후보자보다 10%p 이상 높음 : 마 제외

ii) TV 토론회 후에 지지율 양상에 변화 : 라 제외

iii) TV 토론회 후 '지지 후보자 없음' 비율 감소 : 다 제외

iv) TV 토론회 후 두 후보자간 지지율 차이가 3%p 이내 : 가 제외

17

정답 ②

난도 ★

정답해설

ㄱ. 각주 1)의 식에 의하면 업종별 업체 수는 도입률에 업종별 스마트시스템 도입 업체 수를 곱해서 구할 수 있다. 그런데 표 1에서 자동차부품보다 업체 수가 많은 업종들의 업체 수는 자동차부품에 비해 2배를 넘지 않는 반면, 이

들의 도입률은 모두 절반에 미치지 못한다. 또한 자동차부품보다 업체 수가 적은 업종들은 모두 업체 수도 작고 도입률도 작다. 따라서 이 둘을 곱한 수치가 가장 큰 것은 자동차부품이다.

ㄷ. 도입률과 고도화율을 곱한 값을 비교하면 되는데, 외견상 확연히 1, 2위가 될 것으로 보이는 항공기부품과 자동차부품을 비교해보면 항공기부품은 28.4×37.0, 자동차부품은 27.1×35.1이므로 곱해지는 모든 값이 더 큰 항공기부품이 더 크다.

오답해설

ㄴ. 고도화율이 가장 높은 업종이 항공기부품인 것은 그래프에서 바로 확인 가능하다. 다음으로 스마트시스템 고도화 업체 수는 각주의 산식을 통해 '도입률×고도화율×업종별 업체 수'임을 알 수 있는데, 자동차부품의 경우 '도입률×고도화율'은 항공기부품과 비슷한 데 반해 업종별 업체 수는 7배 이상 크다. 따라서 항공기부품의 스마트시스템 고도화 업체 수가 가장 많은 것은 아니다.

ㄹ. 도입률이 가장 낮은 업종은 식품바이오인데, 고도화율이 가장 낮은 업종은 금형주조도금 이므로 서로 다르다.

18

정답 ⑤

난도 ★★

정답해설

직접 계산해보는 것 이외에는 마땅한 방법이 없는 문제이므로 주어진 산식에 맞추어 각 운전자별 정지시거를 계산해보자.

	반응거리	맑은 날		비 오는 날	
		제동거리	정지시거	제동거리	정지시거
A	40	$\frac{20^2}{2\times0.4\times10}=50$	90	$\frac{20^2}{2\times0.1\times10}=200$	240
B	40	$\frac{20^2}{2\times0.4\times10}=50$	90	$\frac{20^2}{2\times0.2\times10}=100$	140
C	32	$\frac{20^2}{2\times0.8\times10}=25$	57	$\frac{20^2}{2\times0.4\times10}=50$	82
D	48	$\frac{20^2}{2\times0.4\times10}=50$	98	$\frac{20^2}{2\times0.2\times10}=100$	148
E	28	$\frac{20^2}{2\times0.4\times10}=50$	78	$\frac{20^2}{2\times0.4\times10}=100$	128

19

정답 ③

난도 ★★

정답해설

ㄱ. 2020년 어획량이 가장 많은 어종은 고등어인데, 이것은 전년에 비해 감소한 수치이므로 2019년에는 더 많았을 것이다. 반면, 그림에서 오징어를 제외한 고등어의 오른쪽에 위치한 어종들은 전년에 비해 어획량이 증가하였음에도 여전히 고등어에 비해 작은 상태이므로 2019년에도 고등어의 어획량에 미치지 못했을 것이다. 마지막으로 광어는 전년에 비해 어획량이 감소하기는 했으나 2020년의 어획량 자체가 고등어에 비해 턱없이 작다. 따라서 광어의 2019년 어획량도 고등어에 미치지 못한다.

ㄷ. 갈치의 평년비가 100%를 넘는다는 것은 갈치의 2011~2020년 연도별 어획량의 평균(A)보다 2020년의 어획량(B)이 더 많다는 것을 의미한다. 그런데 여전히 A보다 큰 2021년의 어획량이 더해진다면 이것이 포함된 2011~2021년 연도별 어획량의 평균은 당연히 A보다 커질 것이다.

오답해설

ㄴ. 선택지의 문장이 옳다면 $\frac{\text{전년비(\%)}}{\text{평년비(\%)}}$의 값이 1보다 커야 한다. 이는 그림에서 원점에서 해당 어종에 해당하는 점을 연결한 직선의 기울기가 1보다 작아야 함을 의미하는데 조기가 이에 해당하지 않는다.

20

정답 ①

난도 ★★★

정답해설

해설의 편의를 위해 선수명은 종합기록 순위로 나타낸다.

ㄱ. 5위의 수영기록을 계산해보면 약 1시간 20분 정도로 계산되므로 수영기록이 한 시간 이하인 선수는 1위, 2위, 6위이며, 이들의 T2기록은 모두 3분 미만이다.

ㄴ. 먼저 9위의 종합기록을 계산해보면 9:48:07이며, 이 선수까지 포함해서 판단해보면 6위, 7위, 10위 선수가 이에 해당한다.

오답해설

ㄷ. 6위 선수의 달리기기록이 3위 선수보다 빠르므로 대한민국 선수 3명이 1~3위를 모두 차지할 수는 없다. 8위 선수의 달리기 기록은 문제의 정오를 판단하는데 영향을 주지 않으므로 계산하지 않는다.

ㄹ. 5위 선수를 제외하고 순위를 매겨보면 수영, T1 모두 4위를 기록하고 있다. 그런데 ㄱ에서 5위의 수영기록은 1시간 20분 정도라는 것을 이미 구해놓았으며 이 선수의 수영과 T1의 합산 기록은 10위 선수에 한참 뒤쳐진다. 따라서 10위 선수의 수영과 합산기록 모두 4위로 동일하다.

21

정답 ③

난도 ★★

정답해설

고정원가와 변동원가율(=1−고정원가율)을 통해 각 제품별 제조원가를 구하고, 구해진 제조원가와 제조원가율을 통해 매출액을 구하면 다음과 같다(대소비교만 하면 되므로 천단위 이하는 소수점으로 처리하였다).

	고정원가율	제조원가	매출액
A	60	100	400
B	40	90	300
C	60	55	약 180
D	80	62.5	625
E	50	20	200

따라서 C의 매출액이 가장 작다.

22

정답 ⑤

난도 ★★

정답해설

ㄱ. 2019년의 국내 매출액은 약 123억 원이고, 2020년은 약 136억 원이므로 국내 매출액이 가장 큰 연도는 2020년이다. 그런데 분모가 되는 2020년의 총매출액은 3개 연도 중 가장 크고, 분자가 되는 국외 매출액은 가장 작으므로 총매출액 중 국외 매출액 비중은 2020년이 가장 작다.

ㄴ. 탄약의 매출액 증가액은 약 600억 원이므로 매출액 증가율은 2~3%인데 나머지 분야는 모두 이에 미치지 못한다.

ㄹ. '적어도' 유형의 문제이다. 2020년 대기업의 국내 매출액은 119,586억 원이고 항공유도 분야의 매출액은 49,024억 원이다. 이 둘을 더하면 168,610억 원이 되는데 전체 총매출액은 153,867억 원이므로 이 둘의 차이인 14,743억 원은 항공유도분야이면서 대기업 모두에 해당함을 알 수 있다.

오답해설

ㄷ. 선택지의 문장이 옳게 되기 위해서는 $\frac{16,612}{27,249}$가 1,012에 4를 곱해 구한 $\frac{4,048}{5,855}$보다 더 커야 한다. 이를 간단하게 비교하기 위해 앞 두자리 유효숫자로 변환하면 $\frac{16}{27}$과 $\frac{40}{58}$이 되는데 분자의 경우 후자가 전자의 2배보다 훨씬 큰 반면, 분모는 2배를 겨우 넘는 수준이다. 따라서 후자가 더 크다.

합격생 가이드

증가율, 대소비교 등 일반적인 경우에는 유효숫자를 활용해 계산을 간단하게 하는 것이 필요하지만 '적어도' 유형의 경우는 이 문제와 같이 엄밀한 계산이 필요한 경우가 자주 있다. 어차피 덧셈 한번과 뺄셈 한번만 하면 되는 것이니 '적어도' 유형을 만나게 되면 정확하게 계산하도록 하자.

23

정답 ①

난도 ★★

정답해설

보고서의 내용을 토대로 해당하는 분야를 판단하면 다음과 같다.

i) 종사자 수는 통신전자, 함정, 항공유도 분야만 증가 : A, C, D가 이에 해당
ii) 2018~2020년 동안 매출액과 종사자 수가 매년 증가한 분야는 통신전자 : D
iii) 함정과 항공유도가 A, C에 해당하므로 이후에는 이 둘만 판단
iv) 함정분야 종사자 수는 전체에서 가장 많이 증가 : A, C 둘만 비교하면 되며 C가 이에 해당

따라서 남은 A가 항공유도에 해당한다.

합격생 가이드

보고서의 내용을 보면 위에 언급한 내용 이외에도 기동에 대한 내용과 함정분야의 매출액 증가율에 관한 내용도 포함되어 있다. 하지만 이미 A와 C로 범위가 좁혀져 있고 보고서에서 함정에 대한 것이 직접적으로 제시되어 있는 만큼 이와 연관이 없는 것, 복잡한 것은 거들떠 볼 필요도 없다.

24

정답 ④

난도 ★★

정답해설

④ 각주의 산식을 조합하여 풀이할 수도 있으나 그럴 경우 1인당 국내총생산이 분모에 위치하는 등 숫자의 구성이 매우 복잡하다. 따라서 정석대로 첫 번째 각주를 통해 총인구를 구하고, 이를 이용해 이산화탄소 총배출량을 구해보자(계산의 편의를 위해 국내총생산의 억단위는 무시한다).
첫 번째 각주를 통해 총인구를 어림하여 구해보면 A는 3.x, B는 약 1.2, C는 약 0.5, D는 약 14로 계산된다. 그리고 두 번째 각주를 통해 역시 이산화탄소 총배출량을 계산해보면 A는 약 50, B는 약 10, C는 약 6, D는 약 100으로 계산된다.

합격생 가이드

'1인당' 유형의 문제는 가급적이면 첫 번째 턴에서는 넘기고 시간이 남는 경우에 푸는 것이 현실적으로 안전하다. 물론 위의 해설은 매우 간단해보이지만 필자 역시 실제 이러한 과정을 통해 풀이하면서도 상당한 시간이 소요되었다.

25

정답 ②

난도 ★★

정답해설

ㄱ. 2020년의 다중이용시설 급속충전기 수는 2019년에 비해 2배 이상 증가하였으나 일반시설은 2배에 미치지 못하므로 2020년의 비율이 2019년에 비해 크다. 또한 2021년의 다중이용시설 급속충전기 수는 2020년에 비해 50%보다 훨씬 많이 증가한 반면, 일반시설은 50%에 한참 미치지 못한다. 따라서 2021년의 비율도 2020년에 비해 크다.

ㄷ. 2019년과 2021년의 빈칸들을 어느정도 어림해서 구해야 판단이 가능하다. 먼저 2019년의 휴게소의 급속충전기 수는 약 500대 정도 되며, 공동주택은 약 30대로 계산할 수 있다. 그리고 2021년의 주유소는 약 1,000대로 계산되므로 2019년에 비해 8배 증가하였다. 하지만 나머지 장소들의 증가율은 이에 미치지 못한다.

오답해설

ㄴ. 2021년의 공공시설 급속충전기 수는 약 3,700대 인데, 쇼핑몰과 주차전용시설의 급속충전기 수의 합은 이보다 더 크다.

ㄹ. ㄷ의 해설에서 2019년의 휴게소 급속충전기 수가 약 500대라는 것을 계산했는데 이는 문화시설에 비해 적다.

2021 5급 PSAT 자료해석 기출문제

01	02	03	04	05	06	07	08	09	10
④	③	①	⑤	②	②	③	①	②	④
11	12	13	14	15	16	17	18	19	20
①	③	⑤	①	③	⑤	③	⑤	④	⑤
21	22	23	24	25	26	27	28	29	30
②	③	②	④	⑤	①	③	④	①	④
31	32	33	34	35	36	37	38	39	40
④	⑤	①	①	③	⑤	⑤	②	④	②

01 답 ④

난도 ★

정답해설

ㄴ. 2045년 고령인구 비율이 40% 이상인 지역은 강원, 전북, 전남 및 경북으로 총 4곳이다.

ㄹ. 2045년의 인구는 고령인구와 고령인구 비율을 통해 구할 수 있다. 충북 인구는 646÷39.1×100≒1,652.2천 명, 전남 인구는 740÷45.3×100≒1,633.6천 명이다.

오답해설

ㄱ. 2019년 고령인구 비율이 가장 낮은 지역은 세종이다. 따라서 세종의 2025년 대비 2045년 고령인구 증가율을 구해 보면 $\frac{(153-49)}{49}\times100$≒212.24%이다.

반면, 세종 바로 위의 울산만 보더라도 $\frac{(352-193)}{193}\times100$ ≒82.38%이다.

ㄷ. 2025년 고령인구 상위 세 개 지역은 서울, 부산, 경기이다.
2035년 고령인구 상위 세 개 지역은 서울, 경기, 경남이다.
2045년 고령인구 상위 세 개 지역은 서울, 경기, 경남이다.

합격생 가이드

단순한 확인 문제이며, 그림과 표에서 놓치는 것이 없어야 함을 주의해야 한다.

02 답 ③

난도 ★

정답해설

보고서의 두 번째 문단 첫 번째 줄 : 4대 질환 중 전체 보험혜택 비율이 가장 높은 질환은 심장 질환이라 했으며, 표의 보험료 분위 중 전체에서 보험혜택 비율이 가장 높은 것은 7.5%의 B 질환이므로 B 질환이 심장 질환이다.

보고서의 두 번째 문단 두 번째 줄 : 뇌혈관, 심장, 암 질환의 1분위 보험혜택 비율은 각각 5분위의 10배에 미치지 못한다고 했으며, A 질환 : 12.9%<1.4×10=14%, C 질환 : 28.8%<3.1×10=31%, D 질환 : 16.7%>1.6×10=16%이므로, 뇌혈관과 암 질환은 (A or C)이며, D 질환이 희귀 질환임을 알 수 있다.

보고서의 두 번째 문단 세 번째 줄 : 뇌혈관, 심장, 희귀 질환의 1분위 가구당 보험급여는 각각 전체질환의 1분위 가구당 보험급여의 3배 이상이라 했으며, 전체질환의 1분위 가구당 보험급여의 3배는 128,431×3=385,293이다.

따라서 C 질환의 가구당 보험급여가 전체질환의 1분위 가구당 보험급여의 3배 이상이므로 C 질환이 뇌혈관 질환임을 알 수 있다.

합격생 가이드

매우 짧은 보고서와 표이므로 보고서에서 말하고 있는 표의 부분을 헷갈리지 말고 판단하는 것이 중요하다.

03 답 ①

난도 ★

정답해설

① 2016년 환경 분야 재정지출 금액은 527,335×2.4%=12,656.04백만 달러이고, 2017년 환경 분야 재정지출 금액은 522,381×2.4%=12,537.144백만 달러이므로 2015~2020년 환경 분야 재정지출 금액은 매년 증가하지 않는다.

오답해설

② 2020년 교육 분야 재정지출 금액은 614,130×16.1%=98,874.93백만 달러, 2013년 안전 분야 재정지출 금액은 487,215×3.6%=17,539.74백만 달러이므로 2020년 교육 분야 재정지출 금액은 2013년 안전 분야 재정지출 금액의 4배 이상이다.

③ 2013년 GDP는 $\frac{487,215}{34.9}\times100$=1,396,031백만 달러, 2020년 GDP는 $\frac{614,130}{32.3}\times100$=1,901,331백만 달러이므로 약 1.36배이다.

④ GDP 대비 전체 재정지출 비율과 전체 재정지출 중 보건 분야 재정지출 비중이 나와 있으므로 이 둘을 곱하면 GDP 대비 보건 분야 재정지출 비율을 계산할 수 있다.
GDP 대비 보건 분야 재정지출 비율은 연도별로 2015년 : 3.6936%, 2016년 : 3.7278%, 2017년 : 3.8796%, 2018년 : 4%, 2019년 : 4.1344%, 2020년 : 4.2636% 이므로 2016년 이후 GDP 대비 보건 분야 재정지출 비율은 매년 증가했다.

⑤ 5대 분야 재정지출 금액의 합은 연도별로 2013년 : 40%, 2014년 : 41.6%, 2015년 : 40.4%, 2016년 : 41%, 2017년 : 42.7%, 2018년 : 43.1%, 2019년 : 43.2%, 2020년 : 43.5% 이므로 매년 전체 재정지출 금액의 35% 이상이다.

합격생 가이드

이 문제는 엄격한 계산을 수행하는 것이 아니라 비교적 가볍게 계산을 하면서 정답을 구하는 것이 중요하다.

04 답 ⑤

난도 ★

정답해설

⑤ 제품별 불량률 변동이 없고 생산량이 각 제품별로 1,000개씩 증가하면 전체 생산량은 13,000개가 되고 불량품수는 1,180개가 된다. 따라서 전체 수율은 약 90.7%이므로 기존의 수율과 달라진다.

오답해설

① 각 제품의 불량률은 A 제품 : 10%, B 제품 : 10%, C 제품 : 8%이므로 C 제품의 불량률이 가장 낮다.

② 제품별 생산량 변동이 없으므로 전체 생산량은 10,000개로 일정하고 불량품 수가 900개에서 1,800개로 증가하므로 전체 수율은 82%가 된다.
③ 제품별 불량률 변동이 없고 생산량이 제품별로 100% 증가하면 전체 생산량은 20,000개가 되고 불량품수는 1,800개가 되므로 수율은 91%가 된다. 따라서 변동 전 수율과 동일하다.
④ 제품별 생산량 변동이 없으므로 전체 생산량은 10,000개로 일정하고 불량품 수가 900개에서 1,200개로 증가하므로 전체 수율은 88%가 된다.

합격생 가이드

답을 찾기 위해서 전체를 계산할 필요가 없다. 변화하는 것이 무엇인지를 정확하게 파악한다면 계산을 안 해도 수율을 구할 수 있다. 특히 ⑤의 경우, A, B, C 제품의 불량률이 다르기 때문에 생산량에서 동일한 비율로 증가하는 것이 아니라 개수로 증가하므로 전체 수율이 달라지는 것을 쉽게 파악할 수 있다.

05 　　답 ②

난도 ★

정답해설

ㄱ. 2020년 전체 대학의 전임교원 담당학점 비율은 66.7이고 비전임교원 담당학점 비율은 33.3이므로 66.7>33.3×2=66.6이기 때문에 2배 이상이다.
ㄹ. 2019년 대비 2020년에 증가한 비전임교원 담당학점은 비수도권 대학의 경우 132,991−124,091=8,900이고 수도권 대학의 경우 106,403−101,864=4,539로 비수도권 대학이 수도권 대학의 2배 미만이다.

오답해설

ㄴ. 2019년 전체 대학의 전임교원 담당학점은 476,551이고 2020년 전체 대학의 전임교원 담당학점은 479,876이므로 약 0.1% 증가하였으므로 전년 대비 1.1% 줄어들지 않았다.
ㄷ. 사립대학의 경우, 비전임교원 담당학점 중 강사 담당학점 비중은 2019년 : $\frac{14.7}{31.0}\times100=47.42\%$이며, 2020년 : $\frac{19.2}{32.2}\times100=59.63\%$이다. 따라서 2019년과 2020년 간 차이는 10%p 이상이다.

합격생 가이드

ㄴ의 경우 비율의 차이로 숫자를 읽으면 1.1%가 감소한 것으로 볼 수 있으나 이는 자료해석의 전형적인 오답유형에 해당한다.

06 　　답 ②

난도 ★

정답해설

② 보고서에서는 우리나라 지역별 전기차 공용 충전기 현황에 대한 설명이 없다.

오답해설

① 첫 문단 두 번째 문장에서부터 세계 전기차 누적 생산량 현황과 전망에 대한 설명이 있다.
③ 두 번째 문단 두 번째 문장에서 우리나라 산업수요 대비 전기차 비중의 현황과 전망에 대한 설명이 있다.
④ 첫 문단 세 번째 문장에서 전 세계 전기차 연간판매량에 대한 설명이 나와 있다. 이는 세계 전기차 연간 판매량의 국가별 비중 현황과 전망을 통해서 보고서를 작성했다고 볼 수 있다.
⑤ 세 번째 문단 세 번째 문장에서 2019년 3월을 기준으로 우리나라 지역별 전기차 구매 보조금 현황이 나와 있다.

합격생 가이드

단순한 자료 확인 문제이며 계산을 전혀 요구하지 않는 유형이다. 따라서 이런 유형을 풀 때에는 선지의 내용이 일부라도 보고서에 작성되어 있다면 활용한 것으로 보아야 한다. ④가 대표적인 예이다.

07 　　답 ③

난도 ★★

정답해설

ㄱ. 2021학년도 경쟁률이 전년 대비 하락한 과목은 국어, 영어, 일반사회, 역사, 수학, 화학, 생물, 지구과학, 가정, 미술로 총 10개이다. 반면, 2021학년도 경쟁률이 전년 대비 상승한 과목은 중국어, 지리, 물리, 기술, 정보컴퓨터, 음악, 체육으로 총 7개이다. 도덕윤리과목이 전년 대비 경쟁률이 상승했다고 하더라도 2021년 경쟁률이 전년 대비 하락한 과목수가 더 많기 때문에 옳다.
ㄹ. 2021학년도 수학의 모집정원은 $\frac{4,452}{12.54}$=355명이고 영어의 모집정원은 $\frac{4,235}{15.92}$=266명이다. 따라서 2021학년도 수학의 모집정원이 영어의 모집정원보다 많다.

오답해설

ㄴ. 2021학년도 경쟁률 상위 3과목은 중국어와 영어, 국어이다. 반면 접수인원 상위 3과목은 국어와 수학, 영어이다.
ㄷ. 2021학년도 경쟁률이 5.0 미만인 과목은 도덕윤리와 기술이다. 도덕윤리의 경우 150명 이상이나 기술과목의 경우 모집정원이 144명이므로 옳지 않다.

합격생 가이드

각주에서 나오는 분수에서 모집정원이 분모이고 접수인원이 분자임을 정확하게 판단해야 한다. 이를 대충 보면 문제를 풀다 꼬여서 계산을 다시 한 번 해야 하는 실수를 범할 수 있다. 또한 맨 처음 풀 때 표를 먼저 채우려고 하지 말고 보기에서 물어볼 때 계산을 한다면 시간을 단축할 수 있을 것이다.

08 　　답 ①

난도 ★

정답해설

ㄱ. 조선왕조실록, 호구총수에 따라 구(口)를 호(戶)로 나누면 모든 조사연도마다 각각 3명 이상이 나온다.
ㄴ. 현종 13년 이후 직전 조사연도 대비 호(戶) 증가율이 가장 큰 조사연도는 조선왕조실록에서는 숙종 19년이며, 호구총수에서도 숙종 19년이다. 따라서 조선왕조실록과 호구총수에서 같다.

오답해설

ㄷ. 숙종 원년 대비 숙종 19년 조선왕조실록에 따른 구(口) 증가율은 약 52.83%이며, 호구총수에 따른 구(口) 증가율은 약 49.08%이다. 따라서, 조선왕조실록의 구(口) 증가율이 호구총수의 구(口) 증가율보다 크다.
ㄹ. 조선왕조실록과 호구총수 간 호(戶)의 차이가 가장 큰 조사연도는 숙종 25년이다. 조선왕조실록과 호구총수 간 구(口)의 차이가 가장 큰 조사연도는 숙종 19년도이다.

합격생 가이드

계산을 눈대중으로 할 수 있을 정도로 상당히 쉬운 문제에 속한다. 이러한 문제들은 빨리 계산한 만큼 시간을 벌 수 있기 때문에 최대한 실수하지 않도록 한다.

09

답 ②

난도 ★

정답해설

② 서울에 거주하는 사람은 13,226명이고 34세 이하 팔로워는 61%인 15,250명이다. 따라서, 서울에 거주하는 34세 팔로워의 최소인원은 13,226+15,250−25,000=3,476명이므로 3,000명 이상이다.

오답해설

① 34세 이하 팔로워가 차지하는 비율은 61%이며, 45세 이하 팔로워가 차지하는 비율은 21%이다. 따라서 3배 이하이다.

③ 서울에 거주하는 팔로워는 13,226명이고 다른 모든 지역에 거주하는 팔로워의 숫자는 11,774명이므로 서울에 거주하는 팔로워가 더 많다.

④ 울산과 기타 지역에 거주하는 인원은 총 3,287명이다. 만일 팔로워 중 10%인 2,500명이 기타 지역에 거주한다면 울산 지역에 거주하는 인원은 787명으로 750명 이상이다.

⑤ 기타 지역을 제외한 다른지역에 거주하는 팔로워가 100명씩 증가한다면 전체 인원은 25,700명이 될 것이고 광주 지역의 팔로워는 1,271명이 될 것이다. 이는 25,700의 5%인 1,285명보다 작다.

합격생 가이드

매우 단순한 문제로 계산만 정확하게 푼다면 쉽게 풀 수 있다. ②는 자료해석에서 매우 많이 나타나는 유형이므로 최소인원을 구하는 방법은 알아두어야 한다.

10

답 ④

난도 ★★

정답해설

각 성인들의 탄수화물, 단백질 및 지방 각각의 칼로리와 전체 칼로리를 우선 계산한다.

A : 375×4+50×4+60×9=1,500+200+540=2,240

B : 500×4+50×4+60×9=2,000+200+540=2,740

C : 300×4+75×4+50×9=1,200+300+450=1,950

D : 350×4+120×4+70×9=1,400+480+630=2,510

E : 400×4+100×4+70×9=1,600+400+630=2,630

F : 200×4+80×4+90×9=800+320+810=1,930

이제 일일 에너지 섭취 권장량으로 적합한 사람을 구하면 남성은 B와 E가 되며, 여성은 C와 F가 된다. 그다음 일일 총에너지 섭취량 중 55~65%를 탄수화물로, 7~20%를 단백질로, 15~30%를 지방으로 섭취하는 조건에 적합한 사람을 구하면 남성은 E, 여성은 C가 된다.

합격생 가이드

이런 유형의 문제는 각 영양소별로 칼로리를 깔끔하게 쓰면서 푸는 것이 시간을 단축하는 데 도움이 된다. 단순 계산의 형태이므로 어렵지 않게 풀 수 있다.

11

답 ①

난도 ★★

정답해설

ㄱ. 2024년과 2018년 대비 2024년 매출액 순위변화를 이용하여 각 기업들의 등수를 구한다. 그러면 2024년 기준 매출액 순위를 기준으로 2018년 기준 매출액 순위는 다음과 같이 1, 3, 2, 4, 5, 6, 12, 10, 16, 14등이 된다. 이때 2018년 10등인 ABBVIE의 매출액이 321억 원이 된다. 따라서 7등, 8등, 9등의 매출액이 321억 이상임을 알 수 있다. 이를 고려하면 2018년 기준 매출액 소계를 기준으로 3,455+(321−306)+(321−174)+(321−207)=3,731억 원이므로 3,700억 원 이상이다.

ㄴ. 2024년 매출액 상위 10개 제약사 중 2018년 대비 2024년 매출액이 가장 많이 증가한 기업은 Takeda로 149억 원이 증가했으며 가장 적게 증가한 기업은 Roche로 21억 원 증가했다.

오답해설

ㄷ. 2024년 매출액 상위 10개 제약사의 매출액 합이 전체 제약사 총매출액에서 차지하는 비중은 2024년 : $\frac{4,149}{11,809}\times 100 ≒ 35.13\%$이며, 2018년 : $\frac{3,455}{8,277}\times 100 ≒ 41.74\%$이므로 2024년이 2018년보다 작다.

ㄹ. 2024년 매출액 상위 10개 제약사 중, 2018년 대비 2024년 매출액 증가율이 60% 이상인 기업은 1개로 Takeda이다.

합격생 가이드

ㄱ이 약간 생소할 수 있으나 2024년 기준 매출액 상위 10개 제약사의 2018년 매출액 순위를 적는다면 문제 풀이 방법이 보일 것이다. 이러한 아이디어를 떠올리기만 한다면 정답을 쉽게 도출할 수 있다. 만일 떠올리지 못하더라도 계산을 통해 구할 수 있다.

12

답 ③

난도 ★

정답해설

③ 2010년 농지 구획의 개수는 7개이며, 2010년 산림이 아닌 구획 중 2020년 산림인 구획은 2개이다. 따라서 양자는 같지 않다.

오답해설

① 2010년 구획별 토지이용유형은 도시 6개, 수계 7개, 산림 8개, 농지 7개, 나지 8개이며 2020년 구획별 토지이용유형은 도시 12개, 수계 6개, 산림 7개, 농지 7개, 나지 4개이다. 따라서, 토지면적 증감량이 가장 큰 유형은 도시로 6개이며, 두 번째로 큰 유형은 나지로 4개이다. 따라서 1.5배 이상이다.

② 2010년 산림 구획 중 2020년 산림이 아닌 구획의 토지면적은 3개이며, 2010년 농지가 아닌 구획 중 2020년 농지인 구획은 4개이다.

④ 맨 왼쪽 아래를 (1, 1)좌표라고 하면 2010년 전체 나지 구획 중 2020년에 (1, 3)는 도시로 (3, 2)는 농지로 (5, 1)은 산림이 되었다.

⑤ 2021년 A구획은 농지에서 도시가 되었고 B구획은 도시에서 나지가 되었으므로 2021년과 2020년의 도시 구획의 토지면적은 동일하다.

합격생 가이드

익숙하지 않은 그림형 문제의 경우에는 차근차근 개수를 세기만 한다면 쉽게 풀 수 있다. 이 문제의 경우에는 헷갈리지 않게 2010년 토지 구획별 유형의 개수와 2020년 토지 구획별 유형의 개수를 적어놓는다면 쉽게 풀 수 있다.

13

답 ⑤

난도 ★★

정답해설

⑤ 전월 대비 11월 발병 두수가 A 지역이 100% 증가하면 발병 두수는 6,000마리이며, 발병률은 $\frac{6,000}{200,000}\times 1,000=30\%$, B 지역이 400% 증가하면 발병 두수가 3,000마리이며, 발병률은 $\frac{3,000}{100,000}\times 1,000=30\%$으로 A, B 지역의 11월 발병률은 같다.

오답해설

① 사육 두수는 발병과 발병률을 통해 계산할 수 있다. 따라서, A 지역은 200,000마리이며 B 지역은 100,000마리이므로 A 지역의 사육 두수가 더 많다.

② 전체 폐사 두수는 A 지역이 400마리이며 B 지역은 30+50+60+20+40=200마리이다. 따라서 A 지역이 B 지역의 2배이다.

③ 전체 폐사율은 A 지역의 경우 발병이 8,000마리, 폐사가 400마리이므로 폐사율이 5%이다. B 지역은 발병이 5,800마리, 폐사가 200마리이므로 3.45%이다. 따라서, A 지역이 B 지역보다 높다.

④ B 지역의 폐사 두수가 가장 작은 월은 9월이다. 9월에 A 지역의 발병 두수는 전월 대비 50% 증가했다.

합격생 가이드

각주를 자세히 봐서 사육 두수를 정확하게 구해야 한다. 각주의 내용을 빠르게 이해하지 못한다면 숫자를 있는 그대로를 바로 대입함으로써 시간을 단축해야 한다.

14

답 ①

난도 ★

정답해설

선지에서 갑기업의 월간 순지출액이 가장 작은 지역으로 마닐라와 자카르타가 써져 있으므로 이들을 비교해 본다.

마닐라 : 10×230+100×2+1,150×4=7,100

자카르타 : 10×260+7×100+1,150×4=7,900이다.

따라서 월간 순지출액이 가장 작은 지역은 마닐라이다.

이제 정답은 ①과 ② 중에 하나이다. 따라서 마지막으로 다낭과 하노이를 비교한다.

다낭 : 10×170+14×100+4,000×4=19,100

하노이 : 10×190+14×100+3,400×4=16,900이다.

따라서 월간 순지출액이 가장 큰 지역은 다낭이므로 정답은 ①이다.

합격생 가이드

구해야 할 계산이 많다고 여겨지는 경우 선지를 통해서 계산의 범위를 줄여야 한다. 위 문제에서는 가장 작은 지역이 마닐라와 자카르타이므로 이를 먼저 계산함으로써 나머지 불필요한 계산을 줄인다면 시간을 단축하면서 풀 수 있다.

15

답 ③

난도 ★★★

정답해설

평가점수 산정방식 가의 경우, 논문의 값은 Ⅰ : 4, Ⅱ : 1, Ⅲ : 3, Ⅳ : 0, Ⅴ : 1이다. 따라서 평가점수는 논문 Ⅰ이 1점이고 나머지 논문들이 2점이다.

평가점수 산정방식 나의 경우, 각 논문의 중앙값은 Ⅰ : 1, Ⅱ : 3, Ⅲ : 2, Ⅳ : 4, Ⅴ : 3이다. 따라서 평가점수는 논문 Ⅰ이 1점이고 나머지 논문들이 2점이다.

평가점수 산정방식 다의 경우, 논문별 선호순위의 합은 Ⅰ : 7, Ⅱ : 9, Ⅲ : 6, Ⅳ : 13, Ⅴ : 10이다. 따라서 평가점수는 논문Ⅲ이 1점이고 나머지 논문들이 2점이다.

ㄱ. 우수논문 선정방식 A에 따르면 논문 Ⅰ이 우수논문으로 선정될 확률이 $\frac{2}{3}$이며, 논문Ⅲ이 우수논문으로 선정될 확률이 $\frac{1}{3}$이다.

ㄷ. 우수논문 선정방식 C에 따라 논문들의 평가점수 산정방식에 가중치를 각각 적용한 점수의 합은 Ⅰ : $\frac{3}{2}$, Ⅱ : 2, Ⅲ : $\frac{3}{2}$, Ⅳ : 2, Ⅴ : 2이다. 이때 논문 Ⅰ과 Ⅲ의 선정점수가 동일한데 각주 2)에 따라 우수논문은 Ⅲ으로 선정된다.

오답해설

ㄴ. 우수논문 선정방식 B에 따라서 논문의 평가점수 산정방식 가, 나, 다에서 도출된 평가점수의 합은 Ⅰ : 4, Ⅱ : 6, Ⅲ : 5, Ⅳ : 6, Ⅴ : 6이다. 따라서 우수논문은 Ⅰ로 선정된다.

합격생 가이드

이러한 문제는 평가점수 산정방식과 우수논문 선정방식이 다양하다. 우선적으로 평가점수 산정방식을 통해 각 평가점수를 산정하고 그 다음 우수논문 선정방식에 따라 우수논문을 구하여야 한다. 또한 이 문제를 풀 때 시간이 좀 걸리기 때문에 이를 다급하게 풀어서는 틀릴 확률이 높아지므로 차분하게 푸는 마음가짐이 필요할 것이다.

16

답 ⑤

난도 ★★

정답해설

ㄴ. 도와 특별자치도의 세대당 면적은 $\frac{면적}{세대}$을 통해 구할 수 있으며 경기도와 강원도 같이 몇 개만을 통해서 옳은 것을 확인할 수 있다.

ㄹ. 전국 기초지방자치단체는 특별시의 행정구역을 빼서 구해준다. 이를 통해 시는 75개, 군은 82개, 구는 69개이나. 따라서 시 : $\frac{75}{226}\times 100=33.2\%$, 구 : $\frac{69}{226}\times 100=30.5\%$, 군 : $\frac{82}{226}\times 100=36.3\%$가 나온다.

오답해설

ㄱ. 남부지역 4개 도의 군당 거주 여성인구 수는 알 수 없다. 표의 여성인구는 도 전체에 거주하는 여성인구이기 때문이다.

ㄷ. 부산광역시만 보더라도 $\frac{11,591}{34,881} \times 100 = 33.3\%$가 도출된다.

합격생 가이드

설명을 자세히 읽지 않으면 ㄷ이 맞다고 판단할 수 있다. 또한 ㄱ 역시 단순 계산을 통해 맞았다고 판단할 수 있는 문제이다. 즉 이 문제는 이해를 하지 못한 채 기계적으로 푸는 것을 방지하기 위한 문제이다. 전환형 문제를 풀 때는 표의 내용을 그래프로 바꾸는 데 급급해하지 말고 알 수 있는 정보인지 정확한 정보인지를 생각하면서 푸는 방법이 필요할 것이다.

17

답 ③

난도 ★★

정답해설

2016년 7월 4일 부천시의 3개 구가 폐지되었으므로 이전에는 구가 104개가 있었음을 알 수 있다. 2014년 7월 1일에 군이 1개 줄어들고 구가 2개가 늘어났으므로 이전에는 군이 83개, 구가 102개였음을 알 수 있다. 2013년 9월 23일에 군이 1개 줄어들고 시가 1개 증가했으므로 이전에는 군이 84개, 시가 76개였음을 알 수 있다. 2012년 7월 1일에는 군이 1개가 폐지되었고 특별자치시가 생겼으므로 이전에는 군이 85개였음을 알 수 있다. 따라서 2012년 6월 30일을 기준으로는 시가 76개, 군이 85개, 구가 102개임을 알 수 있다.

합격생 가이드

문제를 거꾸로 접근해가면서 역으로 생각하면 틀리지 않고 풀 수 있다.

18

답 ⑤

난도 ★

정답해설

ㄷ. 취업률이 인문계열 평균 취업률과 차이가 가장 큰 학과가 소속된 계열은 남성의 경우는 교육이고 여성의 경우는 의약이므로 다르다.

ㄹ. 취업률이 인문계열 평균 취업률보다 낮은 학과가 소속된 계열의 개수는 남성의 경우는 교육 및 예체능으로 2개이고 여성의 경우는 공학 및 예체능으로 2개이다.

오답해설

ㄱ. 월평균상대소득지수의 최댓값이 네 번째로 큰 계열은 남성의 경우는 예체능, 여성의 경우는 자연이다.

ㄴ. 여성의 교육계열 월평균상대소득지수의 최댓값과 최솟값의 차이는 20보다 작은 반면, 남성의 교육계열 월평균상대소득지수의 최댓값과 최솟값의 차이는 20보다 크다.

합격생 가이드

각주의 내용을 자세하게 이해한다면 보기의 내용을 이해하는 데 무리가 없을 것이다. 평상시에 각주의 내용을 잘 이해하는 연습을 하여야 한다.

19

답 ④

난도 ★

정답해설

ㄴ. 보고서 첫 번째 문단 세 번째 문장에서 2019년 금융소득 분위별 가구당 금융자산에 대하여 언급하고 있다.

ㄹ. 보고서 첫 번째 문단 마지막 문장에서 2019년 금융소득 분위별로 구한 가구당 금융소득과 유사한 비율로 증가한 것에 대해서 알기 위해 필요하다.

오답해설

ㄱ. 금융소득 없는 가구에 대해서 언급한 바가 없다.

ㄷ. 현재 경상소득에 대해서는 언급했으나 경상소득 분위별 가구당 금융소득은 언급한 바가 없다.

합격생 가이드

헷갈리는 단어들로 구성되어 있다. 그러므로 꼼꼼히 문장 한 개가 써질 때마다 표에 있는 정보를 활용한 것인지 확인하면서 풀어야 한다.

20

답 ⑤

난도 ★★★

정답해설

ㄱ. 표 1에서 애니메이션 전체의 합은 39개이다. 이때 표 2에서 중복하여 등록한 회사가 18개이므로 이를 제한다면 21개의 회사가 1편의 애니메이션만 등록하였다.

ㄴ. 1월에 국내단독 유형인 애니메이션을 등록한 회사는 유이락이 2편을 등록하였다고 한 바 6−(2−1)=5개의 회사가 애니메이션을 등록했다.

ㄷ. 3월에 유이락이 국내단독으로 3편의 애니메이션을 등록하였으므로 전체 11편 중 1개의 회사가 3편을 등록했기 때문에 11−(3−1)=9개의 회사가 애니메이션을 등록했을 것이다.

합격생 가이드

표 2에서 말하고자 하는 바가 무엇인지를 정확하게 캐치해야 한다. 과거 기출문제에서도 회사가 중복되었던 경우가 있는데 기출문제를 많이 풀었다면 그 아이디어를 살짝만 변형하여 풀 수 있었다.

21

답 ②

난도 ★

정답해설

ㄱ. 2020년 2월 한국의 방진용 마스크 수출액은 140,000천 달러보다 많으며 한국의 방진용 마스크 수입액은 20,000천 달러보다 적으므로 수출액이 수입액의 7배 이상이다.

ㄷ. 2019년 8월부터 2020년 7월 사이에 방진용 마스크 수입액은 2020년 3월에 전월 대비 대략 6배 이상 증가하여 가장 높은 증가율을 보인다.

오답해설

ㄴ. 2020년 1~7월 한국에서 미국으로 수출한 방진용 마스크 수출액은 전년 동기간 4,900천 달러에서 72,000천 달러로 증가하여 약 13.7배 증가했다. 반면, 2020년 1~7월 한국에서 중국으로 수출한 방진용 마스크 수출액은 전년 동기간 4,500천 달러에서 90,000천 달러로 증가하여 20배 증가하였다.

ㄹ. 전년 동기간 대비 2020년 1~7월 한국이 베트남에서 수입한 방진용 마스크 수입액 증가율은 18,000천 달러에서 35,000천 달러로 약 94%의 증가율이다. 반면, 전년 동기간 대비 2020년 1~7월 한국이 중국에서 수입한 방진용 마스크 수입액은 93,000천 달러에서 490,000천 달러로 증가율은 약 426%의 증가율을 보인다.

합격생 가이드

전체적인 계산수준이 암산이 가능한 정도이다. 또한 정확한 비율을 구하지 않아도 되는 문제이므로 상당히 쉬운 수준의 문제라고 할 수 있다.

22

답 ③

난도 ★

정답해설

첫 번째 조건에서 결정면적이 전국 결정면적의 3% 미만인 도시는 (나), (다), 대구이다. 따라서 {(나), (다)}는 {광주 or 대전}이다. 두 번째 조건에서 활용률이 전국 활용률보다 낮은 도시는 부산과 (라)이므로 (라)는 울산에 해당한다. 세 번째 조건에서 1인당 조성면적이 1인당 결정면적의 50% 이하 여부를 구하기 위해서는 하나의 도시는 같은 인구를 가지고 있으므로 $\frac{\text{결정면적}}{\text{조성면적}}>2$이 되는지를 통해 구하면 된다. 이때 (가), (나), 부산, 대구, (라)이므로 (가)는 인천, (나)는 광주, (다)는 대전, (라)는 울산이 된다. 따라서 정답은 ③이다.

합격생 가이드

조건의 내용들이 매우 단순하다. 또한 세 번째 조건을 구하는 데에도 특별한 아이디어를 활용할 필요가 없는 상당히 쉬운 수준의 매칭형 문제이다.

23

답 ②

난도 ★

정답해설

② B국은 GDP가 매년 증가했다. 반면, 조세부담률은 2014년 22.3%에서, 2015년 21.1%로 낮아진다. 따라서 GDP가 증가한 해에 조세부담률이 증가하지 않았다.

오답해설

① 2016년도에 전년 대비 GDP 성장률이 가장 높은 나라는 A국이다. 또한 조세부담률은 2016년에 A국이 26.4%로 B국 21.2%, C국 23.3%와 비교했을 때 가장 높다.

③ 2017년 B국의 지방세 납부액은 22,972×6.2%=1,424억 달러이며, A 국의 지방세 납부액은 20,717×1.6%=331억 달러이다. 따라서 2017년 B 국의 지방세 납부액은 A국의 지방세 납부액의 4배 이상이다.

④ 2018년 A국의 국세 납부액은 21,433×25.0%=5,358억 달러이며, C 국의 지방세 납부액은 33,444×12.5%=4,180억 달러이다. 따라서 2018년 A국의 국세 납부액이 C국의 지방세 납부액보다 많다.

⑤ C국의 GDP는 매년 2~4% 증가하였으나 국세 부담률은 1%보다 작게 감소하였기 때문이다.

합격생 가이드

정답을 찾기는 쉬운 문제이다. 또한, 계산을 할 때 구체적인 값을 도출하여 계산하기보다는 상대적으로 비교해나가며 구한다면 정답을 도출하고 다른 선지를 검토할 때도 시간을 단축할 수 있다.

24

답 ④

난도 ★

정답해설

해당 학교의 전체 학생 중 장학금 수혜자 비율은 각주 1)과 2)를 곱하여 도출할 수 있다. 즉, 장학금 신청률×장학금 수혜율이 전체 학생 중 장학금 수혜자 비율이다.

A : 30%×45%=13.5%, B : 40%×30%=12%, C : 60%×25%=15%, D : 40%×40%=16%, E : 50%×20%=10%이다.

따라서 장학금 수혜자 비율이 가장 큰 학교는 D, C, A, B, E 순이다.

합격생 가이드

각주의 내용을 어떻게 활용할지 문제를 읽으면서 바로 생각할 수 있어야 한다. 매우 쉬운 문제이므로 사소한 계산 실수라도 발생해서는 안 된다.

25

답 ⑤

난도 ★

정답해설

⑤ 이란의 쌀 수입액은 19,721,980×6.2%=1,222,762천 달러이며 알제리의 밀 수입액은 38,243,341×4.7%=1,797,437천 달러이다. 따라서 알제리의 밀 수입액이 이란의 쌀 수입액보다 더 크다.

오답해설

① 한국의 밀 수입액은 38,243,341×2.5%=956,083천 달러이며, 한국의 쌀 수입액은 19,721,980×1.5%=295,829천 달러이다. 따라서 3배 이상이다.

② 중국이 수입한 4대 곡물 총수입액 중 일부인 중국의 대두 수입액은 61,733,744×64.2%=39,633,063천 달러이므로 이는 세계 밀 총수입액보다 크다.

③ 브라질은 4대 곡물 중 대두, 옥수수 2개에서 한국으로의 주요 수출국이다.

④ 4대 곡물을 한국의 수입액이 큰 순서대로 나열하면 옥수수 : 31,098,456×5.8%=1,803,710천 달러, 밀 : 38,243,341×4.7%=1,797,437천 달러, 대두 : 61,733,744×64.2%=39,633,063천 달러, 쌀 : 19,721,980×1.5%=295,829천 달러이다.

합격생 가이드

계산형 문제의 경우 구체적인 값을 계산할 필요가 없는 경우가 많다. 예를 들어 ⑤를 살펴보면 밀의 세계 총수입액은 쌀의 세계 총수입액의 약 2배이며 이란의 수입 비율은 알제리의 수입 비율의 약 1.5배이다. 따라서 1.5배와 2배를 비교하는 것으로서 알제리의 밀 수입액이 이란의 쌀 수입액보다 큼을 쉽게 파악할 수 있다. 이런 계산형 문제는 많은 연습을 통해 간단하게 계산을 할 수 있도록 하는 것이 좋다.

26

답 ①

난도 ★★

정답해설

ㄱ. 보기의 지역별 내진율이 옳은지 표와 자세히 비교한다.

ㄴ. 내진대상 건축물은 1,439,547개이다. 따라서 단독주택은 $\frac{445,236}{1,439,547}\times100$ $=30.9\%$, 공동주택은 $\frac{360,989}{1,439,547}\times100=25.1\%$, 학교는 $\frac{31,638}{1,439,547}\times100$ $=2.2\%$, 의료시설은 $\frac{5,079}{1,439,547}\times100=0.4\%$, 공공업무시설은 $\frac{15,003}{1,439,547}$ $\times100=1.0\%$, 기타는 $\frac{581,602}{1,439,547}\times100=40.4\%$이다.

오답해설

ㄷ. 주택의 건축물의 용도별 내진확보 건축물의 비율은 단독주택의 경우 $\frac{143,204}{314,706}\times100=45.6\%$, 공동주택의 경우 $\frac{171,172}{314,376}\times100=54.4.\%$이며, 주택이외 건축물의 용도별 내진확보 건축물의 비율은 학교 $\frac{7,336}{160,959}\times100$ $=4.56\%$이다.

ㄹ. 주택 이외 건축물 용도별 내진율은 학교가 23.2%이나 보기에는 15.8%로 나와 있으므로 틀린 보기이다.

합격생 가이드

전환형 유형의 경우 학생들이 많이 까다로워 하는 부분 중 하나이다. 이는 다른 문제에 비해서는 많은 계산을 요구하기 때문이다. 눈대중으로 계산하는 방법을 터득해야 하며, ㄷ과 같은 보기에서 주택 이외의 건축물에서 기타를 빼서 계산을 하는 방식으로 오답을 만드는 경우가 많으므로 이를 고려하여 푼다면 전환형 문제더라도 시간을 단축할 수 있다.

27

답 ③

난도 ★★

정답해설

ㄴ. 기술인력 비중이 50% 이상인 산업은 기계, 디스플레이, 반도체, 조선, 철강, 소프트웨어로 총 6개이다.

ㄷ. 소프트웨어 산업의 기술인력 부족률은 $\frac{6,205}{(139,454+6,205)}\times100=4.25\%$으로 5% 미만이다.

오답해설

ㄱ. 디스플레이 산업의 기술인력 비중은 $\frac{50,100}{61,855}\times100=81\%$으로 80% 이상이다.

ㄹ. 기술인력 부족률이 두 번째로 낮은 산업은 반도체 산업이 아니라 IT 비즈니스 산업이다.

합격생 가이드

디스플레이 산업의 기술인력 비중을 구할 때 분모를 62,000으로 올림 한 후에 20%를 감소시키면 분자는 49,600이 된다. 즉, $\frac{49,600}{62,000}<\frac{50,100}{61,855}$가 성립하므로 당연히 80%보다 큼을 알 수 있다. 또한, ㄹ의 경우 반도체 산업의 기술인력 부족률 1.6%에 집중하여 계산하는 것이 아니라 반도체 산업의 현원과 부족인원의 비율을 기준으로 12대 주요 산업을 분석하여야 시간을 단축할 수 있다.

28

답 ④

난도 ★

정답해설

ㄴ. 2020년 PC, 태블릿, 콘솔의 게임시장 규모의 합은 48.6%로 A국 게임시장 전체 규모의 50% 미만이다.

ㄹ. 기타를 제외하고 2017년 대비 2018년 게임시장 규모 증가율은 PC : 10.7%, 모바일 : 10.4%, 태블릿 : 12.5%, 콘솔 : 10.4%이므로 태블릿의 증가율이 가장 크다.

오답해설

ㄱ. A국 게임시장 전체규모는 2017년 563억 원, 2018년 622억 원, 2019년 613억 원으로 매년 증가하지 않았다.

ㄷ. PC의 게임시장 점유율은 2020년 27.5%이며, 2019년 $\frac{173}{613}\times100=28.2\%$이다. 따라서 2019년 PC의 게임시장 점유율이 더 높다.

합격생 가이드

ㄹ을 계산할 때 눈대중으로 태블릿의 증가율이 가장 크다는 것을 캐치한다면 그만큼 풀이 시간을 단축시킬 수 있다.

29

답 ①

난도 ★

정답해설

ㄱ. 2017년의 보유세는 9,196십억 원이고 2015년의 보유세는 5,030십 억 원이다. 2015년 보유세의 1.8배가 9,054십억 원이므로, 2017년의 보유세는 2015년 보유세의 1.8배 이상이 된다.

ㄴ. 보유세 중 재산세 비중은 다음과 같다. 2015년 : 51.45%, 2016년 : 45.67%, 2017년 : 40.83%, 2018년 : 44.75%, 2019년 : 50.71%이다. 따라서, 2017년까지는 지속적으로 감소하다가 2018년부터 매년 증가했다.

오답해설

ㄷ. 농어촌특별세가 보유세에서 차지하는 비중이 매년 가장 작기 위해서는 농어촌특별세가 가장 작아야 한다. 하지만 2017년의 농어촌특별세는 공동시설세보다 크기 때문에 농어촌특별세는 보유세에서 차지하는 비중이 매년 가장 작다고 볼 수 없다.

ㄹ. 재산세 대비 종합부동산세 비가 가장 큰 연도는 2015년으로 약 5.870이다. 반면, 가장 작은 연도는 2017년으로 약 1.550이므로 4배 이상이 아니다.

합격생 가이드

연도만 비교하여도 풀 수 있을 정도에 가장 기초적인 계산 문제이다. 특별히 주의할 점이 없는 만큼 확실하고 빠르게 풀고 넘어가야 한다.

30

답 ④

난도 ★

정답해설

ㄱ. 2020년 8월의 온도는 표 1과 표 4를 통해 28도임을 알 수 있다. 따라서 8월 평균기온은 2020년이 가장 높다.

ㄷ. 2019년 1~9월의 총 강수량은 578mm이다. 2020년 9월까지의 연강수량은 전년 동기간 대비 262mm 증가하여 총 840mm이다. 즉, 2020년 9월까지의

연강수량만으로도 2019년의 연 강수량보다 많은 것을 알 수 있으므로 옳다.

ㄹ. 여름(6~8월)의 일조시간은 2020년에는 2019년 대비 총 −15시간 감소하였으나, 2018년은 2019년에 비해 총 132시간이 적다. 따라서 여름(6~8월)의 일조시간은 2020년이 2019년보다는 적으나 2018년보다는 많다.

오답해설

ㄴ. 2020년 7월의 강수량은 표 2와 표 4를 통해 358mm임을 알 수 있다. 2014~2019년 7월의 평균 강수량은 488.16mm이므로 2020년 7월 강수량이 더 적다.

합격생 가이드

알 수 있는 정보와 알 수 없는 정보를 구별하는 것이 핵심이다. 만일 표 4에서 2020년 10~12월까지의 정보가 없어서 알 수 없다고 착각할 수 있으나 실제로는 2020년 9월까지의 정보만으로도 풀 수 있는 2021년 기출문제에서 자주 보이는 유형이다.

31

답 ④

난도 ★★

정답해설

4월의 일평균 일조시간이 7.1시간이며 7.1×30=213이며 7월의 일평균 일조시간은 4.6시간으로 4.6×31=142.6이다. 따라서 이 해의 연도는 2016년도이다.

A의 경우 6월의 일평균 일조시간이므로 $\frac{232}{30}=7.7$이다.

B의 경우 7월의 누적 강수량이므로 1,228−465=763이다.

합격생 가이드

문제를 처음 봤을 때 이해가 되지 않는다면 발문으로 다시 돌아가 이해해서 특정 연도를 구하는 것이 중요할 것이다. 이후에는 꼼꼼한 계산을 요구하므로 실수하지 않고 정확하게 구하는 것이 중요하다. 또한 누적강수량 B를 구하라고 할 때 1월부터 7월까지 더하는 것이 아니라 8월까지의 누적강수량에서 8월의 강수량을 빼는 것이 핵심이다.

32

답 ⑤

난도 ★★

정답해설

ㄱ. 부동산 자산 중 거주주택 자산 비중은 30세 미만 : 68.31, 30~39세 : 68.14, 40~49세 : 62.5, 50~59세 : 57.26, 60세 이상 : 56.35이므로 반올림 하면 ㄱ의 비중이 나온다.

ㄴ. 상용근로자의 경우 금융자산은 $\frac{13,870}{48,531}\times100=28.57\%$, 부동산 : $\frac{32,981}{48,531}\times100=67.95\%$, 기타 : $\frac{1,680}{48,531}\times100=3.46\%$이며, 자영업자의 경우 금융자산 : $\frac{10,676}{54,869}\times100=19.45\%$, 부동산 : $\frac{38,361}{54,869}\times100=69.91\%$, 기타 : $\frac{5,832}{54,869}\times100=10.62\%$이다.

ㄹ. 가구주 종사상 지위별 가구당 실물자산 규모는 부동산과 기타를 더해서 계산한다. 상용근로자 : 32,981+1,680=34,661, 임시·일용근로자 : 13,848+633=14,481, 자영업자 : 38,361+5,832=44,193, 기타(무직 등) : 26,432+518=26,950

오답해설

ㄷ. ㄷ의 구성비 숫자는 전체 자산을 10,994+32,638+46,967+49,346+42,025로 보아서 나눈 것이다. 하지만, 가구 구성비까지 고려하여 전체 자산을 구해야 하므로 이는 틀린 수치이다. 예를 들어 30세 미만의 구성비는 $\frac{10,994\times2.0}{42,191\times100}\times100=0.52\%$가 될 것이다.

합격생 가이드

전환형의 대표적인 문제다. ㄹ 같은 보기를 풀 때 직접 두 개를 덧셈하는 것이 정석적인 방법이나 앞자리와 끝자리만의 합을 통해서 맞는지를 확인하는 것도 사용할 수 있는 방법 중 하나이다.

33

답 ①

난도 ★★

정답해설

ㄱ. 화물차의 오염물질 CO, NO_X, SO_X, VOC 배출량의 합은 2,828+7,427+3+645=10,903이며, 건설장비의 오염물질 CO, NO_X, SO_X, VOC 배출량의 합은 2,278+4,915+2+649=7,844이다.

ㄴ. 현재 표에 주어진 PM2.5의 배출비중은 91.7이다. 따라서 PM2.5 기준 배출량 상위 5개 배출원의 PM2.5 배출비중의 합은 최소 91.7이므로 90% 이상이다.

오답해설

ㄷ. 현재 표에 주어진 NO_X의 배출비중의 합은 82이다. 따라서 알지 못하는 산업에서 NO_X의 배출비중이 9.0보다 클 가능성이 있다.

ㄹ. PM10의 전체 배출량은 $\frac{163}{5.2}\times100=3,134.6$이다. 반면, VOC의 전체 배출량은 $\frac{200}{0.5}\times100=40,000$이다.

합격생 가이드

표에서 주어지지 않은 부분까지 생각하면서 풀어야 하는 문제이다. 특히 ㄴ과 ㄷ을 풀 때 배출비중을 활용하여 계산하지 않는다면 알 수 있는지 없는지 헷갈리게 될 가능성이 높다.

34

답 ①

난도 ★★

정답해설

ㄱ. 2020년 5월 음원차트 상위 15위를 기준으로 4월 음원차트에도 상위 15위에 포함되었는지를 확인하면 2020년 5월의 순위를 기준으로 2, 5, 6, 7, 8, 10, 11, 13, 14등이다. 다시 이 곡들이 2020년 6월 상위 15위에 있는지를 살펴보면 2, 7, 10, 5등이다. 즉, 알로에, 좋은 사람 있으면 만나, 흔들리는 풀잎 속에서, 마무리로 총 4곡이 2020년 4~6월간 매월 상위 15위에 포함된 음원이다.

ㄴ. Whale은 2020년 5월 음원차트 상위 15위에 들지 못했으므로 GA의 최대 점수는 66,486점일 것이다. 이는 6월에 73,333점이 되었으므로 전월에 비해 6,000점 이상 증가했다고 볼 수 있다.

오답해설

ㄷ. 2020년 6월 음원차트 상위 15위 음원 중 6월 발매 신곡을 제외 하고 전월 대비 순위 상승폭이 세 번째로 큰 음원은 미워하게 될 줄 알았어이다. 이 곡은 6월 GA 점수는 127,995이고 5월 GA 점수는 66,487이므로 두 배 이하이다.

ㄹ. 2020년 6월 음원차트 상위 15위 음원 중 6월 발매 신곡을 제외하고 전월 대비 순위가 상승한 음원은 4개이고 전월 대비 순위가 하락한 음원은 6개이다.

합격생 가이드

만일 시험장에서 푼다면 ㄱ이 매우 헷갈릴 수 있다. 이럴 때에는 ㄱ을 평가하지 않고 ㄴ, ㄷ, ㄹ 이 세 개만을 정확하게 해결해 준다면 헷갈림을 어느 정도 방지한 채로 답을 틀리지 않을 것이다.

35

답 ③

난도 ★★

정답해설

ㄴ. 총노선 수의 전년 대비 감소폭은 2017년 3개, 2018년 3개, 2019년 4개, 총차량대수의 전년 대비 감소폭은 2018년 3대, 2019년 61대, 2020년 16대이다. 따라서 전년 대비 감소폭은 2019년이 총노선 수와 총차량대수 모두 가장 크다.

ㄷ. 2019년 심야버스만 전년에 비해 차량대수가 23대 증가했고 전년 대비 차량대수 증가율은 $\frac{23}{47}\times100=49\%$이므로 45% 이상이다.

ㄹ. 2016~2020년 노선 수 대비 차량대수 비는 간선버스가 지속적으로 30에 가깝고 이는 지선버스와 광역버스보다 압도적으로 큰 바이다.

오답해설

ㄱ. A시 버스 총노선 수는 2019년에 351개에서 2020년에 354개로 증가한다.

ㅁ. 2016년 심야버스의 노선 수 대비 차량대수비는 5인 반면, 순환버스는 6.25이다.

합격생 가이드

문제를 이해하는 데 많은 노력이 필요 없으나 지속적인 계산을 요구하고 있다. 따라서 눈대중을 통한 암산을 강화할 필요가 있다.

36

답 ⑤

난도 ★★

정답해설

ㄱ. 2020년에 관리운영비는 309억 원이며 임직원 수는 305명이므로 임직원당 관리운영비는 $\frac{309}{305}>1$억 원 이상이다.

ㄷ. 중앙회 상임위원회의 여성 위원은 총 5명이다. 또한 중앙회 분과실행위원회의 여성 위원은 총 32명이다. 이들 모두가 동시에 중앙회 분과실행위원회 의원이기 때문에 중앙회의 여성 위원은 총 32명이다.

ㄹ. 지회 분과실행위원회의 50대 위원의 수는 총 199명이다. 또한 지회 분과실행위원회의 학계 위원 수는 285명이다. 따라서 50대이며 동시에 학계 위원이 되는 최소 인원은 199+285−391=93명이다.

오답해설

ㄴ. 중앙회의 분과실행위원회의 현장위원은 85×71%=60명이다. 반면 지회의 분과실행위원회의 현장위원은 391×27%=105명이다. 따라서 중앙회의 현장위원 수가 지회의 현장위원 수보다 적다.

합격생 가이드

중복하여 발생하는 인원의 숫자를 구하는 방법을 정확하게 아는지 묻는 문제이다. 또한 사람이 나오는 문제의 경우에는 사람은 소수점으로 나눠지지 않기 때문에 소수점자리 부분을 버림하고 인원을 정확하게 구해주는 것이 문제를 풀 때 틀리지 않는 방법일 것이다.

37

답 ⑤

난도 ★

정답해설

ㄴ. 2015년부터 2019년까지 보호조치 아동의 발생은 매년 4,600건 이하이다. 따라서 전체 보호조치 아동 중 발생원인이 가정불화인 보호조치 아동의 비중은 매년 10% 이상이다.

ㄷ. 2019년 조치방법이 시설보호인 보호조치 아동 중 발생원인이 학대인 보호조치 아동들의 숫자는 최소 2,865+2,739−4,047=1,557명이다. 따라서 2019년 조치방법이 시설보호인 보호조치 아동 중 발생원인이 학대인 보호조치 아동의 비중은 50% 이상이다.

ㄹ. 조치방법이 가정위탁인 보호조치 아동의 전년 대비 감소율은 2016년 : 9%, 2017년 : 2%, 2018년 : 9%, 2019년 : 7%로 매년 10% 이하이다.

오답해설

ㄱ. 전체 보호조치 아동의 수는 2015년 4,503명에서 16년 4,583명이 된다. 따라서 매년 전체 보호조치 아동은 감소하지 않는다.

합격생 가이드

ㄱ을 풀 때 구체적인 값을 구하는 것이 아니라 15년도에 비해 16년도에 변화가 얼마만큼 발생했는지를 눈대중으로 계산하면 시간을 단축할 수 있다. 표 2에서 살펴보면 가정위탁만 유일하게 감소했으며 이 값도 150보다 작음을 알 수 있다. 반면 시설보호 방법에서 200명 이상 증가했음을 안다면 구체적인 값을 구하지 않더라도 증가했음을 알 수 있다.

38

답 ②

난도 ★

정답해설

② 과학교사 집단에서 수리적 소양의 우선지수는 1.48이며, 인문교사 집단에서 수리적 소양의 우선지수는 2.13으로 각 교사집단에서 우선지수가 가장 낮다.

오답해설

① 과학교사 집단의 끈기에 대한 우선지수와 인문교사 집단의 끈기에 대한 우선지수는 4.48×1.18<4.60×1.25으로 인문교사의 곱이 두 개 다 크기 때문이다.

③ 경제적 소양의 부족수준의 차이는 0.13이다. 반면, 문해력의 부족수준의 차이는 0.24이므로 경제적 소양의 부족수준의 차이가 가장 크다고 볼 수 없다.

④ 문화적 소양과 사회인식이 우선적으로 공통된다고 볼 수 있다.

⑤ 각 교사집단이 인식하는 요구수준 하위 3개에는 리더십이 공통되지 않는다.

합격생 가이드

표만 자세하게 읽는다면 매우 쉽게 풀 수 있는 단순 확인문제에 불과하다.

39

답 ④

난도 ★★★

정답해설

ㄱ. 배송업체 A를 이용하면 소요비용은 다음과 같다.
갑 : 300×500+120×17=152,010(천 원)
을 : 200×500+110×1.1×10=126,210(천 원)
병 : 320×500+130×0.7×8=160,728(천 원)
정 : 400×500+80×0.8×13=200,832(천 원)
무 : 270×500+150×0.5×20=136,500(천 원)
따라서 을이 가장 적다.

ㄴ. ㄱ에서 보았듯이 의자 제작비용이 저렴할수록 유리하다. 따라서 을을 기준으로 살펴보면 250×300+110×1.1×6=75,726(천 원)이므로 소요비용이 1억 원 미만이다.

ㄹ. 의자를 590개 설치할 경우에 제작비용이 가장 싼 을은 250×590+110×0.9×12=148,688(천 원)이므로 소요비용이 1.5억 원 미만이다.

오답해설

ㄷ. 배송업체 B를 이용하더라도 ㄱ에서 보았듯이 의자 제작비용이 차이가 많이 나는 것이며 배송비용은 차이가 많이 나지 않는 것을 고려하여 을과 무만 비교한다.
을 : 250×300+110×0.9×6=75,594(천 원)
무 : 270×300+150×0.3×12=81,540(천 원)이다.

합격생 가이드

단위를 주목하여 계산해야 한다. 많은 계산을 요구하는 것처럼 보이나 동일한 개수의 의자를 설치하기 때문에 의자 제작비용이 가장 싼 기업이 당연히 유리할 것임을 고려한다면 쉽게 풀 수 있다.

40

답 ②

난도 ★★

정답해설

② 2016년에 농민 가는 작물 A를 50kg 생산하였고 작물 B를 100kg 생산하였다. 또한 2016년의 작물 A의 총생산량은 150kg이며 작물 B의 총생산량은 150kg이다. 따라서 농민 가의 작물 총판매액은 1,500×50+1,000×100=175,000원이다.

오답해설

① 농민 가는 경작지 1에서 A의 생산량 감소 및 경작지 2에서 B의 생산량 감소를 보았으며 농민 나는 경작지 3에서 B와 C의 생산량 감소를 보았다.
③ 작물 E가 동일 경작지에서 다년간 연속 재배된 경우는 경작지 4와 경작지 6인데 모두 생산량이 감소하지 않았다.
④ 농민 가의 경작지 1에서 A작물을 3개년 연속 재배하고 B작물을 재배한 후 다시 A작물을 재배한 경우 경작지당 연간 최대 생산량인 100kg가 생산되었다.
⑤ 2016년 D작물은 총 200kg 생산되었고 이때의 가격은 1,000원이며, 2019년 D작물은 총 400kg 생산되었고 이때의 가격은 250원이다. 따라서 D작물의 2016년과 2019년의 판매가격 차이는 750원이다. E작물은 2016년 총 50kg 생산되었고 이때의 가격은 2,000원이며 2019년에는 총 100kg 생산되었고 이때의 가격은 500원이다. 따라서 E작물의 2016년과 2019년의 판매가격 차이는 1,500원이다.

합격생 가이드

그림이 무엇을 나타내는지만 이해한다면 쉽게 풀 수 있는 문제이다. 보통의 40번 문제는 38~39번 문제보다 쉬운 경우가 많으므로 앞선 문제가 어렵다면 40번 문제를 먼저 푸는 것도 하나의 방법이 될 것이다.

2021 7급 PSAT 자료해석 기출문제

01	02	03	04	05	06	07	08	09	10
②	⑤	②	①	④	③	④	⑤	⑤	②
11	12	13	14	15	16	17	18	19	20
③	③	④	①	③	①	④	③	③	④
21	22	23	24	25					
②	②	⑤	①	⑤					

01

답 ②

난도 ★

정답해설

표에는 전국 안전체험관 규모별 현황에 관한 자료만 존재한다.

ㄱ. 보고서 두 번째 문단의 두 번째 문장은 전국 교통사고 사망자 수(2015~2018년)에 대한 내용이 있다. 따라서 이를 작성하기 위해서는 'ㄱ. 전국 교통사고 사망자 수'가 필요하다.

ㄷ. 보고서 두 번째 문단의 첫 번째 문장은 전국 안전사고 사망자 수(2015~2018년)에 대한 내용이 있다. 따라서 이를 작성하기 위해서는 ㄷ. 연도별 전국 안전사고 사망자 수가 필요하다.

오답해설

ㄴ. 보고서 세 번째 문단은 2019년 분야별 지역안전지수 1등급에 대한 내용이다. 하지만, ㄴ은 2015~2018년 분야별 지역안전지수에 관한 자료이므로 이를 이용해서는 보고서를 작성할 수 없다.

ㄹ. 보고서 첫 번째 문단 첫 번째 문장은 표의 내용이다. 하지만, 첫 번째 문단 두 번째 문장은 2019년 지역 및 규모별 안전체험관에 관한 자료이므로 ㄹ은 이에 부합하지 않는다.

합격생 가이드

표와 보고서에는 안전체험관의 규모별 현황이 제시되어 있으나, 보기 ㄹ의 경우 2018년 지역별 안전체험관 수인데 보기의 내용은 단순 지역별 현황만 제시되어 있으며, 규모별 현황이 없음을 유의하면서 풀어야 한다. 특히 이번 문제와 같은 보고서를 작성하기 위해서 추가로 이용한 자료를 고르는 유형은 무조건 맞춰야 한다.

02

답 ⑤

난도 ★

정답해설

ⓜ 2007년 10월 기준 평화유지활동을 수행 중이었던 임무단은 수단 임무단, 소말리아 임무단, 코모로 치안지원 임무단, 다르푸르 지역 임무단으로 총 4개이므로 옳지 않다.

오답해설

㉠ 소말리아 임무단은 2007년 1월부터 2021년 5월까지 14년을 초과하여 활동하고 있으므로 가장 오랜기간 동안 활동하고 있다.

㉡ 코모로 선거감시 지원 임무단은 4개월만을 활동했으므로 가장 짧게 활동했다.

㉢ 임무단의 평화유지활동에 파견된 규모는 3,128+300+462+6,000+350+6,000+3,350+1,450+5,961=27,001명으로 25,000명보다 많으므로 옳다.

㉣ 수단에서는 수단 임무단과 다르푸르 지역 임무단이 활동했고 코모로에서는 코모로 선거감시 지원 임무단과 코모로 치안지원 임무단이 활동했으므로 옳다.

합격생 가이드

매우 단순한 보고서 유형이며, 2번 문제이므로 빠른 시간내에 풀어야 한다. 이 문제에서 주의할 점은 임무단의 이름과 파견지의 이름이 유사하다는 점이다. 이를 주의 깊게 보면서 푼다면 손쉽게 풀 수 있을 것이다.

03

답 ②

난도 ★★

정답해설

ㄱ. 2020년 국가채무는 1,741×36.0%=626.76조 원이고 2014년 국가채무는 1,323×29.7%≒392.93조 원이다. 2014년 국가채무의 1.5배는 약 589.40(조 원)이므로 옳다.

ㄷ. 2018년의 적자성채무는 1,563×18.3%≒286.03조 원이며, 2019년 적자성채무는 1,658×20.0%=331.6조 원, 2020년 적자성채무는 1,741×20.7%≒360.39조 원이다. 따라서 적자성채무는 2019년부터 300조 원 이상이다.

오답해설

ㄴ. GDP 대비 금융성채무는 GDP 대비 국가채무에서 GDP 대비 적자성채무를 빼줌으로써 구할 수 있다. 이를 표로 정리하면 다음과 같다.

2014년	2015년	2016년	2017년	2018년	2019년	2020년
15.1	15.4	15.5	15.7	15.8	15.7	15.3

2019년 및 2020년은 전년 대비 GDP 대비 금융성채무가 감소하므로 옳지 않은 보기이다.

ㄹ. ㄴ에서 구한 GDP 대비 금융성채무를 활용할 수 있다. 2017년 금융성채무가 국가채무에서 차지하는 비율은 $\frac{15.7}{32.6}\times100\%\fallingdotseq48.2\%$이므로 매년 국가채무의 50% 이상을 차지하지 않는다.

합격생 가이드

보기 ㄱ이 가장 어려운 문제이다. 이런 경우 ㄱ을 패스하고 ㄴ을 먼저 보아도 된다. ㄴ을 먼저 풀게 되면 자연스럽게 선지는 ②와 ④만 남게 되므로, ㄹ만 확인하면 정답이 도출된다.

04

답 ①

난도 ★

정답해설

우선 제시된 표를 완성시킨다.

이사 전 이사 후	소형	중형	대형	합
소형	15	10	5	30
중형	0	30	10	40
대형	5	10	15	30
계	20	50	30	100

ㄱ. 주택규모가 이사 전 소형에서 이사 후 중형으로 달라진 가구는 0개이므로 옳다.

ㄴ. 이러한 보기는 반대해석을 이용하는 것이 빠른 해결에 유리하다. 즉 이사 전후 주택규모가 달라진 가구 수를 모두 더하는 것보다는 이사 전후 주택규모가 동일한 가구 수를 파악하는 것이다. 제시된 보기에서 이사 전후 주택규모가 달라진 가구 수는 전체 가구 수의 50% 이하라고 했으므로, 이사 전후 주택규모가 동일한 가구 수가 50% 이상인지만 파악하면 된다. 이사 전후 주택규모가 동일한 가구 수는 제시된 표에서 우하향 대각선에 있는 값만 보면 되므로, 15+30+15=60개가 도출된다. 이 값이 50% 이상에 해당하므로, 반대 값인 이사 전후 주택규모가 달라진 가구 수는 50% 이하이다.

오답해설

ㄷ. 주택규모가 대형인 가구 수는 이사 전 30가구이며, 이사 후에도 30가구이다.

ㄹ. 이사 후 주택규모가 커진 가구 수는 소형 → 중형, 소형 → 대형, 중형 → 대형이므로 총 10+5=15가구이다. 반면, 이사 후 주택규모가 작아진 가구 수는 대형 → 중형, 대형 → 소형, 중형 → 소형으로 총 10+5+15=25가구이다.

합격생 가이드

단순 빈칸 문제이다. 숫자가 깔끔한 유형의 빈칸 문제는 빠르게 빈칸을 채워 놓는 것이 중요하다. 빈칸을 우선 채운다면 50% 이상은 완료했다고 볼 수 있다. 그 후 마지막으로 표의 좌상단을 꼼꼼하게 확인해서 이사 전과 이사 후가 어떻게 변화하는지만 확인한다면 쉽게 풀 수 있다.

05

답 ④

난도 ★

정답해설

혼합공정에 투입된 후 폐기처리공정에 전달되어 투입되어야 한다. 폐기처리에 도달하는 경우를 나누면 다음과 같다.

〈경우 1〉 : 혼합 → 성형 → 재작업 → 폐기처리

〈경우 2〉 : 혼합 → 성형 → 재작업 → 조립 → 검사 → 폐기처리

〈경우 3〉 : 혼합 → 성형 → 조립 → 검사 → 폐기처리

각각의 경우에 대해서 계산해 보면 다음과 같다.

〈경우 1〉 : $1{,}000\times0.1\times0.5=50$kg

〈경우 2〉 : $1{,}000\times1.0\times0.1\times0.5\times1.0\times0.2=10$kg

〈경우 3〉 : $1{,}000\times1.0\times0.9\times1.0\times0.2=180$kg

따라서 이 3가지 경우를 모두 합친 재료 총량은 240kg이다.

합격생 가이드

문제를 풀기 위해서 각주의 내용을 정확하게 이해하는 것이 우선이고 그다음으로 빼먹는 것이 있어서는 안 된다. 따라서 계산되는 모든 숫자를 차분하게 그림에서 따라 적으면서 풀면 틀리지 않게 풀어갈 수 있다.

06

답 ③

난도 ★★

정답해설

조건에 따라서 문제를 해결한다.

첫 번째 조건에서 연강수량이 세계평균의 2배 이상인 국가는 B와 G이다. (일본 or 뉴질랜드)=(B or G)이다.

두 번째 조건에서 연강수량이 세계평균보다 많은 국가 중 1인당 이용가능한 연수자원총량이 가장 적은 국가는 대한민국으로 A이다.

세 번째 조건에서 1인당 연강수총량이 세계평균의 5배 이상인 국가를 연강수량이 많은 국가부터 나열하면 G, E, F이다. 따라서 뉴질랜드가 G, 캐나다가 E, 호주가 F이며, 첫 번째 조건에 따라 일본이 B가 된다.

네 번째 조건에서 1인당 이용가능한 연수자원총량이 영국보다 적은 국가 중 1인당 연강수총량이 세계평균의 25% 이상인 국가는 중국으로 C이다.

다섯 번째 조건에서 1인당 이용가능한 연수자원총량이 6번째로 많은 국가는 프랑스로 H이다.

따라서 국가명을 알 수 없는 것은 D이다.

합격생 가이드

매칭형의 기본적인 문제이다. 매칭형 문제의 경우 조건 한 개당 한 개를 각각 매칭할 수 있다고 생각하면 용이하게 풀 수 있다. 또한 그림의 단어들이 1인당 이용가능한 연수자원총량과 1인당 연강수총량으로 헷갈릴 수 있으므로 이를 염두에 두고 풀어야 한다.

07

답 ④

난도 ★★★

정답해설

ㄱ. 국어 평균점수는 $\frac{(90+85+60+95+75)}{5}=81$이므로 80점 이상이다.

ㄷ. 국어, 영어, 수학점수에 각각 0.4, 0.2, 0.4의 가중치를 곱한 점수의 합은 갑 : 84, 을 : 79, 병 : 78, 정 : 91, 무 : 90이다. 따라서 정의 점수가 가장 크다.

ㄹ. 병의 성별이 남학생일 때와 여학생일 때로 나눠서 확인한다.

1) 병이 남학생일 때 성별 평균점수

여자 : 을, 정 → $\frac{70+100}{2}=85$, 남자 : 갑, 병, 무 → $\frac{75+85+100}{3}=86.67$

이므로 남학생의 수학 평균점수가 여학생의 수학 평균점수보다 높다.

2) 병이 여학생일 때 성별 평균점수

여자 : 을, 병, 정 → $\frac{70+85+100}{3}=85$, 남자 : 갑, 정 → $\frac{75+100}{2}=87.5$

이므로 남학생의 수학 평균점수가 여학생의 수학 평균점수보다 높다.

따라서 갑~무의 성별 수학 평균 점수는 남학생이 여학생보다 높다.

오답해설

ㄴ. 3개 과목 평균 점수가 가장 높은 학생은 무로 $\frac{75+100+100}{3}=91.67$이다.

3개 과목 평균 점수가 가장 낮은 학생은 을로 $\frac{85+85+70}{3}=80$이다. 따라서 평균 점수 차이는 10점 이상이다.

합격생 가이드

이 문제는 약간의 난도가 있는 문제이다. 이 문제가 난도가 있는 이유는 보기 ㄹ의 존재 때문이다. 시험장에서 보기 ㄹ을 보고 우왕좌왕하면 시간을 상당히 뺏길 확률이 있으므로 보기 ㄹ을 풀 때 병의 성별을 여자와 남자로 크게 구별해놓고 계산하는 등 방법이 필요하다.

08

답 ⑤

난도 ★★★

정답해설

ㄱ. 2023년 인공지능반도체 비중은 $\frac{325}{2{,}686}\times100\fallingdotseq12.1\%$이다. 따라서 2021년부터 인공지능반도체 비중은 매년 증가함을 확인할 수 있다.

ㄴ. 2027년 시스템반도체 시장규모는 인공지능반도체 시장규모와 비중을 통해 구할 수 있다. 시스템반도체 시장규모$=\frac{\text{인공지능반도체 시장규모}}{\text{비중}}=\frac{1,179}{31.3\%}$ ≒3,766.78억 달러이다. 이는 2021년 시장규모인 2,500억 달러보다 1,000억 달러 이상 크다.

ㄷ. 2025년 시스템반도체의 시장규모는 $\frac{657}{19.9\%}=3,301.5$억 달러이고 시스템반도체의 2022년 대비 2025년의 시장규모 증가율은 $\frac{3,301.5-2,310}{2,310}\times100$ $=42.92\%$, 인공지능반도체의 2022년 대비 2025년의 시장규모 증가율은 $\frac{657-185}{185}\times100=255.1\%$이다. $42.92\%\times5=214.6\%$이므로 인공지능반도체가 시스템반도체의 5배 이상이다.

합격생 가이드

빈칸형 문제로 계산의 연속이다. 그러나 계산 난도가 낮고 눈대중으로도 계산이 가능하므로 용기를 갖고 계산에 접근하면 된다.

09

답 ⑤

난도 ★★

정답해설

ㄱ. 도착 화물보다 출발 화물이 많은 지역은 A, B, D 총 3개이다.

ㄷ. 지역 내 이동화물을 제외할 때, 출발 화물과 도착 화물의 합이 가장 작은 지역은 C지역으로 717건이다. 또한, 출발 화물과 도착 화물의 차이가 가장 작은 지역 역시 C로 15건이다. 따라서 옳다.

ㄹ. 도착 화물이 가장 많은 지역은 G이다. G의 출발 화물 중 지역 내 이동의 비중은 $\frac{359}{1,294}\times100≒27.74\%$이다. F의 출발 화물 중 지역 내 이동의 비중은 $\frac{188}{729}\times100≒25.79\%$이고 나머지 지역의 출발 화물 중 지역 내 이동의 비중은 20%가 안 되므로 G의 출발 화물 중 지역 내 이동 화물의 비중도 가장 크다.

오답해설

ㄴ. 지역 내 이동 화물이 가장 적은 지역은 C이다. 도착 화물이 가장 적은 지역은 D이므로 옳지 않다.

합격생 가이드

보기 ㄷ을 단순하게 생각했을 때는 어려울 수 있다. 하지만 지역 내 이동화물을 제외하는 것은 출발 화물과 도착 화물의 차이에는 영향을 주지 않는 것을 생각하면 된다. 또한 지역 내 이동화물을 제외하지 않더라도 그 합에는 큰 영향을 미치지 않는 점을 고려하면 생각보다는 쉽게 확인할 수 있다. 이를 시험장에서 생각할 수 있었다면 빠른 시간 내에 정답을 고를 수 있었을 것이다.

10

답 ②

난도 ★★★

정답해설

자가격리자가 전일 기준 자가격리자보다 늘어나기 위해서는 해제 인원이 신규 인원보다 적어야 한다. (전체 신규 인원−전체 해제 인원)은 A : +386명, B : −106명, C : +23명, D : +210명이다. 따라서 첫 번째 을의 대답에서 세종이 B임을 알 수 있다.

두 번째 을의 대답에서 모니터링 요원 대비 자가격리자의 비율이 1.8 이상인 지역이 대전, 세종, 충북이라고 했으므로

A : $\frac{9,778+7,796}{10,142}≒1.73$,

C : $\frac{1,147+141}{196}≒6.57$,

D : $\frac{9,263+7,626}{8,898}≒1.90$이다. 따라서 충남이 A임을 알 수 있다.

갑의 세 번째 말에서 자가격리자 중 외국인이 차지하는 비중을 구하면, C : $\frac{141}{1,147+141}\times100≒10.95\%$, D : $\frac{7,626}{9,263+7,626}\times100≒45.15\%$이다.

따라서 D의 비중이 더 높으므로 D가 대전, C가 충북임을 알 수 있다.

합격생 가이드

전형적인 매칭형 문제이다. 이 문제의 경우 빠른 확인 방법은 없으며 선지를 하나씩 해결하는 것이 최선의 방법이다.

11

답 ③

난도 ★★

정답해설

각 개인의 월간 출근 교통비를 차례대로 계산하여 비교한다. 갑과 병은 저소득층 추가 마일리지를 받으며, 을의 마일리지 적용거리는 1,000m로 최대 800m까지 인정된다.

갑 : $\left\{3,200-(450+200)\times\left(\frac{800}{800}\right)\right\}\times15=38,250$원

을 : $\left\{2,300-(350)\times\left(\frac{800}{800}\right)\right\}\times22=42,900$원

병 : $\left\{1,800-(250+100)\times\left(\frac{600}{800}\right)\right\}\times22=33,825$원

따라서 월간 교통비를 많이 지출하는 직장인 순은 을, 갑, 병이다.

합격생 가이드

조건이 주어진 문제를 해결할 때는 직접 그 값을 계산하는 것도 좋은 방법이지만 비교의 문제이기 때문에 을과 병은 22가 곱해진 상태이므로 1,950×22, 1,537.5×22이며 갑을 2,550×15≒1,750×22로 바꿔준다면 조금이나마 답을 선택함에 있어서 더 빠를 수 있다.

12

답 ③

난도 ★★

정답해설

ㄱ. 국민총소득 대비 공적개발원조액 비율이 UN 권고 비율보다 큰 국가는 룩셈부르크, 노르웨이, 스페인, 덴마크, 영국이다. 이들의 공적개발원조액 합은 수치가 제시되지 않은 룩셈부르크를 제외하고도 43억 달러+27억 달러+25억 달러+194억 달러=289억 달러이므로 250억 달러 이상이다.

ㄴ. 공적개발원조액 상위 5개국의 공적개발원조액 합은 1,002억 달러이다. 개발원조위원회 29개 회원국의 공적개발원조액 합은 최대 1,375억 달러+25×14(=350)억 달러=1,725억 달러이다. 따라서 공적개발원조액 상위 5개국의 공적개발원조액 합은 개발원조위원회 29개 회원국 공적개발원조액 합의 50% 이상이다.

오답해설

ㄷ. 독일의 공적개발원조액은 현재 241억 달러이다. 따라서 현재 국민총소득이 일정하다고 할 때 30억 달러를 증액 한다면 국민총소득 대비 공적개발원조액 비율이 $\frac{30}{241}$배 더 커질 것이다. $\frac{30}{241}$은 약 $\frac{1}{8}$이므로 $0.61\times\left(1+\frac{1}{8}\right)\fallingdotseq$ 0.686이므로 UN 권고비율 0.70%보다 여전히 더 낮다.

합격생 가이드

이런 단순확인 및 계산문제는 정확하게 푸는 것이 중요하다. 따라서 정확하게 풀기 위해서는 문제의 단위 등을 특히 주목하면서 풀어야 한다.

13

답 ④

난도 ★★★

정답해설

ㄱ. 2021년 오리 생산액 전망치는 2020년 오리 생산액×(1+전년 대비 생산액 변화율 전망치)이다. 13,27×(1－0.0558)=12,52.9534십억 원이다. 따라서 1.2조 원 이상이다.

ㄷ. 축산업 중 전년 대비 생산액 변화율 전망치가 2022년보다 2023년이 낮은 세부항목은 우유, 오리로 2개이다.

ㄹ. 재배업의 2020년 생산액 대비 2022년 생산액 전망치의 증감폭은 30,270×(1+0.015)×(1－0.0042)－1≒30,270×(0.015－0.0042)=326.916십억 원이다.
'축산업'의 2020년 생산액 대비 2022년 생산액 전망치의 증감폭은 19,782×(1－0.0034)×(1+0.007)－1≒=19,782×(－0.0034+0.007)≒71.215십억 원이다. 따라서 재배업의 2020년 생산액 대비 2022년 생산액 전망치의 증감폭은 축산업의 2020년 생산액 대비 2022년 생산액 전망치의 증감폭보다 크다.

오답해설

ㄴ. 2021년 돼지 생산액 전망치는 ㄱ에서 푼 것과 같은 방식으로 구하면 7,119×(1－0.0391)≒6,840십억 원이며, 같은 해 농업 생산액 전망치는 50,052×(1+0.0077)=50,437십억 원이다. 따라서 농업 생산액 전망치의 15%는 약 7,565십억 원이므로 돼지 생산액 전망치는 15% 이하이다.

합격생 가이드

A와 B가 작은 숫자일 때 (1+A)×(1+B)≒1+A+B 임을 안다면, 어렵지 않게 접근할 수 있는 문제이다.

14

답 ①

난도 ★★

정답해설

① 장기저축급여 가입 회원 수는 744,733명이다. 전체 가입 회원 수는 85.2만 명이다. 따라서 $\frac{744{,}733}{852{,}000}\times100\fallingdotseq87\%$이므로, 85% 이상이다.

오답해설

② 공제제도의 총자산 규모는 공제제도별 자산 규모 구성비를 통해 계산할 수 있다. $\frac{27.3\text{조 원}}{64.5\%}\fallingdotseq42.3$조 원이므로 40조 원 이상이다.

③ 자산 규모 상위 4개 공제제도 중 2개의 공제제도에 가입한 회원은 주요 공제제도별 가입 현황에서 중복 가입을 통해 계산할 수 있다.
744,733+40,344+55,090+32,411－852,000=20,578명이다. 따라서 2만 명 이상이다.

④ 충청의 장기저축급여 가입 회원 수는 61,850명으로 15개 지역 평균 장기저축급여 가입 회원 수인 $\frac{744{,}733}{15}\fallingdotseq49{,}648$명보다 많다.

⑤ 장기저축급여의 1인당 구좌 수는 $\frac{449{,}579{,}295}{744{,}733}\fallingdotseq603$개이고, 분할급여의 1인당 구좌 수는 $\frac{2{,}829{,}332}{32{,}411}\fallingdotseq87$개이다. 따라서 분할급여의 1인당 구좌수의 5배를 하더라도 435개이므로 공제제도별 1인당 구좌 수는 장기저축급여가 분할급여의 5배 이상이다.

합격생 가이드

많은 숫자가 작은 공간 안에 있어서 상당히 복잡하게 느껴질 수 있다. 이러한 문제를 풀기 위해서는 어림산을 잘 활용하여야 한다. 어림산을 활용하는 방법은 수험생 개개인이 느끼기에 익숙한 방법을 사용하는 것이 좋다.

15

답 ③

난도 ★★★

정답해설

③ 보도자료의 세 번째 동그라미 세 번째 －의 내용과 부합한지 확인한다. 간접광고 취급액은 1,270억 원으로 전년 대비 약 14.6% 증가했다. 하지만 지상파TV와 케이블TV 간 비중의 격차는 75억 원으로 $\frac{75}{1{,}270}\times100\fallingdotseq5.9\%p$로 5%p 이상이므로 옳지 않다.

오답해설

① 보도자료의 세 번째 동그라미에서 광고사업체 취급액 현황이 나와 있으며 선지와 일치한다.

② 보도자료의 세 번째 동그라미 두 번째 －에서 나와 있다. 특히 2018년의 3조 8,804억 원은 2017년의 3조 6,406억 원에 비해 약 2,400억 원이 증가했고 이는 약 6.5% 증가했음을 알 수 있다. 또한 모바일 취급액은 14,735억 원에서 17,796억 원으로 약 3,000억 원 증가했고 이는 20% 이상 증가했음을 알 수 있다.

④ 보도자료의 두 번째 동그라미의 내용과 부합한지 확인한다. 광고산업 규모는 17조 2,119억 원으로 전년 16조 4,133억 원보다 4.5% 이상 증가했다. 또한 광고사업체당 취급액을 표로 정리하면 다음과 같다.

광고대행업	33.53	35.10
광고제작업	14.63	14.72
광고전문서비스업	20.24	21.42
인쇄업	8.01	8.75
온라인광고대행업	35.04	35.50
옥외광고업	19.88	20.05

따라서 광고사업체당 취급액이 모두 증가했음을 알 수 있다. 또한 광고대행업은 6조 6,239억 원으로 약 38.5%를 차지하고 있으며, 취급액의 전년 대비 증가율은 다음 표와 같다.

광고 대행업	광고 제작업	광고전문 서비스업	인쇄업	온라인광고 대행업	옥외 광고업
3.41%	1.65%	5.49%	9.26%	16.89%	－11.41%

⑤ 매체별 광고사업체 취급액은 세 번째 동그라미 첫 번째 －에서 설명하고 있다. 매체 광고비 중 방송매체 취급액은 4조 266억 원으로 가장 큰 비중을 보

이고 있으며 그다음으로 인터넷매체, 옥외광고매체, 인쇄매체 순이므로 보도 자료와 부합한다.

합격생 가이드

2021년 7급 PSAT에서 가장 어려운 문제라고 볼 수 있다. 보도자료의 내용에서 확인할 것이 상당히 많으며 앞 문장이 맞더라도 뒷 문장이 틀릴 경우 그 선지는 틀리기 때문이다. 따라서 실전에서는 넘어간 후 나중에 시간이 남았을 때 문제를 푸는 것을 추천한다.

16

답 ①

난도 ★★

정답해설

ㄱ. 월별 교통사고 사상자가 가장 적은 달은 1월로 492명이다. 월별 교통사고 사상자가 가장 많은 달은 8월로 841명이다. 841×60%=504.6명이므로 월별 교통사고 사상자는 가장 적은 달이 가장 많은 달의 60% 이하이다.

ㄴ. 2020년 교통사고 건당 사상자 수는 전체 사상자 수를 전체 교통사고 건 수로 나누는 방법과 각 달의 사상자 수를 건수로 나눈 후 매달 교통사고 건당 사상자 수가 1.9보다 큰지를 알아보는 방법이 있다. 그림1과 그림2에서 교통사고 건당 사상자 수는 매달 2보다 크므로 2020년 전체 교통사고 건당 사상자 수는 2보다 큰 것을 알 수 있다.

오답해설

ㄷ. 안전거리 미확보가 사고원인인 교통사고 건 수는 22.9%를 차지하며, 중앙선 침범이 사고원인인 교통사고 건 수는 3.4%를 차지한다. 따라서 $\frac{22.9}{3.4}≒6.7$이므로 7배 이하이다.

ㄹ. 사고원인이 안전운전의무 불이행인 교통사고 건 수는 "2020년 전체 교통사고 건 수×65.3%"이다. 2020년 전체 교통사고건수는 3,218건이므로 약 2,101건이 '안전운전의무 불이행'이 사고원인이다. 따라서 옳지 않다.

합격생 가이드

ㄴ의 경우 전체 교통사고 건수 및 전체 사상자를 구하는 것이 아니라 각 월별로 1.9가 넘는지를 확인한다면 시간을 단축할 수 있다. 물론 ㄹ을 풀기 위해서 전체 교통사고 건수를 구해야 하나 마지막에 필요할 때 계산하는 습관을 들이는 것이 중요하기 때문이다.

17

답 ④

난도 ★★

정답해설

첫 번째 정보에서 (가)의 범위는 58.5~65.7임을 알 수 있다. 따라서 ⑤가 답에서 제외된다. 두 번째 정보에서 (나)의 범위는 0~20.7임을 알 수 있다. 따라서 ①이 답에서 제외된다. 세 번째 정보에서 (다)의 범위는 114.0~119.2임을 알 수 있다. 따라서 ②가 답에서 제외된다. 네 번째 정보에서 (라)의 범위는 92.5보다 큰 것을 알 수 있다. 따라서 ③이 답에서 제외되므로 가능한 정답은 ④이다.

합격생 가이드

정보의 내용을 충실하게 따르면서 정보 1개당 선지를 1개씩 제외한다면 답을 찾는 데는 큰 어려움을 갖지 않을 것이다.

18

답 ③

난도 ★★

정답해설

ㄱ. 2019년 대비 2020년 대학유형별 기숙사 수용률은 국공립대학이 0.1%p 증가했으며, 사립대학이 0.2%p 증가했고 비수도권대학은 동일한 반면, 수도권대학은 증가하였음을 알 수 있다.

ㄹ. 카드납부가 가능한 공공기숙사는 0개이고 현금분할납부가 가능한 공공기숙사도 사립대학 9개밖에 없음을 알 수 있다.

오답해설

ㄴ. 국공립대학은 전년 대비 800명 이상 감소했으므로 틀린 보기이다.

ㄷ. 전체 대학 중 기숙사비 카드납부가 가능한 대학은 $\frac{47}{196}≒24\%$이다. 따라서 37.9%가 아니다.

합격생 가이드

표가 갖고 있는 내용을 정확하게 살펴보아야 한다. 특히 ㄱ과 같은 경우 이를 직접 계산을 해야 하는지 아닌지를 확인해야 한다. 또한 보고서의 내용이 뭐를 묻는지를 정확하게 파악한다면 쉽게 풀 수 있다.

19

답 ③

난도 ★★★

정답해설

S등급은 A등급의 2배를 성과급으로 받고, B등급의 4배를 성과급으로 받는다.

	2018년	2019년	2020년
갑	S	A	B
을	B	S	B
병	A	B	A
정	(A/B)	(A/B)	(S/A)
무	B	B	B
기	(B/A)	(B/A)	(A/S)

위의 표는 2018년에 정이 A일 때 기는 B를 받았거나 정이 B를 받았을 때 기가 A를 받았음을 의미한다.

따라서 2020년 전체 직원의 기본 연봉은 다음과 같다.

갑 : $3.0\times20(=\frac{100}{5})=60$

을 : $5.0\times20(=\frac{100}{10})=100$

병 : $6.0\times10(=\frac{100}{5})=60$

무 : $4.5\times20(=\frac{100}{5})=90$

정+기$=12.0\times(10+5)(=\frac{100}{10}+\frac{100}{20})=180$

전체 직원의 기본 연봉은 60+100+60+90+180=490백만 원이다.

합격생 가이드

성과등급별 지급비율 및 인원 수가 어떻게 분포되어 있는지 그 구조를 정확하게 파악하는 것이 최우선적인 작업이 될 것이다. 그다음으로 정과 기의 등급을 나누는 것이 아닌 합을 통해서 계산한다면 계산이 용이할 것이다.

20 답 ④

난도 ★

정답해설

ㄱ. 방류수의 생물학적 산소요구량 기준이 5mg/L 이하인 곳은 1일 하수처리용량이 500m^3 이상(L)이면서 지역등급이 Ⅰ, Ⅱ인 곳이다. 이는 5곳으로 옳다.

ㄷ. Ⅱ등급 지역에서 방류수의 총인 기준이 0.3mg/L 이하인 하수처리장은 L이면서 Ⅱ인 곳이므로 총 2군데 있다. 따라서, 하수처리장의 1일 하수처리용량 합은 최소 1,000m^{3}이다.

ㄹ. 방류수의 총질소 기준이 20mg/L 이하인 하수처리장 수는 S등급을 제외한 M등급과 L등급을 의미한다. 따라서 26개가 있다. 또한, 방류수의 화학적 산소요구량 기준이 20mg/L 이하인 하수처리장 수는 ㄱ에서 구한 것과 같은 지역을 의미하므로 5개이다. 따라서 5배 이상이 된다.

오답해설

ㄴ. 1일 하수처리용량 500m^3 이상(L)인 하수처리장 수는 14개이다. 1일 하수처리용량 50m^3 미만(S)인 하수처리장 수는 10개이므로 1.5배 이하이다.

합격생 가이드

그림이 복잡하게 생겨서 집중력을 갖고 풀어야 한다. 또한 항목이 여러 가지이나 그 계산되는 구조를 파악한다면 개수를 세는 데 있어서 좀 더 용이할 것이다.

21 답 ②

난도 ★★★

정답해설

ㄱ. 을에 대한 종합점수가 구해져 있다. 이를 계산하기 위해서는 가장 높은 점수와 가장 낮은 점수를 제외한다. 이때 E의 점수가 빈칸이므로 E의 점수의 범위에 따라서 3가지 경우가 가능하다. E의 점수가 최고점으로 제외되는 경우, 중간점수로서 제외되지 않는 경우, 최저점으로 제외되는 경우이다.

1) E의 점수가 최고점으로 제외되는 경우에는 B의 점수가 최저점이므로 제외된다. 이때의 을의 종합점수는 $\frac{89+90+88}{3}=89$이다.

2) E의 점수가 중간점수로서 제외되지 않는 경우에는 B의 점수가 최저점, C의 점수가 최고점으로 제외된다. 이때 을의 종합점수는 $\frac{89+88+?}{3}=89$이어야 한다. 이를 만족하기 위해서는 ?가 90점이어야 하나 각주 2)에 따라서 C와 같은 점수를 받을 수 없으므로 불가능한 경우이다.

3) E의 점수가 최저점으로 제외되는 경우에는 C의 점수가 최고점이므로 제외된다. 이때 을의 종합점수는 $\frac{89+86+88}{3}≒87.6$이므로 주어진 표의 종합점수를 만족하지 못한다.

1), 2), 3)을 모두 종합한 결과 E의 점수는 최고점이다.

ㄹ. 갑의 경우 평가자 E와 C가 제외된다. 을의 경우 평가자 B와 E가 제외된다. 정의 경우 E의 점수가 85점 이상이어야지만 종합점수가 77점이 나온다. 따라서 정의 경우 평가자 E와 A의 점수가 제외된다. 무의 경우 E의 점수가 83점이어야지 종합점수가 78점이 나온다. 따라서 무의 경우 평가자 A와 D의 점수가 제외된다. 따라서 갑~무의 종합점수 산출시, 부여한 직무평가 점수가 한 번도 제외되지 않은 평가자는 없다.

오답해설

ㄴ. 병의 종합점수는 C의 점수에 따라 달라진다. 종합점수로 가능한 최댓값은 C가 100점을 줬을 때이며 $\frac{76+74+78}{3}=76$점이다. 종합점수로 가능한 최솟값은 C가 1점을 줬을 때이며 $\frac{68+74+76}{3}≒72.67$이다.

따라서 최댓값과 최솟값의 차이는 5점 이하이다.

ㄷ. 평가자 C의 갑에 대한 직무평가 점수가 갑의 종합점수보다 낮다고 가정한다. 즉, 89점 미만이라고 가정한다. 이때 제외되는 평가자는 최고점인 E이며, 88점인 경우 B가 최저점으로 제외되며 86점 이하인 경우 C의 점수가 제외된다.

1) 88점인 경우 갑의 종합점수는 $\frac{91+88+89}{3}≒89.33$이므로 틀리다.

2) 86점 이하인 경우 갑의 종합점수는 $\frac{91+87+89}{3}=89$이다.

따라서 평가자 C의 갑에 대한 직무평가 점수는 86점 이하로 갑의 종합점수보다 낮다.

합격생 가이드

종합점수를 산출하는 방법을 정확하게 이해해야 한다. 그 후 빈칸의 숫자 범위를 어떻게 설정해야 할지 등을 생각해야 한다. 특히 병의 경우에는 종합점수가 나와 있지 않기 때문에 C가 부여한 직무평가 점수가 다양하게 나올 수 있음을 살펴야 하는 것이 중요하다.

22 답 ②

난도 ★

정답해설

ㄴ. 2월의 월평균 지상 10m 기온이 영하인 지역은 A, C, D, E이며 월평균 지표면 온도가 영상인 도시는 C와 E이다. A와 D는 2월의 월평균 지표면 온도가 영하이기 때문이다.

ㄷ. 1월의 월평균 지표면 온도가 A~E 도시 중 가장 낮은 도시는 D이며, D의 설계적설하중은 0.8이다. 5개 도시 평균 설계적설하중은 $\frac{0.5+0.5+0.7+0.8+2.0}{5}$ $=0.9$이므로 D의 설계적설하중이 더 작다.

오답해설

ㄱ. 각 도시별 월평균 지상 10m 기온이 가장 높은 달은 7월, 8월, 8월, 7월, 8월이다. 각 도시별 월평균 지표면 온도가 가장 높은 달은 8월, 8월, 8월, 8월, 8월이다. 따라서 양자가 다른 도시는 A와 D이다.

ㄹ. 설계기본풍속이 두 번째로 큰 도시는 E이다. E의 8월의 월평균 지상 10m 기온은 25.0℃로, B와 A에 이어 세 번째로 높다.

합격생 가이드

단순 확인 문제로 무조건 맞춰야 한다. 하지만 22번 문항에 존재하므로 시간적 압박이 있을 수 있으므로 천천히 확인해야 한다.

23

답 ⑤

난도 ★★

정답해설

단계 1은 모든 도시에 적용된다.
단계 2는 A, D, E에 적용된다.
단계 3은 B와 E에 적용된다.
이를 종합한 후 단계 4를 적용한다.
우선 단계 1~3까지 계산한다.

- A : 0.5×150%×140%=1.05
- B : 0.5×150%×80%=0.6
- C : 0.7×150%=1.05
- D : 0.8×150%140%=1.68
- E : 2.0×150%×140%×80%=3.36

따라서 단계 4가 적용되는 도시는 B이며, B의 수정된 설계적설하중은 1.0이다. 이때 증가폭은 다음과 같다. A : 0.55, B : 0.5, C : 0.35, D : 0.88, E: 1.36이므로 증가폭이 두 번째로 큰 도시는 D이고 가장 작은 도시는 C이다.

합격생 가이드

이런 문제의 경우 단계 1~3을 한 번에 적용한 후 계산을 해야 한다. 즉, 단계 1을 적용하여 계산을 끝내고 단계 2를 다시 적용하는 방식으로 계산을 해서는 시간이 오래 걸리기 때문이다. 따라서 이런 문제의 경우 모든 단계를 최대한 한 번에 적용하려 한 다음 계산하는 방안을 생각해야 한다.

24

답 ①

난도 ★★★

정답해설

① 2017년 피해유형별 항공사의 피해구제 접수 건수는 표 3의 2018년 피해구제 접수 건수 합계에서 전년 대비 증가건수를 빼준 후 표 2의 피해구제 접수 건수 비율을 곱해서 계산한다. 따라서 피해유형별 외국적항공사의 피해구제 접수 건수 대비 국적항공사의 피해구제 접수 건수 비는 표 2의 비율을 그대로 나누는 것이 아니다. 이를 바탕으로 취소환불 위약금의 비를 구한다면 $\frac{602\times57.14\%}{479\times49.06\%}$≒1.460이다. 따라서 선지의 1.16과 다르므로 옳지 않다.

오답해설

② 2017년 국적항공사별 피해구제 전체 접수 건수는 602건이다. 또한 국적항공사의 2017년 운행건수는 태양항공 : 140건, 무지개항공 : 108건, 알파항공 : 29건, 에어세종 : 37건, 청렴항공 : 41건, 독도항공 : 133건, 참에어 : 51건 및 동해항공 : 63건이다. 따라서 각 비중은 태양항공 : $\frac{140}{602}\times100$≒23.3%, 무지개항공 : $\frac{108}{602}\times100$≒17.9%, 알파항공 : $\frac{29}{602}\times100$≒4.8%, 에어세종 : $\frac{37}{602}\times100$≒6.1%, 청렴항공 : $\frac{41}{602}\times100$≒6.8%, 독도항공 : $\frac{133}{602}\times100$≒22.1%, 참에어 : $\frac{51}{602}\times100$≒8.5%, 동해항공 : $\frac{63}{602}\times100$≒10.5%이다.

③ 1번 선지를 푸는 방법과 동일하다. 즉, 602건에 표 2의 비중을 곱해서 계산해 줘야 한다.

- 취소환불 위약금 : 602×57.14%≒344건,
- 지연결항 : 602×22.76%≒137건,
- 정보제공 미흡 : 602×5.32%≒32건,
- 수화물 지연 파손 : 602×6.81%≒41건,
- 초과 판매 : 602×0.33%≒2건,
- 기타 : 602×7.64%≒46건으로 옳다.

④ 운송실적은 국내선과 국제선의 합을 통해서 구한다.

	알파항공	에어세종	청렴항공	독도항공	참에어	동해항공
2017년	7,110	821	5,521	10,467	8,597	6,213
2018년	8,067	1,717	5,904	11,942	8,890	7,001

따라서 2017년 대비 2018년 저비용 국적항공사의 전체 노선 운송실적 증가율은 선지와 같이 나타난다.

⑤ 태양항공의 2017년 운송실적은 26,914(천 명)이며, 2018년 운송실적은 27,009(천 명)이다. 무지개항공의 2017년 운송실적은 19,335(천 명)이며, 2018년 운송실적은 19,856(천 명)이다. 2017년 피해구제 접수 건수는 태양항공이 140건, 무지개항공이 108건이고 2018년 피해구제 접수 건수는 태양항공이 153건, 무지개항공이 106건이다.
따라서 대형 국적항공사의 전체 노선 운송실적 대비 피해구제 접수건수 비는 2017년 태양항공 : $\frac{140}{26,914}\times1,000=5.2$, 무지개항공 : $\frac{108}{19,335}\times1,000=5.6$, 2018년 태양항공 : $\frac{153}{27,009}\times1,000=5.7$, 무지개항공 : $\frac{106}{19,856}\times1,000=5.3$이다.

합격생 가이드

가장 어려운 문제 중 하나였다. 이 문제의 경우 피해구제 접수 건수를 어떻게 계산할 것인지 생각을 해야 한다. 24번 문제의 경우 마지막 부분에 있는 문제이므로 시간이 넉넉한 경우에만 푸는 것을 추천한다.

25

답 ⑤

난도 ★★

정답해설

ㄱ. 2011~2020년 연평균 산불 건수는 $\frac{4,737}{10}=473.7$건이다. 따라서 500건 이하이다.

ㄴ. 산불 건수가 가장 많은 연도는 2017년이며, 이때의 검거율은 $\frac{305}{692}\times100=44.08\%$이다. 산불 건수가 가장 적은 연도는 2012년이며, 이때의 검거율은 $\frac{73}{197}\times100$≒37.06%이다. 따라서 산불 건수가 가장 많은 연도의 검거율은 산불 건수가 가장 적은 연도의 검거율보다 높다.

ㄹ. 2020년 전체 산불 건수는 620건이며, 입산자 실화 건수는 217건이다. 따라서 620×0.35=217이므로 옳다.

오답해설

ㄷ. 2020년 성묘객 실화의 검거율은 약 66.7%이다. 반면, 논밭두렁 소각의 검거율은 $\frac{45}{49}\times100$≒91.8%이다. 따라서 기타를 제외하고 산불 건수가 적은 산불원인일수록 검거율이 높지 않다.

합격생 가이드

전체에 빈칸이 있는 경우 이는 계산을 하는 것이 필요하다. 따라서 이런 빈칸은 빠르게 채워놓고 문제를 시작하는 것이 시간 단축에 좋다. 그 후 문제의 연도 등에서 실수하지만 않는다면 충분히 맞출 수 있는 문제이다.

자신의 능력을 믿어야 한다.

그리고 끝까지 굳세게 밀고 나가라.

-로잘린 카터(Rosalynn Carter)-

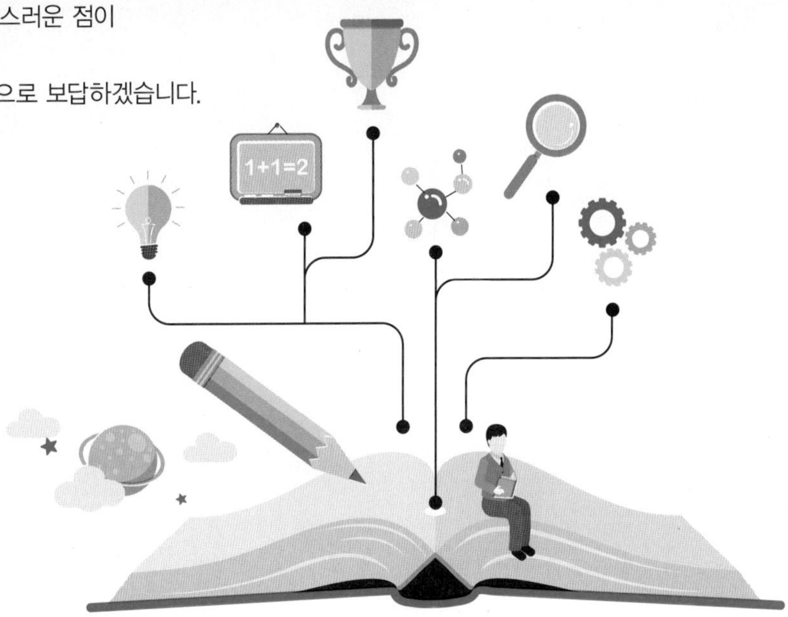

2023 5·7급 PSAT 자료해석 표+그림 유형 뽀개기!

개정1판1쇄 발행	2023년 01월 05일 (인쇄 2022년 09월 28일)
초 판 발 행	2022년 06월 02일 (인쇄 2022년 04월 14일)
발 행 인	박영일
책 임 편 집	이해욱
편 저	SD PSAT연구소
편 집 진 행	한성윤
표지디자인	박종우
편집디자인	김예슬 · 장성복
발 행 처	(주)시대고시기획
출 판 등 록	제 10-1521호
주 소	서울시 마포구 큰우물로 75 [도화동 538 성지 B/D] 9F
전 화	1600-3600
팩 스	02-701-8823
홈 페 이 지	www.sdedu.co.kr
I S B N	979-11-383-3334-4 (13350)
정 가	20,000원